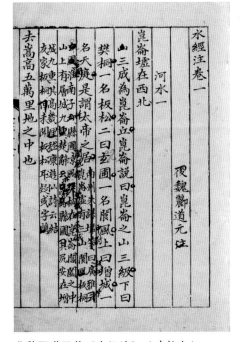

东晋郭璞注《山海经》（宋刻本）

[《第一批国家珍贵古籍名录图录（3）》，
国家图书馆出版社，2008年，222页]

北魏郦道元著《水经注》（清抄本）

[《第一批国家珍贵古籍名录图录（6）》，
国家图书馆出版社，2008年，198页]

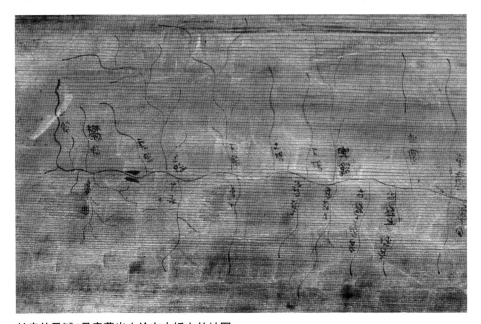

甘肃放马滩1号秦墓出土绘在木板上的地图

[《中国古代地图集（战国—元）》，文物出版社，1990年，图4]

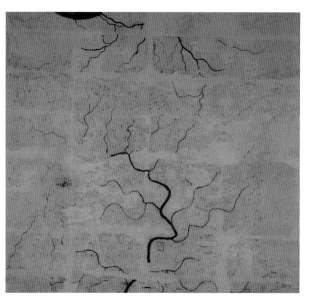

湖南马王堆3号汉墓出土绘在帛上的《地形图》

[《中国古代地图集（战国—元）》，文物出版社，1990年，图20]

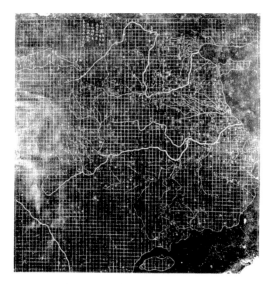

北宋刻绘《禹迹图》拓片

[《中国古代地图集（战国—元）》，文物出版社，1990年，图55]

南宋刻绘城市地图《平江图》拓片

[《中国古代地图集（战国—元）》，文物出版社，1990年，图80]

明代《九边图》（局部）

[《中国古代地图集（明代）》，
文物出版社，1994年，图18]

明代《江防图》[余定国：《中国地图学史》，

北京大学出版社，2006年，图3]

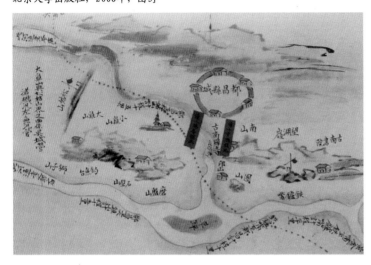

明代《河防一览图》（局部）

[《中国古代地图集（明代）》，文物出版社，1994年，图34]

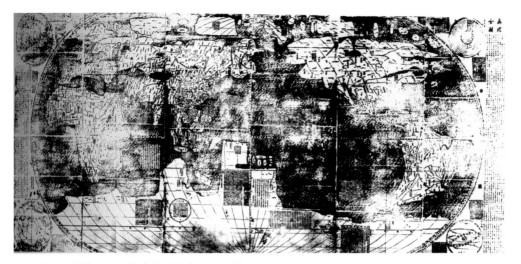

意大利传教士利玛窦绘制《坤舆万国全图》（1602年）

[《中国古代地图集（明代）》，文物出版社，1994年，图80]

明代在中国制作的木质地球仪（现存英国博物馆）

[《中国古代地图集（明代）》，
文物出版社，1994年，图92]

清代中叶海防图卷轴中的"东半球图"

[余定国：《中国地图学史》，
北京大学出版社，2006年，图15]

清代航海罗盘

[《中华五千年文物集刊·天文篇上》，台北：
《中华五千年文物集刊》编辑委员会，1988年，图192]

唐李吉甫纂修《元和郡县图志》（清初抄本）

[《第二批国家珍贵古籍名录图录（5）》，
国家图书馆出版社，2010年，172页]

唐代写本《地志》

[《第一批国家珍贵古籍名录图录（1）》，
国家图书馆出版社，2008年，159页]

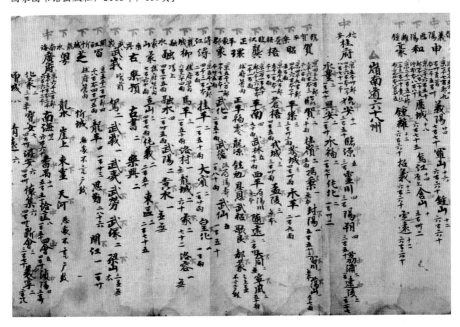

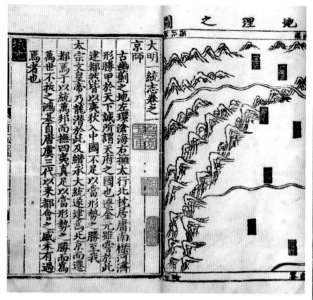

明内府刻本《大明一统志》

[《第一批国家珍贵古籍名录图录（6）》，
国家图书馆出版社，2008年，162页]

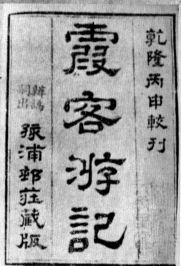

徐霞客像和乾隆本《徐霞客游记》

[唐锡仁、杨文衡：《徐霞客及其游记
研究》，中国社会科学出版社，1987年]

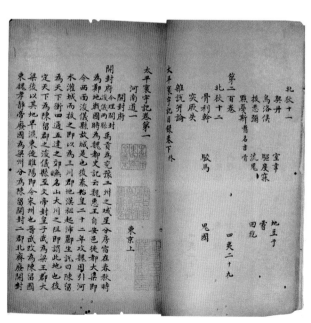

宋乐史撰《太平寰宇记》（清初抄本）

[《第二批国家珍贵古籍名录图录（5）》，
国家图书馆出版社，2010年，173页]

重庆云阳龙脊石的宋代洪水题刻

[《中国古代科学技术史·图录卷》,
科学出版社,2008年,439页]

洪水位观测碑刻——明代《吴江
水利考》记载的吴江水则碑式样

[《水文、沙漠、火山考古》,
文物出版社,1977年,39页]

长江枯水题记——重庆涪陵石鱼（清肖星拱的题刻《重镌双鱼记》）

[《水文、沙漠、火山考古》，文物出版社，1977年，19页]

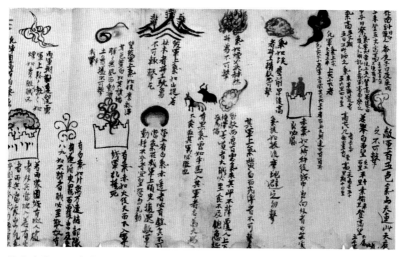

莫高窟藏经洞中唐代写本《占云气书》

[《中国古代科学技术史·图录卷》，科学出版社，2008年，164页]

河北安平东汉墓壁画中的测风器（复原图）

[《中国古代科学技术史·图录卷》，
科学出版社，2008年，161页]

第六届中华优秀出版物奖图书奖
国家出版基金项目
国家"十二五"重点图书出版规划项目

国家出版基金项目
NATIONAL PUBLICATION FOUNDATION

中国地学史

古代卷

ZHONGGUO DIXUESHI
GUDAIJUAN

杨文衡 杨勤业 主编

杨文衡 艾素珍 陈丽娟 著

广西教育出版社

图书在版编目（CIP）数据

中国地学史.古代卷 / 杨文衡著.—南宁：广西教育出版社，2014.2（2018.1重印）

ISBN 978 - 7 - 5435 - 7588 - 2

Ⅰ.①中… Ⅱ.①杨… Ⅲ.①地理学史-中国-古代 Ⅳ.①K90 - 09

中国版本图书馆 CIP 数据核字（2013）第 297830 号

出　版　人：石立民
出版发行：广西教育出版社
地　　　址：广西南宁市鲤湾路 8 号　　　邮政编码：530022
电　　　话：0771 - 5865797
本社网址：http://www.gxeph.com
电子信箱：gxeph@vip.163.com
印　　　刷：广西民族印刷包装集团有限公司
开　　　本：890mm×1240mm　1/32
印　　　张：26　插页 4 页
字　　　数：584 千字
版　　　次：2014 年 2 月第 1 版
印　　　次：2018 年 1 月第 4 次印刷
书　　　号：ISBN 978 - 7 - 5435 - 7588 - 2
定　　　价：78.00 元

如发现印装质量问题，影响阅读，请与出版社联系调换。

出 版 说 明

  1997 年，我们在中国科学院自然科学史研究所、首都师范大学等院校的专家学者精心指导、大力支持下，策划并启动了出版《中国科学史丛书》的宏伟计划，包含《中国数学史》《中国物理学史》《中国化学史》《中国天文学史》《中国地学史》《中国生物学史》等六本。每本书的篇幅大约 100 万字，分两卷装订。古代部分为一卷，近现代部分为一卷。丛书有两大特点：一是全部由中国自己的专家学者来撰写中国自己的科学史，突出本土性、原创性和权威性；二是时间跨度从远古到 20 世纪末，而且近现代卷的篇幅大于古代卷，突出厚今薄古的特点。出版这样的一套史书，这不能不说是我们极大的抱负。

  到 2006 年，由于各书稿组织和撰写的难易不一，加上出版环境的变化，丛书只出版了《中国化学史》《中国物理学史》两本。《中国地学史》在 2001 年只交了大部分书稿。余下的三本，一直没能正式开展组稿。这不能不说是我们极大的遗憾。

  另一方面，由于丛书的中国特色鲜明，原创性、权威性突出，较好地填补了学术空白，被新闻出版总署（现国家新闻出版广电总局）列为了国家"十五"重点图书出版规划项目。而

《中国化学史》和《中国物理学史》不仅获得了广西出版发展专项资金的资助，更获得了国家级图书奖：前者获得了第十四届中国图书奖，后者获得了首届中国出版政府奖装帧设计奖提名奖。2010 年，出版环境又发生了变化，于是我们决定抓紧推进《中国科学史丛书》的出版。2013 年，《中国地学史》经过我们和主编、作者的努力后获得新生，被列为了国家"十二五"重点图书出版规划项目，其古代卷还获得了 2014 年国家出版基金的资助。更令人振奋的是，2016 年《中国地学史》（两卷）获得了国家级三大图书奖之一的中华优秀出版物奖图书奖。而《中国生物学史》在 2016 年被列为了国家"十三五"重点图书出版规划项目，其近现代卷获得了 2017 年国家出版基金的资助。这不能不说是我们极大的宽慰。

今天，中国人民正昂首阔步走进新时代。我们正加倍努力，在我国科学界、科学史界的专家学者一如既往的指导、支持下，把余下的《中国数学史》《中国天文学史》两本尽快组织出版，使《中国科学史丛书》得以美满收官，全部项目得到圆满完成。这不能不说是我们极大的期望。

广西教育出版社

2014 年 2 月

2015 年 11 月第一次修订

2017 年 12 月第二次修订

序

在当代的科学体系中，通常将数学、物理、化学、天文、地学和生物并列，作为自然科学研究的六大领域。地学（geoscience），也称地球科学（earth science），包括研究地球的全部学科：地质学、地球物理学、地理学、大气科学和海洋科学等。地学是人类认识行星地球的一门最重要的基础学科，它通过对地球整体及各圈层的组成、结构、性质、形成、演化及其相互作用规律的研究，可为解决人类社会所面临的环境、资源与可持续发展等重大问题提供科学支撑。

古代地学起源于我国的春秋战国时代或欧洲的古希腊时代，基本上是以资料收集和对地学现象的描述为主，而且学科分化不明显。由于环境的差异和交通受阻，古代地学的体例和内容有显著的地域特色。近代地学是在产业革命的基础上发展起来的，大体上从 19 世纪上半叶开始，随着区域地理考察与地质调查工作的开展以及科学技术的进步，近代地理学与地质学建立了各自的学科体系，并提出一系列的学说和理论。20世纪 50 年代以来，进入了现代地学的发展时期，通过科学考察与实地调查，相邻学科的交叉与融合，实验和研究手段的现代化，各分支学科的综合集成以及理论思维模式的转变等，现代地理学和地质学得到快速的发展，完善了学科体系，并在学术上取得了突破性的成就。

20世纪末，多位科学史研究专家与广西教育出版社一起，商讨策划编撰《中国科学史》丛书。《中国地学史》是该丛书的一部，包括古代卷、近现代卷共两卷。通过对中国地学史的梳理和归纳，我们得以了解地学在中国的发展轨迹及其规律，认识当前中国地学发展的现状和特点，以促进中国现代地学水平的提升。

《中国地学史·古代卷》指出，中国是世界上地学发展最早的国家之一。在中国古代常将"天文"与"地理"并称，曾认为天文加地理是有关自然界的全部知识。中国古代地学知识萌芽于远古时代，至上古时期的春秋战国时代，汉字已基本成熟，对地形、地物的文字记载和图形表达，使地学知识得到快速增长和积累。战国时代就出现了《山海经》《禹贡》《管子》等一批与地学有关的著述；相关的地学思想，如有关区域差异的论述，人与自然关系的理念，以及护育人类的生存环境等思想均已初显端倪。至中古、近古时期，中国在方志、沿革地理、域外地理、自然地理、地图、气象与物候、地质与化石、岩石与矿物等方面有较多记述；相关著述有《大唐西域记》《水经注》《梦溪笔谈》《徐霞客游记》《郑和航海图》以及《本草纲目》等。然而中国古代地学著作多属描述性记载，缺少对地球表层整体规律的研究，加上封建社会的闭关自守，轻视科学技术知识，阻碍了中国近代地学的发展。

《中国地学史·近现代卷》分别综述了地理学和地质学这两门学科从近代到现代的发展历程。20世纪初叶以来，在西方近代地学思想和理论的影响下，地学界前辈张相文、竺可桢、李四光、翁文灏、丁文江等人辛勤缔造，为中国近代地学的发展奠定了基础。中国地学会的成立，各大学地学系的创设，西方近代地学理论和方法的引进与传播，地学研究领域的开拓与人才的培育，以及地学相关研究机构的建立都是中国近代地学形成与发展的里程碑。

自20世纪中叶以来，在李四光和竺可桢的推动下，成立了中国科学院地质、地理等研究所和综合考察委员会，在全国成立了多个地学研究机构，促进了中国现代地学的全面发展。许多大学地学系的建立和壮大，为现代地学思想的传播与地学人才的培育做出了重要的贡献。随着国家建设事业的蓬勃发展，迫切需要了解全国各地自然条件、国土资源、经济与社会状况，地学家结合国家需求与学科发展，开展了区域综合科学考察与国土规划研究，基础地质调查与矿藏钻探取样，定位观测试验与室内分析测试，地学模拟实验，遥感与地理信息系统研究等，中国现代地学（地理学和地质学）得到了全面的发展。

近现代卷概述了自20世纪初以来学科的发展轨迹、主要研究进展与成果，分别介绍了近代和现代两个时期地学的重要代表人物及其学术思想和成就。这一卷以主要篇幅侧重评述了现代地理学和地质学学科体系中二级学科及各主要分支学科的重要成就和学术贡献，同时还阐述了若干研究领域未来的发展趋势与重点研究方向。

随着岁月的流逝，对近现代地理学和地质学早期发展情况了解的人员越来越少。《中国地学史·近现代卷》的多位作者亲身经历了现代地学发展的阶段，接触过做出过卓越贡献的地学大师，聆听过他们的教诲。我希望通过这部地学史的记述，能够让读者对地学发展历程有较深入的了解，也相信它将成为地学界后生晚辈的良好读物，从中了解地学界前辈所开创的学科发展轨迹和所取得的辉煌成就。

我们希望国内地学界同仁共同努力，促进现代地学领域各主要学科的交叉与融合，加强综合与跨学科研究，将中国现代地学提高到国际地学研究的新水平，为地球系统科学的发展，为中国的振兴与可持续发展，为地球家园的美好明天做出积极的贡献。

2011 年 5 月 18 日

郑度：自然地理学家。1999 年当选中国科学院院士。现任中国科学院地理科学与资源研究所学位委员会主任。曾任中国科学院地理研究所所长，国际地理联合会地生态学与可持续发展委员会副主任委员，中国青藏高原研究会理事长。长期从事自然地理的综合研究工作，在青藏高原自然环境的地域分异与格局研究中，取得开拓性进展；在自然地域系统综合研究中，建立了适用于山地与高原的自然区划原则和方法；在土地退化与整治领域，强调要重视自然规律和尊重自然，指出干旱区土地与水资源的开发利用要重视区域发展与环境的协调；基于人类与自然界和谐的理念，积极推动区域发展中环境伦理的研究与应用。作为主要研究者的"青藏高原隆起及其对自然环境和人类活动影响的综合研究"项目，于 1987 年获国家自然科学奖一等奖。

目 录

第三章　春秋战国时期的地学

第四章　秦、汉时期的地学

第五章 魏晋南北朝时期的地学

第六章　隋唐五代时期的地学

第七章　宋、辽、金、元时期的地学

第八章　明朝的地学

第九章　清朝的地学

第一章 原始社会地学知识的萌芽

第一节 原始社会概况

原始社会是人类社会五种经济形态的第一个，世界上大多数民族都经过原始社会阶段。考古学家和历史学家把人类以石器作为生产工具的漫长原始社会，称作石器时代。又按制造石器的方法不同，把石器时代分为旧石器时代和新石器时代。旧石器时代使用打制石器，新石器时代使用琢制和磨制石器。石器时代的地学史完全依赖考古学和民族学资料。

旧石器时代是人类社会历史发展过程中最早、延续时间最长的一个阶段，时间约从两三百万年前至一万年前。在这个阶段的初期，人刚刚由猿进化而来，称为直立人。他们创造工具，打制石器，艰难地逐渐由低级走向高级。他们从实践中学会用火，保存火种，改变生食的习惯，使身体素质得到了改善。

中国从旧石器时代早期到中期，也就是从安徽繁昌人字洞猿人到丁村人的时代属于原始群时期，这个时期人们过的是集体生活，群的人数不多，少则十几人，多则几十人。主要以采集、挖掘植物的果实、块根、茎、叶和狩猎为生。石器比较粗糙，集体劳动，平均分配，共同享用。没有剥削和阶级，没有国家和法律，人与人之间是平等的。没有固定的住所，在一定的地域范围内游动迁移。原始群内实行内婚制，血族通婚。

旧石器时代中期，是原始群向氏族制的过渡时期，到旧石器时代晚期，氏族制正式产生，标志着原始社会生产力有了很大的提高，石器种类增多，打制石器的技术有了进步，石矛和飞石索成为狩猎的基本工具。骨角器增加，有了装饰品，有了爱美的观念，有了用皮毛制成的简单衣服。知道到水中捕捉鱼类、贝类作食物。发明了人工取火的方法，使人类脱离了保存天然火种的阶段，走进自由用火的新时代。

氏族制以血缘为纽带，有了固定的组织，有了首领。实行外婚制，禁止氏族内部通婚，这是一个巨大的进步，对于提高人的体质起了很大作用。因此，这个时期人的体质已完全脱离了猿人的特征，和现代人没有什么差别。有了公用墓地，有了议事会，有了原始宗教。

氏族制分为两个阶段：第一个阶段是母系氏族，第二个阶段是父系氏族。旧石器时代晚期是母系氏族制的产生时期。此后中石器时代至新石器时代中期，都是母系氏族制时期。

我国中石器时代是旧石器时代至新石器时代的过渡时期，为母系氏族社会，依靠狩猎、捕鱼和采集植物果实与根、茎、叶为生，逐步出现了饲养狗、羊等动物。还发明了弓箭。这种先进的狩猎工具，使猎取野生动物的能力迅速提高。石器以细小石器为主。

中国的新石器时代，社会发生了质的飞跃：

第一，在经济上由单纯依靠狩猎和采集为生，逐渐进入农业经济，有了农业生产，大大改善了人们的生活条件，也改变了人们的生活方式，促进了社会经济、文化各方面的进步与发展。

第二，石器制造由打制逐步进入到琢制和磨制，连骨器、蚌器和玉器等也进行磨制。

第三，发明了陶器，出现了各种用途的陶器，其中炊煮器更便于人们熟食和定居。

第四，大部分居民已开始筑房定居，形成了众多的大小不同的聚落。新石器时代晚期出现了城堡，形成了聚落中心。

第五，饲养业在中石器时代的基础上向前发展，除了饲养狗、羊，还饲养猪、牛、马等家畜。饲养业的发达，在很大程度上补充了人们生活资料的来源，同时又促进了农业的发展。

第六，出现了纺织业，纺织品既可以做成衣服御寒，还可以结网捕鱼。

第七，出现了原始宗教和对神的崇拜。

第八，在旧石器时代装饰品的基础上，出现了各种各样的更加精美的装饰艺术品和宗教艺术品。

第九，由母系氏族社会进入到父系氏族社会，直至原始公社解体。

第十，由石器时代过渡到金石并用时代，生产力又一次大幅提高，最后出现私有制，出现阶级，从而促使原始社会瓦解，进入奴隶社会，迎来了中国的文明时代。

第二节　旧石器时代地学知识的萌芽

一　生产活动与地学知识

（一）渔猎生产中反映的地学知识

直立人阶段，中国先民已有男女两性的劳动分工，即男性狩猎，女性采集。男女之间的生理差异是这种劳动分工的重要原因[1]。

男人在狩猎过程中，首先要认识各种各样的动物，了解它们的形态特征，性情是温和的还是凶猛的，是食肉动物还是食

---

[1] 张之恒，吴健民. 中国旧石器时代文化 [M].南京：南京大学出版社，1991：142.

草动物，或者是杂食动物，它们经常在什么地方出没，在什么地方觅食、饮水、休息和繁殖。经过长期的观察，人们积累了许多有关动物形态和生态方面的经验，也积累了动物类型及动物地理分布的知识。有经验的猎手们已经知道森林、草原、荒漠中各有什么动物，并掌握了猎取性情温和的动物和性情凶猛的动物的不同方法。他们利用有利的地形——悬崖或河边，依靠集体的力量围攻猎捕，有了最初的地形知识。到了旧石器时代末期或中石器时代，人们把猎取到的性情温和的动物或其幼仔饲养起来，产生了饲养业。

距今 110 万年的蓝田人捕捉鸟类、青蛙、龟、蜥蜴、蛇、老鼠、兔子、豪猪等小动物为食[1]。他们对这些动物的形态和生态以及地理分布应该是知道的，熟悉的。

距今 50 多万年的北京人，对周围动物的形态和生态以及地理分布有所了解，他们猎取的主要对象是小型动物，比如鹿，也有虎、豹、野猪、羚羊、马等中大型动物。

距今约 7 万年的山西襄汾县丁村人，其狩猎对象除了有山地森林中的动物，还有水中的鱼类和大量的软体动物。可见，丁村人对于生活在不同生态环境中的动物是很熟悉、很了解的，从而能够到不同的动物生态环境中去猎取各种动物，而不是猎取比较单一的某些动物。

距今约 2.8 万年的山西朔县峙峪文化遗址，动物化石中，野马和野驴的数量最多，它们是峙峪人猎取的主要对象，故峙

---

〔1〕 黄慰文. 蓝田人 [M] // 黄慰文, 贾兰坡, 安志敏, 等. 中国历史的童年. 北京: 中华书局, 1983: 33.

峪人被称为"猎马人"[1]。

距今2万至1万年的河南安阳小南海文化，动物化石中有22%属于灭绝种，其余为现生种。其中一些大型食草动物，如野驴和披毛犀的骨骼，大多为幼年和老年个体，说明当时人们在狩猎活动中常选择易于捕捉的对象[2]。

原始人在渔猎生产活动中，积累了周围的山川、湖泊的分布、各地地形的差异以及动物的地理分布等地学知识，并把这些知识传授给别人和下一代。

（二）采集生产活动中反映的地学知识

原始人中的女性，在采集生产活动中，会接触大量的植物种类，对植物的形态、类型、生态和地理分布积累了丰富的经验。认识到不是所有的植物果实、块根和茎叶都是可以吃的。有的有大毒，会毒死人；有的有小毒，吃了会令人不舒服或生病，也是不能吃的。只有无毒的植物才是人类理想的食品。在北京人居住的洞穴遗址中，发现了大量的朴树籽都被烧过，估计这些树籽是北京人的食物之一。鉴别植物有毒无毒的工作，是几百万年人类前仆后继用极高的生命代价换来的经验。所谓"神农尝百草"，是把几百万年人类的经验变成了美丽的传说。采集生产的长期经验积累，使人们驯化了某些野生植物，把野生变成人工栽培，产生了农业，原始农业产生于旧石器时代末，而兴盛于新石器时代。

采集生产活动必须建立在对周围植物状况有一定认识的基

〔1〕 张之恒，吴健民. 中国旧石器时代文化 [M].南京：南京大学出版社，1991：256.

〔2〕 张之恒，吴健民. 中国旧石器时代文化 [M].南京：南京大学出版社，1991：262.

中国地学史·古代卷

础上，这种认识就是植物地理知识的萌芽。采集会使原始人认识植物的种类、形态、生态和地理分布。植物的地理分布比动物的地理分布更容易被原始人掌握，因为植物是不动的，而动物是经常流动的。

二 居住环境与地学知识

直立人阶段，先民们除了利用山洞和岩棚作为住所，已开始建造简陋的隐蔽所。他们对居住地的环境是有所选择的。

第一，靠近河流，有水源，有打制石器的原料。

第二，要有比较丰富的动物群供狩猎取食。

第三，要有比较丰富的植物资源供采集食物。狩猎得到的食物是不稳定的，而采集所获得的食物则比较稳定。近代许多采集狩猎民族，60% 至 70% 的食物是由妇女提供的植物性食物，以及鱼类和水生贝类[1]。

第四，临时住处要能挡风避雨，能保存火种，防止野兽袭击，所以岩洞、岩棚是直立人主要的临时住处。旧石器时代许多居住遗址都在洞穴中，就是这个原因。

第五，临时住处周围交通要方便，便于人们行走往来，运送东西，还要顾及小孩和老人的安全。因此，住处不可太陡峻，不可太靠近水边。

上述选择不仅包含有地貌知识，还有矿物岩石知识、动植物知识、水文知识等，应该说是当时各种地学知识的萌芽。

北京人在周口店龙骨山岩洞中陆陆续续居住了 30 多万年，说明这个地方地理环境良好，非常适合北京人居住。此地北面

---

〔1〕 张之恒，吴健民. 中国旧石器时代文化 [M]. 南京：南京大学出版社，1991：143.

是重叠的高山，西面和西南面为低矮的群山环绕，东南面是广阔的平原。龙骨山东面有一条河流，还分布有湖泊或沼泽地。由于气候的变化，这里大约经历了三个寒暖交替的周期。在周口店不远的地方，可能出现过面积相当宽广的干燥草原，甚至有沙漠地带存在，不论什么气候周期，周口店周围的动植物资源总是很丰富，适合北京人生活与居住。可见，地理环境优越是北京人长期居住在此处的主要原因。

丁村人选择汾河流域居住，是因为这里有茂密的森林，有丰富的动植物资源，河滩上有大量砾石可供制造石器，他们过着以采集为主，狩猎为辅的经济生活[1]。

山西阳高的许家窑人，选择大同盆地居住。这里在旧石器时代是一个面积为9000多平方千米的大湖，湖的北岸地势平坦，有溪流注入湖内。平原北边是低山丘陵，分布着稀树林。动植物资源丰富，是原始人生活的好地方。

河南安阳小南海遗址的居民，过着穴居生活。洞穴位于群山环抱的峡谷中，靠近洹河和小南海。峡谷以东是广阔的草原，山区有森林，附近还有沼泽和河流，水草林木繁茂，动植物资源丰富，是原始人生活的良好场所。

总之，旧石器时代的人对生存环境的选择，显然还谈不上是自觉的，只能说是古人类的一种本能，在很大程度上不是古人类有意识地选择生存环境，而是人类适应生存环境。为了适应生存环境，他们被迫去寻找能躲避自然灾害的地方居住，被迫去寻找食物丰盛的地方生活。这种被迫的寻找，也是一种选

---

〔1〕 张之恒，吴健民. 中国旧石器时代文化 ［M］. 南京：南京大学出版社，1991：214.

择，是下意识的选择。由下意识的选择逐步过渡到有意识的选择，经历了上百万年的时间。旧石器时代的人类，并不是千里迢迢去寻找最好的地理环境居住，而是在他们原来所在的地区内去寻找比较好的生存环境。这样，由于各地地理环境不同，产生了不同的旧石器时代文化，体现了人类与自然的相互作用，体现了人类对地理环境的不断适应的过程。

三　石器反映的矿物岩石知识

距今 240 万～200 万年的安徽繁昌人字洞原始人已会打制石器[1]，可以说人类一出现就和矿物岩石结下了不解之缘。

旧石器时代的人制造石器是用岩石或矿物作为原料，但不是所有的岩石或矿物都能用来制造石器。最初，原始人不知道选择石器原料，他们随便捡些石头制造石器。在长期的实践中，他们发现有的石器好用、耐用。有的石器不好用、钝，也不耐用。经验告诉他们，制造石器选择原料，要选择产量多、硬度大并具有韧性的石料为原料。这就是中国原始人对岩石、矿物性质最早的认识，也是中国最早的岩石、矿物知识。

制造石器的原料除了硬度，还要有一定的韧性和脆性，这样才容易将石料打碎，制成石器。太脆的岩石即使打成石器，到使用时也容易形成断口，减少使用寿命。

燧石与火石是同一种矿物，火石是俗称，由隐晶质石英（SiO_2）组成。它是打制石器最理想的原料。其硬度为7，性韧而脆，破碎后呈介壳状断口，打下的石片常常具有刀口那样锋利的刃口。中国燧石分布范围极小，产量也不多，因此我国的旧石器多采用其他岩石或矿物制造，常见的有石英和石英岩

〔1〕《北京晚报》1999 年 6 月 3 日。

等。

石英的硬度为7，结晶状的叫水晶，块状的叫脉石英。石英岩则由砂岩或化学硅质岩重结晶而成，属于变质岩。主要矿物为石英，一般为浅色或白色，质地坚硬，但其颗粒常结成致密块状。这两种石料在我国分布很广，产量也多，因此我国的旧石器多用这种石料。如北京人的石器，88.8%是用石英制成的[1]。匼河文化的石器，除了极少数用脉石英，绝大多数是用石英岩打制的[2]。

硅质灰岩和角页岩也是制作石器的较好材料，但由于这两种岩石分布不广，只在个别旧石器遗址中大量出现。如观音洞文化，用硅质灰岩作石器占总数的65%[3]。在丁村文化中，有95%的石器是用角页岩做的[4]。

此外，制造旧石器的原料还有铁矿石[5]、砂岩、玛瑙、玄武岩、安山岩、闪长岩等近60种岩石。而选择石器原料的最好场所是河滩，河滩上的砾石又称鹅卵石，包含各种各样的岩石和矿物[6]。通常是就地取材，只有少数是到几千米至20千米以外的地方选取石料。

据笔者统计，旧石器时代原始居民利用过的岩石、矿物总数达37种，其中矿物9种，即石英、燧石、石髓、水晶、赤

〔1〕裴文中，张森水.中国猿人石器研究[M].北京：科学出版社，1985：219.

〔2〕贾兰坡，王择义，王建.匼河[M].北京：科学出版社，1962.

〔3〕李炎贤，文本亨.观音洞[M].北京：文物出版社，1986：30.

〔4〕裴文中，吴汝康，贾兰坡，等.山西襄汾县丁村旧石器时代遗址发掘报告[R].北京：科学出版社，1958.

〔5〕《北京晚报》1999年6月3日。

〔6〕张之恒，吴健民.中国旧石器时代文化[M].南京：南京大学出版社，1991：66.

铁矿、石墨、蛋白石、玛瑙、碧玉，其余 28 种为岩石。这 37 种岩石、矿物他们是否都能认识并加以分别，答案恐怕是否定的。按照当时人们的认识水平，上述个别岩石、矿物只是偶尔巧遇，随手捡拾做成石器，谈不上认识。但上述多次利用的岩石、矿物，估计古人是有所认识的，是特意挑选出来做成石器或装饰品的。旧石器时代人们能够辨认的岩石、矿物大约有 17 种。他们根据岩石或矿物的颜色、硬度、透明度和手感粗细程度来辨别。这些知识是古人通过上百万年的实践才积累起来的，非常不容易。

证明旧石器时代的人类认识了某些岩石、矿物的另一个理由是：他们制造石器和装饰品的石料，并不全是就地取材。因为有的石器，当地没有这种原料，而是从别的地方捡来的，携带来的。如内蒙古萨拉乌苏遗址的石器原料以火石为多，而当地只见细砂，未见砾石层[1]，说明原料不是就地取材，而是从外地弄来的。

黑龙江哈尔滨阎家岗遗址，距今 22000 多年，其中一种砍砸器的原料为石英岩，不是当地产的，因为当地无石英岩，显然是古人从别的地方捡来的石料，加工成石器后携至此地[2]。

北京人制造石器的原料石英和水晶，本地也没有，是从遗址北面大约 2 千米的花岗岩风化山坡堆积中，或河边阶地里选择出来的。山顶洞人用的赤铁矿，本地也没有，是从几百里外

〔1〕 贾兰坡. 旧石器时代文化 [M].北京：科学出版社，1957：40.

〔2〕 黑龙江省文物管理委员会，哈尔滨市文化局，中国科学院古脊椎动物与古人类研究所东北考察队. 阎家岗 [M].北京：文物出版社，1987：2.

的宣化弄来的[1]。这些事实说明，旧石器时代的人认识了一些矿物和岩石，他们运用这些知识能够从外地寻找到他们需要的制造石器的原料。

四　交通和交流中反映的地学知识

中国旧石器时代文化遗址迄今已被发现 260 多处[2]，广泛分布在华北、东北、长江流域、华南和青藏地区。由于地域广阔，地理环境不同，因此旧石器时代的文化也有地区差异。这种文化地区差异，反映了中国古人类对各种地理环境的适应和认识。在不同的地理环境中，创造了不同的原始文化。

首先，旧石器时代早期，中国境内旧石器文化存在不同的传统和类型，即以石片工具为主的小石器传统。在这一传统下，南北存在着不同的类型，在每个类型中又有若干个小的文化变体。

其次，华北旧石器文化有两个传统：一个是"匼河—丁村系"，即"大石片砍砸器、尖状器传统"；另一个是"周口店第一地点—峙峪系"，即"船头状刮削器—雕刻器传统"。其差异反映了经济生活的不同。

再次，就世界范围来说，旧石器时代早期，世界存在两大系统：西方是手斧文化系统；东方是砍砸器文化系统。中国属于砍砸器文化系统[3]。这些古老的文化传统差异，表明当时的人类对各自所处的地理环境采取了不同的适应方式，获得了

---

〔1〕　张之恒，吴健民．中国旧石器时代文化［M］．南京：南京大学出版社，1991：175．

〔2〕　张之恒，吴健民．中国旧石器时代文化［M］．南京：南京大学出版社，1991：19．

〔3〕　石兴邦．中国化石古人类和旧石器文化考古发现与研究·序言［M］．西安：陕西科学技术出版社，1992．

对于不同的地理环境的不同认识，这是后来人类社会产生地区差异思想的最古老的认识基础。

旧石器时代早期，原始人群过着游动的集体生活，没有固定的住所，血缘家庭集团之间的交往很少，是独立的家族，因而谈不上有文化交流。到旧石器时代中期，由于石器工艺的进步，石器类型增多，功能进一步分化，使得旧石器文化的地域性特征越来越明显。随着生产力的提高，人口的增殖，人们活动范围扩大。人口的繁殖又促使原始家庭分裂，出现了越来越多的新家庭。这些新家庭由于语言相同，又是亲属关系，因而彼此互相交往的机会大大增加。婚姻制度由内婚制进步到外婚制，更促进了民族之间的交往。这个时候，自然也就出现了文化交流与融合。

河南许昌灵井遗址，细石器很多，如锥状石核、铅笔状石核、窄长小石片等，和东北边陲的海拉尔、陕西大荔的沙苑等中石器时代遗址中发现的十分相似。特别是灵井发现的两件小型厚刃斧状器，与沙苑地区的斧形器形制相同，琢制更精巧。这些情况说明中石器时代的文化在向周围传播，与其他地区的文化有交流。黄慰文认为："从时间上看，华北细石器向南传布到西樵山的时间比地中海细石器向东传布到澳大利亚南部的时间要早。"[1]

中石器时代的细石器工艺传统在云南已有较多的分布，如元谋大那乌村有 8 个地点发现了细石器，保山市羊邑新寨也发现了细石器。西藏那曲、聂拉木县、中扎县和双湖地区都发现

〔1〕 黄慰文，李春初，王鸿寿，等．广东南海西樵山遗址的复查［J］．考古，1979（4）．

了细石器，其工艺传统和风格与黄河流域所发现的完全相同[1]。青海贵南县拉乙亥遗址也出土了细石器。山东临沂凤凰岭、青峰岭，郯城县黑龙潭，江苏东海县大贤庄，都发现了典型的细石器遗址。山西蒲县薛关遗址的石器，几乎具有我国中石器时代石器制造工艺的全部特点[2]。

安志敏认为，以细石器为代表的工艺传统在亚洲东部和美洲北部的遗存，应发源于我国华北地区。在中石器时代，华北各地的狩猎者逐渐扩大自己的活动范围，向西经渭河谷地而到达甘肃、青海、新疆和西藏；向东循黄河而下到河北、河南、山东和江苏北部；向南翻越秦岭到云贵高原、南海之滨；向北则经蒙古高原到西伯利亚，又经白令海峡直抵北美阿拉斯加地区。这种传播和交流当然不可能是直线的，也不是定向的。这种传播与交流是随着中石器时代的人们或逃避洪水、瘟疫、地震、森林大火等自然灾害，或追逐容易捕获的动物群，或寻找更适合于生活的环境而逐渐走向远方，把他们掌握的细石器工艺传统传播到各地，并与各地的民族群体进行交流[3]。

由于中石器时代的居民流动迁徙性很强，因此当时各地区、各种民族群体广泛接触和交流，但这种文化交流又具有明显的不平衡性，因而造成了文化发展有地域性的差异，导致了新石器时代文化具有多中心、多色彩、多层次的特点[4]。

旧石器时代中、晚期的文化交流，促使中国原始居民们广泛接触各种各样的地理环境，熟悉各种类型的地理环境，积累了许多选择地理环境的地学知识。其中有些人在游荡过程中发

〔1〕〔2〕〔3〕〔4〕 马洪路. 远古之旅——中国原始文化的交融［M］. 西安：陕西人民出版社，1989：95-114.

现了比较优良的环境，停下来固定居住。在这种好的地理环境中，由采集生产逐渐萌发了栽培植物，开始驯化一些动物成为家畜，于是产生了原始的农业和畜牧业，使社会的一部分向野蛮时代的高级阶段转化，出现了中华大地上新的时代——新石器时代。

第三节　新石器时代地学知识的增长

中国从旧石器时代到新石器时代，虽然中间有一个过渡时期，但过渡期是很短暂的。有的地区，两者几乎是衔接的。旧石器时代与新石器时代的根本区别是人类经济生活的变革。旧石器时代人们以采集和渔猎为生，属于攫取经济；新石器时代有了农业和家畜饲养业，属于生产性经济。旧石器时代人们主要使用打制石器，新石器时代人们除了沿用打制石器，主要使用磨制石器。在持续存在的时间上，新石器时代虽然比旧石器时代短很多，但各方面的进步却比旧石器时代快得多，人们的创造发明也比旧石器时代多得多。同样，新石器时代地学知识的增长也比旧石器时代快得多。

一　生产活动中地学知识的增长

新石器时代生产活动主要是三项：一是农业，二是狩猎采集业，三是手工业。这三项生产活动并不是每个地区都必须同样具备的，而是根据各地不同的情况有多有少，有所侧重。如黄河流域和长江流域的新石器文化，农业和制陶业都比较发达，渔猎和采集则显得衰落了。在中国东南沿海地区贝丘类型的新石器文化和中国北方沙漠草原地区以细石器为特征的新石器文化，渔猎和采集业仍然发达，制陶业则不发达。新石器时代的地区差异比旧石器时代更加明显，也变得更加复杂。

（一）农业

山西怀仁鹅毛口石器制造场，属于前陶新石器遗址，发现有打制的或刃部稍经磨尖的石斧、石锄等农业工具，说明原始农业已经产生。陕西大荔县的沙苑文化，石器中发现少量的和新石器时代磨制石斧形体相似的打制石斧，其细石器中的锥状石核、楔形石核等器形，也都与北方沙漠草原地区的新石器文化的同类石器相似，属于前陶新石器遗址[1]。前陶新石器时期之后，就是新石器时代早期的有陶新石器时期，这时陶器已萌芽。

新石器时代早期的农业是一种"砍倒烧光"的火耕农业，这种原始农业不翻土耕种，只在播种前把野外的植被砍倒、晒干、烧光，然后撒种子播种或挖穴播种。这种农业需要有一些土壤知识、气候知识及生物地理知识。如果土壤太干，太贫瘠，即使下了种也发不了芽，生长不好，因而收获不大，甚至全无收获。还要知道一年之中什么时候下种最好。特别是黄河流域，一年四季分明，必须懂得什么作物适合春种秋收，什么作物适合冬种夏收。特别是旱作农业和稻作农业的出现，反映了当时的人具有一定的气象气候知识、土壤知识、植物生态知识和植物地理知识。如果没有这些知识，就不可能因地制宜地在北方发展旱作农业，在南方发展稻作农业。

新石器时代中期，已从火耕农业发展到锄耕农业，懂得了翻土耕种。当时黄河流域已普遍种粟，长江流域以种水稻为主。种水稻需要灌溉，灌溉要有最基本的水利设施——水渠。修水渠则需要地理知识，要选择适当的地形和坡度。如浙江余姚河姆渡文化遗址的早期地层中，普遍发现稻谷、谷壳、稻

---

〔1〕 张之恒. 中国考古学通论［M］.南京：南京大学出版社，1995：99.

秆、叶等堆积，最厚可达七八十厘米。陶胎中也羼和大量的谷壳。据专家鉴定，稻谷属于栽培稻中的籼稻。当时除了种水稻，还种豆科植物。距今约7000年的河姆渡人，要想种好水稻，必须掌握一定的气候、地貌和水文知识，不然是种不好水稻的。他们要了解天时，即播种的季节；要了解地利，即适合水稻生长的土壤。水稻田与种植旱作物的土地不一样，它要求田地水平，这样灌溉水才能流到每个角落。如果不平，水灌溉不均匀，高处的水稻会干死，低处水深被淹没的水稻会淹死。所以水稻田的开辟必须要有一定的地貌知识，要有水平、坡度的观念。河姆渡晚期文化层中出现了选择低洼处开挖的水井，这是我国迄今发现的最早的水井遗迹，距今约6000年。水井上盖有简单的井亭，以保护水源干净[1]。水井的出现，说明河姆渡人已有一定的水文知识，有了保护水质干净的环保意识。

在新石器时代晚期的良渚文化遗址中，已普遍发现犁铧、破土器和耘田器[2]。石犁固定在犁床上，这是我国发现的最早的石犁。破土器又称作开沟犁。良渚文化所在地水网密布，沼泽甚多，其中常丛生芦苇和其他草类，要开垦成水田，除了要砍去或烧掉苇草，还要翻耕泥土，而泥土里的根系发达盘错，很难翻动或推平，因此，破土器实在是一种斩断草根，以利翻耕的农具。

犁耕的发明，不但提高了劳动生产率，也提高了翻地的质量，还为畜力的利用提供了可能。因此，犁耕农业是锄耕农业

---

〔1〕 中国社会科学院考古研究所. 新中国的考古发现和研究 ［M］. 北京：文物出版社，1984：148.

〔2〕 牟永抗，宋兆麟. 江浙的石犁和破土器——试论我国犁耕的起源 ［J］. 农业考古，1981（2）.

发展的更高阶段。

在良渚文化分布地区发现了许多水井遗迹，其中在浙江嘉善新港发现木筒水井，井底垫一层厚 10 厘米的河蚬贝壳，起过滤、净化井水的作用[1]。在保护与提高井水水质上，良渚人比河姆渡人又进了一步；在水文知识的积累上，良渚人也比河姆渡人更多。

（二）狩猎采集业

新石器时代，由于各地自然地理环境不同，因而形成了三个巨大的经济文化区，即华中、华南的水稻农业区，华北和东北南部的旱地粟作农业区，东北北部、内蒙古高原、新疆、青藏高原和沿海的狩猎采集经济区。

距今 7000 多年的内蒙古敖汉旗兴隆洼文化，以鹿和野猪为主要猎获或饲养对象。在兴隆洼村落内，发现过两种骨鱼镖，反映了兴隆洼人很重视渔业。遗址中还出土了一些胡桃楸的果核，说明兴隆洼人经常采集这种植物果实来吃。他们谋生的主要手段是狩猎、渔业和采集野果实。

距今 4300 多年的辽宁长海县广鹿岛、大长山岛的小珠山一期文化遗址的堆积中，往往有大量贝壳，还出土了石质渔网网坠，说明这里的先民以捕捞海洋生物为生[2]。

华南地区在新石器时代早期，原始农业和家禽饲养虽已产生，但在整个新石器时代早期的四五千年中，这里的人仍以采集和渔猎为生，农业只作为经济生活的补充。贝丘遗址的先民

〔1〕 陆耀华，朱瑞明. 浙江嘉善新港发现良渚文化木筒水井 [J]. 文物，1984（2）：94.
〔2〕 白寿彝总主编，苏秉琦主编. 中国通史：第二卷 [M]. 上海：上海人民出版社，1994：375.

主要以采集果实或捕捞软体动物为生[1]。

黑龙江齐齐哈尔昂昂溪新石器时代的居民以渔猎为生。黑龙江密山新开流新石器时代的居民也以渔猎为主，尤以捕鱼为主要生活来源[2]。

即使是锄耕农业比较发达的仰韶文化时期，采集、饲养和渔猎经济仍相当发达。榛子、栗子、松子、朴树子、植物块根和螺蛳，都是当时采集的对象。家畜饲养已成为当时生产经济的重要内容。

距今4700多年的浙江吴兴钱山漾良渚文化中期遗址，出土了绢片、丝线和丝带，说明当时已开始养蚕织绢。养殖业不仅解决了吃的问题，还解决了穿的问题，具有重大的经济意义。

采集、饲养和渔猎经济促进了人们对周围动植物的形态、类型、生态及其地理分布的认识，促进了人们对周围地理环境特别是地貌形态的认识，也促进了人们对交通路线的开辟。从什么地方走最近，什么地方最平坦或者险峻，什么地方有河、湖、沼泽，什么地方有山丘，什么地方野果多，什么地方野兽经常出没，什么地方最便于狩猎，什么地方最容易捕捞鱼类等。这些经验就是当时的地理知识。

（三）手工业

新石器时代的手工业有三项：制陶业、石器制造业和工艺装饰品制造业。这些手工业生产所反映的地学知识主要是指矿物岩石知识。

---

〔1〕 戴国华. 华南地区新石器时代早期文化的动物考古学研究 [J]. 史前研究，1985（2）：95.

〔2〕 张之恒. 中国新石器时代文化 [M]. 南京：南京大学出版社，1992：324.

1. 制陶业反映的矿物学知识

制陶业的产生是新石器时代的一大标志。原始农业的发展，谷物类食物的大量增加，为陶器的产生创造了客观条件。

广东潮安陈桥新石器时代早期遗址，含单纯的夹砂陶。陶器是羼和粗砂或贝壳末的粗砂陶，火候低，以表红胎灰的最多，表面抹平，有的口颈部涂宽带赭红色彩。

广西桂林独山甑皮岩洞穴遗址，是新石器时代早期的，出土陶器主要是夹粗、细砂的红陶、灰陶。还有少数的泥质红陶和灰陶。这里的陶器比单纯的夹砂陶较为进步[1]。

江西万年县仙人洞新石器时代早期洞穴遗址，出土夹粗砂红陶，火候低，陶色不纯，厚薄不均，内壁凹凸不平，制陶技术上表现出相当的原始性。有少数陶器在绳纹、圆窝纹上涂朱[2]。

河姆渡文化早期的陶器有夹炭与夹砂的黑陶和灰陶，以夹炭黑陶最多（见图1-1，河姆渡陶盆）。夹炭黑陶的形成是因为陶土中羼和大量的植物茎、叶和谷壳等有机物，由于火候低，又

图1-1　河姆渡陶盆

在缺氧的还原焰中烧制，使陶土中的有机物羼和料仅达到炭化的程度。造型简单，器形不规整，常有厚薄不均、色泽不匀、

〔1〕　中国社会科学院考古研究所．新中国的考古发现和研究［M］．北京：文物出版社，1984：167-168.

〔2〕　中国社会科学院考古研究所．新中国的考古发现和研究［M］．北京：文物出版社，1984：139

弧度不一甚至器形歪扭的现象，反映了制造技术的原始性。有

彩绘，彩陶器表面黑色，绳纹上涂一层细白泥，表面经打磨，

彩色浓厚，有突出感，彩面有光泽，是河姆渡制陶工艺的精华。

距今 7500～8500 年的河南舞阳贾湖新石器时代早期遗址

中，出现少量以草末、蚌片、云母片和滑石粉作羼和料的夹

炭、夹蚌壳、夹云母的红褐陶[1]。

以上是新石器时代早期，中国先民发明陶器的情况。到新

石器时代中、晚期，制陶业蓬勃发展，工艺水平有了显著的进

步，如：

河南郑州大河村遗址的陶器，以红陶为主，灰陶次之，有

极少量的白陶，也有一定数量的彩陶。部分彩陶先施白衣，陶

衣有白色和淡黄色两种。彩绘多用黑色和棕色。

分布在豫中地区的秦王寨类型文化遗存，为大河村文化的

三、四期，陶器比大河村文化一、二期有进步，彩绘颜色有

红、棕、灰、黑四种，红、黑有时并用。

仰韶文化的陶器生产，从陶质、造型、装饰到焙烧技术都

达到了相当成熟的水平。陶土经过选择，并根据器物的不同用

途，有的经过精细的淘洗，有的则加入羼和料。也有一部分陶

土不经过加工就用来制作陶器。一般说来，陶质细腻的陶器都

是用经过淘洗的陶土制成。制作炊具的陶土则都加入砂粒或其

他羼和料，以增强其耐热急变性能。

仰韶文化的陶器以细泥红陶为主，灰陶少见，黑陶更是罕

见，但发现少量白陶。装饰上采用磨光，拍印纹饰和彩绘。彩

〔1〕 冯沂. 河南舞阳贾湖新石器时代遗址第二至六次发掘简报 [J].文物，1989 (1)：1.

陶艺术是仰韶文化的一项卓越成就，是中国史前文化成就的标志，也是世界历史文化的珍品。

彩陶是绘画和造型结合的艺术创作。以黑色或兼用红色作画，绘在未烧的器物外壁，也有极少数绘在器物的内壁。这样，器物烧成后颜色不变，也不易被摩擦掉。考古学界为了区别于后时代烧后绘彩

图1-2　仰韶文化的彩陶

陶器，把它专称为彩陶（见图1-2，仰韶文化的彩陶）。

彩陶所用的颜料，其化学成分经光谱分析得知：赭红彩中主要着色元素是铁，黑彩中主要着色元素是铁和锰。白彩中除含有少量的铁外，基本上没有着色剂。据此可以估计赭红彩料可能是赭石（赤铁矿 Fe_2O_3），黑色彩料可能是一种含铁很高的红土，白色彩料可能是一种配入溶剂的瓷土[1]。

仰韶文化晚期也有白陶，到大汶口文化和龙山文化时，白陶比较流行。白陶的化学组成，有的与高岭土非常接近。它们的特点是，氧化铁的含量比陶土低得多，因之烧成后呈白色，称为白陶。白陶的出现，说明我国是世界上最早使用高岭土的国家，对后来由陶过渡到瓷起到了十分重要的作用，因为高岭土是制造瓷器的主要原料之一。

山东龙山文化的陶器以黑陶为主，灰陶不多，还有少量红陶、黄陶和白陶。黑陶有细泥、泥质和夹砂三种，其中以细泥

---

〔1〕　周仁，张福康，郑永圃.我国黄河流域新石器时代和殷周时代制陶工艺的科学总结［J］.考古学报，1964（1）.

薄壁黑陶的制作水平最高。陶土经过精细的淘洗，轮制，胎壁厚仅 0.5～1 毫米，表面乌黑发亮，故有"蛋壳黑陶"之称。它是山东龙山文化最有代表性的陶器。

陶器的发明和发展，反映了当时人们对制陶原料的认识有了突破性的进展。其原料有红土、沉积土、黑土、黏土、坩子土和高岭土[1]。

制造陶器的土必须具备可塑性、耐火性，即耐热急变性能，烧结后不变形，不干裂。为了增强耐热急变性能，当时的人已经知道了要适当加入石英砂粒、草末、蚌片、云母片、滑石粉等有机质或矿物。陶器上的彩绘颜料，有赭红、瓷土、朱砂和锰矿。这对当时居民认识矿物是一个很大的促进，使新石器时代的矿物知识比旧石器时代有了很大的进步。

2. 石器制造业反映的矿物岩石知识

新石器时代石器制造业达到了顶峰，无论是石器的种类还是石器原料，都大大超过了旧石器时代。笔者根据新石器时代早、中、晚三个时期的 84 处文化遗址的统计，把新石器时代人们利用或认识的矿物岩石列成表 1－1。

表 1－1　新石器时代人们利用或认识的矿物岩石

名称		石英岩	砂岩	赤铁矿	燧石	石英	变质岩	页岩	水晶	玉	萤石	碧玉	蛋白石
数量	早期	3	3	1									
	中期	12	18	3	17	4	3	7	2	3	1	2	3
	晚期	10	26	1	15	4	3	21	5	10		3	5
合计		25	47	5	32	8	6	28	7	13	1	5	8

〔1〕　周仁，张福康，郑永圃. 我国黄河流域新石器时代和殷周时代制陶工艺的科学总结 [J]. 考古学报，1964（1）.

名称	玛瑙	泥板岩	斑岩	绿泥板岩	泥灰岩	玄武岩	凝灰岩	石灰岩	片麻岩	辉长岩	火成岩	细砂石	花岗岩
数量 早期								1					1
中期	5	1	1	1	2	4	2	7	3	4	3	3	5
晚期	5	4				6	2	13		2	4	5	10
合计	10	5	1	1	2	10	4	21	3	6	7	8	16

名称	粉砂岩	硅质砂岩	绿泥片岩	辉绿岩	片岩	灰岩	粗砂岩	板岩	硅质变质岩	泥质泥岩	安山岩	沉积岩	石墨
数量 早期													
中期	2	1	1	3	1	2	1	4	1	1	2	1	1
晚期	2			5	1	2	3	18			3	1	
合计	4	1	1	8	2	4	4	22	1	1	5	2	1

名称	煤精	泥质砂岩	石英长石砂岩	千枚岩	翡翠岩	泥质页岩	火山角砾岩	石英砂岩	角页岩	叶蜡石	滑石
数量 早期								2			
中期	1		1						1		4
晚期		1	2	2	1	1	1	3	5	3	2
合计	1	1	3	2	1	1	1	5	6	3	6

名称	硅质板岩	变质砂岩	正长板岩	二长岩	流纹岩	凝灰砂岩	石英斑岩	铁质砂岩	黑云母片岩	花岗闪长岩	砂页岩	泥质岩	霏细岩
数量 早期											1	1	1
中期		1			2						1	1	
晚期	1	3	1	1	1	1	1	1	1	1	1	2	1
合计	1	4	1	1	6	1	1	1	1	1	3	4	2

名称		闪长岩	砂质灰岩	蛇纹岩	凝灰碎屑岩	石髓	黑曜岩	硅质岩	角砾岩	砂质板岩	大理石	角岩	绿松石	朱砂
数量	早期													
	中期	2	1	1	1	1					1		3	1
	晚期	1		2		6	1	2	2	2	2	1	3	2
合计		3	1	1	1	7	1	2	2	2	3	1	6	3

名称		白云岩	油页岩	泥质灰岩	硅纹岩	墨玉	角闪石	变质灰岩	石膏	铜	硅质角岩	粘板岩	透闪石	火烧玉
数量	早期													
	中期	1	1	1	1	1	1	1	1					
	晚期			1						2	1	1	1	1
合计		1	1	2	1	1	1	1	1	2	1	1	1	1

名称		白石脂	高岭玉	矿物岩石种类合计	90
数量	早期			合计	9
	中期			合计	61
	晚期	1	1	合计	71
合计		1	1	141	90

说明：表中的数量，指该矿物岩石在 84 个遗址或墓葬中出现的次数。早、中、晚期分别代表新石器时代三个时期。数量的合计指该矿物岩石在新石器时代 84 个遗址或墓葬中出现的总次数，反映了该矿物岩石利

用率的高低。

由表 1-1 可以得知以下几组数字：

（1）新石器时代人们所利用或认识的矿物岩石总数为 90 种，比旧石器时代的 37 种增加了 53 种，增长率为 143%。增长速度非常快。

（2）新石器时代早、中、晚三期，人们利用或认识的矿物岩石数量是不同的，早期较少，只有 9 种；中期增加比较快，总数达到 61 种；晚期总数达到 71 种。

（3）新石器时代人们利用次数最多的矿物岩石分别是砂岩（47）、燧石（32）、页岩（28）、石英岩（25）、板岩（22）、石灰岩（21）、花岗岩（16）、玉（13）、玄武岩（10）、玛瑙（10），占了前十位。再往下则是石英（8）、蛋白石（8）、细砂岩（8）、辉绿岩（8）、火成岩（7）、水晶（7）、石髓（7）、变质岩（6）、辉长岩（6）、绿松石（6）、角页岩（6）、滑石（6）、流纹岩（6）、赤铁矿（5）、安山岩（5）、泥板岩（5）、碧玉（5）、石英砂岩（5）、泥质岩（4）、粉砂岩（4）、凝灰岩（4）、粗砂岩（4）、变质砂岩（4）、灰岩（4）、叶蜡石（3）、石英长石砂岩（3）、片麻岩（3）、闪长岩（3）、蛇纹岩（3）、砂页岩（3）、大理石（3）、朱砂（3）等。次数在 2 以下的，可能基本上是偶然使用，并不是特意寻求的矿物岩石。比如铜（2），在新石器时代主要利用自然铜或红铜。虽然它出现在仰韶文化后期，即距今 5500 年左右。但由于自然铜产量少，不易发现，故还谈不上有意识地去寻找铜矿，更不要说开采铜矿和冶炼铜了。因为铜的熔点为 1084℃，这个温度当时还不容易达到，所以在发现铜以后一段相当长的时间内，只能有小件铜器流传下来。此后进入铜石并用时代，即从仰韶文化晚期至龙山文化（距今 5000~4000 年）和齐家文化（距今 4200~3900 年）时期，此时的铜器制作是铸造和锻造工艺并行。既然有铸造，那必然要有铜矿的冶炼作基础才行。冶炼又必须要有铜矿石，铜矿石的来源则依赖于采矿。铜矿的开采反映了当时人们对铜矿石及铜矿床的认识与寻找已具有一定的知识。

（4）在新石器时代利用或认识的 90 种矿物岩石中，有矿物 23 种。它们是绿松石 $[CuAl_6(PO_4)_4(OH)_8 \cdot 5H_2O]$、叶蜡石 $[Al_2(Si_4O_{10})(OH)_2]$、滑石 $[Mg_3(Si_4O_{10})(OH)_2]$、透闪石 $[Ca_2Mg_5(Si_4O_{11})_2(OH)_2]$、铜（Cu）、燧石（$SiO_2$）、玛瑙（$SiO_2$，玉髓之一种）、石髓即玉髓（$SiO_2$）、蛋白石（$SiO_2 \cdot nH_2O$）、水晶（$SiO_2$，透明的结晶石英）、石英（$SiO_2$）、碧玉（$SiO_2$，又叫碧石，含氧化铁）、赤铁矿（$Fe_2O_3$，又叫赭石）、石墨（C）、煤精（C）、萤石（$CaF_2$）、玉（成分复杂，种类多种，这里指软玉）、石膏（$CaSO_4 \cdot 2H_2O$）、朱砂（HgS）、墨玉、火烧玉、白石脂、高岭玉。其余 67 种为岩石。跟旧石器时代相比，新石器时代利用或认识的矿物增加了 14 种，它们是：绿松石、墨玉（黑色的软玉）、叶蜡石、滑石、透闪石、铜、煤精、萤石、玉、石膏、朱砂、火烧玉、白石脂、高岭玉。岩石增加应为 39 种，但是实际上，旧石器时代利用的岩石，新石器时代并不是都连续利用，如旧石器时代利用的硅质灰岩、橄榄岩、硅化岩、硅化火山碎屑岩，新石器时代却没有找到继续利用的证据。因此，实际上新石器时代利用的岩石比旧石器时代多 43 种。它们是：变质岩、泥板岩、绿泥板岩、泥灰岩、花岗岩、细砂岩、粉砂岩、绿泥片岩、片岩、灰岩、粗砂岩、硅质变质岩、泥质泥岩、沉积岩、泥质砂岩、石英长石砂岩、千枚岩、翡翠岩、火山角砾岩、硅质板岩、正长板岩、二长岩、凝灰砂岩、石英斑岩、铁质砂岩、黑云母石英片岩、花岗闪长岩、砂页岩、泥质岩、霏细岩、砂质灰岩、蛇纹岩、凝灰碎屑岩、砂质板岩、大理石、白云岩、油页岩、硅纹岩、角闪石、变质灰岩、硅质角岩、粘板岩、石英砂岩。

（5）在同一种矿物岩石的利用上，新石器时代早、中、晚三期常常表现出一种发展的趋势。如砂岩，早、中、晚三期的利用次数分别为3、18、26，页岩为0、7、21，花岗岩为1、5、10。反映了由早期到晚期利用次数越来越多，越来越发展的趋势。特别是玉由中期的3发展到晚期的10，表明新石器时代晚期玉器大发展的事实。

（6）新石器时代利用或认识的90种矿物岩石，有的只是偶尔利用，有的矿物岩石或利用多了，或是有特殊的标志，如颜色、硬度、透明度、结晶形状等，容易区别，故而认识。但并不能像现代地质科学那样，严格区分，有固定的科学名词。只有少数因传统继承关系可能名称和现在相同，但绝大部分是不同的。各地有各地的土名，现在仍然如此。

3. 工艺装饰品制造业反映的矿物岩石知识

根据笔者统计，现将新石器时代有关工艺装饰品的原料列成表1-2。

表1-2 新石器时代工艺装饰品原料统计表

名称	绿松石	玉	萤石	煤精	火山灰岩	玉髓	白云石	石英岩	大理石	滑石	石膏	象牙	石灰岩	玛瑙	铜	叶蜡石	页岩	水晶	假玉	石英	朱砂	砂岩	珍珠	珊瑚岩	原料种类合计
早期	4	1	1	1	1		1			1															7
中期	5	14						1		1	1	2	1												25
晚期	10	26				2			2	1		3		3	1	1	1	2	3	1	1	1	1	1	29
合计	19	41	1	1	1	2	1	1	2	3	1	5	1	3	1	1	1	2	3	1	1	1	1	1	61

由表 1-2 可知：

第一，新石器时代工艺装饰品所用的原料共 25 种。除陶一种外，其余 24 种都是矿物岩石。其中矿物有绿松石、叶蜡石、滑石、玉、假玉、铜、煤精、萤石、玉髓、白云石 [CaMg(CO₃)₂]、玛瑙、石膏、水晶、石英、朱砂等 15 种。岩石有火山灰岩、大理石、石灰岩、页岩、砂岩、石英岩、珊瑚岩等 7 种。珍珠、象牙属有机宝石，为有机矿物。

第二，新石器时代早、中、晚三个时期所用的工艺装饰原料种类是有差别的。从早期到晚期逐渐增加，体现了向前发展的趋势。早期只有 4 种，矿物有绿松石、玉和滑石 3 种。中期上升到 11 种，增加了萤石、煤精、白云石、象牙、假玉、朱砂等矿物，以及火山灰岩、砂岩两种岩石。晚期上升到 19 种，增加了玉髓、石膏、玛瑙、铜、叶蜡石、水晶、石英、珍珠等矿物，以及石英岩、大理石、页岩、珊瑚岩、石灰岩等 5 种岩石。

第三，就单项矿物来说，也体现了从早期到晚期的发展趋势。绿松石早期只有 4 次，中期为 5 次，晚期增加到 10 次。玉在新石器时代早期利用 1 次，但中期就已达到 14 次，晚期达到 26 次，其发展速度非常迅猛。

第四，新石器时代的工艺装饰品是由旧石器时代工艺装饰品发展而来。旧石器时代山顶洞人已有 100 余件经过雕刻和加工的装饰品，其中有用赤铁矿粉染红的钻孔石珠，黄绿色的卵形钻孔砾石。新石器时代早期，北京平谷上宅遗址出土有黑滑石雕小猴形、石鸮形饰件，辽东半岛后洼遗址下层出土了动物和人形滑石雕刻。新石器时代中期，有玉、石雕刻，如四川巫山大溪出土的两面石雕人面和人面形石玩具，山东大汶口文化遗址出土玉人面形雕刻，崧泽文化有鸟形和鱼形玉璜等。新石器时代晚期，玉、石雕种类繁多，工艺水平相当高，有专门从事玉、石雕的专业人才，有专门的玉、石加工场。如甘肃武威皇娘娘台遗址中，有一部分就是玉石器加工作坊。

玉、石雕工艺促进了人们对玉的性质的认识。距今 6700 多年的河姆渡文化第四层已出土玉璜。距今 5000 年前后的崧泽文化已有玉璧、玉琮的制作。新石器时代晚期，北方红山文化和南方的凌家滩、良渚文化，都是采用"玉殓葬"的部族，他们对玉的认识没有太大的差别。近来有人认为，真正把软玉从美石中区别开来的是崧泽和凌家滩、良渚部族，这些部族被称为玉的部族，从而开始了我国真正玉的时代。而红山文化部族所用的玉材，主要是岫岩玉，它在矿物学上属于蛇纹石，和属于角闪岩的透闪石、阳起石的软玉不是一种矿物。即使是透闪石或阳起石，也不都是软玉，而是只有具有交织纤维显微结构的（软玉结构）才能称作玉。据闻广先生对江苏草鞋山等遗址出土的玉器所做的矿物学鉴定，我国现知最早属于软玉的玉器见于崧泽文化。在凌家滩、良渚文化时期，这种玉材已普遍使用。因此，目前暂且把凌家滩、良渚人或稍前的崧泽人作为最早将软玉从美石中区别开来的部族[1]。当然，这种要求似乎过于严格，当时的崧泽和凌家滩、良渚人也不可能有那么高水平的科学鉴别能力。凌家滩、良渚人和红山人所用玉料的区别，主要是玉的产地决定的。凌家滩、良渚人那里产软玉，故普遍使用软玉。红山人那里产岫岩玉，故普遍使用岫岩玉。实际上，马家浜文化、崧泽文化、河姆渡文化、北阴阳营遗址等，用来制作玦、璜、管、珠等装饰品的材料，除软玉外，还

---

[1] 牟永抗. 良渚玉三题 [J]. 文物，1989 (5)：64.

有石英、玛瑙、石髓、氟石（即萤石）、滑石等。即使凌家滩和良渚人，也不是全部只用软玉来制作装饰品，而是同时也用水晶、石英、绿松石。新石器时代对玉的认识是比较广义的，但还不可能有严格的和统一的标准来区分。真正能用严格科学标准来划分的，只有现代矿物学才能办到。因此，古代常常以产地来命名玉，如岫岩玉、独山玉、和田玉、莱阳玉等。

第五，新石器时代制作工艺装饰品的原料，按照现代宝石分类，有天然宝石水晶，有机宝石珍珠、珊瑚、煤精、象牙等。玉石有软玉、绿松石、岫玉、玛瑙、玉髓、石英、萤石、白云石、石英岩、滑石、大理石、石膏、叶蜡石等。

第六，新石器时代玉的产地地理分布情况。在南方良渚文化地区，玉的产地可能是太湖周围的宜溧山地、天目山脉和宁镇山脉。这一地区虽至今未发现玉石矿藏，但曾经钻探到个别标本[1]。在安徽肥东、全椒、凤阳、滁县、霍山一带，都有玉料、玛瑙、水晶等矿藏分布。安徽含山凌家滩墓葬出土的玉器原料可能是当地产的，有真玉（软玉），也有假玉、玉髓、水晶等[2]。山东大汶口发现的玉矿，陕西神木石峁发现的部分墨玉器，其玉料为山东莱阳玉，或河南独山玉，或陕西蓝田玉[3]。北方红山文化的玉料产地为辽宁岫岩县北瓦沟。产于新疆和田的软玉，新石器时代是否输入中原地区，有待研究。

总之，新石器时代人们对矿物岩石的认识，已有六个方面的内容：

（1）认识到某些矿物岩石有固定的特殊颜色。如赤铁矿

---

〔1〕《文物》1984 年第 2 期第 23 页。
〔2〕《文物》1989 年第 4 期第 13 页。
〔3〕《文物》1984 年第 10 期第 42 页。

的红色，自然铜的黄色，萤石的绿色、紫色，绿松石的蓝色，朱砂的鲜红色等。这些矿物从外表颜色就能够辨认出来。

（2）认识到某些矿物岩石的硬度有很大差别。如甘肃秦安大地湾新石器晚期遗址出土的石器中，有石研磨器5件，其中用作磨光工具的多选用石质细密的石英岩石料，用作钻孔工具的多选用磨蚀力强的粗砂岩；磨石9件，一般选用质地较细的砂岩；装饰品石笄64件，多选用坚硬细密的石料；石环54件，多选用白色石英岩或汉白玉磨制[1]。良渚文化时期，琢玉工人已经知道石英砂的硬度比软玉大，故琢玉时，借助水和石英砂（又称解玉砂）作介质，经过反复不断的琢磨或磋磨而成玉器[2]。

（3）认识到某些矿物岩石的手感粗细有差别。如叶蜡石、滑石虽然硬度很低，但它们的质地很细润，有一种很舒服的手感。因此新石器时代的人把它们作为玉石制作装饰品。从手感细润和硬度较高这两个指标，就可以把玉和叶蜡石、滑石以及别的美丽的岩石区别开来。

（4）认识到某些矿物岩石敲击时有特殊的悦耳的声音。如作磬的岩石为石灰岩或板岩，这两种岩石敲击时会发出悦耳的声音。磬的前身是生产工具，当了解了这两种岩石敲击时会发出悦耳的声音后，便由生产工具演变成磬。山西襄汾陶寺龙山文化墓葬中就出土了石灰岩制的石磬[3]。

（5）认识到某些矿物有特殊的结晶形状。最明显的例子是水晶，水晶的六方柱状和六方双锥聚形可能是旧石器至新石

〔1〕《文物》1983年第11期第1页。
〔2〕《文物》1984年第2期第23页。
〔3〕《考古》1983年第1期第30页。

器时代人们识别水晶的主要标志。

（6）认识到某些矿物有透明的特性，其透明程度各不相同。如水晶、萤石、方解石都是非常透明的，而块状石英只是半透明。

二 居住环境中地学知识的增长

新石器时代居住环境反映的地学知识，主要体现在六个方面：

（一）居住地点的选择（简称选址）

新石器时代，农业产生以后，人们过上了定居生活，有了固定的居住地点。开始的时候，人们可能是随便找一个地方设立居住点，结果发现这种做法有问题：一是离水源远了喝水不方便，农业生产也难进行；二是离水源太近也不行，一旦雨季河水上涨，居住地就会被淹受害；三是周围要有适合农业生产的土地，要有适合采集的森林和适合狩猎的地方，不然生活资料没有保证；四是居住地风不能太大，特别是冬季，寒冷的大风不适合人们生活。长期的生活实践，使新石器时代的居民在选择居住地点时，有了一些带规律性的认识，这些认识就是在选择居住地点中积累的地貌知识。主要内容有四点：

第一，沿河地区的居住地点基本上都是选择在河流沿岸的台地或阶地上，而且多是河流的河曲处或两河交汇的夹角洲处。这种地方离水源近，生产生活用水方便，雨季河水上涨时，又不至于被水淹。台地或阶地上，可以进行农业生产。周围的山区丘陵又便于采集和狩猎。

（1）居住地点位于河流沿岸的台地或阶地上的。如仰韶文化遗址多选择在被流水切割的黄土高原或峡谷上，有的在河流阶地上。内蒙古及新疆的沙漠草原地带，细石器遗址的地形多在靠近河旁的黄土台地上，像包头、清水河县、郡王旗的一些遗址就是如此。兰州焦家庄遗址位于黄河北岸，三岔路口的西面台地上，台地高出河床 30 米左右。吉林怀德县新石器时代遗址西边 100 米是东辽河，东边 800 米是神仙洞山，土地肥沃，风景秀美，是古人理想的居住之地。广西柳州新石器时代遗址分布在沿河两岸的一级台地上，一般背山面水，多处在小河或小冲沟与柳江的汇合处。

（2）居住地点位于河曲处的。如新郑裴李岗遗址，双洎河自北向南，又自西向东环绕遗址流过，遗址正处于双洎河的河湾中，高出河床约 25 米。武安磁山遗址，处于太行山脉的鼓山山麓，南临洺河，台地高出河床 25 米。洺河在遗址之南由西向东流去，接着由南向北流过，遗址正好处在洺河河曲中。陕西临潼白家村遗址，位于渭河北岸，渭河在遗址南由西向东折向北流，遗址正在河曲转弯处第一台地边缘。湖南沅江中下游辰溪县潭湾新石器时代遗址，位于辰水北岸，高出河床 13.5 米的台地上。辰水自西向东，在遗址的正南方折向南流去。一条水量不大的小溪自北向南经遗址的东边流入辰水。遗址西北方向一座高约 100 米的山丘逶迤而下，给遗址以三面环水，一面靠山，背风向阳的有利地形。

（3）居住地点位于两河夹角洲处的。如距今 8000～7000 年的河南密县莪沟遗址，正处于绥水和洧水交汇的三角地带，遗址高出河床 70 米。周围有大片可耕种的土地。莪沟北岗是一条延伸十几里的山岗，地面比较平坦，又近河，是适合农耕的好地方。遗址处于群山环抱之中，四周山岭连绵，林木丛生，是渔猎的好场所。这样的地理环境很适合居民生活。河南舞阳贾湖遗址，灰河在遗址东北 3 千米处注入沙河，遗址西北距今沙河与汝河交汇处约 10 千米。

裴李岗、莪沟两处遗址都在嵩山余脉的丘陵地带,贾湖遗址地处伏牛山东麓的冲积平原,虽然这些新石器时代的居民已走向河流沿岸,但还是离不开山地丘陵。

第二,长江下游的新石器时代居住地址多选择在土墩上,地势比平原高,不易被水淹,高出附近水面5~10米不等,多在湖旁或河旁,被称为"土墩遗址"。"土墩遗址"是良渚文化中数量最多的一类遗址,约占良渚文化遗址的60%。典型的例子有江苏吴县草鞋山、张陵山,武进县寺墩等。遗址分布于平地之上,周围有纵横交错的河流,有的遗址附近有小山。这类遗址占整个良渚文化遗址的30%左右,典型的例子有浙江杭州水田畈,吴兴钱山漾,上海松江广富林等[1]。

第三,沿海地区新石器时代居住地址多选择在古海岸的高阜冈丘上,被称为"贝丘遗址"。主要分布在上海、山东半岛、广西、广东等地。如上海马桥遗址,山东蓬莱、烟台、威海、荣成市的贝丘遗址等,它们的共同特点是:三面或一面均邻近山脉或丘陵,另一面或两面则面向河谷平原或低洼地,中心部位一般位于一个较高的台地上,海拔20~30米。距海岸线6千米以下。如广西南宁地区新石器时代贝丘遗址常分布在大河的拐弯处,或大小河流汇合的三角嘴上,一般前临江,后靠山,附近有较开阔的平地,高出水面3~20米。堆积的贝壳也不一致,可分为4种类型:第一类以牡蛎为主,第二类以蚬为主,第三类以蛤仔为主,第四类以泥蚶为主。贝类是对生存环境很敏感的动物,上述几种贝类都分别适应生存于温度、咸

---

〔1〕 张之恒.中国新石器时代文化 [M].南京:南京大学出版社,1992:224.

度及底质不同的海水之中。因此，堆积贝壳的不一致，不仅反映了不同遗址的居民食物种类有差异，而且反映了当时的居民所面对的小环境也是不同的[1]。

第四，人工挖造水塘，旱井、水井技术的发明，为新石器时代居民选择远离河流的平原、高原、丘陵和山地居住创造了条件。如有的仰韶文化遗址分布在黄土高原，距河流很远，利用河水难度很大，而地下水位又很低，浅者十几丈，深者三十多丈。那个时代还不可能打那么深的水井，只能依靠人工水塘和旱井储存雨水生活。仰韶文化中发现的小口尖底瓶，主要是从旱井中汲水的工具[2]。在地下水位偏高的地区，古人发明了打水井的技术。如浙江河姆渡文化遗址中，距今 7000 多年前已有水井。在中原地区，龙山文化时期的水井已有多处发现。如邯郸涧沟龙山遗址中，在陶窑附近发现两口圆形水井，深 7 米多，口径约 2 米。洛阳矬李龙山遗址中发现一口水井，圆形，口径 1.6 米，深 6.1 米见水。在汤阴白营龙山遗址中，发现了一口井字形的木构水井，口大底小，井的四壁用井字形的木棍自下而上一层层垒叠而成，共 46 层，深 11 米[3]。

水井的发明，不仅为人们的生产、生活用水提供了方便，而且为人们自由选择居住地点提供了方便，摆脱了河水、泉水的制约，不一定非得傍水才能居住。因此，选择居住地点的范围扩大了，能够从事生产的土地也扩大了，解决了人口增加耕地不足的矛盾。

---

〔1〕《考古》1997 年第 5 期第 25 - 32 页。

〔2〕 许顺湛.黄河文明的曙光 [M].郑州：中州古籍出版社，1993：193.

〔3〕 安阳地区文物管理委员会.河南汤阴白营龙山文化遗址 [J].考古，1980 (3).

（二）聚落规划思想

原始农业兴起之后，有了聚落。聚落有大小，有一定的格局，反映了当时的居民有某些规划思想的萌芽。如：

西安半坡仰韶文化遗址，面积5万平方米，房屋和储藏物品的窖穴以及饲养家畜的圈栏等，集中分布在遗址中心，约占3万平方米。围绕居住区有一条深、宽各5~6米的围沟。在大围沟以外，遗址北边，主要是公共墓地，也有少量窖穴。遗址东边是陶窑区。大围沟长300米，是一项防卫设施。这种规整有序、统一安排的规划思想，使居住区内的房屋、墓葬、手工业工场都有一定的地理位置。在居住区内又有一个供集体活动的大房子，门朝东，是氏族首领及一些老幼的住所。氏族部落的会议、宗教活动也在此举行。大房子与所在的广场，成了整个居住区的中心，46座小房子环绕着这个中心，门都朝向大房子。

陕西临潼姜寨遗址，面积约2万平方米。居住区内有中心广场，北、东、南三面挖掘围沟，西面临河，是天然围沟。中心广场约4000平方米，有两条道路，有的路面用姜石或红烧土铺垫。围沟外为氏族公墓区和手工业场地。其规划思想与半坡遗址类似。

河南密县莪沟北岗遗址也有一定的规划布局：中央为房屋，房屋四周或附近是窖藏区或陶窑区。居住区的北部偏西是氏族公共墓地。基本上也是三大区的规划思想。

内蒙古赤峰市敖汉旗宝国吐乡兴隆洼村聚落遗址，距今7000年左右。房屋排列整齐，井然有序。排列方向为西北—东南向。聚落周围有一条围沟，近圆形，直径为160~183米，将成排的房屋环绕。围沟宽2米，现存深度1米，具有一定的防御作用，也有划定界限的功能[1]。聚落中部有最大的房址，达140多平方米，是居民举行各种仪式的重要公共活动场所。在房屋北部有分布密集的灰坑群，室外有储藏窖穴[2]。

内蒙古敖汉旗赵宝沟新石器时代晚期遗址，位于平缓的坡地上，面积约9万平方米，房址沿着等高线的坡度呈东北—西南向成排分布。房屋分大、中、小三类，已经存在明显的社会分化和等级差别。聚落由若干组房屋群有机地构成，每组房屋群大体分为三个层次：（1）一级或二级房屋居中；（2）三级房屋分居两侧；（3）四级房屋居最外侧。中心聚落附带周围中小型聚落构成了较大规模的聚落群[3]。

辽宁凌源牛河梁红山文化遗址，发现了一处规模很大的宗教中心即"女神庙"。整个庙的布局讲究对称，规模宏大，主次分明。女神庙南面约1千米的小山上分布着诸多积石冢。在距牛河梁50千米的喀左东山嘴，还有一处红山文化大型祭坛建筑基址，整个布局由中心、两翼和前后两端组成，按南北轴线对称分布，中心和两翼主次分明，南圆北方，体现了"天圆地方"的观念[4]。

（三）城市的萌芽

目前，中国已知时代最早的古城遗址是湖南澧县车溪乡南岳村的城头山古城址。该城址曾经4次筑造，第一次夯筑于大溪文化早期，距今约6000年。此后，在距今约5500年的大溪文化三期或四期及距今4800～4600年的屈家岭文化早期和中期，城头山古城址又分别经过3次筑造，使城墙加宽加高，加

---

〔1〕《中国文物报》1992年12月13日。
〔2〕〔3〕〔4〕《文物》1997年第8期第48－56页。

上城外宽 35 米的护城河，形成了宏大的规模[1]。城址平面呈圆形，由护城河，夯土城墙，东、南、西、北四门和城西南部的夯土台基组成。城址直径约 310 多米（包括城墙在内），护城河宽 35~50 米，深约 4 米，护城河似人工河道与自然河道相结合而成。城的四门保存有两两相对的四个缺口，四门城内的交点基本上是城的中心点，至今仍有十字道路相通，将城内分为四区。护城河有防御与交通并重的功能。城内地面高于城外，而中心点又高于四门，这样，城内积水可以分别由四门排入护城河[2]。城址面积约 75000 平方米，比半坡聚落遗址稍大。这种小城址属于城堡性质，还称不上是城市，只能说是城市的萌芽。

第二座比较早的城址是湖北荆州市阴湘城遗址。该城址在大溪文化时期已是一处规模很大的聚落遗址。屈家岭文化早期，开始修筑起颇具规模的城垣，成为方圆数十里区域内的一个中心聚落。阴湘城城址的始建年代为屈家岭文化时期。这时的城墙横断面为梯形，由墙体和护坡组成，用土堆筑成斜坡状，墙体高 8 米。高大的城垣及深而宽的城壕是防御和进攻最为理想的人造工事[3]。

第三座比较早的城址是河南辉县市孟庄镇东侧的龙山文化中期城址。它北依太行山，南临黄河故道，呈正方形，城墙长和宽均约 400 米，面积约 16 万平方米。城墙外有一周护城河，深 5.7 米，是当时具有大型防御设施的城池[4]。

〔1〕《中国文物报》1997 年 8 月 10 日。
〔2〕《中国文物报》1992 年 3 月 15 日。
〔3〕《考古》1997 年第 5 期第 1~10 页。
〔4〕《光明日报》1992 年 12 月 4 日。

第四座古城址是山东阳谷县景阳冈龙山文化城址。其平面呈圆角长方形，长约 1150 米，宽 300~400 米，包括城墙在内，总面积约 38 万平方米。这是黄河流域目前已发现的龙山文化城址中规模最大的一座，也是鲁西北地区科学发掘的第一座龙山文化城址。城圈内有大小两座台基遗址，这种布局在已发掘的龙山文化城址中尚属首例[1]。

第五座古城址是江苏淮阳平粮台龙山文化城址，规模虽然不大，总面积只有 5 万多平方米。但它很坚固，很有特色。主要特点是：

（1）规划整齐。全城呈正方形，坐北朝南，方向几乎与子午线重合。南门较大，为正门，设于南墙正中；北门甚小，又略偏西，当为后门。它所体现的方正对称思想，一直影响着中国古代城市几千年的发展，成为中国城市的一大特色。

（2）防卫设施严密。该城除城墙是最大的防卫设施外，还专门设立了门卫房，门卫负责管理城门。门卫房用土坯砌成，东西相对，两房之间的通道宽仅 1.7 米，便于把守。

（3）有公共下水道设施。被城墙严密包围的城市，必须解决供水与排水问题。该城供水估计为水井。排水设施仅发现 5 米多长一段，整个长度和走向尚不清楚。即便如此，也足以说明当时有了公共的下水道设施。此段下水道正通过南城门，埋在地下 0.3 米深处。水道由陶管套接而成，每节陶管长 35~45 厘米，直径细端 23~26 厘米，粗端 27~32 厘米。排水管为三根并拢，像倒品字形，这样可加大排水量。水道由城内向城外倾斜，使城内废水顺利排出。

---

〔1〕《考古》1997 年第 5 期第 11~24 页。

（4）有较高级的房屋建筑。房屋有的用夯土做台基，房内有走廊，比一般村落的房子讲究。可知城内的居民主要是贵族，是统治者。

（5）有手工业设施。在城内东南、东北、西南部都发现了陶窑；东南角第 15 号灰坑内发现铜渣，说明当时在城内有炼铜和制陶手工业，不是单纯的军事城堡。

（6）有宗教活动遗迹。如城西南角有杀牲祭奠遗迹。

上述事例说明，平粮台城址已具备早期城市的基本要素，它可能既是政治中心，又是经济和宗教中心。这种城堡显然不是一般村落的土围子，而是一个城市的雏形了。

除了上述五座城址，其他地方也发现一些龙山文化时期的古城址。如山东章丘城子崖城址，平面接近方形，东、南、西三面城垣较直，北面城垣向外凸出，拐角呈圆弧形。城内东西宽 430 余米，南北最长处达 530 米，面积达 20 多万平方米，是龙山文化时期唯一的大型城址[1]。

山东寿光边线王，河南登封王城岗，内蒙古包头阿善、凉城老虎山，湖北石首走马岭，四川成都新津宝墩古城、都江堰市芒城、温江鱼凫城、郫县古城、崇州双河古城等处遗址，有的太小，只能算小土围子，如王城岗；有的面积虽然不小，但城内没有什么设施，只能算作石头墙围子。如老虎山和阿善城堡是依山坡而建的，前者略作椭圆形，面积达 117800 平方米，比王城岗大得多，但从围墙内的房屋等遗迹来看，只能算作一个拥有坚固防御工事的较大的村寨遗址。

---

〔1〕 白寿彝总主编，苏秉琦主编. 中国通史：第二卷［M］. 上海：上海人民出版社，1994：318－322.

总之，龙山文化时期甚至大溪文化、屈家岭文化时期已出现了城堡、城郭，这是事实。体现了城市由萌芽状态向前发展的过程。

（四）环境卫生、环保思想的萌芽

在各地发掘的新石器时代遗址中，普遍发现居住地、公共墓地与手工业工场分隔开的现象，养家畜的栏圈也与居住房屋分开，这种情况在半坡和姜寨遗址中最明显。太湖地区一些新石器时代遗址，发现有用树枝、竹竿圈起来用来饲养家畜的简单牢栏。山东潍县狮子行龙山文化遗址出土了陶畜舍模型。有的遗址还有倾倒垃圾的灰坑、灰沟或弃废物的窖穴。淮阳平粮台龙山文化古城，有排泄污水的地下管道或明、暗沟设施。河姆渡的水井，用桩木作护壁，上盖顶棚，对饮用水作保护。嘉善新港遗址一口良渚文化古井，用剖开的原木挖空做井壁，井底铺有河蚬贝壳，以过滤净化地下水，具备了饮水卫生观念[1]。上述事实说明，新石器时代的居民已有了环境卫生和环保思想的萌芽。

（五）凿井技术反映的地下水文知识

凿井技术的发明，不仅为新石器时代居民扩大生产、生活地域创造了条件，而且反映了当时人们已有了一定水平的地下水文知识。凿井不是什么地方都能打出水来的，除非是河湖交织的平原地区，地下水位很高，才可能很容易打成水井。在干旱区和丘陵山区，要想打出水井，必须掌握一定的地下水文知识才行。常见的蓄水地貌有山前倾斜平原、山间盆地、河流阶地、冲积平原、岩溶溶洞等。新石器时代的居民不可能有这些

---

〔1〕《文物》1984 年第 2 期第 94 页。

地貌知识，但生活经验会告诉他们，必须在山麓、山凹、冲积平原等地才能打出水井。在南方，距今 7000 多年前的河姆渡文化遗址，已有较高水平的水井了。据此推测，凿井的开始时间要比河姆渡时期更早。在良渚文化中也发现不少水井。在中原龙山文化中，发现水井的地方有河北邯郸涧沟、河南汤阴白营和洛阳矬李等处。这些地区的居民紧跟在河姆渡人之后，也掌握了一些地下水文知识，打出了水井。

（六）对方向的选择

新石器时代的居民在建房屋时要选择方向，其形式据笔者统计约有 7 种：（1）向南；（2）向聚落中心大屋；（3）向东南；（4）向东、东南或南；（5）向东；（6）向东、西、南三方；（7）向西南。房屋朝南的占 55.5%，朝东南的占 16.6%，朝东的占 16.6%，朝西的占 5.5%，朝西南的占 5.5%。没有朝北和西北的。这就说明，房屋朝向与争取阳光、保暖、躲避北面寒风有密切的关系，这是新石器时代人们积累的关于温度与阳光、温度与方向有联系的地理知识。

三 墓葬反映的地学知识

（一）墓葬反映的矿物、岩石知识

从旧石器时代晚期起，山顶洞人就已经有意识地把死人埋入土中，于是有了墓葬。新石器时代早期裴李岗墓葬中已有随葬品。这些随葬品除陶器外，还有石器、装饰品，体现了当时的矿物、岩石知识。这些在前面已经具体讲述，这里不再重复。此外，各地不同的葬俗也反映了新石器时代人们对某些矿物的认识。据笔者统计，新石器时代墓葬中使用赤铁矿粉和朱砂的最多，各占 38% 以上，两项加起来达 76%。而红色矿石、花石子和绿松石各占 7%，三项相加占 21%。可见新石器时代墓葬中因葬俗而使用的矿物主要是赤铁矿和朱砂。为什么要用这两种矿物？有人认为是崇拜太阳或火，有人认为具有宗教上的魔法意义，还有人认为具有实用意义，用以防寒冷，保护身体[1]。

（二）选择墓地地理环境的知识

自从旧石器时代晚期有了墓葬之后，墓葬地离居住区都不远。新石器时代，墓葬区也在居住区附近。因此，墓葬地的选择实际上跟居住地的选择基本一致。如：

辽宁凌源县三官甸子城子山红山文化墓地，多分布在高台地或山坡上，有的甚至在山顶上。

良渚文化的墓地选择高地，特别是一些氏族贵族，墓地实行高台建筑。

齐家文化的墓地和居址一样，多位于黄河上游及其支流两岸的阶地上，并以第二阶地为主。

（三）墓葬方向的选择

根据笔者的统计，墓葬朝向有八个方向。其中向西的最多，占21%；次为向南、向东、向西北，各占15.8%；再次为向东北、西南的，各占10.5%；最少的是向东南、向北的，各占5%。新石器时代人们重视墓葬的朝向，可见当时在辨别方向上积累了相当多的经验。重视墓葬朝向的目的跟一个民族的风俗或某种观念有关。从民族学来说，不同民族说法不一。如瑶族认为人从哪里迁来，头就朝向那里。布朗族认为，头应朝日落的方向。他们把人从生到死比作太阳的东升西落，人死

---

〔1〕 石陶. 黄河上游的父系氏族社会——齐家文化社会经济形态的探索〔J〕. 考古，1961（1）：3.

后就随太阳落下[1]。有人认为，墓葬中头朝向不同，反映了当时人们的思想意识或宗教信仰[2]。还有一种观念也值得考虑，就是事死如事生。人死了，灵魂还活着，他还要像活人一样的生活。所以墓葬中随葬了生产工具、生活用品、装饰品，甚至把牲畜、人殉葬。墓葬朝向也应该与生前的房屋朝向一样。这种观点，发展到后来就成了风水择地的主要观点了。

（四）墓葬风俗反映的地理观念

1. 天圆地方

距今 6000 多年的河南濮阳西水坡 45 号墓，墓主人葬卧的方向为头南足北，中国古代传统观念正是以头、南方为天，以足、北方为地。墓穴的平面清楚显示，南部（也是人骨的头部）呈圆形，北部（足部）呈方形，象征天圆地方[3]。冯时也说："西水坡 45 号墓的墓穴形状……说明了天圆地方的宇宙模式。"[4]

辽宁喀左东山嘴红山文化遗址中，有一处大型祭坛，整个布局南圆北方，体现了天圆地方的观念。

浙江余杭瑶山良渚文化祭坛遗址，坛作方形，用于祭天礼地，也反映了当时的天圆地方观念[5]。

良渚文化遗址出土的玉琮，有大有小，外方内圆。张光直认为："琮的方、圆表示地和天。"[6]这就是说，玉琮的外方内圆，其寓意也是天圆地方观念。

[1][2]《考古》1986 年第 2 期第 147 页。

[3] 许顺湛．黄河文明的曙光［M］．郑州：中州古籍出版社，1993：227.

[4]《文物》1990 年第 3 期第 52 页。

[5]《文物》1988 年第 1 期第 32 页。

[6]《文物》1987 年第 10 期第 1 页。

中国地学史·古代卷

"地方"的观念是错误的，这种错误的观念影响中国五千多年，没有人去纠正。直到近代，地圆说占绝对统治地位以后，才无人相信"地方"说。

2. 龙、虎观念

距今 8000 年的辽宁葫芦岛连山区塔山乡杨家洼新石器时代遗址中，发现两条用纯净黄色黏土在红褐土地面上塑出的两条龙图案，这种原始工艺在中华大地上尚属首次发现[1]。

在河南濮阳西水坡 45 号墓中，有蚌壳摆塑的龙虎图案，龙在东，虎在西；第二组蚌图中有龙、虎、鹿、蜘蛛；第三组蚌图中有人骑龙和虎。

在辽宁喀左东山嘴红山文化遗址中，出土了双龙首璜形玉饰 1 件。在内蒙古翁牛特旗三星他拉村红山文化遗址中，出土了一件大型玉龙，墨绿色，高 26 厘米，完整无缺，呈"C"形[2]。这是龙的形象作为雕刻艺术品出现。

在山西襄汾陶寺龙山文化墓葬中，也出土了彩绘蟠龙陶盘[3]。这是龙的形象作为绘画艺术品在龙山文化中出现。

上述事例说明，龙、虎的观念在新石器时代已经形成，以后发展成为风水中的龙脉、龙虎砂等术语，对中国古代地理学有一定的影响。

四　交通和交流中反映的地理知识

（一）交通反映的地理知识

1. 陆路交通

旧石器时代只有用脚踩出来的路，还没有有意识地人工修

---

〔1〕《中国文物报》1997 年 6 月 8 日。

〔2〕《文物》1984 年第 6 期。

〔3〕《考古》1983 年第 1 期第 30 页。

筑道路。新石器时代仰韶文化时期，已出现了人工修筑的道路。如陕西临潼姜寨遗址中有两条道路，既有脚踩的路，又有人工修筑的路。当时修路用姜石或红烧土铺垫[1]。当时主要是脚踩路，人工修筑的路极少，只限于居住区范围内。路的出现，是人群之间交流的标志。

2. 水上交通

新石器时代，仰韶人已会造船。在陕西宝鸡仰韶文化遗址中，出土了一件船形壶陶器，其上绘有鱼网纹。这是仰韶人用来捕鱼的原始船只和渔网的写实。仰韶人除了把船用来捕鱼，主要还用船作水上交通工具[2]。当时的船就是独木舟，在浙江余姚良渚文化反山大墓中，内棺为庞大的独木舟[3]。浙江余姚河姆渡遗址则出土了6支木桨。由此可知，至少在六七千年以前，我国已有独木舟，有了水上交通。到良渚文化时期，出土的木船桨、木橹更多，桨叶有宽窄两种，宽的达26厘米，有较大的迎水面，可获得较强的反推力。桨大多已加上长木柄，这样，使用起来既省力又快捷。说明良渚文化时期的独木舟比河姆渡时期大有进步[4]。

3. 海上交通

河姆渡人既使用独木舟，也可能使用筏。他们已涉足海上，开发了沿海岛屿。从山东长岛县岛屿上发现的史前遗址，尤其是大竹山岛附近海域捞出了与河姆渡第一文化层或崧泽遗址中层基本相同的陶釜，表明距今5000年前，江南原始居民

〔1〕 许顺湛. 黄河文明的曙光 [M]. 郑州：中州古籍出版社，1993：76.

〔2〕《考古》1961年第1期第62页。

〔3〕《光明日报》1995年10月16日5版张之恒的文章。

〔4〕 林华东. 河姆渡文化初探 [M]. 杭州：浙江人民出版社，1992：144.

似乎具有沿海岸边航行海上的能力[1]。从河姆渡至海距离很近，居民们顺水东进或北上，即可到达海上，地理条件极为方便。独木舟可以漂洋过海，已为现代探险家的模拟试验所证实。因此，河姆渡人的独木舟往来于大陆与沿海岛屿之间的内海应不成问题。最近几年的考古发掘，说明河姆渡文化经过1000多年的发展，已逐渐传播到舟山群岛上。至迟在距今5000多年前，第一批原始居民已来到距海4千米的舟山本岛的白泉十字路定居。到了距今4000年左右，在定海、岱山、嵊泗等较大的岛屿上，有了更多的居民。这些原始居民的文化直接受到了河姆渡文化的影响，是河姆渡文化的重要组成部分。年代越早受到的影响越大。传播的方式是海上交通线[2]。

在北方，原始居民们也在进行海上交通。山东的蓬莱与长岛县隔海相望。长岛县至少从公元前5000年的末期开始，就不断有人居住。这里虽是海岛，但却是像链环一样一个一个地连接着。从蓬莱港出发，一直到最北边的隍城岛，有许多中间站，两岛之间的距离，最多不过十几千米。夏秋季节，大多数时日风平浪静，原始人完全可以用独木舟来往于各岛之间，大陆文化很容易传播到各岛。就是从隍城岛往北去辽东半岛，水路也仅40千米，在当时并非不可克服的困难。因此，岛上居民可以受到两边大陆文化的滋养。北边的岛屿受辽东原始文化的影响多一些，南边的岛屿则受山东原始文化的影响多一些。

---

〔1〕 林华东. 河姆渡文化初探 [M]. 杭州：浙江人民出版社，1992：140.

〔2〕 吴玉贤. 从考古发现谈宁波沿海地区原始居民的海上交通 [J]. 史前研究：创刊号，1983（1）.

海岛与大陆的海上交通是经常的，广泛的[1]。

（二）交流反映的地理知识

1. 商品的交流

原始社会的手工业从农业分离出来后，便出现了以交换为目的的商品生产。商品流通产生商业，出现了商人，产生了原始商品经济的萌芽。在大汶口文化时期，所有动产都可能已经形成商品。彩陶、薄胎黑陶杯和白陶，都是人们喜爱的商品。骨雕、牙雕、镶嵌绿松石的骨雕和各种精美的玉器，更是人们渴求的珍贵商品。这些珍贵商品，由于原材料来源和技术水平等原因，并不是随便什么地方的手工业者都会制造的，必须是少数拥有原材料和技术人才的地方才能生产。这样的商品不是在小范围内交换，而是在大范围内流通。大汶口文化中的玉器材料有些可能产于山东本地，如即墨的墨晶，泰山、邹县和莱阳产的玉。但大汶口墓地出土的玉铲、玉凿，其硬度都达到10度，属于硬玉。硬玉主要产于云南、缅甸。大汶口墓地还出土过炭白石，其硬度为11度，也不可能产于山东。绿松石产地在鄂西北与豫西南交界地带。可见大汶口墓地出土的硬玉、炭白石、绿松石、象牙等商品，都是通过商品交换从外地输入的。大汶口文化时期，交通条件还不好，商人们还不可能长途跋涉去贩运商品，多数情况应该是辗转贩运，相互交换得来。

商品交换要有交换的场地，这就是市。《世本》说"祝融作市"，祝融为颛顼的臣子。《尸子》曰："顿丘买贵，于是贩于顿丘；传虚卖贱，于是债于传虚。"说的都是当时市的情

[1] 北京大学考古实习队，烟台地区文管会，长岛县博物馆. 山东长岛县史前遗址 [J].史前研究：创刊号，1983（1）：128 – 130.

况。青海柳湾齐家文化墓葬中出土的海贝、叶蜡石纺轮，都不产于青海，而是分别产于南海和福建、浙江，这些商品都是辗转交换得来的。福泉山良渚文化墓葬中有山东大汶口文化的彩陶背壶，反映了良渚文化时期已有了远距离的商业贸易[1]，也反映了这个时期交通条件有了很大的进步，不仅有车（原始社会晚期的木板圆轮车）、船（独木舟），还应该有桥梁、码头、渡口等简单设施。不然，远距离的商业贸易是无法进行的。

2. 文化交流

文化交流既包括物质（商品），也包括各种生产技术、经验和某些观念。被考古学界称为"红顶钵"的陶器，它最早出现在陕西关中地区，随着氏族社会的发展，它很快传播到四面八方。南到湖北省长江北岸，北到内蒙古草原和辽河上游，东至泰山脚下，西抵甘肃东南部。

郑州市柳林乡大河村的大河村氏族，是 5000 年前从各地迁徙来的移民在黄河之滨交融而产生的新部落，是一种综合型的原始文化群体。

河南省淅川下王岗遗址早期遗存中，含有明显的大溪文化的因素，但基本内涵却是仰韶文化，这是仰韶文化与大溪文化交流的典型遗址。

屈家岭文化是在大溪文化晚期的基础上，与邻近地区原始文化相互交流而发展起来的，已处于父系氏族社会的初期。屈家岭文化的分布地域，比大溪文化的范围有所扩大。

北阴阳营文化很快失去了淮河流域母体的风貌，成为青莲

---

〔1〕 许顺湛. 黄河文明的曙光 [M].郑州：中州古籍出版社，1993：502，520.

岗、屈家岭、马家浜和崧泽文化互相交流而融合的产物,是一种新的原始文化。

从地理学的角度来看新石器时代的文化交流,可以得出两个明显的结论:

第一,新石器时代早、中期,由于各地地理环境不同,在旧石器文化的基础上,在氏族由迁徙走向定居的过程中,产生了各种不同类型的新石器时代文化,而归纳起来又只有两个明显的系列,即黄河流域和长江流域系列。

第二,黄河、长江两个系列的交流与融合,使区域差异逐渐削弱,地域界线逐渐消除,产生了以中原为主体的华夏文明[1]。

五 原始文字反映的地理知识

新石器时代,河南舞阳贾湖遗址出土的龟甲和骨、石器上有契刻符号,很可能具有原始文字的性质。其中如" "形符号等与安阳殷墟甲骨卜辞中的"目"字极为相似[2]。

仰韶文化遗址出土的陶器上,常发现有刻画符号。如西安半坡,临潼姜寨、零口、垣头,长安五楼,邻阳莘野,铜川李家沟,宝鸡北首岭等,已不是个别现象,而是比较多了。其中半坡遗址出土的刻画符号有 27 种,113 件;姜寨出土的刻画符号有 27 种,129 件。关中地区共发现刻画符号 52 种(图1-3)。

〔1〕 马洪路.远古之旅——中国原始文化的交融 [M].西安:陕西人民出版社,1989:157-174.
〔2〕《文物》1989 年第 1 期第 1 页。

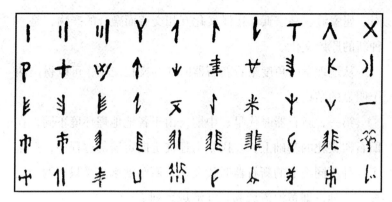

图 1 - 3　关中地区仰韶文化陶器上的部分刻画符号

（引自张之恒著：《中国新石器时代文化》第 47 页，

南京大学出版社，1992 年）

上述 52 种刻画符号中的某些符号，如 ⌐、卜、 、 、∧、十、 等，已在半坡、姜寨、李家沟等遗址中出现，其间隔距离达 100 千米。在这样大的范围内使用相同的刻画符号，说明它们在不同的部落中有着相同的含义，应该说具有文字的性质[1]。

大汶口文化晚期，陶器上已有比较复杂的意符刻文。有的学者把它们看作是比较成熟的意符文字，也有人持不同意见。迄今为止这类刻画已有 17 个。有的在一个陶樽上同时刻两种不同的刻画符号，有的遗址同时发现数个，而在不同的遗址里又会出现相同者。这些刻画比仰韶文化遗址中出现的刻画复杂得多，寓意也应该深刻得多。多数学者认为大汶口文化中的刻画符号是文字，表明海岱地区少昊氏族已经使用了文字。如"炟"刻画符号为"　"，"南"刻画符号为"　"，"山"刻画符号为"　"。

〔1〕　张之恒. 中国新石器时代文化 ［M］.南京：南京大学出版社，1992：47.

第二章　奴隶社会(夏、商、西周)地学知识的积累

第一节　社会环境对地学的影响

传说中的夏代，是中国由原始社会过渡到奴隶社会的一个朝代。从禹到少康应是军事民主制下的世袭制时期；从少康、杼予以后，已无经过选举和罢免的痕迹，部落联盟的组织形式已为国家机构所代替，氏族社会发展到阶级社会[1]，即奴隶社会。中国的奴隶社会包括夏、商、西周三个王朝。夏王朝是中国历史上第一个奴隶制的国家政权，它的建立标志着我国原始社会的结束，阶级社会从此开始，这是中国历史上的一个转折点。

中国进入奴隶社会后，生产力比原始社会有了很大的提高。正如恩格斯在《反杜林论》中说的："只有奴隶制才使农业和工业之间的更大规模的分工成为可能，从而为古代文化的繁荣，即为希腊文化创造了条件。"同样，中国在奴隶制之下，创造出光辉灿烂的古代文化，使中国成为世界上著名的文明古国之一。夏王朝的建立，标志着中国正式进入文明历史的新时期。中国的奴隶制社会，其环境对地学的影响主要体现在以下6个方面：

第一，手工业技术的提高，促进了中国由铜石并用时代进入青铜器时代，开创了灿烂的青铜文化。由于漆器的发明，手工行业增加了漆器制造业。《韩非子·十过》云："禹作为祭

---

〔1〕　白寿彝总主编，徐喜辰，斯维至，等主编．中国通史：第三卷上册[M]．上海：上海人民出版社，1994：200，207．

器，墨漆其外，而朱画其内。"朱，指朱砂矿物。手工业技术的发展，促进了地学知识向前发展。

第二，由于青铜器的发展，促进了矿物知识和采矿业的发展以及采矿技术的提高。

第三，农、林、牧、副、渔的农业格局基本形成。这种类型的农业需要有比较丰富的地学知识作基础，同时又反过来促进地学的发展。比如农业上的气象、气候、物候、农田水利等地学知识。

第四，由于文字的发明和发展，使科学文化知识得到迅速的积累和传播。地学知识自然也不例外。

第五，社会生产力的提高，使得奴隶制国家不断发展强大，民族进一步融合，疆域不断扩展，视野不断开阔，这种社会环境给地学的发展提供了广阔的舞台。据《史记·孙子吴起列传》记载："夏桀之居，左河济，右太华，伊阙在其南，羊肠在其北。"就是说，夏王朝的活动范围东到黄河与济水的交界处，西到陕西华阴南部的华山，南到河南洛阳南二十余里的龙门，北到山西太行山的险要处。

第六，传说中大禹治水的故事，反映了当时的地学知识水平。而大禹治水这个伟大的工程，又促进了地学知识的积累。

第二节　夏代地学知识的积累

一　城市反映的地学知识

根据夏、商、周断代工程的学者研究，推定夏、商两代的分界点在公元前 1500～1600 年[1]。又据《汉书·律历志下》

---

〔1〕《北京晚报》2000 年 1 月 8 日 17 版。

引《帝系》曰："天下号曰夏后氏。继世十七王，四百三十二岁。"因此，夏代开始的年代为公元前 1932～2032 年，距今约 4000 年。在距今 4000～3500 年的范围内，夏朝领土上发掘的城市遗址，毫无疑问当是夏代的城市。此外还有文献上记载的夏代城市。

据文献记载，夏人活动地区主要有两个：一是河南西部的颍水上游和洛阳附近的伊河、洛河下游地区；二是山西省南部的汾河下游和涑水流域。古史传说中的夏王国的都邑和夏代发生的一些重大历史事件大多与这两个地区有关。如：在河南西部或山西南部有"夏墟"，河南偃师二里头遗址和其他地方的二里头文化遗址，山西夏县东下冯文化遗址下层，都属于夏代文化遗址。

二里头遗址中有宫殿建筑基址，数量达数十处。其中已发掘的一、二号宫殿属二里头文化第三期，近几年发现的两座基址属第二期的早期阶段，也是宫殿建筑。一号宫殿庭院中和殿堂檐柱下有祭祀坑存在，证明此宫殿基址属于宗庙建筑遗址。据《左传·庄公二十八年》讲："凡邑，有宗庙先君之主曰都。"古代宗庙不仅是统治者供奉祖先的场所，而且是重要的行政处所，是古代政权的象征。因此，二里头遗址是夏朝的一座都城遗址。据郑杰祥在《夏史初探》中的研究，认为二里头大型宫殿遗址，可能是五个不同时期的夏王即太康、仲康、少康、孔甲和桀的都邑[1]。

二里头遗址虽然是一座规模很大的都城遗址，但迄今尚未发现城墙、城壕等防御设施。而在山西夏县东下冯遗址下层文

〔1〕 郑杰祥. 夏史初探 [M].郑州：中州古籍出版社，1988：78－84.

中国地学史·古代卷

化层中，却发现壕沟两圈，为"回"字形，平面呈梯形。内沟长约130米，外沟长约150米，两沟间隔5.5～12.3米，现存沟深约3米。郑杰祥认为，这里可能是一处与二里头文化同期的先商文化遗址。另一些学者则认为属于夏王朝文化。

河南登封王城岗城堡遗址，是东西并列的两个方形小城堡，城墙用夯土筑成，西城墙长94.8米，南城墙长97.6米。从年代上看，与夏代纪年相吻合[1]。郑杰祥认为，有可能是"夏禹都阳城"（《世本》）的所在地。

山西夏县东下冯村北青龙河两岸台地上，曾发现一座小规模的城堡遗址。南城墙长约400米、宽约8米，残高1.8米，夯土筑成，距今约4000年。从年代上看，也与夏代纪年相吻合，而地址又恰好在所谓"夏墟"的地区内[2]。

此外，古文献上还记载了一些夏王朝的城市，如：启的统治中心在夏邑，旧称阳翟，今河南禹县。《左传·昭公四年》曰："夏启有钧台之享"，杜预注："启，禹子也。河南阳翟县南有钧台陂，盖启享诸侯于此。"

古本《竹书纪年》曰："后相即位，居商邱。"《通鉴地理通释》卷四注曰："商邱当作帝丘。"帝邱在今河南濮阳县。古本《竹书纪年》又曰："相居斟灌。"斟灌在今山东观城县，距古帝邱不远。

今本《竹书纪年》曰：少康"迁于原"。原在今河南济源市原村。

古本《竹书纪年》曰："帝宁（即帝予或帝杼）居原，自

〔1〕 中国社会科学院考古研究所. 新中国的考古发现和研究 [M]. 北京：文物出版社，1984：84.

〔2〕 刘德岑. 古都篇 [M]. 重庆：西南师范大学出版社，1986：41.

（原）迁于老丘。"老丘即今河南开封。

古本《竹书纪年》曰："帝廑一名胤甲，即位，居西河。"西河有的说即今豫北东部，有的说是今山西汾阳市，有的说即今豫西和陕西东部一带，洛阳至华阴，通称西河。

上述各代夏王的政治中心，就是当时的城市，它们分布在西起华山以东，东达豫东平原的地区内，说明当时夏王朝的领土也是在这些政治中心的周围，不可能离它们太远。

城市地址的选择，反映了那时的地理知识。比如地形上一般来说以平坦、高燥为好，最好靠近河川大海，但又不能过于低洼；交通要方便，经济要发达，等等。城市的最大功能既是政治、文化中心，又是促进物资、信息交换的中心，所谓"日中为市，致天下之民，聚天下之货，交易而退，各得其所"[1]。

二 青铜器反映的地学知识

青铜是铜、锡（或铅）的合金，它的生产必须以铜、锡、铅矿业为基础。从考古发掘材料来看，夏代已进入了青铜器时代。

在河南偃师二里头遗址二期文化遗存中，发现有铸铜手工业作坊遗址，并在附近出土了相当数量的熔铜坩埚残片。还发现了一批青铜器具，如铜刀、铜镞、铜铃和镶嵌绿松石的铜牌饰等。在二里头三期文化遗存中发现的铸铜遗址较二里头二期规模大，附近还发现有大量的炼铜坩埚残片和一定数量的陶范，说明当时的青铜器已能成批生产。该期铜器的成分，据化学分析，锛含铜91.66%、锡7.03%、铅1.23%。两件爵的成分其中一件含铜92%、锡7%；另一件含铜91.89%、锡

---

[1]《易·系辞下》。

2. 62%、铅 2. 34%。三件标本的共同特点是锡、铅的含量偏低，平均含铜 91. 85%、锡 5. 55%、铅 1. 19%，已属于青铜的范畴，但同商代中、晚期相比，则表现出一定的原始性[1]。这个时期的青铜器除了有生产工具，还有武器，如戈、戚、镞等，又有生活用具，如爵、铃、铜饰等。

文献记载也说明夏王朝已比较多地使用铜器，如《越绝书·记宝剑》曰：夏禹时，"以铜为兵，以凿伊阙，通龙门"。《左传·宣公三年》曰：禹用铜铸九鼎，"铸鼎象物"。《墨子·耕柱》曰："昔者夏后开使蜚廉折金于山川，而陶铸之于昆吾。"这里的陶是制作陶范，铸则是熔金（铜）。

由青铜器反映的地学知识有 5 项：

（1）生产青铜器需要寻找铜矿、锡矿和铅矿。寻找地下铜矿，一般依靠自然铜和孔雀石的露头去追踪寻找，这是最早最原始的找矿方法，是最早的找矿知识。

（2）新石器时代的采石技术，发展成为夏代的采矿技术，保证了铜、锡、铅矿石的供应。

（3）铜、锡、铅的开采和冶炼，促进了人们对铜、锡、铅矿种类及其地理分布的认识。

（4）从采矿到成品交易，使人们在交通运输方面的知识迅速积累。矿石原料一般在较远的山区，而冶炼工场则位于人们居住的中心区，因此，组织复杂的青铜器生产，会促使人们迅速积累交通运输知识。

（5）一个地区的铜、锡、铅矿物资源是有限的，或许是不齐全的，需要跟邻近部落交换，这就促进了各部落间的经

---

〔1〕 郑杰祥. 夏史初探［M］.郑州：中州古籍出版社，1988：215.

济、文化交流，自然也包括地学知识的交流。

除了青铜器所涉及的金属矿物，夏代还有其他矿物岩石知识。据笔者从考古资料统计，夏代使用过的矿物岩石还有：绿松石、软玉、朱砂、云母、五花土、泥板岩、石灰岩、砂质页岩、闪长岩、辉长岩、燧石、石英、赤铁矿、金、银、砂岩、孔雀石、红土、黏土、高岭土、沉积土、黑土、赭石等。其中用得最多的是绿松石、玉、朱砂和五花土。朱砂和五花土用于墓葬中，是当时盛行的墓葬习俗，有的大墓一墓需用308～586.5千克，用量较大。绿松石和玉，作为宝石，用来制作装饰品和礼器。河南偃师二里头三期文化遗层中出土了众多的精美玉器，主要器型有玉铲、玉戈、玉钺、玉柄形器、玉璋等，这些玉器是二里头文化中出现的新器型，是当时重要的礼器。赤铁矿的主要用途是作为颜料。泥板岩和石灰岩主要用来制作石磬。金、银器是与夏代同时的甘肃玉门火烧沟墓地首次发现的贵重金属器皿，有金耳环、金环和银环[1]。

三　传说中的地图

传说夏禹曾用铜铸九鼎，鼎上铸有山川、道路、鸟兽、草木图案，这种图案就是古代的原始地图。《左传·宣公三年》云："昔夏之方有德也，远方图物，贡金九牧，铸鼎象物，百物而为之备；使民知神奸，故民入川泽山林，不逢不若，螭魅魍魉，莫能逢之。"九鼎传到商朝末年，周武王克商后，"迁九鼎于雒邑"[2]。到秦代，九鼎被销毁，鼎上的图案被摹绘下来，叫做"山海图"[3]，流传于世。后来有人提出，《山海

---

[1] 《文物》1984年第10期88页。
[2] 《左传·桓公二年》。
[3] 陶潜：《陶渊明全集》卷四"流观山海图"。

经》和"山海经图"都源于九鼎，说："神禹既锡玄圭，以成水功，遂受舜禅，以家天下，于是乎收九牧之金以铸鼎。鼎之象则取远方之图，山之奇，水之奇，草之奇，木之奇，禽之奇，兽之奇，说其形，著其生，别其性，分其类；其神奇殊汇，骇世惊听者，或见或闻，或恒有，或时有，或不必有，皆一一书焉，盖其经而可守者具在禹贡；奇而不法者，则备在九鼎……九鼎之图，其传固出于终古、孔甲之流也，谓之曰山海图。其文则谓之山海经，至秦而九鼎亡，然图与经存。"[1]现存《山海经》附图，只有神怪人物，无地图的遗迹。因此，关于九鼎上铸有原始地图的说法，至今仍是传说，没有得到证实。

四 夏禹治水的传说及其反映的地学知识

相传夏代以前，洪水灾害严重，"洪水横流，泛滥于天下"[2]。禹的父亲鲧治水没有成功，舜又派禹去治水。"禹伤先人父鲧功之不成受诛"[3]的教训，决定改变治水方法，把纯粹堵水改为疏、堵并用。他首先"行山表木，定高山大川"[4]，亲自勘察高山、大河，把地形、河流的情况调查清楚，树立标记，指明哪些地方要挖掉，哪些地方要修堤，哪些河段要疏导，哪些地方要排水。《史记·夏本纪》云：禹治水时，"陆行乘车，水行乘船，泥行乘橇，山行乘檋。左准绳，右规矩，载四时，以开九州，通九道，陂九泽，度九山"。又组织治水班子，发挥集体的智慧，制订"疏川导滞，钟水丰物"[5]的治水方案。这样就顺应了水性，疏通了河川，使洪水畅流无阻，

---

〔1〕 杨慎：山海经后序，《升庵全集》卷二，乾隆乙卯重刊。
〔2〕 《孟子·滕文公上》。
〔3〕〔4〕 《史记·夏本纪》。
〔5〕 《国语·周语下》。

由小河归大河，由大河归大海。同时还利用一些天然湖泊、沼泽及低洼地聚积水，起到分洪储流，灌溉农田的作用。在治水的同时，禹还在田间开沟洫，"尽力乎沟洫"[1]，更能发挥灌溉效益。十三年中，禹治理了"名川三百，支川三千，小者无数"[2]，使黄河中、下游地区消除了水害，人民安居乐业。对此，《孟子·滕文公上》曰："禹疏九河，瀹济漯，而注诸海。决汝汉，排淮泗，而注之江。然后中国可得而食也。当是时也，禹八年于外，三过其门而不入。"《吕氏春秋·古乐》云："禹立，勤劳天下，日夜不懈。通大川，决壅塞，凿龙门，降通漻水以导河，疏三江五湖，注之东海，以利黔首。"古文献对禹治水事迹的记载还是比较多的，说明禹治水的传说是有一定根据的。禹治水成功，受到人们普遍的赞扬和崇敬。禹治水反映的地学知识，除了地形、地势、山水地理分布等知识，还有测量方面的知识，水文、水利方面的知识等。

五 《夏小正》中的物候知识

夏朝农业的发展，积累了许多季节、气候方面的知识。流传至今的《夏小正》，春秋时期的孔子就认为是夏代的文献。它记录的天象、气候和古代中原地区的天象、气候非常接近。书中记载的物候知识比较丰富，是我国现存最早的物候专著。其中正月的物候是柳树长花序，梅、杏、山桃相继开花；田鼠出来活动，野鸡鸣叫，雌雄交配；鱼儿由水底上升到近冰层的地方；农田害虫蝼蛄也叫了。这样一个月接一个月的记载，形成了全年较完整的物候历。据王鹏飞统计，《夏小正》中有关

---

[1] 《论语·泰伯》。
[2] 《庄子·天下》。

鸟兽鱼虫及植物各类物候现象共 68 条，气象现象 7 条，农事及畜牧 11 条[1]。比如：正月"启蛰"、"鱼涉负冰"、"獭兽祭鱼"、"梅杏杝桃则华"；二月"有鸣苍庚"、"来降燕乃睇"、"昆小虫"；三月"拂桐芭"、"田鼠化为鴽"、"鸣鸠"、"摄桑"；四月"鸣蜮"、"王萯莠"、"取荼"；五月"鴂则鸣"、"良蜩鸣"、"唐蜩鸣"；七月"鹰始挚"、"寒蝉鸣"、"时有霖雨"；八月"丹鸟羞白鸟"；九月"滞鸿雁"、"雀入于海为蛤"、"荣鞠"、"蛰熊罴貊貉"、"鼬鼪则穴"；十月"雉入于淮为蜃"；十一月"陨麋角"。

六　夏朝的海陆交通

在二里头三期的房基附近，发现有石甬路（三区）、石子路（六区）。石甬路残段宽 0.35～0.60 米，西部由石板铺砌，东部用鹅卵石砌成，路面平整。石子路残段用鹅卵石铺成，与路土似在一个平面上。用石块筑路，说明当时这里的人们居住稠密，来往频繁，需要修筑比较牢固的路面，以利于人们的交通。这时的筑路技术比仰韶文化时期大有进步，是一个新的发展。

《史记·夏本纪》记载：禹治水时，"陆行乘车，水行乘船"。有路又有车，说明当时的陆路交通比仰韶文化时期先进多了。夏朝的战争，以及商品和物资交换也离不开道路，因此，夏朝可能有了一定规模的道路交通网。

夏朝太康时期，商人的祖先相土率领军队征伐了海边和海岛中的部落，后人歌颂他们："相土烈烈，海外有截。"[2]

---

〔1〕 中国科学院自然科学史研究所地学史组. 中国古代地理学史 ［M］. 北京：科学出版社，1984：82.
〔2〕《诗经·商颂·长发》。

从《禹贡》的记载知道，那时候居住在辽东半岛和山东半岛以及江淮沿海地区的人，都是在海上航行一段路程后再进入大陆，向中原的夏朝进贡的。如冀州"鸟夷皮服，夹右碣石入于河"，是说辽东半岛一带，身穿毛皮服装的居民来中原进贡时，先自东向西在渤海北部航行，以右边靠着碣石山为标志。进入黄河后，溯河而上，就可以到达中原。青州"嵎夷既略……厥贡盐、绨海物，维错"，这是说山东半岛的人来进贡时，先从海上环绕山东半岛航行。扬州"岛夷卉服……沿于江、海，达于淮、泗"，这是说扬州东南海上穿草制服装的居民，他们来进贡时，由长江口向北航行，进入淮河，再转入泗水[1]。

第三节　商代地学知识的积累

根据夏商周断代工程的学者研究，认为商、周两代的分界点在公元前 1050～前 1020 年，距今约 3060 年。商朝的存在时间为公元前 1500 年（或公元前 1600 年）至公元前 1020 年（或公元前 1050 年），大约延续了 480 年（或 550 年）。商朝的青铜文化比夏朝更发展，也更成熟。商朝的经济、文化蓬勃发展，使原始文字走向成熟，形成了陶文、玉石文、甲骨文和金文等，而以商代后期的甲骨文为多。大量甲骨文字的使用，是商朝最大的特点。

一　甲骨文中的地学知识

商朝甲骨文记载的内容有天象、历法、数字、气象、动植

---

〔1〕 章巽.《禹贡》篇中所见的海上交通 [M] //章巽文集.北京：海洋出版社，1986：38－40.

物、水旱灾害、农牧业、田猎、疾病、生育、鬼神、梦幻、祭祀、征伐、制度、人物活动和商王世系等，是商代一部历史百科全书[1]。其中的地学知识，概括起来有 7 个方面的内容[2]：

（一）气象知识

1. 日照状况

甲骨文中记载的日照状况有：

（1）晴。再细分有晴朗无云，昼晴，大晴，小晴，阴间晴，继续放晴等。

（2）雨止日出。

（3）阴云蔽日。

（4）阴。

（5）浓云蔽日。

（6）昼盲。

（7）日晕。

2. 水气状况

（1）虹。

（2）云。再细分有乌云，停滞不动的云，绵延不绝的云，困云等。

（3）雨。包括雨的移动方位，雨量大小等级，比如大雨、多雨、烈雨、疾雨、暴雨、绵延之雨、小雨、毛毛雨、余雨、顺雨、及时雨等。

（4）雪。

（5）雹。

〔1〕 孟世凯．夏商史话［M］．北京：中国青年出版社，1986：119.

〔2〕 温少峰，袁庭栋．殷墟卜辞研究：科学技术篇［M］．成都：四川省社会科学院出版社，1983.

（6）雾、霾、霖、雪。

3. 雷电状况

雷。有猛雷，细雷，愠雷。

4. 大气运动状况

大气运动状况即对风的认识，包括风向，风的专有名称：东方劦风、南方岂风、西方彝风、北方殳风；风的大小等级：大风、大暴风、大狂风、小风等。

5. 天气预报

甲骨文中的天气预报，大部分是带有迷信成分的占卜，但也有少数是用观察动物活动规律来预报天气的，这种预报是科学的。

6. 气象记录

甲骨文中的气象记录已相当详细，不仅有一日之内的气象变化，而且有一旬之内的气象记录，甚至有若干旬内气象变化的连续记录。

上述甲骨文中记载的气象知识，是中国气象学史上最早的成就，也是世界气象学史上光辉的一页。

（二）测量知识

商朝人已知"以水平地"的方法。具体做法是：先挖互相垂直的两条水沟，再在沟的两端各挖互相垂直的四条小沟，成"十"形。沟内灌水，即可测地面的水平。这种方法在殷墟考古中得到证实。殷墟宫室遗址中发现有用来测地平的水沟[1]。殷人还知道用悬垂的绳来定垂直方向，这可由甲骨文的"直"字得到证实。此外，1993 年年底江西德安陈家墩商代水井中

〔1〕 李亚农. 殷代社会生活［M］//欣然斋史论集. 上海：上海人民出版社，1962：548－549.

出土了掘井测量工具——木觇标镦一件，木垂球两件。垂球形
似陀螺，上圆下尖，圆顶平面正中心有小圆孔一个，与尖端成
一直线。这是当时掘井用的定点定位测量工具（见图 2-1）。
当井口位置确定之后，向下掘进到一定深度以后，在井口架上
支撑木架，用准绳系上木垂球，测准中心，使木垂球下放，在
井筒平面上移动木觇标镦，直至镦面准星与木垂球尖定准中
心。移开木觇标镦，开挖一段后，又用木觇标镦标定校准中
心，定出井圆周。依次下掘，直到掘至泉眼，井内储水为止。
用这种方法挖成的井，井身垂直，井筒浑圆，不偏斜[1]。殷
墟甲骨卜辞中有"规"字[2]。"规"的尺端矢形，很可能寓
意指向、测向、测直线，亦即"准望"与"准绳"[3]。

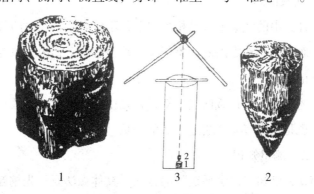

1　　　　　　3　　　　　　2

图 2-1　商代的测量工具
（引自《中国文物报》1994 年 4 月 17 日）
1. 木觇标镦　2. 木垂球　3. 使用示意图

〔1〕《中国文物报》1994 年 4 月 17 日。

〔2〕李孝定. 甲骨文字集释：第三卷 [M].台北：（台湾）中央研究院历史
语言研究所，1970.

〔3〕王克陵. 中国先秦时期的地形测量工具——"规仪" [J].自然科学史
研究，1992（3）.

商朝甲骨文中记载方位的字有：东、南、西、北、中[1]。四方有专名，东方曰析，南方曰夹，西方曰夷，北方曰伏[2]。

（三）矿物知识

殷代甲骨文中出现了"金"字，这个金不是指黄金，而是古人称铜为金。除铜以外，殷人还认识了黄金、铅、铁、锡[3]。

甲骨文的"丹"字，体现了开矿井采矿石的情景。还有一条卜辞记载了开矿的事[4]。

（四）疆域地理知识

商朝的疆域，按《诗经·商颂·殷武》的说法是："昔有成汤，自彼氐羌，莫敢不来享，莫敢不来王，曰商是常。"商汤时不仅牢牢地控制了黄河中下游地区，而且融合了西方的氐羌等少数民族，形成了一个"邦畿千里，维民所止，肇域彼四海"的奴隶制大国。它的疆域包括今河南、山东、河北、辽宁、山西、陕西、安徽、湖北等省的全部或大部[5]。到目前为止，考古发掘说明，商文化的分布范围，北到辽宁喀左和内蒙古的克什克腾，西到陕西、甘肃，西南到四川，南到湖南石门、宁乡，东南到江西清江，东到大海边的山东海阳[6]。

〔1〕 吴浩坤，潘悠. 中国甲骨学史 ［M］. 上海：上海人民出版社，1985：105.

〔2〕 温少峰，袁庭栋. 殷墟卜辞研究：科学技术篇 ［M］. 成都：四川省社会科学院出版社，1983：156.

〔3〕 王宇信. 建国以来甲骨文研究 ［M］. 北京：中国社会科学出版社，1982：157.

〔4〕 温少峰，袁庭栋. 殷墟卜辞研究：科学技术篇 ［M］. 成都：四川省社会科学院出版社，1983：354.

〔5〕 王宇信. 建国以来甲骨文研究 ［M］. 北京：中国社会科学出版社，1982：141.

〔6〕 王宇信. 建国以来甲骨文研究 ［M］. 北京：中国社会科学出版社，1982：138.

商朝四周有许多方国，这些方国有的隶属商朝，有的是商的敌国。比如武丁时期的鬼方，在今晋南；土方即唐杜之杜，而杜为豕韦之后；呂方，在今太行山西北地区；亘方，在今垣曲县西 10 千米；羌方，在今陕西大荔县西；龙方，与羌相近；御方，戎族；马方，在羌方附近；印方，大约在晋南地区；尸方，在西边；黎方，与羌方相邻；基方，在今山西河津市境；井方，可能是河津之耿国；祭方，即管城之祭国；雷方，似在今商丘以南淮水一带；大方，在沁阳附近；此外，还有虎方、兴方、旁方；晋南一带还有周、缶、犬、串、郭、蜀、旨等方；豫西还有沚、雀等方。武丁以后，主要交战方国有：叛方，与羌方相邻近；缚方，与叛方接近；龀方，疑即蛮方；北方，与西周初的北国（即邶）有关；危方，在今永城、宿县之间，约今皖、苏交界之处；商朝末年，征伐了人方，即夷方，属于春秋时代郑、周、宋和楚之北境；盂方，今河南睢县附近[1]。总计方国名称在 40 个以上[2]。

（五）地名知识

甲骨文中记载的地名约 500 个以上[3]。除了方国名 40 个，河流名 150 个，还有山名、山丘名、道路名、渡口、居民点等地名[4]。

甲骨文中还有地理专有名词，如邦、土、田、石、井、

〔1〕 王宇信. 建国以来甲骨文研究［M］. 北京：中国社会科学出版社，1982：136 – 137.

〔2〕 吴浩坤，潘悠. 中国甲骨学史［M］. 上海：上海人民出版社，1985：265.

〔3〕 陈梦家. 殷墟卜辞综述［M］. 北京：科学出版社，1956：249.

〔4〕 吴浩坤，潘悠. 中国甲骨学史［M］. 上海：上海人民出版社，1985：267.

泉、水、川、州、邑、丘、麓、鄙、国等,反映了当时的水文、地形、领土观念和土地规划知识。

(六)水利知识

甲骨文中有"洪"字,象征着打井灌溉的情况。又有"正河"的记载,郭沫若、李亚农以为是治河。甲骨文的"录"字,象征着井上设桔槔之类的设备用来汲水灌溉。甲骨文的"洗"字,其义为"泼水于地",就是灌溉。卜辞中的"洗田",即"负水浇稼",灌溉农田[1]。

卜辞中还有"畎"、"浍"这类灌溉水利工程。"甽"字说明殷人已知利用天然积水灌溉田亩。"畴"字代表田中的沟浍。"作沮"表示筑堤堰蓄水。"方商"则是筑堤防水以卫商都。"正河新圩"为治理河道,修补圩堤的意思[2]。

二 文物中反映的地学知识

商代是中国青铜器的鼎盛时代,不仅工艺精巧,如山东益都出土的亚丑方彝,湖南宁乡出土的四羊方尊(图2-2)、戈卣等,都是精品,而且数量很多,迄今为止,我们所见到的商代青铜器已经有上万件,达四五十种之多[3]。其中有农业生产

图2-2 四羊方尊

〔1〕〔2〕 温少峰,袁庭栋.殷墟卜辞研究:科学技术篇[M].成都:四川省社会科学院出版社,1983:200-206.

〔3〕 彭邦炯.商史探微[M].重庆:重庆出版社,1988:240.

工具、手工业生产工具、生活用具、兵器、礼器、乐器、装饰品等。较大的如郑州出土的兽面乳钉纹大方鼎，安阳出土的司母戊大鼎都是八九百千克左右的重器。制造这样多的青铜器，需要铜、锡、铅的矿石量也是惊人的，必须有比较发达的采矿业才能支撑起来，还必须有规模较大的冶铸青铜器的作坊。

目前发现的中国最早的商代中期大型铜矿采矿遗址，是江西瑞昌铜岭遗址，面积约 25 万平方米，在已发掘的 300 平方米范围内，有竖井 24 口，平巷 3 条，露天采矿坑 1 处，选矿槽 1 处。这说明当时已经采用竖井、平巷、坑采等联合开采方法，已是相当成熟的采矿技术了[1]。

在湖北黄陂发现有商代冶铸铜器的作坊遗址，在郑州发现两处较大的铜器作坊遗址，一处在南关外，一处在紫荆山北。在河南安阳小屯发现商代后期的大面积冶铸铜器的作坊遗址，其面积在 1 万平方米以上[2]。

关于商代青铜器的原料问题，郭沫若在《青铜时代》中认为铜出在南方吴越。翦伯赞认为铜出在长江上游。实际上，在河南安阳五六百里的范围内就有不少地方产铜，如河南济源，河北涉县、邢台，山西曲沃、翼城、绛县、垣曲、夏县、闻喜及太行山西南隅，山东莱芜等地均产铜，可以就近开采。但至今未发现像江西瑞昌铜岭那样规模和水平的商代采矿遗址，因此，郭沫若的说法颇有道理。

铜矿一般有三种：自然铜（即红铜）、硫化铜和氧化铜（即孔雀石）。从冶铜遗迹留下的原料来看，当时主要是用孔

〔1〕《中国文物报》1989 年 1 月 27 日。

〔2〕 彭邦炯. 商史探微 [M]. 重庆：重庆出版社，1988：242.

雀石炼铜。在河南安阳殷墟，曾出土一块重 18.8 千克的孔雀石，它有可能采自安阳西北边的铜矿区。

在安阳殷墟附近也有锡矿产地，如汤阴、武安、山西的阳城、沁水等。从出土文物来看，商代已有锡、铅制作的器具，说明当时已能从锡、铅矿中提炼金属锡、铅。举几个例子：

安徽颍上王冈、赵集发现商代铅器 12 件[1]。殷墟苗圃北地铸铜遗址，出土坩埚、铜块、锡块、木炭[2]。安阳后冈殷墓出土石磬、金叶、绿松石、铜器、铅戈（4 件）、玉器等[3]。

从出土文物看，商朝用金量大大超过夏朝。比如北京平谷刘家河商代中期墓葬中，出土金臂钏 2 件，金耳环 1 件，金笄 1 件，含金 85%，其他主要含银和铜，未见其他杂质[4]。河南安阳薛家庄商代遗址，出土金叶 3 片[5]。殷墟出土黄金一块，重一两余，未经制作，可能是天然金熔化的。武官大墓出土环形金片[6]。山西保德商代遗址出土 2 件弓形金器，含金量达 95%，加工制作的工艺水平也很高。

商代，琢玉工艺非常发达。商人对玉的喜爱不同一般，奴隶主贵族把它视为珍宝，当作可以换取万物的货币。

商代，不仅活人爱玉、用玉，而且死人和鬼神也"贪恋"美玉，奴隶主贵族用大量精美的玉器殉葬，祭祀神灵也要用大量玉器。比如安阳妇好墓，出土玉器达 750 余件，其中礼器有璜、玦、璧、圭等；仪仗用的玉器有戈、矛、戚、钺、刀、斧

---

〔1〕《文物》1985 年第 10 期第 36 页。

〔2〕《考古》1961 年第 2 期第 63 页。

〔3〕《考古》1972 年第 3 期第 14 页。

〔4〕《文物》1977 年第 11 期第 2 - 4 页。

〔5〕《考古》1958 年第 8 期第 23 页。

〔6〕郭宝钧. 中国青铜器时代 [M].北京：三联书店，1963：48 - 49.

等；工具类玉器有铲、锛、凿、镰及各种小刀等；生活实用玉器有簋、盘、臼、杵、梳、笄等；玉制乐器有玉磬；各种玉制装饰品和玉雕工艺品则多得难以计数，且工艺水平都相当高[1]。

四川广汉三星堆遗址，距今 4800～2800 年。在一、二号祭祀坑内，出土了上千件宗庙用器，如金杖、金面罩；近百件青铜人像、头像、面具、青铜神树等；成组的石璧，雕刻精美的玉器，如圭、璋、璧、瑗、琮、环、珠、管、佩、戈、矛、斧、锛、凿等。其原料产自龙门山和邛崃山，为本地制作。三星堆出土的黄金制品，其工艺代表了中国商代最早的黄金制品水平[2]。

商代被发现和利用的玉石品种，有近 20 种之多，玉材主要来源是近地采掘，如南阳独山玉，密县翠玉，淅川玉，莱阳玉、蓝田玉等。但在安阳殷墟出土了和田羊脂玉、青白玉、黄玉和墨玉制品，可见和田采玉不晚于殷，且已输入中原地区[3]。殷墟妇好墓出土的 700 多件玉器，质料大部分为青玉、白玉；青白玉较少，黄玉、墨玉、糖玉更少。这几种玉石大都产于新疆。

笔者根据考古资料统计，商代利用与认识的矿物岩石有：金、铜、锡、铅、铁、朱砂、孔雀石、玉、绿松石、玛瑙、砂岩、高岭土、五花土、燧石、花岗岩、玄武岩、板页岩、大理石、石灰岩、闪长岩、辉长岩、硅质岩、角闪岩、页岩、安山岩、板岩、蛇纹岩、萤石、盐等，共 29 种。其中用得最多的

〔1〕 彭邦炯. 商史探微 [M]. 重庆：重庆出版社，1988：254.

〔2〕 陈德安，魏学峰，李伟纲. 三星堆——长江上游文明中心探索 [M].
成都：四川人民出版社，1998.

〔3〕《文物》1987 年第 4 期第 53 页。

是玉、绿松石、铜、朱砂、金、玛瑙和砂岩等 7 种。

三　城市体现的地学知识

据文献记载，商代有 5 个都城，其中河南偃师商城是商朝的第一个都城。除偃师商城外，现已找到郑州商城和安阳殷墟遗址。《史记·殷本纪》曰："汤始居亳"。历史上有三个地方称亳，"蒙为北亳，谷熟为南亳，偃师为西亳"。可见偃师商城即是史书上讲的西亳。

偃师商城位于河南偃师城西城关乡大槐树村南，北依邙山，南临洛河，地势平坦，土壤肥沃。城址南北长 1700 余米，东西长度不一，分为三段，北部 1215 米，中部 1120 米，南部 740 米。城四周有夯筑的土城墙，已发现 7 个城门和城内道路 11 条。城内有宫殿遗址，在宫殿基址的东北、东南和南庑南面共发现三处用石块砌成的排水沟[1]。有一处皇家池苑遗迹，总长 130 米，宽 20 米，在它的东、西两侧各有一条用大石块砌成的上下水道。这是我国宫殿区中最早的一处水利设施，主要用来供应宫殿区中的人生活用水，可能还兼有美化环境、供人游玩的作用[2]。

郑州商城遗址位于郑州市东部郑县旧城及北关一带。城址平面近似长方形，城垣周长约 6960 米，其中北面约 1690 米，南面和东面各长约 1700 米，西面约 1870 米。有外郭城墙，宫殿区在城内东北部。商城南北各有一处铸铜作坊遗址，城西 1300 米则是制陶作坊遗址，城北紫荆山北有制骨作坊遗址，城垣西外杜岭和城东南角各有一处铜器窖藏。城外东北、西、

---

〔1〕 张之恒，周裕兴．夏商周考古〔M〕．南京：南京大学出版社，1995：52.

〔2〕 北京晚报，1999 - 05 - 24.

南等处为墓葬区。反映了整个城市有序的规划思想。

河南安阳殷墟，是盘庚以后商朝的都城，长约 6 千米，宽约 4 千米，总面积约 24 平方千米。它的西面有太行山作屏障，东面有黄河之险，南、北面是起伏的小丘陵和广阔的平原。都城附近地势平坦，土地肥沃，气候温和，物产丰富。洹河将遗址分为两部分，河南为宫殿区，河北为王陵区。宫殿周围有手工业作坊、居民区和平民墓地。王宫周围有一条人工开挖的大灰沟，作为防御设施。墓地分区，体现了商代的"族墓地"埋葬制度，每个墓区分属不同的"族"。商人选择这个地方作为都城，反映了选择者具有一定的地理知识。

湖北武汉黄陂县商代盘龙城，城址平面近似方形，南北长约 290 米，东西长约 260 米，有夯土城墙，墙外有护城河，用吊桥出入城池。城内东北的高地上有宫殿遗址，坐北朝南。其布局表明，城内仅有宫殿，具有宫城性质；城外则是居民区和手工业区。这是一种早期城市的形态。它可能是商代建于长江之滨的一个方国遗存[1]。

四 商朝的交通与地学知识

商王朝与内部的封国都邑和外围的方国部落有密切的联系，这种联系是以当时的交通要道为基础的。《逸周书·王会解》所讲的成汤时，四方国族前来献纳之事，多少反映了商王朝从立国后，一直与四周围国族保持着比较密切的交往。

甲骨卜辞中关于征人（夷）方的往返路径，也能大体看出一条通往今日徐淮地区的大道。其经过的地方，可能与今天的

〔1〕 张之恒，周裕兴. 夏商周考古 ［M］. 南京：南京大学出版社，1995：48－65.

陇海路郑州至徐州、津浦路的徐州至淮河北的某些地段有关[1]。

从甲骨卜辞讲的竹侯、文献上讲的孤竹，以及相传与肃慎的关系中，可知有一条从商朝都城东北行至今卢龙及其以远的辽宁朝阳等地的交通干线。处于这一线上或附近的邯郸、邢台、石家庄、藁城、北京、喀左等重要商代遗址，很可能是这条线上的必经之地。

从商朝都城往南，与今鄂、湘、赣等当时的国族之间，显然也有交通干道相连。历年来在湖北、湖南、江西等地发现的遗址和遗物，充分说明了这个观点。

从商朝都城往西，到周和别的方国部落都邑之间，自然也有干道相通。西周武王伐商，走的正是这条干道。当时各路兵马在孟津会师，还有戎车，长驱直达商郊牧野，这条干道能通车辆，决非小径。大概是从周的都邑丰镐沿渭水向东，出陕西入河南，东北至淇县（即朝歌）通安阳。

从商朝都城去渤海之滨的古蒲姑（可能即今山东益都地区），也有要道相通。考古发现的苏埠屯商代遗址，大概是当时一大都邑。估计先走水路，沿古黄河或济水而下，再转陆路。

至于交通运输工具，商朝已有车和船，这从殷墟考古和甲骨文字中得到证明。甲骨文中有"车"字，是一个形象逼真的象形字，虽然有时写法有繁简，但都描绘出两轮一轴的特点。

在殷墟考古发掘过程中，发现30多辆车子，有的一车四马三人，有的一车二马三人，有的一车二马一人。从车的遗迹上看，商代车子的结构与甲骨文车字相同，都是单辕两轮。商代除畜力车外，也有人力车，这就是辇。商代金文中有"辇"字。

〔1〕 陈梦家. 殷墟卜辞综述 [M]. 北京：科学出版社，1956：301-310.

关于船，新石器时代已有独木舟，商代的船，则已发展到用多块木板拼造而成。甲骨文中的舟，显然不像独木舟。商代除有用楫划水的舟外，还有用绳牵引的船，甲骨文中有此事例[1]。此外，据于省吾考证，商王朝已建立了驿传制度[2]。

第四节　西周地学知识的积累

公元前 11 世纪下半叶，周武王灭商，建立了周朝，定都镐（今陕西西安市长安区）。从周武王起，至周平王迁都洛阳止（公元前 770 年），为西周时期。穆王以后，周朝统治的地区西到魏、骀（邰）、芮、岐、毕，东到蒲姑（今山东淄博一带）、商奄（今山东曲阜一带），南到巴、濮、楚、邓，北到肃慎（今辽东地区）、燕、亳[3]，成为空前强大的奴隶制国家。西周的地学知识，主要体现在以下五个方面。

一　地震知识

记载周代最早的地震是《吕氏春秋·制乐》，曰："周文王立国八年岁六月，文王寝疾五日，而地动东西南北，不出国郊。"这里的地动就是地震。写这条资料的作者是战国末期人，不可能耳闻目睹，而是根据流传下来的资料写的。

周幽王二年（公元前 780 年），西周三川皆地震。有一个叫伯阳父的人解释说："阳伏而不能出，阴迫而不能蒸，于是有地震。"[4]这是中国最早的地震成因论，伯阳父则是中国第

---

〔1〕　彭邦炯. 商史探微［M］. 重庆：重庆出版社，1988：268 - 273.

〔2〕　于省吾. 殷代的交通工具和驿传制度［J］. 东北人民大学学报，1955（2）.

〔3〕　《左传·昭公九年》。

〔4〕　《国语·周语》。

一个提出用阴阳解释地震成因的学者。

二 地图知识

西周周公旦辅政时，按照武王的遗愿，决定营建东都洛邑，由召公到武王选定的地区，测量地形，作建都规划。新都洛邑建成后，称为成周。《尚书·召诰》和《尚书·洛诰》记载了这件事的经过，其中提到"伻来，以图及献卜"。"伻来"，指使者。"图"，指地图，是为了选择营建洛邑地点而测绘的地图[1]。

西周康王（公元前 1020～公元前 996 年）时，《宜侯矢簋铭》记载："（王）省珷王成王伐商图，遂省东或（国）图"，意思是说，康王查看他祖先武王和成王从前伐商的地图和东国地图[2]。

周穆王西游时，《穆天子传》卷一曰："朝于黄之山，乃披图视典。"这里讲的图也是地图。

《诗经·周颂·般》记载："于皇时周，陟其高山，嶞山乔岳，允犹翕河。"据东汉经学家郑玄的解释，"犹"即图，就是按照所绘山川之图，合九河为一，以大小次序依次祭祀。

西周厉王时，《散氏盘铭》中也有关于地图的记载。矢国用田去向散国赔偿时，把田地画成地图，送给散氏[3]。

总之，西周用地图的事例已不是个别，说明西周已能绘制多种地图。

三 矿物岩石知识

西周是青铜器鼎盛的时代，因此，西周人对青铜器原料

〔1〕 侯仁之. 中国古代地理学简史 [M]. 北京：科学出版社，1962：3.

〔2〕 唐兰. 西周时代最早的一件铜器利簋铭文解释 [J]. 文物，1977（8）：10.

〔3〕 郭沫若. 十批判书 [M]. 北京：人民文学出版社，1961：49.

铜、锡、铅的认识也更深入。到目前为止，发现的西周采铜矿遗址比商代多，如湖北黄石市铜绿山古铜矿遗址，内蒙古赤峰市林西县大井古铜矿遗址，湖北阳新县港下古铜矿遗址，安徽铜陵、南陵、枞阳等古铜矿遗址。铜矿石有自然铜、孔雀石、硫化铜矿、含砷铜矿、黄铜矿、斑铜矿和铜、锡、砷共生硫化矿石等。

西周时期，已使用磁铁矿石和赤铁矿石来磨制剑柄端加重器，此外，还用硅质岩、角闪岩[1]来磨制。

从西周的漆器中，也反映了当时使用矿物岩石的情况。西周漆器中，器表有褐、朱、黑三种颜色。朱漆系在半透明的漆中加入朱砂而成，黑漆是在漆中加入氢氧化铁经混合搅拌均匀而成。西周的漆器上贴金箔，在北京琉璃河发现一件，器身贴三道金箔。表明此时对金箔的加工和贴金箔技术都已达到一定水平。西周漆器中还采用了镶嵌绿松石的工艺[2]。

西周早期，镀锡技术在车马器、兵器、日用器等上面有了较广泛的使用。具体方法是汞齐涂敷法[3]。

西周已有单纯的铅器，可见已能从铅矿中提炼出铅金属了。北京昌平白浮西周早期墓中，出土了残铅戈[4]。洛阳北窑村西周遗址出土铅器2件，一件为铅爵，一件为铅觯[5]。

西周的玉石雕工艺也很发达，按其用途可分为两类：一类作为服饰或其他佩戴物，大体是半立体的动物形小雕像，如

〔1〕《考古》1983 年第 2 期第 133 页。

〔2〕《考古》1987 年第 8 期第 734 页。

〔3〕《文物》1988 年第 3 期第 77 页。

〔4〕《考古》1976 年第 4 期第 246 页。

〔5〕《文物》1981 年第 7 期第 52 页。

鱼、鸟、蚕、鹿、虎、兽等；另一类为传统礼器和仿兵器仪仗用品等，如璧、环、瑗、璜、圭、璋、琮、玦以及戈、斧、戚、刀诸器。所用的原料有玉、石、煤玉（炭精）、玛瑙、绿松石、琉璃等[1]。

西周的陶瓷手工业也有新的进展，除日用陶器外，又开始出现建筑用陶器，如板瓦、筒瓦和瓦当等。还有原始青瓷，如河南襄县西周墓出土瓷罍一件，胎质为灰白色高岭土，外敷青色釉，和洛阳庞家沟西周墓出土的瓷罍在形制、胎质上基本相同[2]。浙江义乌市平畴西周晚期墓，出土原始瓷器100件，有盉、盂、盘、豆、碗、器盖等。内外施釉，胎质均为瓷土（即高岭土），胎色灰白色，青绿釉，小部分为青黄釉[3]。由此证明，西周人已认识了高岭土的性质，并用于制造瓷器。

西周使用的矿物颜料有朱砂、石黄、赤铁矿等[4]。西周已出现了石灰，这是西周人对石灰岩性质认识的一次飞跃。1976年在原西周建筑遗址中，发现有用石灰涂抹的墙壁。石灰的取得，乃是把石灰岩加热，得到生石灰，再把生石灰加水，得熟石灰，方可用于涂抹墙壁。

笔者根据考古资料统计，西周认识或使用过的矿物岩石有：金、铜（孔雀石，自然铜，硫化铜，铜与银、锡、铅、锌共生矿物）、锡石、铅、玉（指软玉，如和田玉、独山玉、蓝田玉、莱阳玉、翠玉）、煤玉（炭精）、朱砂、砂岩、云母、五花土、高岭土、黏土、石黄、玛瑙、赤铁矿、磁铁矿、绿松

〔1〕 张之恒，周裕兴. 夏商周考古 [M].南京：南京大学出版社，1995：266.

〔2〕 《文物》1977年第8期第13页。

〔3〕 《考古》1985年第7期第608页。

〔4〕 《文物》1976年第4期第34页。

石、滑石、玄武岩、石灰岩、大理石、闪长岩、辉绿岩、花岗岩、板岩、安山岩、煌斑岩、千枚岩、硅质岩、燧石、石英岩、琥珀、盐等共40种。

四 文献中的地学知识

1.《周易》的地学内容

《周易》古经，大约成于商末周初。其中故事，最晚到周文王、周武王时。而《周易》传作于春秋、战国之间。《周易》经传并不是某一个人的写作，而是多个人历时多世的集体写作[1]。《周易》广泛地记录了西周的社会生活，反映了周民族的兴衰历史，还有不少科学知识。这里仅介绍其中的地学知识。

《周易》中八卦的基本象征是：乾为天，坤为地，震为雷，巽为风，坎为水，离为火，艮为山，兑为泽。这八个内容都是地学研究的范围。不过卦、爻辞与象数的关系不是十分一致，有显有晦[2]。如乾卦的象征是天，但卦、爻辞的内容却不是谈天。巽卦的卦、爻辞不谈风，离卦的卦、爻辞不谈火，艮卦的卦、爻辞不谈山，兑卦的卦、爻辞不谈泽。坤卦与地有关，但并不完全谈地；坎卦与水有关，也不完全谈水；只有震卦是完全讲雷电。八卦卦象标志着西周人对自然界八种物质的认识，用乾、坤、坎、离、巽、震、艮、兑八个符号分别代表它们，这是认识的前一个阶段。认识的后一个阶段，内容更丰富，把丰富的认识内容硬纳入八卦规定的范围，自然有不合的地方，因而出现了卦象与卦、爻辞的内容不一致。

除了卦象体现的地学内容，在卦、爻辞中也有一些地学内

〔1〕 黄寿祺，张善文. 周易译注〔M〕.上海：上海古籍出版社，1989：9.

〔2〕 高亨. 周易古经今注〔M〕.北京：中华书局，1984：12.

容。如坎卦卦、爻辞的中心意思是：随着人们由渔猎生活转向农业生产，生产方式和生产环境均发生了变化，原来为渔猎而设的坑坎，在农业生产中便显然碍事，必须把坑坎填平。这都是人类为了需要而改变地表的小型地貌。

井卦卦、爻辞反映了西周人的饮水卫生，"井泥不食"、"井渫不食"，是说井水不干净、被污染了不能喝。用什么办法治理呢？"可用汲"，用掏井汲水的方法除去污染，使井水清洁，继续使用。为了保持井水清洁，不使井壁崩塌，又用砖瓦垒井壁，叫做井甃。考古发掘证实，周人在陕西用平瓦垒井。经过整治，井水不仅清洁，而且寒凉，成了最好的饮用水。为了保护饮用水水源，又在井上加栏杆或井盖，这一方面是为了人畜安全，不致误落井中；更重要的是不让泥沙尘埃及不干净的东西落入井中[1]。

在噬嗑卦中，有"噬乾肉得黄金"一句。"黄金"一词，有人以为指黄金粒[2]；有人以为指铜镞（铜箭头）[3]。若以指黄金粒来说，这是中国最早出现的黄金专有名词。

除"黄金"一词外，《周易》中与地学有关的名词还有30多个，其中地域方面有田、野、郊、国、邑等；地貌方面有大川、高陵、穴、平、陂、渊、山、谷、磐、陆、泉等；气象气候方面有密云不雨、霜、冰、雨、雨若濡、雨亏等；方位有东、南、西、东北、西南；土质方面有石、泥、沙等。

2.《诗经》中的地学知识

《诗经》是西周至春秋时期的诗歌选集，共305篇，分

〔1〕 李镜池.周易探源 [M].北京：中华书局，1982：214－218.

〔2〕 高亨.周易古经今注 [M].北京：中华书局，1984：223.

〔3〕 李镜池.周易通义 [M].北京：中华书局，1984：45.

"风"、"雅"、"颂"三大类。内容涉及古代社会生活的各个方面，同时还有古人对大自然的认识，有不少地学知识。

（1）水文知识

《诗经》中记载了30多条河流，主要是黄河、长江、淮河三大水系及其支流，其名称有河、川、江、汜、沱、泉、涧、沼、泽、渊、渚、海等水体类型。又把风成水波分别称作涟、直、沦三种，泉分成寒泉、肥泉、槛泉三种，沼泽称作沮洳。

对流水侵蚀作用的描述是："扬之水，白石凿凿。"流水搬运作用是："相彼泉水，载清载浊。"流水沉积作用是："泾以渭浊，湜湜其沚。"[1]这是中国古籍中对流水侵蚀、搬运和沉积作用的最早描述。

（2）地形知识

《诗经》记载了20多座山，如泰山、嵩山、首阳山、终南山、岐山等。记载地貌形态名称至少有60多个，如山、岗、丘、陵、原、隰、洲、墠阪、谷、岨、阿、陆、邛、阜等。流水地貌又分岸、干、浒、涘溽、鞫、将、湄、藚、浦、溃麋、频、墳、沚、涧、滨、奥、梁、厉、侧、陂等。

按汉毛亨《诗传》（简称《毛诗》）的解释，把有植被覆盖的山分为两种：有草木的叫"岵"，无草木的叫"屺"。这个解释与《尔雅》的解释相反，《尔雅》曰："多草木，岵；无草木，峐。""峐"是"屺"的异体字。而《尔雅》的解释与《说文》相合，也许《毛诗》错了，应从《尔雅》。"岵"、"屺"皆见于《诗经·齐风·陟岵》："陟彼岵兮，瞻望父兮；

---

〔1〕 引文分别见《诗经》"风"伐檀、凯风、汾沮洳、扬之水、谷风等篇和"小雅"采菽、四月篇。

陟彼屺兮，瞻望母兮。"

《毛诗》还分别解释了以下地貌名称："崔嵬"——土山戴石；"砠"——石山戴土；"阜"——最大的土山；"陵"——最大的阜；"巅"——山顶；"冈"——较低而平的山脊；"宛丘"——四周高中央低；"顿丘"——单个的丘；"阿丘"——偏高的丘；"京"——高高的丘；"阿"——大的黄土丘陵；"丘阿"——丘的一坡；"隅"——丘的一角；"丘侧"——丘的一旁。

在《诗经·小雅·十月之交》中，描述了周幽王六年（公元前776年）一次大雷雨后，发生大规模滑坡所引起的地形变化："百川沸腾，山冢崒崩，高岸为谷，深谷为陵。"这是中国古籍中首次描述短时间内的地形变化，也反映了西周人朴素的辩证思想。

（3）气象气候知识

《诗经》中有气象名称25个，如风、雷、雨、霾、雪、霆、霜、冰、云、霰、霢霂、蝃蝀等。有气象预报的谚语："朝脐于西，崇朝其雨。"意思是说，朝虹出现在西方天际，上午就要下大雨。"月离于毕，俾滂沱矣。"说是当新月在毕宿时，雨季就要来临了，要下滂沱大雨了。

雨又分大小和类型，如阴雨、风雨、零雨、零落、灵雨（甘霖）、雨、甘雨、雨雪等。

风的名称有凯风、遹风（逆风）、大风、谷风、北风、飘风、终风等。

气候方面，有春、夏、秋、冬四季名称，有不少物候记载。特别是《豳风·七月》这首物候诗，记述了好几个月的物候。如"四月秀葽"，"五月鸣蜩"，"斯螽动股"，"六月莎鸡振羽"，

"七月（蟋蟀）在野"，"八月萑苇，（蟋蟀）在宇"，"九月肃霜，（蟋蟀）在户"，"十月陨箨，蟋蟀入我床下"。

五　西周的交通与地学知识

西周的东西交通干线，由周原经丰镐至雒邑，又由雒邑往东延伸到齐、鲁两国。有些路段，是商朝的旧道路。由雒邑经盟津至朝歌，再往北至邢国（今河北邢台市）。周初循汾、涑北行至霍国（今山西霍县）。由雒邑往南经方城至申国（今河南南阳），再往南至汉江。

由雒邑往东走可到宋（今河南商丘），再往东南到徐国，即淮夷地区。

这是当时主要的道路，此外，还有其他道路。比如周王巡守和祭祀山川海洋所走的道路，也是当时的重要交通要道，但不能和上述主要道路相提并论，因为上述主要道路是周王由中枢控制四方的大道。

《诗·小雅·大东》曰："周道如砥，其直如矢。君子所履，小人所视。"这是说周朝的道路像砥石那样的平整，像箭那样的端直。这样的道路只供统治阶级使用，一般平民百姓只能在旁边看看。《诗·小雅·四牡》还说："周道倭迟。"周道是相当长远的。这反映了当时修治道路的水平。当时修筑道路已有种种规定，比如"雨毕而徐道，水涸而成梁"；"列树以表道，立鄙食以守路"。说的是下雨不修路，雨停了才能修。道路两旁要栽树，隔一段距离设立馆舍，以便行人和守路人员生活[1]。

〔1〕　白寿彝总主编，徐喜辰，斯维至，等主编．中国通史：第三卷上册[M]．上海：上海人民出版社，1994：709-715．

第三章　春秋战国时期的地学

第一节　社会环境对地学的影响

公元前 770 年周平王东迁洛阳起至公元前 221 年秦始皇统一全国止，为春秋战国时期，共 549 年。其中公元前 770 年至公元前 476 年为春秋时期，共 295 年。公元前 475 年至公元前 221 年为战国时期，共 254 年。这个时期，中国社会形态是从奴隶社会演变到封建社会的过渡时期，是社会大变革时期。从生产工具到生产方式来说，则由青铜器时代逐步进入到铁器时代。生产力大大提高，社会经济迅速发展。水利、采矿、冶炼、铸造成为生产中的基础部门。思想活跃，各种学术流派呈现百花齐放、百家争鸣的局面。在这样的时代背景下，地学也迅速发展，产生了中国古代的地理学，出现了若干地理专著，这些专著是后代地理分支学科的肇端。可以说，这个时期是中国古代地学发展的第一个高峰，从而奠定了中国古代传统地学体系的基础。

第二节　文献综述

春秋战国时期作为中华文明的"轴心时代"，中华文明的大多数元典成型于这数百年间。后世学者均需由此出发，为自己的学说提供思想原型及合法性的辩护，中国思想史上有许多重要著作本身就是以经典注疏的形式面世的。

在此时出现的众多经典中，包含有丰富的地学内容，有的经典本身就是地学著作。可以说，经过千百年孕育积淀，中国传统地学就是在这一时期成型的。

据考证，"地理"一词，最早产生于此时的著作中。《周易·系辞》云："仰以观于天文，俯以察于地理，是故知幽明之故。"此处"地理"与"天文"相对应。对于"俯察地理"，后来的《淮南子·泰族训》解释说："俯视地理，以制度量。察陵陆水泽、肥墝高下之宜，立事生财，以除饥寒之患。"对于地理，东汉王充在《论衡》中称："天有日月星辰谓之文，地有山川陵谷谓之理。"唐代孔颖达为《周易》作疏，进一步解释道："天有悬象而成文章，故称文也；地有山川原隰各有条理，故称理也。"李久昌据此认为，先秦时期，"地理"这一概念，不仅含有观察、了解地表的地势、地形、水文等自然地理现象的分布情况，而且还要探究自然环境的"条理"即自然规律，其研究目的是根据不同地理环境，因地制宜，从事生产，以解决最根本的吃饭、穿衣问题。[1]正如《管子·形势解》所说："明主上不逆天，下不圹地，故天予之时、地生之财。乱主上逆天道，下绝地理，故天不予时、地不生财。"总之，"地理"是指人类赖以生存的地理环境，这一概念是围绕着人的生存、人类社会的运作建立起来的[2]。

在同时期的古希腊，也开始出现"地理"概念。赫卡泰（Hecataeus，？—公元前 475 年）著有《地球的描述》（*Description of the Earth*）一书，此书现存残页中的一个小标题有"新地理（学）"（New Geography）一词。[3]这是目前所能

---

〔1〕李久昌. 对中国历史地理学渊源问题的再认识［M］//史念海. 中国历史地理论丛：第 1 辑. 西安：陕西人民出版社，2004：102－109.

〔2〕对此，也有不同意见，如王成组认为《系辞》中的"天文"、"地理"偏重于抽象定义。见《中国地理学史》，商务印书馆，1988 年，第4页。

〔3〕［美］詹姆斯. 地理学思想史［M］. 北京：商务印书馆，1989：23.

见到的西方文献中关于"地理（学）"一词的最早记载。而"新地理"的出现说明在此之前已经有了"地理"一词，可惜此书仅余零星片段，难以窥知其确切含义。古希腊地理学集大成者埃拉托色尼（Eratosthenes，公元前275—前195年）在其地学著作中以"地理学"（Geography）一词作为书名。Geography一词由"geo"（希腊词，意指大地，earth）以及"graphy"（希腊词，意指描述，to describe）两词组成，意指对"大地之描述"[1]。由此可见，古希腊的 Geography 与古中国的"地理"存在很大差异，这也体现了古代中国与古代希腊在科技传统、思维方式上的基本差异[2]。

"地质"一词在中国的出现比较晚[3]，但春秋战国时期的许多文献，如《山海经》、《禹贡》、《管子》等已经包含不少地质知识了。在西方，"地质学"（Geologia，或 Geology）一词最初见于 17 世纪初期意大利人尤利修斯（Ulyssus Aldrovandus，1522—1605 年）的《遗言书》中。该书中有 Geologia 一篇，包含古生物、矿物及岩石等知识。当然，早在古希腊时期，西方就已有了丰富的地质知识，最有代表性的著作是狄奥弗拉斯特（Theophrastus，公元前371—前285年）的

---

〔1〕［法］克拉瓦尔. 地理学思想史［M］. 郑胜华，刘德美，刘清华，等，译. 北京：北京大学出版社，2007：7.

〔2〕李久昌在前述文章中说："'地理'概念的形成是古代地理认识史上一大飞跃。它虽未赋予概念意义，但却给地理以确切的含义，较之古希腊'地理学'仅指大地的描述，显然更具科学价值和现实意义，只是限于时代，仅仅表达出概念的基本实质。"

〔3〕据李鄂荣考证，"地质"一词首见于曹魏时期王弼（公元226—249年）所著《周易注》，而近代科学意义上的"地质"一词出现在中国文献则始于咸丰三年（1853年）出版的《地理全书》中。见李鄂荣著《"地质"一词何时出现于我国文献》，《中国科技史料》，1984年第3期。不过，流行的观点一般认为"地质"一词是鲁迅于1903年在《中国地质略论》一文中由日文引进的。

《石头记》（*On Rocks*）。

春秋战国时期与地学相关的文献相当丰富，既有全国性综合性的地学著作，也出现了专题性地学著作的萌芽。在这些著作中，流传至今的主要有：《山海经》、《禹贡》、《穆天子传》，以及《周礼》、《管子》的部分篇章，《吕氏春秋》、《孙子兵法》、《孙膑兵法》中的有关章节。这其中，有些是专门的地学书，有些是包含某些地学内容；有的偏重于地学理论的总结，有的侧重于实践经验的总结。下面对其分别进行概述。

一 综合性地学著作：《山海经》和《禹贡》

论述中国传统地理学，一般是以《山海经》和《禹贡》为起点，而一般以为，这两部书当是成书于东周时代。此类综合性全国性地学著作成书于此时，主要原因有二：春秋战国之时，中原与外界交往的范围扩大了。此种交往的范围可能已经突破了高山、戈壁的阻隔，如方豪所言："中国进入有史时代以后，即公元前第9世纪至第6世纪之间，中外交往之遗迹，迄无发现。……自公元前第6世纪以降，即中国春秋战国之世，就已发现之文物言，中国与西方之关系，已有可考知者。此种关系之接触路线，可分南北二路，北路乃由西亚直接传于北方民族，然后传于中国；南路则由西亚传至中亚、印度，而入中国。"[1]有对外交往所带来的大量地理资料要求人们对之进行整理和总结，此其一。其二，春秋战国时期天下分裂、战争频仍，为消弭兵祸及联合对抗夷狄，统一成为大势所趋、人心所向，"大一统"思想形成，并成为整理地理资料的指导思想。如周振鹤先生所言："五四以来的研究已经证明《禹贡》

---

〔1〕 方豪. 中西交通史：上册［M］.上海：上海人民出版社，2008：33.

是战国时的作品，九州是当时人统一意识和地理知识的产物。"[1]由此，中国古代地理学正式产生。

《山海经》和《禹贡》最早对当时人们所认识的世界进行了较为系统的描述，涉及自然、经济、人文等地学内容，无论就所涉及的地域还是所讨论的内容来讲，在当时的地学著作里都是最具代表性的。对于大范围的地理情况进行描述，首先遇到的问题就是如何将所掌握的内容以恰当的方式组织起来，使之清晰、有条理。解决问题的办法就是首先对大地进行区域划分，然后进行描述。春秋战国时期全国性的地学著作已开始采用这种区域性的地学描述。在地学发展过程中，区域性的论述是地学研究中最古老的方法之一。

（一）《山海经》

《山海经》开创了古代地学区域描述的先河。其描述地域之广，不仅包括后世中国的广大地区，还涉及中亚、东亚的部分地区。其成书时代历来争论比较多，目前学界一般认为此书非一时一人所作，而是主要成书于春秋末至战国初，后经秦汉不断补订而成。[2]

---

〔1〕 周振鹤. 体国经野之道：中国行政区划沿革［M］. 上海：上海书店出版社，2009：88.

〔2〕 关于《山海经》的成书年代，中国旧时的正统说法认为是古时大禹、伯益所作，但这种说法已被当前学界所摒弃。王成组认为《山经》为战国后期的作品，顾颉刚则主张《山经》成书于春秋末至战国初并为多数学者所接受（顾颉刚，《五藏山经试探》，载北京大学《史学论丛》1934年第1册），近来的研究也与顾氏观点无大出入。对于《海经》和《大荒经》的成书年代，争论更多，但多数学者认为这两部分成书较《山经》晚，或在秦汉，或更晚。也有学者认为其早于《山经》（杨超，《〈山海经〉及其相关的几个问题》，见《〈山海经〉新探》，四川省社会科学院出版社，1986年，第6页）。近年来的地学史研究多忽略了《海经》和《大荒经》的地学价值，但从其写作体例和思想框架来看，其所反映的地学思想与《山经》是一致的。

《山海经》流传至今的抄本共 18 卷，由《山经》（又称《五藏山经》）5 卷、《海经》8 卷和《大荒经》5 卷三个部分组成，全书 31000 字左右。由于此书所记种种，多有荒诞不经、令人匪夷所思，自古便被称为"奇书"、"怪书"，历代以来对其评价也是众说纷纭、莫衷一是。甚至对其在目录学中所应处的位置也难以判定，《汉书·艺文志》将其列入数术略形法类，《隋书·经籍志》、《旧唐书·经籍志》等把它列入史部地理类，《宋史·艺文志》又改列子部五行类，《四库全书总目提要》又将其贬入子部小说家类，并认为："道里、山川率难考据，案以耳目所及，百不一真。诸家并以为地理书之冠，亦为未允。"许多学者把它当作神话作品，甚至当作巫医之书，直到现代，如鲁迅在《中国小说史略》中还说《山海经》"盖古之巫书"。但越来越多的学者注意到《山海经》的地学价值。侯仁之强调：《山经》是"我国流传至今的第一部地理书籍"，"是我们祖先自古以来在生产斗争中所获得的全部地理知识的一个总结"[1]。

《山海经》在中国传统文人的读书生活中占有独特的地位，这一点由其在传统目录学中的难以定位便可见一斑。陶渊明作有一组题为《读山海经》的诗，其中有一句说："泛览周王传，流观山海图。""周王传"即我们下文即将提到的《穆天子传》，而"山海图"即《山海经》及其相关图像。葛兆光先生引述这两句诗并评论说："古代很多士人大约都有这样的读书经历，也大约从这些'开拓心胸'的书中获取了相当多超越经典和现实的知识。……儒者'一物不知则以为耻'的

---

〔1〕 侯仁之. 中国古代地理学简史 [M]. 北京：科学出版社，1962：8.

博物传统恰恰是他们超越儒家知识边界的动力，而陶渊明的诗句常常是他们用来申明这种知识合理性的一个依据。"[1]由此可见，《山海经》一类的书，其存在意义主要就在于为地学在中国传统儒学的框架边缘打下了一块栖身之地，并不断激发文人士子对地理、对异域的兴趣。[2]

种种迹象表明，《山海经》原本是有图的，这一点毫无疑义。但这些图究竟如何演变的，其原貌是什么样的，其与经文是何种关系，尚无定论。据朱熹所论，《山海经》是先有图而后有经，且原始的《山海经图》并非后世习见的异物兽形图，而是以异物兽形为标志的山川地貌图[3]。据今人考证，宋代所存《山海经图》，除欧阳修所见尚与古图接近外，其余图皆舍弃《山海经》主要讲述山川道里的本来面目，而热衷于奇物奇兽的描绘。[4]原本的《山海经图》遂渐渐湮没不闻。

现存的《山海经》以山海地理为纲，记述内容涉及上古至周朝的地理、历史、民族、宗教、动植物、水利、神话、巫术等。书中包含了很多有价值的地学内容，其中尤以《山经》包含的自然地理内容最多、地学价值最大[5]。而《海经》和《大荒经》中也包含了不少地理学的内容。

---

〔1〕 葛兆光.宅兹中国：重建有关"中国"的历史论述 [M].北京：中华书局，2011：80.

〔2〕 鲁迅所著《朝花夕拾》中有一篇《阿长与山海经》，很好地表达了《山海经》对旧时代下成长的少年的吸引。

〔3〕 《晦庵集》卷七十一《记山海经》；《朱子语类》卷一百三十八。

〔4〕 张祝平.宋人所论《山海经图》辩证 [J].中国历史地理论丛，2001(4)：66-69.

〔5〕 谭其骧认为，《山经》不像《山海经》其他部分那样充满神话记载，而是从形式到内容，都以叙述各地山川物产为主，是一部很有价值的地理书。见华林甫，《中国历史地理学·综述》，山东教育出版社，2009年，第440-441页。

《山经》将全国划分为5个区域，对于各个区域以山为坐标来描述（图3-1）。它以今天晋西南和豫西为"中山经"的描述区域，又将其东、西、南、北分为4个区域，分别在"东山经"、"西山经"、"南山经"、"北山经"中进行综合描述。谭其骧先生分析了《山经》中七篇所录140座可考定确址的山，以此为基础对所记各山的走向、里距的精确性做了考察，然后逐片考定所记山川达到的地域，以为总的范围比《禹贡》大得多，但比今天我国的版图小不少。[1]

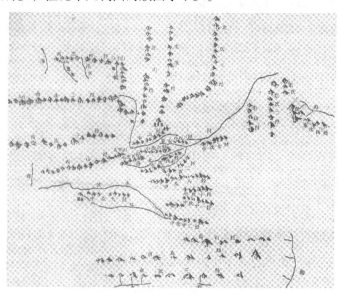

图3-1　《山经》所列山脉示意图[2]

《山经》在各个区域的描述中，仍是以山系为纲，并分为若干个次山经。对于每一个次山经的描述条理清晰，内容也有

〔1〕　谭其骧.《五藏山经》的地域范围提要［G］∥中国山海经学术讨论会.《山海经》新探. 成都：四川省社会科学院出版社，1986：13-14.
〔2〕　王成组. 中国地理学史［M］.北京：商务印书馆，1988：19.

一定的规律可循，记述了山川、植物、动物、水系、矿产等地学内容。这些地学内容相当广泛，虽然描述还较为原始、粗略，并且包含了不少臆想的成分，但毕竟是最古老的全国性、综合性的地学著作。而且，书中涉及的地学内容是比较全面的。例如，对于各山，谈到了其位置、走向、距离、高度、坡度；对于河流，谈到了其发源地、流向及水流的季节变化等；对于动植物，描述了其形态特征及医疗功效；对于矿物，描述了其硬度、颜色、光泽和识别方法等。

《山经》共记载了 5370 余座山名，300 余条河流，涉及130 余种植物、260 余种动物的名称，以及七八十种矿物[1]。由于《山经》描述内容复杂，对有些内容的可靠性，以及如何归类，各家看法不一，因而统计数字也不尽相同。《山经》最后也总结道：

> 禹曰：天下名山，经五千三百七十山，六万四千
> 五十六里，居地也。言其五藏，盖其余小山甚众，不
> 足记云。天地之东西二万八千里，南北二万六千里，
> 出水者八千里，受水者八千里，出铜之山四百六十
> 七，出铁之山三千六百九十。[2]

这其中的数据虽不准确，但还是能反映出《山经》的整体面貌。

《山海经》的作者试图描述当时所了解的整个世界，这种努力是值得肯定的。当时文明草就，可资借鉴的文字资料极少，资料方面可以依靠的主要途径不外有二：一为故老相传、

---

〔1〕 吴枫. 简明中国古籍辞典 ［M］. 长春：吉林文史出版社，1987：48.

〔2〕《山海经·中山经》。

世代积攒沿袭的口头资料；二是实地考察所得资料。鉴于当时的交通状况、考察手段，这些资料的可靠性都是要打很大折扣的。再加之异域奇特的地理环境与奇异的族群物类吸引着人们的好奇心，使之将更多精力用于传习此类奇谈，因此书里出现较多荒诞不经的内容是可以理解的。对于这些明显是神话、传说而非实录的内容，有些学者认为，"其兴趣不在事件本身，而在于'解说'自然现象"，"是对自然现象的理解"[1]。

此外，《山海经》的描述体例较为成功，其写作方法对于后来的地学著作包括《禹贡》均有一定影响。至于《山海经》中的《海经》和《大荒经》，由于距离作者生活地域更加遥远，其中的神话、臆想成分更多，地学价值较《山经》为小，但在描述体例及思想上仍有一定的地学价值，尤其是对于各个种族的描述，可以说已经有了文化地理学思想的萌芽。

（二）《禹贡》

《禹贡》是中国现存最古老的史书《尚书》里的一篇，为最早且最具系统性的综合地理著作，被誉为"中国古代最富于科学性的地理记载"[2]。

旧传《禹贡》为夏时所作，被孔子编入《尚书》后取得

---

〔1〕 李申. 中国古代哲学和自然科学［M］. 北京：中国社会科学出版社，1989：18－24. 另，徐南洲在《山海经——一部中国上古的科技史书》（见《〈山海经〉新探》，四川省社会科学院出版社，1986年，第241－263页）中，认为夸父逐日是人类探索太阳运行规律的科学活动，精卫填海是人类探索航海的反映，且《山海经》通过神话对南涝北旱等自然现象提供了解释。袁珂在《〈山海经〉"盖古之巫书"试探》（见《〈山海经〉新探》，四川省社会科学院出版社，1986年，第231－240页）一文中也认为古人将"所见所闻所思的一切，都带上一层神话（宗教）的色彩。这种原始的思维方式，我们叫它做深化思维"。

〔2〕 中国科学院地理研究所. 中国古代地理名著选读：第一辑［M］. 北京：学苑出版社，2006：1.

了经典的地位，历代学者奉为"万世不易之书"[1]、"古今地理志之祖"[2]，对后世影响极大，历代各地所修方志，几乎无不提及《禹贡》，而在现实层面，很多政区名如太原、九江等也是得自《禹贡》。[3]在过去，《禹贡》是学者必读之书，历来被奉为信史，并把九州当成中国最早的行政区划。但五四运动以来的研究已经证明它是战国时的作品，九州是当时人们统一意识和地理知识的产物。[4]

《禹贡》超越了《山海经》罗列式的描述方式，用极简洁的文字，对所掌握的材料做了较为系统的描述。全文仅1191字，却能在当时人们知识水平低下的条件下，以求实的态度综合地描述了全国的情况，没有夹杂神话成分，是难能可贵的，也说明当时人们已经掌握了更多的地学知识。《禹贡》继承了《山经》的写作体例，分区描述地理情况，但并没有像《山经》那样以山系为纲、按方位划分区域的原始区划方法描述区域地理内容。

在《禹贡》中，有两种地理区划：一为九州制，一为五服制。五服制乃是封建制的理想化，它以王都为中心，按照距离王都的远近，以五百里为单位，由近及远分为甸服、侯服、

---

〔1〕 郑樵《通志》，卷四十。

〔2〕 艾南英，《禹贡图注·序》。

〔3〕 华林甫. 中国历史地理学·综述 [M].济南：山东教育出版社，2009：429.

〔4〕 周振鹤. 体国经野之道：中国行政区划沿革 [M].上海：上海书店出版社，2009：88. 王成组认为《禹贡》由孔子所编（见王成组《中国地理学史》上册，商务印书馆，1982年，第4－6页）；顾颉刚认为《禹贡》"是公元前第三世纪前期的作品"（见《中国古代地理名著选读（第一辑）》，第4页）；史念海认为《禹贡》"为战国时期的著作，其成书年代不应早于公元前482年"（见《论"禹贡"的著作时代》，《陕西师范大学学报》，1979年第3期）；而辛树帜则认为《禹贡》成书于西周时代（见《禹贡新解》，农业出版社，1964年）。相关争论，可参见华林甫，《中国历史地理学·综述》，山东教育出版社，2009年。

绥服、要服、荒服，并规定了各服贡赋的交纳。五服部分地理内容比较少，它主要是一种政治理想[1]，《周礼》中的"九服制"，形式与性质与此相同。

《禹贡》的主体部分是九州制，它根据对地理内容的综合分析进行区域划分，将当时已知的"天下"分为九个区域（图3-2），称之为"九州"[2]，对各个州的山川、湖泊、土壤、物产等事项进行综合性的系统描述。《禹贡》在记述土壤、贡赋等内容时采用了统一的标准，而且其地理内容远比《山经》可靠，具有更高的地学价值[3]。

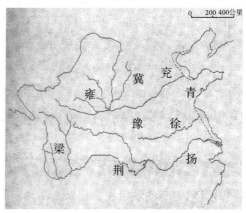

图3-2 《禹贡》的九州示意图[4]

---

〔1〕 刘盛佳.《禹贡》——世界上最早的区域人文地理学著作［J］.地理学报，1990（4）.

〔2〕 周振鹤认为："九州制却代表着一种新认识。它以重要山川为标志，将当时的天下划为九个区域……九州的划分是以地貌和气候为基本依据，再参以土壤和植被两个重要因素的自然地理区划。九州的划分表示了战国时期普遍向往统一的思想，所以将天下当为一个整体来进行区划。"见《体国经野之道：中国行政区划沿革》，上海书店出版社，2009年，第88-91页。

〔3〕 对《禹贡》的综合评论，可参考顾颉刚在《中国古代地理名著选读（第一辑）》中为《禹贡》一篇所写的导言；关于近年来对《禹贡》的研究，可参考华林甫，《中国历史地理学·综述》，山东教育出版社，2009年。

〔4〕 侯仁之.中国古代地理学简史［M］.北京：科学出版社，1962：10.

除地理区划外，《禹贡》中还包含"导水"、"导山"方面的内容，前者涉及水文地理，后者涉及九州的山岳分布形势。

《导水》的"导"字，是治理的意思，望文生义的话，似乎是指大禹对河流的治理，实际上文中记录了当时作者所掌握的九州水系情况，概括地描述了九州水系的分布规律。这是古人试图掌握全国水系分布大势的首次尝试。《导水》共分9节，分述了9条主要的河流：弱水、黑水、黄河、长江、汉水、济水、淮水、渭水、洛水。它先叙述北方的河流，后叙述南方的河流，既记述了河流的发源地及入海口，又记述了河流的主流和支流，对水系分布进行了直观性的描述。

《禹贡》中的"导山"虽然只记山名，但已描绘出了九州的山岳分布形势，对于西高东低的地貌大势也已掌握。文中虽然还没有提出"山脉"的概念，但已经暗示出了山脉的含义。根据相关联的山岳名称可以分为4列：第1列在黄河以北，自今陕西省经山西省至河南省，共计12座山；第2列在黄河南岸，从陕西省开始，经河南省到山东省，共计8座山；第3列在汉水流域，从陕西省到湖北省、安徽省等省，共计4座山；第4列在长江北岸，从四川省开始，经湖北省至江西省，共计3座山。如果说《禹贡》的"导山"从宏观上把握了全国的地貌大势，那么《孙子兵法》等兵书中则已有专篇开始论述局部地形特征，并对不同的地形进行了分类。而在同时期的古希腊，则"几乎没有发展山志学，对于山地景观的多样性特点，如走向、结构、海拔高度和植被覆盖等，古代人都不及现代人这样敏感"[1]。

---

〔1〕 〔法〕佩迪什. 古代希腊人的地理学 〔M〕. 蔡宗夏，译. 北京：商务印书馆，1983：92.

在《山海经》和《禹贡》的研究中，前辈学者往往重《禹贡》而轻《山海经》，顾颉刚先生的评述很有代表性：

> 我们古代的地理学书——《山海经》开了幻想的一派，后来衍化为《穆天子传》、《淮南子·地形》、《神异经》、《十洲记》、《博物志》等书，而极于《西游记》、《三宝太监下西洋》、《镜花缘》等演义；因为人们的实际知识继长增高，所以这些东西只供闲暇谈笑的资料。《禹贡》篇开了征实的一派，后来班固作《汉书·地理志》，郦道元作《水经注》，以及唐、宋以下的许多地理专著，没有不把《禹贡》作为主要的引申和发展的对象，人们都用了严肃和尊敬的态度对待它，因此《禹贡》的地位越高，《山海经》的地位就越低落。[1]

总之，顾先生还是承认《山海经》为地理书，并有开创之功。现代学者在研究中不再忽视《山海经》，但往往多强调《山海经》的自然地理学价值和《禹贡》的人文地理学价值[2]。而且在《山海经》的研究中，主要考虑其《五藏山经》部分，较少涉及《海经》和《大荒经》，尽管越来越多的学者注意到了后两部分的地学价值，但却较少研究。其实，《山海经》中的人文地理内容虽不如《禹贡》系统、明确，但在除去神话、臆想成分后，仍然包含了较为丰富的人文地理学内容。总之，《山海经》和《禹贡》作为全国性、综合性的地学著作，在我国地学发展史上均有开山之功。（表3-1）

---

〔1〕 中国科学院地理研究所.中国古代地理名著选读：第一辑 [M].北京：学苑出版社，2006：6.

〔2〕 彭静中.中国方志简史 [M].成都：四川大学出版社，1990：40.

表3-1 《山海经》、《禹贡》的地学内容

		《山海经》	《禹贡》
自然地理内容	山脉	描述了山脉的位置、高度、形状等 描述了5大区26列山	对山脉系统、概括的描述 3条4列
	河流	描述了河流发源的山脉、流向和河口等，涉及水量的季节变化	勾画出主要的河网、水道，涉及水源、流向、流经地，所纳支流和河口，描述了"逆河"（感潮河段）。记载了包括江、淮、河、济所谓"四渎"在内的约30条河流
	资源	涉及动植物、矿产等资源	详述土壤的等级、特点及植被特征
经济地理内容	生产特点	记述有远方民族狩猎、捕鱼等习俗	涉及农业、手工业、采矿业等生产种类和特点
	特产	《山经》中有大量的土特产的记述	记述了各地的土特产、田赋等级等
人文地理内容	行政区划	5个区	九州，五服
	民族	涉及150余个古国和部族，以及人种特点、风俗习惯、宗教等	涉及一些民族的服饰、生产、生活习俗等

在同时期的西方，描述地理学也正处于黄金时代，最有代表性的著作是希罗多德的《历史》和斯特拉波的《地理学》。希罗多德非常重视对种族特点的描述，尽管其著作对自然环境描述较少，但比较注意自然景观的总体特征。不过，希罗多德的作品庞杂而无体例可循，因而对后世影响有限。与之相比，斯特拉波《地理学》的描述方式有模式可循，成为西方后世的传统。但是，在古希腊的描述性地学著作中，没有产生像《山海经》、《禹贡》这样综合性、全面性的地学著作。

二　专题性地学著作：《穆天子传》、《管子》及其他

《山海经》、《禹贡》等综合性地学著作是将人们所认识的世界划分为不同区域，一一进行综合性的描述，从而在总体上达到对地学的把握。在另一方面，还有一些著作不求面面俱到，仅就某些区域乃至某个地学问题作有针对性的深入研究，这就是专题性地学著作。春秋战国时期，这后一种著作也陆续开始出现，反映出地学研究开始走向深入。这些著作虽然还比较粗浅，但涉及的范围已经相当广，为后世中国地学的发展搭起了基本的框架。

（一）《穆天子传》：游记体地学著作之滥觞

远行是人与生俱来的渴求，是人类征服世界、实现自我的需要，也是古今中外所习见的文学母题，形形色色的游记、探险在各种情境下被一再重提。在西方，最具代表性的远行是奥德赛的历险，为西方文化的发展提供了源源不绝的素材，文学家、哲学家、人类学家、历史学家均可从中找到切入点以借题发挥、成就一番宏论。在中国，虽然没有如此具有代表性的例子，但各种远行的记载却是层出不穷。传说中的夸父逐日暂且不论，历代帝王往往有巡游天下之举，黄帝"东至于海……西至于空桐……南至于江……北逐荤粥"，舜"五岁一巡狩"，以"合时月正日，同律度量衡"[1]，秦始皇一统天下后，也曾数度出巡。

但在这其中，最为引人注目的却是周穆王的一次西行，因为记载这次西行的《穆天子传》在中国地学史上因开创游记体地学著作而占有一席之地。《穆天子传》，又名《周穆王游

---

〔1〕《史记·五帝本纪》。

行记》、《周王传》，是西晋武帝太康二年（公元281年）于汲郡（今河南汲县）的战国魏襄王墓中出土的先秦古书（《汲冢书》）之一，书中记载周穆王乘车西游昆仑、朝西王母而还之事。

关于《穆天子传》的成书时间，现代学者多接受顾颉刚的观点，认为其成书于战国后期[1]。对于此书的性质及其在传统目录学中的归属，如《山海经》一样，历来有不同看法：《隋书·经籍志》、《新唐书·艺文志》、《通志·艺文略》将其列入史部起居类，《玉海·艺文志》列入传录类，《宋史·艺文志》列入别史类，《四库全书总目》又把它列入小说类。总之，如《山海经》一样，有一种随时代变迁而日益边缘化的趋势。现代学者对此书的评价差异也很大，不过在地学史界，大家多把它看成一部地学著作进行研究、探讨。王庸认为其体裁为旅行记性质，而其事实是荒唐的[2]；陈正祥则认为"它是真实的游记，只是写得出奇的深奥和简略"[3]；王成组则把它作为神话性的游记看待[4]；史为乐则认为它的文字"古朴、真切，展示出一部纯地理著作的风貌"[5]。

无论历史上是否真有周穆王西游之事[6]，《穆天子传》作为中国第一部游记体地学著作是当无疑问的。它至少可以反映

〔1〕顾颉刚.穆天子传及其著作时代〔J〕.文史哲，1951（2）.史为乐在《穆天子西征试探》（载《中国史研究》1992年第3期）一文中认为《穆天子传》当是战国时代魏襄王二十年（公元前299年）以前魏国人的作品。

〔2〕王庸.中国地理学史〔M〕.北京：商务印书馆，1960：9.

〔3〕陈正祥.中国文化地理〔M〕.北京：三联书店，1983：203.

〔4〕王成组.中国地理学史〔M〕.北京：商务印书馆，1988：9.

〔5〕史为乐.穆天子西征试探〔J〕.中国史研究，1992（3）.

〔6〕法国学者沙畹（E. E. Chavannes）曾注《往西王母国纪程》，认为朝见西王母的是秦穆公，而非周穆公。

出当时人们对旅途环境的分析、认识水平，以及当时西北的自然地理状况、中原与西北地区的交往情况等。该书内容丰富、涉及面广，具有较高的地学价值和史学价值，尤其是在先秦书籍存世极少的现状下，更是弥足珍贵。

《穆天子传》由晋代荀勖（？—公元289年）等校理为5卷，郭璞（公元276—324年）为之作注，并增《周穆王盛姬死事》（又称《盛姬录》）一篇，编为6卷。前5卷记载周穆王驾八骏西游之事，涉及沿途山水、风土、民情、物产、珍禽怪兽、奇花异草等内容，并记述了途中与西方民族的交往。

书中记述周穆王从洛阳出发，向北渡过黄河，沿太行山麓经今山西、河北等省到达今内蒙古河套以北地区，然后向西经今宁夏、甘肃、青海、新疆等省级行政区，直至更远的地区，最后取道山西返回洛阳。关于《穆天子传》涉及的地域范围，王守春经分析[1]，认为周穆王所游历的地区具有广阔的沙漠、辽阔的草原，盛产良马、牛、羊、狗，这样的自然景观和人文特点只能是我国西北草原和荒漠地区，不可能像丁谦、顾实所阐释的那样，即周穆王到达了中亚、西南亚甚至东欧的华沙。[2]

旅行游记多以山脉、河流为地理背景描述，《穆天子传》涉及大量山名、水名，其对于山水分布的描述，与《五藏山经》相类似。但与《五藏山经》不同的是，《穆天子传》只把

---

〔1〕 王守春.《穆天子传》地域范围试析［J］.中国历史地理论丛，2000（1）.

〔2〕 据方豪《中西交通史》，清末以后，研究《穆天子传》者渐多。民国时，丁谦著《穆天子传地理考证》，顾实撰《穆天子传西征今地考》，均认为"昆仑之邱"在和阗南境，至于"西王母之邦"，丁氏认为即卡尔迪亚王国（Chaldea），顾氏以为乃波斯。德国汉学家夏德（F. Hirth）则认为周穆王之行踪不会越过长城，其西游所遇之民族亦无法断定，其东返后，固能带回中亚一带神秘区域之若干传说，然与周代之文化，实无影响可言。

山水作为地理背景，而详细记述了沿途所见的民族，以及动植物、矿产资源，并且记述了所经过地区的天气情况，如：

至于钘山之下，癸未雨雪。（卷一）

庚寅，北风，雨雪。（卷一）

……春山之泽。清水出泉，温和无风。（卷二）

至于黑水……于是降雨七日。（卷二）

天子南游于黄室之邱……日中大寒，北风雨雪，
有冻人。（卷五）

可见，作者对于风向、降水以及温度等主要气象要素均有自觉记录的意识。

书中还记录了虎、豹、麋、鹿、狐、貉、马、猪，以及鸟类等动物的名称，多种植物的名称，并且详细记录了玉石的产地及分布等资源情况。例如：

天子西南升□之所主居。爰有大木硕草，爰有野
兽，可以畋猎。（卷二）

书中大量列举了所经之处动植物名称、特点及分布情况，以卷二所述春山为例：

季夏丁卯，天子北升于春山之上，以望四野，
曰：春山，是唯天下之高山也。孳木□华不畏雪。天
子于是取孳木华之实，持归种之，曰：春山之泽，清
水出泉，温和无风，飞鸟百兽之所饮食，先王所谓县
圃。天子于是得玉荣枝斯之英，曰：春山，百兽之所
聚也，飞鸟之所栖也。爰有□兽，食虎豹，如麋而载
骨，盘□始如麕，小头大鼻。爰有赤豹、白虎、熊
黑、豺狼、野马、野牛、山羊、野豕。爰有白鹤青
雕，执犬羊，食豕鹿。

由以上分析不难看出,《穆天子传》作为中国第一部游记体著作,其地学价值是不容忽视的。而且正如上节所述,此书和《山海经》一样,使传统士人获得了许多超越经典和现实的知识,有利于开拓传统知识的领域,同时促进了地学的发展。[1]

(二)《管子》的地学内容

自从进入农耕时代,先民们便须日复一日地与土地打交道,自然积累起丰富的经验知识。作为以农业为主的国家,自然也会非常重视土壤的研究、分类。春秋战国时期许多地学著作中有论述土壤性质的内容,并且出现了土壤分类的思想。不仅《禹贡》这样的综合性地学著作中涉及了土壤分类,其他许多书中也出现了研究土壤的专章,如《管子·地员》、《周礼·草人》、《吕氏春秋·任地》等。

《禹贡》根据土壤的颜色黑、黄、赤、白、青黎和土壤的性状壤、坟、埴、垆、涂泥等,将九州的土壤分成白壤、黑坟、赤埴坟、涂泥、青黎、黄壤、白坟、坟垆等类别,并根据土壤的类别、当地的出产、植物的生长状况来确定当地的贡赋,应该说是有一定道理的,但分类还不够细致。

《管子·地员》是一篇较为全面、深入的关于土壤的专题性文章,它论述了地势、土壤与植物,以及土壤与地下水的关系,并对土壤进行了分类。全篇可分为两部分:前半部分论述了不同地形的土壤与植物的关系,后半部分则对"九州"的

〔1〕 葛兆光著《宅兹中国:重建有关"中国"的历史论述》引许有壬《安南志略·序》云:"士之为学,当笼络宇宙,天之所覆,宜皆知之,而或窒于通,或敝于遐,则见闻有弗深考。穷壤之外,沦混之墟,尚可知乎?渊明览《周王传》、《山海图》以自适,其胸中高世之致,可念见己。"

土壤进行了分类。全篇建立在土壤分类的思想框架之中。

《地员》的前半部分阐述了土壤分类的思想，将土壤分为渎田、坟延、丘陵、山地4种类型。除坟延外，每种又分为若干亚类型。具体如下：

渎田：息土、赤垆、黄唐、斥埴、黑埴（计5种）

坟延

丘陵：陕之芳（旁）、祀（扼）陕、杜陵、延
陵、环陵、蔓（峦）山、付（附）山、
付山白徙（土）、中陵、青山、勢（磽）
山赤壤、陞（陳）山白壤、徙（土）山、
高陵土山（计15种）

山地：悬泉、复吕、泉英、山之材、山之侧
（计5种）

对于渎田中每一种亚类型均详述其适宜种植的农作物、土地上能够生长的植物、地下水的深度及水质，最后还论及了不同土地上相应的方言及人口素质。以息土（冲积土）为例：

悉（息）徙（土）：五种无不宜，其立后而手
实；其木（草）宜蚖蓍与杜松（荣）；其草（木）宜
楚棘；见是土也，命之曰五施，五七三十五尺而至于
泉。呼音中角，其水仓，其民强。

《地员》的作者对于平原地区的土壤情况了解得比较深入，这与平原地区农业发达、人口众多直接相关。相比之下，丘陵地区15种亚类型的划分和描述则显得粗略，只是按照地势由低到高、水泉由浅至深进行了简单的划分，高度上每加"一施"即为一种新的土地类型，明显是一种敷衍了事的教条式划分，其意义并不太大。山地的5种亚类型是按照地势从高

到低划分排列的，描述了植被及地下水的深浅，认识到了植物带的垂直变化。

在前半部分的末尾，作者申明了土壤划分的依据，即"草土之道，各有谷造"，指出了植物与土壤间的密切关系。

《地员》的后半部分专论"九州"的土壤，先根据土壤的性质将土壤分为 18 类，每类根据土壤的颜色又分为 5 个亚类，总计"九州之土，为九十物"。同时，根据土色、质地、结构、孔隙、有机质、盐碱性和肥力等方面的性质，并结合地形、水文、植被等自然条件，又将 18 类土壤分为"上土"、"中土"和"下土"三大等级，每个等级含 6 类土壤。其中"上土"又以息土、沃土和位土为最好，合称为"三土"，并作为衡量其他土壤质量的标准。

文中对"三土"叙述最为详明，不但描述了土壤的颜色、粒度、黏度、含沙量等特征，而且记述了其适宜种植的谷类以及其在不同地形区所适宜种的植物。对于其他土壤类型也记述了土壤的性质及适宜种植的作物，并就其农业生产能力与"三土"作了比较。

总之，《地员》详细描述了各种土壤及其与植物的关系，并试图从中总结出某种规律。尽管其分类和描述在有些方面表现得有些机械，但总体来说，它反映了春秋战国时期农业土壤知识的丰富与提高，不失为一篇合乎时代的土壤地理著作。

除《地员》外，《周礼·地官司徒》中有一篇专论"草人"之职。文中谈道："草人，掌土化之法，以物地；相其宜而为之种。"[1]据夏纬瑛考证，这里所说的"草人"，其主要职

---

[1]《周礼·地官司徒·草人》。

责是"改良土壤，辨别土地的性质，而又要为各种土地寻找出来它们各自所宜生的农作物品种"[1]。"草人"篇将土壤分为9种类型：骍刚、赤缇、坟壤、渴泽、咸潟、勃壤、埴垆、疆㯺、轻㶟。据郑玄的解释："赤缇，缦色也。渴泽，故水处也。潟，卤也。……勃壤，粉解者。埴垆，黏疏者。疆㯺、强坚者。轻㶟，轻脆者。"[2]可见，《周礼》也是根据土壤的颜色、质地、结构、盐碱性等性质分类的。

春秋战国时期对自然界各要素的研究中，以对土壤的研究最为详细，这反映了我国作为农业国的突出特色。土壤分类的思想为此后土壤地理研究的深入奠定了基础。

（三）物候知识的总结：《吕氏春秋·十二纪》等

春秋战国时期，我国政治经济中心均位于黄河中下游地区，这里地处温带，又是世界上最大的季风气候区，四季分明，物候规律易于总结掌握。农耕社会最重要的事情就是不违农时，掌握每年季节的早晚，以安排农事，从帝王到农人，都有关心农时的自觉。物候学是认识自然季节现象的变化规律，以服务于农业生产的一门学问。它在中国起源甚早，至春秋战国已趋于成熟。《夏小正》为中国第一部物候历，《诗经》中也有很多物候的记载[3]。到了春秋时期已经有了每逢节气的日子记录物候的传统。《左传》记载："公既视朔，遂登观台以望，而书，礼也。凡分、至、启、闭，必书云物，为备故也。"[4]

---

〔1〕 夏纬瑛.《周礼》书中有关农业条文的解释 [M].北京：农业出版社，1979：39.

〔2〕 十三经注疏：上册 [M].北京：中华书局，1979：746.

〔3〕 典型的如《诗经·豳风·七月》.

〔4〕《左传·僖公五年》.

《吕氏春秋》为战国末年秦国相国吕不韦门客集体编写而成，是一部杂家作品集。其中的《十二纪》是专门论述气候及其影响的著作，气象学界在研究节气与物候史的时候，都绕不过它。文章分为《春季》、《夏季》、《秋季》、《冬季》4个篇章，每季的第1篇均为《月令》，然后又将各个季节分为"孟、仲、季"3段，这样全年分为12段，相当于阳历的12个月。

气候的变化直接反映在动植物的变化上，中国古人首先是从观察动植物及各种自然现象的季节变化，即从物候现象中认识气候的季节性变化的。《十二纪》中记载了各月的正常气候与异常气候，及气候变化与人类活动的关系，这是一部集自然与人文的综合性著作。但全文以气候及其变化为主导，其他自然及社会变化均与气候相关，可以认为它是关于物候学的专题性著作。《十二纪》中对于各个季节动植物变化规律记述详细，并记述了正常及异常气候条件下的动植物情况。具体内容见表3-2。

表3-2　《十二纪》中的物候现象

季节		相应月份	正常气候及相应物候现象	异常气候及相应物候现象
春	孟春	1月	东风解冻，蛰虫始振，鱼上冰，獭祭鱼，鸿雁来。草木萌动	行夏令：用水不时，草木早槁 行秋令：疾风暴雨总至，藜莠蓬蒿并兴 行冬令：水潦为败，雪霜大挚
	仲春	2月	始雨水，桃李华，仓庚鸣，鹰化为鸠，玄鸟至，雷乃发声，始电	行秋令：其国大水，寒气总至 行冬令：麦乃不熟 行夏令：国乃大旱，虫螟为害
	季春	3月	桐始华，田鼠化为鴽，虹始见，萍始生，时雨将降，鸣鸠拂其羽，戴胜降于桑	行冬令：寒气时发，草木皆肃 行夏令：时雨不降，山林不收 行秋令：天多沉阴，淫雨早降

季节	相应月份	正常气候及相应物候现象	异常气候及相应物候现象
夏 孟夏	4月	蝼蝈鸣、蚯蚓出、王瓜生、苦菜秀	行秋令：苦雨数来，五谷不滋 行冬令：草木早枯 行春令：蝗虫为灾，暴风来革，秀草不实
仲夏	5月	螳螂生，鵙始鸣，反舌无声，鹿角解，蝉始鸣，半夏生，木堇荣	行冬令：雹冻伤谷 行春令：五谷晚熟，百螣时起 行秋令：草木零落，果实早成
季夏	6月	温风始至，蟋蟀居壁，鹰乃学习，腐草为萤，树木方盛，土润溽暑，大雨时行	行春令：谷实解落，国多风欬 行秋令：丘隰水潦，禾稼不熟 行冬令：风寒不时，鹰隼早鸷
秋 孟秋	7月	凉风至，白露降，寒蝉鸣。鹰乃祭鸟	行冬令：阴气大胜，介虫败谷 行春令：其国乃旱 行夏令：寒热不节
仲秋	8月	盲风至，鸿雁来，玄鸟归，群鸟养羞。雷始收声，蛰虫坏户，水始涸	行春令：秋雨不降，草木生荣 行夏令：其国乃旱，蛰虫不藏，五谷复生 行冬令：风灾数起，收雷先行，草木早死
季秋	9月	鸿雁来宾，爵入大水为蛤，菊有黄华，豺乃祭兽戮禽，霜始降，草木黄落	行夏令：其国大水，冬藏殃败 行春令：暖风来至
冬 孟冬	10月	水始冰，地始冻，雉入大水为蜃，虹藏不见	行春令：冻闭不密，地气上泄 行夏令：国多暴风，方冬不寒，蛰虫复出 行秋令：雪降不时
仲冬	11月	冰益壮，地始坼，鹖鴠不鸣，虎始交，芸始生，荔挺出，蚯蚓结，麋角解，水泉动	行夏令：其国乃旱，气雾冥冥，雷乃发声 行秋令：天时雨汁，瓜瓠不成 行春令：蝗虫为败，水泉减竭
季冬	12月	雁北乡，鹊始巢，雉始雊，鸡始乳，水泽腹坚	行秋令：白露早降，介虫为妖 行夏令：水潦败国，时雪不降，冰冻消释

春秋战国时期的专题性地学著作的内容相当广泛，如关于水文地理内容的《禹贡·导水》、《管子·度地》、《管子·水地》和《考工记·匠人》等；关于地貌知识的《禹贡·导山》；关于军事地理的《孙子兵法》、《孙膑兵法》等；此外，还有涉及地质内容的，如《管子》中的"地数"、"度地"等篇章，以及有关地图的《管子·地图》和《周礼》中的有关章节。关于这些类别地学知识的发展情况，我们将在后文中进一步探讨。

三　古籍中的文化地理内容

春秋战国时期的古籍中包含着丰富的文化地理内容。这些古籍中，有的本身就是地学著作，有的并非地学著作，但是如果从地学史的角度去解读却能够印证某些文化地理方面的思想。下面，从聚落地理、区域文化地理、文化地理发展之中国特色背景三个角度来对春秋战国时期古籍中的文化地理内容作尝试性的梳理。

（一）关于聚落地理条件的论述

中国古代学者非常重视人地关系的研究，从而促进了文化地理知识的积累。文化地理研究中的一个主要内容就是人类文化的空间组合及其与地理环境的关系。聚落是人类活动的中心，它既是人们居住、生活、休息和进行各种社会活动的场所，又是人们劳动生产和交换的场所。因而对聚落地理环境条件的认识是主要的文化地理内容之一。先秦著作中时常提及适宜聚落发展的地理条件。《尚书·洛诰》记载了周朝的王城和成周两个城就是通过实地的地理考察和占卜，并利用地图选定的城址。这种考察主要包含的是对地势、水文等自然环境的评价。

《山海经》中的《海内经》与《海外经》记述了边远地区

的地理情况。虽然这些描述掺杂了许多神奇、怪异的事物，但其中也不乏有价值的文化地理内容。《海经》多处描述了人类居住地的地理环境，反映出当时人类对于聚落地理条件的认识。例如："诸沃之野，沃民是处。……凤凰卵，民食之；甘露，民饮之。"[1]这里描绘的是一个较为理想的人类聚居地：富饶的原野、充足的食物、丰沛的降水。又如："流黄酆氏之国，中方三百里，有涂四方，中有山。"[2]认识到了聚落选址与道路交通的关系。

许多古籍中还谈到了聚落与地势的关系。远古时期，洪水泛滥，人们"择丘陵而处之"[3]，消除水患之后，"桑土既蚕，是降丘宅土"[4]。《孟子》中也有类似的记载。大禹治水使"水由地中行……然后人得平土而居之"[5]。聚落地点由丘陵地区迁移到肥沃的平原地区。可见人类居住的环境会因地理环境的改变而发生变化。洪水泛滥之时，人类的理想居住区是在高处，这样可以避免水患；而水患根治之后，人类居住的理想之地是在平原地区，这样更有利于农业开垦，有利于居民生活。从这里也反映出了大禹治水的功劳，使人民能够安居乐业。

《管子》中最早提到了国都地址选择的地理条件和方位要求，指出"凡立国都，非于大山之下，必于广川之上。高毋近旱而水用足，下毋近水而沟防省。因天材，就地利，故城不必中规矩，道路不必中准绳"[6]。又说："故圣人之处国者，

---

〔1〕《山海经·海外西经》。

〔2〕《山海经·海内西经》。

〔3〕《淮南子·齐俗训》。

〔4〕《禹贡》。

〔5〕《孟子·滕文公下》。

〔6〕《管子·乘马》。

必于不倾之地，而择地形之肥饶者。乡山，左右经水若泽，内为落渠之写，因大川而注焉。乃以其天材、地利之所生，养其人，以育六畜。天下之人，皆归其德而惠其义。……天子中而处，此谓因天之固，归地之利。内为之城，城外为之郭，郭外为之土阆。地高则沟之，下则堤之，命之曰金城。"[1]所谓"不倾之地"，据房玄龄注，"是言其处深厚冈原，复壮者谓之不倾"[2]。文中已经综合考虑了地势、地貌、水文、土壤及交通位置等诸多自然地理要素。可见当时对于城市的选址已有所认识。《吕氏春秋·审分览·慎势》篇中指出了建立国都的方位选择条件："古之王者，择天下之中而立国，择国之中而立宫，择宫之中而立庙。天下（子）之地，方千里以为圆，所以极治任也。"在这里，"国"即指王畿或邦畿，即古代天子所居住的州界。"宫"在先秦时期指国民居住的屋室[3]，"庙"即"宗庙"。大的都市位于"天下"之中，交通方便，利于聚集各地的财富，便于君主的统治。因而也是聚落地选择的重要地理条件之一。

古代学者不但重视在聚落地的选择上要综合考虑环境条件和方位要求，而且对于聚落内部的结构模式也有考虑。《周礼》提出了城市布局的"九服"概念，即将京都之外按远近分为9等。"方千里曰王畿，其外方五百里曰侯服，又其外方五百里曰甸服，又其外方五百里曰男服，又其外方五百里曰采服，又其外方五百里曰卫服，又其外方五百里曰蛮服，又其外方五百里曰夷服，又其外方五百里曰镇服，又其外方五百里曰

---

〔1〕 《管子·度地》。

〔2〕 房玄龄注，见《四部丛刊初编本》

〔3〕 王范之. 吕氏春秋选注［M］.北京：中华书局，1981：136.

藩服。"[1]《禹贡》中也有五服的类似概念。聚落地理是文化地理的主要内容之一。春秋战国时期有关聚落地理条件的论述虽然零星散布于许多著作之中，但不难看出，当时对于人类居住地的环境条件已经有了认识。

（二）区域文化地理描述

人类在利用自然资源的过程中也在改变自然环境，因此凡是有人类活动的地区，自然环境中便也留下了人类改造的痕迹。这些人文景观已经成为自然环境的组成部分之一，并且赋予自然环境以文化地理的个性。因此在区域描述中，文化地理便成为不可缺少的内容。《山海经》中的《海经》和《大荒经》涉及150余个古国和部族[2]。在描述中涉及人种特点、风俗习惯以及宗教等文化地理内容。《山海经》关于人种的记载很多，如："羽民国……其人为长头，身生羽。"[3]"深目国……为人深目"[4]等。但人种及风俗的描述多属奇异怪诞。在宗教方面，《山海经》记述："女祭女戚在其北……戚操鱼，祭操俎。""在登葆山，群巫所从上下也。"[5]这里描述了女巫们祭祀的方式，以及她们祭祀的目的，即"下宣神旨，上达民情"[6]。《山海经》记述的部族、古国多位于边远地区，记载多凭传闻，缺乏实际的考察，因而鱼目混珠，较难分辨真伪。然而《山海经》毕竟开辟了区域文化地理描述的先河。

《禹贡》将当时已知的天下划分为九州，并在分区描述中

---

〔1〕《周礼·职方氏》。

〔2〕 靳生禾. 中国历史地理文献概论［M］. 太原：山西人民出版社，1987：20.

〔3〕《山海经·海外南经》。

〔4〕《山海经·海外北经》。

〔5〕《山海经·海外西经》。

〔6〕 袁珂. 山海经校译［M］. 上海：上海古籍出版社，1985：197.

对于民族、手工业品、田赋等内容做了较翔实的描述。在民族的描述中，涉及服饰，如冀州"岛夷皮服"，扬州"岛夷卉服"等；还谈到了他们的生产、生活习俗，如青州"莱夷作牧"，徐州"淮夷蠙珠暨鱼"等。从《禹贡》对于各州贡品之中手工业品的描述可以看出，当时已经有了较高的工艺水平。如兖州的"厥篚织文"，青州的"绨"、"丝"，徐州的"篚玄纤缟"、梁州的"织皮"等精美的丝织品。

《周礼·职方》也将区域划分为九州。书中除记载了各州农业所宜农作物的种类，以及畜种以外，还记述了各州人口的性别比例，如冀州"五男三女"，并州"二男三女"等，已开始注意到人口是区域地理的重要组成因素之一。战国时期，一些诸侯国非常重视人口情况。例如，秦国的商鞅已经认识到，要想治国就必须了解全国的人口数量及人口动态。他曾经在秦国境内进行过人口普查[1]。

总之，在春秋战国时期的区域描述中，已经包含了诸如人口、民族、宗教、手工业品等文化地理的内容。但总体上讲，这些内容显得不够系统，不像区域自然地理那样丰富。这与其后出现的方志著作中丰富的区域文化地理内容形成了鲜明的对照。

（三）文化地理发展的农业背景

文化地理知识的产生与发展在很大程度上是来自人类社会文化复合在自然景观上的形态特征。在古代中国，这种形态特征主要表现在农业文化景观上。可以认为，中国古代的文化地理知识是随着农业社会的产生和农业文化的发展而形成的。

春秋战国时期是中国传统农业的奠基时期。铁制农具和牛

---

[1]《商君书·境内》："丈夫女子，皆有名于上，生者著，死者削。"

耕的出现使农业有了飞跃发展。这一时期社会分工已越来越细。《周礼》记载当时"以九职任万民：一曰三农，生九谷；二曰园圃，毓草木；三曰虞衡，作山、泽之材；四曰薮牧，养藩鸟兽；五曰百工，饬化八材；六曰商贾，阜通货贿；七曰嫔妇，化治丝枲；八曰臣妾，聚敛疏材；九曰闲民，无常职，转移执事。"[1]反映出社会经济的总体情况，其中前4项均与农业有关，可见对农业的重视程度。当时不仅表现在自然环境明显地烙上了人类活动的痕迹，同时还表现在对野生动植物的驯化上。出现了专门从事养马的"牧师"、"圉师"，并且有了评议马价之官——"马质"。随着动物饲养业的发展，也出现了"兽医"。一些野生的物种转变为人工饲养的物种。

由于农业生产的需要，尤其是铁制工具的使用，使兴建大型水利灌溉工程成为可能。都江堰、灵渠、郑国渠、芍陂、漳水十二渠等一批水利工程设施相继建成。水利工程本身就是一种文化景观，同时它的建成也改变了生态环境，尤其是改良了土壤的盐碱化程度。人类长期的生产活动使农业地区无论是从景观上，还是土壤性质上均留下了明显的人类文化痕迹，完全不同于自然景观。

春秋战国是农本思想的形成时期，当时的许多著作，如《老子》、《礼记》、《孟子》、《庄子》、《荀子》、《韩非子》、《吕氏春秋》等，均有农业思想及农业方针方面的论述，同时也产生了"夫稼，为之者人也，生之者地也，养之者天也"[2]的"三才"思想。它一方面强调农业生产中天、地、人三者

---

〔1〕《周礼·天官冢宰》。
〔2〕《吕氏春秋·审时》。

是彼此相关的有机整体，另一方面又强调人在农业生产中的重要地位。这种对人的重视无疑推动了文化地理思想的产生。当时文化地理发展的背景有两个方面：一方面表现在地理环境上的农业文化特色，另一方面表现在思想领域内。这也是中国古代文化地理的特色。

第三节　地学思想的发展

地学思想作为对具体地理知识的抽象、概括和升华，是地学内容的主体、核心部分，它是人类对自然界认识的理论、学说与观点，代表着地学发展的前沿。春秋战国时期是中国历史上地学思想最活跃的时期之一，许多地学著作已超出了单纯性的知识描述，而上升为对自然界的规律及自然现象产生原因的探讨。人们开始试着对各种自然现象做出解释。当时的地学思想有两大特点：一是哲学的思辨、猜测的方法直接应用于对自然现象及其规律的解释，这种解释虽然没有摆脱神秘的色彩，但毕竟是人类力图掌握自然规律、征服自然界所迈出的第一步；二是很多地学思想直接来自人类长期生产实践中的成功经验及失败教训的总结。古代学者们已开始将实际经验提升为一种理论。

一　阴阳五行与地学

春秋战国时期人类对自然界的认识不再满足于经验的描述，地学的进步已经具备了由感性认识向理性认识飞跃的条件。"当人们的认识发展到足以摆脱神话的影响，但科学还没能发展到足以解答这个问题的时候，只能由哲学做出一定的解释。"[1]阴阳五行学说对中国地学思想影响很大。

（一）阴阳五行学说的地学渊源

"阴"与"阳"二字起源甚早，甲骨文中已见"阳"字；金文中又有阴阳连用[2]。阴阳作为一种概念，最早出现在《诗经》当中，诗中描写了公刘率领周民族由邠迁豳，考察山形水势，以便规划营宅，使人民安居乐业之事："于胥斯原。……陟则在巘，复降在原。……逝彼百泉，瞻彼溥原，乃陟南岗，乃觏于京。……既景乃岗，相其阴阳。观其流泉。"[3]这里的阴阳概念，尚无玄学色彩，正如《说文解字》所注："阴，暗也，水之南，山之北也"；"阳，高明也"[4]。完全是一种地理上的方位概念。阴阳作为一种哲学概念，可以溯源到《周易》："一阴一阳之谓道。"[5]"二气（阴阳二气）感应以相与……天地感而万物化生。"[6]《庄子·天下篇》也有："易以道阴阳。"阴阳理论最早可能产生于人类生产、生活实践以及宗教活动当中，产生于对自然界发生的各种变化的观察探索之中。在春秋战国时期的许多著作中，阴阳概念已被作为一种哲学概念应用了。它认为宇宙间的一切事物和现象都存在着阴阳相互对立的两个方面[7]。例如，在老子《道德经》中就指出了："万物负阴而抱阳。"[8]

〔1〕 仓孝和. 自然科学史简编 ［M］. 北京：北京出版社，1988：205.

〔2〕 庞朴. 阴阳五行探源 ［J］. 中国社会科学，1984 (3).

〔3〕 《诗经·公刘》。

〔4〕 ［东汉］许慎，《说文解字》。

〔5〕 《周易·系辞上》。

〔6〕 《周易·咸卦》。

〔7〕 唐锡仁. 中国古代阴阳学说对天气现象的解释 ［J］. 中国哲学史研究，1981 (2).

〔8〕 《老子》第 42 章。

与此同时，另一个哲学概念五行学说也发展起来，并且与阴阳学说相互影响、相互融合，形成了中国哲学史上的基本概念，并成为中国文化的骨架。同阴阳概念类似，五行学说也是来源于人类对于自然界的认识。这种学说认为，物质世界中各种各样的事物，虽然形态、大小、质量各异，但归根结底都是由金、木、水、火、土5种物质构成的。它试图用几种人们常见的物质来解说宇宙万物的构造。有关五行说最早的文字记载见于《尚书·洪范》："孜孜无怠，水火者，百姓之所饮食也；金木者，百姓之所兴作也；土者，万物之所资生也，是为人用。"文中进一步指出："五行：一曰水，二曰火，三曰木，四曰金，五曰土。水曰润下，火曰炎上，木曰曲直，金曰从革，土爰稼穑。润下作成，炎上作苦，曲直作酸，稼穑作甘。"[1]文中描述的五行均来源于人类对自然界的直接观察，并与人类生活息息相关。《国语》也记有史伯论五材说："先王以土与金、木、水、火杂，以成百物。"[2]据韦昭注："杂，合也；成百物，若铸冶煎煮之属。"

关于阴阳与五行的结合较早见于《管子·四时篇》：

是故阴阳者，天地之大理也。四时者，阴阳之大经也。刑德者，四时之合也。刑德合于时则生福，诡则生祸。……

东方曰星，其时曰春，其气曰风。风生木与骨。其德喜赢，而发出节。……

南方曰日，其时曰夏，其气曰阳。阳生火与气。

〔1〕《尚书·洪范》。

〔2〕《国语·郑语》。

其德施舍修乐。……

　　中央日土，土德实辅四时入出，以风雨节土益

力。……

　　西方日辰，其时日秋，其气日阴。阴生金与甲。……

　　北方日月，其时日冬，其气日寒。寒生水与血。……

这里已经将阴阳以及四方、四时和五行结合起来。

　　阴阳与五行的理论为一种朴素的唯物论和辩证思维。由于它的产生源于对自然界基本要素的观察，因此在对自然界的变化，即地学的主要问题的解释中，产生了较大的影响，并起到了积极作用。

　　（二）对自然现象的解说

　　春秋战国时期，尤其是战国中后期，人们在探讨自然环境及其规律时，经常运用阴阳五行的理论。

　　对天气现象的解释。古代学者认为"阳气暖，而阴气寒"[1]。温度的变化实际上就是阴阳二气的运动。阴阳二气的运动周期是一年一循环。循环的起点是冬至。从冬至开始，阳气从地下萌动，然后逐渐升上地表，开始一年一度的循环运动。这样便形成了四季的交替。五行说认为一年四季的变化是由于春季"盛德在木"，夏季"盛德在火"，秋季"盛德在金"，冬季"盛德在水"[2]，作为短期的天气现象，则多为阴阳失调所致。例如，夏季多暴雨冰雹，是夏有"伏阴"[3]；春无冰是由于"阴不堪阳"[4]等。对于一些常见的天气现象，阴

---

〔1〕《春秋繁露·王道通三》。

〔2〕《礼记·月令》。

〔3〕《左传·昭公四年》。

〔4〕《左传·襄公二十八年》。

阳学说的解释是："阴阳相薄……乱而为雾，阳气盛则散而为雨露，阴气盛则凝而为霜雪。"[1]行说在发展过程中，又把五行与五方（东、南、西、北、中）、五气（风、热、燥、寒、湿）等相配，反映出中国宏观上的气候变化。如《黄帝内经》有记载：

> 东方生风，风生木……南方生热，热生火……中央生湿，湿生土……西方生燥，燥生金……北方生寒，寒生水……

这与中国大陆宏观上的气候特点是相符的：东方临海，多海风；南方暑热；中部黄河长江一带温湿；西部地带干燥少雨；北部地区寒冷。

对土壤分布的认识。《禹贡》记载徐州"厥贡惟土五色"，《释名》上说："徐州贡土五色，色有青、黄、赤、白、黑也。"这与五行相配之五色相同。有学者认为："古代都城所在地的陕西与河南是黄土区域，南方有红壤，北方有黑色灰化土，都很明显，西方有盐渍土，干燥时土面现白色，西北大面积的沙丘、灰钙土、漠钙土等颜色也较浅，东方则湿润时土现青灰色，也还勉强说得通。也许古代创建五色方位的时候，是参照实际土色的分布的。"[2]

对地震的解释。周幽王二年（公元前780年），西周三川发生地震，伯阳父认为"夫天地之气不失其序……阳伏而不能出，阴迫而不能蒸，于是有地震。今三川实震，是阳失其所

---

〔1〕《淮南子·天文训》。
〔2〕 万国鼎. 中国古代对土壤种类及其分布的知识 [J]. 南京农学院学报，1955（1）.

镇阴也"[1]。

对天象及其他自然现象的解释。鲁昭公二十四年（公元前518年）"夏五月乙未朔，日有食之。梓慎曰，将水"。据杜氏所注："阴胜阳故曰将水"，而昭子则认为："旱也，日过分而阳犹不克，克必甚，能无旱乎?"[2]《荀子·天论》中："四时代御，阴阳大化"，用"天地之变，阴阳之化"来解释星坠等自然现象。

对自然平衡的说明。春秋战国时期，用阴阳五行学说，尤其是阴阳学说来代替天命论解释自然现象，可以说是地学思想领域的进步。自然界既存在着一定的发生、发展规律，又存在着许多违反这种规律的异常现象。这种异常现象在较早时期常被用来论证天命论，并用天命来解释。春秋战国时期学者们已用阴阳之间的相互关系来解释所有（正常和异常）的自然现象。大约从西周末年开始，阴阳被想象为"气"，它与风雨晦明一起，被认为是天之六气。一切自然现象正常与否，常从阴阳中去探寻解释。春秋战国时期许多学者都提出过类似的思想。老子认为："万物负阴而抱阳。"[3]荀子提出："天地合而万物生，阴阳接而变化起。"[4]《黄帝内经》称五行运动为五运，指出："五运阴阳者，天地之道也，万物之纲纪，变化之父母，生杀之本始，神明之府也。"[5]自然界保持平衡状态即是阴阳之间的比例平衡。一旦这种平衡关系被打破了，便是阴

〔1〕《国语·周语上》。
〔2〕《春秋左传正义·昭公二十四年》。
〔3〕《道德经四十二章》。
〔4〕《荀子·礼论》。
〔5〕《黄帝内经·素问·天元纪大论》。

阳失调。尽管这种解释过于笼统，但在当时仍可认为是较科学的，在这种思想的指导之下，许多自然现象不再是神的旨意，而变成为可以解释的了。

二 大地形态观

人类在试图了解周围环境的同时，就在猜想着所居住大地的形状。由于观察技术水平的限制，对大地形状的认识只能来自直观的感觉，因而大地在人类狭窄视野中的扁平视觉印象便被当作大地的真实形状。这种认识几乎是早期人类所共有的特征。古巴比伦人把宇宙看作是一个圆顶的箱子，大地是其底板。古埃及人认为宇宙是一个长方形的盒子，底面略呈凹形。古印度人也把大地看作是扁平的。

在古代中国，早已有了对于大地形状的猜想。由于中国地理环境相对封闭，北方是浩瀚的戈壁、沙漠、干旱草原和西伯利亚大森林和寒原，西部、南部是难以跋涉的高山、高原，东部是无法逾越的大洋，在这种独特的地理环境之下，地平观念的产生是显而易见的。

（一）"四极"概念的产生

"极"是人类认识的世界最远地点。它又称为"隅"、"陬"。《山海经》中的《海经》一开始便指出：

> 地之所载，六合之间，四海之内，照之以日月，经之以星辰，纪之以四时，要之以太岁，神灵所生，其物异形，或夭或寿，唯圣人能通其道。[1]

可见《山海经》所描述的地区包括了人类居住的整个大地。而《海经》则是按照顺时针方向，从"南极"向西、北

---

[1] 《山海经·海外南经》。

直到"东极",记述了边远地区的情况。当时的学者认为人类居住的大地是有极限的。随着地理视野的不断开阔,东、西、南、北4个极点距中原的距离越来越远。《山海经》中《海经》描述的地区十分遥远,已远远超出了人所能及的地理范围,因而这其中神话、臆想的成分就占了很大的比例,"四极"的具体地点也就模糊不清了。但作者仍然试图描绘出整个大地的范围。例如书中记载:"帝命竖亥步,自东极至于西极,五亿十选(郭注,"选,万也")九千八百步。"[1]这个数据虽然不准确,但说明《山海经》中已经有了"四极"的概念。

《孟子·万章》中最早记载了"四极"的地点,文中有:"舜流共工于幽州,放讙兜于崇山,杀三苗于三危,殛鲧于羽山,四罪而天下咸服。"[2]据童书业考证,"这四个所在是极远的地方了",其中幽州是燕(现河北省北部),崇山在现湖南一带,三危在现陕西、甘肃两省地区,羽山即现在海州一带。[3]这里指出的4个极点的范围还是很小的。

《吕氏春秋》中记述的"四极"是:"北至大夏,南至北户,西至三危,东至扶木。"童书业认为:"大夏在现在山西北部一带(?),北户据旧说在现在越南中部(?),扶木就是扶桑,在辽东一带(?)。"这里的"四极"向外扩展了许多。《吕氏春秋》所记录的4个极点实际上是陆地上的4个极点,陆地之外还有海洋,海洋也是有尽头的。这才构成了当时人类所认识"大地"的整体。对于这个范围,《吕氏春秋》也有记载:"凡四极之内,东西五亿有九万七千里,南北亦五亿有九

---

〔1〕《山海经·海外东经》。

〔2〕《孟子·万章章句上》。

〔3〕 童书业.中国古代地理考证论文集 [M].北京:中华书局,1962:7.

万七千里"，而陆地的范围则是"四海之内，东西二万八千里，南北二万六千里"。[1]"四极"概念的产生反映出春秋战国时期人们将大地的形状看作一个平面，中间为陆地，四周为海洋所包围。

（二）地平观理论

随着地学思想的活跃，对大地形状的认识已不再局限于对4个极点的论述以及对整个大地范围的猜想，而是对人类居住空间的探讨。古人称这种空间为"六合"，即东、西、南、北、上、下。并将对这种空间的认识上升为一种理论，这就是中国古代有关天地形状的宇宙理论。当时众多的理论之中，影响较大且流传至今的就是盖天说。盖天说起源于殷末周初，在春秋战国时期得到迅速发展，而到公元前100年左右《周髀算经》成书时期到达高峰。

古代人凭借直观经验，认为天空像个巨大的半球形天盖笼罩在广阔无垠的大地上，平坦的大地向远处延伸与天盖相接，这便是盖天说最早的有关天地结构的观点——"天圆如张盖，地方如棋局"[2]。对这种说法只要稍加思索，就不难看出其破绽。公元前6世纪孔子的弟子曾参（公元前505年—?）就曾疑问道："天圆而地方，则是四角之不掩也。"[3]为了解决这一难题，古代学者将盖天说理论发展为"天似盖笠，地法覆盘"，天的形状虽然没有变化，但大地却由平面变为拱形，这一理论称为第二次盖天说。它认为："天地各中高外下，北极之下为天地之中，其地最高，而滂沱四隤，三光隐映，以为昼

---

〔1〕《吕氏春秋·有始览》。

〔2〕《晋书·天文志》。

〔3〕《大戴礼记·曾子·天圆》。

夜。"《周髀算经》中还描绘出了天地之间的距离："极下者，其地高人所居六万里，滂沱四隤而下，天之中央，亦高四旁六万里"，"天高地八万里"[1]。在这里，无论在大地的什么位置，天总是比地高的。大地虽由平面变为拱形，但并未超出地平的观念。可见，春秋战国时期关于大地形状的盖天说是地平大地观。

早期希腊人的大地观也同样是地平观。荷马时期，大地就被视作被水包围的平面。爱奥尼亚学者把大地设想为一个漂在水上的圆盘，在他们的地图中，希腊位于世界的中央，人类居住的世界周围被大海环绕，陆地也被画成圆形。公元前6世纪，毕达哥拉斯学派的哲学家认为，只有圆形或球形才是最完美的图形，人类所在的宇宙应是和谐体的代表，所以推测人类居住的大地形状应为球形，并位于宇宙中心。100多年以后的亚里士多德（Aristotles，公元前384—前322年）接受了这一思想，并为之找到了证据。从此，球形大地观在古希腊占据了统治地位。

而同时期的中国是否有大地球形的观点，在史学界一直有争论。春秋战国时期哲学家惠施（约公元前370—前310年）曾有"南方无穷而有穷"，"我知天下之中央，燕之北、越之南是也"[2]。而且认为两人从一地分别向南、向北走，也会相遇的。两句话曾被用来作为中国古代有球形大地观的证据。诚然，春秋战国时期是百家争鸣时期，思想十分活跃，球形大地观产生也不是不可能的，但惠施是中国古代诡辩学派，是哲学

---

〔1〕《周髀算经》，卷下。
〔2〕《庄子·天下篇》。

家，他的论述往往有着朴素的辩证法思想。他"认为各种事物都是相对的，因而没有本质上的差别"[1]，他的著作已失，只有只言片语保留在《庄子·天下篇》中，这两句话也隐晦难懂，很难了解其真实的科学含义。所以如没有其他更充分的证据，很难认为这两句话是古代大地球形观的证据。

春秋战国时期有关大地形状的理论是很丰富的。除了影响较大、占据着统治地位的盖天说，齐国学者邹衍（公元前305—前240年）根据当时流行的对中原地区划分九州的设想，进行推论、扩大，提出了大九州说。

战国时山东半岛上的齐国，航海发达、地理视野开阔，在对海外三神山探索[2]的基础上，邹衍指出："中国名曰'赤县神州'，赤县神州内自有九州……中国外，如赤县神州者九，乃所谓九州也。于是有裨海环之，人民禽兽莫能相通者，如一区中者，乃为一州。如此者九，乃有大瀛海环其外，妖地之际焉。"[3]邹衍将世界远远地扩大了。中国所在的赤县神州只是81（9×9）块大陆中的一个，而且也不一定在中央。大九州是"中国古代一种非正统的海洋开放型地球观"[4]。它把陆地看作是81块被海洋所环绕的"大陆岛"，大洋的远处与球形的天穹相接。由于受到中国传统地平大地观的束缚，大九州说仍是一种地平观。

〔1〕 中国科学院哲学研究所中国哲学史组，北京大学哲学系中国哲学史教研室. 中国哲学史资料简编（先秦部分）[M].北京：中华书局，1962：303.

〔2〕《史记·封禅书》："自威、宣、燕、昭，使人入海，求蓬莱、方丈、瀛洲。"

〔3〕《史记·孟子荀卿列传》。

〔4〕 郭永芳，宋正海. 大九州说——中国古代一种非正统的海洋开放型地球观 [J].大自然探索，1984（2）.

三　区域差异思想

对区域的地理研究有广义与狭义之分。广义的地理区域指的是全球性的海陆分布及经纬向的地带变化；狭义的地理区域指的是按照温度、水文、生物等自然条件的异同在陆地上的土地划界。古代学者在对已知世界整体认识的基础上，承认地理要素及其组合在空间分布上存在着差异，形成了不同的区域，但在同一区域中又有着相对的同一性。在地学发展进程中，区域地理曾经是最古老的核心部门。"区域地理之所以在地理学思想史上具有极其重要的地位，就因为它记录了把未知世界变成已知世界的这一过程，正是这一过程，构成了地理学思想史。"[1]古代学者有关区域差异的分析，完全是基于对经验的把握，区域本身就是一种人为的设定，正因为如此，古代的区域地理思想才能反映出人类认识自然的知识水平。

（一）纬度地带性思想

纬度地带性是全球自然地理环境结构的重要特性。尽管对于纬度地带的划分是人为的，但它是客观存在的反映。只有在正确地认识地域自然环境的分异规律后，对纬度地带的划分才能接近于符合客观实际的情况。纬度地带性思想的产生是全面认识自然环境的重要一步，因为地表所表现出的热力纬度地带性乃是全球自然地理分异规律的基础。

中国主要位于北半球的温带地区，主要活动区在中纬度，而中纬度的南北地带分异较为明显，因此人们早已知道北方冷、南方热，并且认识到这种变化规律与太阳高度有关。《周

〔1〕　刘盛佳．地理学思想史〔M〕．武汉：华中师范大学出版社，1990：53.

礼》中就记载有："日南则景短，多暑；日北则景长，多寒。"[1]温度的不同导致了自然景观的差异。这种差异突出地表现在生物的地带性变化上。《山海经》中就反映出这种地带性特点。《禹贡》对植被的南北地带性分布规律描述得更为明晰。例如北方兖州（今豫东北、冀南、鲁西等地）是"厥草惟繇，厥木惟条"，即草木长得茂盛，树木高大稀疏的景象；往南的徐州（今鲁南、苏北、皖北等地）是"草木渐苞"，即草木丛生的面貌；到了南方的扬州（今苏南、皖南、赣东、豫东、鄂东等地）则是"厥草惟夭，厥木惟乔"，草木十分繁茂的景象。反映出中国东部平原地区植被的南北变化。中国学者还认识到了生物分布的界限。《考工记》中有："橘逾淮而北为枳，鸲不逾济，貉逾汶则死，此地气然也。"[2]淮即指淮河，它是中国重要的地理分界线。而"济、汶这条古代动物地理分布界线，与现在我国动物地理区划中古北界里的华北区的南界相当，古北界里华北区的南界是秦岭、淮河"[3]。秦岭、淮河在地理区域的分界上具有重要的意义。春秋战国时期已初步认识这条界线，说明当时学者对生物南北的地带性变化已有了解。

同时期的西方，长期从事航海活动的古希腊人，在大地球形观念的影响下，产生了全球纬度地带性思想。古希腊学者帕门尼德（Parmenides，约公元前515—? 年）首创将天球投影

---

〔1〕《周礼·地官》。据贾公彦疏："日南，是地于日为近南。……日北者……是地于日为近北。"见：十三经注疏 [M].北京：中华书局，1979：704.

〔2〕《周礼·考工记》，卷三十九。

〔3〕中国科学院自然科学史研究所地学史组.中国古代地理学史 [M].北京：科学出版社，1984：190.

在地球上的方法，从而把地球划分为5个地带：中间1个热带、南北2个温带和2个寒带。亚里士多德指出由于太阳光线在球面各个不同点的人射角不同而引起的热量南北差异，是气候带存在的原因[1]。

（二）自然地理区的划分

区域具有二重性，"一方面，它是自然史形成的、人类不得不接受的现成条件；另一方面，它又是一种历史文化空间，因为正是由于人类活动的关系，区域划分本身才有了意义"[2]。中国学者在描述大范围的地理情况时，均是首先将其分为若干个区域。面对众多复杂的自然地理要素，首先遇到的问题就是以什么作为区域划分的界线。毫无疑问，山脉、河流等呈线状延伸的地理要素是最容易认识的，因而在古代多以山脉、河流等作为区域之间划分的界线。而作为划分标准所需考虑的其他自然地理要素的选择，则因认识水平的不同而异。《山经》中只是简单地按东、西、南、北、中的方位进行区域划分的，它把自然地理条件并不相同的地区杂糅在一起，并非按照区域内部的同一性和区域间的差异性来进行区域划分和区域描述，而且也无明确的区域边界，但它毕竟是第一次将地域如此之广、内容如此之丰富的材料有条理地组织在一起，其内容有风土、民情、巫医、神祇、怪异和自然状况等，自然状况又包括位置、水文、动植物、矿产、物产等，因而作为第一次尝试，《山经》的区域划分仍具有重要意义。《禹贡》对区域的认识则前进了一步。反映在区域划分上，它抛开了方位划分的方

〔1〕　Aristotle. Meteorologica. London，1959：179–183.
〔2〕　李星星，张旭，罗勇. 扩张与交往——区域历史文化简论［M］.成都：巴蜀书社，1989：15.

法，而是从众多、复杂的地理现象中，选择某些因素作为划分标准，较好地掌握了各区域内部的同一性，也更能反映各区域之间自然地理条件的差异。各州之间也有了较为明确的边界。

在古希腊，很早就流行着两个大陆的划分方法，即北部是欧罗巴，南部是亚细亚。到了亚历山大（Alexander the Great，公元前356—前323年）时期，对地理区域的认识有了新的进步。气候、景观等地理要素被作为划分区域的重要指标。古罗马初期地理学家斯特拉波对描述地理学派的区域划分观点给予了总结。他的长达17卷的《地理学》是一部典型的区域地理著作，书中把区域划分比作"像解剖学一样按关节来分解，而不是任意的局部分解"，"按关节分解所遵循的是自然本身的特性，即按照恰当的关节和明确的形状下手"。他指出，"在地理学方面，当我们需要分为各个区域而对它们加以详细描述时，我们必须按关节来划分，而不宜随便作部分的划分，因为只有采用前者，才能获得明显的形式和准确的界限"[1]。斯特拉波强调了区域划分的客观性，并指出在划分时应注意区域间客观存在的质的差异性（关节）原则。这是重要的区划指导思想，它对西方的区划思想产生了很大的影响。

（三）区域差异的比较研究

区域地理学的主要任务就是从各地区之间差异的比较中，确定一个区域的地理特征。古代学者对区域的划分是建立在区域差异比较的基础之上的。因而春秋战国时期的许多著作，如《山经》、《禹贡》、《周礼·职方》等，对于区域的差异性均有一定的认识。《山经》在区域描述中，反映出了山岳之间方位

---

〔1〕 The Geography of Strabo, Book 2, p. 315.

与道里的差异，并注意到不同山区矿产、动植物等的不同。但是《山经》只对这些差异给予了逐一的记述，并未进行对比，因此虽然已经认识到了区域之间存在着差异，但却没有比较。《禹贡》、《周礼》中均将全国范围划分为 9 个区域，即九州，尽管各书中九州的名称及范围略有差异[1]，但都是建立在对区域差异性认识的基础上划分的。《周礼》记述了各州的重要山川、物产、人丁、所宜牲畜及谷物，内容丰富，条理清晰，文字简洁。从文中很容易比较各州之间的差异。以文中对扬州的描述为例：

> 东南曰扬州。其山镇曰会稽。其泽薮曰具区。其川三江。其浸五湖，其利金锡竹箭。其民二男五女。其畜宜鸟兽。其谷宜稻。[2]

从上文的叙述，读者很容易了解各区之间的差异。它比《山经》前进了一步。但文中对于区域之间的差异是从其地理情况的罗列中反映出来的，并没有采用统一的比较标准。

《禹贡》不但是一部典型的区域地理著作，而且也是一部典型的有关区域差异比较的著作。它侧重于自然条件差异的论述，并且对各个区域的土壤情况、农田等级、农产品种类以及主要的资源、贡品进行了分析比较。《禹贡》首先将九州的土壤进行了分类，并且划分了九州的田赋等级，建立起统一的标准。它将土地分为上、中、下 3 级，每级之中又分为上、中、下 3 等，这样共有 9 等。同时还注意到各地区之间植物、物产

---

〔1〕《禹贡》中分九州为：冀、兖、青、徐、扬、荆、豫、梁、雍。《吕氏春秋·有始览》中有幽州，而无梁州；《周礼·职方》中有幽州、并州，而无徐州、梁州。

〔2〕《周礼·夏官·职方》。

等的不同。这种比较是直观的、较为准确的，使读者易于了解各地之间的不同，掌握其主要特点。《禹贡》对区域间差异性的比较代表了这一时期有关区域差异性思想的发展水平。

四 人地关系理论

人地关系是人类同自然环境之间的相互影响和相互作用。人地关系理论在地理学思想史，乃至人类思想史上占有重要的地位。它的主导思想随着各个时代的生产方式而不同。"先秦时期是我国人地关系思想产生的时期……后世各种人地关系思想的胚胎大都可以上溯到该时期。"[1]人地关系理论有多种，可以按照对人类在自然界中的地位的不同认识分为4种。

（一）天人感应论

人类社会的初级阶段，生产力水平极端低下，在改造自然的过程中即使获得了成功，也难以解释自己的胜利；如果遭到失败，就更无法准确地认识自然界。因此，古代人类对各种自然现象，尤其是异常现象的解释往往归因于"上帝"，天人感应思想由此发展起来。这种思想在春秋战国时期有了新的进展。

天人感应是关于天人关系的一种神秘思想，它所说的天不是指一般的天文环境和地理环境，而是指"上帝"。"上帝"能干扰人事，人的行为也能感应上天，"上帝"用自然界的灾异或祥瑞现象来表示他对人类的谴责或嘉奖。

中国古代，天人感应思想早已存在。《诗经》中就有"此日而食，于何不臧"[2]。根据孔颖达的解释，这里指日食是"天子不用其善人"的征兆[3]。到了春秋战国时期，《左传》

〔1〕 唐锡仁．论先秦时期的人地观 [J]．自然科学史研究，1988：4．

〔2〕 《诗经·小雅·十月之交》。

〔3〕 十三经注疏 [M]．北京：中华书局，1979：446．

也记载有："天反时为灾，地反物为妖，民反德为乱，乱则妖灾生"[1]，也是将自然灾害与人为灾祸联系起来。《墨子》中也有："若天降寒热不节，雪霜雨露不时，五谷不熟，六畜不遂，疾灾戾疫，飘风苦雨，荐臻而至者，此天之降罚也。"[2]

在古希腊，希罗多德的《历史》一书中有着较丰富的天人感应思想。在书中他描写了希腊人与波斯人的战争，指出每当波斯人即将失败，就会出现某种自然灾害。他认为这是征兆，并把这类征兆归纳为雷雨、风暴、地震、日食等[3]。

由于人类对自然界了解较少，而又受天命思想的影响，因此东西方均有天人感应思想。但是在内容上却有差异：古代中国偏重于国家盛衰的征兆上；而古希腊则偏重于战争胜负的预兆上。

（二）决定论

西周晚期天子政令不行，"上帝"的地位相应地发生了变化。春秋战国时期君臣的频繁更替、诸侯的不断兼并更动摇了天命论思想。中国古代以农为本，在自然界的诸多要素中，水和土壤与人类生活的关系最为密切，因此水文、土壤决定论思想丰富。《礼记》指出："广谷大川异制，民生其间者异俗。"[4]《管子·水地》中有：

> 地者，万物之本原，诸生之根也，美、恶、贤、不肖、愚、俊之所生也。……水者，何也？万物之本原也，诸生之宗室也，美、恶、贤、不肖、愚、俊之

---

〔1〕《左传·宣公十五年》。

〔2〕《墨子·尚同中》。

〔3〕 Herodotus. The History. p. 391 - 392, p. 447.

〔4〕《礼记·王制》。

所产也。何以知其然也？夫齐之水，道躁而复，故其民贪粗而好勇；楚之水，淖弱而清，故其民轻果而贼；越之水，浊重而泊，故其民愚疾而垢；秦之水，泔最而稽，淤滞而杂，故其民贪戾罔而好事；齐晋之水，枯旱而运，淤滞而杂，故其民谄谀葆诈，巧佞而好利；燕之水，萃下而弱，沉滞而杂，故其民愚戆而好贞，轻疾而易死；宋之水，轻动而清，故其民闲易而好正。[1]

文中强调了水和土是人性美恶、愚俊的根源。在《吕氏春秋》等著作中也有类似的观点。《大戴礼》强调了土壤的影响，"坚土之人肥，虚土之人大……沙土之人细……息土之人美，耗土之人丑"[2]。《淮南子·坠形训》中也有类似的记载。此外，《周礼·地官大司徒》还提出了地形决定论的思想："山林之民毛而方，川泽之民黑而津，丘陵之民专而长。坟衍之民皙而瘠，原隰之民丰肉而庳。"[3]这些认识虽然过于绝对化，但说明了古代学者已经认识到了自然环境对人类的影响。

决定论思想在东西方均有，但中国偏重于水文、土壤、地形的影响，这与农业活动有密切的关系；而西方则偏重于气候、海洋的影响，这与航海活动有关。例如，古希腊学者希波克拉底（Hoppocrates，约公元前480—前400年）在《论空气、水和地方》（*On Airs, Waters, and Places*）、亚里士多德在《政治论》中论及了气候对于人类的决定作用，认为北方人勇敢、南方人聪明；柏拉图在《法律篇》中提出了海洋决

---

〔1〕《管子·水地》。

〔2〕《大戴礼·易本命第八十一》。

〔3〕《周礼·地官大司徒》。

定论："海洋使市民的心灵充满了生意人的气质和商人自私自利的心理。"[1]

（三）征服论

随着生产力水平的提高，人类不再匍匐于大自然的威力之下。漳水十二渠、邗沟、都江堰等大型水利工程的修建已经显示出了人类的能力。春秋战国时期征服论思想的主要代表人物是荀子（约公元前313—前238年）。他指出了自然规律是可以被认识的："天有常道矣，地有常数矣"，"应之以治则吉，应之以乱则凶"[2]。道出了天的自然属性，认为人类完全可以掌握自然规律，并且依照自然规律采取合理的治理措施就可以利用、征服自然。荀子《天论》中突出的思想就是人类在自然界中占主导地位。人是主动的，自然界是被动的。"大天而思之，孰与物畜而制之！从天而颂之，孰与制天命而用之！""制天命"乃是人类认识自然规律的最终目的，也是荀子人定胜天思想的核心。

（四）"天人合一"

"天人合一"论与决定论、征服论不同的是，它并不强调人和自然哪一方面占主导地位，而是着眼于两者的协调统一。

"天人合一"是中国古代哲学中天人关系思想的重要内容之一。春秋战国时期的"天人合一"思想强调自然与人的统一。墨子（约公元前468—前376年）指出，人与环境相和谐的方法就是人类应该尽量取得能够从自然界得到的一切。但是他又指出，人类对自然界的索取应该是"天给多少，人取多

---

〔1〕 Plato. The Law. Pengui Book Ltd. , 1970：704（D）-705（A）.

〔2〕《荀子·天论》。

少，多取不对，少取也不对，要恰如其分以应天"[1]。管子的思想则比墨子前进了一步："一物能化谓之神，一事能变谓之智。……执一不失，能君万物。君子使物，不为物使，得一之理。"[2]管子认为，人类对自然界要进行锲而不舍的探索，在掌握了自然规律之后，人类就可以变被动为主动，就可以利用自然。春秋战国时期，环境保护思想十分活跃，主要就是强调人类可以不断地从自然界中获取财物，但是不能过度索取，否则就会破坏自然环境。"天人合一"强调因地制宜，从而促进了人类对自然环境的保护，并且为此制定了一系列环境保护的法律，采取了严厉的措施。

五　环境保护思想

春秋战国时期，铁制工具的普及使人类可以开发、利用更多的自然资源。由于毁林开荒、战争破坏、大兴土木工程，以及畜牧、樵采等，使森林面积大幅度减少。孟子就曾注意到："牛山之木尝美矣，以其郊于大国也，斧斤伐之，可以为美乎？……牛羊又从而牧之，是以若彼濯濯也。"[3]森林面积的缩小，破坏了动物赖以生存的环境，加上滥捕滥杀的狩猎活动，在很大程度上又破坏了动物资源。因此，春秋战国时期对动植物资源的破坏是比较严重的。

同时，随着对人地关系探讨的深入，人类在自然界中的能动作用得到了重视。一方面注意到了人类的生产活动对自然界的破坏，另一方面也意识到了人类通过自身的努力可以保护和改变自然环境。

---

〔1〕　周春堤．墨子的地理思想［M］//地理研究报告,1980：5.

〔2〕　《管子·内业》。

〔3〕　《孟子·告子上》。

（一）政策的制定

保持自然生态平衡的思想在春秋战国时期已受到重视。管子强调："为人君而不能谨守其山林菹泽草莱，不可以立为天下王。"[1]并指出："夫民之所生，衣与食也；食之所生，水与土也。"[2]认识到水土保持是关系到国计民生的大事。荀子也强调保护自然资源是"圣王之用也"[3]。古代学者不但意识到了环境保护的重要性，而且还提出了许多具体的保护措施。中国较早的环境保护法令是公元前11世纪，西周颁布的《伐崇令》。文中已明确规定："毋坏屋，毋填井，毋伐树木，毋动六畜。有不如令者，死勿赦。"[4]

春秋战国时期的许多著作，如《左传》、《管子》、《孟子》、《荀子》、《周礼》等，都可以找到对于保护环境的具体措施的论述，并且内容十分丰富。

当时对自然资源的破坏主要表现在对动植物资源开发过度、破坏严重上。针对这一问题，《吕氏春秋》提出："制四时之禁，山不敢伐材下木，泽（人）不敢灰僇，缳网、置罜不敢出于门，罛罟不敢入于渊，泽非舟虞不敢缘名，为害其时也。"[5]指出不在规定的时间，不得砍伐山中树木，不得在泽中割草烧灰，不得拿着器具去捕鸟兽，不得入渊中捕鱼等。《吕氏春秋·十二纪》中更对各月做出了明确的规定：

正月（孟春纪）：禁止伐木。毋覆巢。毋杀孩

〔1〕《管子·轻重甲》。
〔2〕《管子·禁藏》。
〔3〕《荀子·王制》。
〔4〕《中国大百科全书·环境科学》，第502页。
〔5〕《吕氏春秋·上农》。

虫、胎夭、飞鸟、毋麛、毋卵。

二月（仲春纪）：毋竭川泽。毋漉陂池。毋焚山林。

三月（季春纪）：田猎罼弋，置罘罗网，喂兽之药，毋出九门。命野虞无伐桑柘。

四月（孟夏纪）：毋大田猎。毋伐大树。

五月（仲夏纪）：令民毋刈蓝以染，毋烧炭。

六月（季夏纪）：树木方盛，乃命虞人入山行木，毋有斩伐，不可以兴土功。

七月（孟秋纪）：完堤防，谨壅塞；以备水潦。

八月（仲秋纪）：命宰祝，循行牺牲，视全具，案刍豢，瞻肥瘠，察物色，必比类，量小大，视长短，皆中度。五者备当，上帝其飨。

九月（季秋纪）：草木黄落。乃伐薪为炭。蛰虫咸俯在内。皆墐其户。

十月（孟冬纪）：乃命水虞渔师。收水泉池泽之赋。

十一月（仲冬纪）：土事毋作。山林薮泽。有能取蔬食田猎禽兽者。野虞教道之。其有相侵夺者。罪之不赦。日短至。则伐木取竹箭。

十二月（季冬纪）：雁北乡……命渔师始渔。令告民出五种。

这些政策中不但制定出了各月禁止破坏的资源，同时还指导人们在何时可利用何种资源。从文中可以看出古代学者非常重视森林资源的保护，这一思想在其他学者的论述中也有所反映，具体措施可归纳为三个方面：禁止伐木，禁止烧山、防止火灾，保护动植物资源。所谓禁止伐木，主要指在植物生长期内保护森林资源不受破坏，这种思想在当时已很普遍，如《孟子》中的："斧斤以时入山林，材木不可胜用也。"[1]《管子》中的："山林虽广，草木虽美，禁伐必有时。"[2]《荀子》中的："山林泽梁，以时禁发"；"斩伐养长不失其时，故山林不童，而百姓有余材也"。[3]《左传》中也有类似的思想。对于违反规定，破坏森林资源者，采取了严厉的惩罚措施："苟山之见荣者，谨封而为禁。有动封山者，罪死而不赦。有犯令者，左足入，左足断；右足入，右足断。"[4]

在制定严厉禁令的同时，只有积极的疏导，才能确实起到保护林木的作用。那么什么季节适合伐木，什么季节不应伐木呢？《周礼》指出："山虞仲冬斩阳木，仲夏斩阴木。"[5]《管子》也有："工尹伐材用，毋于三时，群树乃植。"[6]《荀子》中强调："草木荣华滋硕之时，则斧斤不入山林，不夭其生，不绝其长也。"

保护树林资源的措施，除了制止人为破坏以外，还要防止意外的事故，尤其是火灾。《管子》中明确指出"毋行大火，毋断大木"；"山泽不救于火，草木不殖成，国之贫也"；"山泽救于火，草木殖成，国之富也"。因此就要"修火宪，敬山泽，林薮积草。夫财之所出，以时禁发"[7]。在《荀子》中也

---

〔1〕《孟子·梁惠王章句》。
〔2〕《管子·八观》。
〔3〕《荀子·王制》。
〔4〕《管子·地数》。
〔5〕《周礼·地官》。
〔6〕《管子·法禁》。见：赵守正. 管子注释（上）[M].南宁：广西人民出版社，1982：256.
〔7〕《管子·立政》。

有类似的思想："修火宪，养山林薮泽草木鱼鳖百索，以时禁发，使国家足用，而财物不屈，虞师之事也。"

古代学者还非常重视对动物资源的保护，在前面提到的《吕氏春秋·十二纪》也有一些禁止乱捕乱杀动物资源的规定。《荀子》提出了保护动物资源的具体办法："养长时，则六畜育"；"鼋鼍鱼鳖鳅鳝孕别之时，罔罟毒药不入泽。不夭其生，不绝其长也；……污池渊沼川泽，谨其时禁，故鱼鳖优多而百姓有余用也。"《孟子》中也主张："数罟不入洿池，鱼鳖不可胜食也。"[1]反对用丝网捕捞幼鱼。《礼记》中也有："国君春田不围泽，大夫不掩群，士不取麛卵。"[2]

《国语·鲁语上》中里革断罟，向鲁宣公讲述古代环境保护制度的故事为后人所传颂，反映出古代中国人的环境保护意识已开始深入人心。

古代学者对于水土资源的保护也有认识。《管子》就指出："夫民之所生，衣与食也；食之所生，水与土也。"[3]《国语》中也有："古之长民者，不堕山，不崇薮，不防川，不窦泽。夫山，土之聚也，薮，物之归也，山，气之导也；泽，水之钟也。……古之圣王，唯此之慎。"[4]古代学者把能否保护好水土资源也作为圣明君主的标准，抚国安邦的大事，足以看出当时对保护环境的重视。

春秋战国时期环境保护法令涉及的内容已较全面。秦国统一中国后，就是根据这些内容，总结而制定了环境保护法——

---

[1]《孟子·梁惠王章句》。
[2]《礼记·曲礼》。
[3]《管子·禁藏》。
[4]《国语·周语三》。

《田律》。《田律》是公元前 221 年秦始皇统一中国后，根据原来秦国的法律修订、补充而成的《秦律》中的一部分，因而《田律》中反映的环保思想可以认为是春秋战国时期环境保护思想的发展。《田律》主要是关于野禁的法律，规定"春二月，毋敢伐材木山林及雍（壅）堤水。不夏月，毋敢夜草为灰，取生荔麛卵鷇，毋□□□□□毒鱼鳖，置罔（网），到七月而纵之。"[1]

（二）机构的建置

春秋战国时期不但已经有了明确的环境保护的法规制度，而且在古代中国很早就建立了保护环境的机构，并有了相应的职务。早在帝舜时代，就已经有了"山林局"[2]。根据《左传》的记载，当时负责环境保护的官员主要有衡鹿、舟鲛、虞侯、祈望等。他们的主要职责就是：

> 山林之木，衡鹿守之；泽之萑蒲，舟鲛守之；薮之薪蒸，虞侯守之；海之蜃盐，祈望守之。[3]

《周礼·地官司徒》对于环境保护的建置记述得最为详细。作为六卿之一的大司徒，其职责之一就是："以天下土地之图，周知九州之地域广轮之数。辨其山林、川泽、丘陵、坟衍、原隰之名物。"[4]在大司徒手下，所有官员的职责均与环境保护有关，如山虞、林衡、川衡、泽虞、迹人、卝（古"矿"字）人等，他们的职责均是保护环境、自然资源。其中山虞是"掌山林之政令"，"令万民时斩材，有期日。……凡

---

〔1〕 云梦秦简整理小组．云梦秦简释文（二）［J］.文物，1978（7）.

〔2〕 袁清林．先秦环境保护的若干问题［J］.中国科技史料，1985（1）.

〔3〕《左传·昭公二十年》。

〔4〕《周礼·地官司徒》。

窃木者有刑罚"。林衡主管"巡林麓之禁令"。川衡的职责是"掌巡川泽之禁令"。泽虞是"掌国泽之禁令，为之厉禁"。可见山虞、林衡、川衡、泽虞的主要职责是保护林木资源及川泽之中的物产资源。而迹人则以保护野生动物资源为主。"迹人掌邦田之地政。为之厉禁而守之。凡田猎者受令焉。禁麝卵者，与其毒矢射者"。丱（古"矿"字）人的主要职责是"掌金玉锡石之地"，即保护矿产资源。

中国古代以农立国，立足于开发本土的资源。所以为了不断地利用自然界的资源，就必须保护自然生态环境不遭破坏，因此制定了相应的法律，有些规定是十分严酷的。

第四节　地图的绘制

"最初地理知识的表达，很可能是用图而不是用文字。"[1]据朱熹考论，我国最古老的地学著作之一《山海经》便是先有图而后才有经文。地图是人类生产生活的有力工具，也是人类交往最古老的形式之一。它反映出人类对于世界的理解和认识。古代先民在文字产生之前，便以绘画的形式记录下他们认识的周围的事物和环境，在这种绘画中产生了地图的萌芽。

中国地图的发展源远流长，古代神话传说之中就有"史皇作图""河伯献图"等等。而较为可靠的最早使用地图的记载见于《宜侯天簋》、《散氏盘》等铭文中。《诗经·周颂》、《尚书·洛诰》中都有关于地图的记载，可见在春秋战国之前已经开始绘制地图并将它运用到实践中去了。

---

〔1〕　中国科学院科学史研究所地学史组．中国古代地理学史［M］．北京：科学出版社，1984：276.

春秋战国时期文献中关于地图的记载明显增多，内容也较详尽。此外，从流传至今的绘于战国后期的地图实物中也可以更好地了解战国时期的地图绘制水平。

一 文献记载与地图分类

春秋战国时期地图不但应用广泛、种类繁多，而且各国统治者均很重视地图。地图已经成为国家领土主权的象征。在一国向另一国表示降服时，常以奉献地图为标志。如韩非所言：

> 事大未必有实，则举图而委，效玺而请兵矣。献图则地削，效玺则名卑，地削则国削，名卑则政乱矣。[1]

据《战国策·燕策》记载，燕太子丹所蓄养的死士荆轲为刺杀秦王，以燕国督亢（今河北固安、易县一带）之地图为诱饵而得以面见秦王。各国统治者都很重视地图，秦灭六国之后就将六国图籍收藏起来，储存于京都咸阳。秦亡之时，萧何随刘邦入咸阳，做的第一件事也是收存图籍。因为这些图籍不仅是权力的象征，更重要的是，它是治理天下必须依靠的资料。

《周礼》中记载有："小宰……三月，听闾里版图"[2]，"版"即户籍，"图"则为地图。后来"版图"指国家领土即源于此。

春秋战国时期各诸侯国均有专门官员负责管理地图。这些官员受到了人们的尊敬。《论语》记载孔子见了"负版者"[3]也要下车行礼，表示敬意。

---

[1] 《韩非子·五蠹》。

[2] 《周礼·天官冢宰》。

[3] 《论语·乡党》。

文献中还记载有当时地图的主要内容。《管子·地图篇》是较早专门记载地图地理内容的专篇。本篇在论述地图与军事的关系时，强调了地图的性质及主要内容：

> 凡兵主者，必先审知地图。轘辕之险，滥车之水，名山、通谷、经川、陵陆、丘阜之所在，苴草、林木、蒲苇之所茂，道里之远近，城郭之大小，名邑、废邑、困殖之地，必尽知之。地形之出入相错者，尽藏之。然后可以行军袭邑，举错知先后，不失地利，此地图之常也。[1]

《地图篇》虽然强调的是军事上利用地图的一般规律，但可以看出当时地图包含的内容已非常丰富。《周礼》也记载有地图的内容：

> 周知九州之地域广轮之数，辨其山林、川泽、丘陵、坟衍、原隰之名物，而辨其邦国都鄙之数，制其畿疆而沟封之。[2]

当时的地图不但包含了山川、道路、地形、植被、城郭等地理要素，而且是按照一定的比例关系绘制的。因为只有按照一定的比例关系绘制的地图，才能够知道"道里之远近，城郭之大小"，才能掌握"九州之地域广轮之数"。这一点从《战国策》的记载中也可以反映出来：苏秦以合纵说劝说赵王时曾说："臣窃以天下之地图案之，诸侯之地，五倍于秦。"[3]只有按照一定的比例尺绘制的地图，才能从中分析出各诸侯国面积的大小。

---

〔1〕《管子·地图》。
〔2〕《周礼·地官大司徒》。
〔3〕《战国策·赵策》。

春秋战国时期地图的使用已相当广泛。其中一些地图集中反映了某一种或几种地理要素，出现了专题性地图的萌芽。

（一）全国地图

"昔夏之方有德也，远方图物，贡金九牧，铸鼎像物，百物为之备。"[1]传说夏禹时代曾铸鼎，并在鼎上铸有山川形势、奇物怪兽。此图被后人称为"九鼎图"。先秦时期的文献中，有许多关于九鼎的记载，如《战国策》记载有："秦兴师临周而求九鼎。"[2]关于鼎上所绘具体内容，后人也曾有不少的猜测。根据《左传》的记载，铸九鼎的目的是："使民知神奸，入山林不逢不若，魑魅魍魉，莫能逢之，用能协于上下，以承天体。"因此其图的内容是"百物为之备"。明代学者杨慎认为："鼎之象则取远方之图，山之奇、水之奇、草之奇、木之奇、禽之奇、兽之奇，说其形，著其生，别其性，分其类……九鼎既成，以观万国。"[3]据清代学者毕沅考证："有国名，有山川，有神灵奇怪之所际，是鼎所图也。"[4]可见九鼎图是一种较为原始的全国性地图。

据杨慎考证："九鼎之图，其传固出于终古，孔甲之流也，谓之曰'山海图'，其文则谓之《山海经》。"山海图是由九鼎图演化而来的。尽管山海图现已失传，但记载其内容的说明文字《山海经》我们现在仍可以看到。从《山海经》的内容可以看出，图上不但记载了山名、河流湖泊的名称，而且还记录了各山之间的相对位置，山中的物产、矿藏、怪兽等内

〔1〕《左传·宣公上》。
〔2〕《战国策·东周策》。
〔3〕［明］杨慎，《山海经补注》。
〔4〕［清］毕沅，《山海经新校正》。

容。山海图比九鼎图包含的内容丰富。但由于受当时认识水平的局限，图中夹杂了不少虚构与传说的内容，仍没有跳出原始地图的范畴。

春秋战国时期各诸侯国均想称霸中原，各国说客也常以地图为依据论述天下之事。可以肯定当时各国均绘有"天下之图"。《述异记》记载春秋时期的鲁国人鲁班创造了最早的石刻地图，他在洛阳附近的石宝山上雕刻了《九州之图》[1]。《周礼》记载职方氏"掌天下之图，以掌天下之地，辨其邦国、都鄙、四夷、八蛮、七闽、九貉、五戎、六狄之民，与其材用九谷六畜之数，要周知其利害"[2]。这种天下图绘有国界、政区界以及周围的民族，是当时居住于中原地区的人民认识的九州。另外，《周礼》中还记载有："司险掌九州之图，以周知其山林川泽之阻而达其道路。"[3]"天下之图"与"九州之图"是很相似的，实际上均为全国性地图，有些附加些周边国家的情况。从《周礼》的记载可以看出，前者偏重疆界、人民、物产等人文地理因素，后者偏重山川大势、道路交通等因素。可见，全国性地图也是根据实际应用的需要而分为不同的种类。

（二）土地图

土地图也称"地籍图"。《周礼·地官司徒》记载："大司徒之职，掌建邦之土地之图与其人民之数，以佐王安扰邦国"；"小司徒之职……地讼，以图正之"。中国以农为本，随着农业生产的发展，农垦耕地的不断扩大以及分封土地的需要，土地

---

〔1〕 彭静中. 中国方志简史 [M]. 成都：四川大学出版社，1990：39.

〔2〕《周礼·职方》。

〔3〕《周礼·夏官司马》。

之图成为统治者封邦建国、管理土地不可缺少的依据。这种地图是土地所有权的重要凭证，所以由专门的官员负责管理。

（三）矿产图和物产图

地官之中还有"丱人"。"丱"在古代作"矿"字，"丱人"即管理矿藏的官员。他的任务是"掌金玉锡石之地，而为之厉禁以守之，若以时取之，则物其地图而授之"[1]。"丱人"是要负责绘制和掌管矿产分布图，为开发矿产提供依据。

地官之中的另一个职务是"土训"。"土训掌道地图，以诏地事，道地慝，以辨地物，而原其生，以诏地求，王巡守，则夹王车。"土训掌管的地图主要是记载地理形势和物产的地图[2]。

（四）军事地图

春秋战国时期是中国历史上战争最为频繁的时期之一，因此可以想见的是，军事地图是这一时期应用最为广泛的地图之一。对于地图在军事上的应用，《管子》有专门论述：

> 故兵也者，审于地图，谋于官日，量蓄积，齐勇士，遍知天下，审御机数，兵主之事也。[3]

在《地图》一章中，《管子》对于地图在战争中的价值有更细致的讨论，已见上文所述。[4]

可见，地图对于部署军队的转移、避免潜在的困难、利用地形的优势都很重要。

据《汉书·艺文志》记载，春秋战国时期的主要军事著

---

〔1〕《周礼·地官司徒》。

〔2〕 夏纬瑛认为，"土训"之职是为王讲说与土地有关的神怪之事的官职。所道训的地理带有迷信色彩。见：《周礼》中有关农业条文的解释［M］.北京：农业出版社，1979.

〔3〕《管子》，卷二。

〔4〕《管子》，卷十。

作均附有地图，其中《孙子兵法》有9卷附图，《孙膑兵法》有4卷附图。这些很可能是当时主要的军事地图中的一个部分。虽然这些图已亡佚，甚至连有关图的注记说明也未能保存下来，但从两部军事著作论述的内容（我们将在下节讨论）来看，可以肯定当时的军事地图非常重视与行军、驻兵、作战有关的地形、地貌大势以及河流、湖泊、交通要塞等自然地理要素的表示。

春秋战国时期的地图种类较多，除以上所述地图外，还有陵寝图、城市图、交通图等专题性地图。

二 地图文物

与书籍相比，古地图的保存更加困难。[1]中国现存最早的地图实物是战国时期的《兆域图》和放马滩出土的秦代地图。这些地图实物无疑为今天更好地研究春秋战国时期的地图绘制水平提供了有力的证据，在中国地图学史上具有重要的意义。

（一）兆域图

春秋战国时期用于墓葬陵堂规划的地图很多。西周时期就已设有专门负责绘制、管理这类地图的官职——"冢人"和"墓大夫"。他们的职责是"冢人掌公墓之地，辨其兆域而为之图"[2]。"墓大夫掌凡邦墓之地域为之图，令国民族葬而掌其禁令"[3]。在这里"兆域"即墓穴陵堂的区域，因而墓穴规

---

〔1〕"地图不像书籍，识字的人都可以抄录。要复制一份地图，除了要有必要的材料和工具，还得有一定的技艺。在印刷还没有发明，还没有进步到可以印制地图时，地图的复制和保存比书籍要难得多。一旦原本损失，往往就再也无法恢复。不过，更主要的原因是，地图在中国从一开始就被当作权力的象征和政治手段，因而成了统治者的专利。"见：葛剑雄.人在时空之间［M］.北京：中华书局，2007：42.

〔2〕《周礼·春官·冢人》。

〔3〕《周礼·春官·墓大夫》。

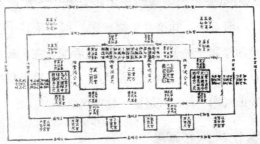

图 3 - 3 兆域图铜版（引自《文物》1979 年 1 期图版捌）

划图常被称为"兆域图"。

1974 年 11 月至 1978 年 6 月，考古工作者在河北省平山县三汲公社发掘战国时期中山国城址及一些古墓时，在一号墓中发现了一幅镌刻在铜版上约绘于公元前 310 年的中山王墓穴陵堂的规划图。这是现在见到的最早的一幅平面地图。据推测这幅战国时期的铜版地图距今有 2200 多年。铜版长 94 厘米，宽48 厘米，厚约 1 厘米。图上由图形线划符号、数字注记和文字说明 3 部分组成，标有"中宫垣"、"内宫垣"、"丘足"、"宫"、"堂"、"门"等图形及文字注记和说明，线条之间的距离及面积均注有数据。作为地图基本要素的比例尺在该图上已有所反映，据计算该图的比例尺约为 1 : 500。此外此图的方位是上南下北，因而图上虽然没有标明方向，但兆域图的绘制本身还是具有方位的。因此这是一幅已具备了地图绘制基本要素的平面地图，其绘制已达到了一定的技术水平。

该图上还有文字注记，包括中山王颁布的诏令，大概正因这道诏令，此图才能保存至今。诏令中说："其一从，其一藏府。"亦即此图一式两份，一份陪葬，一份收藏于内府。[1]

（二）放马滩出土秦图

1986 年在甘肃省天水市东南放马滩一号秦墓出土了绘有地图的大小不完全相同的 4 块松木板，其中 3 块两面都绘有图，1 块仅一面有图。共绘有 7 幅地图。据考证其中从秦墓出土的这幅地图绘制于公元前 3 世纪战国后期。在 7 幅地图上均未注明图名、比例尺、图例、绘图人等。现代学者根据图上所绘内容分为地形图、行政区域图、物产区域图、森林分布图等。

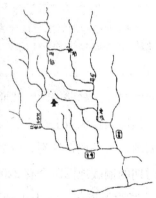

图 3-4　放马滩地图

这些地图中共有 80 余条注记[2]，现已辨明地名 28 条，

〔1〕　张守中，郑名桢，刘来成. 河北省平山县战国时期中山国墓葬发掘简报〔J〕. 文物，1979（1）：1-31.

〔2〕　曹婉如. 有关天水放马滩秦墓出土地图的几个问题〔J〕. 文物，1989（12）.

山名 2 条，溪名 8 条，谷名 4 条，关隘 6 条[1]。图上以河流为主，绘有山脉、关隘、森林、居民点、道路等内容。河流用单曲线表示，河名、地名等注记多按照河流的流向由上游到下游的顺序书写；道路、山脉与分水岭也多用单曲线表示；关隘用对称的形象符号表示；对森林分布的注记较详细，有些地区标注出了树木的种类，如蓟木、灌木、杨木、榆木、大楠木等，有些地区标注出了森林的砍伐情况；对于等级较高的居民点，其外括有方框。地图的绘制以上方为北，一些地方还注出了道里数字，从所绘水系来看，其走向与位置大体正确，说明地图是按照一定的比例绘制而成的。

对于 7 幅地图绘制的地区以及 7 幅地图之间的关系，目前学术界还有不同的意见。有学者认为其范围东至今陕西宝鸡市以西约 20 千米处，北至今甘肃天水市清安、清水县，西至天水市秦城区天水乡，南至两当、微县北部[2]。也有学者认为图中所绘地区是嘉陵江上游的永宁河和西汉水上游一带地区[3]。可以肯定，这些地图是放马滩一带的小区域图。

放马滩出土的地图再一次证明了春秋战国时期已具备了较高的地图绘制技术水平。

---

〔1〕 何双全. 天水放马滩秦墓出土地图初探 [J]. 文物, 1989 (2).

张修桂对此图的绘制年代有不同看法，他认为，此图的绘制年代，是在秦昭襄王八年之前的公元前 300 年以前。见：张修桂. 天水放马滩地图的绘制年代 [J]. 复旦学报, 1991 (1).

〔2〕 何双全. 天水放马滩秦墓出土地图初探 [J]. 文物, 1989 (2).

〔3〕 曹婉如. 有关天水放马滩秦墓出土地图的几个问题 [J]. 文物, 1989 (12).

第五节　地学知识的应用

处于春秋战国乱世之中，几乎所有的大国都采取了耕战立国的国策，所谓"足食、足兵"，是一个国家最重要的两件事，而这两件事都与地学密切相关。行军打仗，离不开军事地理；农业生产，离不开兴修水利。军事地理与水利水文堪称地学知识最重要的两种实践应用，本节将对其在春秋战国时期的发展做简要描述。

一　军事地理

中国上古时期黄帝与蚩尤的涿鹿之战，传说当时在河北省涿鹿一带，黄帝根据蚩尤部族由南方而来，对北方的地理环境不甚了解，利用熟悉的地理环境及有利的天气条件，将蚩尤打败[1]。可见在远古战争中，以研究地理环境与人类战争活动之间相互依存与制约关系为主要内容的军事地理思想已经出现。

较为详细地分析战争与地理环境关系的论著，主要产生于春秋战国时代，特别是战国时期。西汉初期，张良和韩信整理的兵书共 182 部，其中大多数为战国时期的作品[2]。在春秋战国的诸子百家之中，兵家是非常活跃的。主要的著作有：《孙子兵法》、《吴子兵法》、《司马法》、《孙膑兵法》、《尉缭子》、《六韬》等。其中尤以《孙子兵法》对军事与地理环境之间关系的论述最为详细，对后世的影响最大。此外，不少先秦古籍中也有军事地理的内容，但以兵书中最为丰富，代表了

---

〔1〕　据《山海经·大荒北经》记载："蚩尤作兵伐黄帝，黄帝乃令应龙攻之冀州之野。应龙畜水，蚩尤请风伯雨师，纵大风雨。黄帝乃下天女曰魃，雨止，遂杀蚩尤。"

〔2〕　余起菜. 军事科学概要 [M]. 北京：解放军出版社，1988：75–76.

这一时期军事地理的发展水平。

春秋战国时期诸侯国之间的兼并战争频繁出现。这些战争积累了大量的利用地理环境的经验，为当时军事地理学理论的发展提供了条件。在当时的军事技术条件之下，地理环境对战争活动的制约和影响是较大的。其中，以地理位置、地形、水文、气象等自然地理因素与战争活动的关系最为密切。作为地理环境组成部分的人文地理因素，也同样影响着战争活动。但在当时的社会历史条件下，作战武器主要是刀、矛、弓、矢，因而自然地理因素对战争活动的影响就显得更为突出。

当时东部沿海地区已经出现了较大规模的海战。齐、吴、楚、越等国有了大规模的水军力量。海战受自然条件的制约更大，如风向、海流、水下地貌、风暴潮等。然而中国古代的军事理论中，多重视对陆地战争的研究，对海战的论述则较少。伍子胥在向吴王谈论水军的训练方法时，也只是沿用了陆军的训练方法：

> 船名大翼、小翼、突冒、楼船、桥舡，今舡军（水军）之教比陵军（陆军）之法，乃可用之。大翼者当陵军之车，小翼者当陵军之轻车，突冒者当陵军之冲车，楼船者当陵军之行楼车也，桥舡者当陵军之轻足剽定骑也。[1]

而在当时的主要兵书之中很少涉及海战。军事地理理论也是针对陆地地理环境的论述，军事地理思想是以军事自然地理思想为主要内容的。

---

[1] 《太平御览》，第 4 册，第 3413 页。

ZHONGGUO DIXUESHI

中国地学史·古代卷

（一）论"地"在战争中的意义

春秋战国时期的兵书，对"地"的研究占了相当大的篇幅。后人曾指出："孙子十三篇大都推明地利，不特九攻、九地之文而已。"[1]这里的"地"常泛指自然地理环境。兵书中普遍强调"地"的战略地位，主张战争中应充分应用"地利"，即有利的自然地理条件。

春秋末期著名军事家孙子指出："知天知地，胜乃不穷。"[2]对于"地"的含义《孙子兵法》的解释是："地者，远近、险易、广狭、死生也。"[3]并提出在用兵时，可以通过5个步骤估计在作战中取得胜利的可能性："地生度，度生量，量生数，数生称，称生胜。"[4]在这里"地"指交战双方的国土，"度"即计算双方国土面积的大小，"量"是根据面积大小估量其人力、物力，"数"指敌对双方可能投入的兵力数量，"称"指双方力量的对比。[5]孙子已把分析双方的国土面积、人口等要素作为评判胜负的主要依据。战国中期的孙膑也把地理环境作为战争谋略的主要参考因素之一："上知天之道，下知地之理，内得其民之心，外知敌之情。"[6]

这种观点在当时的兵书中均可找到。相传为战国吴起所著的《吴子兵法》提出："凡兵有四机：一曰气机，二曰地机，三曰事机，四曰力机。"其中"地机"指的是："路狭道险，

---

〔1〕 顾祖禹. 读史方舆纪要［M］. 北京：中华书局，1955：23.

〔2〕《孙子兵法·地形篇》。

〔3〕《孙子兵法·始计篇》。

〔4〕《孙子兵法·形篇》。

〔5〕《中国军事史》编写组. 武经七书注释［M］. 北京：解放军出版社，1986：19.

〔6〕《孙膑兵法·八阵》。

名山大塞，十夫所守，千夫不过。"[1]也是指自然地理环境。战国时期的《司马法》强调："先王之治，顺天之道，设地之宜。"[2]书中在概括影响战争胜败的 5 个因素时，也把"利地"作为其中的重要因素之一[3]。

战国时人托名西周初姜太公吕望撰的《六韬》，记述姜太公向武王提出将帅应有 72 名助手，其中 3 名是专管"地利"的。他们的职责是"主三军行止形势，利害消息，远近险易，水涸山阻，不失地利"[4]。这里的"地利"是指军队行军和驻扎时的地形情况，分析利害消长，距离远近，地形险易，江河水情以及山势险阻等。《六韬》中还指出："凡深入敌人之地，必察地之形势，务求便利，依山林、险阻、水泉、林木而为之固，谨守关梁，又知城邑、丘墓地形之利。"[5]强调了地形、植被、水源等地理要素对于战争的重要意义。

（二）论地形在战争中的作用

春秋战国时期兵书中的"地"，有时也专指自然环境中的地形。这是因为当时战争技术水平不高，地形对战争的胜负有着举足轻重的作用。这一时期的兵书，无一不论及地形与军事的关系。一些著作还有专门章节讨论地形在战争中的作用。

《孙子兵法·地形》是专论军事地理内容的篇章，其中心就是强调地形对于军事的影响。文中指出："夫地形者，兵之助也。料敌制胜，计险隘远近，上将之道也。"认为地形是用

---

〔1〕《吴子兵法·论将》。
〔2〕《司马法·仁本》。
〔3〕《司马法·定爵》。
〔4〕《六韬·龙韬·王翼》。
〔5〕《六韬·虎韬·绝道》。

兵的条件，作为主将必须研究地形情况。同时又指出："知敌之可击，知吾卒之可以击，而不知地形之不可以战，胜之半也。"[1]这里已经把利用地形作战作为战胜敌人的基础。《孙子兵法》13 篇，就有六七篇是论及军事地形理论的。

《管子·地图》是专论军事地图学内容的篇章。文中强调"凡兵主者，必先审知地图。轘辕之险，滥车之水，名山、通谷、经川、陵陆、丘阜之所在，苴草、林木、蒲苇之所茂，道里之远近。城郭之大小，名邑、废邑、困殖之地，必尽知之。地形之出入相错者，尽藏之。然后可以行军袭邑，举措知先后，不失地利"[2]。作为将帅，必须要利用地图，其主要原因就是地图反映出了战区的地形情况。《六韬》中更是强调不同的兵种要利用不同的地形条件才能打胜仗："步贵知变动，车贵知地形。骑贵知别径奇道。"[3]由上可见，古代学者已注意到地形是影响战争胜负的主要地理因素。

春秋战国时期众多的战争中，不乏充分利用地形优势以少胜多、以弱胜强的战例。这些战例无疑为军事家们提供了丰富的战争经验，他们将这些经验理论化，形成一些战术原则，成为军事地形理论乃至军事地理思想中的重要组成部分。

1. 地形与战术的关系

古今战争，都重视占据有利的地形条件。这种有利的地形首先是指地势的高低。《孙子兵法》就有："凡军好高而恶下，贵阳而贱阴，养生而处实。"在这里，"实"即指地势高的地

---

[1]《孙子兵法·地形篇》。

[2]《管子·地图》。

[3]《六韬·犬韬》。

方。又指出行军作战应"绝山依谷，视生处高，战隆无登"[1]。《吴子兵法》也强调："凡用车者……贵高贱下。"[2]《司马法》中也有类似的思想："凡战，背风背高，右高左险。历沛历圮，兼舍环龟。"[3]强调无论作战还是宿营，均要依据地势较高的地方，躲避沼泽地（"沛"）和崩塌地（"圮"）。

当时不但有了对地势高低的认识，而且掌握了在平原、山地、丘陵、江河、湖泊等不同地形区的用兵要领。《孙子兵法》强调在险要、低洼和山林地区行军须加小心："军行有险阻、潢井、葭苇、山林、翳荟者，必谨复索之。"而在水泽地区则应"绝水必远水；客绝水而来，勿迎之于水内，令半济而击之"，这样才能处于有利的地位。在与敌军交战的过程中，军队一定要"无附于水而迎客"，"视生处高"，"无迎水流"。《吴子兵法》列出了不利于作战的地貌类型，以及处于这些地区应战的方法："诸丘陵、林谷、深山、大泽，疾行亟去，勿得从容。若高山深谷，卒然相遇，必先鼓噪而乘之，进弓与弩，且射且虏。"《孙膑兵法》还总结出不同地形对于战争的影响程度："五地之胜，曰：山胜陵，陵胜阜，阜胜陈丘，陈丘胜林平地。……五地之败，曰：溪，川，泽，斥，□"[4]。《六韬》中也指出不同地形区的用兵策略："溪谷险阻者，所以止车御骑也；隘塞山林者，所以少击众也；坳泽窈冥者，所以匿其形也。清明无隐者，所以战勇力也。"[5]

---

〔1〕《孙子兵法·行军篇》。
〔2〕《吴子兵法·应变》。
〔3〕《司马法·用众》。
〔4〕《孙膑兵法·地葆篇》。
〔5〕《六韬·龙韬·奇兵》。

2. 地形的军事分类

不同的地形有不同的用兵方法。在战争中无论进攻还是防守，均要根据实际地貌类型，趋利避害。甚至应用特殊地形来诱敌深入，获取成功。这一点在冷兵器时期尤为突出。因而按地形与用兵的关系对地形分类是必然的。古代军事家们对地形的分析，并不是完全按照地形的自然特征进行分类。而是根据战争中对于地形，甚至植被、土质、水体、天气的综合利用进行分类。因此它与自然地理学中的地形分类有着明显的不同。

《孙子兵法》根据在具体战争中对地形影响的综合分析，将地形划分为6种："地形有通者、有挂者、有支者、有隘者、有险者、有远者。"[1]所谓通形，指地形平坦，四通八达地区；挂形，指地形复杂，易进难退的险要地区；支形，指对双方都不利的险要地形；隘形，即两山之间狭窄的通谷；险形，即险要地形；远形，即敌我相距很远的地区[2]。

《孙子兵法》还从战争的全局出发，根据战略要求及不同地形组合的特点，将战区分为9种类型：散地、轻地、争地、交地、衢地、重地、圮地、围地、死地[3]。这里不但考虑了地形因素，还考虑到地理位置、交通道路等因素的综合影响。

除了以上从微观和宏观两个不同角度对地形进行了军事上的分类以外，书中还特别总结出6种不利于行军、作战的地形："绝涧、天井、天牢、天罗、天陷、天隙。"这6种地形均是地形险恶、易进难出、行动困难的地方，因此凡是遇到这

---

〔1〕《孙子兵法·地形篇》。

〔2〕 中国人民解放军军事科学院战争理论研究部《孙子》注释小组. 孙子兵法新注 [M]. 北京：中华书局，1981：99.

〔3〕《孙子兵法·九地篇》。

些地形，"必亟去之，勿近也"〔1〕。

春秋战国时期不但战争规模较大，而且兵种很多，有车兵、骑兵、步兵等，尤其是车兵、骑兵受地形的制约更突出。《六韬》就强调："车贵知地形"，并主要依据地形特点及地理环境，总结出10种不利于战车作战的地形：

> 往而无以还者，车之死地也。越绝险阻，乘敌远行者，车之竭地也。前易后险者，车之困地也。陷之险阻而难出者，车之绝地也。圮下渐泽、黑土黏埴者，车之劳地也。左险右易，上陵仰阪者，车之逆地也。殷草横亩，犯历深泽者，车之拂地也。车少地易，与步不敌者，车之败地也。后有沟渎，左有深水，右有峻阪者，车之坏地也。日夜霖雨，旬日不止，道路溃陷，前不能进，后不能解者，车之陷地也。〔2〕

这10种地形是根据战车的特点，考虑了制约战车发挥作用的地形因素，同时在对植被、水体、土质、天气等因素综合分析的基础之上，划分归类，总结而成。《六韬》还总结出骑兵作战的9种不利地形（即"九败"之地）。

春秋战国时期诸侯国的兼并战争中，常常发生攻城战。古代军事家们非常重视利用城市所处地形的不利条件进攻。《孙膑兵法》较为全面地总结了攻城战的战术。书中根据地形及自然环境的特点将城市分为难攻的雄城和易攻的牝城两类。雄城的地形特点是："城在渒泽之中，无亢山名谷，而有付丘于

---

〔1〕《孙子兵法·行军篇》。

〔2〕《六韬·犬韬·战车》。

其四方者……城前名谷，背亢山……城中高外下者……城中有付丘者。"强调了地势的高低及地形特征。牝城的特点则是："城背名谷，无亢山其左右……□尽烧者，死壤也……军食泛水者，死水也……城在发泽中，无名谷付丘者……城在亢山间，无名谷付丘者……城前亢山，背名谷，前高后下者"[1]。

这里不但强调了地形特点，还考虑到了城市中土质和水质的特征。

对地形的军事分类，标志着古代军事地理思想发展水平的提高。因为它是对古代战争中积累的大量经验的概括和总结，并将这些经验规律化，上升为理论。这一理论对后世的军事地理思想也产生了很大的影响。

3. 天气、植被、天象等在战争中的作用

作战过程中必须要考虑天气情况。《孙子兵法》中的所谓"天"就是指"阴阳、寒暑、时制"[2]等，在《火攻篇》中，孙子指出在进行火攻的时候，应选择气候干燥的季节。《吴子兵法》提出可以进攻敌军的 8 个有利战机中，就考虑到了天气等自然条件：

> 一曰疾风大寒，早兴寤迁，剖冰济水，不惮艰难；二曰盛夏炎热，晏兴无间，行驱饥渴，务于取远；三曰师既淹久，粮食无有，百姓怨怒，妖祥数起，上不能止；四曰军资既竭，薪刍既寡，天多阴雨，欲掠无所；五曰徒众不多，水地不利，人马疾疫，四邻不至；六曰道远日暮，士众劳惧，倦而未

---

〔1〕 银雀山汉墓竹简整理小组. 孙膑兵法：下编 [M].北京：文物出版社，1975.

〔2〕 《孙子兵法·计篇》。

食，解甲而息；七曰将薄吏轻，士卒不固，三军数惊，师徒无助；八曰陈而未定，舍而未毕，行阪涉险，半隐半出。[1]

当敌军处于以上几种情况下，就可以"不卜而与之战"。这里谈到了影响敌军斗志的天气条件，如狂风严寒、盛夏酷暑、阴雨连绵等；还谈到地理条件，如破冰渡河、水土不服、路途遥远、天近黄昏、跋山涉水等。

《六韬》提出辅佐将帅的72名助手中，还有3人专管天象。他们"主司星历，候风气，推时日，考符验，校灾异，知天心去就之机"[2]，强调了战争中需要观察天象、气候，查验灾害。书中还将"有大风甚雨之利"[3]作为大胜的征候之一。

火攻是古代战争中较为常用的一种军事手段。古代兵书中有许多专门论述火攻的方法。要想顺利实施火攻，必须了解风力、风向、空气湿度等气候特点。《孙子兵法》就有"火发上风，无攻下风"，并总结出："发火有时，起火有日。时者，天之燥也；日者，月在箕、壁、翼、轸也，凡此四宿者，风起之日也。"指出了月亮的位置与风的关系，并且还注意到风的运动规律："昼风久，夜风止。"[4]《六韬·虎韬》也有专门论述火攻的篇章，并且指出在茂密的草丛地区，天干风紧时敌人容易发起火攻。

《吴子兵法》也注意到风对于作战的影响："将战之时，

---

〔1〕《吴子兵法·料敌》。
〔2〕《六韬·龙韬·王翼》。
〔3〕《六韬·龙韬·兵征》。
〔4〕《孙子兵法·火攻篇》。

审候风所从来。风顺致呼而从之，风逆坚陈以待之。"[1]背风而战的思想在《司马法》中也有反映。

由于战争的需要，古代军事家们都有较丰富的地理知识。《孙子兵法》在讲到用兵的规律时，就把它比作流水的规律："水之形，避高而趋下；兵之形，避实而击虚。水因地而制流，兵因敌而制胜。故兵无常势，水无常形。"[2]已注意到水流运动的规律。古代交战双方经常发生水战，许多兵书对于如何利用水性制定相应的战术均有论述，如《吴子兵法·应变》、《六韬·豹韬·鸟云泽兵》等。说明当时对流水的性质有了一定的认识。

植被也是影响战争的重要因素之一。《六韬》多次提到利用植被进行作战的原则："深草蓊翳者，所以逃遁也……隘塞山林者，所以少击众也。"[3]即作战应利用草木茂盛、关塞山林地区以少胜多。《六韬·豹韬·林战》专门论述了森林地区作战的方法。

在古代兵书中，还可见到涉及季节变化、土壤等自然现象的论述。这些论述零散分布于各篇章中，对自然现象的认识也是初步的，但毕竟说明春秋战国时期的军事家已经掌握了较为丰富的军事地理内容。军事地理思想在春秋战国时期发展较快。

二 水利工程

（一）水利工程建设概况

铁器的使用使春秋战国时期社会经济实力大大增强，从而使大规模水利工程的兴建成为可能。同时，各诸侯国为了称霸中原，

---

[1] 《吴子兵法·治兵》。
[2] 《孙子兵法·虚实篇》。
[3] 《六韬·龙韬·奇兵》。

扩大本国的势力范围，都积极发展农业生产，作为农业发展关键的水利工程，无疑受到各国统治者的重视。此外，河渠的开通也便于交通和军事行动。正是由于政治、经济、军事等方面的需要，春秋战国时期掀起了中国历史上大规模的水利工程建设。

中国古代农业长期采用以水灌田，增加粮食产量。最初的方法是依靠人力汲水，即"负水浇稼"。随着水文知识的增加，人类开始借助地形和水源，小规模地开沟引灌，进而发展为沟洫排灌。《竹书纪年》记载夏桀二十九年（公元前1516年）"凿山穿陵以通于河"，这是中国见于文字记载的最早的水利工程。西周时期已经有了系统的排灌渠道。《诗经》中有："滮池北流，浸彼稻田。"[1]当时的滮池在咸阳附近，人们将其水引向北流，灌溉农田。这是一种简单的引水灌溉工程。《周礼》记载："稻人掌稼下地。以潴蓄水，以防止水，以沟荡水，以遂均水，以列舍水，以浍泻水。"[2]描述了当时的小型蓄水、排灌工程："潴"即池塘，用于蓄水；"防"即堤坝，用于堵水；"沟"即引水渠道，用于输导水流；"遂"就是分配水到田间的渠道；"列"即田间的垄沟，用于灌水；"浍"是大沟，用于排水。

春秋战国时期，水利工程无论从规模上还是从作用类型上都有了长足的进步，出现了一批著名的水利工程，开凿了运河，这些运河已初步形成了运河网，既便于通航，又有利于灌溉。其中一些工程至今仍发挥着作用。

1. 陂塘蓄水和引河渠系工程

芍陂，又称安丰塘，建于公元前6世纪末，是由楚国孙叔

〔1〕《诗经·小雅·白桦》。
〔2〕《周礼·地官·稻人》。

敖领导修筑的大型蓄水灌溉工程，位于今安徽寿县城南。早在春秋中叶，这一带就已经成为楚国重要的农业区。芍陂的建设是根据地形东西南三面环山，丘陵起伏，北面较低的特点，利用天然湖泊，在四周筑堤而成。《水经·肥水注》载："陂有五门，吐纳川流。"[1]芍陂堤长百余里，在它建成之前，这里每逢雨季，山洪暴发，若遇少雨年，又闹旱灾，对于农业生产危害很大。芍陂建成后，这里连年丰收，使楚国的经济实力大为增强。东汉时期可灌田一万顷，直到近代它还发挥着作用。现代它成为淠史杭水利综合工程的一个组成部分。

期思—雩娄灌区，位于今安徽金寨县至河南固始县一带。建于公元前7世纪初至前6世纪末。《淮南子》记载："孙叔敖决期思之水而灌雩娄之野。"[2]这是中国见诸记载的最早的渠系引灌工程。

智伯渠，位于今山西太原西南30里，晋阳附近。建于战国初年。《水经·晋水注》记载："昔智伯之遏晋水以灌晋阳。其川上溯，后人踵其遗迹蓄以为沼。"[3]智伯渠利用山谷的地形特点拦河筑坝、蓄水成沼，并利用库内外水位差开渠引水进行灌溉。这条渠直到现代仍发挥着作用。

漳水十二渠，又称西门渠。魏文侯二十五年（公元前422年），邺县县令"西门豹引漳水溉邺，以富魏之河内"[4]。邺县位于今临漳县西南40里邺镇，这里处于漳水由山区进入平原的地带，由于地势在这里突然由陡变缓，造成河床淤积，再

---

〔1〕《水经·肥水注》。
〔2〕《淮南子·人间训》。
〔3〕《水经·晋水注》。
〔4〕《史记·河渠书》。

加上山前地带降水丰沛等原因，漳水时常泛滥。西门豹根据这一带土质坚硬、地势较高、河水与灌溉区水位差大的特点，"凿十二渠，引河水灌田，田皆溉"[1]。漳水中上游流经山西黄土高原后，河水含有大量有机质肥料的泥沙，河水流至邺县坡降变缓、流速减慢，通过引水灌田治理了盐碱化的土壤，使之成为肥沃的土壤，促进了农业经济的发展。漳水十二渠的灌溉效益延续了近千年。

白起渠，建于战国后期，为引用汉水支流夷水（今蛮河）而成的一个灌区。《水经·沔水注》记载："昔白起攻楚，引西山长谷水……旧堨去城百许里，水从城西灌溉东入，注为渊，今熨斗陂是也。"[2]后人利用这一渠堨灌溉农田。白起渠现在已发展成为长渠灌区。

芍陂和期思—零娄灌区均位于南方起伏的丘陵地区。那里的地形特点决定了南方多为陂塘蓄水工程。而在北方，漳水十二渠和智伯渠则为引河渠系工程。从地理位置上看，白起渠位于南北之间的淮河流域，据《水经·沔水注》，是一个渠塘结合的灌溉系统。它根据这里陂塘众多的特点，通过开挖渠道，将陂塘连接起来，形成了灌溉系统。

战国时期各诸侯国中以秦国对于水利工程的建设最为重视，其中又以都江堰和郑国渠最为著名。

都江堰，建于秦昭王五十一年（公元前256年）。当时的名称已无法考证，汉魏以后称为湔堋、湔堰、都安大堰，直到宋代才定名为都江堰。它位于今四川省都江堰市灌县古城西

---

〔1〕《史记·滑稽列传》。
〔2〕《水经·沔水注》。

侧，岷江冲积扇上。它是一个综合性的水利工程，渠首最重要的三项工程是分水鱼嘴、飞沙堰和宝瓶口。分水鱼嘴将岷江分为东部内江和西部外江两个部分。外江为岷江的正流，内江为引水干渠。飞沙堰是用于调节入渠水量的溢洪道。宝瓶口是劈开玉垒山建成的渠系引水口。都江堰的设计相当完善，从技术上讲，现在的都江堰与古代并没有本质的差别。河水之中还设置了 3 个石人以观测水位变化："水竭不至足，盛不没肩。"[1]显然，这 3 个石人是原始的水尺。都江堰的建成不但有利于控制成都平原旱涝灾害，同时也利于灌溉和航运。《史记》中记载："蜀守冰凿离碓，避沫水之害，穿二江成都之中。此渠皆可行舟，有余则用溉浸，百姓飨其利。"《华阳国志》中也记有："旱则引水浸润，雨则杜塞水门，故记曰：'水旱从人，不知饥馑，时无荒年，天下谓之天府也。'"

郑国渠，建于秦始皇元年（公元前 246 年）。从今陕西泾阳县起，引泾水向东注入洛水，灌溉关中平原。全长 300 多千米。这是在关中兴建的最早的大型水利工程。郑国渠充分发挥了这一带的地形优势，在泾水凹岸稍偏下游的位置开凿引水口，利用这里水流流速最大，表层含有较细泥沙的水流由凸岸流向凹岸，底层含有较大颗粒泥沙水流由凹岸冲向凸岸的特点，既避免了粗颗粒泥沙进入渠道淤积河床，又保证了渠口有较大的进水量，同时水中富含有机质的细泥沙也进入渠道以便淤灌。郑国渠的建成促进了秦国经济的发展。《汉书》记载："渠成而用注填阏之水，溉舄卤之地四万余顷，收皆亩一钟，于是关中

---

[1] 《华阳国志·蜀志》卷三。

为沃野，无凶年，秦以富强，卒并诸侯，因名曰郑国渠。"[1]在这里，"填阏"指含沙量高的水，"舄卤之地"即盐碱地。

2. 运河与堤防工程

春秋战国时期，陂塘河渠的建设多出于防洪和灌溉农田的目的，而运河的开凿却多源于军事目的，同时这些工程也有利于当地的经济发展。运河主要分布于长江中下游以北和黄河中下游以南一带。

邗沟，是公元前486年吴王夫差欲霸中原开凿而成。它是最早连接淮河和长江的运河。邗沟的开凿利用了这一带天然河流、湖泊众多的条件，用人工渠道将其贯通。吴为伐楚还开有胥溪（中江）、胥浦（东江）。楚为伐吴开有蠡渎。

鸿沟，又名汴渠。魏惠王十年（公元前360年），魏国以开封为中心开挖而成。"与济、汝、淮、泗会"[2]。济水包括黄河以南和以北两部分；汝水是淮河上游一支流；淮即淮河；泗水源自山东泗水县东蒙山南麓。它们沟通了黄河、淮河与长江水系，形成了以开封为中心的运河网。

灵渠，是秦始皇为统一岭南，于公元前223年至公元前214年兴修。它沟通了湘漓二水，联系了长江与珠江两大水系，沟通了中国南北水上交通。在建设过程中巧妙地利用了地形的优势，并注意到了溶洞的渗漏问题。它是世界上最早的有闸运河和越岭运河。

春秋战国时期的堤防工程以黄河大堤最为著名。由于黄河中游流经黄土高原地区，含沙量大，流入平原以后泥沙不断沉

---

〔1〕《汉书·沟洫志》。
〔2〕《史记·河渠书》。

积，因而洪汛来临之时，河水经常泛滥。早在春秋时期，黄河中下游地区就已出现堤防。战国时期堤坝更加普遍，齐、赵、魏境内，黄河两岸堤防的建设已初具规模。可以说春秋战国时期的水利工程建设在世界上也是举世瞩目的。

（二）水文知识

在水利工程建设过程中，需要进行实地勘测、规划和设计，因而就需要有一定的水文知识，需要了解水情、水源情况，灌区面积及与水源的相对位置、相对高程、地势情况等，考虑旱涝及侵蚀、淤积等一系列问题。春秋战国时期的许多著作中，都有与水文或水利建设相关的内容，并已经出现了像《禹贡·导水》、《管子·度地》等论述水文知识的专篇。其中《禹贡·导水》是作者"根据当时的地理知识记载下来的一篇古代水系表，至少是中国最早的水文地理"[1]。《管子·度地》是关于水文知识和水利技术的较为系统的论著。

1. 河流分类

在一定的集水区内，许多河流构成了脉络相通的水系系统。现代水文学就是根据河流最终流入水体（海、江或河）的不同，将河流分为不同的等级。早期的河流分类是根据河流的发源、流经情况和其最终流入水体的不同进行划分的：

> 水有大小，又有远近。水之出于山而流入于海者，命曰经水；水别于他水，入于大水及海者，命曰枝水；山之沟，一有水一无水者，命曰谷水；水之出于它水，沟流于大水及海者，命曰川水；出地而不流

［1］ 中国科学院地理研究所. 中国古代地理名著选读（第一辑）［M］. 北京：学苑出版社，2005：36.

者，命曰渊水。[1]

这种分类方法虽然不如现代水文学的分类简单、明了，但它划分的目的是为了合理利用水源，开展农田水利建设："此五水者，因其利而往之，可也。因而扼之，可也。而不久常有危殆矣。""往之"即根据地势引水灌溉；"扼之"即为防止泛滥而筑坝堵塞。并且强调了如果长期采用这种做法就会发生水患。因此，早期的河流分类来源于生产实践，同时在控制水流、造福人类方面又具有积极的意义。

2. 对水情要素的初步认识

在水利工程建设中，必须要了解掌握水位、流速、流量、水质、泥沙等一系列水情要素。

水位的变化是水利工程建设首先要考虑的因素。都江堰工程中已经出现了中国最早的水尺——石人，说明当时已经观测并掌握了水位的变化规律。河流水位的变化因河水补给的不同而呈现出不同的变化规律。古代学者非常重视水位的变化规律。《庄子》指出："秋水时至，百川灌河，泾流之大，两涘渚崖之间不辩牛马。"[2]认识到了降雨对于河流水量的补给作用，以及降雨的季节性变化对于河流水位的影响。《孟子》中有："原泉混混，不舍昼夜，盈科而后进，放乎四海，有本者如是也。""苟为无本，七、八月之间，雨集，沟浍皆盈，其涸也，可立而待也。"[3]已经注意到河流补给的两种方式：泉水、雨水。

掌握了河流水位的季节性变化，就可以指导防洪、兴修水利工程："令水官冬时行堤防"，"春三月，天地干燥，水纠裂

---

〔1〕《管子·度地》。

〔2〕《庄子·秋水》。

〔3〕《孟子·离娄》。

之时也；山川涸落"。"水纠裂"即指河冰解冻；"山川涸落"即山川干涸而水位低落。在此时动工，还可以利用"春冬取土于（河）中"，排除淤积泥沙，增加河床过水能力，减少水患。

在当时的水利工程建设中，反映出人们对于流量和过水断面的正比关系已经有了初步的认识。例如在都江堰水利工程建设中总结出要"深淘滩，低作堰"。通过"深淘滩"，使河床保持一定的深度，有较大的过水断面，以便通过较大的河水流量。这在其他的水利工程中也有所反映。

《管子·水地》还指出了水质的地区差异。《吕氏春秋·季春记·尽数》将水分为"轻水"、"重水"、"甘水"、"辛水"、"苦水"等。由于当时科学技术水平的限制，人们未能对水质的差异进行深入的研究。

3. 发现了侵蚀与堆积作用

由于农田水利事业的发展，春秋战国时期对于渠系工程建设中遇到的水流对于地貌的作用也有所认识。《周礼》有："善沟者，水漱之。"[1]在这里"漱"就是冲刷的意思，即地表泥沙被水流带走所形成的侵蚀作用。老子《道德经》也记载有："天下柔莫过于水，而攻坚强者，莫之能胜。"[2]对于流水的堆积作用，《周礼》中有"大川之上，必有涂焉"。"涂"是堆积的意思，即流水作用所形成的堆积地貌。对于侵蚀与堆积之间的因果关系，《国语》中有："夫天地成而聚于高，归物于下。"[3]《庄子》也记有："川竭而谷虚，丘夷而渊实。"[4]

---

〔1〕《周礼·考工记》。
〔2〕《道德经》。
〔3〕《国语·周语》。
〔4〕《庄子·外篇·胠箧》。

指出了高处侵蚀，低处堆积这一侵蚀、堆积的基本规律。

流水可以改变地表形态，反过来地形对于水流也有制约作用："夫水之性以高走下，则疾至于漂石，而下向高即留而不行。"[1]这一规律应用于水利建设中，就需要"凡沟必因水势，防必因地势；善沟者水漱之，善防者水淫之"。即利用水流本身的侵蚀能力冲刷（"漱"）沟渠；利用流水对泥沙的搬运和堆积（"淫"）作用自行加固堤坝。

水流的运动是复杂的，它受河岸的弯曲程度、河床的坡度等多种因素的影响，同时水流又反作用于河床，影响着河岸及河床的变化："水之性，行至曲必留退，满则后推前，地下则平行，地高即控，杜曲则捣毁。杜曲激则跃，跃则倚，倚则环，环则中，中则涵，涵则塞，塞则移，移则控，控则水妄行；水妄行则伤人。"指出了河床弯曲处水的回流现象，以及河床的坡度对水流缓急的影响，并对水动力及泥沙沉积等作了综合性的分析。更为可贵的是，当时对于水流规律的认识是为了在水利建设中，制定出具体的修建河道的计划："高其上，领瓴之，尺有十分之，三里满四十九者，水可走也。乃迁其道而远之，以势行之。"修建渠道成功的关键就是坡降。而坡降的大小应为："尺有十分之，三里满四十九"，其中"尺有十分之"为一寸，若渠道断面较均匀，其坡降应为三里的距离渠底降落四十九寸。[2]

同时期的西方学者，对于流水的侵蚀和堆积作用的认识来自对尼罗河的考察。一年一度的尼罗河泛滥带来的大量泥沙堆

〔1〕《管子·度地》。

〔2〕武汉水利电力学院，水利水电科学研究院《中国水利史稿》编写组.
中国水利史稿：上册［M］.北京：水利电力出版社，1979：104.

中国地学史·古代卷

积在河口地区，形成河口三角洲。由于古埃及位于尼罗河下游，因此尽管他们知道泥沙来自上游，但对河流的侵蚀作用了解得很少，而对于河流的堆积作用则有较深入的认识[1]。

古希腊学者希罗多德指出，尼罗河谷地是由埃塞俄比亚带来的泥沙堆积而成的，他进一步阐述了沉积入海的尼罗河泥沙是形成河口三角洲的原因，并把这一理论推广到其他河流地貌的形成过程上。希罗多德通过观察发现，"埃及的土壤既不像邻近的阿拉伯和利比亚，也不像叙利亚（即指当时叙利亚人占领着的阿拉伯沿海地带），而是松软的黑土，因为它是由河流从埃塞俄比亚带来的淤泥和冲积土构成的"[2]。这就为河流的堆积作用找到了证据。亚里士多德也指出过埃及是由尼罗河泥沙淤积而成的[3]。

4. 对水分循环的认识

地球表面的水在太阳辐射能的作用下蒸发，化为水汽上升到高空后，又被气流运送到其他地区，在适当的条件下凝结、降水形成径流。完成了地球表面循环往复的水分循环。春秋战国时期虽然对于蒸发和凝结的概念还没有明确的认识，但已经产生了水分循环思想的萌芽。《吕氏春秋》中指出："云气西行，云云然，冬夏不辍。水泉东流，日夜不休。上不竭，下不满，小为大，重为轻，圜道也。"[4]这里指出了循环系统（"圜道"）的两条途径：云气自东向西，水流自西向东。正是由于

〔1〕 狄奥弗拉斯特曾论述过侵蚀过程。见：Thomson. History of Ancient Geography. p. 153.

〔2〕 Herodotus. The History. Chicago，1987，Book 2：136.

〔3〕 Aristotle. Meteorologica. London，1959：111.

〔4〕 《吕氏春秋·季春纪·圜道》。

小的水源变为大的海洋，重水变为轻云，才能够"上不竭，下不满"，形成一种永不停止的水分大循环系统。

第六节　铁器的使用与矿物岩石知识[1]

一　铁器的辉煌

从铁矿中冶炼出铁并制造铁器，始于商末西周初的新疆地区。中原地区，西周中晚期开始冶铁[2]。铁器盛行，是春秋战国时期的最大特点，表明中国已由西周前的青铜器时代逐步进入到了铁器时代。这也是人们对铁矿石的性质有了充分的认识之后才有可能。

春秋时期的铁器出土不多，有盉、铁条、剑（图3-5）、铁丸、匕、鼎、削等。

图3-5　宝鸡春秋墓出土金柄铁剑（引自《文物》1993年10期彩色插页）

到了战国，铁器种类及数量均有显著增加，有盉、铲、锛、剑、铁箍、斧、锥、铁条、耒耜、釜、铁坩埚、刀、刮

〔1〕　这一节为杨文衡补写。

〔2〕　唐际根.中国冶铁术的起源问题[J].考古，1993（6）.

刀、宽刃凿、镢、锤、五齿锄、镰、器柄、带钩、镞、有孔器板、胄、矛、戟、镈、匕首、环、钩等。可见当时的铁器，既有农具，也有兵器、手工业工具及其他用具，铁器的使用已非常广泛。铁农具更适应农作的要求，铁农具出土遍及战国七国及百越之地，铁器加工技术达到了相当高的水平。楚国不仅是最早使用铁农具的地区，而且也是最先用铁铸造炊器的地区。

北方的燕下都（今河北易县）一座战国晚期墓出土铁器79件，大部分是生产工具和兵器。这些铁器中，有6件为纯铁或钢制品，3件为经过柔化处理或未经处理的生铁制品。

春秋晚期已出现碳钢，如湖南长沙春秋墓中出土钢剑一件，含有球状碳化物，为碳钢，含碳0.5%[1]。战国晚期，块炼法已流行，用此法可得到海绵铁，再增碳就可以制造高碳钢，并已掌握淬火技术。

河南洛阳一处战国晚期窖藏，出土铁器126件，总重800余斤，有农具、手工业工具等。表明铁器已在民众中普遍流行。

战国时的赵国，以邯郸为中心的地区铁冶发达，地下蕴藏着丰富的磁铁矿，特别是武安的磁山，所产磁石露头浅，品位高，极易开采。

除炼铁制铁器外，铁矿石还用于颜料、耐火材料、制作剑柄端加重器、枕状器等。

二　金币的出现和金器的广泛使用

黄金是中国古代利用比较早的贵金属，已出土有夏代的金耳环和金环[2]。出土的商代金器有四川三星堆的金杖、面罩、

〔1〕《文物》1978年10期44页。
〔2〕《文物》1984年10期88页。

虎饰、鱼形饰、叶形饰、料块等[1]。到了春秋战国时期，黄金普遍应用到各个领域，出土的黄金文物也相当丰富，如包金贝、包金器、金箔、金片、金耳饰、金缕饰等。而最有特色的是出现了黄金货币，种类有金饼、郢爰（图3-6）（又名印子金，郢是地名，楚国的首都。爰是重量单位，一爰约重12铢，合半两）、金版、陈爰、鄟爰、盬字金版、无字金版、卢金（含金量94%~95%）等。此外还有金弹簧形器、金叶、错金青铜器、金带钩、金勺、鎏金青铜器、金盏、各种形状的金饰、金丝、金坠饰、金串珠、金项圈、金锁链、金冠饰、金冠带、金兽（重9千克，含金量99%）等。可见黄金的产量和加工能力已有很高水平。也反映了当时人们对黄金性质已有较高的认识。

图3-6　春秋战国楚郢爰（金币）（引自《文物》1972年1期图版捌）

这个时期楚国开采的主要是次生矿沙金，经过淘洗筛选的

〔1〕　陈德安，魏学峰，李伟纲. 三星堆——长江上游文明中心探索 [M].
成都：四川人民出版社，1998.

沙金，可熔化成纯度较高的黄金。而原生矿山金或脉金，这个时期还很少开采，因为开采、冶炼成本比沙金高很多。

金币的出土地点有安徽、江苏、山东、河南、湖北、湖南等省。此时中国已进入了铸金币阶段，金饼的铸造则始于战国。

除了铁和金，这个时期文物中反映的矿物岩石还有 83 种，按出现次数多少，顺序排列为：铜、玉、陶、五花土、玛瑙、石灰岩、绿松石、滑石、料器、铅、锡、水晶、花岗岩、砂岩、银、页岩、朱砂、板岩、琉璃、大理石等[1]。它们的主要用途略举如下几例。

铜矿：主要用于制造青铜器。青铜器种类繁多，数量很大，在社会上被广泛使用，涉及农业工具、手工业工具、兵器、乐器、饮食器、车马器、礼器、明器、装饰品、构件、模型、印章、文具、杂器（如镜、天平、砝码、铜版图、铜贝即鬼脸钱等）。有的地方一处墓葬即出土铜器 800～1690 件，可见数量之大。从古铜矿遗址得知，那时主要开采的铜矿为自然铜、辉铜矿、孔雀石、赤铜矿、黑铜矿。

玉矿：主要用于制造玉器，包括装饰品、礼器、玉磬等。品种有黑玉、白玉、黄玉、灰白玉、青白玉、青玉、杂玉等。春秋时，不少死者口内含有各种形制的小巧玲珑的玉器，有的穿孔玉佩雕刻精美，个别地方菲薄如纸，说明琢玉工艺有了提高。死人口中含玉的习俗，到战国时有了发展，不仅死人口中含玉，而且要玉塞七窍，目的是为了防止尸体腐烂。贫穷人家

---

〔1〕 作者曾按《考古》、《文物》上的资料作过列表统计，由于篇幅过长，所列表格不予刊载，只把统计结果列出。资料到 1990 年为止。

买不起玉，就以石片代替。1954年在洛阳发掘了262座东周墓，出土玉石器近1500件，成组缀成的玉面幕有数十组。可见当时以玉敛尸的习俗很盛行[1]，这是一种"含珠鳞施"的随葬制度，也是汉代"珠襦玉匣"随葬制度的先声。这种随葬制度，《墨子》说是"金玉珠玑比乎身"。而葛洪《抱朴子》则说"金玉在九窍则死人为不朽"。这种思想是希望死人能成神成仙，形体不灭。实际上这样做尸体照样腐烂。

战国末期，已出现"玉衣"雏形，《吕氏春秋》已有"含珠鳞施"的记载，但还没有"玉衣"或"玉匣"的名称。1959年洛阳中州路战国末期墓葬中，发现有些死者的脸上覆以缀玉的面幕，身上穿有缀玉的衣服[2]，这就是"鳞施"，是汉代玉衣的前身。玉的价格不低，魏国有人献玉给魏王，王赐献玉者千金，并给予上大夫的棒禄[3]。

春秋战国时期，玉器不仅是装饰品，而且是象征统治者权力和等级的法物或宗教用的礼器。《周礼》载："天子佩白玉，公侯佩山玄玉，大夫佩水苍玉，世祖佩瑜玉，士佩瓀玫。""瓀玫"是次玉，是一种半宝石，可能就是色泽艳丽经过琢磨的孔雀石。

当时不仅以玉的品种来划分权势等级，而且以玉器的大小、形制来分等级。《周礼》载："以苍璧礼天，以黄琮礼地，以青珪礼东方，以赤璋礼南方，以白琥礼西方，以玄璜礼北方。"

关于玉的性质，孔子认为："温润而泽，栗而理，坚刚而

---

〔1〕 郭宝钧．洛阳西郊汉代居住遗址［J］．考古通讯，1956（1）．

〔2〕 中国科学院考古研究所．洛阳中州路（西工段）［M］．北京：科学出版社，1959．

〔3〕《太平御览》卷八百零五引尹文子语。

不屈，廉而不刿，折而不挠，瑕适并见。扣之其声清扬而远闻，其止辍然。"[1]意思是说，玉的性质温润而有脂肪光泽；有次序有条理；坚刚不屈，硬度大；有棱角但不割伤人；折而不挠，性脆，易断裂；瑕适并见，半透明，毛病和优点都看得见；扣之声音清扬远闻，其止戛然。这里没有提到玉的颜色，但在《管子·水地》中，除了上述内容外，还提到玉有多种不同的颜色，"茂华光泽"。玉的这些性质，是玉石工匠们在长期的琢玉实践中获得的知识。在鉴别玉石真伪时，有人还提出了参量，说是"玉者色不如雪，泽不如雨，润不如膏，光不如烛"[2]。

玉包裹在石头中叫玉璞，要识别玉璞中的玉是不容易的。历史上曾有人为此遭冤屈，如春秋时楚人卞和，他"得玉璞于楚山，献历王，使玉人相之，曰：石也。王以和为慢，刖右足。及武王即位，又献之……泣尽，继之以血。（文）王使玉人治之，得宝玉焉，名曰和氏之璧"[3]。据近代地质学家章鸿钊的研究，认为和氏璧不是玉，而是一种宝石性质的拉长石[4]。

玉的产地，以《山海经》记载最多，达100多处。然而书中所说的玉，范围广泛，不是单指软玉，而是泛指各种美石，如滑石、大理石、水晶、玛瑙、尖晶石都被称为玉。这个时期出土的玉器，许多也是各种美石所制，并不都是软玉。明白了这点，才能理解《山海经》记载玉产地多的原因。而书中讲的现今青海、新疆地区产玉，应该即指昆仑山软玉产地，

---

〔1〕《荀子法行》引。
〔2〕《太平御览》卷八百零五引尸子语。
〔3〕《太平御览》卷八百零五引韩非子文。
〔4〕章鸿钊.《石雅》第三卷《玉类·和氏之璧》。

称为昆仑玉和和田玉。

春秋战国时期，随侯得到一颗明珠叫随侯珠，是件宝物，与和氏璧齐名。《墨子》中首次提到随侯珠，它是一个直径达2.3厘米的夜明珠。而随州殷店镇有萤石矿，用于炼钢。萤石矿本身不能发光，只有在紫外线的照射下，才能发出荧光。地质学家郝用威认为，随侯珠可能是一颗圆形的宝石级金刚石。因为1972年在随州大洪山地区发现球形橄榄石（凤凰蛋），这是金伯利岩的指示性矿物，而金刚石就蕴藏在金伯利岩之中。因此，这个地区很有可能蕴藏有宝石级的金刚石。后来果然在这一地区发现了金刚石。而普通的钻石也会有发光的特性，因此，古人很有可能在随州捡到过大颗粒的金刚石，并把它献给了随侯。最后随侯珠也归了秦始皇陪葬了。

春秋战国时期对石灰岩（$CaCO_3$）的利用主要是作建筑材料、烧石灰、制造石磬、制砺石、璧、圆饼形石器、印章等。根据作者统计，这个时期出土石磬共161件，各墓出土石磬的数目不一，多的32件，少的4件。其中以13件居多。石磬原料绝大部分是石灰岩，少数是大理石、板岩或软玉。

自晚商至东周，石磬大都用石灰岩制造，个别用板岩、大理石和软玉。岩石的纹理、密度、内含杂质不同，会影响音质。因此，要选外表色泽大致相同，纹理走向一致的部分。湖北随县曾侯乙墓出土的编磬32件，主要原料是石灰岩，少数为大理石。

石灰岩又叫青石、鸣石。材料的密度、纯度和取材走向都会直接影响磬的音色、时程。磬音高低与形体有关，大而薄者音低，小而厚者音高。

出土石磬的地区为山西潞城、万荣、太原、长治，山东诸

中国地学史·古代卷

城、泰安、沂水，湖北江陵、随县，河南洛阳、淅川。

银币的出现和银器的广泛使用：银也是中国古代使用比较早的贵金属。起初是利用自然银制作小件饰物，如甘肃火烧沟出土的夏代银耳环和鼻环。春秋战国时期出现了银币，河南扶沟窖藏出土的银币为布币，18 枚重 3072.9 克，平均每枚重170.7 克。这是中国最早的银币实物[1]。此外还有银缕饰件、外包银币（铅质银币）、银饰牌、银错铜器、银带钩、银贝、银皿等。

当时是从哪些类型的银矿中提取银呢？据后德俊研究，认为楚人直到战国时期还无法采用硫化型铜矿石冶铜，因此，也就无法采用硫化型银矿石如辉银矿（Ag_2S）来提炼银，只能是通过熔炼自然银来得到银。在自然界中有单质银（自然银）存在，是次生的。而银的主要矿种是辉银矿、铅银或银铅矿。

三　文献中记载的矿物岩石知识

春秋战国时期，记载矿物岩石知识的文献已有一定数量，下面依次介绍。

1. 《万物》

《万物》是安徽阜阳汉简里关于医药、物理、物性的内容，它可能是战国或春秋时期的书，书中记有理石、黄土、圙土、盐、鼠壤等作为药物的矿物岩石，是中国最早记载矿物药的文献。

2. 《五藏山经》

《五藏山经》简称《山经》，是《山海经》的一部分，成

─────────────

〔1〕 《文物》1980 年第 10 期 61 页。

书于春秋战国时期，是我国最早的矿物岩石著作之一。《山经》对矿物岩石的描述非常出色，所记矿物岩石多达 89 种，产地 400 多处。描述的内容有：矿物的硬度、颜色、光泽、透明度、磁性、手感程度（粗糙或滑腻）、敲击发出的声音、医药性能、集合体状态（土状、块状、卵状、米粒状）、共生关系、可熔（或溶）性等 11 项。如：

白玉、丹粟（细丹砂如粟）、青腰（灰色黏土[1]）、黄金、血玉、洗石（石灰华）、水玉（水晶或石英）、赤金（磁黄铁矿）、白金（辉锑矿）、流赭、磬石、铜、铁、苍玉（玄武岩）、银、采石（有彩色花纹的石头）、青碧（孔雀石）、雄黄、石涅（石墨即煤）、白垩（高岭土）等矿产岩石的命名，体现了矿物的特征。

矿产的共生关系或空间地理位置有这么几种：赤铜—砺石，铁—文石，银—砥砺，铁—美玉—青垩，黄金—银，白金—铁等[2]。一些地区（山）不同矿种有上下关系和阴阳关系，如：

"符禺之山，其阳多铜，其阴多铁"。这里的阴阳指山的南、北坡，南坡为阳，北坡为阴。有的地方，阴阳可能指高低关系，高峰为阳，深谷为阴。[3]

从矿物命名中我们看到，《山经》把矿物分为金、玉、石、

〔1〕 括号内解释的现代矿物岩石名称引自：陈国生，杨晓霞.《五藏山经》中矿物名称考释及其他地理分布研究 [J].自然科学史研究，1997（4）：368－383.

〔2〕 张贻侠.《山海经》——世界上最古老的矿产地质文献 [N].光明日报，1962－08－28.

〔3〕 夏湘蓉，李仲均，王根元.中国古代矿业开发史 [M].北京：地质出版社，1986：319.

土四类，这是世界上最早的矿物分类[1]。就岩矿知识而论，《山经》比古希腊最早的专著狄奥弗拉斯特（Theophrastus，公元前371—前285年）的《石头志》要早，内容也比它丰富。《石头志》只记载矿物16种，分金、石、土三类，没有玉。

3.《尚书·禹贡》

《禹贡》是《尚书》中的一篇，公元前500年前后成书。所记矿物岩石有金三品（指三色铜）、砺（用粗砂岩制成）、砥（用细砂岩制成）、砮（做矢镞的石头，如石英、花岗岩、石英岩之类）、丹（丹砂）、五色土、浮磬（可制磬的岩石，如石灰岩、大理石、玉）、盐、铅、怪石（指滑石、理石、紫石英、阳起石、鹅管石、白礜石等）、瑶（指玉石）、琨（指美石，怪石）、错（指错石，用细砂岩或石英岩制成）、球（又写作璆，指美玉）、琳（指硬玉即翡翠，在吉林永吉石棺中出土翡翠坠2件）、琅玕（指绿柱石）、铁、碮、镂（是一种金属矿物）等。

战国以前，古人难以分辨外来的碧色玉石，便一概以球（璆）、琳相称。璆、琳所指宝石，既可包括绿松石，也可泛指绿长石、玉髓、橄榄石、绿帘石、透辉石、蛇纹石、孔雀石和硅孔雀石[2]。

4.《逸周书·职方解》

《逸周书·职方解》记载有金、锡、丹（砂）、银、玉、石等矿物岩石。

〔1〕 王子贤，王恒礼. 简明地质学史 ［M］. 郑州：河南科技出版社，1985：5.

〔2〕 沈福伟. 结绿和埃及宝石交易 ［M］// 朱东润，等. 中华文史论丛：第4辑. 上海：上海古籍出版社，1983.

5. 《管子》

《管子》中记载的矿物岩石有黄金、丹砂、磁石、铜、陵石、铅、锡、赤铜、赭、铁、银等。

6. 《史记》

《史记》虽然是西汉早期的著作，但所载矿物岩石有些却反映了春秋战国时期的情况，故需讨论它的某些内容。

《史记·货殖列传》中提到的矿物岩石有玉、石、金、锡、连（铅）、丹砂、铜、铁等。《史记·范睢列传》记范睢的话说："臣闻周有砥砨，宋有结绿，梁有县藜，楚有和朴（璞）。此四宝者，土之所生，良工之所失也，而为天下名器。"

沈福伟认为，"砥砨"是梵语金刚石（Vadjra）的古译，是金刚石最早的译名。《史记集解》引薛综的话说："县藜，一曰美玉。"实则是一种发光的宝石。班固《西都赋》有："悬藜垂棘，夜光在焉。"张衡《西京赋》也说："流悬藜之夜光，缀随珠以为烛。"悬藜梵文称蛋白石，是一种能发光的贵重蛋白石，这种乳色蛋白石产在印度孟买的浦那县。据《别国洞冥记》载，公元前116年刘彻起招仙阁，曾以悬藜、火齐为床。蛋白石属含水硅酸，和硅酸盐的火齐在化学成分上相近。

"结绿"就是绿宝石，晶莹澄清，色泽鲜艳。它产于埃及锡开—苏培拉丘陵地区，经过波斯输入中国。因此，中国使用了"结绿"这个波斯名称。绿宝石由绿柱石衍生而成，绿柱石是铍铝硅酸盐，色彩缤纷，不限于绿色[1]。"和朴"即楚国卞和识别的玉璞，即拉长石。

---

〔1〕 沈福伟. 结绿和埃及宝石贸易 [M] //朱东润,等. 中华文史论丛: 第4辑. 上海: 上海古籍出版社, 1983.

四 探矿理论

《管子·地数》中记载了秦以前中国人的找矿经验，写道：

"上有丹沙者，下有黄金；上有慈石者，下有铜金；上有陵石者，下有铅、锡、赤铜；上有赭者，下有铁。此山之见荣者也。"

"山上有赭者，其下有铁；上有铅者，其下有银；一曰上有铅者，其下有鉒银。上有丹沙者，其下有鉒金；上有慈石者，其下有铜金。此山之见荣者也。"

这里所说的上下关系，有三种含义：

第一，一个垂直的矿体或一条矿脉，山上露头中出现某种矿物，可能对下面赋存的另一种主要矿产起到指示作用，这种指示矿物在古代称之为"苗"或"引"。某些多金属矿体（脉）的上部和下部，富集的矿种有所不同。这种垂直分带现象，古人也有所认识。

第二，山上出现的某种矿物和山下出现的另一种矿物，分别产于不同的地层或岩石中，既不同属于一个矿体，成因上又没有明显的联系，这是一种空间位置的相对关系。

第三，山上赋存有某种原生矿床，而山下出现另一种沙矿，这也是一种上下关系。这种关系不一定和矿床成因有联系。所以，《管子·地数》中讲的找矿产方法，只有一部分是通过金属矿产的共生关系寻找，其余则是通过矿产之间空间位置的相对关系寻找[1]。

这是我国最早出现的比较系统的探矿理论，是春秋战国时

---

〔1〕 夏湘蓉，李仲均，王根元. 中国古代矿业开发史 [M].北京：地质出版社，1980：319.

期产生的重要探矿理论，为以后矿业的发展奠定了理论基础。

第七节　本章小结

春秋战国时期是中国历史上地学高速发展的时期。"地理"一词也是最早出现于这一时期的著作之中。"地理"概念的形成标志着地学认识的飞跃。

这一时期文献中的地学内容相当丰富，流传至今的地学著作主要有：中国历史上最早的全国性、综合性地学著作《山海经》、《禹贡》，最早的游记体地学著作《穆天子传》，并出现了像《管子》中的《地员》、《地图》、《度地》、《水地》，《孙子兵法》中的《地形》、《九地》等论述水文、土壤、地质、地图、军事地理等部门地学著作的萌芽。

春秋战国时期地学思想空前活跃。当时的地学思想有两大特点：第一，哲学的思辨、猜测的方法直接应用于对自然现象及其规律的解释。这种解释虽然没有完全摆脱神秘主义的色彩，但它毕竟是人类力图掌握自然规律，征服自然界迈出的第一步。第二，一些地学思想直接来自人类在长期的生产实践中的成功经验及失败教训的总结。

现存最早的地图实物是战国末期绘制的《兆域图》和天水放马滩秦墓出土的 7 幅地图。通过对这些地图实物的分析，以及当时文献中的记述可以看出，春秋战国时期已经具备了较高的绘制地图的技术水平。

春秋战国时期的许多地学知识直接来自社会生活和生产实践。例如这一时期诸侯国之间的频繁战争促进了军事地理思想的发展；战国时期各诸侯国大兴水利工程建设，也促进了相应的水文知识的进步。

第四章　秦、汉时期的地学

第一节　社会环境对地学的影响

秦、汉王朝是我国最早的统一封建大帝国，其社会环境对地学的影响主要有以下十点：

第一，统一的政治局面，对民族的融合、交往和交流起了极为重要的促进作用，使得各民族的地学知识能够迅速积累。

第二，秦始皇施行的"车同轨，书同文，统一度量衡，治驰道"等政策和措施，使中国文化科学技术的发展有了统一的规章制度，意义深远。也为中国的道路交通、运输地理打下了基础。

第三，秦始皇"分天下以为三十六郡，郡置守、尉、监"的行政区划方案，奠定了中国两千多年的行政区划原则，也为中国沿革地理奠定了基础，开辟了道路。这是一项适应封建专制政体要求的思想和治国措施，正如仆射周青臣所言："以诸侯为郡县，人人自安乐，无战争之患，传之万世。"[1]

第四，秦汉时期的重农政策，既是承前，也是启后，为秦汉时期国家的强盛作出了贡献，也促进了农田水利、农业气象科学知识的积累。

第五，秦汉时期，皇帝对神仙长生及长生药的追求，虽然是消极的思想和愚昧的做法，但也促使人们向海洋发展，开阔了地理视野，促进了航海地理知识的积累。

第六，秦汉时期推行的"焚书坑儒"和"罢黜百家，独

---

〔1〕《史记·秦始皇本纪》。

尊儒术"的政策，对于巩固封建统一国家、传播封建文化有其历史作用，但同时又严重地压制了思想的自由发展，长期禁锢人们的头脑，在一定程度上阻碍了科学技术的发展。

第七，秦汉时期的海陆交通比较发达，促进了中外经济、政治和科学文化的交流。周原西周晚期蚌雕人头像的发现，证实公元前 8 世纪以前，中国中原地区已与西域（包括中亚一带）发生了接触[1]。七百年后，西汉张骞出使西域，进一步沟通了中国和西域的交往，增加了中国人的地理知识。

第八，汉代的谶纬神学对地学有一定的贡献。讲汉代的地学知识时，不能不讲谶纬神学中的地学知识。

第九，秦汉时期的盐、铁、铜、金、银、朱砂等采矿业，制陶、漆器等手工业，中医药、炼丹，都促进了地学的发展。

第十，秦汉时期造纸术的发明，是中国古代四大发明之一。它对中国和世界文明的发展与传播做出了巨大的贡献。其杰出的代表人物则是东汉的蔡伦。

第二节　中外交通与地理视野的扩大

一　张骞通西域

张骞（公元前 175？—前 114 年）是中国早期杰出的外交家和旅行探险家。他的外交活动和旅行探险生涯，开辟了"丝绸之路"，沟通了中国和西域的政治、文化交流，促进了各国的友好往来，开阔了中国人的地理视野，为发展中国地理学做出了卓越的贡献。

张骞通西域不是他个人的愿望和志趣，而是当时西汉王朝

---

〔1〕《文物》1986 年第 1 期第 49 页。

政治上的要求。汉武帝为了摆脱匈奴的军事威胁，想派使者去联络西域各国，特别是与匈奴有积怨的大月氏（今乌兹别克斯坦、塔吉克斯坦），共伐匈奴。为此，汉武帝"乃募能使者"。张骞"以郎应募，使月氏"[1]。他这次出使，由于带有重大的政治目的，自然会受到匈奴人的阻挠，会有各种各样的艰难险阻。

张骞是汉中郡城固县（今陕西成固县东）人，建元年间为郎官。建元二年（公元前139年）[2]，他带领堂邑父等100多人出陇西（今甘肃临洮南），途经匈奴时被抓获，扣留十年。匈奴人逼他娶妻生子，想以此消磨他去大月氏的意志，拴住他，老死匈奴。然而张骞"持汉节不失"，念念不忘身负使命。他采取韬晦之计，使匈奴人放松警惕，放宽对他的监管。这一计果然有效。终于有一天他抓住时机，和少数随从逃出，"西走数十日至大宛（今中亚费尔干纳一带）"。

大宛国王早就想跟富饶强大的西汉王朝交往，听说张骞来了，很高兴，问他："你要到哪里去？"张骞答："出使大月氏，请国王派人送我去。"于是大宛国王派人护送张骞到康居（今中亚阿姆以东、巴尔喀什湖以西之地），由康居转送大月氏。

到大月氏后，发现情况有了变化。老国王被匈奴人杀害，立太子为王，征服了大夏。新国王认为，大月氏土地肥美，人民安居乐业，而且离汉朝太远，没有必要再报复匈奴。张骞没辙，又从大月氏到大夏。

元朔元年（公元前128年），张骞取道昆仑山北麓，经青

〔1〕《史记·大宛列传》。

〔2〕 张骞出使的具体时间，史书无明确记载，这里取《通鉴》张骞回国在元朔三年（公元前126年）之说，上推13年，即建元二年。

海柴达木盆地的羌族居住区回国。由于羌族被匈奴控制，因此张骞又被匈奴人抓获。留岁余，匈奴内乱，张骞与胡妻及堂邑父逃离匈奴归汉。为了表彰张骞的功绩，汉武帝封张骞为太中大夫，堂邑父为奉使君。

张骞这次出使虽然没有达到汉武帝所要求的政治目的，但通过他的旅行观察，却获得了有关西域地区极为丰富的地理知识。他把这些知识写成报告上奏汉武帝，后来司马迁据此写成了《大宛列传》，得以保存至今。

由于张骞曾出使大夏，对匈奴的情况比较了解，故元朔六年（公元前 123 年）随卫青与匈奴作战时，成了向导。他"知善水草处，军得以无饥渴"[1]。武帝封张骞为博望侯，三年后封为将军。

元狩元年（公元前 122 年），张骞向汉武帝报告："臣在大夏时，见邛竹杖，蜀布。问曰：'安得此?'大夏国人曰：'吾贾人往市之身毒。身毒在大夏东南可数千里，其俗土著，大与大夏同，而卑湿暑热云。其人民乘象以战，其国临大水焉。'以骞度之，大夏去汉万二千里，居汉西南。今身毒国又居大夏东南数千里，有蜀物，此其去蜀不远矣。今使大夏，从羌中，险，羌人恶之；少北，则为匈奴所得；从蜀宜径，又无寇。"[2]

张骞从地理方向及距离上首次作出了一个大胆的推测，即身毒（今印度）离蜀不远，如果从蜀去身毒，再从身毒去大夏，则既无寇，路又直。汉武帝听了这番话很高兴，当即要张

---

〔1〕《史记·卫将军骠骑列传》。
〔2〕《史记·大宛列传》。

骞去办此事。张骞从蜀郡、犍为郡派使者，分四路，经冉、
駹、徙、邛、僰等地向西南进发。各路只行了一两千里便受
阻，原因是各地少数民族语言不通，缺乏交往，互不了解，不
让汉使通过。南路到昆明为止，北路到筰都为止。

张骞这次旅行虽然没有打通从西南去印度的通路，但已打
听到在昆明西边千里之外，有一个乘象的滇越国（今云南腾
冲一带），四川的商人常常到那里做生意。可见，从中国西南
去印度的道路早就有了。这些地理知识，为后来进一步开拓西
南地区打下了基础。同时证明，张骞设想的路线是正确的。只
是由于社会条件的局限，未能实现。

元狩年间，张骞奉命第三次出使西域。到乌孙后，张骞又
分派副使数十人，分赴大宛、康居、大月氏、大夏、安息、身
毒、于阗、扜弥等国。张骞回国后升为大行，位列九卿。一
年以后，这位功勋卓著的旅行探险家和外交家便去世了。从
此，中国通往西域的道路完全打通，来往使者和商人络绎不
绝。这条路线被后人称为"丝绸之路"（见图4－1张骞通西
域图）。为了纪念张骞通西域的功绩，"其后使往者皆称博望
侯"。

张骞通西域的意义，不仅丰富了中国人的地理知识，扩大
了中国人的地理视野，而且直接促进了中国和西方的物质文化
交流。中国精美的手工艺品，特别是丝绸、漆器、玉器、铜器
传到西方，而西域的土产如苜蓿、葡萄、胡桃（核桃）、石
榴、胡麻（芝麻）、胡豆（蚕豆）、胡瓜（黄瓜）、大蒜、胡萝
卜，各种毛织品、毛皮、良马、骆驼、狮子、鸵鸟等陆续传入
中国。西方的音乐、舞蹈、绘画、雕塑、杂技也传入中国，对
中国古代文化艺术产生了积极的影响。

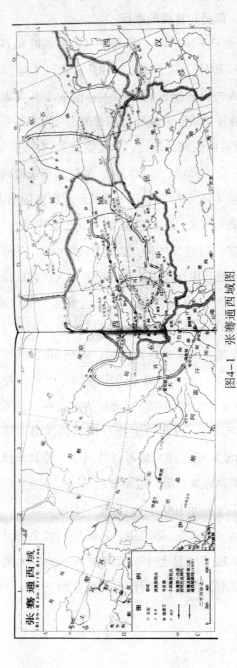

图4-1 张骞通西域图

[引自郭沫若主编：《中国史稿地图集》（上册）第33-34页，
地图出版社，1979年]

二 班超、班勇和甘英的旅行

班超（公元 32—102 年）、班勇和甘英，是继张骞之后东汉著名的旅行家和外交家。班超字仲升，扶风平陵（今陕西咸阳市西北）人，史学家班固的弟弟。他从小有大志，爱劳动，喜读书，能说会道。家庭经济困难时，"为官写书，受直以养老母"。他敬仰张骞，曾说："大丈夫无它志略，犹当效傅介子、张骞，立功异域，以取封侯，安能久事笔砚间乎？"

永平十六年（公元 73 年），41 岁的班超跟窦固出击匈奴，击伊吾（今新疆哈密），战于蒲类海（今巴里坤湖），取得了胜利。窦固很赏识班超的才能，派他出使西域。在鄯善、于阗、疏勒等地，他巧用计谋，使这些地方融入汉朝版图。建初八年（公元 83 年），班超为将兵长史。永元三年（公元 91 年），班超升任都护，居龟兹。永元六年（公元 94 年），班超复击破焉耆，于是天山南道畅通无阻，西域 50 余国皆融入汉朝版图。"其条支、安息诸国至于海濒四万里外，皆重译贡献。"永元七年（公元 95 年），封班超为定远侯，邑千户。永元九年（公元 97 年），班超"遣掾甘英穷临西海而还。皆前世所不至，《山经》所未详，莫不备其风土，传其珍怪焉。于是远国蒙奇、兜勒皆来归服，遣使贡献"[1]。

永元十二年（公元 100 年），班超年老思归故土，上书皇帝，希望"生入玉门关"。第二年，其妹班昭也上书皇帝，替哥哥说情，说班超"今且七十，衰老被病，头发无黑，两手不仁，耳目不聪明，扶杖乃能行"。"至今积三十年，骨肉生

---

〔1〕《后汉书·西域传》。

离，不复相识"。[1] 皇帝看了班氏兄妹的书信，很受感动，下令班超回京。永元十四年（公元102年）八月，班超回到洛阳，拜为射声校尉。九月便去世了，终年71岁。

班勇小时候随父班超在西域生活，长大以后继承父志，再通西域。永初元年（公元107年）为军司马。延光二年（公元123年）为西域长史，"将弛刑士五百人，西屯柳中。勇遂破平车师。自建武至于延光，西域三绝三通。永建二年（公元127年），勇复击降焉耆。于是龟兹、疏勒、于阗、莎车等十七国皆来服从"[2]。班勇一生几乎都在西域度过，足迹遍及南、北两道。他把亲身经历的见闻，写成《西域记》一书，对西域诸国的道里、方位、气候、地势、物产、风俗等，都作了较详细的记录。后来南朝宋晔写《后汉书·西域传》时，把《西域记》的主要内容收入，得以流传至今。这是班勇对中国古代地理学的一大贡献。

甘英的生平，因史书无传，不详。只在《后汉书·西域传》中有三段记载：其一，已见上述班超所引。其二，"和帝永元九年，都护班超遣甘英使大秦，抵条支。临大海欲度，而安息西界船人谓英曰：'海水广大，往来者逢善风三月乃得度，若遇迟风，亦有二岁者，故入海人皆赍三岁粮。海中善使人思土恋慕，数有死亡者。'英闻之乃止"。其三，"其后甘英乃抵条支而历安息，临西海以望大秦，拒玉门、阳关者四万余里，靡不周尽焉"。经学者考证，甘英出使途经路线大致是：自龟兹出发，经疏勒、莎车，入葱岭、过蒲犁、无雷，至大月

---

[1]《后汉书·班超传》。
[2]《后汉书·西域传》。

氏，西出木鹿、和椟、阿蛮国、斯宾国，抵条支的于罗。归来的路线是：自条支东行，经乌弋山离、罽宾、悬度、乌耗、皮山，回龟兹复命。[1]甘英这次出使，虽然没有完成去大秦（罗马）的任务，但却使张骞、班超等人开创的西域探险事业向前推进了一步，足迹远及西亚条支，是中国第一个出现在波斯湾上的旅行探险家。其地理价值是不言而喻的。

三　南海航线

秦始皇统一中国后，对海上航行很重视。他本人曾几次在海上航行。特别要提到秦始皇派徐福带领数千童男童女下海求仙的事。传说徐福航海去了日本，这是可能的。因此，徐福是中国古代海洋航行的先驱，是海洋航线的开拓者。

汉代，汉武帝很重视航海事业，为了控制海上航线，他派遣严助、朱买臣等人建立了海军。此后，北起渤海，南至今越南沿海，中国东面及南面整个海上航线都通行无阻，并和东南亚、印度洋沿岸各国建立了海上交通，开辟了我国古代第一条中国—印度远洋航线。这条航线在《汉书·地理志》中有记载，包括出使目的，起、止地名和途经国名，每段航程所需时间等内容。书中写道：

> 自日南障塞、徐闻、合浦船行可五月，有都元国；又船行可四月，有邑卢没国；又船行可二十余日，有谌离国；步行可十余日，有夫甘都卢国。自夫甘都卢国船行可二月余，有黄支国，民俗略与珠崖相类。其州广大，户口多，多异物，自武帝以来皆献见。……自黄支船行可八月，到皮宗；船行可二月，

〔1〕　莫任南.甘英出使大秦路线及其贡献［J］.世界历史，1982（2）.

到日南、象、林界云。黄支之南，有已程不国，汉之
译使自此还矣。

这条航线从徐闻、合浦或日南郡（今越南顺化附近）的
边境出发，船行五月到都元国（今苏门答腊岛西北部巴赛河
附近）；又船行四月，有邑卢没国（今缅甸南部萨尔温江入海
口的直通）；又船行二十余日，有谌离国（今缅甸蒲甘城附近
的悉利）；步行十余日，有夫甘都卢国（今缅甸太公城附近）；
自夫甘都卢国船行二月余，有黄支国（今印度东南部康耶弗
伦），黄支国南面有已程不国（今斯里兰卡）。从黄支回航中
国，船行八月到皮宗（今马来半岛西南端的甘蔗岛）；船行二
月返回到日南、象、林界。

东汉延熹九年（公元 166 年），有"大秦王安敦遣使自日
南徼外献象牙、犀角、瑇瑁"[1]。可见秦汉时期东、西方两大
帝国——东汉和罗马已经有海上交通和航线。

第三节　秦、汉地图

秦、汉大一统的政治、社会环境，为地图学的发展创造了
良好的条件。在尚未发现放马滩和马王堆地图以前，人们对
秦、汉地图的认识和理解，常常是依据晋裴秀说的"今秘书
既无古之地图，又无萧何所得，惟有汉氏《舆地》及《括地》
诸杂图。各不设分率，又不考正准望，亦不备载名山大川。虽
有粗形，皆不精审，不可依据"[2]。这个观点流传了 1700 多
年。当马王堆地图和放马滩地图分别于 1973 年和 1986 年出土

〔1〕《后汉书·西域传》
〔2〕《晋书·裴秀传》

以后，世人为之惊奇，自然裴秀对秦、汉地图的看法虽不能全部否定，但起码要作适当的修改了。

一 文献中记载的秦、汉地图

秦朝拥有各种类型的地图，这可以从放马滩地图的出土和文献记载中得到证明。《汉书·萧何传》记载：刘邦入咸阳，萧何"独先入，收秦丞相御史律令图书藏之"。萧何的这个举措，给刘邦帮了大忙。后来"沛公具知天下阨塞，户口多少，强弱处，民众疾苦者，以何得秦图书也"。《汉书·地理志》中曾两次提到《秦地图》，这种地图可能是秦朝的全国性地图。因为它标有瑯邪郡、代郡这两个相距颇远的郡地地名。在《史记·大宛列传》中，还提到一种"古图书"，汉武帝依据这幅古地图把黄河发源的山脉命名为昆仑。这种古地图可能也是秦朝的地图，也可能是传说中的《山海经图》，范围相当广，包括今新疆南部的山脉。

汉代，全国性的地图有《舆地图》。从这种图上可见"天下郡国百有六所"[1]。除此之外，记有《舆地图》的文献还有《史记·三王世家》、《汉书·淮南王传》、《汉书·江都易王传》、《后汉书·明德马皇后纪》、《后汉书·邓禹传》等。晋朝虞喜《志林》也说："舆地图，汉家所画，非出远古也。"[2]

汉代有《军阵图》[3]，马王堆出土了《驻军图》。从《驻军图》看，这种图除绘有山脉、河流、道路、居民点外，主要表现当地军队的布防、防区界线、指挥城堡等军事情况。《军阵图》中，有为军事活动服务的《地形图》，如马王堆出

〔1〕《后汉书·马援传》。

〔2〕《史记·淮南衡山列传》，《索隐》引。

〔3〕《汉书·江都易王传》。

土的《地形图》。这是经过测量后画得比较精确的地形图。此外，《汉书·李陵传》中讲的李广曾带八百名骑兵，深入匈奴一千余公里，过居延视地形。天汉二年（公元前99年），李陵率领五千人出居延，"北行三十日，至浚稽山止营，举图所过山川地形，使麾下骑陈步乐还以闻"。这是画得比较详细的，有可能进行过测量。

有一种是比较简略的、临时性的示意图。如张汤的孙子张千秋"与霍光子禹俱为中郎将，将兵随度辽将军范明友击乌桓。还，谒大将军光，问千秋战斗方略，山川形势。千秋口对兵事，画成地图，无所忘失"[1]。

建武八年（公元32年），马援"于帝前聚米为山谷，指画形势，开示众军所以道径往来，分析曲折，昭然可晓。帝曰：'虏在吾目中矣'"[2]。据《谢承书》记载：臧旻为"匈奴中郎将，还京师，太尉袁逢问其西域诸国土地、风俗、人物种数，旻具答言：西域本三十六国，后分为五十五，稍散至百余国。大小、道里近远，人数多少，风俗燥湿，山川、草木、鸟兽异物，各种不与中国同者，口陈其状，手画地形"[3]。这里，马援用米堆成一种简易地理模型，是个发明创造。它是后世军队上用的沙盘的鼻祖。而张千秋和臧旻画的则是一种示意图，或画在地上，或画在别的东西上。

在《汉书·艺文志》中，不少兵书附有地图，如：

《吴孙子兵法》82篇，图9卷。

《魏公子》21篇，图10卷。

---

〔1〕《汉书·张汤传》。
〔2〕《后汉书．马援传》。
〔3〕《后汉书·臧洪传》注（二）引。

中国地学史·古代卷

总计兵书 14 家 284 篇，图 47 卷。可见军事地图的数量不少。

汉代还有一种地方性的《郡图》[1]。也有边远地区的地图。如建昭四年（公元前 35 年）春正月，汉元帝刘奭"以诛郅支单于告祠郊庙，赦天下。郡臣上寿置酒，以其图书示后宫贵人"[2]。这种图可能是郅支单于那个边远地方的地图。

在地方性地图中，还有一种《地形图》，和军事上用的地形图可能基本相似，只是服务对象不同而已。如东汉张衡绘制的《地形图》，有可能是局部地区山川城邑的山水画式地图[3]。此外，东汉李恂"持节幽州，宣布恩泽，慰抚北狄，所过皆图写山川、屯田、聚落百余卷，悉封奏上，肃宗嘉之"[4]，也属于这类。

汉代有专掌图籍秘书的官吏，叫御史中丞[5]。从班固《东都赋》"天子受四海之图籍"来看，汉代可能已有了由郡国奏进地图的制度[6]。

二 地图文物

秦、汉时期的地图文物，据目前考古发掘的资料，主要有两个内容：一是马王堆出土的地图；二是四川省东汉墓出土的市井画像砖地图。

1. 马王堆出土的地图

1973 年，在湖南省长沙市马王堆三号汉墓，出土了三幅

〔1〕《汉书·匡衡传》。

〔2〕《汉书·元帝纪》。

〔3〕［唐］张彦远：《历代名画记》卷三。

〔4〕《后汉书·李恂传》。

〔5〕《汉书·百官公卿表》。

〔6〕陈正祥. 中国地图学史［M］.香港：商务印书馆香港分馆，1979：7.

西汉帛质地图，距今 2100 多年。制图水平已相当高，以实测为基础，有方位、比例尺和统一的图例。三幅图的内容不一，分别为《地形图》、《驻军图》和《城邑图》。地形图包含的地理范围主要是当时长沙国（诸侯国）的南部，即今潇水流域，南岭一带。这是该

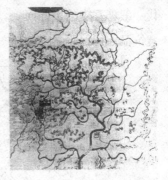

图 4 - 2　马王堆《地形图》

图的主区，绘制精度最高。往南直到南海，是西汉诸侯南粤王的管辖区，这部分图比例尺变小，精度显著下降，海岸线很不准确，几乎是象征性地画一条曲线，谈不上比例。（见图 4 - 2）

《驻军图》是世界上现存最早的彩色帛绘地图，图上除绘有山脉、河流、道路、居民点外，着重表现 9 支驻军的布防、防区界线、指挥城堡等。图中用不同颜色区别不同的地理要素，如用黑色山字象形符号表示山脉；青色绘制河流、湖泊；黑底套红勾框标出守备部队的驻地和军事工程建筑物；红色虚线表示军队行动路线；红色三角形表示城堡；黑色圆圈表示居民点；红色标出守备区的分界线等。（见图 4 - 3）

总之，马王堆出土的三幅地图，不仅显示了西汉地图绘制的水平和精度，而且说明，西汉的地图不是每幅都有高精度，即使同一幅地图，精度也不一样。因此，裴秀的话仍有一定道理，只是不够全面。

2. 四川省东汉墓出土的市井画像砖地图

四川省成都市和新繁县东汉墓出土的市井画像砖地图，属于城市局部地图。市井是城市的一部分，图上标有方位，不具比例尺。所绘市井，也不是实指某个城市的市井，而是反映汉

代一般郡县中的市井面貌。它是风景图画式的地图，作为艺术装饰品使用，不是实用地图[1]。

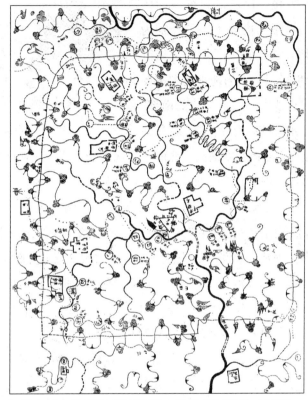

图4-3　马王堆三号汉墓出土帛书《驻军图》复原图

第四节　地理文献

一　字典中的地学内容

秦、汉时期的字典中，不仅有社会科学知识，而且有自然科学知识。比如《尔雅》、《说文解字》、《释名》就是如此。

---

〔1〕　曹婉如．东汉城市局部地图的研究［J］.自然科学史研究，1985（2）.

1. 《尔雅》

《尔雅》19 篇，是中国古代第一部词典。此书渊源很古老，在相当长的时期内，经过许多人增补，最后成于汉代[1]。其中"释地"、"释丘"、"释山"、"释水"四篇，解释地理名称，总结和整理了历代不同的地理词语，含有丰富的地理知识，代表了当时的地理学水平。如：不同形态的流水沉积地貌，书中的描述非常简明，曰："水中可居者曰洲，小洲曰陼，小陼曰沚，小沚曰坻。"

2. 《说文解字》

东汉许慎编的《说文解字》，是中国第一部分析字形，说解字义，辨识声读的字典[2]。全书收字 9353 个，重文 1163 个，许慎作的解说 133441 字，分 540 部[3]。书中涉及的地学内容比较丰富，据笔者统计，有地名 575 个，其中古地名 169 个，河名 146 个，山名 17 个，泽名 3 个，浸名 1 个，池名 1 个，丘名 4 个。《说文解字》记载的水道名称比晚出的《水经》多 9 条。地貌名称 111 个，其中山丘名 84 个，流水地貌名称 25 个，平原地貌名称 3 个，沙漠地貌名称 1 个。气象名称 50 个，土壤名称 15 个。书中对名称的解释很出色，体现了作者的地理知识水平。如山部共有 41 个山地地貌名称及其解释，其中又分山区的山，河边的山，海中岛屿等项。山的下面列有山峰、山岭、山谷、山穴、山冈等。又依据山上植被状况，石头大小，山体是否受破坏而有不同的名称，非常细致、全面。少数条目承袭《尔雅》的定义，如岑、峤、密、岵、嵒等。

---

[1] 刘叶秋. 中国字典史略 [M]. 北京：中华书局，1983：28.

[2] 陆宗达. 说文解字通论 [M]. 北京：北京出版社，1984：5.

[3] 《说文解字》卷十五"叙"。

3. 《释名》

汉末刘熙编的《释名》，是中国第一本音训词典，共 27 篇，内容非常广泛，是一部百科名词词典，但已有残缺。作者编书的目的在于探讨各种名称的由来，因此每词在释义之后，更进一步指出此词得名的原因。《释名》涉及的地理内容，主要体现在"释天"、"释地"、"释山"、"释水"、"释丘"和"释州国"等六篇中。

"释天"讲天象、气象、天干、地支等内容。如："雪，绥也，水下遇寒气而凝，绥绥然也。"

"释地"讲土地、土壤、平原地貌等，尤以五种颜色的土壤为突出。

"释山"讲山地地貌，约 20 种。其中"山足曰麓"、"山体曰石"两条是新的。

"释水"讲水体名称、水文特征和流水地貌。水体名称 19 个，水文特征 2 条，流水地貌 7 个。

"释丘"讲山丘地貌，有 24 种山丘地貌名称，有的解释很形象，如："中央下曰宛丘，有丘宛宛如偃器也。偏高曰阿丘，阿，何也，如人儋何物，一边偏高也。亩丘，丘体满一亩之地也。"

"释州国"讲古 12 个州、13 个诸侯国、18 个郡的名称由来，地理位置，城市大小名称，基层民政组织等。

二 司马迁与地理学

司马迁（约公元前 145—前 86 年）是中国杰出的历史学家，他的《史记》不仅是历史著作、文学著作，同时又是一部有丰富地理内容的著作。其中的"货殖列传"、"河渠书"、"匈奴列传"、"大宛列传"、"西南夷列传"等，都是很有价值的地理篇章。司马迁为何能写出这些地理篇章呢？这与他的家庭和个人经历有关。

他"生龙门，耕牧河山之阳。年十岁则诵古文"。其父司马谈，"为太史公"，学问渊博，"掌天官，不治民"。为了完成父亲的遗愿，司马迁一方面搜集文字资料，另一方面搞社会调查，作实地考察，搜集散落民间的各种传闻和史实。

公元前126年，当他20岁时，就走出家门，周游名山大川，考察自然和社会。第一次他从长安出发，"南游江、淮，上会稽，探禹穴，窥九疑，浮于沅、湘；北涉汶、泗，讲业齐、鲁之都，观孔子之遗风，乡射邹、峄；厄困鄱、薛、彭城，过梁、楚以归"[1]。

公元前116～前112年，他随汉武帝出游，西至陕西西部，甘肃东部，东渡黄河到山西、河南，西南到四川，渡大渡河，抵金沙江北。公元前110年，又东游泰山，东北到辽西（今河北卢龙县东），正西行至九原（今内蒙古五原），然后经陕北延安回长安[2]。

这些旅游生活，使他了解了各地的地理状况、自然风光、社会经济、文化、风俗等情况，为他后来写《史记》中的地理篇章积累了丰富的原始资料。

《史记·货殖列传》是中国古代经济地理学的发端，描述了两千年前中国经济地理的概貌。其主要经济地理观点是：

第一，经济是有规律的，就像"水之趋下，日夜无休时，不召而自来，不求而民出之，岂非道之所符，而自然之验

---

〔1〕《史记·太史公自序》。
〔2〕 翟忠义.中国古代地理学家及旅行家 [M].济南：山东人民出版社，1962：12－14.

邪?""论其有余不足,则知贵贱。贵上极则反贱,贱下极则反贵"。

第二,发展经济,能"上则富国,下则富家"。社会风气也会有好转,"故君子富,好行其德;小人富,以适其力","人富而仁义附焉"。但是他也指出,致富之道,"本富为上,末富次之,奸富最下。无岩处奇士之行,而长贫贱,好语仁义,亦足羞也"。

第三,汉朝统一的封建政治局面,促进了经济发展。"汉兴,海内为一,开关梁,弛山泽之禁,是以富商大贾周流天下,交易之物莫不通。"

第四,全国各地的经济发展有地区差异。造成差异的原因,有自然条件因素,更有人为因素。以自然资源来说,全国东西南北四方是不同的,如"山西饶材、竹、谷、纑、旄、玉石;山东多鱼、盐、漆、丝、声色;江南出楠、梓、姜、桂、金、锡、连、丹沙、犀、瑇瑁、珠玑、齿革;龙门、碣石北多马、牛、羊、旃裘、筋角;铜铁则千里往往山出棋置。此其大较也"。正是由于各地自然条件不同,资源各异,因此各地的人民按照当地自然条件,发展了各具地方特色的经济。如京师(长安)所在地的关中平原与其邻近地区就有明显的地区特点:"关中自汧、雍以东至河、华,膏壤沃野千里……因以汉都,长安诸陵,四方辐凑,并至而会,地小人众,故其民益玩巧而事末也。南则巴蜀,巴蜀亦沃野,地饶卮、姜、丹沙、石、铜、铁、竹、木之器……然四塞,栈道千里,无所不通,唯褒斜绾毂其口,以所多易所鲜。天水、陇西、北地、上郡(汉代四郡名,当今陇东陕北一带)与关中同俗,然西有羌中之利,北有戎翟之畜,畜牧为天下饶。然地亦穷险,唯京师要其道。故关中之地，于天下三分之一，而人众不过什三；然量其富，什居其六。"

就全国来说，更是各具特色。"楚、越之地，地广人稀，饭稻羹鱼，或火耕而水耨，果隋蠃蛤，不待贾而足，地势饶食，无饥馑之患，以故呰窳偷生，无积聚而多贫。是故江、淮以南，无冻饿之人，亦无千金之家。沂、泗水以北，宜五谷桑麻六畜，地小人众，数被水旱之害，民好畜藏，故秦、夏、梁、鲁好农而重民。三河、宛、陈亦然，加以商贾。齐、赵设智巧，仰机利。燕、代田畜而事蚕。"

第五，根据各个城市的地理位置，交通运输状况和经济发展水平，论述了全国各个城市的兴起和分布。比如被称作"天下之中"的重要经济都会陶，位于济水沿岸，济水同黄河及其大小支流相互联系，形成了一个水陆网，地理位置十分优越，交通往来十分方便。它的周围，平原宽阔肥沃，是盛产五谷之地；附近的齐鲁地区，桑麻遍野，盛产丝织品。陶正处于这个富庶地区的中心，使陶成为当时最繁荣的城市。此外，《史记·货殖列传》还记载了漳、河之间的邯郸，勃、碣之间的燕，海、岱之间的临淄，梁、宋之间的睢阳，以及洛阳、邹、鲁、郢都、陈、吴、番禺等十几个较大的城市。

从上述文字可以看出，司马迁对造成地方经济特点的分析，固然有自然条件，但更主要的是人的劳动。自然条件好的地方，经济发展不一定高；相反，自然条件较差的地方，只要人们善于开发利用，经济也会有很大发展。这种因地制宜发展经济的思想，今天仍有它的现实意义。

《史记·货殖列传》虽然还称不上真正的经济地理著作，但是它在记述经济内容时，已很重视阐明地理要素；描绘经济现象时，已注意阐明其特点；它论述的范畴，已经接近了经济地理学。它对区域经济的描述，对农、林、牧、矿产的记载，以及对城市的分析，开了区域经济地理学和部门经济地理学的先河。[1]

《史记·大宛列传》是司马迁根据张骞出使西域以后，向皇帝写的报告而编写的，文中第一句话就是"大宛之迹，见自张骞"，肯定了张骞通西域的功绩。接着记述了张骞通西域的经过。由于张骞先到大宛，因此列传中以大宛为中心，对西域其他国家或城邦的远近以距大宛的里数为准。大宛的位置则"在汉正西，去汉可万里"。对大宛及西域各国经济、人口、兵力、四至、物产、水文等情况的记载，是中国对费尔干纳盆地和西域地理状况的最早记录，也是中国最早的域外地理篇章。所记"于阗之西，则水皆西流，注西海；其东水东流，注盐泽"。这里显然是指帕米尔高原这个分水岭两侧的水系情况。西边的水流入西海（即咸海），东边的水流入盐泽（即罗布泊），这是正确的。但说黄河发源于盐泽则是错误的。这个错误影响后代达八九百年[2]。

此外，《史记》中的匈奴、南越、朝鲜等列传，记载了汉朝与边疆少数民族及邻国的关系，这些地区的地理状况，是中国最早的边疆和域外地理篇章。

三　班固与《汉书·地理志》

班固（公元32—92年）与司马迁有几点类似：第一，同

---

〔1〕　杨正泰. 中国历史地理要籍介绍［M］. 成都：四川人民出版社，1987：43.

〔2〕　从公元前93年《史记》写成，到公元801年杜佑力辩河出昆仑说的错误，已是相距894年了。

是汉代著名的历史学家、文学家和地理学家，不过时代上略有先后，相差 177 年。第二，同是继承父亲遗志。班固之父班彪，也是著名历史学家，他"既才高而好述作，遂专心史籍之间"。司马迁的《史记》只写到汉武帝太初前，太初以后没有写。班彪便"继采前史遗事，傍贯异闻，作后传数十篇"。班彪的写作计划没有完成便死了，于是班固"潜精研思，欲就其业"。正当班固一心一意著书时，有人向汉明帝告状，说他"私改作国史"，汉明帝也不问清缘由，突然没收了班固的书稿，把人投入监牢。后经弟弟班超营救出狱，重新得到汉明帝的信任，留在京城任兰台令史，继续写书。班固的《汉书》还没写完，就因窦宪军败受牵连，加上洛阳令种兢借机报复，使班固坐死洛阳狱中，时年 61 岁[1]。后世常以"班、马"或"迁、固"或"史、汉"并称，用以称赞班固及《汉书》的成就。

《汉书》中有地理内容的篇章是：地理志，五行志，沟洫志，食货志，货殖、匈奴、西南夷、两粤、朝鲜、西域等传，其中以地理志最突出。

《汉书·地理志》（简称《汉志》）为班固首创，是中国第一部以地理命名的著作，也是历代记述疆域政区的始祖。这种体例，为中国两千年来沿革地理著作树立了规范[2]。

《汉志》的内容有三个方面：

第一，叙述从黄帝时代至汉初这一段历史时期的疆域变迁情况，并转录了《禹贡》、《周礼·职方》的全文。

---

〔1〕 《后汉书·班彪传》。

〔2〕 侯仁之. 中国古代地理学简史 [M]. 北京：科学出版社，1962：14.

第二，叙述汉朝地理，这是《汉志》的主要内容。由于政区经常改变，郡国县邑的设置常常更迭，因此，讲汉朝的疆域政区，必须以一定时期为限。《汉志》是以汉平帝元始二年（公元2年）为限的。总计记述了103个郡（国）和所辖的1587个县（道、邑、侯国）的建置沿革以及各郡县的户口数字、山川水泽、物产、水利设施、古今重要聚落、关塞和名胜古迹等。这种写法有两大优点：一是以全国政区为纲，提纲挈领，一览无余；二是政区之下，又附有重要的地理事实，某个政区有什么物产，一查便知。缺点是山系、水系被行政区打乱，全国的自然地理面貌缺乏整体性。所记地理内容也不够丰富，很简略，缺少交通运输。尽管如此，它仍然包含有许多珍贵的地理资料。比如它记载的石油产地，各地设置的盐、铁、铜、金、木、工、陂、湖、服、橘、云梦、均输等官，全国人口数字等都是最早的。根据这些数字，可以绘出西汉元始二年全国人口分布图、矿产分布图和工业分布图。

第三，转录刘向的《域分》及朱赣的《风俗》。《域分》讲分野，即某地对应天上的某个星座，如"秦地，于天官东井、舆鬼之分野也"。这种分野没有什么地理意义，是古代"天地人合一"观的反映。《风俗》偏重于经济、物产、风俗习惯、历史沿革的叙述，分论各地区的地方特点，还涉及部分外国地理及海上航线。书中关于海南岛的风俗、物产、兵器等情况，是现存最早的文献资料。

《五行志》5卷，汇集了董仲舒、刘向、刘歆等人著的《春秋》，推衍阴阳学说，论说祸福的各种说法，是·篇西汉思想史史料。书中确切记载的日蚀、月蚀、星体变异和各种自然灾害，又是研究科学史特别是历史自然学的宝贵资料。

《食货志》为班固首创，讲传说中的远古社会经济状况，井田制的崩溃，春秋战国时期的经济状况，商鞅变法，汉初经济萧条，西汉经济状况及地区差异，王莽末年社会经济的破坏，货币制度，移民，屯田，商业市场的管理等，是研究西汉经济地理的重要文献。以后几乎历代都有《食货志》，直至《清史稿》。

《西域传》也是班固首创，弥补了《史记·大宛列传》的不足。它记载了西域 51 个国家。每国之下，具体叙述都城、距长安的里数、户口数字、军队数量、当地物产、风俗、与中原地区的物质文化交流等。在自然地理方面，它提到了葱岭（帕米尔），说葱岭以东，"南北有大山，中央有河，其河有两源，一出葱岭山，一出于阗。于阗在南山下，其河北流，与葱岭河合，东注蒲昌海。蒲昌海，一名盐泽者也。去玉门关千三百余里，广袤三百里，冬夏不增减"。还提到沙漠，说鄯善"当白龙堆，乏水草"。土地"沙卤，少田，寄田仰谷旁国。国出玉，多葭苇、柽柳、胡同、白草"。这些记载都是正确的。但说蒲昌海的水潜行地下，南出积石为黄河，则跟《史记》一样是错误的。

四　水利、水系著作

秦、汉时期，由于统治者重视农田水利和运河的水上交通，因此出现了一批水利工程，出现了治理黄河水害的壮观场面。秦代虽然存在的时间不长，但在秦朝统治的 15 年内，筑长城，修驰道，开运河和灌溉渠——秦渠，一项项的大工程接连不断。秦代开凿的运河，除灵渠外，还有江南运河。在秦始皇尚未统一六国之前，秦国就先后修筑了都江堰、郑国渠等大型水利工程。汉代，水利工程很多，著名的有山河堰、六辅渠、白渠、成国渠、龙首渠、六门堨、鸿隙陂、鉴湖等。而治理黄河则是汉代的一项重大水利工程，出现了以王景为代表的治河专家。

《史记·河渠书》乃司马迁首创，它系统叙述了前代治水史实和当代的防洪、航运、治理黄河、全国各地的农田水利建设等，是中国第一部水利专史。书中所记，不仅详述各项水利工程，而且突出这些水利工程的地理环境特点。如褒斜漕道，书中写道："抵蜀从故道，故道多阪，回远。今穿褒斜道，少阪，近四百里；而褒水通沔，斜水通渭，皆可以行漕船。漕从南阳上沔入褒，褒之绝水至斜，间百余里，以车转，从斜下下渭。如此，汉中之谷可致，山东从沔无限，便于砥柱之漕。且褒斜材木竹箭之饶，拟于巴蜀……发数万人作褒斜道五百余里。道果便近，而水湍石，不可漕。"

《汉书·沟洫志》是《史记·河渠书》的续篇，因此，它前面约三分之一的内容，基本上全部抄录《河渠书》，只有少数文字有些增减或改动。后面自元鼎六年（公元前 111 年）起，为《沟洫志》的新内容。它写了引泾增修六辅渠和白渠的由来与过程；齐人延年关于引河入内蒙古大沙漠，然后东流入海的大胆设想和建议；黄河决口改道的历史及治理方策的多次论争；王莽当权时，王横在议论治河的言谈中，曾引《周谱》记载"定王五年（公元前 602 年）河徙"。这是黄河改道最早的记载[1]。这些记载有较高的历史价值，对后人治水工作有启发和借鉴的意义。

秦汉时期，有水系著作两部：一是秦代的《水经》；二是

---

〔1〕 王成组. 中国地理学史 [M]. 北京：商务印书馆，1982：37.

汉末的《水经》。

秦代《水经》，是近人给取的名字[1]。它附在《山海经·海内东经》末，全文近500字，描述26条水道的发源地、流向和归宿。叙述的基本地理事实与《汉志》及汉代《水经》没有矛盾。所记水道分布范围，大体与秦帝国疆域相一致。它的写作年代，周振鹤认为写于秦代。它所包含的某些水道，如泾水、温水、白水（不是汉代《水经》中的温水和白水），甚至连汉代《水经》都未著录。按书中写的顺序，所记26条水道的名称是：大江、北江、南江、浙江、庐江、淮水、湘水、汉水、濛水、颍水、汝水、泾水、渭水、白水、沅水、赣水、泗水、郁水、肄水、潢水、洛水、汾水、济水、潦水、虖沱水、漳水。

秦代《水经》比起只记述9条主要河流的《禹贡》篇来，有了很大的进步。

汉末《水经》，是一部争议较多的作品。它的写作年代和作者，至今仍无定论。由于郦道元注《水经》时，没有注明《水经》的作者，致使后来的疑难增多。《唐六典·工部·水部员外郎注》首先记载《水经》作者为桑钦。《隋书·经籍志》同时记载两本《水经注》，一是"《水经》三卷郭璞注"，另一是"《水经》四十卷郦善长注"。《旧唐书·经籍志》把"郭注"改成"郭撰"，把《隋书·经籍志》中的"《山海经》十八卷郭注"也改成"郭撰"，显然是错的。《新唐书·艺文志》作"桑钦《水经》三卷，一作郭璞撰"，采《唐六典注》和《旧唐书·经籍志》的两种说法。郑樵《通志·艺文略》

---

〔1〕 周振鹤.被忽视了的秦代《水经》[J].自然科学史研究，1986（1）.

写作"《水经》三卷，汉桑钦撰，郭璞注"，提出桑钦为汉人[1]。同样，晁公武在《郡斋读书志》中称"《水经》四卷，汉桑钦撰，成帝（公元前32—前7年）时人"，没有提供他的根据。经清人考证，多数人认为，《水经》作于三国魏初，著者姓名不可考。然而《汉志》言水道时，曾七次引桑钦说，郦注亦引桑钦说，因此，唐人指定桑钦是《水经》的作者也不是毫无根据。我们认为，将这部著作定在汉末是合适的，与上述论点不太矛盾。

汉末《水经》，按《唐六典注》的说法，共记水道"百三十七"，每条水道各成一篇，并附《禹贡山水泽地所在》60条。描述时，以水道为纲，记述每条水道的发源地、流向、流经地区、归宿、主支流的分布关系等，从而较完整地反映了全国各地的河流水系概貌。原书已佚，幸赖郦道元为它作注而存于《水经注》中，流传至今。但只有123篇，比《唐六典注》讲的少14篇。所记水道，繁简不等，并有一些错误。郦道元作注时，曾纠正60余处。以浊漳、清漳两水为例，浊漳水较详细，清漳水简略。这与河流长度有关。河流长，流过的地方多，记述自然也多。河流短，流过的地方少，记述自然简略。

汉末《水经》与秦代《水经》比较，又有了进步。以水道数目论，为秦代《水经》的5倍多；以字数论，约为秦代《水经》的20倍。

第五节　方志著作的兴起

中国历史与地理相结合，产生了方志著作，同时它又是在

---

〔1〕　王应麟《困学纪闻》指出，桑钦名见《汉书·儒林传》，为西汉末东汉初人。

史学发展过程中产生的。秦汉时期，由于中央集权制度的确立与发展，特别是郡县制度的确立与发展，使中央政权迫切需要了解全国各地的地理情况和政治经济情况。汉武帝时，令郡国将记载当地物产、贡赋和道路的资料，随同报送"计簿"的"计车"上报到太史。西汉成帝时，丞相张禹管理天下财富，令其属下朱赣"条记"各地"风俗"，扩大搜辑地方资料的范围[1]。《隋书·经籍志·杂传类小序》曰："后汉光武，始诏南阳，撰作风俗，故沛、三辅有耆旧节士之序，鲁、庐江有名德先贤之赞。郡国之书，由是而作。"这条史料说明，地记这类著作，也是先从统治者所重视的地方开始撰写的。所说"郡国之书"，无疑就是地方志这类著作的前身。

一　全国性的总志

东汉时期，全国性的总志有应劭的《十三州记》和《地理风俗记》。

《地理风俗记》原书已佚，现有王谟的《汉唐地理书钞》辑本。这是一部记载全国的志书。从辑文看，它记有敦煌、酒泉、郁林、日南诸郡。此书虽晋记全国各地，实际上却以幽、冀、青、齐诸地为多。因为应劭曾为泰山守，后来又长期在袁绍幕中，对泰山周围和太行山东面各处最熟悉。书中记漯水："东北至千乘入海，河盛则通津委海，水耗则微涓细流。"记千乘县则说："西北五十里有大河，北有漯沃城，故县也。"记浮水："浮（阳）县，浮水所出，入海，潮汐往来日周，今沟无复有水也。"这不仅说古，而且证今。可见应劭写《地理

---

〔1〕《隋书·经籍志·地理记类叙》。

ZHONGGUO DIXUESHI

中国地学史·古代卷

风俗记》时，不仅依据文献记载，而且可能得之于实地考察[1]。

《十三州记》仅见于《水经·泗水注》等篇所引的三两条。姚振宗《后汉书·艺文志》曰："《十三州志》如《汉书·地理志》。"

应劭还有《风俗通义》31 卷，目录 1 卷，《隋志》著录。今本卷首有应劭的序，云："传曰，百里不同风，千里不同俗，户异政，人殊服，由此言之，为政之要辨风正俗，最其上也。"这就是作者写书的意图。

二 地方志

《后汉书·西域传》中已有"方志"的正式名称，汉代方志著作已有一定数量。据《中国古方志考》载，至今有名可查的两汉方志约 50 种，可惜绝大部分失传。现介绍几部代表作。

《三辅黄图》最早见于《隋书·经籍志》，作 1 卷；晁公武《郡斋读书志》作 3 卷；陈振孙《直斋书录解题》作 2 卷。现在传世的《三辅黄图》6 卷，已不是东汉的原书，而是三国以后的人所作。原本有图，也早已遗失。从其他著作的引文看，《三辅黄图》是记载三辅（京兆尹、左冯翊、右扶风）宫观、陵庙、明堂、辟雍、郊畤等事的地方志。

辛氏《三秦记》原书已佚，有辑本传世。"所记山川、都邑、宫室，皆秦汉时地理故事，并不及魏、晋，此书必为汉人所著。"[2]所记沙漠地形是中国最早的文献之一。曰："河西沙

---

〔1〕 史念海，曹尔琴. 方志刍议 [M].杭州：浙江人民出版社，1986：88.

〔2〕 王谟：《汉唐地理书钞》。

角山，峰崿危峻，逾于石山。其沙粒粗有如干糒。又山之阳有一泉，云是沙井，绵历今古，沙不填之。人欲登峰，必步下入穴，即有鼓角之音，震动人足。"[1]

《巴郡图经》是东汉人的作品，据但望的疏文说："《巴郡图经》境界南北四千，东西五千，周万余里，属县十四，盐铁五官，各有丞史，户四十六万四千七百八十，口百八十七万五千五百三十五，远县去郡千二百至千五百里，乡亭去县，或三四百，或及千里。"[2]可知此书记载了汉代巴郡的境界、属县、盐铁官、户口等。

第六节　纬书中的地学知识

汉代的谶纬是儒学宗教神学化的产物，谶、纬往往互称，并无区别。顾颉刚在《秦汉的方士与儒生》中说："谶是预言，纬是对经而立的。……这两种在名称上好像不同，其实内容并没有什么大分别。实在说来，不过谶是先起之名，纬是后起的罢了。"

纬书在两汉思想文化领域具有突出的地位，上自朝廷，下至民间以及知识、官僚界，都有广泛的影响。西汉后期至东汉前期，是它的发达期。从整体上看，纬书杂论阴阳五行、天人感应、天人合一、天文历法、地理、风俗、历史、占算之术等等。它既是俗文化，又是雅文化，在民间广泛流传，同时经官方删定，在很长时期又被列入官学。由于谶纬与王权每每发生冲突，故三国以降，屡遭禁绝。隋以后几无完书。明以后，有

---

〔1〕《太平御览》卷五十地部十五沙角山引。
〔2〕《华阳国志·巴志》引。

各种辑本，如明孙毂的《古微书》，清黄奭的《汉学堂丛书》中辑纬书55种，马国翰《玉函山房辑佚书》中辑纬书40种，赵在翰辑有《七纬》。日本安居香山、中村璋八合辑《纬书集成》最为完备。[1]它是在明清辑本的基础上编集而成，于1959～1964年间出版。

纬书中的地学知识主要有五个方面的内容：

1. 关于大地球形和运动状态

纬书中浑天说的大地球形观略早于张衡，但不如张衡讲得明确。《春秋·元命包》曰："天如鸡子，天大地小，表里有水。天地各承气而立，载水而浮。"张衡的《浑天仪注》则曰："浑天如鸡子，地如鸡中黄，孤居于内，天大而地小，天表里有水。天之包地，犹壳之裹黄，天地各乘气而立，载水而浮。"两相对照，张衡的文字明确得多。

关于大地运动状态，《河图》曰："地恒动不止，譬人在大舟上，闭牖而坐，舟行而人不觉。"[2]"地有四游，冬至地上行，北而西三万里；夏至地下行，南而东三万里；春秋二分是其中矣。地常动移而人不知，譬若闭舟而行，不觉舟之运也。"[3]所谓"地动"、"地有四游"，是指春夏秋冬四时地球不停地运动着，对节气的成因作了科学的说明。汉代纬书中，对地球运动的认识，能够达到这样高的水平，是非常了不起的。

2. 有关气象气候的知识

《春秋·元命包》曰："阴阳聚而为云，阴阳和而为雨，

---

〔1〕 刘泽华．汉代"纬书"中神、自然、人一体化的政治观念［J］．文史哲，1993（1）：35．

〔2〕 《白孔六帖》卷一，《唐类函》卷十二引。

〔3〕 《文选·励志诗》注引。

阴阳凝而为雪。阴阳凝而为霜，阴阳散而为露。"《春秋·感精符》曰："阴气之专精，凝合生雹。"《春秋·说题辞》曰："盛阳之气，温暖为雨，阴气薄而胁之，则合而为雹。盛阴之气，凝滞为雪，阳气薄而胁之，则散而为霰。"[1]这是从阴阳二气的运动变化，来解释云、雨、雪、霜、露、雹、霰的形成，是古人在总结经验的基础上所作的理论升华。

关于天气预报知识，《春秋·汉含孳》曰："穴藏之蚁，先知雨；阴瞳未集，鱼已噞喁。巢居之鸟，先知风；树木摇，鸟已翔。"这是从动物的活动情况来预测天气变化，属于最原始的天气预报知识。

3. 有关土壤的知识

《孝经·援神契》曰："土黄白宜种禾，黑坟宜黍麦，土苍赤宜菽，白宜稻，污泉宜稻。"这应该是从农业生产中总结出来的经验，知道什么土壤适宜于种什么作物。

《河图·括地象》谈到土壤的地理分布，不同方位的地域（州），有不同的土壤分布。曰："东南神州曰晨土，正南邛州曰深土，西南戎州曰滔土，正西弇州曰开土，正中冀州曰白土，西北柱州曰肥土，北方元州曰成土，东北咸州曰隐土，正东扬州曰信土。"

4. 关于水土、环境对人的性格、语言和声音的影响

《河图》曰："九州殊题，水泉刚柔各异。青、徐角羽（五音之二）集，宽舒迟，人声缓，其泉咸以酸。荆、扬角徵（五音之二）会，气漂轻，人声急，其泉酸以苦。梁州商徵

〔1〕 孙瑴. 古微书：卷七、十一 ［M］//丛书集成初编：第 0690－0693 册. 北京：商务印书馆，1939.

（五音之二）接，刚勇漂，人声塞，其泉苦以辛。兖、豫宫徵（五音之二）合，平静有虑，人声端，其泉甘以苦。雍、冀商羽（五音之二）合，端骇烈，人声捷，其泉辛以咸。"[1]作者认为，由于九州的五音、土地、水泉的性质不同，因此各地人的性情、声音、语言也有差异。

5. 关于铁矿的知识

《河图·括地象》曰："瀛州多积石，其名曰昆吾，炼之成铁，以作剑，光明如水晶石，盖铁卝（古"矿"字）也。"（《古微书》卷三十二引）《龙鱼河图》曰："流洲在西海中，地方三千里，上多山川，积石名为昆吾石，冶其石为铁，作剑光明四照，洞如水精，以割玉如泥。"（《古微书》卷三十四引）这两条讲的都是铁矿，地点不同，但性质基本一致。这是我国有关铁矿的最早记述。

第七节　气象知识与地学仪器

一　气象知识

秦汉时期的气象知识，比前代有了显著的进步。这不仅表现在记录各种气象现象，而且表现在论述各种气象成因上。还出现了原始的气象仪器，有了初步的天气预报活动。下面叙述秦汉时期对大气物理现象的认识。

1. 风

风是什么？王充说："风者，气也。"[2]风是一种物质，这种物质就是气。这种认识是正确的，在当时来说是先进的。

---

〔1〕《初学记》卷八引。

〔2〕王充：《论衡·感虚》。

风有多种，在《吕氏春秋·有始览》中已有八个方位的八种风名。汉代也有八风的说法，既按方位，又按八个节气。如《易纬》曰："八节之风，谓之八风。立春条风至，春分明庶风至，立夏清明风至，夏至景风至，立秋凉风至，秋分阊阖风至，立冬不周风至，冬至广莫风至。"[1]《尔雅》曰："东风曰谷风，南风曰凯风，西风曰泰风，北风曰凉风。"这是以节气和方位定风名。《尔雅》还谈到了风的运动方式，说："暴风从上下曰颓，从下上曰飚，亦曰扶摇。迴风曰飘，日出而风曰暴，阴而风曰曀，风而雨土曰霾。"[2]

　　汉代已有人利用山谷风了。汉太尉郑弘"少以苦节自居，恒躬采伐，用贸粮膳，每出入溪津，常感神风送之，虽凭舟自运，无杖楫之劳，村人贪借风势，常依随往还，有淹留者，徒辈相谓，汝不欲及郑风邪？其感致如此"[3]。孔灵符《会稽记》也说："射的山南有白鹤山，此鹤仙人取箭，汉太尉郑弘尝采薪，得一遗箭，顷，有人觅，弘还之。问何所欲？弘患若耶溪载薪为难，愿旦南风，暮北风。后果然。故若耶溪风至，今犹然，呼为郑公风。"[4]这段话把郑弘神化了，成了传说。但叙述比《水经注》明确，即早晚风向相反。这是山谷风的典型特征。它的成因是由于白天山坡受热，空气增温快，但山谷中同高度上的空气，由于距地面较远，增温较慢，因而出现由山坡指向谷中的水平气温梯度，形成热力环流，下层风由谷中吹向山坡，叫"谷风"；夜间，山坡辐射冷却，气温降低

---

〔1〕〔2〕 [唐] 徐坚，等. 初学记：卷一，风第六 [M]. 北京：中华书局，1985.

〔3〕 郦道元：《水经·浙江水注》。

〔4〕 [明] 凌骏甫：《湘烟录》引。

快，谷中同高度上的空气则冷却较慢，形成与白天方向相反的热力环流，下层风由山坡吹向山谷，叫"山风"。《会稽记》说的正是此种情况。

2. 云、雨

云和雨关系密切，古人常常连在一起讲。

《黄帝内经·素问》云："地气上为云，天气下为雨。雨出地气，云出天气。"

《释名》云："雨水从云下也。"这个观点非常正确，是长期观察的经验总结。

王充说："山气为云，上不及天，下而为雨。"[1]"夫云雨出于丘山。降散则为雨矣。"[2]"雨之出山，或谓云载而行，云散，水坠，名为雨矣。夫云则雨，雨则云矣。初出为云，云繁为雨，犹甚而泥露濡污衣服，若雨之状，非云与俱，云载行雨也。"[3]"天将雨，山先出云，云积为雨。"[4]王充的这些论述是正确的。当然，他只讲到大陆内部的水气小循环，没有讲从海洋到大陆的水气大循环，这点不如《吕氏春秋·圜道》高明。在云雨关系上，王充的论点比上述各家的论点都好。

汉代已有降水持续时间的记录。如《汉书·五行志》载："成帝建始三年（公元前30年）夏，大水，三辅霖雨三十余日。"

关于云的形状和名称，《史记·天官书》曰："阵云如立垣，杼云类杼。轴云搏两端兑，杓云如绳者，居前亘天，其半

---

[1] 王充，《论衡·艺增》。
[2] 《论衡·感虚》。
[3] 《论衡·说日》。
[4] 《论衡·顺鼓》。

半天。其翳者类阙旗故，钩云句曲。"这是五种形状不同的云。《淮南子·地形训》提到青云、赤云、白云、玄云。这是以颜色给云命名。此外，这篇文章还谈到云与降水范围的关系，说："凡八极之云，是雨天下……八絃、八殥、八泽之云，以雨九州而和中土。"京房的《易飞候》，提到异云如水牛，青白云名曰天寒之云，云细如杼轴，云如两人提鼓持枹[1]。这是描述云的形状，这些云可能指积云、卷云、层云和直展云。

3. 雾、露、霜、雪、霰、雹

《大戴礼记》云："霜，阴阳之气也，阴气胜则凝而为霜。""天地积阴，温则为雨，寒则为雪。"[2]

《释名》云："霰，星也，水雪相搏，如星而散也。"

《尔雅》曰："雨雪相和为霰。"

《春秋·说题辞》曰："盛阴之气，凝滞为雪。阳气薄而胁之，则散而为霰。"[3]

《白虎通》曰："露者霜之始，寒则变为霜。"这里讲到露和霜的关系，其观点是正确的。草或树叶上之水汽，在夜间空气降温到一定程度即凝结成露水，气温若下降到零摄氏度以下，水汽即结成霜。对此，刘向在《五经通义》中作了进一步的阐述，曰："和气津液凝为露，露从地生。""寒气凝以为霜，霜从地升也。"这就是说，露和霜都不是从天上降下来的，而是由地面上的水汽遇冷凝结而成。

关于雪的成因，董仲舒认为是由于"其寒月（天气冷），

---

[1]《太平御览》卷八。
[2]《初学记》卷二。
[3]《艺文类聚》卷二。

则雨凝于上，体尚轻微，而因风袭，故成雪"〔1〕。这个观点是对的。

东汉王充好像是作总结似地说："云雾，雨之征也。夏则为露，冬则为霜，温则为雨，寒则为雪。雨露冻凝者，皆由地发，不从天降也。"〔2〕他把雾、露、雨、雪、霜的本质和相互之间的关系讲清楚了。本质都是地上蒸发的水汽，故曰"皆由地发，不从天降也"。地面上蒸发的水汽，由于气温不同而形成了雾、露、雨、雪、霜。

关于雹，董仲舒有一篇专门的文章《雨雹对》。元光元年（公元前134年）七月，京师雨雹，鲍敞问董仲舒曰："雹何物也？何气而生之？"仲舒曰："雹，霰之流也，阴气暴上，雨则凝结成雹焉。"〔3〕董仲舒的答复是对的。因为大气温度在摄氏零度以下时，云中水汽则凝结为雪及霰，霰是云中过冷水滴与降落的冰晶产生凝聚作用而形成，与雹之成因相同，但霰粒的直径较小，雹的直径大。

4. 气温

关于气温，《黄帝内经·素问》的论述是："地有高下，气有温凉，高者气寒，下者气热。"这段话含有大气成层的思想，分上、下两层。"高者气寒，下者气热"，反映了气温随高度的增加而降低的思想。这个观点比西方17世纪大气分层说早1700多年。

关于一年中最高、最低气温，纬书《易·稽览图》云：

---

〔1〕 葛洪：《西京杂记》卷二引。

〔2〕 《论衡·说日》。

〔3〕 《古文苑》卷十一引。

"夏至后三十日，极温；冬至后三十日，极寒。"〔1〕这个观点是对的。

王充指出了一年之所以有四季，跟太阳与地球的相对位置有关。《论衡·说日》写道："夏时日在东井，冬时日在牵牛。牵牛去极远，故日道短，东井近极，故日道长。"由此，他进一步得出结论："春温，夏暑，秋冻，冬寒，人君无事，四时自然。"〔2〕王充的认识，是我国长期天文观测的结果。

5. 湿度

关于湿度，《淮南子》有多处论述。如："山之蒸，柱础润"；"悬羽与炭，而知燥湿之气"；"夫湿之至也，莫见其形而炭已重矣"；"湿易雨也"〔3〕。王充还指出了空气湿度有地区差异："江北地燥，故多蜂虿；江南地湿，故多蝮蛇。"〔4〕王充又进一步指出了干湿、旱涝有周期性的变换更替规律，说："阳（晴）久自雨，雨久自阳（晴）"；"夫一阳一雨，犹一昼一夜也。雨犹自止，旱犹自雨，何则？阳极反阴，阴极反阳"〔5〕。

6. 天气预报

汉代谈天气预报的书，主要有《淮南子》、《易飞候》、《周地图记》、《论衡》、崔寔的《农家谚》等。预报主要有两种方式：一是以观察动物活动作天气预报；二是以云的形状作天气预报。下面举例来说明。

---

〔1〕《古微书》卷十五。

〔2〕《论衡·寒温》。

〔3〕分别见《淮南子》"说林训"、"泰族训"。

〔4〕《论衡·言毒》。

〔5〕见《论衡》"明雩"、"顺鼓"。

第一种：以观察动物活动作天气预报。《淮南子·修务训》曰："天之且风，草木未动，而鸟已翔矣。其且雨也，阴曀未集，而鱼已噞矣。"

《淮南子·缪称训》曰："鹊巢，知风之所起。獭穴，知水之高下。晖目知晏，阴谐知雨。"高诱注曰："岁多风，鹊作巢卑。""水之所及则獭避，而为穴。""晖目，鴋鸟也。晏，无云也。天将晏静，晖目先鸣。""阴谐，晖目雌也，天将阴雨则鸣。"

《论衡·变动》曰："故天且雨，蝼蚁徙，蚯蚓出。故天且风，巢居之虫动，且雨，穴处之物扰。风雨之气感虫物也。"

第二种：以云的形状作天气预报。京房《风角要诀》曰："候雨法，有黑云如一疋帛，向日中，即日大雨。二疋为二日雨，三疋为三日雨。"〔1〕

《易飞候》曰："凡候雨，以晦朔弦望，有苍黑云起，细云如杼轴，蔽日月，五日必雨。"〔2〕"晦朔弦望，云汉四塞当雨。有黑云如群羊、飞鸟，五日雨。北斗独云必雨。如两人提鼓持桴，为暴雨。"〔3〕

京房《易传》曰："青白赤黑云，在东西南北，名曰四塞之云，见则有雨。汉川有黑云，大如席，不过五日必雨，名曰海云。"〔4〕

《周地图记》曰："郿县（今陕西眉县）太白山，山半有横云如瀑布则澍雨，人常以为候。验之如离毕焉。故曰南山瀑

---

〔1〕〔2〕 《太平御览》卷八引。
〔3〕 《物理小识》卷二引。
〔4〕 见《汉魏遗书钞》。

布，非朝即暮（有雨）。"[1]

二 地学仪器

汉代，已出现了少数地学仪器。地学仪器的发明，对中国地学的发展无疑会产生一定的促进作用。其中张衡创造发明的地动仪（即地震仪）最为有名，此外，还有一些气象仪器。

1. 地动仪

东汉阳嘉元年（公元 132 年），张衡发明创造了人类历史上第一台地震仪——地动仪。它"以精铜铸成，圆径八尺，合盖隆起，形似酒樽"[2]。里面的结构主要是中间的"都柱"（相当于现代地震仪的重锤，起摆的作用）和它周围的"八道"（装置在摆的周围与仪体相接联的八个方向的八组杠杆机械）。外面相应设置八条龙，安置在八个方位上。每条龙的嘴里都含有一个小铜球，地上对准龙嘴蹲着八个铜蛤蟆，昂头张口。当某个方位发生较强地震，地震波使都柱偏侧，触动龙头杠杆，使龙嘴张开，铜球落下，蛤蟆嘴把铜球接住，并发出"咣啷"的声响。观测人员听到声音查看，就知道什么时间、什么方位发生了地震。地动仪制成后，安放在当时的首都洛阳。

永和三年（公元 138 年）三月一日，仪器的西方龙嘴张开，落下了铜球。但洛阳城里的人没有感到有地震，人们怀疑是否仪器失灵了，可是几天之后，信使从陇西赶来，向政府报告陇西（今甘肃东南部）发生了大地震，这才使人们的怀疑消释，"皆服其妙"。洛阳距震中约七百千米，地震仪能够测出人们感觉不出的地震，说明它的灵敏度是相当高的。陇西地

---

〔1〕 载《汉唐地理书钞》。

〔2〕 《后汉书·张衡传》。

震被地动仪测报成功，标志着人类使用科学仪器测报地震的新时代来临。从此以后，封建政府"乃令史官记地动所从方起"。和外国相比，张衡的地动仪比西方第一台现代地震仪的出现早了1500多年。[1]

2. 测风仪器

测风仪器在中国发明得很早，殷墟出土的甲骨文中已有"倪"字，"倪"是候风羽，能观测风信，可能是一种在风杆上系上布帛、茅草、鸟羽或鸡羽一类的简单示风器[2]。汉代，在简单示风器的基础上，又有"綄"的创作。《淮南子·齐俗训》云："綄之候风。"许注云："綄，候风者，楚人谓之五两。"高诱注云："綄作倪云，世谓之五两。"汉代，倪还没有废止，仍在使用。《淮南子·齐俗训》云："譬若倪之见风也，无须臾之间定矣！"汉代的倪綄，可能是用绮绫之类做成条状风标，或用羽毛结成长串风标，悬在高杆顶上。当有风时，会把风标吹起来。风标可以指示风向，同时根据风标飘起的角度大小，即大约可以估计出风速的大小。

除了倪綄之外，还有铜凤凰和相风乌，用来测定风向。《三辅黄图》载："武帝太初元年（公元前104年）作建章宫，左凤阙，高二十五丈。《三辅旧事》云：'建章宫……于宫门北起圆阙，高二十五丈，上有铜凤凰。'"[3]《关中记》曰："建章宫圆阙，临北道，有金凤在阙上，高丈余，故号凤阙

〔1〕 ［英］李约瑟. 中国科学技术史（中译本）：第五卷第二分册 ［M］.北京：科学出版社，1976：361. 又见：杨文衡. 中华文化通志·科学技术典·地学志 ［M］.上海：上海人民出版社，1998：359.

〔2〕 刘昭民. 中国古代气象仪器和气象观测工具的发明 ［J］.明日世界（台湾），1970（2）.

〔3〕 陈直. 三辅黄图校证 ［M］.西安：陕西人民出版社，1985：40 - 43.

也。"《汉武故事》曰："建章宫……铸铜凤高五尺，饰黄金，栖屋上。下有转枢，向风若翔。"[1]这些记载说明，铜凤凰就是风向标，它的下面有转枢，风吹时，即可转动，看上去好像要飞似的。

东汉出现了更精巧的测风器——相风铜乌。据说是著名科学家张衡发明的。安置在长安宫南灵台上，遇风乃动[2]。晋朝郭缘生的《述征记》也说："长安宫南灵台有相风铜乌，或云此乌遇千里风乃动。"[3]

在文物考古中，东汉墓壁画画有相风乌和测风旗。如1971年河北安平县逯家庄发掘的东汉墓中，有一幅壁画，画上的建筑物后面是一座钟楼，楼顶立有相风乌和测风旗[4]。这是中国现存最早的相风乌和测风旗图形。（见图4-4）

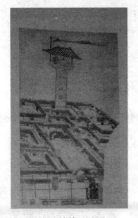
测风旗复原图

唐《开元占经》中的相风乌

图4-4 东汉墓壁画中的相风乌和测风旗
（引自《光明日报》1972年6月22日）

[1] 上述两段引文见《水经·渭水注》引。
[2] 《古今图书集成·历象汇编·乾象典》。
[3] 《太平御览》卷九引。
[4] 《光明日报》1972年6月22日。

3. 测湿仪器

西汉时，测量大气湿度的仪器是一种天平式的湿度计。《淮南子·说山训》曰："悬羽与炭而知燥湿之气。"也有的是"悬土炭"。因为炭吸湿性强，也易蒸发，它随空气湿度含量多少而产生重量变化，"燥，故炭轻，湿，故炭重"。而羽毛或土的吸湿性差，其重量受湿度变化影响甚小，几乎是可以保持重量恒定。把羽或土和干炭在一定时间内悬挂在天平两端，使之平衡，当湿度发生变化后，炭随湿度产生重量变化，而羽或土的重量几乎不变，这样，天平失去平衡。再由天平倾斜角度的大小，可以知道湿度的大小。这在《史记集解》中有详细说明。

关于降水的测量，汉代也已开始。《续汉书·礼仪志》曰："自立春至立夏尽立秋，郡国上雨泽。"这是中央政府要求地方政府按时报告各地的降雨量。

第八节　大地形态观

秦汉时期的大地形态观，大致有三种：一是地平（或地方）观；二是地扁平观：三是地圆说。分述如下：

一　地平（或地方）观

中国古代的地平观念起源很早，距今六千多年的河南濮阳西水坡45号墓就反映了"天圆地方"观念。西汉时期的周髀家说："地方如棋局。"（《晋书天文志》引）认为大地的形状像棋盘一样方方正正。《周髀算经》曰："方属地，圆属天，天圆地方。"王充认为，天与地都是平的，《论衡·说日》曰："天平正与地无异"，"平正，四方中央高下皆同"。就是说天地是平行的。这种观点显然是错误的。

此后，地平说成为主流派，直到清朝末年还流传非常广泛。

二 地扁平说

地扁平说在中国古代流传不广，出现在西汉《周髀算经》中，说是"天象盖笠，地法覆盘"，认为天地都是圆拱形状，互相平行；地像倒扣着的盘子，中高而外低。《晋书·天文志》引《周髀》的话说："天似盖笠，地法覆盘。天地各中高外下，北极之下为天地之中，其地最高，而滂沲四隤。"这就是说，天地都是曲面，不是平面，中高外低，像是倒扣的半球形。地扁平说虽然也不正确，但比地平（地方）说进了一大步。

三 地圆说

西汉时的天文、数学著作《周髀算经》引陈子的话说："东方日中，西方夜半。西方日中，东方夜半。""日运行处极北，北方日中，南方夜半；日在极南，南方日中，北方夜半。昼夜易处，加时相反。"这种情况，只有地是圆形才有可能。

浑天说认为，天形穹隆好像鸡蛋壳，地居天内好像鸡蛋黄，明确指出大地形状是圆球形。浑天说的代表作——东汉张衡《浑天仪注》曰："浑天如鸡子，天体圆如弹丸，地如鸡子中黄，孤居于内，天大而地小。天表里有水，天之包地，犹壳之裹黄。"[1]

在东汉晚期的画像石中，有一块画一个人立在半圆形球体上，球上刻有山峦、河流。半圆形球体表示大地形状。[2]这幅画反映了东汉末天、地、人合一的思想，也反映了当时的地圆

---

[1] 《开元占经》卷一引。

[2] 《考古》1985 年第 9 期。

思想，是体现地圆学说的最早的文物（见图4-5）。

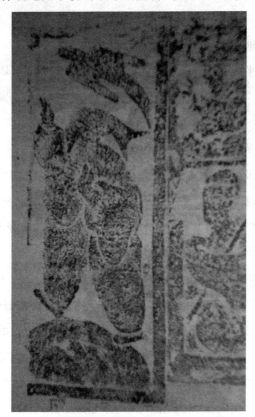

图4-5　东汉晚期画像反映的地圆思想

（引自《考古》1985年第9期）

第九节　环保思想与环保政策法规

秦汉时期的环保思想和政策法规，是在继承先秦的环保思想基础上有了发展。以下从两个方面叙述。

一　环保思想

秦代的环保思想在《吕氏春秋·十二纪》中有比较详细的记载，书中按不同时间、不同月份，而有不同的环保措施。

如：

孟春之月，"禁止伐木，无覆巢，无杀孩虫，胎夭飞鸟，无麛无卵"。在这一节中，还讲到人与环境的关系，人的长寿与衣、食的关系。

仲春之月，"无竭川泽，无漉陂池，无焚山林"。这一节也谈到人与环境的关系以及动物与环境的关系，"水泉深则鱼鳖归之，树木盛则飞鸟归之，庶草茂则禽兽归之"。

……

在《吕氏春秋·有始览》中也讲到了动物与环境的关系，曰："夫覆巢毁卵，则凤凰不至；刳兽食胎，则麒麟不来；干泽涸渔，则鱼龙不往。"如果人类把动物的生存环境破坏了，自然动物无法生存，也不会再来这个地方了。

《吕氏春秋》还提出了"法天地"的思想，意思是说人的活动应该和天地相适应，要"无为而行"。这里的"无为"和老子讲的"无为"意义不一样。《吕氏春秋》的"无为"是"无为之道曰胜天"。王念孙注："胜犹任也。"意思是说人们要按照自然规律办事，不要违反事物的本性。因此，《吕氏春秋·十二纪》为自然变化和社会活动编制了一个统一的无所不包的体系，同时强调人类活动必须遵循自然规律，要合理利用自然资源。其中的环保思想就是建立在这种"法天地"的思想基础之上。

西汉文景时期刘安的《淮南子·主术训》中，重申了前人保护环境的"先王之法"，这就是："畋不掩群，不取麛夭；不涸泽而渔，不焚林而猎；豺未祭兽，罝罘不得布于野；獭未祭鱼，网罟不得入于水；鹰隼未挚，罗网不得张于溪谷；草木未落，斤斧不得入于山林；昆虫未蛰，不得以火烧田；孕育不得杀，鹬卵不得探；鱼不长尺不得取，彘不期年不得食。"经过这番环境保护之后，就会出现"草木之发若蒸气，禽兽之归若流泉，飞鸟之归若烟云"的生物繁茂局面。

为了获得自然资源，《淮南子·说山训》主张要优化自然环境，比如"欲致鱼者先通水，欲致鸟者先树木；水积而鱼聚，木茂而鸟集"。这种思想比"先王之法"有了发展，变被动保护为主动保护，充分发挥了人的主观能动性，正确地处理了生产与环境保护的关系，使环境保护具有很高的经济价值。

《淮南子·本经训》还提出乱世会使环境变坏的观点，说："逮至衰世，镌山石，锲金玉，擿蚌蜃，消铜铁，而万物不滋。剖胎杀夭，麒麟不游；覆巢毁卵，凤凰不翔……构木为台，焚林而田，竭泽而渔……而万物不繁，兆萌芽卵胎而不成者，处之太半矣。"这个观点与历史事实是相符的。凡乱世，法制混乱，有权者各行其政，分裂割据，无统一的权威，无统一的法制，自然资源得不到保护，破坏则不遗余力。因此，环境的好坏与社会的治乱紧密相连。

反过来，自然资源遭到破坏，环境变坏，也会引发社会动乱。这在《淮南子·本经训》中也作了阐述。曰："凡乱之所出生者，皆在流遁（即流失）。流遁之所生者五。"第一，大修宫室、楼台、栈道，装饰华丽，雕梁画栋，极尽木工之巧，使木材流失。第二，人工开凿湖泊、河流，修建人工流泉瀑布，以满足"龙舟鹢首，浮吹以娱"的生活，结果造成水的流失。第三，大修城郭，人工设置险阻；大修台榭、苑囿，以穷要妙之望，阙高如青云，大厦如昆仑，墙垣、甬道相连，积土为山，大修道路，直道夷险，"终日驰骛而无蹎陷之患"，结果造成土的流失。第四，开矿山，冶炼金属，铸造精美的器具饰品，这当中固然有生产工具，是发展生产少不了的，但许多饰品则是为了满足少数人的欲望，使金属流失。第五，熬盐制糖，造酸制酒，"焚林而猎，烧燎大木"，冶炼铜铁，"无厌足之日"，这样造成"山无峻干，林无柘梓"；还要用木材烧炭，用草烧灰，造成"野莽白素，不得其时"。火烧草木，冶炼铜铁，使空气受到污染，达到"上掩天光"的程度，地上的财物遭到破坏，这就是火的流失造成的。最后，作者强调："此五者，足以亡天下矣。"把环境看得如此重要，把环境好坏与天下存亡联系在一起，这在历史上是第一次。当然，正常的生产、生活还要保证，作者反对的是那种少数人为了满足私欲而毫无节制地掠夺自然资源，造成环境变坏的情况。所以，紧接着作者提出了与《周易》一致的节制观点，强调节俭。

《汉书·贡禹传》记载了贡禹关于环境保护的观点，认为开采矿物"凿地数百丈，销阴气之精，地藏空虚。不能含气出云；斩伐林木，亡有时禁，水旱之灾未必不由此也"。在这里，他提出采矿会导致气候变坏的观点是传统阴阳学说的推论，不符合实际。但他提出如果毫无节制地砍伐森林，会导致水旱灾害的观点则是十分正确的，至今仍然如此。

汉代，除了文献中记载的环保思想外，还有出土文物反映的环保思想，是环保思想在工艺上的体现。如：

1949年在长沙北门桂花园出土的铜牛灯，为西汉文物。它的耳下垂，腿矮小，两角从背上两侧以圆管状向上竖起并曲折会合为一，再向下扩大呈覆碗状，作为烟管。背中心有一圆洞，洞上置一带把圆灯盘，盘中有锥体，盘边缘设槽，用以放置挡风板，以防灯火被风吹灭。腹中空，可放置清水。在点灯时，烟通过烟管（即牛角）到达腹中，经过水洗排空，可以起到消烟除尘的作用[1]。铜牛灯是西汉环境保护的生活用品。

1968 年在河北满城西汉墓中出土的"长信宫灯"，也是环保生活用品。灯形是一个宫女双手执灯的形象，可以拆卸，灯盘可以转动，灯罩可以开合，因而可以随意调整灯光的亮度和照射的角度。宫女头部也可以拆卸，体内空虚，右臂与烟道相通，通过烟道来的蜡烛烟煤被容纳于体内，以保持室内的清洁[2]。

此外，还有山西朔县西汉墓出土的雁鱼灯，广西合浦汉墓出土的凤灯，江苏邗江甘泉汉墓出土的牛灯[3]，陕西神木出土的雁鱼灯，山西襄汾县吴兴庄汉墓出土的雁鱼灯[4]，长沙东门外柳家大山出土的闶翁主钉镶铜灯，长沙杨家大山西汉墓出土的铜灯[5]，结构基本相同，都是室内环保用品。出土这类铜灯数量之多，是别的朝代无法相比的。这就更加证明了汉朝人的环保观念很强，环保思想比较普遍深入人心。

二 环保政策法规

1975 年，湖北云梦睡地虎出土的秦律竹简条文中，有《田律》、《厩苑》、《仓律》等近 20 个标题。在《田律》中有环境保护、自然资源保护的内容：

> 春二月，毋敢伐材木山林及雍（壅）堤水。不夏月，毋敢夜草为灰，取生荔、麛卵毂，毋……毒鱼鳖，置井罔（网），到七月而纵之。唯不幸死而伐绾

---

[1] 高至喜. 牛灯 [J]. 文物，1959（7）.

[2]《考古》1972 年第 1 期第 8 页。

[3]《文物》1987 年第 6 期第 1 页。

[4]《考古》1989 年第 11 期第 981 页。

[5]《文物》1979 年第 7 勘第 92 页。

槕者，是不用时。邑之所（近）皁及它禁苑者，麛时毋敢将犬以之田。百姓犬入禁苑中而不追兽及捕兽者，勿敢杀；其追兽及捕兽者，杀之。河禁所杀犬，皆完入公；其它禁苑杀者，食其肉而入皮。

这段话含有十个内容：第一，春二月，禁止到山林中砍伐树林；第二，不许堵塞水道；第三，不到夏季，不准烧草作肥料；第四，禁止采集刚刚发芽的植物；第五，禁止捕捉幼小的野兽或捡拾鸟蛋及幼鸟；第六，禁止毒杀鱼鳖；第七，不许设置陷阱和网罟捕捉鸟兽，这条禁令到七月才解除；第八，居住地离养牛马的栏圈和其他禁苑近的人，在幼兽生长时，不得带猎犬去打猎；第九，百姓的猎犬进入禁苑，如不曾追捕或伤害苑中野兽时，不得随便处死猎犬；第十，在设有专门警戒的区域内打死猎犬，要将狗的尸体完整地上交官府，如果是在其他禁苑中打死猎犬，则吃掉犬肉，只上交狗皮。

《田律》在保护自然资源时，强调一个"时"字，发必有时，取必以时。这是我国迄今为止发现的最早的自然资源保护法律文献实物[1]。

汉代的法律形式有律、令、科、比。律已亡佚，少数律文在史书中引用，如《风俗通》中有"不得屠杀少齿"的律文，是保护幼小动物的。令即皇帝发布的诏令，在史书中保留了部分环境保护方面的诏令，如：

汉武帝元封六年（公元前105年）春正月诏令："无伐草木。"二月诏令："朕巡于北近，见群鹤留止，以不网罗，靡

---

〔1〕 罗桂环，王耀先，杨朝飞，等. 中国环境保护史稿 [M]. 北京：中国环境科学出版社，1995：51.

所获献。"[1]

汉宣帝元康三年（公元前 63 年）夏六月诏："令三辅毋得以春夏摘（抓）巢探卵，弹射飞鸟。具为令。"[2]

汉元帝初元三年（公元前 46 年），下诏告诫百官，"毋犯四时之禁。"[3]

东汉章帝元和二年（公元 85 年），诏曰："方春生养，万物莩甲，宜助萌阳，以育时物。"[4]

元和三年二月乙丑，敕侍御史司空曰："方春，所过无得有所伐杀。车可以引避，引避之；骓马可辍解，辍解之。《诗》云：'敦彼行苇，牛羊勿践履。'《礼》，人君伐一草木不时，谓之不孝。俗知顺人，莫知顺天。其明称朕意。"[5]

汉代，针对盗伐陵木，偷猎禁区动物等制定了严格的法律。《三辅旧事》载："汉诸陵皆属太常，又有盗柏者，弃市。"[6]《汉功臣表》载："元鼎四年（公元前 113 年），嗣侯张拾坐入上林谋盗鹿。"偷上林苑的鹿要坐牢，盗伐汉陵墓中的柏树，要杀头弃市，处罚相当严厉。

汉代，有些地方缺水，为了能够公平合理地利用水资源，制定了法令。南阳太守召信臣"为民作均水约束，刻石立于四畔，以防分争"[7]。这是合理分配水资源的地方行政法规。

〔1〕《汉书·武帝纪》。
〔2〕《汉书·宣帝纪》。
〔3〕《汉书·元帝纪》。
〔4〕〔5〕《后汉书·章帝纪》。
〔6〕《太平御览》卷九百五十四引。
〔7〕《汉书·召信臣传》。

第十节 矿物岩石知识

秦汉时期的矿物岩石知识，主要讲三个内容：一是考古文物资料中反映的矿物知识；二是文献中记载的矿物知识；三是秦汉时期对岩石的认识与利用。

一 考古文物资料中反映的矿物知识

根据笔者从《考古》、《文物》以及别的考古刊物中的资料统计，秦汉时期出土文物中反映的矿物和岩石有四类：

1. 金属矿物

金属矿物有金、银、铜（黄铜矿、孔雀石、斑铜矿、辉铜矿、胆矾、石青、石绿、曾青）、铁（磁铁矿、赤铁矿、褐铁矿、黄铁矿、磁石、土红、赭石、玄石）、锡、铅（白铅矿）、汞（丹砂）、锌（铅锌矿）等共26种，其中以铜、铁矿种最多，铜为8种，铁为8种。但铜、铁的这8种矿物以及其他金属矿物，在当时并不都是用来冶炼金属使用，

1　马蹄金

2　麟趾金

图4-6　马蹄金和麟趾金

而是作为中药或绘画颜料使用。如石青、石绿、曾青、土红、赭石等都是用作颜料，而赤铁矿、丹砂、白铅矿等，则既用来冶炼金属，又用来作颜料。有的还用作建筑材料，如秦始皇用磁石构筑咸阳北门。用金铸造货币，比春秋战国的郢爰有进步，如马蹄金和麟趾金（图4-6）。

2. 非金属矿物

非金属矿物有石墨、滑石、白膏泥、五花土、青膏泥、青

灰泥、云母、萤石、白石英、赤石脂、钟乳石、硫黄、煤、煤精、高岭土、石黄、矾石、长石、戎盐、石膏、雄黄、硝石、代赭石、禹余粮、礜石、雌黄、银金石、石英等，共计 28 种。其用途，有的作中药，有的作颜料，有的作坟墓的填土，有的作能源，有的作瓷器、陶器，有的作工艺装饰品，用途比较广泛。

3. 宝石

宝石有玉、玛瑙、琥珀、汉白玉、红宝石、绿宝石、水晶、青金石、绿松石、红珊瑚、金星石、紫宝石、珍珠、紫石英等，共计 14 种。主要用途是作工艺装饰品，少数用作中药或建筑、雕塑、印章、制造玻璃、琉璃的材料。

4. 岩石

岩石有石灰岩、砂岩、大理石、云母岩、板岩、花岗岩、祁阳石、云母片岩、泥页岩、页岩、砾岩、花蕊石、砂质页岩等，共计 13 种。其用途有的作建筑材料，有的作石器，如磨、石砚、石臼、石杵、石案、石桌、砺石等，有的作工艺品，石灰岩除了烧石灰外，还用于建筑材料、刻画像、作雕塑。

秦汉时期，从文物考古材料中反映的矿物、岩石种类，总计达 81 种，其中矿物（包括宝石）68 种，岩石 13 种。使用最多的是铜、铁、金、银、铅、丹砂、玉、玛瑙、滑石、水晶、砂岩、琥珀、绿松石、石灰岩、汉白玉、大理石、盐、雄黄等 18 种。

秦汉时期的绘画矿物颜料，从各地出土的壁画中得知，有土红、朱砂、朱膘、赭石、石黄、石青、石绿、石墨、白铅矿、石膏、银粉、锌白等 12 种。

二 文献中的矿物知识

1. 帛书《五十二病方》

帛书《五十二病方》，是长沙马王堆三号汉墓出土的帛书之一，是我国现已发现的最古老的医方。其字体为篆书，带有隶草笔意，应为公元前三世纪末的写本。它记载的矿物药有21种，即硝石、恒长（可能是长石）、澡石、囟殖土、灶末灰、灶黄土、井上甕鏧处土、匽土、井中泥、久溺中泥、冻土、盐（食盐）、戎盐、礜石、丹砂、雄黄、水银、铁（生铁）、锻铁者灰（落铁）、金铅、湮汲水（地浆）等。

2.《淮南万毕术》

《淮南万毕术》，西汉淮南王刘安（公元前179—前122年）主撰，今仅存清代孙冯翼的残篇辑录本[1]。其中记载了白青（碱式碳酸铜）、云母、曾青、朱砂、磁石、金、盐、雄黄、铁等9种矿物。

3. 司马相如《子虚赋》

西汉司马相如的《子虚赋》中记载了矿物、岩石20种，即丹（丹砂）、青（空青、曾青、白青之类）、赭（赤土、代赭、赤铁矿）、垩（白垩、白墡土、白陶土、高岭土）、雌黄（As_2S_3，三硫化二砷）、白坿（《汉书音义》曰："白坿，白石英也。"）、锡（矿物为锡石SnO_2）、碧（碧玉，青白色者）、金（Au）、银（Ag）、赤玉（赤瑾，软玉的一种）、玫瑰（石珠）、琳（玉的一种）、珉（石次玉者，即大理石、汉白玉）、琨珸（石之次玉者。《河图》云："流州多积石，名琨珸石，炼之成铁，以作剑，光明如水精。"）、瑊（石之次玉者）、玏

---

〔1〕 载《丛书集成初编》第 0694 册。

（石之次玉者）、玄厉（《汉书音义》曰："玄厉，黑石可用磨者。"即磨石，砂岩）、软石（石似玉者，如滑石、寿山石、青田石之类）、武夫（石似玉者）。

4.《神农本草经》

《神农本草经》成于西汉末东汉初，作者不详，乃后人伪托神农而作。记载矿物 39 种，没有讲矿物性质，重点讲药性。矿物的特性体现在命名和分类上，如颜色、磁性、流动性、细腻感觉、味觉等。其分类是按药性分上、中、下三品，矿物学的意义不大。

上品：丹砂、云母、玉泉、石钟乳、矾石、硝石、朴硝、滑石、空青、曾青、禹余粮、太一余粮、白石英、紫石英、五色石脂。共 15 种。

中品：雄黄、雌黄、石硫黄、水银、石膏、磁石、凝水石、阳起石、理石、长石、石胆、白青、扁青、肤青。共 14 种。

下品：孔公孽、铁、铅丹、粉锡、代赭石、戎盐、大盐、卤碱、青琅玕、白垩。共 10 种。三品总计 39 种。

5.《汉书·地理志》

《汉书·地理志》为东汉班固撰。记载的矿物、岩石有蓝田玉、铁、盐、石膏、铜、金、银、铅、锡、石油、天然气、文石等共 12 种，与《神农本草经》相比，它记载的矿物、岩石太少了。那个时代已经广泛使用的许多矿物、岩石，它都没有记载。

6.《计然万物录》

《计然万物录》，为东汉人伪托。此处文字据《玉函山房辑佚书》第十三函。所辑文字一共有 17 种矿物，另有一种见于《太平御览》卷九百八十七，现分述如下：

（1）玉英出蓝田。（玉英指软玉，蓝田今陕西蓝田县）

（2）黑铅之错，化成黄丹，丹再化之成水粉。（这里讲的是铅粉，即铅黄，成分 PbO，斜方晶系，常呈粉末状或细鳞片状集合体，黄色，光泽暗淡，硬度 2，比重 8～9，是方铅矿和其他含铅矿物氧化而成，可作黄色颜料）

（3）石流黄出汉中。（石流黄即硫黄，学名自然硫，成分 S，斜方晶系。晶体呈菱方双锥状或厚板状，通常呈粒状、块状、粉末状集合体，浅黄色，金刚光泽，断口呈油脂光泽，性脆，硬度 1～2，比重 2.05～2.08，断口贝壳状或参差状，主要产于火山岩和沉积岩中）

（4）石胆出陇西、羌道。[石胆即硫酸铜（$CuSO_4$），白色粉末。若含 5 个结晶水分子，则成蓝色晶体，称为胆矾（$CuSO_4 \cdot 5H_2O$）或蓝矾。陇西，今甘肃临洮南。羌道，今甘肃舟曲县北]

（5）赤石脂，出河东，赤者善。（赤石脂为高岭石，主要成分是 $Al_4[Si_4O_{10}](OH)_8$，与少量褐铁矿等细粒分散多矿物集合体，粘舌，有可塑性。河东，今山西夏县西北）

（6）凝水石，出河东，色白者善。[凝水石即硬石膏（$CaSO_4$），斜方晶系，晶体呈厚板状，白色、灰白色，玻璃光泽。硬度 3～3.5，比重 2.8～3.0，常与石盐、钾盐和光卤石共生]

（7）石钟乳，出武都，黄白者善。[石钟乳为碳酸钙（$CaCO_3$），学名方解石，集合体呈晶簇、粒状、钟乳状，是组成石灰岩的主要成分。武都，今甘肃成县西]

（8）禹余粮，出河东。[禹余粮，即褐铁矿（$Fe_2O_3 \cdot$

$n\mathrm{H_2O}$)]

（9）硝石，出陇道。[硝石，学名钾硝石（$\mathrm{KNO_3}$），斜方晶系，通常呈疏松皮壳状或针状集合体。无色或灰白色，玻璃光泽，硬度2。性脆，比重1.99，易溶于水，产于干燥地区的土壤、岩石表面或洞穴中。陇县，今甘肃张家川回族自治县。道为道上]

（10）滑石，白滑者善。（滑石 $\mathrm{Mg_3[Si_4O_{10}](OH)_2}$ 单斜晶系，通常呈叶片状或致密块状集合体，淡绿或白色，微带浅黄、浅褐、浅绿色，珍珠光泽，硬度1，比重2.7～2.8，有滑腻感）

（11）矾石，出武都。[矾石，即明矾石 $\mathrm{KAl(SO_4)_2(OH)_6}$，三方晶系，通常呈细粒状、土状或致密块状的集合体，白色，含杂质时常带浅灰、浅黄、浅红或浅褐色，玻璃光泽，硬度3.5～4.9，比重2.6～2.8]

（12）空青、曾青出巴郡。[空青，学名孔雀石 $\mathrm{CuCO_3 \cdot Cu(OH)_2}$，硬度3.5～4，比重3.9～4.03，单斜晶系，晶体呈针状，通常呈放射状或钟乳状集合体，绿色，玻璃光泽。巴郡，今重庆市北嘉陵江北岸。曾青，学名蓝铜矿 $\mathrm{Cu_3(CO_3)_2(OH)_2}$，又叫石青，单斜晶系，晶体呈柱状或板状，通常呈粒状、块状、放射状，以及土状和皮壳状集合体，蓝色，玻璃光泽，硬度3.5～4，比重3.7～3.8，常与孔雀石共生]

（13）白青，出新淦，青色者善。白青又出巴郡。[白青，似指部分风化的硫酸铜（$\mathrm{CuSO_4}$），白色粉末，吸水复呈蓝色，有毒。新淦，今江西清江县境内]

（14）卢青，出宏农、豫章。（卢青，按《神农本草经》有肤青，无卢青。陶弘景云："俗方及仙经并无用者，亦相与不复识。"宏农，宏当作弘，避清高宗弘历讳，改弘为宏。弘

农，今河南灵宝北。豫章，今江西南昌市）

（15）石赭，出齐郡，赤色者善。蜀赭出蜀郡。［石赭，应为代赭，学名赤铁矿（Fe_2O_3），三方晶系，晶体呈菱面体或板状，硬度 5.5～6，比重 5.0～5.3。齐郡，今山东淄博市。蜀郡，今四川成都市］

（16）青㺚，出三辅。［青㺚，学名石墨（C），呈鳞片状或块状集合体，黑色，半金属光泽，硬度 1，比重 2.09～2.23，具滑腻感。三辅，今陕西中部地区］

（17）龙骨，出河东。（龙骨，我国对脊椎动物的骨骼化石和牙齿化石的俗称）

（18）礜石，出汉中，色白者善。［此条《玉函山房辑佚书》未收，见于《太平御览》卷九百八十七。礜石即砷黄铁矿，又名毒砂（FeAsS），单斜或三斜晶系。晶体呈柱状，集合体常呈粒状和致密块状，锡白色，金属光泽，硬度 5.5～6，比重 5.9～6.2，性脆］[1]

7.《汉简》

《汉简》，指 1973 年甘肃武威旱滩坡东汉早期墓中出土的医药简牍，简文中所列矿物药名有 17 种，即钟乳、磁石、长石、戎盐、丹砂、玄石、矾石、龙骨、石膏、雄黄、曾青、硝石、滑石、代赭石、赤石脂、禹余粮、礜石。多数见于《神农本草经》。是当时常用的矿物药。

8.《说文解字》

《说文解字》，东汉许慎撰，涉及了不少矿物、岩石知识。

---

〔1〕 括号内的说明见李仲均的文章"《计然万物录》矿物药疏证"，载《河北地质学院学报》1990 年 13 卷 3 期。又载《李仲均文集》第 99－105 页，西安地图出版社，1999 年。

比如玉部有玉石名称 21 个；丹部有矿物名称 2 个；厂部有岩石名称 8 个；石部有矿物名称 2 个，岩石名称 15 个；金部有矿石名称 16 个；土部有土壤名称 15 个。总计矿物（包括土壤）、岩石名称 79 个。其中许多古字，现在已不用了。但仍有一些至今通用，如：金、银、铜、铁、铅、锡、土、壤、磬、砚、丹、玉等。

9.《周易参同契》

《周易参同契》，东汉魏伯阳著。里面记载了一些炼丹矿物药，如铅、金、朱砂、雄黄、云母、空青、硫黄、戎盐、硝石、雌黄、水银、铅粉、石胆（胆矾）、磁石、琅玕、礜石、硇砂等共 17 种。

10.《出金矿图录》

《出金矿图录》1 卷，东汉末狐刚子著，专述金银矿的冶炼，书已散佚，但要点收入《九丹经诀》卷九中。狐刚子在此书中首先讲金、银的地质分布规律，指出金矿或在水中或在山上，即已把金矿分为沙金和山金（脉金）两类。

关于沙金，书中讲："水中者其如麸片、棋子、枣豆、黍、粟等状。""水南北流，金在东畔。""入沙石土下三寸或七寸。""水东西流，金在南畔生。""入沙石土下五寸或九寸。"这些都是"第一上金"，是质地较好的金矿。

关于山金，书中说："山中者其形皆圆。""山东西者，金在北阴中。""根脉向阳，入地九尺或九十尺，杂沙夹石而生，赤黄色，细腻滑重，折之不散破；以火消镕，色白如银。以药搅和，入八风炉淘石炼成之。""山南北者，金在西阴中生也。""带水杂沙，挟石出而生，深浅如上也，入杂沙挟土下，根脉向阳，或七尺，形质如上……此谓第二金也，变白搅和，入八风炉，淘石炼如上。"

这些文字表明，我国早在汉代已开采山金，而且对金矿矿脉分布规律已有颇具见地的认识。此外，狐刚子在论述寻找金矿脉的同时，还特别指出要注意辨别伪金矿。书中写道："其'金矿'若在水中，或在山上浮露出形，非东西南北阴阳质处而生，大小皆有棱角，青黄色者尽是铁性之矿，其似金，不堪鼓用。"他说的这种"有棱角，色青黄"的铁质矿石，就是后世葛洪、陶弘景说的金牙石，是某种硫化铜铁矿石（$CuFeS_2$），也可能是黄铁矿（FeS_2）。

书中还谈到金矿石的冶炼——出金矿法。他针对不同的金矿品种，提出了各自的工艺过程。在冶炼过程中，还要用别的矿物，如甘土作锅，下盐末，用黄矾石（硫酸铁）、石硫黄（硫黄）、曾青、石胆、朱砂、雄黄（即鸡冠石，As_2S_2）、朴硝、硇砂、白矾、水银、锡、密陀僧（PbO）、紫石英、雌黄（As_2S_3）、铅、砒黄（氧化砷）等。

狐刚子还谈到了"出银矿法"，即从银矿石中提炼白银的方法，首先是吹灰法，里面提到的矿物有白矾石、硇砂、铅等[1]。

三　秦汉时期对岩石的利用

在上述"考古文物资料中反映的矿物知识"小节中，已列出了秦汉时期使用过的岩石名单。根据这份名单，我们进一步叙述使用情况。

1. 石灰岩

主要用于烧石灰，制石磬（咸阳杨家湾汉墓出土编磬）、

---

〔1〕　赵匡华. 狐刚子及其对中国古代化学的卓越贡献［J］. 自然科学史研究，1984（3）：224－235.

砚（如湖南郴州东汉墓出土青石砚板一套2件，嘉峪关东汉墓出土青石砚一方，河北沧县东汉墓出土青石砚2件）、画像石（山东沂南汉画像石墓）、石雕像（如石家庄发现汉代裸体石雕人像两尊，一男一女）、建筑石料（如秦始皇陵寝殿建筑遗址，出土有石灰岩柱石、阶犀、阶级，四川郫县东汉墓出土石棺、石田模型，河南密县东汉墓用一千多立方米石灰岩砌筑墓室）、家用器具（如马槽、石臼、石杵、石磨、石案、石柜）等。

2. 砂岩

主要用来制造石器，建筑基石和雕塑。如都江堰出土的汉代石像；湖北江陵凤凰山汉墓出土的石砚1件，细砂岩；河南南阳汉代铁器作坊遗址出土犁铧模和铸范；四川郫县东汉墓门石刻，用黄砂岩石板刻制；西汉南越王墓室全部用砂岩大石板砌筑；咸阳西汉墓出土磨石5件；江苏仪征西汉墓出土石磨1件；江苏盐城汉墓出土砺石1件；河北定县东汉墓石椁用四千多块砂岩砌成。

3. 页岩

页岩的主要用途是制石砚和砺石。

4. 砾岩

砾岩主要作建筑材料，如山东沂南画像石墓用部分砾石砌筑。

5. 大理石

大理石的用途也比较多，如制作石琀、石塞、石猪、石枕、石羊、石案、石鼻塞、石眼障、石耳塞、石肛门塞等。

6. 花蕊石

只有一例，作中药。四川成都东汉墓出土储药罐中，就有此石。

7. 花岗岩

花岗岩的主要用途一是雕塑艺术品；二是作建筑材料；三是作石器。江苏泰州东汉墓出土花岗岩石臼 1 件；西安附近所见花岗岩石雕像共 11 件，有人像、动物像；陕西兴平市霍去病墓前的 16 件大型立体石雕艺术品，又称巨型圆雕；吉林永吉秦汉石棺墓出土花岗岩石棺。

8. 沙质页岩

只有一例，作砺石，吉林榆树市东汉墓出土。

9. 矾石

只有一个地方出土，即陕西潼关东汉墓出土石砚 14 件，石臼 2 件，石熨斗 1 件，均为雪白色矾石制成。

10. 板岩

主要用来制石器，如石砚等。

11. 云母岩

用来作石砚，如江苏盐城汉墓出土云母岩黛板 2 件。

12. 祁阳石

长沙魏家堆西汉墓出土石器 21 件，有璧、印、剑格、带钩、璲、珌、镜、羽觞，都是用白色祁阳石雕成。

第五章　魏晋南北朝时期的地学

从汉末群雄割据到隋朝一统南北的四百余年间，中国基本上处于分裂状态，或南北对峙，或群雄割据。在这种社会历史条件下，中国地学并未停滞不前，而是持续不断地发展，并在某些学科取得了突出的成就。下面分七个方面概述这一时期中国地学发展的情况，首先简明分析社会环境对地学发展的影响。

第一节　社会环境对地学发展的影响

魏晋南北朝时期，战乱频繁，众多政权更迭。在这个漫长的历史阶段，除西晋有过短暂的统一之外，国家长期处于南北分裂的状态。在这种社会历史条件下，中国地学并未停滞不前，更未像同时期的欧洲那样沦为"黑暗时期"，而是持续不断地发展，并在某些学科取得了突出的成就。我们认为以下几个方面的因素极大地促进了魏晋南北朝时期地学的发展[1]。

一　对传统文化的继承，奠定了中国地学发展的基础

魏晋南北朝时期，中国社会虽然基本上处于分裂、割据的动荡环境中，但是中国古老的文化传统不仅没有遭受破坏，而且还被保留和继承下来。在这个时期，无论是汉族内部的政权纷争，还是外族入侵的少数民族政权的建立，大都没有抛弃汉族的基本文化思想传统，有些还对汉文化思想传统进行了吸收和发展。

〔1〕赵荣.魏晋南北朝时期的中国地理学研究［J］.自然科学史研究，1994，13（1）：65－75.

正是在这一历史环境中，魏晋南北朝的地学亦是在继承以前地学思想的基础上，取得了丰硕的成果。这一时期，地学的最重要成果——《水经注》，征引前人文献 477 种、金石碑碣 358 种，可见它是在对过去的资料进行收集、总结、概括的基础上完成的。晋虞挚的《畿服经》、魏阚骃的《十三州记》等全国性地理著作，都是以之前大量地理记述为基础，再经加工、整理、综合而成。东晋葛洪所著的包含丰富矿物学知识的《抱朴子内篇》中的"金丹"、"黄白"和"仙药"诸篇的内容基本上是从其师祖辈传授所得[1]。在气象气候学上，是力行汉制的北魏首次将用于指导农事活动的物候历——七十二候列入历法中。在陆路交通上，虽然打破了秦汉高度一体化的格局，但是却承袭了秦汉的管理体制和方法。

二　北方少数民族的南下和汉族政治中心的南迁，加速了地学尤其是区域地理认识的发展

在相当长的时期里，黄河中下游一直是全国政治、经济、文化的中心所在。然而，自东汉末三国分立，北方中原地区便逐渐失去作为全国唯一中心的特殊地位。三国时代，孙吴政权以苏杭为中心，刘蜀则以四川盆地、汉中盆地为中心。至西晋末年的"五胡之乱"，北方少数民族大举南下，作为汉族政治、文化象征的东晋王朝偏安江左，更是开始了对江南广大地区的大规模开发经营。

我国著名的地理学家陈桥驿先生将公元 4 世纪初至公元 6 世纪末后期"发生在中国境内的巨大人群所经历的地理变迁"

---

〔1〕　赵匡华，蔡景峰. 中国古代科学家传记·葛洪：上册 ［M］. 北京：科学出版社，1992：197.

称作"地理大交流"[1]，并将其与西方的"地理大发现"媲美。

这场人类历史上大规模的地理迁移，涉及范围极为广泛；参与人口众多，南北朝时，南迁的北方人约90万，占南朝人口总数近六分之一[2]；延续时间之长，达近三百年。

在这一"地理大交流"的过程中，新、旧地理环境引发了人们现实生活和思想上的强烈碰撞。大群生活在北方草原的游牧民族，放弃了"天苍苍野茫茫"的自然环境和"风吹草低见牛羊"（南北朝《敕勒歌》）的游牧生活，跨过长城，进入中原，定居到这片对他们来说完全陌生的土地上，从事农业活动。而原来定居在中原地区的广大汉族人民则放弃世代居住的这片干燥平坦的小麦产区，迁移到低洼潮湿的江南稻作区。

"地理大交流"促使中国古代地学观发生了重大转变。秦汉以前，中国地学家受主客观条件的约束，活动范围十分有限，所掌握的地学知识亦较贫乏。他们在对地学现象进行描述和解释时，往往穿插了大量神话和假说。春秋战国时期最重要的地学著作《禹贡》和《山海经》等无不如此。其地图绘制虽有马王堆西汉地图那样的精品，但多数"不设分率，又不考准望"（《晋书·裴秀传》）。

波澜壮阔的"地理大交流"，为地学家深入实际、开阔眼界、增强地学感性认识提供了天然良机。而他们纷纷亲身参加野外考察，努力地深入实际去获得第一手的资料，从而开创了地学研究重视考察的新风气。大量生动、细致的记录和描述，正是他们深入地学实践的真实反映。勤勉的野外考察大家——

〔1〕 陈桥驿. 郦道元和《水经注》以及在地学史上的地位 [M] //郦学新论. 太原：山西人民出版社，1992：50－52.

〔2〕 马正林. 中国历史地理简论 [M]. 西安：陕西人民出版社，1987.

北魏的郦道元足迹遍及今河南、山东、山西、河北、安徽、江苏、内蒙古等地，所到之处无不细心观察和深入研究，最后方完成中国地学史上最著名的河流水文著作《水经注》。东晋高僧法显在空前艰难的万里远游中，仍然细心观察并翔实记录，最后完成了世界上最古老的旅行纪实之一——《佛国记》。

正是在"地理大交流"的时代里，与地学有关的著作、地记、游记等纷纷问世，其数量之多，更是前代所不能比拟的。专门记载各地自然和人文情况的著作——地记在这个时期空前繁荣，著作数量大且分布范围广，如仅《荆州记》就有范汪、盛弘之、庾仲雍、郭仲产、刘澄之等人所撰6种。地记著作中出现了不少记述南方地区的著作，尤其是"异物志"（描述当时中原认为"奇异"的事物的地记）较为发达，如杨孚的《交州异物志》、沈莹的《临海水土异物志》和朱应的《扶南异物志》等等。区域地理志的发达，是"地理大交流"的必然结果。

而对南方广泛分布的各种岩溶地貌的丰富和详尽的记述以及对南方特有的梅雨、台风气象的较为准确和详细的记载，则是"地理大交流"时代地学认识飞速发展的最具有代表性的标志。

三　多种宗教哲学思想的传播，促进有关地学认识的进步

两汉时期，儒学思想是国家统一的基本思想。至魏晋以降，则出现了佛学、儒学、道学等不同哲学思想相互竞争并存的新局面。

在这种学派纷争的情况下，宗教哲学思想不仅没有禁锢和扼杀当时还处于简单认识为主的地学进步，相反，由于各种宗教信仰促成的旅行探奇、炼丹制药等实践活动，在客观上促进了地学的发展。

魏晋南北朝时期，在不同哲学思想相互竞争的环境下，中国古代"论天六家"全部产生。而且，在南朝梁代还出现了关于天体理论的热烈讨论，从而使人们对大地形态及其在宇宙中的位置等基本地理问题形成了一些新的认识。

中国本土的道教，至魏晋南北朝时期极为发达。大量道教信徒隐居山林，修身养性，采炼丹药，以期长生不老，成为神仙。这一时期，由于盛行服用石药，从而使道士尤其是炼丹家对能炼制石药的各种矿物格外注意，即对这类矿物的属性和分布进行了更为深入的观察和研究。因此，道士对这一时期矿物学知识的发展起了较大的推动作用。两晋南北朝时期的两位道教大师葛洪和陶弘景都热衷于炼丹术。他们在对炼丹术作出重要贡献的同时，对矿物学的发展亦作出了重要的贡献。

此外，由于钟乳类矿物是炼制丹药的重要原料之一，因此道士们四处寻求探访。这使道士对钟乳类矿物的产地——溶洞格外地留心观察。道士们热衷于探研溶洞，是这一时期溶洞地貌认识飞速发展的重要因素之一。魏晋南北朝时期，不仅对多种岩溶地貌有较为翔实的描述，而且首次正确指出钟乳石的成因。

佛教自东汉传入我国后，至魏晋以降更为兴盛。众多的佛教徒为了探求佛教原义和顶礼膜拜佛教圣地，不畏艰险，跋山涉水，前往佛教发源地——天竺（今印度）。佛教徒西行求法热潮的掀起，对中亚、南亚等地区的地理认识的深化起了巨大的推动作用。这一时期许多域外地理著作是佛教徒撰写的，其中以《佛国记》最为著名，足见佛教对这一时期域外地理认识的积极作用。

第二节　大地形态认识的发展

魏晋南北朝时期，一方面在大地形态认识上除了在汉代形成的三个独特学派——浑天说、盖天说和宣夜说，而且浑天说仍占据主导地位，又出现了一些有关宇宙结构理论的学说——昕天说、穹天说和安天说；另一方面在大地形态认识上呈现出一种活跃的学术争辩的热潮，标志着人们对大地形态及其在宇宙中的位置等基本地理问题认识的深入。

在这一时期，古代印度的宇宙理论随着佛教的传入，在中国渐次传播开来，其中有关天地结构的须弥山说是其中传播较广、影响较大的理论之一。

一　浑天说、盖天说和宣夜说的大地形态观

（一）浑天说的大地形态观

浑天说形成于汉代，至魏晋南北朝时期迅速发展，成为占统治地位的宇宙理论。

三国吴时的陆绩（公元187—219年）是这一时期浑天说的代表人物。他在《浑天仪说》中抛弃了张衡天地直径相等的观点，明确提出大地为球形的浑天说：

> 天大地小，天绕地，半覆地上，半周地下，譬如卵白，白绕黄也。[1]

吴国的王蕃（公元228—266年）撰《浑天象说》论证浑天说具有盖天说或宣夜说所难以比拟的优越性。其中有关天地结构方面的内容为：

> 前儒旧说，天地之体，状如鸟卵，天包地外，犹

---

〔1〕　〔唐〕瞿昙悉达：《开元占经》卷一。

壳之裹黄也。周旋无端，其形浑浑然，故曰浑天也。

　　……天体员如弹丸，地处天之半，而阳城（今

河南登封）为中……[1]

可见王蕃仍然继承了张衡的地平概念，同时还把阳城为地

中的观念明确引入浑天说中。

曹魏至西晋年间的刘智在《论天》中说：

　　浑仪以天裹地，地载于气……

　　今日以千里之径，而地体蔽之，则暗虚之荫将过

半矣。[2]

刘智在新浑天说（图5-1[3]）中，大胆地提出了天地之

间充满了气，地则依靠气的承载而悬浮于天之内；但是他仍承

袭了浑天说地体过大的缺陷。

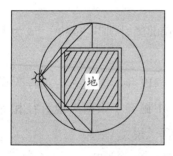

图5-1　刘智所述浑天说
地体大小示意图

图5-2　东吴葛衡"浑天象"
示意图

为了演示天象和用于表彰浑天说的正确性，浑天家还创制

了有关的仪器。东吴葛衡改作浑象成浑天象："吴有葛衡，字

　　[1][2]　[唐]瞿昙悉达：《开元占经》卷一。

　　[3]　陈美东.中国天文学大系·中国古代天文学思想 [M].北京：中国科
学技术出版社，2008：139.

思真，明达天官，能为机巧，作浑天，使地居于中，以机动之，天转而地止，以上应晷度。"[1]这架浑天仪明确指出"地居于中"（图5-2[2]）。

陆绩所造的浑象"形如鸟卵"[3]，这是以天形为东西略长于南北的椭圆思想的反映[4]。

东晋时前赵刘曜光初六年（公元323年），史官丞南阳孔挺造一座铜浑仪。《隋书·天文志》详载这座由两重环圈和一根窥管（衡）构成浑仪的形制[5]。这是最早留下详细结构的浑仪，至梁代还被安置在华林重云殿前[6]。

刘宋元嘉十三年（公元436年），太史令钱乐之以铜铸成浑天象：

> 径六尺八分少，周一丈二尺六分少，地在天内……[7]

北魏永兴四年（公元412年），都匠斛兰制作太史候部铁仪[8]。这是中国古代唯一以铜铁合铸成的浑仪。

（二）盖天说的大地形态观

产生于殷周之际的盖天说，至魏晋南北朝时期进一步发展，出现了第二次盖天说（图5-3）。据《晋书·天文志》记

---

〔1〕　[晋] 陈寿：《三国志·吴书·赵达传》注引《晋阳秋》。

〔2〕　潘鼐. 中国古天文仪器史（彩图本）[M]. 太原：山西教育出版社，2005：5.

〔3〕　[唐] 瞿昙悉达：《开元占经》卷一。

〔4〕　陈美东. 中国科学技术史·天文学卷 [M]. 北京：科学出版社，2003：232.

〔5〕　陈美东. 中国科学技术史·天文学卷 [M]. 北京：科学出版社，2003：248-249.

〔6〕　[唐] 魏徵：《隋书·天文志上》。

〔7〕　[梁] 沈约：《宋书·天文志一》。

〔8〕　[唐] 魏徵：《隋书·天文志上》。

载此说为：

> 天象盖笠，地法覆槃，天地各中高外下。北极之
> 下，为天地之中，其地最高，而滂沲四隤，三光隐
> 映，以为昼夜。

图5-3 第二次盖天说示意图

（引自：郑文光、席泽宗《中国历史上的宇宙理论》）

第二次盖天说与第一次的区别在于，它不以地为平整的方形，而是一个拱形。在这一时期，盖天说已极为普及，甚至被编成民歌，南北朝时期鲜卑族歌手斛律金（公元6世纪）创作的民歌《敕勒歌》中有：

> 敕勒川，阴山下。天似穹庐，笼盖四野。天苍
> 苍，野茫茫，风吹草低见牛羊。[1]

（三）宣夜说的大地形态观

相传出自殷代、由汉代郗萌（公元2世纪）记述的宣夜说，在这一时期亦有了一定的发展。三国的杨泉在《物理论》中进一步论证了宣夜说宇宙无限的思想：

> 夫地有形而天无体。譬如灰焉，烟在上，灰在下

---

　〔1〕 人民文学出版社编辑部.汉魏六朝民歌选［M］.北京：人民文学出版社，1959：55.

也。

魏晋时人的托名伪作《列子》"天瑞篇"中著名的杞人忧天的故事，对宣夜说有精彩的论述，其中有关大地的内容为：

> 其人日：奈地坏何？晓之者日：地积块耳，充塞四虚，亡处亡块，若躇步跐蹈，终日在地上行止，奈何忧其坏。

二　昕天说、安天说和穹天说的大地形态观

魏晋南北朝时期，出现了3种有关大地形态的新学说。虽然它们都未摆脱盖天说的理论体系，即认为地球是一个块体，但是在对大地范围、宇宙观察等认识上却都进一步发展了盖天说的宇宙结构理论。

（一）三国吴姚信：昕天说

三国时吴国太常姚信曾撰《昕天论》一卷，阐述其提出的昕天说。此书早佚，据《晋书·天文志》记载其说为：

> 人为灵虫，形最似天。今人颐前侈临胸，而项不能覆背。近取诸身，故知天之体南低入地，北则偏高。又冬至极低，而天运近南，故日去人远，而斗去人近，北天气至，故冰寒也。夏至极起，而天运近北，故斗去人远，日去人近，南天气至，故蒸热也。极之高时，日行地中浅，故夜短，天去地高，故昼长也。极之低时，日行地中深，故夜长，天去地下，故昼短也。

姚信提出的昕天说是以人的身体结构来类比天地的结构。他认为人的身体前后不对称，前面的下颌突出，而后脑勺却是平的。天似乎也是这样：南北不对称，南低北高。并以此说明冬夏气候变化与昼夜长短的不同：冬至太阳离天顶远，故而天

气寒冷，又因为太阳入地下深，故夜长昼短；夏至时太阳离天顶近，故天气炎热，又因太阳入地下浅，故昼长夜短。从总体上看，姚信的昕天说，仍将地球看作天底下的一个块体，而不是球体。

（二）东晋虞昺、虞耸兄弟：穹天说

东晋时，为了试图给盖天说的天地结构之所以不坠不陷一个合理的解释，出现了穹天说。据陈美东考证，虞昺、虞耸兄弟分别阐述了穹天说[1]。

《太平御览》卷二记载虞昺的穹天说为：

> 天形穹隆如笠而冒地之表，浮元气之上，譬覆奁以抑水而不没者，气充其中也。日绕辰极，没西（南[2]）而还东，不入地中也。

《晋书·天文志上》记载虞耸的穹天说云：

> 天形穹隆如鸡子，幕其际，周接四海之表，浮于元气之上，譬如覆奁以抑水而不没者，气充其中故也。日绕辰极，没西而还东，不出入地中。天之有极，犹盖之有斗也。

虞昺、虞耸兄弟的穹天说仍属"天圆地方"的盖天说体系，但是却有所发展：首先是它全面地接受了邹衍的大九州说，认为大地四周为大海环绕，天幕连接着大海；其次受到元气说的影响，提出大地与天壳之间充满了气，气托着天穹，使它不致塌陷，因此就不需要不周山之类的擎天柱了。穹天说不仅明确地指出了宇宙的无限性，而且提出日月星辰的运行如同

---

〔1〕 陈美东.中国天文学大系·中国古代天文学思想［M］.北京：中国科学技术出版社，2008：99－100.

〔2〕 据［清］严可均辑《全三国六朝文·全三国文》卷八十二订正。

海洋的潮汐一样是有规律的。

（三）东晋虞喜：安天说

东晋咸康年间（公元 335—342 年），会稽虞喜（公元281—356 年）"著《安天论》，以难浑、盖"[1]。《安天论》6卷已佚，据《晋书·天文志上》记载其说为：

> 天高穷于无穷，地深测于不测。天确乎在上，有常安之形；地魄焉在下，有居静之体。当相覆冒，方则俱方，圆则俱圆，无方圆不同之义也。其光曜布列，各自运行，犹江海之有潮汐，万品之有行藏也。

安天说是在宣夜说的基础上提出的一种宇宙理论。宣夜说产生后，不少人认为，天如果没有一层硬壳，日月星辰只是在气中飘浮，那就难免要掉下来[2]，故以安天为名。安天说认为天在上，地在下，地是一个静止、无限深厚的地块，并提出了日月星辰运行的规律和天地形状必须统一。安天说也仍未摆脱盖天说的体系。

三　浑天说与盖天说的论战

先秦直观朴素的盖天说在汉代被较为先进的浑天说理论取代之后，至魏晋南北朝时期，随着人们对天体观察的一些新理解和认识，盖天说的宇宙理论又活跃起来，并先后产生、完善了昕天说、穹天说和安天说 3 种宇宙理论。自此，中国古代"论天六家"全部产生。[3]

多种宇宙理论的问世，引起人们对天体理论包括地球认识

---

〔1〕　[唐] 房玄龄：《晋书·虞喜传》。

〔2〕　《列子》云："杞国有人忧天地崩坠，身无所寄，废寝忘食者。"

〔3〕　郑文光，席泽宗．中国历史上的宇宙理论 [M]．北京：人民出版社，1975：58 - 87.

的热烈讨论，并由此引发了中国历史上第一次的浑天说与盖天说的大论战。

据《隋书·天文志》记载，南朝梁普通六年（公元525年），梁武帝萧衍（公元464—549年）组织儒生在长春殿观察天体并撰写经义，大力提倡盖天说，使盖天说成为梁代的官定理论。梁普通年间（公元520—527年），甚至还创建了一座体现梁武帝金刚说基本思想的寺院——同泰寺。这大约是中国古代最详备、规模最大的体现盖天说的建筑模型。[1]

在浑盖双方的激烈争论中，甚至出现了试图综合二家之说的人士。梁国子博士崔灵恩提出了浑盖合一说：

> 先是儒者论天，互执浑、盖二义，论盖不合于浑，论浑不合于盖。灵恩立义以浑、盖为一焉。[2]

北齐信都芳在《四术周髀宗》自序中也认为浑盖二说"大归是一"：

> 浑天覆观，以《灵宪》为文；盖天仰观，以《周髀》为法。覆仰虽殊，大归是一。[3]

四　佛家须弥山说的天地结构论

至迟在西晋时期，古代印度的宇宙理论已随着佛教传入中国。佛教的须弥山说是古代印度天地结构理论中的主要论说之一。

据后秦佛陀耶舍与竺佛念合译《四阿含》中的《长阿含经》（*Dirgagamas*）记载：

---

〔1〕 陈美东. 中国天文学大系·中国古代天文学思想 [M]. 北京：中国科学技术出版社，2008：109.

〔2〕 [唐] 姚思廉. 梁书·儒林传·崔灵恩传 [M]. 北京：中华书局，1974：677.

〔3〕 [唐] 李延寿：《北史·艺术传上》。

四洲地心即是须弥山，山外别有八山围须弥山下，大海深八万四千由旬[1]。其边八山，大海初广八千由旬，中有八功德水，如是渐系至第七山下，水广一千二百五十由旬，其外咸海广于无际，海外有山即是大铁围山，四周围轮并一，日月昼夜回转，照四天下，名为一国土。[2]

　　从上述引文可知须弥山说的主要图像：须弥山、四大洲以及周围的八千天下、四大洲之外的大金刚山和第二金刚山等均浮在大海之上，接近四大洲周围的都是海，须弥山到四大洲之间有山水，须弥山居于

图 5 - 4　须弥山模式表意图

四大洲的中央，日月星辰均绕须弥山中腰自东向西运转不已。与盖天说比较，须弥山说关于地的描述要详细得多，而且更富想象力。须弥山说对地的总体形态未做明确论述，但它显然认为四大洲等要比须弥山低得多。须弥山说认为地在水中，这点与浑天说相近。[3] 图 5 - 4 为须弥山模式表意图[4]。

　　虔诚的佛教徒梁武帝根据印度的须弥山说提出金刚山说：

　　　　四大海之外有金刚山，一名铁围山，金刚山北，又有黑山。日月循山而转，周回四面，一昼一夜，围

〔1〕　由旬：古印度计程单位。

〔2〕　[唐] 道世：《法苑珠林》卷四。

〔3〕　陈美东．中国科学技术史·天文学卷 [M]．北京：科学出版社，2003：257 - 259.

〔4〕　王海林．三千大千世界关于佛都宇宙观的对话//潘鼐．中国古天文仪器史（彩图本）[M]．太原：山西教育出版社，2005：248.

绕环匝。于南则现，在北则隐。[1]

由此可见梁武帝的金刚山说完全类同于佛教须弥山说，只是将"须弥山"换成了"金刚山"。图5-5、图5-6为陈美东绘制的须弥山说和金刚山说的天地结构示意图[2]。

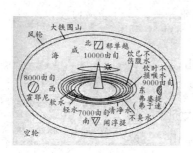 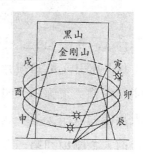

图5-5　陈美东绘制的须弥山说
　　　　的天地结构示意图

图5-6　陈美东绘制的金刚山
　　　　说的天地结构示意图

第三节　国内区域地理认识的发展

魏晋南北朝时期，在国内区域地理的认识上取得了长足的进步，主要表现在两个方面：一是以综合记载国内某地区自然和人文情况为特点的方志的兴盛，极大地促进了对国内区域地理认识的发展；二是对国内自然地理特征的认识得到了深入发展，尤其是在陆地水文地理、岩溶地貌和生物地理等方面取得了较大的成就。

一　区域性史地著述的涌现

魏晋南北朝时期，各类区域性史地著述名目繁多、广泛涌

〔1〕［唐］瞿昙悉达：《开元占经》卷一。

〔2〕陈美东. 中国科学技术史・天文学卷［M］.北京：科学出版社，2003：257-259.

现[1]，从而使全国及各地的自然地理和人文地理情况得到较前代更为详细和准确的记述。这一时期的区域性史地著述大致可分成以下四类：

（一）地理志与地理总志

战国时期成书的《禹贡》开创了以区域的角度记述各地区地理的方法，堪称全国性区域地理志的雏形。秦汉时代编撰的大量图籍和郡国志为全国性地理总志的编纂准备了资料。东汉班固编纂《汉书·地理志》创立以区划为纲，然后分条附记其山川、物产等内容的著述体例，为以后正史地理志的写作树立了规范。魏晋南北朝时期，正史地理志和地理总志体例已较完备，地理内容较丰富。

魏晋南北朝时期成书的正史著作中4部有地理志：

晋司马彪（公元240—306年）编纂的《续汉书·郡国志》5卷。《续汉书》散佚较早，但是其中《郡国志》因被补入范晔《后汉书》而流存。这部地理志对《汉书·地理志》中已详言的相关情况略而不记，而是注重东汉郡国较前的增减情况，且分类较《汉书·地理志》更为清晰。

梁沈约（公元441—513年）编纂的《宋书·州郡志》4卷。这部根据《太康地理志》编写的地理志[2]，不仅补魏晋史书无地理志之缺，而且内容精确详明。该志在地理沿革和户口统计之外，还记录了侨州郡县的分布和去京都的水陆里程。

梁萧子显（公元448—537年）编纂的《南齐书·州郡志》

〔1〕 黄燕生. 中国历代地方志概述 // 来新夏. 中国地方志综览（1949 - 1987）[M]. 合肥：黄山书社，1988.

〔2〕 [梁] 沈约. 宋书·州郡志 [M]. 北京：中华书局，1974：序言.

2 卷。此志是根据江淹《齐史·州郡志》改写[1]，比较准确地反映了南齐行政区划及其变化情况，但是不著户口。

北齐魏收（公元 506—572 年）编纂的《魏书·地形志》3 卷。此志于州之下有郡县数，户、口数。州、郡、县之下有建置沿革、城池、物产、气候、植物、山川湖泽、水利工程、地貌类型、祠、墓等注文，是最为精详的正史地理志之一。[2]

魏晋南北朝时期，以全国区域为范围编纂的地理总志有：曹魏张宴的《地理记》、《太康三年地记》，晋王隐的《地道记》、张勃的《吴录地理志》、乐资的《九州要记》、挚虞的《畿服经》，南朝陈顾野王的《舆地志》，北魏阚骃的《十三州志》，等等。[3]其中体例较为完备的是《畿服经》。《隋书·经籍志》谓：

晋世，挚虞依《禹贡》、《周官》作《畿服经》，其州、郡及县分野、封略、事业、国邑、山陵、水泉、乡亭、道里、土田、民物、风俗、先贤、旧好靡不俱悉，凡一百七十卷，今亡。

可见，《畿服经》的内容和体例与《汉书·地理志》相比，在地理志的基础上又增加了社会和人文的内容，为综括的地理书。

（二）地理书与都邑簿

魏晋南北朝时期，私修地方史志蔚然成风，反映一方风土人情的各种形式的地记接踵而出，单是《隋书》著录就有 100

---

〔1〕 [梁] 萧子显. 南齐书·州郡志 [M]. 北京：中华书局，1972：序言.

〔2〕 杨文衡. 世界地理学史 [M]. 长春：吉林教育出版社，1994：120，230-233.

〔3〕 张国淦. 中国古方志考 [M]. 北京：中华书局，1962.

多部，1400 多卷。就其记载内容来看大体可分"述地"和"记人"两大类。后者为人物传记，前者则有丰富的地理内容。

地理书以记述各地建置、山川、道里、物产、风俗为内容。唐代刘知几《史通》卷十云：

> 九州土宇，万国山川，物产殊宜，风化异俗，如各志其本国，足以明此一方。若盛弘之《荆州记》、常璩《华阳国志》、辛氏《三秦》、罗含《湘中》。此之谓地理书者也。

魏晋时期的地理书或曰记，或曰志，故有地记、地志之称，南齐人陆澄搜集 160 家地记，编成《地理书》149 卷、录 1 卷。梁人任昉又在《地理书》的基础上增收 84 家著作，编成《地记》252 卷。表 5 - 1 为这一时期地理书的部分书目。

表 5 - 1　张国淦《中国古方志考》所载魏晋南北朝时期的地理书

分类	地理书
以记为名的地理书	三国魏：阮籍《秦记》和《宜阳记》、杨元凤《桂阳记》
	三国蜀：谯周《三巴记》、僧仁显《华阳记》
	三国吴：顾启期《娄地记》、顾微《吴县记》
	两　晋：陆机《洛阳记》、张勃《吴地记》和《太康地记》、裴秀《冀州记》、潘岳《关中记》、顾微《广州记》、顾夷《吴郡记》、罗含《湘中记》、袁山松《宜都山川记》
	南朝宋：孔灵符《会稽记》、刘澄之《鄱阳记》、雷次宗《豫章记》、邓德明《南康记》、盛弘之《荆州记》、郭仲产《荆州记》、山谦之《丹阳记》
	南朝齐：陆道瞻《吴地记》、黄闵《武陵记》和《沅陵记》
	南朝梁：任昉《地记》、鲍坚《武陵记》、伍安贫《武陵记》
	南朝陈：顾野王《建安地记》
以志为名的地理书	三国蜀：谯周《益州志》、韦昭《吴郡国志》
	两　晋：常璩《华阳国志》、何晏《九江志》、常宽《蜀志》、佚名《永宁地志》和《会稽郡十域地志》
	南北宋：《元嘉六年地志》、董览《吴地志》、沈怀远《南越志》
	南朝齐：佚名《地志》、崔慰祖《海岱志》
	南朝梁：萧绎《荆南地志》
	南朝陈：顾野王《舆地志》

ZHONGGUO DIXUESHI

中国地学史·古代卷

表 5-1 中，除常璩的《华阳国志》、何晏的《九江志》尚存于世，其余均已佚，清人王谟的《汉唐地理书钞》、陈运溶的《荆湘地记》辑录佚文多篇。从辑本可见这些地理书的内容，大致包括疆域、地名、物产、山川、古迹、神话传说等，其中物产所记尤详。

这一时期的地理书按其记述内容又大致可分为：

（1）以记载一方山水为主要内容的山水记。东晋袁山松的《宜都山水记》详记宜都（今湖北宜昌）的山川地理、名胜古迹、物产风俗等，其中以所记佷山县（治所在今湖南长阳县都镇湾镇）东温泉地热最为著名。晋张玄之的《吴兴山墟名》记载今浙江境内三山、金山、杼山、英溪、吴城湖等山川湖泊的名称来源、出产、掌故、景观等等，是此地区沿革地理和地名学的重要著作。

（2）以记载一方地理、风俗为主要内容的风土记，汉唐时期最为盛行。风土记对当地自然地理环境和风俗的记述大多非常简捷明了，如晋周处的《阳羡风土记》云："阳羡县（江苏省宜兴南部）东有太湖，中有包山，山下有洞穴，潜行地中，云无所不通，谓之洞庭地脉。"[1]南朝宋雷次宗的《豫章记》云："龙沙（今江西新建县北）在郡北带江，沙甚洁白，高峻而陂，有似龙形，俗为九日登高处。"[2]

（3）主要记载长江以南地方草木、禽兽及矿物等的异物志，因其不同于中原故以"异物"名之。异物志最初是为东晋以后南迁士族了解江南而作，主要反映南方的风土资源和经

---

〔1〕 ［元］陶宗仪：《说郛》卷六十上。
〔2〕 《太平御览》卷三十二。

济开发情况。魏晋南北朝时期是异物志的繁盛时期，三国吴朱应的《扶南异物志》、万震的《南州异物志》、沈莹的《临海水土异物志》、薛莹的《荆扬巴南异物志》，蜀谯周的《异物志》，晋续咸的《异物志》，以及宋膺的《异物志》、《凉州异物志》、陈祈畅的《异物志》、《南方异物志》，是现知的一些异物志，但多已散佚。[1]三国吴沈莹的《临海水土异物志》首次记载了台湾的地理情况：

> 夷洲（今台湾）在临海（治所在今浙江临海）东南，去郡二千里。土地无霜雪，草木不死。四面是山溪。人皆髡发穿耳，女人不穿耳。土地饶沃，既生五谷，又多鱼肉。[2]

三国吴万震《南州异物志》云："姑奴去歌营可八千里，民人万余户，皆乘四辕车……"[3]

（4）专志。北魏杨衒之（？—公元555年）撰《洛阳伽蓝记》（公元547年）5卷，是最著名的寺庙志。全书记载北魏首都洛阳佛寺的兴衰，以40多所名寺院为纲，兼顾所在里巷、方位及名胜古迹等，以及洛阳城的建置、商市、园宅、城门、街道、官署和仓库等等。

都邑簿专志城市，内容包括城池、宫阙、街坊、寺庙、园圃。刘知几《史通》卷十云：

> 帝王桑梓，列圣遗尘，经始之制，不恒厥所。若

〔1〕 王晶波. 汉唐间已佚《异物志》考述 [J]. 北京大学学报，2000，国内访问学者、进修教师论文专刊.
〔2〕 引自：[唐] 李贤，等. 后汉书·东夷列传·倭人传 [M]. 北京：中华书局，1965：2822.
〔3〕 《太平御览》卷七百九十.

潘岳《关中》、陆机《洛阳》、《三辅黄图》、《建康宫殿》。此之谓都邑簿是也。

魏晋南北朝时期的都邑簿至今多佚，其中《三辅黄图》有清代毕沅和孙星衍辑本流传。从清人辑本略可考见该书内容，分为三辅沿革、咸阳故城、长安故城、秦汉宫殿、城门、苑囿、池沼、台榭、辟雍、明堂、园丘、太学、宗庙、社稷、南北郊、街市、楼馆、观、阁、署、库、仓、厩、圈、桥、陵墓、风俗、杂类等项，是研究古代都城，特别是研究汉都长安最重要的历史文献。

此外，上述的《洛阳伽蓝记》以城内、城东、城南、城西、城北分卷，结构甚为严密，各卷又以某城门为起点，记述清晰确切，可称为一部都邑簿。

（三）图经

汉晋时期，舆图的绘制较发达。当时的一些舆图，附有许多文字说明，学者引述有称图者（《舆地图》），亦有称图经者（王逸的《广陵郡图经》）。图经在魏晋时期已与古地图脱离，自成体系。

图经是以图为主或图文并重记述地方情况的专门著作。它是由地记发展而来，内容比地记完备得多。现知最早的图经是东汉的《巴郡图经》。《隋书·经籍志》著录的魏晋南北朝时期的图经有《幽州图经》、《冀州图经》和《齐州图经》。

这一时期的图经均已佚，我们仅能从《华阳国志·巴志》引录《巴郡图经》窥其一斑：

境界南北四千，东西五千，周方余里。属县十四，盐铁五官，各有丞史。户四十六万四千七百八十，口百八十七万五千五百三十五。远县去郡千二百至千五百里，乡亭去城或三四百，或及千里。

这段文字表明，图经内容包括建置、疆域、属县、设官、户口、里至等，地理内容丰富。

（四）综合性志书

汉魏以降，各类地理书的进一步发展，记述的内容由单一趋向综合，述地和记人两类著作汇合起来，出现了述地兼记人的综合性著作。魏晋南北朝时期，综合性志书的代表作是东晋常璩所撰的《华阳国志》（图5-7）。

图5-7 《华阳国志》书影

常璩，字道将，蜀郡江源（今四川崇州市）人，曾任散骑常侍，大致生活在晋惠帝至晋穆帝之间（公元3世纪末至4世纪中期）。《华阳国志》大约完成于晋永和四年至十年（公元348—354年）。其书名"华阳"者，因所记地区相当《禹贡》梁州之域，"华阳黑水惟梁州"。

此书记述以巴蜀为中心的西南地区的地理和历史，时间"肇自开辟，终乎永和三年（公元347年）"[1]，囊括千余年。全书12卷，大致可分成三大部分：一至四卷以地域为纲，记载其历史和地理；五至九卷以年代为纲，用编年体叙述其历史；十至十一卷记载此地区的"贤士列女"。此外，卷十二为《序志》和《三州士女目录》。由此可见，常璩在《华阳国志》中把编年史、地理志、人物传三者结合起来，形成了一种新的

〔1〕〔东晋〕常璩.华阳国志：卷十二·序志〔M〕.成都：巴蜀书社，1984.

体裁，成为早期综合性志书的最重要代表作。

《华阳国志》在地理学方面有 4 个主要特点[1]：

第一，它记载了此地区 33 郡 180 县的历代疆域沿革、边防变迁、行政区划、人口种类、气候变化、地表形状、山川走向、物产资源、农田水利、交通运输、工业商业、城市建筑、古迹名胜、风俗习惯等，涵盖历史地理、自然地理、人文地理等各方面，其内容远比正史地理志详博。

第二，与正史地理志不同，它所记载的郡县并不局限于某一特定时期的版籍，收入了很多昔日曾有、后已省并的县，较好地反映了政区的演变。

第三，它在叙述地理沿革时，特详于蜀汉及晋代，而这正是史书中薄弱的一环。因为《三国志》没有地理志，晚出的《晋书·地理志》又大体只反映晋初的政区，所以《华阳国志》的记载是十分宝贵的。

第四，它重视西南少数民族的情况，记载了这一地区 30 多个少数民族或部落的历史和现状，包括名称、分布、风俗、与汉族的关系以及他们的传说和神话。《后汉书·南夷西南夷列传》中的许多内容都取材于《华阳国志》。

此外，《华阳国志》关于各地矿冶、物产、农业等方面的记载，也都有重要的价值，其中三项最为著名：一是记载了四川临邛文井江使用火井煮盐，这是世界上使用天然气的最早记载；二是记载了战国时李冰率众在广都（今四川仁寿、双流地区）开凿盐井，这是世界上最早的凿井记录；三是首次详

〔1〕 陈清泉，苏双碧，李桂海，等. 中国史学家评传：上册 [M].郑州：中州古籍出版社，1988：133 - 134.

实记载了都江堰水利工程。

综上所述，魏晋南北朝时期，区域性史地著述的兴盛，极大地促进了对国内（以及周边）区域地理的认识。

二 陆地水文地理知识的大综合[1]

早在先秦时代，中国已出现水文地理专篇——《禹贡·导水》和《管子·度地》，但是在魏晋以前中国有关陆地水文的记述多失之过简。《禹贡》记载河流、湖泊 40 余条，有描述的仅 9 条；《山经》虽已有 350 余条河湖之名，但记述多较模糊。汉代《史记·河渠书》和《汉书·地理志》等已比较科学地记述了一些河流、水体的情况，但描述多较简单。至魏晋南北朝时期，中国陆地水文地理的研究有了突破性的发展，主要表现在有两部专著问世。

（一）《水经》：中国首部系统记述水系的专著

首先有传为三国时人所作的《水经》一书问世。著者和成书年代历来说法不一[2]，争议颇多。《四库全书总目提要》卷六十九指出：

> 观其"涪水"条中，称广汉已为广魏，则决非汉时；"钟水"条中，称晋宁仍曰魏宁，则未及晋代。推寻文句，大概三国时。

清代全祖望（1705—1755 年）在其《五校钞本·题辞》中和杨守敬在《水经注要删·凡例》中，都进一步提出《水经》是"三国魏人"所作。

《水经》是首次以河流为纲、按流域水系进行描述的专

---

〔1〕 本节中有关《水经注》的内容，主要根据陈桥驿《水经注研究》（天津古籍出版社，1985 年）一书研究成果编纂而成。

〔2〕《隋书·经籍志》最早著录："《水经》三卷，郭璞注。"但是未言作者。

著，较正确系统地记载了全国的 137 条主要河流的发源、流经、归宿、水系系统等特征，比较完整地反映了所论河流在空间分布上的主次、相互关系。如在记述"淇水"时写道：

> 淇水出河内隆虑县西大号山。东过内黄县南为白沟。屈从县东北与洹水合。又东北过馆陶县北。又东北过清渊县西。又东北过广宗县东为清河。又东北过东武城县西。又北过广川县东。又东过修县南。又东北过东光县西。又东北过南皮县西。又东北过浮阳县西。又东北过濊邑北。又东北过乡邑南。又东北过穷河邑南。又东北过漂榆邑入于海。[1]

这里非常清楚地描述了淇水自源头到入海的流经之处，以及主要支流汇入的情况。《水经》对河流的记述，不仅内容丰富，而且确立了"因水证地"的方法，标志着中国古代陆地水文地理学进一步成熟。

《水经》刊印后，东晋郭璞[2]和北魏郦道元先后都为《水经》做过注。唐以后，郭璞注本失传。《水经》随郦氏注本《水经注》而流传。今本只存 123 篇。

（二）《水经注》：中国陆地水文地理知识的大综合

北魏郦道元（？—公元 527 年）自幼对地理书籍和山川名胜极有兴趣。成年后，又借孝文帝侍从和地方官之机，进行游览考察，足迹遍及长城以南、淮河以北的广大地区[3]。他

---

〔1〕引自［北魏］郦道元《水经注·淇水》。本节有关《水经注》引文皆出自《四库全书》本。

〔2〕《隋书·经籍志》记载："《水经》三卷，郭璞注。"［唐］杜佑《通典·州郡志》云："《水经》，郭璞注，三卷……景纯注解义甚疏略，亦多迂怪。"

〔3〕杨文衡.中国古代科学家传记·郦道元：上册［M］.北京：科学出版社，1992：249 - 260.

博览群书，大量收集阅览人物故实、金石碑刻、地方图经等资料[1]，于延昌正光年间（公元 515—524 年）[2]完成这部名为注释《水经》，实际上内容空前丰富而且自成体系的地理巨著——40 卷[3]30 多万字的《水经注》（图 5 - 8），其中以陆地水文地理方面的贡献最大。《水经注》以西汉王朝的版图为基础，兼及域外，系统地记载如此广大的地域范围内

图 5 - 8　《水经注》书影

的河渠水道、湖泊、陂泽等水体，记述内容亦是异常丰富，涵盖自然地理和人文地理。

1. 河流水文记载范围广且描述详细

在魏晋之前，对河流水系的记载多集中于重要河流及其流域且多数描述简单，至北魏《水经注》则首次系统全面地记述全国的河流水系，而且涉及河流达 1252 条[4]，是中国古代最重要的河流水文地理名著。在郦道元之后，全国性的河流水道专著，有唐李吉甫作《删水经》10 卷、金蔡珪作《补正水经》3 卷，都已失传；现在尚存的有清初黄宗羲的《今水经》1 卷，内容简略；乾隆年间齐召南的《水道提纲》28 卷，篇

〔1〕　陈桥驿. 中国大百科全书·地理卷·郦道元 [M]. 北京：中国大百科全书出版社，1990：284.

〔2〕　贺昌群. 影印《水经注疏》的说明. 见：杨守敬，熊会贞. 水经注疏（影印本）[M]. 北京：科学出版社，1955：卷首.

〔3〕　其中 5 卷在宋代已佚，现在所见 40 卷本为后人分析其他各卷而成。

〔4〕　陈桥驿. 水经注研究 [M]. 天津：天津古籍出版社，1985：29 - 42.

幅鸿大，但只在江南水系方面进步显著[1]。

《水经注》记载河流的范围非常广阔，北起安州（今河北隆化），南至日南郡（今越南中部），东于海，西达印度；河流的流域包括：中国的滦河、海河、黄河、山东半岛诸河、淮河、长江、珠江、塔里木河、元江至红河流域，以及印度河、恒河流域。

《水经注》对河流水文的记述，不仅内容极为丰富，而且描述极为详尽。从河流的发源到归宿，凡有关干流、支流、河谷宽度、河床深度、水量和水位的季节变化、含沙量、冰期以及沿河所经的伏流、瀑布、急流、湖泊等等，无不广泛搜罗，详细记载。

卷一《河水》根据河流的干支流关系、长短大小、独流入海或是汇入大河等指标，为各级河流分类和名称制定了标准：

> 水有大小，有远近，水出山而流入海者，命曰经水；引佗[2]入于大水及海者，命曰枝水；出于地沟、流于大水及于海者，又命曰川水也。

这一河流分类和命名标准[3]成为《水经注》这部庞大水文巨著记载河流水系的体例和规范。

---

〔1〕 唐锡仁，杨文衡. 中国科学技术史·地学卷［M］. 北京：科学出版社，2000：446.

〔2〕 ［清］赵一清撰《水经注释》卷一和［清］沈炳巽撰《水注集释订讹》卷一："佗"应为"他"（《四库全书》本）。

〔3〕 这一河流分类和命名标准出自中国最早的水文地理书——先秦的《管子·度地》："水有大小，又有远近。水之出于山而流入于海者，命曰经水；水别于他水，入于大水及海者，命曰枝水；山之沟，一有水一毋水者，命曰谷水；水之出于他水，沟流于大水及海者，命曰川水；出地而不流者；命曰渊水。"但是郦道元只取"五水"中的"三水"。

《水经注》对河源的描述十分生动和细致，而且还能紧扣每一条河流发源处的自然地理特点。如卷十七云："渭水自黑水峡，至岑峡南北十一水注之。北则温谷水，导平襄县南山温溪。东北流径平襄县故城南。"

　　《水经注》准确和详实地记述了一些河流的流程，如卷三十三《江水》云："江水自天彭阙东径汶关，而历氏道县北……自白马岭回行二十余里至龙涸，又八十里至蚕陵县，又南下六十里至石镜，又六十余里而至北部，始百许步，又西百二十余里至汶山故郡，乃广二百余步，又西南百八十里至湿坂，江稍大矣。"对岷江从天彭阙按流程逐段进行描述，不仅有流经地名，而且还有河长和河宽。这些史料对研究古自然地理学是非常有价值的。

　　《水经注》注意记录河流水量的季节变化。如：卷二十三《夏水》记载汉水的支流夏水为"冬竭夏流"，卷四《河水》记载黄河的支流教水为"冬干夏流，实惟干河也"。书中对河流的丰水季节亦有较多的记述，如：卷二十一《渭水》记载了"汝水又东与张磨泉合，水发北阜，春夏水盛则南注汝水"。卷五《河水》记载了河流枯水季和丰水季以及洪水的具体水位，如"又东为白鹿渊水，南北三百步，东西千余步，深三丈余。其水冬清而夏浊，渟而不流，若夏水洪泛，水深五丈，方乃通注般渎"。

　　《水经注》还记载了某些北方河流的冰期。卷五《河水》："朝廷又置冰室于斯阜（指首阳山，在今河南偃师县西北），室内有冰井。《春秋左传》曰：日在北陆而藏冰，常以十二月，采冰于河津之隘，峡石之阿，北阴之中。"卷一《河水》则描述了孟津河段的冰层厚度："《述征记》曰：盟津河津恒浊，方江为狭，比淮、济为阔。寒则冰厚数丈，冰始合，车马不敢过，要须狐行。"

《水经注》中有关河流中峡谷的记述也较丰富。书中记载的峡谷将近300个，如：黄河的孟门、龙门、三门诸峡，洛水的伊阙，长江的三峡，珠江的高要峡（卷三十七《浪水》），湘江的空冷峡（卷三十七《湘水》）等。一些重要的峡谷多有详细的描述，如卷四《河水》："河出孟门之上，大溢逆流，无有丘陵高阜……孟门即龙门之上口也，实为河之巨阨。"

2. 湖泊水文记述丰富

北魏之前，地理书中关于湖泊的记述较为零散。《水经注》首次较全面地记载湖泊500余处[1]，其范围东起今辽河流域，南达今珠江流域，西至今新疆内流区，北至内蒙古等地，甚至还兼及天竺（今印度）、林邑（今越南南部）等域外地区。

《水经注》中有关湖泊的称谓众多，主要有海、泽、薮、湖、淀、陂、池等。

《水经注》记载的湖泊类型是多种多样的，有非排水湖（卷一《河水》蒲昌海）、排水湖（卷三十七《叶榆水》叶渝泽）、人工湖（卷四十《浙江水》长湖）、季节湖（卷五《河水》马常坑）、潟湖（卷三十六《温水》卢容浦）等。

书中比较注重记述湖泊的大小、水色、上下水等水文特性。如卷四十《浙江水》云："又东北得长湖口，湖广五里，东西百三十里，沿湖开水门六十九所，下溉田万顷，北泻长江。"昨湖"湖水色赤，荧荧如丹。湖水上通浦阳江，下注浙

---

〔1〕 陈桥驿. 水经注研究 [M]. 天津：天津古籍出版社，1985：65－77，36－37.

江”。卷二十九《沔水》记载“（太湖）方圆五百里”，卷四《河水》记载“又东南径华池南，池方三百六十步，在夏阳城西北四里许”。书中还记载了湖泊的沼泽化现象。卷二十二《潧水注》记载：“（圃田）泽在中牟县（治所在今河南中牟县东）西，西限长城，东极官渡，北佩渠水，东西四十许里，南北二十许里，中有沙冈，上下二十四浦，津流径通，渊潭相接，各有名焉。有大渐、小渐、大灰、小灰、义鲁、练秋、大白杨、小白杨、散吓、禺中、羊圈、大鹄、小鹄、龙泽、密罗、大哀、小哀、大长、小长、大缩、小缩、伯丘、大盖、牛眼等，浦水盛则北注，渠溢则南播。”汉以前是中原大湖——圃田泽，至郦道元时已经分散为24浦，已向沼泽化发展。

《水经注》十分重视记述湖泊的经济意义。如卷十一《滱水注》描述了阳城淀的综合利用：“又东迳阳城县，散为泽渚，渚水潴涨，方广数里，匪直蒲笋是丰，寔亦偏饶菱藕，至若娈婉丱童及弱年崽子，或单舟采菱，或迭舸折芰，长歌阳春，爱深绿水掇拾者不言疲，谣咏者自流响，于时行旅过瞩，小有慰于羁望矣。世谓之阳城淀也。”

3. 瀑布记载丰富

北魏之前，地理书中关于瀑布的记述较少，《水经注》记载丰富[1]，其范围遍及黄河、淮河、长江、珠江各流域。

书中有关瀑布的名称多样。少数使用现代通称的“瀑布”一词，卷五《河水》记载“（石城）山顶泉流瀑布悬泻”；卷十三记载“灅水又南出山，瀑布飞梁悬河注壑，湍湍十许丈，

〔1〕 陈桥驿．水经注研究［M］．天津：天津古籍出版社，1985：65－77，49－64.

谓之落马洪，抑亦孟门之流也"。卷二十六《淄水》记载礔（劈）头山"长津激浪，瀑布而下"。其他则多以瀑布的形态命名，如：悬水［卷十九《沔水》记载"（落星）山有悬水五十余丈，下为深潭"］、悬流（卷六《浍水》记载"寒泉奋涌扬波，北注悬流，奔壑一十许丈"）、悬洪（卷四《河水》记载"鼓钟上峡悬洪五丈，飞流注壑"）、悬涧（卷三十八《溱水》记载"悬涧瀑挂倾流注壑"）、飞泉（卷二十六《沭水》记载"飞泉侧濑于穷坎之下"）、飞波（卷二十《漾水》记载"飞波南入西汉水"）、飞流（卷三十九《赣水》记载"飞流悬注，其深无底"）、落马洪（卷十三记载"瀑水又南出山，瀑布飞梁悬河注壑，溜湍十许丈，谓之落马洪，抑亦孟门之流也"）、衿泷（卷三十八《溱水》记载"水有别源曰巢头，重岭衿泷湍奔相属"），等等。

书中还有许多关于瀑布景色的记述，如卷四十《渐水》详细地描述了浙江诸暨县五泄的瀑布："东径诸暨县与泄溪合溪，广数丈，中道有两高山夹溪，造云壁立，凡有五泄。下泄悬三十余丈，广十丈。中三泄不可得至，登山远望乃得见之，悬百余丈，水势高急，声震水外。……"卷十九《渭水》生动地记述华阴县北的两个瀑布的景色："山上有二泉，东西分流，至若山雨滂湃，洪津泛洒，挂溜腾虚，直泻山下。"

《水经注》所载瀑布中近半数有其高度的记载，"上泄悬二百余丈，望若云垂"（卷四十《渐水》），"去平地七八尺，有泉悬注"（卷二十七《沔水》）。

《水经注》还记载与瀑布共生的地貌现象泷壶和瓯穴——由于水冲击和涡旋形成的圆洞——"潭渚"和"井"。卷十一《滱水》："水又东左合悬水，水出山原岫盘谷，轻湍浚下，分石飞悬一匹有余，直灌山际，白波奋流，自成潭渚"；卷三十九《庐江水》："《庐山记》曰：白水在黄龙南，即瀑布也。水出山腹，挂流三四百丈，飞湍林表，望若悬素注处，悉成巨井，其深不测"。

《水经注》还记述了对通过同一造瀑层的若干河流在同一区位上均发生多处瀑布的现象，卷二十《漾水》云："西汉水又西南流……右得高望谷水，次西得西溪水，次西得黄花谷水，咸出北山，飞波南入。"这是西汉水的三条北南流向的支流，在一条东西向瀑布线上出现的几处瀑布。

《水经注》有关瀑布地理位置和高度的准确记述，为后人计算河流溯源侵蚀的速度提供了非常珍贵的资料。我国著名历史地理学家史念海曾根据《水经注》记载的孟门瀑布（今壶口瀑布）的位置，与唐《元和郡县图志》记载的位置对比，计算的结果是，从北魏孝昌三年至唐元和八年（公元527—813年），瀑布每年平均退缩5.1米。[1]

4. 记载温泉的水温及用途

《水经注》记载山东、辽东、陕西、云贵、淮扬和闽粤等地温泉30余处，主要分布在太行山区和陕甘地区[2]。

《水经注》有关温泉水温的记述较多，大致可分成：（1）水温较冷的温泉，多冠以"至冬则暖"（卷四《河水》记载的石城山滥泉），"冬温夏冷（凉）"（卷三十七《夷水》记载的武钟山、卷三十九《耒水》记载的郑公泉、卷四十《浙江水》记载的侯计泉）；（2）水温较低的温泉，多云"冬夏常温"

〔1〕 史念海. 河山集·二集 [M].北京：三联书店，1982.
〔2〕 陈桥驿. 水经注研究 [M].天津：天津古籍出版社，1985：78–87.

（卷三十一《㴍水》记载的紫山汤谷），"夏暖冬热"（卷三十七记载的《夷水》）；（3）水温较高的温泉，多用"炎"（卷三十一《㴍水》记载的"又会温泉口，水出北山皋，炎势奇毒"）、"灼"（卷十三《灅水》记载的桥山温泉"是水灼焉"）和"汤"（卷十八《渭水》记载的太一山温泉"沸涌如汤"）；（4）高温热泉和过热泉，采用水温和食物烹煮的关系进行记载，如"其热可以烊鸡"（卷三十一《涢水》记载的新阳县温泉）。

《水经注》中有关温泉用途的记载已涉及较为广泛的领域[1]。在工农业生产方面，温泉主要用于煮盐和灌溉。如卷三十九《耒水》云："县界有温泉，在郴县（今属湖南）之西北，左右有田数千晦，资之以溉，常以十二月下种，明年三月谷熟，度此水冷，不能生苗，温水所溉，年可三登。"利用温泉缩短作物生长期，提高农作物的产量。在医疗保健方面，温泉被广泛用于治疗皮肤病、风湿病等，并通过沐浴、饮服以达到保健养生的目的。如卷十一《滱水》云："暄谷其水温热若汤，能愈百疾，故世谓之温泉焉。"卷三十七《夷水》云："夷水又东与温泉三水合，大溪南北夹岸，有温泉对注，夏暖冬热，上常有雾气，疡痍百病浴者多愈。"卷十九《渭水》更明确地指出丽山温泉可以"浇洗疮"。此外，在旅游和宗教活动中，亦时常利用温泉。如卷二十一《汝水》云：临汝温泉"颐道者多归之"。

综上所述，在继承前人知识的基础上，魏晋南北朝时期陆地水文地理取得突破性的进展，其代表性的成果就是《水经》

---

〔1〕 龚胜生. 中国宋代以前矿泉的地理分布及其开发利用 [J]. 自然科学史研究，1996，15（4）：346–351.

和《水经注》两部专著的出现。

《水经》是中国古代水系观念进一步成熟的产物和标志，它不仅记述了水系发源地、流向和归宿，而且比较详细地说明了行经之地、主支流的空间分布和次序，从而比较完整地反映了所论河流的水系。这一水系观念对中国古代水文地理学的发展影响深远。

郦道元的《水经注》云"脉其枝流之吐纳，诊其沿路之所缠，访渎搜渠，缉而缀之，经有谬误者，考以附正文所不载"[1]，对多种水文现象的分布范围、类型、水文特性、用途等多方面都有比较详尽的记述，成为当时陆地水文地理知识的一次大综合。

三　地貌认识的飞速发展

三国魏晋南北朝时期，长江流域、闽江流域，以至珠江流域，次第开发，极大地拓展了人们的视野。这些地区复杂多样的地貌，吸引了众多的旅行探险者和文人学士，从而使人们对地貌的认识获得了长足的进步。此外，僧侣在西行求法的活动和游记中，丰富了有关西部沙漠和高山冰川的认识。

（一）岩溶地貌认识的飞速发展

汉代之前，有关岩溶地貌的记述主要以华北地区为主[2]。三国魏晋南北朝是中国古代岩溶地貌发展的最重要时期之一，有关岩溶地貌的认识有了长足的进步，涌现了大量有关岩溶洞穴的记述（表5-2），其地理区域非常广阔，几乎涵盖了所有中国岩溶地貌分布的地区；记述内容丰富，尤其是在石钟乳、

---

〔1〕《水经注·序》。

〔2〕　李仲均. 我国古籍中记载岩溶洞穴史略［J］. 古脊椎动物与古人类学报，1973，11（2）：201－205.

洞穴、地表岩溶等方面留下许多精彩的描述。此外，对于岩溶地貌的成因和特点也已有所认识。

表5-2　三国魏晋南北朝时期有关岩溶地貌现象的部分记载

［朝代］作者	著作	有关地下岩溶地貌现象的描述	特点	史料来源
［吴］顾启期	娄地记	洞庭山有三穴，并有清泉流出，惟西北一穴……有大蝙蝠如鸟……穴有鹅管、钟乳，冰寒可得入，春夏不可入	记载了洞穴内的水文、堆积物、生物、气候等现象	《北堂书钞》卷一百五十八
［魏］吴普	吴普本草	钟乳一名虚中……生山谷阴处崖下，溜汁成，如乳汁，黄白色，空中相通	正确地指出石钟乳的成因和特征	《中医古籍整理丛书》，1987年
［晋］张勃	吴录·地理志	始安（治所在今广西桂林）、始阳（今浙江平阳）有洞山，山有穴如洞庭，其中生石钟乳		《太平御览》卷九百八十七
［晋］郑缉之	东阳记	太末龙丘山有九石特秀，林表色丹白，远望尽如莲花，龙丘苌隐居于此，因以为名，其峰际复有岩穴，外如窗牖，中有石床	生动地描述峰林以及洞穴中的地貌现象	《后汉书》卷三十二，刘昭注
		（金华）北山西崖有石床，流水浇灌，其侧又有石田如稻田云		《太平御览》卷五十四
［晋］袁山松	宜都山记	自盐水西北行五十余里有一山独立峻绝，名为难留城。从西南上里余得石穴。行百许步，得石碛……又曰佷山县（治所在今湖北长阳县西）南岸有溪名长阳。……有石穴，清泉流三十步，便入穴中，即长阳溪源也	注意地表水与洞穴、暗河的联系	《御定渊鉴函》卷二十六
［晋］顾恺之		娄江有马鞍山南面有石穴，高丈余，容十数人		《北堂书钞》卷一百五十八

[朝代] 作者	著作	有关地下岩溶地貌现象的描述	特点	史料来源
[晋] 葛洪	抱朴子 内篇· 仙药	石蜜芝，生少室（即少室山，在今河南师县东南、登封市西北）石户中，户中便有深谷，不可得过，以石投谷中，半日犹闻其声也。去户外十余丈有石柱，柱上有偃盖石，高度径可一丈许，芝生石上，堕入偃盖中，良久，辄有一滴，有似雨后屋之余漏，时时一落耳。然密芝堕不息，而偃盖亦不溢也	岩洞地形中的落水坑、石钟乳（"石蜜"）	《太平御览》卷九百八十五
[梁] 萧子开	建安记	天阶山在将乐县南二十里。山下有宝华洞，即赤松子（传说中神农时雨师）采药之所。洞中有石燕、石蝙蝠、石室、石柱，并石臼、石井……溪复有乳泉自上而滴入，以服之，登山顶者若升碧霄	一个岩洞中的多种地貌现象	《太平御览》卷四十七
[南朝] 王韶之	始兴记	中宿县（治所在今广东清远县西北河洞堡）……有石室，内有悬石，扣之声若磬，响十余里	悬石即石钟乳	《丛书集成初编》
		中宿县，有观峡，横峦交枕，绝崖岑嶈	石灰岩河谷两坡陡立的地形	
		梁、鲜二水口下游，有滇阳峡，长二十余里，山岭纡郁，丛流曲勃		
[南朝] 王韶之	神境记	荥阳郡北三十里有何家岩，傍有一穴，始入幽狭而甚闇，昔有采钟乳者至此		《太平御览》卷五十四

续表

[朝代]作者	著作	有关地下岩溶地貌现象的描述	特点	史料来源
[晋]邓德明	南康记	郡西南有通天穴，四壁石色如画，下有石床，又有石子弹丸		《北堂书钞》卷一百五十八
[南朝]盛弘之	荆州记	冯乘县（治所在今广西富川县东北）有秦山……穴洞，其间可六、七里，其中有石，采之有文，有石柱、石鼓、石弹丸	石弹丸是石灰华沉积物，今称石珠	
		始兴阳山县（治所在今广东阳山县青莲镇东南连江之北）有斛溪水出崖穴百，十溢十竭，皆信若潮流	洞穴中多潮泉现象	
		宜都佷山县有山，山有风穴，张口大数尺，名为风井，夏则风出，冬则风入	洞穴内外空气的流动情况	
[北魏]郦道元	水经注	溳水出县（蔡阳县，治所今湖北枣阳市西南蔡阳）东南大洪山……山下有石门，夹郭层峻岩，高皆数百许仞。入石门，又得钟乳穴，穴上素崖壁立，非人迹所及。穴中多钟乳，凝膏下垂，望齐冰雪，微津细液，滴沥不断，幽穴潜远，行者不极穷深（卷三十一《溳水》）	对地表和地下岩溶现象均有生动、细致地描述	《四库全书》
		水之出郡（上谷郡，治所在今河北怀来县东南）西南圣水谷，东南流，迳大防岭之东首山下，有石穴东北洞开，高广四五丈，入穴转更崇深，穴中有水（卷十二《圣水》）		
		易水又东迳迤孔山北，山下有钟乳穴，穴出佳乳……入穴里许，渡一水，潜流通注，其深可涉……上又有大孔，豁达洞开（卷十一《易水》）		

284

促进这一时期岩溶地貌认识飞速发展的原因主要有：（1）地理视野由北方向南方拓展。南方正是中国岩溶地貌分布最广泛的地域。（2）旅行和探险活动活跃。奇特的岩溶现象，极大地吸引南迁学者和旅行探险家的兴趣。（3）医药上的需求。石灰岩溶洞中的石灰华沉积物——石钟乳是一味药物[1]。对药物石钟乳的采取，很自然地带动了对石灰岩溶洞的探查。

（二）流水地貌认识的进步

魏晋之前，已有不少关于流水对地貌影响的记载。至魏晋南北朝时期，有关流水地貌的记述内容更加丰富，认识亦有较大的进步。

有关河流侵蚀方面，北魏郦道元在《水经注》卷四《河水》中已有河水对河谷具有冲蚀作用的记述："古之有人言：水非石凿而能入石。信哉！"

有关河流堆积地形方面，南朝刘宋盛弘之在《荆州记》中有长江的河道堆积以沙洲的形式出现的记述："枝江县（在今湖北枝江市东北）西至上明，东及江津。其中有九十九洲……至宋文帝（公元424—453年在位）在藩，忽生一洲。"[2]

早在《诗经·小雅·十月之交》已有洪流造成山崩的记载。至北魏郦道元《水经注》卷三十四《江水》详细地记述了巫峡由山崩形成的"新崩滩"："此山（巫山，在今四川巫山县东）汉和帝永元十二年（公元100年）崩，晋太元二年（公元377年）又崩，当崩之日，水逆流百余里，涌起数十

---

[1] 《神农本草经》云："石钟乳，味甘，利九窍，下乳汁"。
[2] 《太平御览》卷六十九。

丈，今滩上有石，或圆如箪，或方似屋，若此者甚众，皆崩崖所陨，致怒湍流，故谓之新崩滩。"

（三）构造地貌认识的进步

魏晋之前，已有关于地质构造和地壳运动所形成的地貌的记述。至魏晋南北朝时期，对构造地貌有一些新认识。

在火山地貌方面，晋郭璞《山海经图赞》已出现"火山"之名："木含阳气，精构则然，焚（"焚"有误作"炎"的）之无尽，是生火山。"[1]北齐魏收在《魏书·西域传》中记述了悦般国（在巴尔喀什湖西北）火山喷发情况[2]："悦般国，在乌孙西北，去代一万九百三十里。……其国南界有火山，山傍石皆焦熔，流地数十里用乃凝坚，人取为药，即石流磺也。"[3]王嘉荫推定此为伊犁的火山："在北魏时候喷发过。"[4]

秦汉以前，有关地震地形的记载不少，但多表述为"山谷坼裂"或"陷裂"。至魏晋南北朝时期，对地震所形成地形的描述已较为详细。如《宋书·五行志五·地震》："元康四年（公元284年）八月上谷地震……居庸地裂，广三十六丈，长八十四丈。"《魏书·征灵志》记载延昌元年（公元512年）恒州（治所在今河南洛阳）地震时"陷裂"、"山崩"、"泉涌"。

梁朝江淹（公元444—505年）著《江上之山赋》已有高山是由多层坚硬岩石所形成的描述："刻划嶙崒兮，云山而碧

〔1〕 ［清］王谟，辑.汉唐地理书钞［M］.北京：中华书局影印本，1961：86.

〔2〕 陶世龙在《火山辨》（http：//www.newsmth.net/bbsanc.php？path）中提出：悦般国的"火山"，是煤层自燃。

〔3〕 ［北齐］魏收.魏书：卷一百零二［M］.北京：中华书局，2003：2268.

〔4〕 王嘉荫.中国地质史料［M］.北京：科学出版社，1963：54.

峰，挂青萝兮万仞，竖丹石兮百重。"[1]

（四）沙漠地貌认识的进步

沙漠，中国古代称流沙。先秦著作《禹贡》已记载我国西北地区的沙漠。晋代以后，对沙漠地貌中的沙漠地形、鸣沙现象已有所认识，对沙漠的分布范围记述亦更广。

1. 沙漠地形和鸣沙现象

《太康地记》："西海居延县，流沙形如月初五、六日。"[2] 指出沙漠地形多呈新月形沙丘。北魏郦道元在《水经注》卷四十《禹贡山水泽地所在》也有记载："《尚书》所谓流沙者也。形如月生五日也。"

《（辛氏）三秦记》在记述今河西走廊地区沙漠时，描述了鸣沙现象："河西（今甘肃河西走廊地区）有沙角山，峰崿危峻，逾于石山。其沙粒粗，色黄，有如干糒。又山之阳，有一泉，云是沙井，绵历今古，沙不填足。人欲登峰，必步下入穴，即有鼓角之音，震动人足。"[3] 刘宋时刘敬叔在《异苑》卷一在说明鸣沙山的成因同时，也记述了其鸣沙现象："凉州（今甘肃省武威）西有沙山……从中大风吹沙复上，遂成山阜，因名沙山，时闻有鼓角声。"[4] 北魏郦道元在《水经注》卷四十《禹贡山水泽地所在》记载了鸣沙山的准确位置：敦煌县（治所在今甘肃敦煌市西）"南七里有鸣沙山"。

2. 记载沙漠的范围较广

东晋《法显传》在记述于阗（今新疆和田县）时云："西

---

〔1〕 〔梁〕江淹：《江文通文集》卷一，《四库全书》本。
〔2〕 〔隋〕杜公瞻：《编珠》卷一《天地部》引，《四库全书》本。
〔3〕 〔元〕陶宗仪：《说郛》卷六十一上，《四库全书》本。
〔4〕 〔刘宋〕刘敬叔：《异苑》卷一，《四库全书》本。

南行，路中无居民，沙行艰难。"南朝梁慧皎（公元497—554年）《高僧传》卷三记载法勇（即昙无竭）西行求经中，亦说："初至河南国，仍出海西郡，进入流沙，到高昌郡（治所在今新疆吐鲁番市东南）。"法显和法勇两位高僧西行求法所经过的沙漠即位于今新疆南部、塔里木盆地中部的塔克拉玛干沙漠。

三国时代的《水经》和北魏郦道元在《水经注》卷四十《禹贡山水泽地所在》都记载了张掖居延县（治所在今内蒙古额济纳旗东南哈拉和图）东北的"沙地"，即位于今内蒙古的额济纳沙漠。

北魏郦道元在《水经注》卷三《河水》记述了今鄂尔多斯沙漠："余按南河北河及安阳县（治所在今甘肃秦安县东北）以南，悉沙阜耳，无他异山。"

（五）冰川地貌认识的进步

汉以前，已将冰雪积结的冰川山地称为"凌山"。至魏晋南北朝时期，在西行求法之中，许多人跨越冰川山地，人们对其的记述和认识也有一定的进步。

北魏杨衒之《洛阳伽蓝记》记载了钵和国（位于今塔吉克斯坦与阿富汗边界东部的瓦罕谷地）的雪山："国之南界有大雪山，朝融夕结，望若玉峰。"[1]

东晋高僧法显在赴西域求法时穿越了葱岭（今帕米尔高原与喀喇昆仑山脉的总称），在其旅行记《法显传》中详细地描述了葱岭的冰川地貌："葱岭冬夏有雪……彼土人，人即名为雪山人也……顺岭西南行十五日，其道艰阻，崖岸险绝。其山唯石，壁立千仞，临之目眩。欲进则投足无所。下有水，名新头河，昔

---

〔1〕［后魏］杨衒之：《洛阳伽蓝记》卷五，《四库全书》本。

人有凿石通路施傍梯者，凡度七百，度梯已，蹑悬绝过河。"[1]
这里既描述了高山冰裂风化作用所形成的石砾和露岩地面，又
生动地记述了具有极强冲蚀力的冰雪融水所形成的峻峭峡谷。

（六）海岸地貌认识的进步

珊瑚地形是最有特色的生物海岸地貌。三国吴时康泰对今
南海中珊瑚礁已有记述。康泰在《扶南传》中描述了今南海
中珊瑚洲地形的概貌："涨海（今南海）中，倒珊瑚洲，洲底
有盘石，珊瑚生其上也。"[2]盘石即珊瑚礁。康泰在《外国杂
传》中也有"大秦西南涨海中，可七八百里到珊瑚洲。洲底
大盘石，珊瑚生于上，人以铁网取之"[3]。

魏晋时期，对河口三角洲记述较多。如北魏郦道元《水
经注》卷十《清漳水》云："清漳乱流而东注于海。"仅以
"乱流"两字概括这里的河口三角洲。卷五《河水》则较为详
细地描述了黄河下游支流之一漯水的河口三角洲："（漯水）
又东北为马常坑，经坑东西八十里，南北三十里，乱河枝流而
入于海。河海之饶，兹焉为最。"

四 生物地理学知识的进步

魏晋南北朝时期，生物地理学取得了长足的进步，多部生
物地理著作和包含丰富生物地理学知识的著作先后问世。

（一）区域植物地理著作：晋嵇含撰《南方草木状》

西晋永安元年（公元 304 年），嵇含（公元 263—306 年）
根据平时调查访问和搜录文献撰成区域植物地理著作《南方

---

〔1〕 [东晋] 法显撰，章巽校注. 法显传校注 [M].上海：上海古籍出版社，
1985.

〔2〕《太平御览》卷六十九。

〔3〕《初学记》卷六。

草木状》。该书收入《四库全书》。

《南方草木状》首次详细记载了岭南、番禺、南海、合浦、林邑（越南北部）以及南越（粤西地区）、九真（越南北部）等地植物 80 余种，是中国最早的区域植物地理著作，它也是世界上最早的区域植物地理著作。所载植物绝大多数都记述其地理分布情况，主要有：第一，多郡县分布的植物，如赦桐花"岭南处处有"；第二，某地特有的植物，如鹤草"出南海"；第三，某些植物指明了生长环境，如肥马草、药有乞力伽"濒海"；等等。

《南方草木状》在记载岭南共有植物的同时，亦十分重视记述岭南各地植物分布的差异，如某地特有的植物。书中也注意到同一种植物在不同地区生长所发生的变异。如："蒟酱，荜茇也。生于蕃国者，大而紫，谓之荜茇。生于番禺者小而青，谓之蒟焉。"书中还首次提出南岭是中国植物分布的一条界线，书中云："芜菁，岭峤（即南岭）已南俱无之，偶有士人因官携种，就彼种之，出地则变为芥，亦橘种江北为枳之义也。"南岭是我国中亚热带与南亚热带的分界线。岭南、岭北不仅气候差异大，而且生物分布也显著不同，是我国植物分布南北差异的一条分界线。

（二）包含丰富生物地理学知识的著作：北魏郦道元撰《水经注》

1. 《水经注》中的植物地理学知识[1]

《水经注》中记载的植物种类不下 140 种。从针叶的松、

〔1〕 陈桥驿.《水经注》记载的植物地理∥水经注研究 [M].天津：天津古籍出版社，1985：111 - 123.

柏到阔叶的樟、栎；从我国土生土长的桃、荔枝到分布域外的娑罗和菩提；从水生的菖蒲到旱生的胡桐；从野生的酸枣到栽培的吉贝等，品种非常丰富。

书中描述了我国和邻域植被分布的纬度地带性现象，如卷三十六《温水》记载林邑国（今越南南部）的热带雨林性常绿阔叶林："林棘荒蔓，榛梗冥郁，藤盘筊秀，参错际天"等等；卷二《河水》记载金城县一带温带森林："榆木成林"。

书中也记述了植被分布的经度地带性现象，如：卷二十二《渠》记载了我国东部湿润地带的圃田泽沼泽地时云"泽多麻黄草"；卷二《河水》记载我国西部干燥地区楼兰附近的牢兰海（今罗布泊）的草原和荒漠植被时云："土地沙卤少田，仰谷旁国，国出玉，多葭苇、柽柳、胡桐、白草，国在东垂，当白龙堆，乏水草。"

书中还记述了我国植被分布的垂直地带性现象，如：卷四《河水》记载辅山"山顶周圆五、六里，少草木"。

此外，卷九《淇水》记载了淇水流域竹类由后汉的"治矢百余万"到北魏时"无复此物"的变迁过程。

2.《水经注》中的动物地理学知识[1]

《水经注》中记载的动物种类超过 100 种，既有脊椎动物，又有节肢动物和软体动物，其中仅鸟类就有 26 种。书中记载动物分布的区域性，如卷三十三《江水》："此峡多猿，猿不生北岸，非惟一处，或有取之，放著北山，初不闻声，将同貊兽渡汶而不生矣。"留意动物活动的季节性。如卷三十七

〔1〕 陈桥驿.《水经注》记载的动物地理//水经注研究 [M].天津：天津古籍出版社，1985：124–131.

ZHONGGUO DIXUESHI

中国地学史·古代卷

《叶榆河》云:"(叶榆)县西北八十里有吊鸟山,众鸟千百为群,其会,鸣呼啁哳,每岁七、八月至,十六、七日则止,一岁六至"。

(三)全面研究禾本科竹亚科植物的专著:南朝戴凯之撰《竹谱》

戴凯之继承和发展了前人的研究成果,结合实地观察,大约于公元5世纪中后期完成《竹谱》。全书约3000字,篇首总论竹的分类、位置、形态特征、生境及地理分布;次则按竹名逐条分述。这是中国古代第一部全面研究禾本科竹亚科植物的专著。此书在植物地理学上的贡献主要为三方面:

(1)明确竹类的自然分类位置。晋以前视竹为草,戴凯之始注意到竹类与禾草的差别:"植类之中,有物曰竹。不刚不柔,非草非木。""植物之中,有草、木、竹,犹动品(物)之中有鱼、鸟、兽也。"(《四库全书》本)

(2)已注意到各类竹子的生长环境是有差异的。有的竹子生长在溪河两岸,如浮竹"临溪覆潦"等;也有的生长在丘陵、山麓或山坡、岗地,如盖竹"疏散岗潭"等。由此,他总结出竹子的生境是"或茂沙水,或挺岩陆"。

(3)首次论述我国竹子的地理分布特点及原因:南方多竹北方少或不生长竹子及其原因:竹"性忌殊寒",故"九河(在今华北平原东部近海一带)鲜育,五岭(即越城、都庞或揭阳、萌渚、骑田、大庾五岭的部称,在今湘、赣与桂、粤等省交界处)实繁","北土寒冰,至冬地冻,竹根类浅,故不能植。唯篠根深,故能生淇园、卫地,殷纣竹箭园也"。书中还着重阐述各种竹子的分布地域,如:苏麻竹"五岭左右遍有之"。"盖竹所生,大抵江东";箇箈二竹"皆出云梦之泽";

浮竹"彭蠡以南,大岭以北遍有之"。由此可见,戴凯之大致将秦岭、淮河作为我国竹子分布的北界。[1]

（四）其他著作中的生物地理知识

晋葛洪《抱朴子内篇·仙药》篇明确地指出管松生长在干燥的高地与潮湿的水中的差异:"管松,其生高者,根短而味甜,气香者善;其生水侧下地者,叶细似蕴而微黄,根长而味多苦,气臭者下。"

西晋左思《蜀都赋》注意到同一山体上针叶林分布高度比阔叶林高的垂直差异:"楩柟幽蔼于谷底,松柏蓊郁于山峰"。

北魏贾思勰在《齐民要术》卷十记载槟榔只能生长在热带地区:"性不耐霜,不得北植,必当遐树海南。"《水经注》中也有大致相似的描述。

第四节　边疆与域外地理知识的发展

中国古代边疆域外地理知识,萌发于先秦,奠基于西汉,至魏晋南北朝时期又有了长足的进步。中外交通并未因长期处于割据局面而中断,相反的却由于通商贸易的发达和佛教传播的兴盛,使某些地区中外交往至为活跃,从而促进了这些地区边疆域外地理知识的发展。这一时期,对域外地理范围的认识与西汉相比没有太大的变化,但是对于这一区域的地理认识在某些方面有了较大的进步,不少国家和地区的地理状况首次见于记载,许多国家和地区的地理情况也首次有了较详细的

〔1〕 苟萃华. 戴凯之《竹谱》探析 [J]. 自然科学史研究, 1991, 10 (4): 342－348.

记录。

一 东亚、东南亚与南亚地理认识的进步

（一）日本列岛地理见于正史

中国本土东面的疆域，《史记》和《汉书》都只有《朝鲜列传》。西汉武帝始，日本列岛的三十多个小国与汉朝有了往来[1]。至魏晋时期，日本与中国往来十分频繁[2]，即使在战乱的年代也没有中断。在中日交往之中，中国对日本列岛的地理了解逐渐加深。晋陈寿（公元233—297年）编《三国志》设置《倭[3]人传》，即日本列传。虽然《汉书·地理志·燕地》已记载了日本，但《三国志·魏志·乌丸鲜卑东夷传第三十·倭人传》却是中国正史中第一篇记叙日本列岛地理等情况的文献。文中云：

> 倭人在带方（治所在今朝鲜凤山附近）东南大海之中，依山岛为国邑。旧百余国，汉时有朝见者，今使译所通三十国。从郡至倭，循海岸水行，历韩国（指马韩），乍南乍东，到其北岸狗邪韩国，七千馀里，始度一海，千馀里至对马国。……土地山险，多

［1］《后汉书·东夷列传》记载日本在汉光武帝建武中元二年（公元57年）首次派使者来华朝贡："（光武帝）建武中元二年（公元57年），倭奴国奉贡朝贺，使人自称大夫，倭国之极南界也。光武赐以印绶。"此后，又于汉永初元年（公元107年）、魏景初三年（公元239年）、魏正始四年（公元243年）和西晋泰始二年（公元266年）4次派使者来华，其中第4次派遣了20人组成的大型使团。魏正始元年（公元240年）魏带方郡的使者首次送倭国使者回国。详见：（日）中村新太郎，《日中两千年》，吉林人民出版社，1980年，第13页。

［2］《三国志·魏志·东夷传》记载：魏明帝景初二年（公元238年）六月，倭女王遣大夫难升米等诣郡，求诣天子朝献，太守刘夏遣吏将送诣京都。《晋书·武帝本纪》记载："泰始二年（公元266年）十一月己卯，倭人来献方物。"《隋书·东夷传》也记载："自魏至于齐、梁，代与中国相通。"

［3］中国于汉、魏、晋、南北朝时称日本为倭。

深林，道路如禽鹿径。

……种禾稻、纻麻，蚕桑、缉绩，出细纻、缣绵。其地无牛马虎豹羊鹊。……倭地温暖，冬夏食生菜，皆徒跣。……出真珠、青玉。其山有丹，其木有枏、杼、豫樟、楺枥、投櫃、乌号、枫香，其竹筱簳、桃支。有姜、橘、椒、蘘荷，不知以为滋味。有狝猿、黑雉。

由上述引文可知，《三国志·倭人传》不仅记载了日本的位置、气候、矿物、植物、风俗等，而且记载了3世纪日本西南部主要国邑的方位、里程、户数、草木、山川等情况。

一般认为，陈寿所撰《三国志》中的很多内容是来源于鱼豢于晋太康年间（公元280—289年）编撰的《魏略》[1]。但因后者已佚，前者就更为宝贵：首先，对3世纪时日本列岛的状况，日本没有任何记载；其次，中国历代正史中的《日本传》均是以此文为祖本，再加敷衍增删而成，包括《后汉书·倭传》。

（二）扶南国的地理篇章问世

汉魏以来，我国在与东南亚地区国家的交往过程中，对扶南国的地理认识有了较大的发展[2]。扶南，又作跋南、夫南，古国名。故地在今柬埔寨、越南南部一带，7世纪中叶为北方属国真腊所灭。汉杨孚《异物志》中已有"扶南"之名[3]。

---

〔1〕何远景撰《〈魏志·倭人传〉前四段出自〈东汉观记〉考》[《内蒙古师范大学学报》（社科版），1994年3期]推测：《三国志·魏志·乌丸鲜卑东夷传第三十·倭人传》前四段内容出自《东汉观记·地理志》。

〔2〕陆峻岭，周绍泉.中国古籍中有关柬埔寨资料汇编 [M].北京：中华书局，1986：1-21，32-51.

〔3〕《太平御览》卷七百九十《四夷部一一·金邻国》引。

扶南国与我国通使始于三国时。东吴黄龙年间（公元 229—231 年），朱应和康泰出访东南亚时，曾在扶南停留多年[1]。回国后，康泰完成了中国最早以"扶南"为名的地理著作——《扶南记》。又据《三国志·吴书·吴主传》记载：赤乌"六年（公元 243 年）十二月，扶南国王范旃遣使献乐人及方物"。同书《吕岱传》又云："（吕）岱既定交州（治所在今越南北宁附近），复进讨九真（在今越南清化、义静一带）……又遣从事南宣国化，暨缴外扶南、林邑、堂明（故地不详）诸王，各遣使奉贡。"

《三国志》是我国正史中最早记载扶南国的史书。至晋代，两国往来已较为频繁。《晋书·四夷传》开始设立《扶南国传》。此传首先概述其国的地理情况："扶南西去林邑三千里，在海大湾（指暹罗湾）中，其境广袤三千里，有城邑宫室。人皆丑黑……以耕种为务，一岁种，三岁获。"《南齐书·东南夷传·扶南国传》的记载与其大致相同。此后《梁书·诸夷列传·扶南国》首次比较系统地介绍扶南国及其周边国家的地理情况：

> 扶南国，在日南郡（治所在今越南中部）之南，海西大湾中，去日南可七千里，在林邑西南三千余里。城去海五百里。有大江（即湄公河），广十里，西北流，东入于大海。其国轮广三千余里，土地洿下而平博，气候风俗大较与林邑同。出金、银、铜、锡、沉木香、象牙、孔翠、五色鹦鹉。

---

〔1〕 汪江. 古代中国与亚非地区的海上交通 [M]. 成都：四川省社会科学院出版社，1989：49.

其南界三千里有顿逊国（故地在今下缅甸丹那沙林），在海崎上，地方千里，城去海十里。

……顿逊之东界通交州（治所在今越南北宁附近），其西界接天竺（今印度）、安息（在里海西南）徼外诸国，往还交市。……

顿逊之外，大海洲中，又有毗骞国，去扶南八千里。……

又传扶南东界即大涨海，海中有大洲，洲上有诸薄国（今印度尼西亚爪哇岛的古称），国东有马五洲（故地不详），复东行涨海千余里，至大自然洲（今东印度群岛）。……

由此可见，至南北朝时，正史对今柬埔寨、越南南部一带地理情况已有较多的认识。

（三）师子国地理情况见于记载

东晋，师子国（今斯里兰卡）始与中国通使。据《梁书》卷五十四记载："晋义熙（公元405—418年）初，（师子国）始献玉像，经十载乃至。"此后两国通使不断，加之晋宋西行求法僧侣多途经此地，从而使其国地理情况日见明朗。正史中《宋书·东蛮列传》最早记载师子国，但是未记地理情况。义熙七年至八年（公元411—412年），法显在赴天竺取经回国途中，曾留居此岛2年。法显在归国后所写的旅行记《佛国记》中，首次记载了师子国的地理情况，书中云：

其国在大洲上，东西五十由延[1]，南北三十由延。左右小洲乃百数，其间相去，或十里、二十里，

---

〔1〕 由延即由旬，古代印度计程单位。

或二百里。皆统属大洲，多出珍宝、珠玑。

……其国本无人民……因商人来往……遂成大国。其国和适，无冬夏之异，草木常茂，田种随人，无有时节。

上文中唯有关于师子国东西与南北长度的记述是错误的（应是南北长，东西短），其他记载还是较为准确的。此后，《梁书·师子国传》在正史中首次记载了其国的地理情况，其文字几乎完全录自《佛国记》。

二　西域地理认识的深入

佛教自东汉初传入我国之后，在晋、南北朝时期发展很快，大批的西域僧人东来传译经法。同时亦有许多佛教徒不满足域外僧人带来的经法，赴西域各地寻求经法，晋末宋初西行求法甚为活跃。西行求法热潮的兴起，极大地促进了西域与中亚地理认识的进步。

据方豪统计[1]，西晋至南北朝时期，西行求法可考者有近150人。朱士行（？—282年）是中国最早西行求法者，但是只达于阗（今新疆和田）。魏甘露五年（公元260年），他从雍州长安（今陕西长安）出发，西渡流沙，行1万余里至于阗[2]。后魏神龟元年（公元518年），胡太后命使者敦煌人洛阳崇立寺僧人惠生（亦作慧生）等赴西域朝佛，并遣俗人宋云任使者同行。他们得到天竺国王的召见。归后，宋云撰《家记》、惠生撰《行记》。

〔1〕　方豪．中西交通史［M］．长沙：岳麓书社，1987：211－212.
〔2〕　［唐］道宣．释迦方志［M］．北京：中华书局，1983：95－99.

据汤用彤研究[1]，这一时期撰写西域史地著作的僧人还有：晋佛图调的《佛图调传》，东晋道安（公元314—385年）的《西域志》、《西域图》和《四海百川水源记》，晋支僧载的《外国事》，可能为晋人昙景的《外国传》5卷，刘宋竺枝的《扶南记》，刘宋高昌人法盛的《历国传》，刘宋竺法维的《佛国记》，齐法献的《别记》和齐僧祐（公元445—518年）的《世界记》。

这一时期，到西域取经的僧人中，最著名的是法显。

（一）法显与《佛国记》

东晋隆安三年（公元399年），法显等由长安（今西安）出发，经陇（今甘肃陇县）、张掖镇、敦煌，沿塔里木河、于阗河穿越塔克拉玛干沙漠，又经于阗国，西越葱岭（今帕米尔高原），经竭叉国（今塔什库尔干）、弗楼沙国（今巴基斯坦白沙瓦）、毗荼国（今旁遮普）等地，到摩竭提国都巴弗邑（今印度北方巴比哈尔邦之巴特那）。义熙四年（公元408年）到多摩梨帝国（今印度加尔各答西南之坦姆拉克）。次年（公元409年）十二月，法显乘商船南航师子国（今斯里兰卡），经耶婆提（今苏门答腊）换船北航，绕行南海、东海，于义熙八年（公元412年）七月在青州牢山（今青岛崂山）登陆[2]。法显西行历时14年，游历约30个国家和地区（见图5-9），成为中国最早翻越西域边境高山而深入印度的少数旅行家之一，也是中国首位由陆路去印度、由海路回国并留下旅行记录的旅行家。

---

〔1〕 汤用彤. 汉魏两晋南北朝佛教史 ［M］.北京：中华书局，1983：418 - 424.

〔2〕 ［日］足立喜六.法显传考证 ［M］.何健民，张小柳，译.上海：国立编译馆、商务印书馆，1937：著者序.

图5-9　法显西行往返路线示意图（引自《章巽文集》）

义熙十二年（公元416年），法显完成旅行记《佛国记》（图5-10）。这是中国古代首部关于中亚、印度、东南亚的完整的旅行记，也是中国与印度之间海、陆交通的最早记录。全书近14000字，以法显游历先后为序，共记载33个国家，地域广及我国的西北、中亚、南亚、印度洋、东南亚和我国东南沿海。此书在地理学方面极有特色和价值[1]：

图5-10　章巽校注《佛国记》书影

〔1〕靳禾生.法显及其《佛国记》的几个问题［J］.山西大学学报，1980（1）.

首先，它是实地考察的记载。书中极为重视各地间距离的记述，并采用了多种方法：在西域地区详载里程，至中亚记载日程，至南亚则用由延（当时印度称 1 日行军里程为 1 由延），在有些地方则通过步测、目测记载步、尺等。西域地区的古国多数湮没已久，这使《佛国记》成为研究西域和南亚史地的重要文献。

其次，它可以说是一部航海游记。法显完全取南洋海道返程。书中详细记载全部海程的航路航船，是中国关于信风和南洋航船的最早、最系统的记录。

再次，它是南北朝以前唯一保存下来的完整的僧人游记。

《佛国记》成书后，不仅成为佛教经典著作，亦为学术界尤其是地学界所重视。北魏郦道元所撰《水经注·河水》中征引此书近 30 处。至清末丁谦撰写了中国研究《佛国记》的第一部专著——《佛国记地理考证》。

（二）西域地理分区概念的出现

"西域"主要是见诸于两汉魏晋南北朝时期的地理概念。它在广义上泛指玉门关、阳关以西的广大地区，即今称为中亚的部分地区；在狭义上指塔里木盆地及其周邻地区。[1] 自东汉张骞首次出使西域，开辟通往西域之路后，西域与内地交通大开，西域地理分区认识随之进一步发展。

《汉书·西域传》始以通西域的南、北两道记叙其沿线各国情况之后，《魏略·西戎传》和裴矩《西域图记》始分三道记述西域地理。这种分道叙述交通沿线各地地理情况的方法，

---

〔1〕　余太山. 两汉魏晋南北朝与西域关系史研究［M］.北京：中国社会科学出版社，1995：绪说.

已具有一定的地域观念。

北魏太延三年（公元437年），太武帝拓跋焘派董琬等出使西域。董琬等使还京师后在陈述西域情况时，首次明确地提出西域的地理分区：

> 西域自汉武帝时五十余国，后稍相并。至太延（公元435—440年）中，为十六国，分其地为四域：自葱岭（帕米尔[1]）以东，流沙以西为一域；葱岭（兴都库什山）以西，海曲（指自叙利亚、巴勒斯坦到小亚细亚、巴尔干一带的地中海沿岸和海域）以东为一域；者舌（塔什干）以南，月氏以北为一域；两海（今亚平宁半岛东面的亚得里亚海和西面的第勒尼安海）之间，水泽（黑海）以南为一域。（《魏书·西域传》）

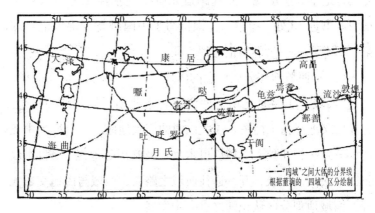

图5-11　董琬西域地理分区示意图（引自《章巽文集》）

董琬以极为简略的文字记述了西域4个地理区域的范围（图5-11）：第一区域为今新疆天山山脉以南的地区；第二区

---

〔1〕　此段地名注释引自余太山《部分正史〈西域传〉所见西域山水》（《史林》，2001年第3期第55页）。

域指今里海南端；第三区域为阿姆河中、上游南、北岸一带地区；第四区域可能指今里海的北部[1]。

（三）西域地理认识的深化

魏晋以降，西行求法的兴盛促进了西域地理的认识[2]。

魏晋南北朝时期成书的正史中，《后汉书·西域传》和《魏略·西戎传》等增加了地中海周围的山水。如《后汉书·西域传》云："焉耆国王居南河城"，"其国四面有大山，与龟兹相连，道险阨易守。有海水曲入四山之内，周匝其城三十余里。"《晋书·西戎传》所记略同。"四面有大山"是对焉耆（今属新疆）盆地的描述，"海水曲入"等或指博斯腾湖及其四周水系。[3]

《魏书·西域传》增加了若干葱岭以西的山水[4]。如："从条支西渡海曲一万里，去代三万九千四百里。其海（指地中海）傍出，犹渤海也，而东西与渤海相望，盖自然之理。地方六千里，居两海之间。其地平正，人居星布。"

汉以前对西域的沙漠仅有极少的记载，东晋以后记载渐多。东晋法显和刘宋法勇两位高僧西行求法时都经过了位于今新疆南部、塔里木盆地中部的塔克拉玛干沙漠。《佛国记》和《高僧传》已有了较为准确地描述（详见本章第二节）。齐僧祐《出三藏记集》卷十五《释智猛传》亦有："西出阳关，入

〔1〕 章巽. 古代中央亚细亚一带的地域区分//章巽文集 [M]. 北京：海洋出版社，1986：212－218.

〔2〕 钮仲勋. 我国古代对中亚的地理考察和认识//地理学史研究 [M]. 北京：地质出版社，1996：14－18.

〔3〕 余太山. 部分正史《西域传》所见西域山水 [J]. 史林，2001（3）：54.

〔4〕 余太山. 部分正史《西域传》所见西域山水 [J]. 史林，2001（3）：55－56.

流沙二千余里，地无水草，路绝行人，冬则严厉，夏则瘴热。"

自张骞通使西域后，葱岭（即今帕米尔高原）成为中西交通经行之地，但汉代对这一地区情况记载较少。至东晋法显在《佛国记》中首次较为详细地记述了葱岭地区的植被、冰川地貌等情况（详见本章第二节）。北魏的宋云在《行记》中也生动地记述了帕米尔地区高耸入云、崎岖险阻的地势和高寒气候：

> 自此以西，山路欹侧，长坂千里，悬崖万仞，极天之阻，实在于斯。太行孟门，匹兹非险，崤关陇坂，方此则夷。自发葱岭，步步渐高，如此四日，乃得至岭。依约中下，实半天矣。……

> 葱岭高峻，不生草木。是时八月，天气已冷，北风驱雁，飞雪千里。[1]

三　南部边疆及域外地理认识的深化

汉代以前，中国对南部边疆及域外地理知之甚少。魏晋以降，通商贸易的发达以及西行求法的兴盛，旅外商人、出使官吏和求法僧人在域外多详记其行经之地的情况及所到国家之风土人情，并著书刊行于世，从而极大地丰富了国人对南部边疆及域外地理的认识。

我国西南部与域外海上交往始于汉代，至三国以后得到了进一步的发展。东吴黄武五年至黄龙三年（公元226—231年），孙权大将吕岱派遣宣化从事朱应、中郎康泰出使东南亚。据《南史·夷貊上》记载，他们所到过的国家和地区有林邑（今越南中南部）、扶南（今柬埔寨）、"西南大沙洲"（今马来群岛）及传闻的国家大秦、天竺等"百数十国"。南

---

〔1〕　［北魏］杨衒之：《洛阳伽蓝记》卷五。

304

朝时，"舟舶继路，商使交属"[1]。此外，小乘佛教盛行的南海诸岛国亦是西行求法僧人的向往之地。

（一）南海的地理见于记载

南海古代又称涨海或大涨海。汉以前，关于南海地理情况的记载很少。至三国时，康泰始在《扶南传》中记述了南海地理情况。如海中珊瑚洲地形的概貌："涨海中，倒珊瑚洲，洲底有盘石，珊瑚生于上也。"[2]文中的"珊瑚洲"即珊瑚岛与沙洲，露出水面之上，虽高潮亦不能淹没。它们是以珊瑚虫等为主的生物作用而形成的礁块。"洲底"的"盘石"，即火山锥或海中岩石。与康泰大致同时的万震在《南州异物志》中记述从马来半岛的句稚国到中国的航程时云："东北行，极大崎头，出涨海，中浅而多磁石。"[3]文中的"磁石"即南海中尚未露出水面的暗沙暗礁，船舶在航行中遇上，就会搁浅遇难，像被"磁"吸引一样，故称"磁石"。上述记载说明，当时人们对南海中珊瑚和沙洲的形态和成因都已有所认识。

康泰在书中还记述南海中某些岛屿的动物和植物："扶南东有涨海，海中有洲，出五色鹦鹉，其白者如母鸡。"[4]"扶南之东涨海中，有大火洲，洲上有树。得春雨时皮正黑，得火燃树皮正白。"[5]

（二）记载东南亚国家的地理书问世

朱应和康泰出使东南亚之后，完成了两部有关南海地区的地

〔1〕［南朝梁］沈约：《宋书·夷蛮列传》。
〔2〕《太平御览》卷六十九引。
〔3〕《太平御览》卷九百八十八引。
〔4〕［唐］欧阳询等：《艺文类聚》卷九十一引。
〔5〕《太平御览》卷七百八十六引。

理著作。它们是史籍所见正式记载中国通使东南亚最古的资料。

《扶南异物志》1卷，朱应撰。《隋书·经籍志》和《唐书·艺文志》著录，今佚。此书现存各书均未见辑录。《梁书·诸夷列传》、《海南诸国传》的内容大都依据此书而编纂。[1]

《吴时外国传》，又名《扶南记》和《扶南土俗》，卷亡，康泰撰。《隋书·经籍志》未著录，已佚。全书体例无考，今仅散见于《水经注》、《艺文类聚》和《太平御览》诸书。现存佚文记载了30余个国家和地区的方位、里程、物产、人口、风俗、气候、贸易、宗教和工艺等情况。

此后，吴丹阳太守万震（生平不详）撰《南州异物志》1卷，《隋书·经籍志》著录，已佚，仅散见于一些书籍的征引。此书虽以异物为名，所述多为东南亚国家方物风俗，而且所记之国林阳、歌营、加陈、师汉、扈利、姑奴、察牢、类人等皆未见前记载。如："林阳（今泰国西部，以至缅甸与马来半岛北部一带）在扶南西七千余里，地皆平博，民十余万家，男女行仁善，皆侍佛。"[2]

刘宋时，曾亲至扶南的竺枝也撰有《扶南记》一书。此书卷亡，《隋书·经籍志》未著录，仅散见于后代征引。所记不局限于扶南，亦包括一些东南亚的其他国家，如："毗骞国（故地有多种说法，有人认为在马来亚彭亨河口）去扶南八千里，在海中。"[3]

（三）较详细记载东南亚国家的地理情况

《史记》和《汉书》较少有关于东南亚国家地理情况的记

---

〔1〕 向达．汉唐间西域及海南诸国古地理书叙录//唐代长安与西域文明[M]．北京：三联书店，1957：569．

〔2〕《太平御览》卷七百八十七引。

〔3〕《太平御览》卷七百八十八引。

述。至三国之后，其记述渐多。梁沈约（公元441—513年）所撰《宋书》和梁萧子显（公元448—537年）所撰《南齐书》均在《蛮夷列传》中记述了东南亚的国家。其后唐姚思廉（公元557—637年）编著的《梁书·诸夷列传》首次专设《海南诸国传》一章，比较系统地总结了对东南亚地区史地的认识。它在开首即云：

> 海南诸国，大抵在交州南及西南大海上，相去近者三五千里，远者二三万里，其西与西域诸国接。

《梁书·海南诸国传》中记载的国家有林邑国（在今越南中部）、扶南国（今柬埔寨）、盘盘国（在今泰国南万伦湾沿岸一带）、丹丹国（在今马来半岛）、干陀利国（在今马来半岛吉打）、狼牙修国（在今泰国南部北大年一带）、婆利国（在今爪哇东之巴厘岛）、中天竺（今印度河流域一带）、师子国（今斯里兰卡）以及今地理位置不详的呵罗陁国、呵罗单国、媻皇国、媻达国和阇婆婆达国等。书中对这些国家的史地情况都有介绍，其中对不少国家地理状况的记述十分精彩，如：

> 林邑国者，本汉日南郡象林县，古越裳之界也。伏波将军马援开汉南境，置此县。地纵广可六百里，城去海百二十里，去日南界四百余里，北接九德郡。其南界，水步道二百余里……其国有金山，石皆赤色，其中生金。……

> 婆利国在广州东南海中洲上。去广州二月日行。国界东西五十日行，南北二十日行。有一百三十六聚。土气暑热，如中国之盛夏。谷一岁再熟，草木常荣。……

第五节 沿革地理与地名学的发展

一 沿革地理学雏形的形成

萌发于两汉时期，作为中国传统舆地之学重要组成部分、以记述并考证历史时期疆域和政区等的沿袭与变革的沿革地理学，至魏晋南北朝时期已逐渐走向成熟。沿革地理学作为一门学问已具雏形。

（一）历史记载中的沿革地理

自汉代的《史记·河渠志》和《汉书·地理志》开创历史著作中综合追述前代地理先例之后，魏晋南北朝时期的正史大多继承其传统，其中以《宋书·州郡志》最为突出。此志卷首即云：

> 地理参差，其详难举，寔由名号骤易，境土屡分，或一郡一县，割成四五，四五之中，亦有离合，千回百改，巧历不算，寻校推求，未易精悉。今以班固马彪二志、《太康》、《元康》、定户、王隐《地道》、晋世《起居》、《永初郡国》、何徐《州郡》及地理杂书，互相考覆。且三国无志，事出帝纪，虽立郡时见，而置县不书。今唯以《续汉郡国》校《太康地志》，参伍异同，用相徵验。自汉至宋，郡县无移改者，则注云"汉旧"。

《宋书·州郡志》对地理沿革记述内容精确详明，是正史地理志中记载沿革地理最详的著作之一。它关于三国以来地理沿革的记述远胜于其后成书的《晋书·地理志》，使这一历史时期的沿革地理可以较为完整地保存下来。

（二）经学研究中的沿革地理

汉晋时期，学者对经学著作中古代山川与地名的考证，开创了沿革地理的另一条发展道路。经学研究中的地理考证为后世学者研究这些经典的地理内容提供了重要的资料。两晋时期，经学研究中的地理沿革工作亦有不少成绩，可惜流传至今的寥寥无几。

西晋杜预（公元222—284年）所撰《春秋左氏经传集解》中对春秋列国地理多有诠释。如《左传·隐公元年》"惠公之季年，败守师于黄"，杜注云："陈留外黄县有黄城"。他在注释《春秋》的另一部著作《春秋释例》中专设《土地名》3卷。《土地名》分诸侯国、四夷和山川三大类，所列地名均释出今地、方位等。如：山名中宣公"二年，首山"，下释作"河东蒲坂县东南首阳山"。

西晋初，地理学家京相璠亦完成了一部地名学专著——《春秋地名》[1]。原书早佚，但从幸存的部分条目中可以看出：（1）地名多注释出今地的方位和距离。如"石门，齐地，今济北卢县故城西南六十里，有故石门"[2]。（2）重视地名的地望考证。如"今濮阳城西南十五里，有沮丘城，六国时沮楚同音，以为楚丘，非也"[3]。

晋代的经学大师郭璞尤精于古文献的训诂，他所注释的经学著作中包含丰富的沿革地理内容。他所撰《山海经传》18卷是现在所见最早的注释《山海经》的著作。在这部著作中，郭璞考证出《山海经》中几十座山的当时位置，如注《山海经·中山经·泰室之山》云："即中岳嵩高山也，今在阳城县

〔1〕 刘盛佳.晋代杰出的地图学家——京相璠［J］.自然科学史研究，1987，6（1）：60－63.

〔2〕 ［北魏］郦道元：《水经注·济水》。

〔3〕 ［北魏］郦道元：《水经注·瓠水》。

西。"

郭璞对《尔雅》注释用功亦勤，著有《尔雅注》和《尔雅图赞》。他关于《尔雅》中《释地》、《释丘》、《释山》和《释水》诸篇的注释中注重当时地名、位置等方面的内容。如《释地·九州》中指出九州各州的地域范围：冀州"自东河至西河"等等。

（三）在舆地发展之中的沿革地理

魏晋南北朝时期，舆地学的蓬勃发展极大地促进了沿革地理学的进步，使其逐渐成为舆地学的重要组成部分。

魏晋以来，作为中国古代地理著作重要一部分的方志的编撰十分兴盛。方志书中多陈述疆域沿革。"沿革"一词亦首见于方志著作《三辅黄图》首篇"三辅沿革"。该篇以精练的语言陈述其地的建置沿革。文中云：

> 《禹贡》九州，舜置十二牧（即十二州），雍其一也。古丰、镐之地，平王东迁，以岐、丰之地赐秦襄公，至孝公始都咸阳。咸阳在九嵕山、渭水北，山水俱在南，故名咸阳。秦并天下，置内史以领关中。项籍灭秦，分其地为三：以章邯为雍王，都废丘（今兴平市）；司马欣为塞王，都栎阳（今临潼武屯镇东北）；董翳为翟王，都高奴（今延州金明县）。谓之三秦。汉高祖入关，定三秦，元年（公元前206年）更为渭南郡，九年罢郡，复为内史。……景帝分置左、右内史，此为右内史。武帝太初元年（公元前104年）改内史为京兆尹，与左冯翊、右扶风，

谓之三辅。其理俱在长安古城中。[1]

发轫于西晋的地理总志，亦十分重视沿革地理的记述，它们在各级政区下多追溯往昔，记载建置沿革。西晋挚虞撰《畿服经》中就有"古之周南，今之洛阳"的记载。后世方志、地理总志大都承袭魏晋的传统，将建制沿革作为其内容之一，这既为沿革地理积累了资料，又极大地促进了沿革地理学的发展。

魏晋南北朝时期的地理著作亦是较重视地理沿革的记述。这一时期最为重要的地理著作——北魏郦道元的《水经注》，虽以记述北魏河流为主旨，但是关于沿革地理的记述和考辨也极为丰富[2]。第一，它记载了郡建置的发展、变化及建郡的命名原则；第二，记载了众多已失考的侯国建置历史，如卷十一《汝水注》中的新蔡侯国等；第三，所载 2500 县名往往都上溯先秦，然后逐代叙述。如：

> 相县，故宋地也；秦始皇二十三年（公元前 224
> 年），以为泗水郡；汉高帝四年（公元前 203 年），
> 改曰沛郡，治此；汉武帝元狩六年（公元前 117
> 年），封南越桂林监居翁为侯国，曰湘成也；王莽更
> 名，郡曰吾符，县曰吾符亭。

寥寥数言，清楚地记述了相县数百年的历史沿革。

（四）沿革地理学的初创

至晋代，沿革地理学作为一门学问已初具雏形。沿革地理专著开始出现：杜预已完成沿革地理的专篇——《春秋释

---

〔1〕 何清谷校注. 三辅黄图校注 [M]. 西安：三秦出版社，1995.

〔2〕 陈桥驿.《水经注》记载的行政区划//水经注研究 [M]. 天津：天津古籍出版社，1985：149－162.

例·土地名》；裴秀所撰《禹贡地域图》18 篇和京相璠所撰《春秋土地名》则已属专门的沿革地理著作了。此后，沿革地理专著不断涌现，其中较为重要的有：南朝宋刘澄之纂《永初山川古今记》20 卷和南朝梁陶弘景纂《古今州郡记》等。这一时期的沿革地理著作均早已散佚。从现存的少量佚文看，主要记述郡县名称的变化。

二　地名学的建立

中国古代有关地名的记录可以上溯到商周乃至更早的时期。魏晋南北朝时期，伴随着地名数量的增加和地名知识的积累，地名学的研究取得了长足的进步，并逐渐发展成熟。其主要标志是：地名渊源的解释种类丰富；地名命名规律的系统总结；重视地名沿革、字音等的记述；地名词典和地名研究集大成之作的问世等。

（一）地名学研究的概况

三国时代，地理学家开始重视对地名渊源的研究。曹魏时的如淳、孟康、张宴，孙吴时的韦昭在注《汉书·地理志》时大多对其中的某些地名的渊源作了解释。如："汝南郡新息"，孟康注曰"故息国，其后徙东，故加新云"。"魏郡邯会"，张宴注曰"漳水之别，自城西南与邯山之水会"。这一时期的方志著作中，已开始记述地名的渊源。如《张氏土地记》中有"句余山在会稽余姚县南，句余县北，故此二县因此为名"[1]。

两晋时期，解释地名渊源的风气顿开。大多地理书中都有关于地名渊源解释的内容。如《关中记》（潘岳）、《三齐略记》（伏琛）、《洛阳记》（陆机）、《湘中记》（罗含）、《吴地

〔1〕　［清］王谟，辑. 汉唐地理书钞［M］. 北京：中华书局，1961：119.

记》（张勃）、《华阳国志》（常璩）、《太康地记》、《晋书地道记》（王隐）、《郡国志》（袁山松）、《九州要记》（乐资）等等。中国古代的第一部地名词典——京相璠的《春秋土地名》亦在这一时期问世。两晋时期，研究地名渊源和沿革的大家是郭璞。他在《尔雅注》、《山海经注》等书中都有大量的地名渊源方面的内容。

南北朝时期，地理著作对地名渊源的解释更为普遍。如北魏时的《十三州志》（阚骃）、《水经注》（郦道元），刘宋时的《荆州记》（盛弘之）、《湘中记》（庾仲雍）、《钱塘记》（刘道真）、《始兴记》（王韶之）、《吴兴记》（山谦之），宋齐间的《鄱阳记》（刘澄之），梁陈时的《舆地记》（顾野王）等等均含有对地名渊源的解释。这一时期，地名渊源的代表作是《水经注》。今本《水经注》中有地名约 2 万个，其中解释地名渊源的多达 2400 处[1]，占其记载地名的 12%。这与西汉《汉书·地理志》中解释地名渊源占记载地名总数不到 1%，有着天壤之别。

（二）地名渊源的解释种类丰富

这一时期地理等书中有关地名渊源解释的内容十分丰富，甚至超过唐代的《元和郡县图志》。

有些地名主要根据山、水、地形、动植物、矿物、土壤、水文、天文气象、颜色、数字等命名，如：

（谷）山临谷水，因以为名。（《汉唐地理书钞》引顾野王《舆地志》）

---

〔1〕陈桥驿.《水经注》与地名学//水经注研究［M］.天津：天津古籍出版社，1985：317－365.

凿而得金，故名金山。（《太平御览》卷三十九
引戴延之《西征记》）

始安熙平县……塘一日再见盈缩，因名潮汐塘。
（《太平御览》卷七十四引盛弘之《荆州记》）

庐龙西四十九里有蓝山，其色蓝翠重叠，故名
之。（《大魏诸州记》）

有些地名主要根据职官、人物、庙祠、陵墓、史迹、神话
传说、特产、年号、少数民族、移民、祥瑞等，以及形象、词
义、假借、复合等命名，如：

咸康三年以松滋流户在荆土者立松滋县。（《太
康地记》）

望山，昔始皇登此台而望海，缘以为名。（张勃
《吴地理志》）

长秋寺，刘腾所立也。腾初为长秋令卿，因以为
名。（《洛阳伽蓝记》卷一）

伍员造此二（驴磨、犄角）城以攻麦城，故假
之驴磨之名。（《太平御览》卷一百九十二引盛弘之
《荆州记》）

赣县东南有章水，西有贡水，县治二水之间，合
赣字因以为县。（刘澄之《永初山川记》）

（三）地名命名规律的系统总结

魏晋以来，地名的大量出现，使总结地名命名规律成为可
能。这一时期首创的多种地名命名原则，大多都被后代所沿用。

1."因山为名"原则的首创

魏晋南北朝时期，以山立名已较为普遍，广及郡、县、
城、河、湖、峡、宫、村等等，其中以立县名为多。晋司马彪

《续汉书·郡国志》云：忝城"因山（忝室山）以名"（《太平御览》卷三十九）。阚骃的《十三州志》中有"河南缑氏县，以山为名"；郭仲产的《荆州记》中有方城"因山以表名"；北魏郦道元所撰《水经注》中因山立名的记载更多。

2. "因水为名"思想的完善

自东汉刘熙《释名》提出"借水以取名"的方法之后，两晋南北朝已较为普遍地使用"因水为名"的原则。东晋常璩《华阳国志·汉中志》云：汉中郡"因水名也"。南朝陈顾野王《舆地志》云："（谷）山临谷水，因以为名"。北魏郦道元又提出"因水以名地"（《水经注·河水四》）、"藉水以取名"（《水经注·渑水》）、"因水以制名"（《水经注·耒水》）等，进一步完善了"因水为名"的思想。

3. "随地为名"规律的提出

在各类地名中，有些互相关联的地名往往冠以相同的名称，这些名称通称相关地名。两晋南北朝以来，相关地名众多，涉及地名种类较广，如：南朝陈顾野王《舆地志》中的"因祠为名"；山谦之的《丹阳记》中的"以宅为名"；阚骃《十三州志》中的"因陵为名"；裴渊《广州记》中的"因冈为州名"。北魏阚骃在《十三州志》中对相关地名命名规律进行总结，提出"随地为名"的命名原则：

> 黄河至金城县，谓之金城河，随地为名也。

4. "以草受名"的出现

中国古代很早就使用多种植物命名地名。魏晋南北朝时期，柳、莲、芍、桑、菊、桃、棘等多种植物都被用来作为地名。北魏阚骃在《十三州志》首次对植物类地名的命名规律进行了初步总结云："莲芍县，以草受名也。"

5. 年号地名的使用

北魏杨衒之在《洛阳伽蓝记》卷二和卷三中首次明确提出以年号命名地名：正始寺"正始中立，因以为名"，景明寺"景明年中立，因以为名"。

6. "别名""异名"的创用

魏晋南北朝时期，地名数量丰富的另一个重要原因是一地多名。如：张勃《吴地理志》中有"五湖者，大湖之别名"。此外，异名的使用亦较为普遍。如顾野王《舆地志》云："夜头，向水之异名"。

7. 郡名命名原则的总结

北魏郦道元所撰《水经注·河水》总结了自古以来郡名命名的原则："凡郡，或以列国，陈、鲁、齐、吴是也；或以旧邑，长沙、丹阳是也；或以山陵，太山、山阳是也；或以川原，河西、河东是也；或以所出，金城城下得金，酒泉泉味如酒，豫章樟树生庭，雁门雁之所育是也；或以号令，禹合诸侯，大计东冶之山，因名会稽是也。"

（四）重视地名沿革、字音等的记述

魏晋南北朝时期，地学家较为重视对地名沿革和字音的研究。晋郭璞《山海经注》云："凡山川或有同名而异实，或同实而异名，或一实而数名，似是而非，似非而是，且历代久远，古今变易，语有楚夏，名号不同，未得详也。"[1]北魏郦道元《水经注·渭水》"华阴县"云："《春秋》之阴晋也。秦惠王五年（公元前333年），改曰宁秦；汉高帝八年（公元前199年）更名华阴。王莽之华坛也。"注文说明了华阴500

---

〔1〕　〔清〕阎若璩：《潜邱札记》卷三。

多年的地名变迁。但是，这些记述并不涉及自然面貌和社会经济的变迁。因此，中国古代地名学中对地名沿革的研究，实际上仍然是沿革地理学的一部分。

第六节　地图测绘学的发展

魏晋南北朝时期，国家分裂，时有战乱，地图测绘学的发展受到一定程度的阻碍，在多数时期里处于发展的低潮时期。但是，这一时期，地图测绘学仍有值得称道的进步。三国时，刘徽著《海岛算经》，创立重差测量理论；西晋时期是中国古代地图学发展的辉煌时代，出现了中国古代最杰出的地图学家——裴秀，他创立了对中国古代地图绘制学发展有重大影响的理论——制图六体。

一　地图的编绘与地理模型的制作

魏晋南北朝时期，战乱频仍，在国家分治的条件下，进行大规模的疆域测量和地图绘制是很难的。但是，区域性、专题性的地图测绘并没有间断，特别是为分封、均田和战争等需要进行的地图编制或测绘，屡见于史籍。兵革屡兴的三国时代，多采以搜集和利用旧地图或进行区域性测图。在取益州之前，张松（公元？—212 年）曾为刘备（公元 161—223 年）画了一张地形草图，"画地图山川处所"[1]。善于刺绣的吴国丞相赵达之妹赵夫人"作列国方帛之上，写以五岳、河海、城邑、行阵之形"[2]，并将这幅刺绣地图呈给吴王。西晋统一天下后，裴秀（公元224—271 年）领导和主编了晋初的大规模的

---

〔1〕《三国志·蜀志·先主传第二》注引《吴书》。
〔2〕［晋］王嘉：《拾遗记》卷八。

地图编绘工作，制成了历史地图集《禹贡地域图》18 篇，并以 1∶180 万的比例将《天下之图》缩绘成《方丈图》[1]。

这一时期，绘制的地图数量虽不多，却在历史地图、地理模型的制作以及道教地图等方面取得了比较突出的成就。

（一）历史地图：《古今书春秋盟会图》与《禹贡地域图》

至晋代，出现历史地图，并对后世产生较大影响。

晋杜预（公元 222—284 年）"以据今天下郡县邑之名，山川道涂之实，爰及四表，自人迹所逮，舟车所通，皆图而备之，然后以春秋诸国邑、盟会地名各所在，附列之，名曰《古今书春秋盟会图》"[2]。这是一部反映春秋时代各诸侯国都邑、盟会的历史地图。

大约在晋泰始四年至七年（公元 268—271 年），由裴秀主持、他的门客京相璠协助，绘制完成了中国见于文字记载的最早的一部历史地图集——《禹贡地域图》18 篇。《晋书·裴秀传》所载《禹贡地域图·序》云：

> 今上考《禹贡》山海川流，原隰陂泽，古之九州，及今之十六州，郡国县邑，疆界乡陬，及中国盟会旧名，水陆径路，为地图十八篇。

这部历史地图集，开创了区域沿革为主体和古今地名对照的传统，对后世有较大的影响。不过，此图集很少为后人称引，可能是很早就散佚了。

（二）地理模型：《木方丈图》

秦汉时期，在作战中已出现简易的地理模型，还有秦始皇

---

〔1〕 ［唐］虞世南：《北堂书钞》卷九十六引《晋诸公赞》。

〔2〕 ［晋］杜预：《春秋释例·土地名》，《四库全书》本。

墓中"以水银为百川江河大海"[1]。至南朝时，始出现由谢庄（公元421—466年）制作比较正规的地理模型：

> 制木方丈图，山川土地，各有分理。离之则州别
> 郡殊，合之则宇内为一。[2]

这座制作精良、宜于保存与携带的地理模型，使用方便，可分可合，分开为各州郡的地形模型，合起来则为全国的地形模型。

（三）道教地图：《五岳真形图》

大约在汉魏时期，在道教中出现一种非常重要的图符——《五岳真形图》。这种道教地图，继承了传统古地图的绘制方法，并有所创新，是这一时期中国地图学的另一技术流派。

约"魏晋间文士所为"[3]的《汉武帝内传》有汉武帝会见西王母而得《五岳真形图》的记述。晋葛洪《抱朴子内篇·遐览》记："余闻郑君言，道家之重者，莫过于三皇文《五岳真形图》。"

南北朝时《洞玄灵宝五岳古本真形图》对《五岳真形图》制作方法描述如下：

> 黑者山形，赤者水源，白者是室穴也。画小则丘
> 陵，画大则陇岫壮。[4]

据曹婉如、郑锡煌的研究，《王岳真形图》"绘制时期在东晋以前"，为"山岳平面图"[5]。据姜生研究，"《东岳真形

〔1〕 ［汉］司马迁.史记·秦始皇本纪［M］.北京：中华书局，1974.

〔2〕 ［南朝梁］沈约.宋书·谢庄传［M］.北京：中华书局，1974.

〔3〕 ［清］纪昀等编纂：《四库全书总目·小说家类三》。

〔4〕 《道藏》第6册《正统道藏洞玄部灵图类》。

〔5〕 曹婉如，郑锡煌.试论道教的五岳真形图［J］.自然科学史研究，1987，6（1）：52－57.

图》内，泰山的山体、山峰、山谷、洞穴、河流水源、登山路线、特产等多项内容，均以地图符号或注记方式，不同程度地得到近乎地理实际的技术表达，构成比较准确的泰山区域地形图，且具有近似等高线法的特点"[1]。

二 裴秀创立"制图六体"

晋代之前，有关地图绘制的记述丰富，而且也已达到较高的绘制水平，但是尚未见到有关地图绘制理论的记载。才华出众、官至尚书令和司空并兼任地官的裴秀发现，在朝廷所存的图籍中，"惟有汉代舆地及括地诸杂图，各不设分率，又不考准望，亦不备载名山大川，虽有粗形，皆不精审，不可依据"[2]，于是收集资料，进行研究，完成了《禹贡地域图》18篇、《方丈图》等多部地图的制作。他在《禹贡地域图》中首创绘制地图的六项原则——"制图六体"：

> 制图之体有六焉。一曰分率，所以辨广轮之度也。二曰准望，所以正彼此之体也。三曰道里，所以定所由之数也。四曰高下，五曰方邪，六曰迂直，此三者各因地而制宜，所以校夷险之异也。有图象而无分率，则无以审远近之差；有分率而无准望，虽得之于一隅，必失之于他方；有准望而无道里，则施于山海绝隔之地，不能以相通；有道里而无高下、方邪、迂直之校，则径路之数必与远近之实相违，失准望之正矣。故此六者，参而考之。然后远近之实定于分率，彼此之实定于准望，径路之实定于道里，度数之

〔1〕 姜生. 东岳真形图的地图学研究〔J〕. 历史研究，2008 (6)：34-51.
〔2〕 〔唐〕房玄龄等：《晋书·裴秀传》。

实定于高下、方邪、迁直之算。故虽有峻山钜海之隔，绝域殊方之迥，登降诡曲之因，皆可得举而定者，准望之法既正，则曲直远近无所隐其形也。[1]

文中的分率即比例尺，准望是方位，道里是道路的里数即距离，高下（高取下）、方邪（方取邪）、迁直（迁取直）是用以校正地面平坦或险阻的差异。晋裴秀以前，中国在地图学方面虽然积累了十分丰富的实践经验，但是缺少理论概括和指导。在明末清初欧洲的地图投影方法传入中国之前，裴秀的"制图六体"一直是中国古代绘制地图的重要原则，对于中国传统地图学的发展影响极大[2]。

三 刘徽撰《海岛算经》问世

魏晋南北朝时期，因战乱难以组织大规模的实测活动，但是测量理论却有较大的突破。在西汉时，出现了重差法，即依据相似直角三角形对应边成比例的关系，进行测高、望远和量深的方法。魏陈留王景元四年（公元263年），著名的数学家刘徽完成了巨著——《九章算术注》10卷，其中第十卷"重差"为刘徽自撰自注。此卷首次系统地论述了重差法在测量学上的应用，大约在南北朝后期此卷单行，因其第一问为测望海岛之高、远，遂称为《海岛算经》。

刘徽在《海岛算经》自序中说："凡望极高、测绝深而兼知其远者必用重差，勾股则必以重差为率，故曰重差也。"今本《海岛算经》共有9题，为测量高深广远提出了3种基本

---

〔1〕 关于"制图六体"的文字记载《晋书·裴秀传》有重大遗漏，唐欧阳询等编撰的《艺文类聚》卷六和唐徐坚等编撰的《初学记》卷五记载齐全。

〔2〕 ［清］胡渭《禹贡锥指·禹贡图后识》曰："三代之绝学，裴秀继之于秦汉之后，著为图说，神解妙合。"

的方法——重差法、连索法和累矩法[1]，其他例题皆是以此3法所得结果转求其他目的的问题。

这些算例成为古代测量的重要论据，《海岛算经》则成为中国古代测量学发展的数学基础。在以矩、尺、表、绳为主要测量工具的古代，重差法拓展了间接测量的领域，促进了古代测量的发展和进步[2]。

综上所述，魏晋南北朝时期，中国地图测绘技术是秦汉地图测绘技术发展高潮的延续，但是因国家分裂、战乱频繁，在多数时期里处于发展的低潮时期。主要表现在两个方面：一是史籍所载地图数量不是很多；二是多数地图的绘制水平不高。形成这一局面的原因主要有两方面：（1）社会动荡和战乱使地图绘制和藏图机构受到严重的破坏，制约了地图测绘技术的发展；（2）区域性史地著述的繁荣，造成"经"、"记"的编撰压倒了地图的制作，其中的"图经"图文并重但并不十分重视地图绘制，"从而使地图的编绘退化"[3]。

但是，在这一相对低潮的时期里，西晋却是中国古代地图测绘学发展的辉煌时代，中国古代最杰出的地图学家裴秀创立了中国古代地图绘制的理论——制图六体。究其原因主要为：（1）中国古代地图测绘技术源远流长，至秦汉时已奠定较好的基础；（2）晋灭三国后，全国州郡的重新划分和地名的更改，迫切需要制作新的地图，探讨测绘技术；（3）裴秀具有成为杰出地图学家的条件——他曾随军作战，深知地图的重要性，身居地方官要职便于收集和研究地图，加之具有较高的素

〔1〕 解法见：钱宝琮. 中国数学史［M］. 北京：科学出版社，1981：72－75.

〔2〕 王树连. 魏晋南北朝测绘史考. 测量工程［J］. 1997，6（3）：42－43.

〔3〕 王庸. 中国地理学史［M］. 北京：商务印书馆，1955：62.

养。

在这一时期里，还出现了一些优秀、颇具特色的地图测绘技术成果，其代表有：（1）首部历史地图集《禹贡地域图》18篇开创了区域沿革为主体和古今地名对照的传统。（2）南朝的谢庄制作了使用方便且宜于保存携带的地理模型图"木方丈图"。（3）出现中国地图测绘学的另一技术流派——以表示山岳区域地形为特征的《五岳真形图》。（4）三国魏刘徽完成了首次系统地论述了重差法在测量学上的应用专著《海岛算经》。

第七节　地质学和矿物岩石学知识的发展

一　地质学知识的发展

魏晋南北朝时期，地质学知识的发展主要表现在海陆变迁思想的形成和化石认识的深化两个方面。

（一）海陆变迁思想的形成

1. 地壳升降的观察和记录

至魏晋南北朝时期，人们对地壳升降运动所形成地形的记载增多，其中对地壳下沉形成的陷湖观察较为细致。

三国吴时，张勃在《吴地记》中有当湖是由地陷所成的记述："当湖在平湖（今属浙江）治东，周四十余里，即汉时陷为湖者，亢旱水涸，其街陌遗迹，隐隐可见。"[1]

晋干宝《搜神记》记载了另一个由地陷形成的湖泊："由拳县（治所在今浙江嘉兴市南），秦时长水县也。始皇（公元

---

〔1〕　〔清〕张英：《渊鉴类函·地部·湖二》引，上海埽叶山房，1932年石印本。

前 246—前 210 年在位）时……遂沦为湖。"

2. 海陆变迁思想的形成

西晋初年，杜预（公元 222—284 年）提出了海陆变迁的
思想：

> 常言：高岸为谷，深谷为陵。刻石为二碑，纪其
> 勋绩，一沉万山之下，一立岘山（一名岘首山，在
> 今湖北襄樊市南）之上，曰：焉知此后不为陵谷
> 乎？[1]

至东晋葛洪在《神仙传》一书中首先提出"东海三变桑
田"的思想：

> 麻姑谓王方平曰："自接待以来，已见东海三为
> 桑田。向到蓬莱水又浅，浅于往昔略半也，岂将复为
> 陵陆乎？"方平笑曰："东海复扬尘。"

葛洪以"东海三变桑田"表述海陆变迁的地质思想。"东
海三变桑田"一词至唐代演变为"沧海桑田"，后者成为中国
古代表达海陆变迁思想的术语，广泛流传[2]。

此外，南朝宋刘义庆（公元 403—444 年）编《世说新
语》[3]卷下之上中亦有有关地形变迁的记载：

> 郭景纯过江，居于暨阳，墓去水不盈百步，时人
> 以为近水，景纯曰："将当为陆，今沙涨去墓数十
> 里，皆为桑田。"

---

〔1〕［唐］房玄龄等修：《晋书》卷三十九，中华书局，1974 年。
〔2〕李仲均.我国古代关于"海陆变迁"地质思想资料考辨［M］//科学
史集刊：第 10 辑.北京：地质出版社，1982：19 - 20.
〔3〕《四库全书》本。

（二）化石认识的深化

早在先秦时代，已有关于化石的记载。至魏晋南北朝时期，对化石的认识有了较大的进步，不仅记载的化石种类增多，而且对一些化石特征、产地、成因等有了较详细的记述。

1. 石燕

魏晋南北朝时期，对石燕即腕足类动物门石燕类化石有较多的记述。

晋罗含在《湘中记》中已记载石燕："石燕在零陵县（治所在今湖南省永州市零陵区），雷风则群飞翩翩然，其土人来采有干者，今合或药。"[1]南朝宋庚仲雍《湘中记》中有类似的记述[2]。

北魏郦道元在《水经注·湘水》中记载："其山（石燕山，在今湖南祁阳）有石绀而状燕，因以名山。其石或大或小，若母子焉。及其雷风相薄，则石燕群飞，颉颃如真燕矣。"

南朝宋甄烈《湘中记》中有：石燕山"石形似燕，大小如一"[3]。

2. 鱼化石

晋司马彪的《郡国志》[4]、南朝宋盛弘之的《荆州志》[5]、南朝宋沈怀远的《南越志》以及北魏郦道元的《水经注·涟水》等书对中国古代最著名的鱼化石产地——湘水边石鱼山（在今湖南湘乡西）中的石鱼作了较为详细的记述。其中沈怀远的《南越志》不仅对鱼化石产地的地理位置、化石埋存的层位、化石保存的状况及其形状都作了比较科学的描述，而且提出了鉴定鱼化石的方法——火烧法。文曰：

衡阳湘乡县有石鱼山，下多玄石。石色黑，而理若云母，发一重，辄有鱼形，鳞鳍首尾宛然刻画，长数寸，鱼形备足，烧之作骨腥，因以名。[1]

3. 龙骨

《山海经·中山经》中已有哺乳动物如象类、犀牛类、三趾马等的骨骼的化石之名——龙骨。至三国吴普的《吴普本草》已记述了龙骨的颜色："龙骨色青白者善"。梁之前成书的《名医别录》首先指出龙骨是动物的遗骸：龙骨"生晋地川谷，及太山岩水岸土穴石中死龙处"[2]。

这一时期文献记载的出产龙骨的地区有：始安（今湖北汉口附近）、五城县（今四川中江县东）、晋（今山西）、太山、益州（治所在今四川成都）、梁州（治所在今陕西汉中市东）和巴中县（治所在今四川绵阳市东）[3]。

4. 琥珀

晋张华的《博物志》指出琥珀是由树脂石化而成："松脂入地所为"，"琥珀中有一蜂形如生。……此或当蜂为松脂所粘，因坠地沦没耳"。晋郭璞的《玄中记》进一步说明其形成

〔1〕［元］陶宗仪，辑. 说郭：卷六十一.《说郭三种》本［M］.上海：上海古籍出版社，1988：2833.

〔2〕［梁］陶弘景，集，尚志钧，辑校. 名医别录［M］.北京：人民出版社，1988：70.

〔3〕唐锡仁，杨文衡. 中国科学技术史·地学卷［M］.北京：科学出版社，2000：263.

时间是漫长的:"枫脂沦如地中,千秋为琥珀。"[1]梁陶弘景的《本草集注》还指出琥珀燃烧后有松的气味以及颜色:"烧之亦作松气","以赤者为胜"[2]。三国时魏国张揖的《广雅》记载博南县(今云南省永平县东)出产琥珀的地层:"生地中,其上及旁不生草,浅者五尺,深者八、九尺。"[3]

魏晋南北朝时期,琥珀仍主要来自域外,但是在今云南省也发现了一些琥珀的产地,如生永昌(治所在今云南省保山市)[4]、宁州(今云南省祥云县)[5]。

5. 泉水的石化作用

南朝梁任昉在《述异记》中曾经说明泉水对化石的作用:"阳泉(今属山西)在天余山北,清流数十步,所涵草木皆化为石,精明坚劲,其水所经之处,物皆渍为石。"[6]

二 矿物岩石学知识的深化

魏晋南北朝时期,虽然中国矿业生产处于缓慢发展时期[7],但是矿物药的广泛使用和炼丹术中服石药的兴盛,极大地促进了矿物岩石学知识的发展。其主要表现是:记载矿物岩石的文献增多、对矿物认识的深化和发现矿物与地表植物的某些关系。

(一)记述矿物学、岩石学知识的主要文献

魏晋南北朝时期,盛行服用矿物药和炼制丹药,从而使医

〔1〕《太平御览》卷八百零八。
〔2〕 转引自 [宋] 唐慎微著,曹孝忠校订. 重修政和经史证类备用本草 [M].北京:人民卫生出版社,1957.
〔3〕《太平御览》卷八百零八。
〔4〕 [梁] 陶弘景,集,尚志钧,辑校. 名医别录(辑校本) [M].北京:人民卫生出版社,1988:70.
〔5〕 [梁] 沈约:《宋书·武帝纪》。
〔6〕 [梁] 任昉:《述异记》,《汉魏丛书》本。
〔7〕 夏湘蓉,等. 中国古代矿业开发史 [M].北京:地质出版社,1986.

药和炼丹著作成为当时记载矿物岩石的性质和产地的重要文献。与此同时，地学著作和方志中也包含丰富的矿物岩石学知识。

1. 本草学著作：《吴普本草》和《本草集注》

魏晋南北朝时期，本草学迅猛发展。这一时期的本草著作大多未能传世，仅从后人征引文字中，我们发现：他们不仅继承了《神农本草经》记录矿物药的传统，而且为了使人们更好和更准确地识别这些矿物药，非常重视记述矿物药的矿物学特性和产地，从而使本草学著作成为中国古代记载矿物学岩石知识的最重要文献之一。

三国时华佗弟子、广陵（今江苏江都）人吴普完成了《吴普本草》一书。此书原本早佚，今人尚志钧等辑本[1]中收录有丹沙、玉泉、钟乳、礜石、硝石、朴硝、石胆、空青、太一禹余粮、白石英、紫石英、五色石脂、白青、扁青、雄黄、流（硫）黄、水银、磁石、凝水石、阳起石、孔公蘖、理石、长石、白礜石、戎盐、卤盐、白垩和石流赤等33种矿物药。《吴普本草》在矿物药的矿物学特性的记述上较《神农本草经》有较大的突破：

《神农本草经》曰："白石英，味甘，微温。……生山谷。"

《吴普本草》曰："（白石英）生太山。形如紫石英，白泽，长者二、三寸，采无时。……青石英形如白石英，青端赤后者是。赤石英形如白石英，赤端白后者是，赤泽无光，味苦，补心气。黄石英形如白石

----

〔1〕［魏］吴普，著，尚志钧，辑校.吴普本草［M］.北京：人民卫生出版社，1987.

英，黄色如金，赤端者是。黑石英形如白石英，黑泽有光。"[1]

可见，在白石英的矿物学属性的记述上，《吴普本草》较《神农本草经》有极大的进步。它不仅记载了成因、形状、色泽、产地等，而且已根据色泽对石英类矿物进行分类。这一创新在中国古代矿物学发展上有着重要的意义：一方面，由于它有利于医家、药师和民众识别矿物药，故作为著述体例被后世本草学著作所沿用和发展；另一方面，它为后人确定这些矿物药的成分和今名以及研究中国古代矿物学的发展都提供了重要的史料。

笔者据尚志均辑本统计[2]，33 种矿物药中有 20 种记载了产地；有 10 种描述了矿物药的形状、颜色、光泽、文理、滑感、鉴定和分类等方矿物学属性，但是，多数仅能记述其中 1～2 项较为明显的特征。这说明，三国时代虽较汉代对矿物药的矿物学属性的认识有较大的进步，但在矿物学的发展方面仍停留在早期的经验阶段。

齐建武元年至永元二年（公元 494—500 年），陶弘景（公元 456—536 年）完成继《神农本草经》之后本草学最重要的著作之一——《本草集注》。此书早已散佚，但是从后代文献的征引中，仍能看到它包括极为丰富的矿物学知识。《本草集注》增收魏晋以来"名医副品"中的矿物药 44 种，使所载矿物药总数达 94 种，几乎较《神农本草经》增加了一倍。这些矿物药有三个特点：其一，种类多样，已广及现代无机矿

〔1〕《太平御览》卷九百八十七。

〔2〕 艾素珍.《吴普本草》中的矿物学知识//地质学史论丛：第 4 辑. 北京：地质出版社，2002.

物分类中的每一大类；其二，成分以矿物为主，岩石为辅；其三，收入金、银矿物药。它在本草著作中最早深入和全面记述矿物药的矿物性状和产地，是唐代之前记载矿物学、岩石学知识的最重要文献[1]。

《本草集注》中关于矿物药性状的记述，不仅数量多，而且内容丰富。书中极为注意对矿物药形态特征的描述。对一些单晶体矿物药较为准确地记述其晶形及其差异，如均为单斜晶系"（阳起石）似云母，但厚实耳"[2]。对矿物集合体的描述内容丰富且分类较细致。如粒状分成粗粒（"空青但圆实如铁珠"）、中粒（云母中的豆沙）和细粒（金屑）3种。此外，陶弘景已注意到同一种矿物可有不同的形态（如丹沙、紫石英等）以及矿物的形态与其生成环境有关（如金"出水沙中，作屑"）。书中描述了33种矿物药的颜色，还有22种矿物药是以颜色命名的。书中也记述了矿物药的透明度，如：透光性较好的丹沙"光明莹澈"，透光性不太好的太山石"重澈"，基本不透光的云胆"黯黯"等。

《本草集注》注意到某些效用不同的同类矿物的一些矿物学共性。如明确指出分置三品的5种钟乳类矿物成分相同："凡钟乳之类，三种（石钟乳、孔公蘖、殷蘖）同一体"，"此石（石脑）亦钟乳之类"，土殷蘖"犹似钟乳、孔公蘖之类"。别具特色的是对同一类矿物的再分类。如根据云母在日光透射

〔1〕 艾素珍. 论《本草集注》中的矿物学知识及其在中国矿物学史上的地位 [J]. 自然科学史研究，1994，13（3）：273–283.

〔2〕 转引自 [宋] 唐慎微著，曹孝忠校订. 重修政和经史证类备用本草 [M]. 北京：人民卫生出版社，1957. 本节中有关《本草集注》的引文均出自此书。

下所呈的不同颜色将其分成8种；依据晶形和集合体的差异将丹沙分成云母沙、马齿沙、豆沙和末沙4种；综合产地、晶形和光泽等将紫石英分成太山石、青绵石、南城石、林邑石、吴兴石和会稽石6种。

《本草集注》中记载40种矿物药产地81处，分布于今18个省、市和自治区，并远及今朝鲜、越南和柬埔寨。书中主要记载当时医方常用矿物药的今产地，凡"希用"或"不复用"的矿物药几乎都不注明今产地；对同一种矿物药重点记载疗效最好的出产地，然后再记其他产地。如石钟乳"第一出始兴"；注重矿物药产地的沿革；重视矿物药产地的变化及原因，如芒硝"旧出宁州……倾来宁州道断，都绝"等；已知同一种矿物药在不同地区可以存在差异，空青"今出铜官者色最鲜深，出始兴者弗如"；发现某些矿物的共生关系，如绿青、曾青—空青；指出某些矿物药的生存环境，如石钟乳生于"石洞"等等。

2. 药学专著：《雷公炮炙论》

魏晋南北朝时期，除本草著作外，医药学著作中也有不少有关矿物药的矿物学属性的记述，其中以南朝刘宋雷敩著的《雷公炮炙论》较为突出。这部中国最早的制药学专著记载朱砂、云母、钟乳、白矾、铜青、石中黄、卵中黄、黑鸡石等40余矿物药种。书中在介绍每味药的炮制方法之前，首先描述其特征尤其是识别真伪、优劣的方法。书中所记述的矿物药的识别方法，以外表特征为主，即根据颜色、透光性、光泽、形状等差异区别矿物药。如此书卷上"朱砂"条云："有妙硫砂，如拳许大，或重一镒，有十四面，面如镜，若遇阴天雨，即镜面上有红浆汁出。有梅柏砂，如梅子许大，夜有光生，照见一室。有白庭砂，如帝珠子许大，面上有小星现。"[1]此书的最重要贡献是创用条痕法识别矿物药（后详）。

3. 炼丹术著作：《抱朴子内篇·仙药》

炼丹术至魏晋南北朝时期开始进入黄金时代。由于方士在丹药上坚持假求外物以自坚，因此服石药风气盛行。这促使方士对各种能炼制丹药的矿物更为注意，对这些矿物的属性和分布进行更深入的观察和研究。因此，这一时期的炼丹术著作中多包含较为丰富的矿物岩石学知识。

魏晋南北朝时期，炼丹术的最重要著作——晋朝葛洪所撰的《抱朴子内篇》中"金丹"、"仙药"和"黄白"3篇记载数十种矿物药的名称及其特性，而尤以卷十一"仙药"篇有关记述内容较为丰富。此篇较为详细和准确地记述了多种石芝（钟乳石）的性状、产地和产状以及成因，如："石蜜芝生少室石户中"，"良久有一滴，有似雨后屋之余漏，时时一落耳"；准确地记述了雄黄（今又称鸡冠石）的物理性质和产地，"雄黄当得武都山所出者，纯而无杂。其赤如鸡冠，光明晔晔，乃可用耳。其但纯黄似雄黄，色无赤光者，不任以作仙药"[2]。记载了鉴别5种云母族矿物的方法，"法当举以向日，看其色"。

4. 地理著作：《水经注》

魏晋南北朝时期的地理著作中，许多都有矿物岩石的地理分布以及性状、用途等的记述，其中以北魏郦道元所著的《水经注》最为丰富。书中记载的矿物包括燃料矿物中的煤、

---

〔1〕［南朝宋］雷敩，撰，王兴法，辑校．雷公炮炙论［M］．上海：上海中医学院出版社，1986．

〔2〕《四库全书》本。

石油和天然气，金属矿物中的金、银、铜、铁、锡和汞，非金属矿物中的雄黄、雌黄、硫黄、盐、石墨、云母、石英、琥珀和玉等。卷六对食盐主要的 4 种赋存状态——海盐、岩盐、池盐和井盐都已有所记述，尤其详细地记述了山西解州池盐的位置、地势、面积和采盐方法等。卷三十三形象地描述了石盐的规则连生体——伞子盐"粒大者方寸，中央隆起，形如张伞"。

（二）对矿物岩石认识的进步

魏晋南北朝时期，对矿物岩石的认识有了较大的进步。主要表现：

1. 记载矿物种类增加

魏晋南北朝时期"鍮石"一词多是指黄铜矿（$CuFeS_2$）、黄铁矿（FeS_2）一类的金黄色矿石[1]。三国魏钟会的《刍尧论》和南朝陈顾野王的《玉篇》分别记载其颜色："鍮石像金"，"鍮石，石似金也"。晋郭义恭的《广志》有将其与外表大致相似的金分开的方法："鍮石似金，亦有与金杂者，淘之别之。"[2] 南朝梁宗懔的《荆楚岁时记》所载"鍮石"则是指铜锌合金。

东晋常璩的《华阳国志》卷四记载了白铜即镍白铜的名称和产地："螳螂县（今云南会泽、巧家和东川一带）因山名也，出银、铅、白铜、杂药。"

南朝宋刘道荟的《晋起居注》中已有"金刚石"之名：西晋咸宁三年（公元 277 年），"敦煌上送金刚石……可以切

〔1〕 赵匡华. 中国历代黄铜考释 [J]. 自然科学史研究，1987，6（4）：232 - 331.
〔2〕《太平御览》卷八百一十三。

中国地学史·古代卷

玉，出天竺"[1]。东晋的葛洪在《抱朴子》中描述了金刚石属性："扶南国（在今柬埔寨、越南南部一带）出金刚，可以刻玉，状似紫石英。其所生在百丈水底盘石上，如石钟乳。人没日取之，竟日乃出。以铁槌之不伤，铁反自损。"[2]

2. 发现鉴定矿物的新方法

魏晋南北朝时期，随着对矿物岩石认识的深化，在使用外表特征如颜色、形状等物理方法区分矿物岩石之外，对某些外表特征相近或组成相似的矿物岩石已开始使用一些新的鉴定方法。

东晋时期已使用条痕法鉴定矿物的特征。东晋郭璞（公元276—324年）注《山海经》中有："黄银出蜀中，与金无异，但上石则色白。"[3]至南朝刘宋时《雷公炮炙论》卷上已记载以条痕法鉴定4种滑石类矿物：

> 有白滑石、绿滑石、乌滑石、冷滑石、黄滑石。其白滑石如方解石，色白，于石上画有白腻文，方使得。……乌滑石似黳色，画石上有青白腻文，入用妙也。黄滑石色似金，颗颗圆，画石上有青黑色者，勿用，杀人。冷滑石青苍色，画石上作白腻文，亦勿用。若滑石色似冰，白青色，画石上有白腻文者，真也。[4]

由此可见，魏晋南北朝时期，已发现矿物的条痕即矿物粉

---

〔1〕《太平御览》卷八百一十三。

〔2〕《太平御览》卷七百八十六。

〔3〕［清］张澍：《蜀典》引，光绪二年（1876年）刻本。

〔4〕［南朝宋］雷敩，撰，王兴法，辑校.雷公炮炙论［M］.上海：上海中医学院出版社，1986：6.

末的颜色比块体的颜色更稳定，这是中国古代有关条痕法较早的详细记述。

三国《吴普本草》记载以在火中燃烧硫黄通过焰色进行鉴定："烧令有紫炎者"[1]。

东晋葛洪《抱朴子内篇·金丹》记载了鉴定黄金的方法："黄金入火，百炼不消，埋之毕天不朽。"黄金的化学成分极为稳定，利用这一性质可以将黄金与类似的其他金属相区别。

（三）探矿手段的进步

魏晋南北朝时期，不仅发现可利用某些矿物间的共生关系寻找矿物，而且已知道一些矿床有指示性植物。

1. 矿物共生关系

在先秦认识的基础上，魏晋南北朝时期，又发现一些矿物间的共生关系。

晋郭璞在《流赭赞》中提出铁与赭（土状赤铁矿）可共生："沙则潜流，亦有运赭；于以求铁，趋在其下。"[2]

晋葛洪《抱朴子内篇·仙药》指出金与汞共生："山中有丹沙者，其下多有金。"梁陶弘景《本草集注》记载蓝铜矿（空青）与孔雀石（绿青）的共生关系：绿青"亦出空青，相带挟"。

在南朝宋时期已把伴金石作为金矿的找矿标志。明屈大均《广东新语》卷十五引南朝宋王韶之《始兴记》中有：

> 掘地丈余，见有磊砢纷子石，石褐色，一端黑，
> 是为伴金之石，必有马蹄块金。

---

〔1〕《太平御览》卷九百八十七《硫黄》。
〔2〕［明］张溥，辑：《汉魏六朝百三家集》卷五十七。

据卢本珊等研究[1]：在今小秦岭金矿找矿的明显标志之一为褐色的石英脉，因此文中的伴金石"纷子石"应为破碎的石英脉。

《始兴记》还有汞（丹沙）与石英（水晶）共生的较早记载："丹沙之旁有水晶床"。

《本草集注》中有阳起石与矾石共生的记述：阳起石"与矾石同处，色小黄黑即矾石"。

2. 矿床的指示性植物

魏晋南北朝时期，已发现某种植物可以富集某种矿物。晋张华的《博物志·物理篇》有："积艾草三年后，烧，津液下流铅锡，已试有验。"不仅已知艾草可以富集铅，而且还进行了试验。南朝刘宋时的《雷公炮炙论》中有水银"凡使，勿用草中取者"，说明已知某种草可以富集水银。

晋代的《博物志》已明确指出某些植物可以作为指示矿床的标志："地多蓼者，必有禹余粮"[2]，已知蓼草可作为赤铁矿（禹余粮）的指示植物。

南朝梁（公元502—557年）成书的《地镜图》较系统地总结了丰富的植物找矿的经验性认识。此书在唐代已亡佚，清代辑录本中相关内容为[3]：（1）某些"葱"可以生长在接近自然银或含银矿物的土壤中："山有葱下有银，光隐隐正白"。（2）发现在富含某种矿物地区的植物生长发生变异："草青茎

---

〔1〕 卢本珊，王根元. 中国古代金矿的采选技术［J］. 自然科学史研究，1987，6（3）：264.

〔2〕 今本无此引文，据宋代寇宗奭《图经衍义本草》卷二《禹余粮》，《丛书集成初编》本。

〔3〕《隋书·经籍志》中有"《地镜图》六卷"，但《唐书·艺文志》未著录。本段引文出自清王谟辑《汉唐地理书钞》，中华书局，1961 年，第53－54 页。

赤秀，下有铅"，"草茎黄秀，下有铜器"。（3）发现植物在某个季节发生变异可作为找矿的标志："二月中，草木光生下垂者，有美玉"，"五月中，草木叶有专厚而无汁，枝下垂者，其地有玉"，"八月中，草木独有枝叶下垂者，必有美玉"，"八月后，草木死者，亦有玉"。这些记载虽不一定都与实际相符，有些可能是根据不足的臆说，但它却是现在利用指示植物找矿或生化地球化学找矿理论的肇始，为人们寻找地下矿藏提供了新的方法。[1]

第八节　气象气候学知识的发展

一　气象气候预报的进步

占候术起源甚早，至魏晋南北朝时期，占候术进入兴盛期。它在理论、实践上都取得了较大的进步，其中包括不少气象气候预报的内容。

（一）占候家和占候著作

魏晋南北朝时期，除顾野王、郭璞等占候大师外，还出现一些较为知名的占候家（见表5-3），其中许多人尤善望气，或长于观云测雨[2]。

表5-3　文献记载的魏晋南北朝时期部分占候家

时代	姓名	原始文献	出处
三国吴	吴范	吴范，字文则，善占候	《太平御览》卷二引《吴录》
三国蜀	张裕	时州后部司马蜀郡张裕，亦晓占候，而天才过群	《三国志·蜀志·周群传》

---

〔1〕　李鄂荣.《地镜图》的地质学思想［J］.中国地质，1987（4）.

〔2〕　刘昭民.中国宋代之前的占候家［J］.中国科技史料，1994，15（2）：14-15.

续表

时代	姓名	原始文献	出处
三国魏	管辂	辂与倪清河相见，既刻雨期，倪犹未信……于是便留辂，往请府丞及清河令，若夜雨者，当为啖二百斤犊肉，若不雨当住十日。辂曰："言念费损。"至日向暮，了无云气，众人并嗤辂。辂言："树上已有少女微风，树间又有阴鸟和鸣，又少男风起，众鸟和翔，其应至矣！"须臾，果有艮风，鸣鸟。日未入，东南有山云，楼起。黄昏之后，雷声动天，到鼓一中，星月皆没，风云并兴，玄气四合，大雨河倾。倪调辂言："误中耳，不为神也。"辂曰："误中与天期，不亦工乎。"	《三国志·魏志·管辂传》，南朝裴松之注
北魏	王早	舆驾还都，时久不雨。世祖问早曰："可时当雨？"早曰："今日申时必大雨。"比至未时，犹无片云，世祖召早诘之。早曰："愿更少时。"至申时，云气四合，遂大雨滂沱，世祖甚善之	《魏书·王早传》
北魏	张渊	明占候，晓内外星分。……尝著《观象赋》	《魏书·张渊传》
北齐	张子信	武卫奚永洛与子信对坐，有鹊鸣庭树，斗而堕焉。子信曰："不善，向夕当有风，从西南来。"……子信去后，果有风如其言	《北史·张子信传》
北齐	吴遵世	吴遵世……明占卜。……后齐文襄引为大将军府墨曹参军。从游东山，有云起，恐雨废射……李业兴云："坤上艮下，剥。艮为山，山出云，故知有雨。"遵世云："坤为地，土制水，故知无雨。"……须臾云散，二人各受赏罚	《北史·吴遵世传》

魏晋南北朝时期，已有一些占候著作问世，《隋书·经籍志》著录的有《侯公领中风角占》4卷、《风角总集》1卷、《风角杂占要诀》12卷等。

这一时期，由于战争频繁，占候术在军事斗争中运用较为广泛，还出现了一些兵家望气之书。如《隋书·经籍志》中著录的《风角杂兵候》13卷、《风角兵法》12卷、《推元嘉十二年日时兵法》2卷等。

（二）气象预报的进步

魏晋南北朝时期的占候术，在两汉的基础上继续发展，又总结出了一些预报气象现象的新理论和方法。

起源于汉代的悬炭预测空气湿度的方法，至魏晋南北朝时期进一步发展成为预测风雨、阴晴的主要方法。西晋张华《感应类从志》云："积灰知风，悬炭识雨。以榆木化灰聚置室中，天若将风，则灰皆飞扬也。以秤土炭两物，使轻重等，悬室中，天将雨，则炭重，天晴，则炭轻。孙化侯云：以此验二至不雨之时，夏至二阴生，则炭重，冬至一阳生，则炭轻，二气变也。"[1]梁简文帝《江南思》诗云："月晕芦灰缺，秋还悬炭轻。"[2]

北魏时，贾思勰在《齐民要术·栽树第三十二篇》中明确提出结霜前的天气特征："天雨新晴，北风寒切，是夜必霜。"在寒潮到达前，先有云雨，然后干燥的冷空气逼近，天气变冷，再有寒冷的北风吹来，入夜地面热量大量散发，就会形成霜冻。书中还记述了一种"烟熏"的防霜方法："常预于

〔1〕［西晋］张华：《感应类从志》，《说郛》卷二十四，商务印书馆本。
〔2〕［宋］郭茂倩：《乐府诗集》卷二十六《江南思》，《四库全书》本。

园中，往往贮恶草生粪，天雨新晴，北风寒切，是夜必霜。此时放火煴，少得烟气，则免于霜矣。"这种简单易行的"烟熏"防霜措施，至今我国农村仍然在普遍使用。

（三）相风器的广泛使用

东汉张衡创制相风铜乌，以观测风向。至魏晋南北朝时期，除东晋一度暂停使用相风乌之外[1]，在各个时期各地广泛使用相风乌[2]，甚至出现不少即以"相风"为名的诗赋，如晋代的张华、傅玄、孙楚、潘岳等均写有《相风赋》[3]。

东晋南北朝时期，又用鸡毛五两制成候风器，即以"五两"为名。晋傅咸《相风赋》谓："太仆寺丞武君宾树一竹于前庭，其上颇有枢机，插以鸡毛，于占事知来，与彼无异，斯乃简易之至"[4]。齐释宝月《估客乐》云："五两如竹林"[5]。

二　对气象气候现象认识的深入

（一）大气消光现象

后秦姜岌已注意到大气消光现象。据《隋书·天文志上》记载：

> 姜岌云："夫日者纯阳之精也，光明外曜，以眩人目，故人视日如小。及其初出，地有游气，以厌日

---

〔1〕《晋书》中记载："东晋废帝初即位，有野雉集于相风，后为桓温所废。"

〔2〕《晋书·舆服志》记"中朝大驾卤簿"，两言"次相风中道"。西晋张华撰《相风赋》云："太史候部有相风乌，在西城上。"晋郭缘生《述征记》云："长安宫南灵台上有相风铜乌，或云此乌遇千里风乃动。"晋葛洪《西京杂记》云："晋制，车驾出，前刻乌于竿上，名相风。"《梁书》云："梁长沙王懿孙孝俨，从华林园，于坐，献相风乌。"

〔3〕[清]严可均：《全上古三代秦汉三国六朝文·全晋文》，中华书局，1958年。

〔4〕[清]严可均：《全上古三代秦汉三国六朝文·全晋文》卷五十一。

〔5〕丁福保：《全汉三国晋南北朝诗·全齐诗》卷四，中华书局，1959年。

光，不眩人目，即日赤而大也。无游气则色白，大不甚矣。地气不及天，故一日之中，晨夕日色赤，而中时日色白。地气上升，蒙蒙四合，与天连者，虽中时亦赤矣。日与火相类，火则体赤而炎黄，日赤宜矣。然日色赤者，犹火无炎也。光衰失常，则为异矣。"

辐射波长愈短，消光作用愈强，大气对紫光的吸收在太阳初出时比中午时对红光的吸收强得多，因此产生了地平线上红色的太阳，到中午呈白色的现象[1]。

（二）梅雨

东晋南北朝以后，长江流域经济发展很快，论及梅雨的文献渐多。西晋周处的《风土记》中有"夏至前名黄梅雨"，南朝梁宗懔的《荆楚岁时记》也说"夏至前曰梅雨"。它们是较早使用"梅雨"一词的文献。《梁元帝纂要》一书已指出"梅雨"一词产生的原因"梅熟而雨曰梅雨"。

（三）信风与寒潮

西晋周处《风土记》较早全面地记述信风："南中六月，则有东南长风，风六月止，俗号黄雀长风。"[2]这里描述了吹向中国大陆的东南信风的时间和特征。黄雀为候鸟，夏居东北，秋居东南浙、闽一带，其迁徙时间与东南信风出现的时间较为接近。

南朝梁宗懔的《荆楚岁时记》首次记载寒潮南下的时间："重阳日，常有疏风冷雨。"同时还记录了各个节气的寒潮或冷空气南下的规律："小寒三信：梅花、山茶、水仙；大寒三

---

〔1〕 陈久金. 中国天文学史大系·中国古代天文学家 [M].北京：中国科学技术出版社，2008：160－164.

〔2〕《太平御览》卷九。

信：瑞香、兰花、山；立春三信：迎春、樱桃、望春；雨水三信：茶花、杏花、李花；惊蛰三信：桃花、棣棠、蔷薇。"这是以花名代表每次寒潮。

（四）台风

飓风作为今日台风的代名词由南朝刘宋沈怀远首创，并一直使用至明末清初。沈怀远在《南越志》中不仅最早使用"飓风"一词，而且还较为全面地记述台风："熙安间，多飓风。飓者，具四方之风也。常以六七月发。未至时，三日鸡犬为之为宁。一曰惧风，言怖惧也。"在这里沈怀远正确指出了台风通常到来的时间、特征以及来前的异常现象和严重的破坏性。

（五）"数九寒天"

中国古代颇为流行的记述寒冬气候变化过程的"冬九歌"在南朝已有雏形出现。南朝梁宗懔的《荆楚岁时记》云："以冬至次日数起，至九九八十一日为寒尽。"遗憾的是没有记载具体内容。

第六章　隋唐五代时期的地学

第一节　社会环境对地学的影响

隋唐五代社会环境对地学的影响，主要表现在六个方面：

第一，隋唐大一统的政治局面，有利于兴修大型水利工程，如开挖大运河。有利于发展水陆交通，特别是国际性的水陆交通，如当时从陆路去中亚、印度，就有几条道路；从海上航行可以去日本、朝鲜、东南亚、印度直至东非。有利于黄河源的考察，唐朝人对黄河源的考察，是对中国古代地理学的一大贡献，如侯君集、李道宗、刘元鼎等人对黄河源的考察就是如此。

第二，由于隋唐的交通发达，给旅行者提供了方便，给地理学的繁荣和发展带来了机遇，不少旅行者留下的著作，对隋唐地理学作出了重大贡献。如玄奘、义净、王玄策、杜环、李翱、张匡邺、高居诲等人的旅行考察活动。

第三，统治阶级的需求，对地学的发展有重大影响。如贾耽的地图，以图经为特点的地方志，李吉甫、杜佑的沿革地理等。

第四，军事对地学发展的影响，主要表现在地图、地貌、气象、水利等方面。如李吉甫的《河北险要图》、李德裕的边塞军事地图、魏元忠的《九州设险图》等。气象方面有邵谔的《望气经》、黄子发的《相雨书》。水利方面最著名的是隋朝开凿的大运河。

第五，经济对地学的发展有促进作用，如手工业特别是采矿与地学的发展有直接的关系。此外，水利工程、航海可以推动水文学的发展。如窦叔蒙、封演、卢肇、丘光庭等人的海洋潮汐理论及其著作。

第六，宗教对隋唐的地学发展有很大的影响，特别是道教和佛教，对隋唐矿物学和地理学有很大贡献。如无名氏的《金石簿五九数诀》，梅彪的《石药尔雅》，张果的《玉洞大神丹砂真要诀》，侯宁极的《药谱》，金陵子的《龙虎还丹诀》，独孤滔的《丹房鉴源》，隋苏元明著、楚泽改编的《太清石壁记》，五代轩辕述的《宝藏论》等，是道教对中国古代矿物学的贡献。而《大唐西域记》、《中天竺国行记》、《大唐西域求法高僧传》、《南海寄归内法传》等则是佛教徒对中国古代域外地理学的贡献。

第二节　测量与制图

一　测量取得的成就

据《隋书·天文志》记载，隋代刘焯（公元 554—610 年）坚决主张通过实测解决"寸差千里"的不正确说法，建议"请一水工并解算术士，取河南北平地之所，可量数百里。南北使正，审时以漏，平地经绳，随气至分，因日度影，得其差率，里即可知，则天地无所匿其形，辰象无所逃其数"。大业三年（公元 607 年）隋炀帝下令各地测影，可是因为刘焯不久逝世而使测量工作搁置了起来，刘焯的主张未能实现。

一百多年以后，刘焯的主张经僧一行（公元 683—727 年）策划得以实现。僧一行原名张遂，唐代著名天文学家。他与南宫说于开元十二年（公元 724 年）领导和组织了大规模的天文大地测量，取得了许多极为重要的天文学和测量学成果。

唐代的天文大地测量目的，是为了配合一行改历的需要而进行的，不是为了地图测绘。这次测量的内容很广，与测量学直接有关的工作主要是两项：一是二至日与二分日的影长测量；二是"北极出地"高度的测量。僧一行是领导者，南宫说则是具体组织测量工作的执行者。测过的地方有 13 处：（1）林邑（约北纬 18 度，在今越南中部）；（2）安南都护府（在今越南）；（3）朗州武陵县（今湖南常德市）；（4）襄州（今湖北襄阳市）；（5）蔡州上蔡武津（今河南上蔡县）；（6）许州扶沟（今河南扶沟县）；（7）汴州浚仪太岳台（今河南开封西北）；（8）滑州白马（今河南滑县）；（9）太原府（今山西太原市）；（10）蔚州横野军（今河北蔚县）；（11）铁勒（约在北纬 51 度，今蒙古境内）；（12）阳城（今河南登封市告成镇）；（13）洛阳。地域范围从北纬 18 度到北纬 51 度，相当广大。南宫说领导的测量队测量了其中的四个地点，这是按刘焯的建议方案进行的，测量结果具有重要意义。

据《新唐书·天文志》记载："太史监南宫说择河南平地，设水准、绳墨，植表而以引度之，自滑台始白马，夏至之晷尺五寸七分；又南百九十八里百七十九步，得浚仪岳台，晷尺五寸三分；又南百六十七里二百八十一步，得扶沟，晷尺四寸四分；又南百六十里百一十步，至上蔡武津，晷尺三寸六分半。大率五百二十六里二百七十步晷差二寸余，而旧说王畿千里影差一寸，妄矣。"南宫说是从滑州白马开始，经浚仪岳台和扶沟，再到上蔡武津，用八尺之表测出了冬夏和春秋的日影长，用复矩测出了各地的北极高，又实地测量了这四个地点之间的距离。结果发现，从滑县到上蔡的距离为 526 里 270 步，但夏至日影已差二寸余，这个事实彻底推翻了"日影千里差一寸"的传统说法。更重要的是，一行在对南宫说和其他人的大量观测结果进行分析比较时有了新的发现：影差和南北距离之比根本就不是一个常数。南北两地的北极高度之差与两地之间的距离的比值是确定之数。他们得出了一个重要结论："大率三百五十里八十步，而极差一度。"这实际上就是求出了子午线一度的长度。

隋唐时期，由于中国没有形成大地球形观念，因此不知道某地的北极高即该地的地理纬度。但当时已用北极高来标定不同地点的位置，即北极高的测量已经起到了确定某地地理位置的作用，起到了反映地球纬度的作用。在这个意义上也可以说，僧一行等人已进行了大规模的纬度测量工作。

唐代测得的北极高差一度时的距离值，比现在测得的子午线一度之弧长值 111.2 千米稍大一些。但从上蔡到浚仪一段因地势平坦，又没有河流阻隔，故测量精度较高，与现代测量值仅差 11.3 千米[1]。

唐代，水准测量技术已相当完备。在唐肃宗乾元二年（公元 759 年）时，李筌写的《太白阴经》中，就有水准工具和测量方法的详细记述：

> 水平槽长二尺四寸，两头及中间凿为三池。池横阔一寸八分，纵阔一寸，深一寸三分。池间相去一尺四寸（经核算应为一尺五分），中间有通水渠，阔三分，深一寸三分。池各置浮木，木阔狭微小于池，空三分。上建立齿，高八分，阔一寸七分，厚一分，槽下为转关，脚高下与眼等。

〔1〕 冯立升．中国古代测量学史 ［M］．呼和浩特：内蒙古大学出版社，1995：90 - 101.

照板形如方扇，长四尺，下二尺黑，上二尺白。

阔三尺，柄长一尺，大可握。度竿长二丈，刻作二百寸，二千分，每寸内刻小分。[1]

这种水平仪的结构和使用方法，在杜佑的《通典》和北宋许洞的《虎钤经》中也有类似记载。在北宋曾公亮的《武经总要》中，不但详述了测量工具和测量方法，而且还附有详图[2]。从对比中可以看出，后三部书的记载来自《太白阴经》。

关于测量方法，《太白阴经》是这样写的：

以水注之，三池浮木齐起，眇目视之，三齿齐平以为天下准。或十步，或一里，乃至十数里，目力所及，随置照板，度竿。亦以白绳计其尺寸，则高下丈尺寸分可知也。

随（所）向远近高下，立竿以照板映之，眇目视之，三浮木齿及照板黑映齐平，则召主板人以度竿上分寸为高下。递相往来，尺寸相乘，则（山冈、沟涧）水源高下（浅深）叶分寸度也。[3]

这段话表明，当时是利用觇牌（照板）由持牌者和观测者配合得到读数。持牌者根据观测者的信号上下移动觇牌，直到三浮木的齿端与觇牌上黑白交界线对准后，由持牌者记下水准尺（度杆）上对应的尺寸。在测定两点的高差时，是将水

[1]《太白阴经》卷四"水攻具篇第三十七"，《守山阁丛书》第七十七册。

[2]《武经总要》前集卷十一"水攻篇"。

[3]《太白阴经》卷四"水攻具篇第三十七"。括号中的文字是根据《虎钤经》和《武经总要》的相应记载补上的。"递相往来"在《武经总要》中作"递而往视"。

平仪放于两点之间，在两点上分别立水准尺。如果要测的两点距离较远或高差很大时，需要多次安置仪器进行分段测量，这在现代测量学中被称为复合水准测量。从"递相往来，尺寸相乘"的记载看，当时在实行大面积测量时，需要连续多次做前视和后视观测，并且通过计算求得高差。当时所用的测量原理和方法与近代水准测量的原理和方法是一致的[1]。

二　官私绘制的地图

隋唐五代时期，统治阶级非常重视地图。隋朝晋王杨广在破丹阳后，"令（裴）矩与高颎收陈图籍"[2]。"及陈平，晋王广令矩与高颎收陈图籍，归之秘府"[3]。唐朝"武德四年（公元621年），太宗入据宫城（东都洛阳），令记室房玄龄收隋图籍"[4]。唐朝明确规定："凡地图委州府三年一造，与板籍皆上省。其外夷每有番客到京，委鸿胪讯其人本国山川风土，为图以奏焉。"[5]建中元年（公元780年）以后，改为每五年造送一次。"如州县有创造及山河改移，则不在五年之限。"[6]唐太宗又令吕才造《方域图》和《教飞骑战阵图》[7]，同时收集藩属和邻国的地图。许敬宗将出使康国和吐火罗的使者写的文字和绘制的地图编成《西域图记》60卷，进献朝廷。贾言忠到辽宁后，也绘制了《辽东山川地势图》。王彦威曾上

〔1〕　冯立升. 中国古代测量学史［M］. 呼和浩特：内蒙古大学出版社，1995：117－121.

〔2〕　《隋书·裴矩传》。

〔3〕　《旧唐书·裴矩传》。

〔4〕　《旧唐书·太宗本纪》。

〔5〕　《唐六典·职方郎中》。

〔6〕　《唐会要》卷五十九"职方员外郎"。

〔7〕　《旧唐书·吕才传》。

《占额图》和《供军图》[1]。元稹有通往回纥汗国的道路图。阎立本有《西域诸国风俗图》[2]。

从《新唐书·艺文志》得知，唐代官府绘有《长安四年十道图》13 卷，《开元三年十道图》10 卷。李吉甫绘有元和《十道图》10 卷。这些《十道图》是在各州府造送的地图基础上编绘的。长兴三年（公元 932 年）二月，怀化军节度使李赞华进《契丹地图》。长兴三年四月，中书奏："准敕重定三京、诸道州府地望次第者。"或依旧制《十道图》，或依新定《十道图》[3]。长兴四年（公元933 年）二月，濮州进重修《河堤图》，"沿河地名，历历可数"。可见，自唐至五代，这种《十道图》都要随政治形势的变化而加以修改。这些地图均已亡佚。

李吉甫绘制的地图，有《元和郡县图志》中的图，有《十道图》，还有一幅载有黄河以北所有军事要地和设防地点的《河北险要图》，宪宗把它挂在"浴堂门壁"以备查阅[4]。李吉甫之子李德裕，也很重视军事设险图的绘制，在他建造的"筹边楼"里，左壁绘有通往南蛮道路上的山川险要图，右壁绘有通往吐蕃道路上的山川险要图。每当军事演习时，召集众将在图前"指画商讨，凡虏之情伪尽知之"[5]。李德裕之前，唐中宗时期的全军统帅魏元忠（公元 637—707 年）已绘制有《九州设险图》，备载古今用兵成败之事[6]。

---

〔1〕《新唐书·王彦威传》。

〔2〕卢良志.中国地图学史 [M].北京：测绘出版社，1984：59.

〔3〕《旧五代史·明宗纪》。

〔4〕《旧唐书·李吉甫传》。

〔5〕《新唐书·李德裕传》。

〔6〕《旧唐书·魏元忠传》。

由于漕运的需要，唐代产生了漕运图。元和八年（公元813年），王播进《供陈许琵琶沟年三运图》。长庆二年（公元822年），王播又进《新开颍口图》[1]。长兴三年（公元932年），赵德钧献《新开东南河图》[2]。

元和年间，广陵人李该绘的五色《地志图》，是别具一格的地图。据见过此图的人吕温说：

> 广陵李该，博达之士也。学无不通，尤好地理，患其书多门，历世浸广，文词浩荡，学者疲老。由是以独见之明，法先圣之制，黜诸子之传（原注：一作序）记，述仲尼之职方，会源流，考同异，务该畅，从体要，绰然勒成一家之说。犹惧其奥，未足以昭启后生，乃裂素为方仪，据书而画，随方面以区别，拟形容之训解，命之曰《地志图》。观其粉散百川，黛凝群山，元气剖判，成乎笔端；任土之毛，有生之类，大钧变化，不出其意。然后列以城郭，罗乎陬落，内自五侯九伯，外自要荒蛮貊，禹迹之所穷，汉驿之所通，五色相宣，万邦错峙。毫厘之差，而下正乎封略；方寸之界，而上当乎分野。乾象坤势，炳焉可观。与夫聚米拟其端倪，画地陈乎梗概，因不可同年而语其详略也。[3]

从这段话中知道，图中绘有山川地形、物产、城邑、古迹、疆域险要、交通道路等，并以彩色区别。可惜图已佚。

隋唐时期，还有一种特殊的地图学派，即地图与天文、道

---

〔1〕《册府元龟》卷四百九十七"河渠"。

〔2〕《旧五代史·唐明宗纪》。

〔3〕《吕和叔文集》卷三"地志图序"。

教、历法相互渗透。如隋朝道士李播有《方志图》（或《方域图》），李播为李淳风之父，"隋高唐尉，以秩卑不得志，弃官而为道士，颇有文学，自号黄冠子，注《老子》，撰《方志图》，《文集》10 卷，并行于代"[1]。李淳风勘定《方志图》，颇为详悉。所注郡邑，多依用。其复州县，又隶管属不同，但据山河以分耳。李播的孙子李该有《地志图》（如上述）。吕才有《方域图》，"吕才，博州清平人也。少好学，善阴阳方技之书。……太宗又令造《方域图》"。尚献甫有《方域图》，"则天时……又令献甫于上阳宫集学者撰《方域图》"。这些带有地方志性质的地图，虽画有山川河流，但不同于一般地图，而是一种"与道教及历法家有关"的地图[2]。

唐代出现了近似墨卡托投影的制图方法，具体应用在天文星图上。如敦煌石窟中发现的一卷唐代星图，用两种投影分区域表示全天的星。一种把北极附近的星画到以极为中心的图上，另一种把赤道附近的星画在以赤道为中心的"横图"上。这种"横图"实际上是一种近似墨卡托投影的图。这种投影方法的特点是任何经线都是南北方向，任何纬线都是东西方向，二者成互相正交的平行直线，经线的间隔相等，纬线的间隔随纬度增高而加大。敦煌星图虽然没有绘制经纬线，但从各星表示的位置看，赤道附近星位置与北宋苏颂用正圆柱投影绘制的天文星图上的星位置一致[3]。可惜这种制图方法只用在星图上，没有推广到地图上。

---

〔1〕 《旧唐书·李淳风传》。

〔2〕 王庸. 中国地理学史 [M].1 版. 上海：商务印书馆, 1938（1998 年影印第 1 版）

〔3〕 卢良志. 中国地图学史 [M]. 北京：测绘出版社, 1984：75–76.

三 《图经》中的地图

隋唐时期，方志以图经为特点。图指地图、建筑图、物产图等。所以《图经》中有不少地图。如隋朝郎蔚之的《诸州郡图经》，虞世基的《区宇图志》，裴矩的《西域图记》，宇文恺的《东都图记》，唐朝李吉甫的《元和郡县图志》，许敬宗的《西域图志》，以及其他全国各地的图经著作都有地图。可惜这些地图都亡佚了。在这些图经中，有行政区划图、城市规划图、山川险要图等。如《区宇图志》"卷头有图，别造新样，纸卷长二尺，叙山川则卷首有山川图，叙郡国则卷首有郭邑图，其图上有山川城邑"[1]。为了撰写《区宇图志》，朝廷下令天下各郡撰"风俗、物产地图，上于尚书"[2]。

《西域图记》中有西域各国的风俗物产、服饰仪形图。《西域图记·序》曰："依其本国服饰仪形，王及庶人，各显容止，即丹青模写。"[3]可能有通往西域的道路图。又有西域各国的山川险要图。图中涉及的面积，"纵横所画，将二万里"，即包括今地中海东岸、咸海以南的广大地区。

《东都图记》20卷，记载了营建东都的规划图和说明，是隋以前城市规划图记的集大成者。

《西域图志》60卷，是一部有关西域各国情况的图文并茂的地方志。据《新唐书·艺文志二》的记载："高宗遣使分往康国、吐火罗，访其风俗物产，画图以闻。"然后让许敬宗编撰。因此，《西域图志》中有西域各国的版图和风俗、物产图。

《元和郡县图志》40卷，以当时四十七节镇为准，每镇篇

---

〔1〕《大业拾遗》。

〔2〕《隋书·经籍志》。

〔3〕《隋书·裴矩传》。

首有图。

以上书籍所载地图均已失传，无从查考其具体内容。

四　地图学家

唐代最有名的地图学家是贾耽（公元 730—805 年），字敦诗，沧州南皮（今河北南皮）人。曾任县尉、检校膳部员外郎、太原少尹、北都副留守、检校礼部郎中、节度副使、汾州刺史、鸿胪卿兼左右威远营使、检校左散骑常侍兼梁州刺史、朝仪大夫、山南西道节度使、银青光禄大夫、检校工部尚书兼御史大夫、东都留守、防御使、检校右仆射、尚书右仆射同中书门下平章事、检校司空、左仆射等职。一生为官 47 年，其中居相位 13 年，政绩茂异。他"弱冠之岁，好闻方言，筮仕之辰，注意地理，究观研考，垂三十年"。他根据国家的需要，充分利用各种机会，结合政治、军事研究地理，考察地理，绘制地图。"凡四夷之使及使四夷还者，必与之从容，讯其山川土地之终始。是以九州之夷险，百蛮之土俗，区分指画，备究源流。自吐蕃陷陇右积年，国家守于内地，旧时镇戍，不可复知。"[1]他长期在地方和中央任重要官职，目睹了国势衰落，边疆多事也无力挽回，只能深表忧虑。他说："历践职任，诚多旷阙，而率土山川，不忘寤寐。"他盼望早日收复失地，恢复国家领土完整。他抱着重振朝纲的宏愿，来发挥自己的特长。于是积极编写地理著作，绘制国家需要的地图，为朝廷收复失地，在边疆地区重建唐朝有效的统治创造某些必需的条件。这点，在权德舆的《魏国公贞元十道录序》中讲得很明白："公之意岂徒洽闻广记，盖体国远驭，不出府而知

---

〔1〕《旧唐书·贾耽传》。本节未注引文均出此。

天下，亲百姓，抚四夷。"[1]其主要地理著作和绘制的地图有：

贞元十四年（公元 798 年），献《关中陇右及山南九州等图》一轴及该图的记注《关中陇右山南九州别录》6 卷，《吐蕃黄河录》4 卷[2]。

贞元十七年（公元 801 年），积十年之功力，完成《海内华夷图》一轴，《古今郡国县道四夷述》40 卷[3]。

贞元十八年（公元 802 年），进《贞元十道录》4 卷，"以天下诸州分隶十道，随山河江岭，控带纡直，割裂经界，而为都会"[4]。县与州之间，州与两都之间，皆详其道里之数，州县废置升降亦备于编。今敦煌文书中残存《贞元十道录》十六行，存剑南道十二州，每州下记所管县名、土贡及距长安里数等[5]。

贞元十七年至二十一年（公元 801—805 年），完成《地图》10 卷，今不传。又有《十一州地图》，今不传。此外，还有《皇华四达记》10 卷，未知进呈年代，已佚。但在《新唐书·艺文志》、《宋史·艺文志》中均有著录[6]。

贾耽继承了裴秀的"制图六体"理论，认为"六体则为图之新意"，"夙尝师范"。他绘制的《关中陇右及山南九州图》一轴（已佚），即用裴秀的"制图六体"原则。主要表现陇右兼及关中等毗邻边州一些地方的山川关隘、道路桥梁、军

---

〔1〕《文苑英华》卷七百三十七第 3841 页。

〔2〕《册府元龟》卷五百六十、六百五十四。

〔3〕《旧唐书·德宗纪下》。

〔4〕《全唐文》卷四百九十三权德舆的序文。

〔5〕罗振玉：《鸣沙石室古佚书》第 2522 页。

〔6〕唐锡仁，杨文衡. 中国科学技术史·地学卷 [M]. 北京：科学出版社，2000：287.

镇设置等内容。他在献图表文中说："诸军诸州，须论里数人额，诸山诸水，须言首尾源流。图上不可备书，凭据必资记注。"这就是说，图中难以用符号表示的地理内容，如政区面积、户口人数、山川源流等，他用文字注记说明，汇编成册，名为《关中陇右山南九州别录》、《吐蕃黄河录》。

贾耽指导绘图工人画的"《海内华夷图》一轴，广三丈，纵三丈三尺，率以一寸折成百里。别章甫左衽，奠高山大川；缩四极于纤缩，分百郡于作绘。宇宙虽广，舒之不盈庭；舟车所通，览之咸在目。……其古郡国题以墨，今州县题以朱，今古殊文，执习简易"（《旧唐书·贾耽传》）。为了绘制此图，他花了三十多年时间阅读文献，调查采访。图已佚。其特点是：

第一，这是我国历史上第一幅大型地图，其地理范围除唐朝所辖行政区外，还有四邻一些国家。比例尺相当于1∶180万。地图涵盖东西三万里，南北三万里以上，是一幅将近一百平方米的巨型地图，比裴秀的方丈图大得多。图上绘有疆域沿革，行政区划，古今郡县、山川的名称、方位，交通道路等。这既是一幅历史地图，又是当时的形势图。无论体例、内容都较古图充实，反映了贾耽具有丰富的知识和高超的制图水平。

第二，在制图技术上首创墨朱殊文制图法——"古郡国题以墨，今州县题以朱，今古殊文"的历史地图绘制方法。这种绘图法为后来的历史地图学家所遵循，如清朝李兆洛、近代杨守敬都采用这种方法。[1]

唐代还应该提到的另一位地图学家是元稹（公元779—

〔1〕 白寿彝总主编，史念海主编．中国通史：第六卷第10册 ［M］．上海：上海人民出版社，1997：1886.

831 年），字微之，河南河内（今河南沁阳市）人。幼孤，靠母亲抚养教育成才，唐代著名诗人，与白居易齐名，历史上以"元白"并称。曾任校书郎、左拾遗、河南尉、监察御史、江陵府士曹参军、膳部员外郎、祠部郎中、中书舍人、翰林承旨学士、工部侍郎、同中书门下平章事、浙东观察使、尚书左丞、武昌节度使等职。早年刚肠疾恶，举奸不避权贵，因此屡遭贬谪；中年后与宦官关系较密，为时论和后人诟病，而今人有为辩白者；晚年尚思振作，于贬所亦有政绩。

永贞之际，曾与宪宗论西北边事。在新、旧《唐书·元稹传》中没有记载元稹绘地图之事，但在《元氏长庆集》卷二十四中，有元稹写的《进西北边图经状》和《进西北边图状》两文，文中记述了他绘制地图的缘由和经过。

《进西北边图经状》曰：

> 《京西京北图经》四卷。右，臣今月二日，进《京西京北图》一面，山川险易，细大无遗，犹虑幅尺，高低阅览，有烦于睿鉴。屋壁施设，俯仰颇劳于圣躬。寻于古今图籍之中，纂撰《京西京北图经》，共成四卷。所冀衽席之上，欹枕而郡邑可观。游幸之时，倚马而山川尽在。又太和公主下嫁，伏恐圣虑，念其道途。臣今具绿天德城已北到回鹘衙帐已来，食宿井泉，附于图经之内，并别写一本，与图经序，谨同封进，其图四卷，随状进呈。

《进西北边图状》曰：

> 《京西京北州镇烽戍道路等图》一面。右，臣先画《圣唐西极图》三面，草本并毕，伏候面自奏论，方拟呈进。前月十一日，于思政殿面奉圣旨云："诸家所进《河

陇图》，勘验皆有差异，并检寻近日烽镇城堡不得。"令臣所画稍须精详。伏缘臣先画西极图，疆界阔远，郡国繁多，若烽镇馆驿尽言，即山川牓帖太密，恐烦圣览，不甚分明。愚臣数日之间，别画一《京西京北州镇烽戍道路等图》已毕，纤毫必载，尺寸无遗。若边上奏报烟尘，陛下便可坐观处所。若欲验臣此图与诸家所进何如，伏乞圣明于南衙及北军中召取一久任边将者，或于中使内有经过边上校熟者，宣示其遣辨，别精粗，即知愚臣一一皆有依凭，不敢妄加增减。其《圣唐西极图》三本，伏缘经略意，大事须面自陈，伏恐次及降诞务繁，未敢进状候对，其《京西京北州镇烽戍道路等图》并序，谨随状进呈。

从文中可知，上述地图是直接为皇帝观览而绘制的。元稹奉旨画图，速度很快，数日之间，即完成《京西京北州镇烽戍道路等图》，而且比较精确。可见元稹具有熟练而高超的绘图技术，不愧为唐代地图学家。

第三节　以"图经"为特点的方志著作

图志、图经这类著作，东汉已经出现。南北朝以后，图经著作增多，隋唐北宋时大量出现，成为方志著作的一大特点。

一　全国性的区域志

隋朝的方志著作不多，不过由于"隋大业中，普诏天下诸郡，条其风俗、物产、地图，上于尚书。故隋代有《诸郡物产土俗记》一百五十一卷，《区宇图志》一百二十九卷，《隋诸州图经集》一百卷，其余记注甚众"[1]。

---

〔1〕《隋书·经籍志》。

大业六年（公元 610 年），隋炀帝命虞世基编纂的《区宇图志》，卷头有图，"叙山川，卷首有山水图；叙郡国，卷首有郭邑图；叙城隍，则卷首有馆图"[1]。这是一部大型全国图志，惜今已失传。郎蔚之编纂的《隋诸州图经集》，集合了各州郡所上的图经著作，其体例为一图一说的图经形式。书已失传。

唐代，很重视图经编纂，中央政府设有专门官吏掌管，并规定全国各州、府每三年（一度改为五年）一造图经，送尚书省兵部职方。"凡图经非州县增废，五年乃修，岁与版籍皆上。"[2]中央根据各州上送的图经，编纂全国的区域志。

贞观年间，唐太宗之子魏王李泰邀集学士肖德言等编纂《括地志》550 卷，以《贞观十三年大簿》划分的政区为纲，全面叙述 10 道、360 个州（包括 41 个都督府）、1557 个县的建置沿革、山岳形胜、河流沟渠、风俗物产、往古遗迹和人物故实。它是盛唐时期的疆域志，唐宋叫它"贞观地志"[3]。此书南宋已亡佚，现有孙星衍的辑本流传。孙星衍在序中说："其书称述经传，山川城冢，皆本古说，载六朝时地理书甚多，以此长于《元和郡县图志》。"这是初唐一部重要的总志。此书有志无图，与图经有别。由于《括地志》征引了很多六朝时地理书籍，因此后人常常用它来疏证古地名。如《史记正义》、《通典》、《太平御览》、《太平寰宇记》等。

唐朝中期，孔述睿（公元 729—800 年）"精于地理，在馆乃重修《地理志》，时称详究"[4]。

---

〔1〕《太平御览》卷六百零二引《隋大业拾遗》。
〔2〕《新唐书·百官志》。
〔3〕贺次君. 括地志辑校·前言 [M]. 北京：中华书局，1980.
〔4〕《旧唐书·孔述睿传》。

与孔述睿同时期的贾耽，编有《古今郡国县道四夷述》40 卷，这是《海内华夷图》的文字说明，以详于考证古今地理为特点。后来贾耽又把它简编为《贞元十道录》4 卷，但都散佚了。20 世纪 70 年代，在敦煌石窟中发现了《贞元十道录》残本，成为现存总志中最早的写本[1]。

唐朝著名地理学家李吉甫（公元 758—814 年），字弘宪，赵州赞皇县（今河北赞皇）人。他好学能文，知识渊博。历任太常博士、刺史、宰相、节度使等职。著有《六代略》30 卷，《十道图》10 卷，《古今地名》3 卷，《删水经》10 卷，《元和国计簿》10 卷。这些著作都散失了，独《元和郡县图志》残存，流传至今。原书 42 卷，今存 34 卷。由于李吉甫是在唐宪宗时做大官的，因此他在书前冠以“元和”二字。“元和”乃唐宪宗年号（公元 806—820 年）。《元和郡县图志》所述地理事实也以元和八年为限，把当时全国十道所属各府州县的等级、户乡数目、沿革、四至八到的方里、山川、开元与元和时的贡赋、盐铁、垦田、军事设施、兵马配备、古迹等，依次叙述。各卷卷首都附有图。北宋时图亡，因此书名也被人改为《元和郡县志》。南宋淳熙三年（公元 1176 年）张几仲首刻此书时就有缺失，但仍保持 42 卷的结构。宋以后，《目录》亡佚，又缺 19、20、23 ~ 26 卷。流传至今的只有 34 卷。

李吉甫写《元和郡县图志》的主导思想是强调实用，反对重古略今。他跟贾耽一样，积极为收复失地努力。唐宪宗时，黄河南北 50 余州为藩镇所割据，川西沦于吐蕃。但此志仍有十道，其用意在于恢复国家领土完整。

---

〔1〕 陈正祥. 中国地图学史 [M]. 香港：商务印书馆香港分馆，1979：19.

《元和郡县图志》以疆域政区为主，反映了唐朝的疆域范围。贞观元年（公元627年），依名山大川自然形势，将全国划分为十个区域，即十道。开元二十一年（公元733年）又分成十五道。"安史之乱"后，藩镇割据，各霸一方，方镇成了实际上的地方一级行政区。李吉甫写书时，仍以十道作为大区来划分。道以下列出当时除两京州县外的47镇作为一级政区来划分府州，这样既体现了唐初以来传统的区划，又符合当时实际行政区划情况。[1]

在叙述政区沿革时，《元和郡县图志》往往追溯到周、秦、两汉，其中关于东晋南北朝政区沿革的记载，尤其可贵。唐以前历史文献中记载的重要聚邑、城镇、关隘、津渡、陵墓等，很多均有赖于此志才得以考定其地理位置。

此外，《元和郡县图志》还记载了当时的自然地理状况、经济地理及人口地理的内容。

此书在总志中历来被认为是编写得最好的。《四库全书总目提要》说它最古，"其体例亦为最善。后来虽递相损益，无能出其范围"。对后世方志的编纂有很大影响。

此外，还有长安四年（公元704年）《十道录》13卷，开元三年（公元715年）《十道录》10卷，梁载言《十道录》16卷，韦澳《州郡风俗志》及《诸道山河地名要略》9卷，残存1卷。刘之推《九州要略》3卷。韦瑾《域中郡国山川图经》1卷。曹大宗《郡国志》2卷。上述著作，除残存的1卷外，其余均失传了。[2]

---

〔1〕 王文楚，邹逸麟. 我国现存最早一部地理总志《元和郡县志》[J]. 历史地理，1981创刊号.

〔2〕 张国淦. 中国古方志考 [M]. 北京：中华书局，1962.

从王仲荦的《敦煌石室地志残卷考释》中，可知下列地志残卷的内容：

1.《唐天宝初年地志残卷》

其体例是先列道名及州数，次列郡州名称，次列州的等级，次列距西京长安里数、距东都洛阳里数，次列贡品、公廨本钱多少贯，次列县名及等级，次列乡数、公廨本钱多少贯。仅存五道。此残卷地志可补《唐书·地理志》之不足，为全国性的地志。所列贡品有 65 种，归为六大类：（1）日常用品，如蜡烛、棋子、席、白鹇翎、扇、镜、铁器等；（2）药品，如枸杞、柏香根、肉苁蓉、麝香、束霍角、细辛、茯苓、紫参、人参、龙骨、甘草、葛石斛、葛、钟乳、石膏、云母等；（3）丝、麻、毛纺织品，如鞍毡、女稽布、贳布、青纻布、白纻布、丝布、白布等；（4）动物皮，如野马皮、邹文皮、白狐皮、熊皮等；（5）矿物及产品，如麸金、银、盐、安山砺石、赤铜、白石英、青碌等；（6）农产品，如豆、龙须席、麦绸扇、枭、麻等。从这些贡品可以看到当时全国的物产及其分布，也可以看出统治阶级从老百姓那里征收财产范围之广泛。

2.《贞元十道录》剑南道残卷

记载 12 个州郡，位于今四川、云南两省。贡品有麝香、牦牛尾、当归、斑布、蜀马、羌活、牦牛、石蜜、升麻、大黄等。

3.《诸道山河地名要略》残卷

其体例先述建置沿革，次事迹，次郡望地名，次水名，次山名，次风俗，次物产，次贡赋，次处分语。是书之作，专供唐宣宗乙夜之览，故文字简洁。所引古记，但取其意，而增损其文，不尽与古记合。书成于咸通八年（公元867年）七月。

二　域外地理志

隋炀帝时，东突厥因内乱衰败，西突厥被降服，吐谷浑也灭亡。这样，为隋朝重新与西域密切交往扫清了障碍。大业时期，隋炀帝"因置西戎校尉，以应接之"[1]。裴矩担任此职，"时西域诸蕃，多至张掖，与中国交市。帝令矩掌其事"[2]。裴矩在任期间，对西域各国的山川、风土、政治进行了考察，发现自东汉以后，中原对西域各国的情况不太了解。"虽大宛以来，略知户数，而诸国山水未有名目，至于姓氏风土，服章物产，全无纂录，世所弗闻。""臣既因抚纳，监知关市，寻讨书传，访采胡人，或有所疑，即详众口。依其本国服饰仪形，王及庶人，各显容止，即丹青模写，为《西域图记》，共成三卷，合四十四国。仍别造地图，穷其要害。从西顷以北，北海之南，纵横所亘，将二万里。谅由富商大贾，周游经涉，故诸国之事罔不编知。复有幽荒远地，卒访难晓，不可凭虚，是以致缺……今者所编，皆余千户，利尽西海，多产珍异。其山居之属，非有国名，及部落小者，多亦不载。"[3]

从裴矩写的以上序文中，可知他写《西域图记》的目的及大致内容：其一，叙述和图画西域各国的服饰仪形与风俗物产。其二，叙述通往西域各国的三条道路：北道，天山北路；中道，天山南路的北道；南道，天山南路的南道。其三，叙述西域各国山川险要和绘制山川险要地图，地图面积达四万平方里，包括今地中海东岸、咸海以南的广大地区。

---

〔1〕《北史·西域传》。

〔2〕《隋书·裴矩传》。

〔3〕《隋书·裴矩传》。

唐朝显庆三年（公元658年），许敬宗编撰成《西域图志》60卷，这是一部有关西域各国情况的图文并茂的图志，书已佚。

除上述域外地理志外，在正史中也有域外地理的篇章。如《隋书·外国列传》、《旧唐书·突厥等列传》、《新唐书·突厥等列传》、新旧《五代史》中的《外国列传》和《四夷附录》，均有域外地理内容。

唐朝杜佑的《通典·边防典》16卷，讲四邻各国地理，是唐朝域外地理志的重要著作。

三　地方志

隋朝的地方志，据张国淦的《中国古方志考》记载，只有7种40卷，如《上谷郡图经》、《江都图经》、《京师录》、《东都图记》、《洛阳古今记》、《益州记》、《雍州图经》等。

唐朝的地方志，有传、录、记、图经、志、书、事迹等书名。从《太平御览》、《太平寰宇记》中知道，唐代曾有50多个州修有图经，几乎遍及全国。虽然这些图经早已亡佚，但从敦煌发现的《沙州图经》和《西州图经》两个残卷来看，它们除记载行政机关和区域外，还记载该地区的河流、湖泊、堤堰、驿道、古城、学校和谣谚等。边远地区的图经内容尚且如此完备，那么内地的图经可能会更详细。

敦煌发现的图经，除上述两种外，还有《沙州都督府图经》、《沙州地境》、《沙州地志》、《瓜州伊西残志》、《寿昌县地境》等。五代天福九年（公元944年）的《寿昌县地境》完整无缺，内容有去州里数，公廨，户、乡、沿革、寺、镇、戍烽、栅堡、山泽、泉海、渠涧、关亭、城河。仍沿唐代体例。

据王仲荦《敦煌石室地志残卷考释》，知道《沙州都督府图经》残卷的内容很有特色：

其一，所记沙漠地貌很确切，"水东即是鸣沙流山。其山流动无定，峰岫不恒，俄然深谷为陵，高崖为谷，或峰危似削，孤岫如画，夕疑无地，朝已干霄"。

其二，所记水利工程及水文特征："其水西有石山，亦无草木。又东北流八十里，百姓造大堤，号为马圈口。其堰南北一百五十步，阔二十步，高二丈，总开五门，分水以灌田园。荷锸成云，决渠降雨，其腴如泾，其浊如河。加以节气少雨，山谷多雪，立夏之后，山暖雪消，雪水入河，朝减夕涨。"

其三，记载了当地的盐池。"右州界辽阔，沙碛至多，碱卤盐泽，约余大半。三所盐池水：东盐池水，右在州东五十里。东西二百步，南北三里。其盐在水中，自为块片，人就水里漉出曝干，并是颗盐。其味淡于河东盐，印形相似。西盐池水，右俗号沙泉盐，在州北一百一十七里。总有四陂，每陂二亩已下。时人于水中漉出，大者有马牙，其味极美，其色如雪。取者既众，用之无穷。"

其四，记有驿站名称、位置、变动情况。

其五，记有州学、县学、医学，州县社稷坛各一。

其六，记四所杂神。土地神，在州南一里。立舍画神，主境内有灾患不安，因以祈焉，不知起在何代。风伯神，在州西北五十步。立舍画神，主境内风不调，因即祈焉，不知起在何代。雨师神，在州东二里。立舍画神，主境内亢旱，因即祈焉，不知起在何代。祆神，在州东一里。立舍画神主，总有二十龛。其院周回一百步。

其七，记有庙、冢、堂、土河、古城、古长城、古塞城、张芝墨池、祥瑞、歌谣等。书成于开元四年（公元 716 年）之后。

唐代云南地方志不下 6 种，其中以樊绰的《蛮书》[1]最佳。除《蛮书》外，其余均佚。樊绰写《蛮书》时，由于有亲身经历和调查材料，又有《云南记》、《云南行记》作参考，因此书中对云南境内的交通途程，重要的山脉、河流、湖泊、城邑，各民族的经济生活、生产技术、风俗习惯、物产，南诏历史，军事组织，四邻各国地理都写得很详细。此书是保存至今的云南最早、最详细的地方志，有很高的参考价值。

此外，唐五代还有一些地记，如莫休符的《桂林风土记》3 卷，已佚 2 卷，今存 1 卷，段公路的《北户录》3 卷，刘恂的《岭表录异》3 卷，胡峤的《陷虏记》1 卷。

第四节　沿革地理

隋唐五代的沿革地理，除继承《史记》、《汉书》以来史书中的沿革地理外，还出现了新的沿革地理著作。方志中的沿革地理内容也有所加强。

一　正史中的沿革地理

《隋书》中的十志，原名《五代史志》，叙述的史迹，并不限于五代，材料丰富而真实，论述精确。《地理志》3 卷，载大业五年（公元 609 年）全国的户数和人口数。郡下记载建置沿革，山水湖泊，地貌类型，矿产及矿产地，名胜古迹等项。郡县建置沿革上溯后魏，下限至大业年间。如："京兆郡：开皇三年，置雍州。城东西十八里一百一十五步，南北十五里一百七十五步。东面通化、春明、延兴三门，南面启夏、明德、安化三门，西面延平、金光、开远三门，北面光化一门。

---

[1]　《蛮书》书名还有《云南志》、《云南记》、《南夷志》、《南蛮书记》等。

里一百六，市二。大业三年，改州为郡，故名焉。置尹。统县二十二，户三十万八千四百九十九。大兴：开皇三年置。后周于旧郡置县曰万年，高祖龙潜，封号大兴，故至是改焉。有长乐宫。有后魏杜城县、西霸城县、西魏山北县，并后周废。"

刘昫等人修撰的《旧唐书·地理志》4卷，基本上不记载自然地理内容。所记郡县户口数目有开元二十八年（公元740年）的统计数字，即郡府328，县1573，户8412871，人口48143609。对照隋朝大业五年的数字，得知户数虽有些减少，但人口却增加了200多万。又有天宝年间的统计数字。其余所记全是政区建置沿革，一般追溯到隋朝，个别追溯到秦汉。

宋祁、欧阳修等撰的《新唐书·地理志》7卷，记载天宝时期的户口数目，州郡建置以天佑为主，各道疆域以开元十五道为正。除记载行政区划名称及演变历史外，还记载部分自然地理内容。所记矿产产地和水利设施尤其详细。如："河南道：盖古豫、兖、青、徐之域，汉河南、弘农、颍川、汝南、陈留、沛、泰山、济阴、济南、东莱、齐、山阳、东海、琅邪、北海、千乘、东郡……为府一，州二十九，县百九十六。其名山：三崤、少室、砥柱、蒙、峄、嵩高、泰岳。其大川：伊、洛、汝、颍、沂、泗、淮、济。东都：隋置，武德四年废。贞观六年号洛阳宫，显庆二年曰东都，光宅元年曰神都，神龙元年复曰东都，天宝元年曰东京，上元二年罢京，肃宗元年复为东都。"

薛居正等人编撰的《旧五代史·郡县志》，以《开元十道图》为本，"惟载五代之改制，其仍唐旧制者则缺焉"。讲的全是建置沿革，无自然地理内容。州县设置沿革一般只讲五代的，不追溯五代以前的。

欧阳修撰的《新五代史·职方考》1卷，把五代出现过的288州列成表，州之下注明梁、唐、晋、汉、周五代的状况。如某代有此州则注"有"；某代于此州建都者，注"都"字；某代有此州，但名称不同者，注"有××州"；某代新建此州者，则注"有××置"；某代无此州，则空缺。此表为欧阳修独创，对于考订五代州名很有用。表后又详细记述各州建置沿革。

二 《通典》中的沿革地理

杜佑的《通典》，虽然是一部通史性的政书，但其中的《州郡典》、《边防典》却是我国古代沿革地理专篇[1]。它打破了历代正史地理志只记本朝或稍往上追溯的局限性，将一个行政单位的历史沿革由近及远地向上追溯，一般追溯到春秋战国时期。这种体裁是杜佑独创。继起者不少，后来形成了"十通"著作系列。

《州郡典》所记疆域政区沿革，上溯远古黄帝，下止唐天宝末，计14卷。第一卷叙述上古、唐虞、三代直至隋朝的疆域政区沿革。第二至十三卷叙述唐朝天宝以前的疆域政区沿革，以《禹贡》九州为大区，析历代州县丁其中。第十四卷叙述非《禹贡》九州之域，又非《周礼·职方》之限的《古越州》境内的唐朝71个州府、294个县的沿革。

三 方志中的沿革地理

隋唐时期的方志绝大多数已佚，但从仅存的少数方志及残卷来看，方志中有建置沿革是确定无疑的。如《元和郡县图志》在叙述政区沿革时，往往追溯到周、秦、两汉。《沙州志》残片中即有寿昌县沿革。五代的《寿昌县地境》也有沿

---

[1] 王成组．中国地理学史［M］．北京：商务印书馆，1982：53．

367

革地理。孙星衍辑的《括地志》也有建置沿革。唐代贾耽绘制的《海内华夷图》，用墨色注记古地名，用红色标示今地名，是首创的沿革地理图，后人受其影响很深远。

第五节　水利工程和水文学

一　水利工程

隋唐五代是水利事业大发展的时期，其中最著名的是隋朝开凿大运河，它包括永济渠、通济渠、山阳渎和江南运河，总长五千多里，流经今河北、河南、安徽、江苏和浙江五省，沟通了长江、淮河、黄河、海河、钱塘江五大水系。它北抵河北平原，西通关中盆地，南达太湖平原和钱塘江流域，把华北、江南和京城所在地的关中地区联在一起，形成了以洛阳为中心的全国运河网。这是历史上规模空前的水利工程。

隋朝修建的大运河，给唐朝带来了巨大的利益。正如皮日休在《汴河铭》中所说："在隋之民不胜其害也，在唐之民不胜其利也。"唐朝充分利用大运河，在全国组成了一个四通八达的水运网。"天下诸津，舟航所聚，旁通巴、汉，前指闽、越，七泽十数，三江五湖，控引河洛，兼包淮海。弘舸巨舰，千舳万艘。交贸往返，昧旦永日。"[1]特别是在"安史之乱"以后，唐朝的经济重心逐渐转移到江南，因此，大运河成了唐朝的交通命脉，成了唐朝生死存亡的大问题。

为了保证大运河顺利通航，提高大运河的效益，唐朝非常注重运河的维修和扩建，且经常疏浚。同时整理广通渠，扩大关中水运网；又扩大汴渠系统，使泰山附近的渠系也纳入汴渠

---

[1] 《旧唐书·崔融传》。

的交通网中；改善山阳渎，改进江南运河，扩建永济渠，把江南丰富的物产和赋税输送到北方去，进一步巩固了全国的统一。

唐朝发达的农田水利工程，促进了农业的繁荣兴旺。据《中国水利史稿（中册）》的统计，唐朝兴建农田水利工程253个，其中灌溉面积千顷以上的33个，五百至千顷的15个。在地理分布上，由过去的以北方黄河沿岸为重心，转移到以南方长江流域为重心，反映出经济重心在向南转移。隋唐大运河的开凿和大量农田水利工程的兴修，反映了当时丰富的水文学知识和走在世界前列的水利工程技术。

二　海洋潮汐学的发展

隋唐时期，海上航行比较发达，由于海洋灾害频频发生，促使人们去研究海洋潮汐，掌握潮汐规律，因此这个时期的海洋潮汐学得到迅速发展，取得了可喜的成就。

唐朝宝应、大历年间（公元762—779年），出现了一部研究海洋潮汐的专著——窦叔蒙的《海涛志》，又叫《海峤志》。窦叔蒙是一位民间科学家，其生平事迹不详，只知道他是浙东人[1]。《海涛志》是我国现存比较系统的第一部潮汐知识专著[2]。全文分六章，讨论海洋潮汐的成因，海洋潮汐运动的规律，计算了相当长时期内的潮汐循环次数，对高低潮时的推算创立了一种科学的独步一时的图表方法，对一个朔望月里潮汐与月亮的对应变化作了生动的描述，指出了潮汐周月不等现象等。

窦叔蒙对海洋潮汐的贡献体现在四个方面：

第一，在前人的基础上，进一步阐明潮汐和月亮运行的关

〔1〕《全唐文》卷四百四十。

〔2〕　徐瑜. 唐代潮汐学家窦叔蒙及其《海涛志》[J]. 历史研究，1978（6）.

系。指出："潮汐作涛，必符于月"，"月与海相推，海与月相期"。两者之间的关系是"若烟自火，若影附形"。潮汐盛衰有一定规律，"日异月同，盖有常数矣。盈于朔望，消以朏魄，虚于上下弦，息于朓朒。轮回辐次，周而复始"。这里朔是初一，望是十五；朏是新月初见的初二、初三；魄是月始生或将灭时的微光，指初三或二十五；上弦是初七、初八；下弦是二十二、二十三；朓是月底月亮在西方出现，指三十；朒是月亮亏缺，指初一。窦叔蒙对潮汐和月亮运动的关系观察得相当仔细。

第二，对潮汐周期的计算很精确。窦叔蒙计算的潮汐周期为12小时25分14.02秒，这个数值与现代计算正规日潮一般每日推迟50分钟很接近。窦叔蒙还指出，潮汐运动有三种周期，一日内有两次潮汐循环，即"一晦一明，再潮再汐"；一朔望月内有两次大潮和两次小潮，即"一朔一望，载盈载虚"；一回归年内也有两次大潮和两次小潮，即"一春一秋，再涨再缩"。

第三，阐述了分点潮。窦叔蒙说："二月之朔，日月合辰于降娄。日差月迁，故后三日而月次大梁。二月之望，日在降娄，月次寿星，日差月移，故旬有八日而月临析木矣。八月之朔，日月合辰于寿星，日差月移，故后三日而月临析木之津。八月之望，月次降娄，日在寿星，日差月移，故旬有八日而月临大梁矣。"这就是说，当日月合朔于"降娄"或"寿星"后，在3天和18天后，月亮就位于"大娄"或"大火"，于是形成大潮。分点潮不在朔或望的"降娄"或"寿星"，而是在3天后，月亮所到的大梁或大火。说明当时对分点潮的理论推算，已用实测得到的潮汐迟到数据予以修正了。

第四，窦叔蒙最早发明推算潮时的图表法，这是一个纵横两轴坐标，上边的横轴列着一个朔望月内的月相变化；旁边纵轴列着一太阳日的十二时辰。把表示月相和此月相的月亮经过上、下中天时辰的点标在坐标上，联结各点形成一条斜线，便构成一个朔望月的潮时推算图。知道当天月相就可以在此图表上查出当天高潮时辰。这就是窦叔蒙的潮汐表。此表比欧洲最早的潮汐表——13世纪伦敦桥涨潮时间表早5个世纪。对此，李约瑟（Joseph Needham）公正地指出："潮汐表的系统编制，中国显然早于西方。照我们已见到的说，至少可追溯到九世纪。"[1]

唐朝另一位著名潮汐学家是封演，蓚（今河北景县）人，生卒年不详，生活在8世纪。以贡举官至吏部郎中兼御史中丞。著有《封氏闻见记》10卷。《说潮》一篇，《封氏闻见记》缺，收入《全唐文》卷四百四十。由于他"少居淮海，日夕观潮"，因此对潮汐成因和一朔望中潮时的变化规律都有自己的见解。他说："大抵每日两潮，昼夜各一。假如月初潮以平明，二日三日渐晚，至月半则月初早潮翻为夜潮，夜潮翻为早潮矣。如是渐转至月半之早潮复为夜潮，月半之夜潮复为早潮。凡一月旋转一匝，周而复始。虽月有大小，魄有盈亏，而潮常应之，无毫厘之失。月，阴精也。水，阴气也。潜相感致，体乎盈缩也。"他第一次使用"潜相感致"的概念来说明月亮与潮汐的关系。

晚唐卢肇，字子发，袁州宜春（今江西宜春）人。会昌二年（公元842年）为乡贡士，次年状元及第。先后任歙、

〔1〕［英］李约瑟. 中国科学技术史（中译本）：第四卷［M］. 北京：科学出版社，1975：786.

宣、池、吉四州刺史。著有《文标集》。文集中有一篇《海潮赋并序》，阐述了他对潮汐的看法。卢肇的观点有的正确，有的错误。他继葛洪之后更明确地提出潮汐和太阳有关，这是个进步。但他不重视实际观测，夸大太阳在潮汐形成中的作用则是错误的。他还提出了有关潮汐的 14 个问题，并作了回答。这些回答有的较正确，有的不妥当，反映了唐代潮汐研究的状况，并对后世潮汐的研究有促进作用。

唐朝地理学家李吉甫在《元和郡县图志》中记载了潮汐迟到现象。他说："江涛每日昼夜再上，常以月十日、二十五日最小，月三日、十八日极大。小则水渐涨不过数尺，大则涛涌高至数丈。每年八月十八日，数百里士女，共观舟人渔子泝潮触浪，谓之弄涛。"[1]李吉甫不仅知道一朔望月有两次大潮两次小潮，而且知道大潮不正好在朔和望，小潮不正好在上下弦，而是晚两三天。潮汐迟到现象的发现，推动了地方性实测潮汐表的发展。

五代潮汐专家丘光庭，乌程（今浙江吴兴）人，官太学博士，著有《兼明书》，生平事迹不详。他的《海潮论》收入《海潮辑说》中，其观点是海潮的形成不是由于海水的扩张和收缩，而是由于陆地上下移动。他认为海水不动，只是陆地上下移动才形成了潮汐。这种观点含有地壳固体潮的思想，是很可贵的。但过分夸大地壳固体潮的作用，把它作为单一因素来解释海洋潮汐的形成，则与实际情况不符。

三 陆地水文学的发展

隋唐时期，没有发生大的黄河水患，这在历史上是少见

---

〔1〕《元和郡县图志》卷二十六"江南道杭州钱塘县"。

的，在陆地水文学史上是一大特点。隋唐五代史书中没有《河渠书》或《沟洫志》，全国河流水系情况的记载也没有类似《水经注》那样的著作。虽然《新唐书·地理志》记载了全国河流72条，《元和郡县图志》记载了550多条，《五代史·地理志》记载了218条，但大多只记河流名称，无水系描述。

唐代，人们已知河流水量有季节性的变化，有常水期、汛期和枯水期。继南北朝之后，也出现了测量水位的石鱼题记。如记录长江枯水水位的题刻，唐朝广德二年（公元764年）的题刻至今犹存[1]。

唐代，对雪山下靠冰雪融水补给的河流的水文特征，作了准确的描述，说是"朝减夕涨"。如开元四年（公元716年）之后成书的《沙州都督府图经》曰："节气少雨，山谷多雪，立夏之后，山暖雪消，雪水入河，朝减夕涨。"所谓"朝减夕涨"，是指在雪山下，靠融化的冰雪水补给的河流，由于昼夜气温相差很大，使得昼夜冰雪融化的速度也不相同。晚上气温低，冰雪融化慢，故早上河流水量减少；白天气温高，冰雪融化快，故傍晚河流水量增加，水位上涨。"朝减夕涨"四个字，生动地体现了雪山脚下河流的水文特征。这种水文特征，在唐以前没有人描述过。

关于水质优劣，唐朝人已很重视。李卫公用秤称量各地河水、泉水重量，以此来比较其水质优劣。他在中书官邸，不饮京城（今西安）水，茶汤悉用常州惠山泉，时人谓之"水递"。有位僧人对他说："（你）万里汲水，无乃劳乎？……京中昊天观厨后井，俗传与惠山泉脉相通。"李卫公于是取诸流

---

〔1〕 长江规划办公室. 长江上游宜渝段历史枯水调查 [J]. 文物，1974（8）.

水，与昊天水、惠泉水称量，唯惠山水与昊天水等重。从此，他罢取惠山水[1]。

陆羽（公元733—804年）在论述煮茶的水质时，把水分为三等："山水为上，江水中，井水下。其江水取去人远者，井取汲多者。"他还讲到水质不好会使人生病，说：山区的水"瀑涌湍漱，勿食之。久食令人有颈疾（甲状腺肿）"[2]。孙思邈也认为，"凡遇山水坞中出泉者，不可久居，常食作瘿病（也指甲状腺肿）"[3]。

某些水可以治病，这在段成式的《酉阳杂俎》卷十中有记载："华阳（今陕西洋县）雷平山有田公泉，饮之除肠中三虫。"

魏晋时期，中国人已发明了造人工矿泉水的药井，这实质上是把有益于人体健康的矿物质加进水中，改善水质。根据北宋沈括《忘怀录》的记载，唐朝李文饶家即有药井，井中放朱砂、硫黄、黄金、珠玉等。

四　河源的探寻

唐代，人们对黄河源的探寻和认识，有了新的进展，纠正了前人的错误认识。

贞观九年（公元635年），侯君集、李道宗在河源地区行军，"行空荒二千里，盛夏降霜，乏水草，士糜冰，马秣雪，阅月，次星宿川，达柏海上，望积石山，览观河源"[4]。这里讲的星宿川即星宿海，柏海即札陵湖。可见唐朝初年对河源的

---

〔1〕［宋］王谠：《唐语林》卷七。
〔2〕《茶经》卷下。
〔3〕《千金要方》。
〔4〕《新唐书·吐谷浑传》。

认识已达到星宿海了。后来唐朝与吐蕃（今西藏）交往的路线也经过河源，如贞观十五年（公元641年）吐蕃首领松赞干布与唐朝联姻，文成公主出嫁时，"弄赞（松赞干布）率其部兵次柏海，亲迎（文成公主）于河源"[1]。181年后，刘元鼎于长庆二年（公元822年）往来于河源区，对那里的地理情况有了更进一步的了解："河之上流，由洪济梁西南行二千里，水益狭，春可涉，秋夏乃胜舟。其南三百里三山，中高而四下，曰紫山，直大羊同国，古所谓昆仑者也，虏曰闷摩黎山，东距长安五千里，河源其间，流澄缓下，稍合众流，色赤，行益远，它水并注则浊，故世举谓西戎地曰河湟。"[2]刘元鼎曾著有《使吐蕃经见记略》，记述他到黄河上源的见闻。可惜书已佚。对刘元鼎往来于河源地区的见闻，《旧唐书·吐蕃传》的记载，文字与《新唐书·吐蕃传》略有出入。其文曰："是时元鼎往来，渡黄河上流，在洪济桥西南二千余里，其水极为浅狭，春可揭涉，秋夏则以船渡。其南三百余里有三山，山形如锹，河源在其间，水甚清冷，流经诸水，色遂赤，续为诸水所注。渐既黄浊。"

最早出来力辩黄河伏流重源说错误的是杜佑，他在公元801年完成的《通典·州郡典》的末尾，坚决否定蒲昌海（今罗布泊）与积石之间有伏流相通，而主张河源在析支（今青海东南河曲之地）。"析支在积石之西，是河之上流明矣。"他虽然对河源的情况仍然模糊，但首先起来纠正伏流重源说却具有划时代的意义。

---

〔1〕《旧唐书·吐蕃传》。
〔2〕《新唐书·吐蕃传（下）》。

贾耽也非常关心黄河上游的情况，于贞元十四年（公元798年）完成了我国历史上第一部以黄河命名的著作——《吐蕃黄河录》10卷。此书图文并茂，记载吐蕃境内"诸山诸水"的"首尾源流"[1]，可惜其书已佚。

第六节　气象气候的观测记载

一　气象气候著作

隋唐五代，除史书中的《天文志》、《司天考》、《律历志》、《五行志》有气象气候资料外，在农书、方志、天文著作、地理著作、笔记等文献中也有一些同样的资料。所记内容有各种类型的降水、气温异常、大风、干旱、天气预报等。更重要的是在唐代出现了气象气候专著，这是前所未有的。如邵谔的《望气经》，黄子发的《相雨书》。

《望气经》原本是兵书，讲云气与军事的关系，叫做"云气占候"。如："两军相敌，必有云气，兼及日晕，随方具记。敌阵之上，必有气出，气强声强，旁通于律。胜云厚实，败云薄虚。喜色则黄，怒色则赤，丧色则白，哀色则黑。黄气临营，北向利征；东西并忌，准于五行。假令东伐，白云西来，随而击之，强敌可摧；若有赤云，东来逆军，敌胜我败，姑且驻屯。赤气前行，黑之相随，赤者先灭，追敌得之。"又讲了各地云的差异，有的颜色不同，有的形状有别。如："晋气之云，白润精明，楚云如日，渤海碣岱之间云气正黑色。魏云如鼠，赵云如龙，荆云如犬，秦云如行人，周云如车轮。华山、河南气色下黑上赤，韩云似布，幽蓟之气如长蛇形。宋云如

---

〔1〕《旧唐书·贾耽传》。

车，鲁云如马，蜀云如囷篷，乍高乍下。济水之云如黑猪，东齐之云如青靛。"应该指出，各地云的形状和颜色不是固定的，是随时变化的。《望气经》把各地云的形状和颜色作为固定的形式，是不符合实际的。此书可贵之处在于能够识别各种云的形状，这是通过观察积累起来的经验。

《相雨书》的主要内容，从现存辑佚文字看，有 5 项：

（1）从云的形状、颜色、所处地理位置、云行速度等来预报下雨的时间及雨量大小。如："四方有跃鱼云，游疾者即日雨，游迟者，雨少难至。""四方有云如羊猪者，雨立至。"

（2）候气。如："视日出，气正白，日入，气正赤者，皆走石飞沙。""气从下上于云汉者，雨数日。"

（3）看虹。如："晚有断虹者，半夜有雨达日中。"

（4）看雾。如："日始出，南方有雾者，辰刻雨。""日没有黑虹，次后一日雨。"

（5）观察生物反映预报天气。如："每夕，取通草一茎，以火燃之，尽者次日晴，不尽者雨。树穴生水，天有雨。雨落井中生泡者，愈下愈大。视鱼跃波者，大将阴雨。壁上自然生水者，天将大雨。石上津润出液，将雨数日。"[1]

收入《说郛》的《相雨书》内容不多，仅有 10 条。而元朝大德八年（公元 1304 年）方回作序的《相雨书》，则有 20多条。从方回的序言中得知："《相雨书》十篇，候气者三十，观云者五十有二，察日月并宿星者三十有一，会风者四，详声者七，推时者十二，杂观者十四，候雨止天晴者七，祷雨者三，祈晴者九，共为百六十有九。皆有准验。"由此可见，

---

〔1〕《相雨书》，大德八年刊本。

《相雨书》原书的内容很丰富，可惜早佚。《说郛》及大德八年刊本均属辑佚，分别只占原书的 6% 和 13%。

二 气象知识

唐朝李肇的《唐国史补》提到几种不同的信风，说："江淮船溯流而上，待东北风，谓之信风。七、八月有上信（指秋季早期的风雨，标志秋信已开始），三月有鸟信（布谷鸟常在催耕时节出现，这时常有春雨，鸟信当指此），五月有麦信（收麦时的风雨）。"

唐初李淳风在《乙巳占·候风法》中论述了风速大小、远近及其标志，说："凡风动，初迟后疾者其来远。初急后缓者其来近。凡风动叶，十里。鸣条，百里。摇枝，二百里。堕叶，三百里。折小枝，四百里。折大枝，五百里。一云折木飞砂石，千里。或云伐木施千里。又云折木千里，拔大树及根，五千里。凡大风非常，三日三夜者，天下尽风也。二日二夜者，天下半风也。一日一夜者，万里风也。"在此，李淳风讲了八级风速，加上净风、和风则是十级。这与 1804 年英国人蒲福（F Beaufort）所定风速级别相近，但李淳风比蒲福早 1100 多年。

唐朝刘恂对热带风暴的观察和描述比南北朝沈怀远仔细，他从热带风暴前兆谈起，说："南海秋夏间，或云物惨然，则见其晕如虹，长六七尺，比候则飓风必发，故呼为飓母。忽见有震雷，则飓风不作矣。舟人常以为候，预为备之。"然后描述热带风暴造成的灾害："南中夏秋多恶风，彼人谓之飓，坏屋折树，不足喻也。甚则吹屋瓦如飞蝶。"[1]

---

〔1〕《岭表录异》卷上。

在《新唐书·五行志》中记载了多种多样的降水形式，除降雨外，还有"阴雾凝冻封树木，数日不解"、"氛雾终日不解"、"雨木冰"、"纷雾如雪"、"雨雪"、"常雨"、"久雨"、"霖雨"等。

三　气象仪器

唐朝的气象仪器有相风旌、羽葆、木乌、风向鸡、占风铎等。

《开元天宝遗事》载："五王宫中，各于庭中竖长竿，挂五色旌于竿头，旌之下，垂缀以小金铃，有声，即使侍从者视旌之所向，可以知四方之风候。""歧王宫中，于竹林内悬碎玉片子，每夜闻玉片子相击之声，即知有风，号为占风铎。"

王叡的《炙毂子》载："舟船于樯上刻木作乌，衔幡，以候四方之风，名曰五两竿。行军以鹅毛为之，亦曰相风乌。"

李淳风在《乙巳占·候风法》中，详细介绍了当时的测风仪器及使用方法。说："凡候风者，必于高迥平原，立五丈长竿，以鸡羽八两为葆，属于竿上，以候风。风吹羽葆，平直则占。小可于竿首作盘，盘上作木乌三足，两足连上，而外立一足系羽，下而内转，风来乌转，回首向之。乌口钓花，花旋则占之。淳风曰：羽必用鸡，取其属巽，巽者号令之象，鸡有知时之效。羽重八两，以做八风。竿长五丈，以做五音。乌象日中之精，故巢居而知风，乌为先首。竿不必过长，但一出众中，不被隐蔽为限。有风即动，便可占候。常住安居，宜用乌候。军旅权设，宜用羽占。羽葆之法，先取鸡羽，中破之。取其多毛处，以细绳逐紧，夹之，长短三四尺许，属于竿上。其扶摇独鹿四转五复之风，各以形状占之。"

宋代方信儒在《南海百咏》中，记载了唐代广州怀圣塔上立一风向鸡，"随风南北"。

四　物候知识

唐代，白居易在《大林寺桃花》诗和序中，明确地阐明了地形与气候的关系。诗序曰："山高地深，时节绝晚——于时孟夏月，如正、二月天；梨桃始华，涧草犹短，人物风候，与平地聚落不同，初到怳然若别造一世界者，因口号绝句云：'人间四月芳菲尽，山寺桃花始盛开。长恨春归无觅处，不知转入此中来！'"[1]这就是说，同一时间，山地气温比平原低，在节气上表现出来的是山地比平原晚。平原进入夏天了，而山地还是正月、二月的天气，也就是春天。此时山上梨树、桃树刚刚开始开花，山涧的草也没有长高，还很短。人物风候，山地与平原聚落不同。这个观点是完全正确的。

关于隋唐五代的物候知识，《隋书·律历志》中的物候与《魏书》完全相同，只有个别字做改动。《旧唐书·历志》中的物候与《逸周书》中的几乎完全相同。《旧唐书·历志》中的物候比《隋书·律历志》中的物候早一个节气。其原因可能与气候冷暖变化有关，也可能与书的作者所依据的材料不同有关。

此外，在唐人诗句中也有物候知识。如白居易的《赋得古原草送别》曰："离离原上草，一岁一枯荣。野火烧不尽，春风吹又生。"[2]这四句诗指明了物候学上两个重要规律：第一是芳草的荣枯有一年一度的循环；第二是芳草荣枯的循环是

---

〔1〕　顾学颉，周汝昌选注．白居易诗选［M］．北京：人民文学出版社，1982：237.

〔2〕　顾学颉，周汝昌选注．白居易诗选［M］．北京：人民文学出版社，1982：2.

380

随季节为转移，春风一到，芳草就苏醒了[1]。

第七节　旅行家对中外地理学的贡献

隋唐五代的旅行家，或是国家外交使节，受命旅行；或是宗教代表，为了去西域取经而旅行；或是官吏宦游旅行。尽管旅行方式不同，但他们有一个共同的特点，就是注重旅行过程中的地理考察，并把考察的心得写成著作，从而对中国和世界的地理学做出了贡献。下面按人物的时间先后，分述几位有代表性的旅行家及其事迹。

一　常骏

隋朝大业三年（公元607年）十月，隋炀帝派屯田主事常骏、虞部主事王君政等出使赤土国（今马来半岛南部）。他们从南海郡（郡治今广州市）乘船出发，昼夜二旬，每值便风，航行很顺利。途中经中国西沙群岛，越南南部海中一些岛屿，然后进入暹罗湾（现称泰国湾），沿着海岸前进，到达赤土国。一个多月以后，才到赤土国的首都。两国互送礼品，主人则设宴欢迎来宾。大业六年（公元610年）春，常骏与赤土国的使者那邪迦一同回到长安。常骏回国后，把旅游见闻写成《赤土国记》2卷。书已佚，部分内容保存在《隋书·赤土国传》中。主要讲赤土国的面积、位置、首都建筑、民俗、衣饰、制度、宗教、气候、物产等。此书使中国人对赤土国的地理环境和社会状况有了较多的了解。

---

〔1〕　竺可桢，宛敏渭. 物候学 [M].北京：科学出版社，1984：17－18.

二 玄奘

唐朝最著名的宗教旅行家是玄奘（公元 602—664 年）[1]，俗姓陈，名祎，洛州缑氏（今河南偃师缑氏镇）人。出身于儒学世家，学过《孝经》，是孝子。他秉承儒学家风，"备通经典，而爱古尚贤。非雅正之籍不观，非圣哲之风不习"[2]。兄弟四人，玄奘最小。他从小随二哥陈素去净土寺听讲经，13 岁入佛门。出家后与二哥一起去长安，又经子午谷入汉川去成都。21 岁在成都受具戒。此后与商人结伴，泛舟三峡，沿江而下，至荆州天皇寺。复北游相州（今河南安阳）、赵州（今河北赵县），入长安，止大觉寺，誉满京城。他熟读佛经典籍，深究义理，发现佛教内部派别争论很多，理论上不统一，影响了佛教的发展。为了寻找权威佛教经典，他决心继法显之后，再去天竺取经。

贞观元年（公元 627 年），玄奘从长安出发，经秦州、兰州至凉州。当时唐王朝建立不久，禁止百姓出国。凉州都督李大亮防禁森严，逼玄奘回京师。河西佛教领袖慧威法师支持玄奘去西域取经的大志，密派两位弟子送玄奘西行，不敢公开露面，只好昼伏夜行。慧威的弟子回去后，玄奘跟着商人越过国境线，途经瓜州、玉门关、伊吾（今哈密）、焉耆、高昌（今吐鲁番），沿天山南麓向西，越过葱岭山隅的凌山（今天山腾格里山穆素尔岭），经大清池（今伊塞克湖）南岸往西到货利习弥迦国（今卡拉卡尔巴克），又折往东南，出铁门（今巴达克山），过大雪山（今兴都库什山）和黑岭，来到北印度。在

---

〔1〕 玄奘生卒年有几种说法，此据季羡林等《大唐西域记校注·前言》，中华书局 1985 年。

〔2〕 慧立，彦悰. 大慈恩寺三藏法师传 [M]. 北京：中华书局，1983：5.

印度，他遍游恒河与印度河流域，以及印度东南沿海地区。所到之处，访谒名师，探索佛典和婆罗门经典。他祖护大乘佛教，也不反对学习小乘佛教。他还积极地学习印度的一些科学知识，如逻辑学（因明）、语法（声明）等。

玄奘在印度取经取得满意结果后，又翻越雪山和葱岭，经疏勒、于阗、鄯善、敦煌，于贞观十九年（公元 645 年）回到长安。去时，唐王朝不让出境。回来时，态度大变。唐太宗"欢喜无量"，要他"速来与朕相见"。又派梁国公房玄龄专程迎接。回到长安的那天，"闻者自然奔凑，观礼盈衢，更相登践，欲进不得"[1]。

贞观二十年，玄奘用一年时间写成了《大唐西域记》十二卷，上进太宗。这是唐代一部杰出的地理著作。唐太宗对这部书非常重视，对玄奘说："新撰《西域记》者，当自披览。"[2]

《大唐西域记》的地理学成就主要有四个方面：

1. 新的地理内容。

中国自汉代起，就把昆仑山脉西部高山地区称为葱岭。《大唐西域记》卷十二有波谜罗川，指出这是葱岭的一部分，"其地最高"。这是中国古代地理著作中首次提到帕米尔（波谜罗）这个名称和地理概念[3]。

在《大唐西域记》卷一中，记载了迦毕试国（今阿富汗境内）阿路猱山的上升现象，曰："其峰每岁增高数百尺。"这个数字可能过于夸大，但用具体数字来描述地壳上升现象，玄奘是首次，这在地质学史上具有重要意义。

〔1〕《大慈恩寺三藏法师传》卷五。

〔2〕 全唐文：卷八 [M].影印本. 北京：中华书局，1983：95.

〔3〕 郦隶彬. 大唐西域记·前言 [M].上海：上海人民出版社，1977.

2. 对中亚、印度等国地理环境和历史的详细描述，超过了以前的任何著作。如卷二对印度的介绍，包括释名、疆域、数量、岁时、邑居、衣饰、馔食、文字、教育、佛教、族姓、兵术、刑法、敬仪、病死、赋税、物产等，可以说是一部印度地理志。比如释名，玄奘根据"induo"这个名词的某一地区的读法"Indu"，译成汉语"印度"，从此，印度成为南亚次大陆的通称。

《大唐西域记》对印度古代和中世纪历史上许多大事件都有记述，如伟大的语法学家波你尼，毗卢择迦王伐诸释，阿育王与太子拘浪拏的故事等。迦腻色迦王的问题，多少年来在世界许多国家的历史学家中已经成为一个热门，《大唐西域记》有四五处讲到迦腻色迦，给这个问题提供了宝贵的资料。

全书记载了一百多个国家，文字有长短，但其记述似乎有一个比较固定的全面章法：幅员大小、都城大小、地理形势、农业、商业、风俗、文艺、语言、文字、货币、国王、宗教等。他能用极其简洁的语言描绘大量的事实，不但确切，而且生动。因此，可以说《大唐西域记》是一部稀世奇书，其他外国人的著作是很难与它相比的。

3. 对某个地区的描述，既有自然地理内容，又有人文地理内容，是今天研究中亚、印度一带历史地理所必需的文献。如阇烂达罗国，书中写道："阇烂达罗国，东西千余里，南北八百余里。国大都城周十二三里。宜谷稼，多粳稻，林树扶疏，花果茂盛。气序温暑，风俗刚烈，容貌鄙陋，家室富饶，伽蓝五十余所，僧徒二千余人，大小二乘，专门习学。天祠三所，外道五百余人，并涂灰之侣也。此国先王，崇敬外道，其后遇罗汉，闻法信悟，故中印度王体其淳信五印度国三宝之事，一以总监。混彼此，忘爱恶，督察僧徒，妙穷淑慝。故道德著闻者，竭诚敬仰；戒行亏犯者，深加责罚圣迹之所，并皆旌建，或窣堵波，或僧伽蓝，印度境内无不周遍。"

4.《大唐西域记》首尾两卷，为中国边疆地理，其余各卷都是域外地理，是中国古代边疆及域外地理专著之一。《大唐西域记》受到世界各国学者的重视，自 19 世纪后半期开始，陆续被译成法文、英文和日文。

三 王玄策

唐朝贞观年间著名的外交家和旅行家王玄策，分别于贞观十七年（公元 643 年）、贞观二十一年（公元 647 年）、显庆二年（公元 657 年）三次出使印度，《旧唐书·西戎列传》载："先是遣右率府长史王玄策使天竺，其四天竺国王咸遣使朝贡，会中天竺王尸罗逸多死，国中大乱，其臣那伏帝阿罗那顺篡立，乃尽发胡兵以拒玄策。玄策从骑三十人与胡御战，不敌，矢尽，悉被擒。胡并掠诸国贡献之物，玄策乃挺身宵遁，走至吐蕃，发精锐一千二百人，并泥婆罗国（今尼泊尔）七千余骑以从玄策。玄策与副使蒋师仁率二国兵进至中天竺国城，连战三日，大破之，斩首三千余级，赴水溺死者且万人，阿罗那顺弃城而遁，师仁进擒获之。拜玄策朝散大夫。"可见王玄策是位有勇有谋的外交家、军事家和旅行家。撰有《中天竺国行记》[1]，对当时五个天竺诸国的地理、地貌、山川、形胜、宗教、文化、政治、经济、社会风情等作了详细而真实的记述。其书宋以后亡佚。书中有文字 10 卷，图 3 卷，共 13 卷[2]。部

---

〔1〕《中天竺国行记》有多种异名，如《王玄策行传》、《西域行传》、《西国行传》等。

〔2〕孙修身. 唐朝杰出外交活动家王玄策史迹研究 [J]. 敦煌研究, 1994 (3).

分内容载道世的《法苑珠林》中。如卷二十四引《西国行传》记载尼泊尔著名的阿耆婆弥池，比《大唐西域记》卷七的记载详细。可见《中天竺国行记》的地理价值当不减《大唐西域记》。《旧唐书·西戎列传·泥婆罗国》也有王玄策及阿耆婆弥池的记载："贞观中，卫尉丞李义表往使天竺，途经其国，那陵提婆见之大喜，与义表同出观阿耆婆弥池。周回二十余步，水恒沸，虽流潦暴集，烁石焦金，未尝增减。以物投之，即生烟焰，悬釜而炊，须臾而熟。其后王玄策为天竺所掠，泥婆罗发骑与吐蕃共破天竺有功。"

四　杜环

中国第一个到过埃及并留下著作的旅行家是唐朝的杜环（又作杜还）。他是杜佑（公元735—812年）的族子。杜佑在《通典》卷一百九十一中《边防典》七记载："族子环随镇西节度使高仙芝西征，天宝十载（公元751年）至西海。宝应初（公元762年）因贾商船舶自广州而回，著《经行记》。"这是关于杜环生平的唯一记录。

唐玄宗天宝十载（公元751年），唐将高仙芝和石国发生了冲突，石国兵败，乞援于大食。高仙芝率军深入，到了怛逻斯城（Aulie Ata），就"与大食相遇，相持五日，葛逻禄部众叛，与大食夹攻唐军，仙芝大败，士卒死亡略尽，所余才数千人。右威卫将军李嗣业劝仙芝宵遁，道路阻隘，拔汗那部众在前，人畜塞路，嗣业前驱，夺大挺击之，人马俱毙，仙芝乃得过，将士相失……李嗣业和段秀实留拒追兵，收散卒，得俱免"[1]。这是怛逻斯战役的简单经过。

---

〔1〕《通鉴》卷二百一十六"天宝十载"条。

杜环于天宝十载随高仙芝在怛逻斯城（今哈萨克斯坦江布尔市）与大食军作战时被俘。此后随大食军队西行，遍历阿拉伯各地，过了近十年的俘虏生活。后来，他获得了旅游非洲某些国家的机会，并于宝应初乘商船回国。归国后，写成《经行记》。书已佚，仅有1500多字保存在《通典》中。

《经行记》是中国最早记载伊斯兰教义，记录中国工匠在大食传播生产技术的著作。《通典》卷一百九十三《边防典》引其文曰："绫绢机杼，金银匠，画匠，汉匠起作画者，京兆人樊淑、刘泚，织络者河东人乐隈、吕礼。"这段话表明了唐代生产技术西传的情况。书中还记载亚、非若干国家的方位、距离、民族、军队数目、山川、地形、气候、集市贸易、历史、物产、风俗等。受到世界各国学者的高度评价。有关部分已译成英、法、日等国文字。

五 义净

义净（公元635—713年）本姓张，字文明，唐代齐州（今山东济南）人。祖籍范阳（今河北涿州市）。贞观十五年（公元641年），七岁的义净出家，永徽六年（公元655年）授具足戒，正式成为僧人。此后五年，学习律典。显庆五年（公元660年）以后，外出游学，"仗锡东魏"，"负笈西京"。游学提高了义净在佛教方面的修养。

咸亨元年（公元670年），义净与其他僧人萌发了去印度求法的愿望。咸亨二年年初，义净从齐州南下，经濮州、曹州到扬州，秋天与冯孝铨结伴去广州。十一月，与善行结伴登上了波斯商人的货船，开始了去印度的旅程。不到二十天就到了室利佛逝（今印度尼西亚的巨港）。在此停留六个月，学习声明（语法），即梵语，为去印度求法作准备。咸亨四年二月到达东印度耽摩立底国。在此住了一年，进一步学习梵语，然后和中国僧人大乘灯一起前往中印度，周游各处佛教圣址，在那烂陀学习十年。武后垂拱元年（公元 685 年）离开那烂陀，仍取海路东归，又在南海一带滞留将近十年，于证圣元年（公元 695 年）五月抵达洛阳。从此在洛阳与长安两地翻译佛经，直到去世[1]。

武后天授二年（公元 691 年），义净从印度东游室利佛逝时，在那里写成两部著作，一是《大唐西域求法高僧传》，二是《南海寄归内法传》。

《大唐西域求法高僧传》是以僧传形式，记述了唐初从太宗贞观十五年以后到武后天授二年共 40 余年间 57 位僧人（包括义净及朝鲜、越南、阿富汗、乌兹别克等国的僧人）到南海和印度游历、求法的事迹。后附《重归南海传》，又记载武后永昌元年（公元 689 年）随义净重往室利佛逝的四位中国僧人的事迹，书成后，从室利佛逝寄归长安。一起寄归的还有他同时写成的《南海寄归内法传》及翻译的其他佛教文献。

《大唐西域求法高僧传》是研究中印关系史、交通史、宗教人物史的重要文献，它记载了唐初新开通的经过今西藏、尼泊尔到印度的道路，又比较详细地记载了从南海往印度的交通情况。从义净的记载来看，当时南海交通的路线并非一道，而是多道。或从广州登舶，或从交阯，或从占波登舶，或经佛逝，或经诃陵，或经郎迦戍，或经裸人国而抵东印度耽摩立底，或从羯荼西南行到南印度那伽钵亶那，再转赴师子国，或

---

〔1〕 王邦维. 大唐西域求法高僧传校注·前言［M］. 北京: 中华书局，1988.

复从师子国泛舶北上到东印度诸国，或转赴西印度。足见当时海上交通的频繁与范围的广大。

此书记载到印度求法的中国僧人，取海路的人数最多。这一事实说明：在义净以前，中印之间海上联系固然存在，但通过今新疆、中亚而来往的陆路是主要通道，从义净这个时期开始，海路就逐渐成为主要的通道了。

此书还提到一条从今云南到印度的道路。这条通道在汉武帝以前就已存在，没有中断。只是由于此道多险阻艰难，经行不易，往来的人不多，故记载它的人也很少。

《南海寄归内法传》记述了当时印度和南海有关历史、地理、经济、文化方面的许多情况。虽然是以佛教为主要内容，为研究古代这些地区的宗教史提供了可靠的材料，但也为研究该地区的社会经济、文化、医药卫生等方面的历史提供了资料。

义净的上述两部著作，受到世界各国学者的重视。19 世纪末即被译成法文、英文和日文。

六 李翱

李翱（公元 772—844 年），字习之，陇西人。出身官僚家庭，幼勤于儒学，博雅好古，为文尚气质。贞元十四年（公元 798 年）登进士第，授校书郎。三迁至京兆府司录参军。元和初，转国子博士，史馆修撰。他与韩愈有亲戚和师生的双重关系，韩愈推荐他去岭南节度使杨于陵那里做官，任观察判官。元和四年（公元 809 年）正月，李翱离洛阳去广州上任。从洛阳出发，循洛水入黄河，转汴渠，接山阳渎，经扬州，沿江南运河过苏州、杭州，又溯钱塘江转信江，渡鄱阳湖入赣江，越大庾岭，循浈江和北江南下，直达广州。全程走了

124 天。他用日记体裁记录了这次旅途经过，取名《来南录》[1]，全文 846 字，有较高的地理价值。特别是他记录的沿途里程，为研究唐代水陆交通提供了宝贵资料。

七　张匡邺

后晋天福三年（公元 938 年），于阗国王李圣天遣使者马继荣来贡红盐、郁金、牦牛尾、玉毡等。后晋遣供奉官张匡邺为鸿胪卿，彰武军节度判官高居诲为判官，册圣天为大宝于阗国王。这年的十二月，匡邺等自灵州（今宁夏灵武南）行二岁至于阗，至七年（公元 942 年）冬乃还。途经凉州（今甘肃武威）、甘州（今甘肃张掖）、肃州（今甘肃酒泉）、瓜州（今甘肃安西东）、沙州（今甘肃敦煌西）。高居诲著有《行记》，记载他们这次出使时来往所见山川地理情况。书已佚，《新五代史·四夷附录第三》保存有部分内容。文中讲述了过沙漠的情况，于阗的物产、河流、在河中捞玉等，是今天研究该地区历史地理的珍贵史料。但他把塔里木河上游各支流当成河源则是错误的。

第八节　环保与人文地理知识

一　环保思想和环保措施

隋唐五代的环保思想和环保措施，内容比较丰富，可以归纳为三个方面：1. 法制对自然资源的保护；2. 植树造林；3. 城市的环境保护。

1. 法制对自然资源的保护

唐朝的环保思想受到社会的广泛重视，政府部门把环保思

---

〔1〕《李文公集》卷十八。又载：全唐文：第七册 [M].影印本．北京：中华书局，1983：6442－6443.

想写进了各种法制中，有学识的人则把环保思想写进诗歌中。如：

《大唐六典·尚书工部》曰："虞部郎中、员外郎掌天下虞衡山泽之事而辨其时禁。凡采捕畋猎，必以其时。冬、春之交，水虫孕育，捕鱼之器不施川泽。春、夏之交，陆禽孕育，馁兽之药不入原野。夏苗之盛，不得蹂藉。秋实之登，不得焚燎。凡京兆、河南二都，其近为四郊，三百里皆不得弋猎采捕。凡五岳及名山，能蕴灵产异，兴云致雨，有利于人者，皆禁其樵采。"这是对生物资源的保护法令。《唐大诏令集·禁弋猎敕》说得更明确："春夏之交，稼穑方茂，永念农作，其勤如伤，况时属阳和，令禁麛卵，诉以保兹怀生，下遂物性，近闻京畿之内，及关辅近地，或有豪家，时务弋猎，放纵鹰犬，颇伤田苗，宜令长吏常切禁察，有敢违令者，捕系以闻。"

据《旧唐书·玄宗本纪》载，开元年间"禁断天下采捕鲤鱼"，"骊山禁断樵采"，"泰山近山十里，禁其樵采"。

《新唐书·地理志》记载了各地的环保措施：京兆府云阳"凡禁樵采者著于志"。郑州管城县"有仆射陂，天宝六载更名广仁池，禁渔采"。汴州开封县"有福源池，本蓬池，天宝六载更名，禁渔采"。海州朐山县"东二十里有永安堤，北接山，环城长十里，以捍海潮"。

《元和郡县志》中，记载了各地陵墓的保护措施：青州临淄县齐桓公墓"禁二十步内不令樵苏"。"晏婴墓，诏十五步并禁樵苏"。濮州雷泽县尧陵"有诏禁人刍牧"。河中府河东县伯夷墓"禁樵苏"。绛州绛县晋文公墓"五十步禁樵苏"。兴元府西县诸葛亮墓"敕禁采樵"。润州丹阳县武帝衍修陵"诏令百步禁樵采"。

唐朝李群玉的《石潴》诗，反映了陶瓷工业、开矿、冶铸、噪声对环境的破坏。一是森林被毁，"高林尽一焚"。二是土地遭到破坏，"地形穿凿势，恐到祝融坟"。三是空气被污染，噪声扰民。"烟浊洞庭云"，"回野煤飞乱，遥空爆响闻"。全诗如下：

> 古岸陶为器，高林尽一焚。焰红湘浦口，烟浊洞庭云。回野煤飞乱，遥空爆响闻。地形穿凿势，恐到祝融坟。[1]

2. 植树造林

唐高祖李渊时曾规定："永业之田，树以榆、桑、枣及所宜之木。"[2]《唐律疏议·户婚》对于植树更有明确的规定："户内永业田，每亩课植桑五十根以上，榆、枣各十根以上。土地不宜者，任依乡法。"对违令不执行者予以处罚："应课植桑枣而不植，如此事类违法者，每一事有失，合笞四十。"

唐代，在帝王陵墓地植树是一项重要任务。每年年初的正、二月和秋天的七、八月，要选择天气合适的日子，下令百姓栽种树木，种完后，有关官员要据数上报。[3]

唐代，对道路的绿化也很重视，从唐人诗句中可知，当时道路两旁除种植槐、柳外，还种植果树。如岑参的"青槐夹驰道"，武元衡的"青槐驿路长"，杜牧的"灞上汉南千万树"等。开元二十八年（公元740年），唐玄宗下令在两京之间的道路上种植果树。[4]

---

〔1〕《全唐诗》卷五百六十九。

〔2〕《旧唐书·食货志》。

〔3〕《唐会要》卷二十一。

〔4〕《唐会要》卷六十八。

隋代，在大运河两边种植柳树，一方面用以固堤，另一方面则美化了环境。《炀帝开河记》指出，这些柳树"一则树根四散，鞠护河堤；二乃牵船之人阴凉，三则牵舟之羊吃叶"。《大业杂记》说运河沿途"二千余里，树荫交加"。杜牧《隋堤柳》诗云："夹岸垂杨三百里，只应图画最相宜。"[1]足见隋时种植的运河堤岸柳树，至唐代仍然保护得很好。

3. 城市的环境保护

唐代，首都长安的人口已达一百多万，每天的生活垃圾数量相当可观。为了处理这些垃圾，已有以清理垃圾和剔粪为职业的人员，并由此发家致富。《朝野杂金》载："长安富民罗会，以剔粪为业。"《太平广记》载："河东人裴明礼，善于理业，收人间所弃物，积而鬻之，所以家产巨万。"

唐代用法律对城市环境进行管理，《唐律疏议》载："其穿垣出秽污者，杖六十；出水者勿论。主司不禁，与同罪。"唐玄宗针对长安、洛阳的环境卫生状况，下令有关部门进行管理："京洛两都，是唯帝宅，街衢坊市，固须修整。比闻取穿掘，因作秽污阮堑，四方远近，何以瞻瞩？顷虽处分，仍或有违，宜令所司，申明前敕，更不得于街巷穿坑取土。"[2]唐代长安城普遍修有排水沟（下水道），除大路两旁修有排水沟外，里坊与两市之间的街道路旁，也修有排水沟。排水沟设有镂孔铁板和石框，这是世界上较早用铁制造环保设施的事例，说明唐代对城市环保的重视。

城市绿化是城市环保的重要一环，唐朝多次以皇帝诏令形

---

〔1〕《樊川文集》卷三。

〔2〕《唐会要·街巷》。

式，提倡在城市种树搞绿化。唐永泰二年（公元 766 年），代宗令"种城内六街树"[1]。"其种树栽植，如闻并已滋茂，亦委李勉勾当处置，不得使有砍伐，致令死损。"[2]

二　人文地理知识

隋唐五代的人文地理知识，包含四个方面的内容：1. 工业地理知识；2. 农业地理知识；3. 城市规划知识；4. 军事地理知识。

1. 工业地理知识

《新唐书·地理志》、《新唐书·食货志》和《元和郡县图志》中记载了唐代一些工业地理知识，如唐代的矿产种类、地理分布和产量等。如从《新唐书·地理志》中可以知道铁产地最多的是淮南、江南，有 32 处。其次是河东、河北，有 26 处。第三是剑南，有 18 处。第四是河南，有 8 处。第五是关内，有 6 处。第六是岭南，有 5 处。此外，还有盐、金、银、铜、锡、铅、丹砂等的分布情况。根据杨远著的《唐代的矿产》统计，当时九种主要矿产的产地是：

（1）金。产金之地以岭南道最多，共 32 处；剑南道次之，28 处；江南道又次，15 处。

（2）银。产银之地以岭南道最多，共 51 处；江南道次之，28 处；河南道 6 处；其他都在 3 处以下。

（3）铜。产铜之地以江南道最多，共 39 处；河东道次之，10 处；剑南道 8 处；其他都在 5 处以下。

（4）铁。产铁之地以江南道最多，共 29 处；剑南道次

---

〔1〕《册府元龟》卷十四。
〔2〕《唐会要·道路》。

之，26 处；河东道 17 处；山南道 12 处；河北道 10 处；河南道 9 处；关内道 7 处；岭南道 6 处；其余都在 4 处以下。

（5）锡。唐代锡的开采并不兴旺，共 19 处，分布在现今的江西 3 处；陕西、河南、浙江、湖南、广东、广西、四川各 2 处；山西、山东各 1 处。

（6）铅。唐代铅的开采也不兴旺，共 13 处。在金属矿产中最少，且都在长江以南。如江苏的句容，安徽的宣城、绩溪、贵池，江西的大庾、上饶，湖南的宜章、桂阳，广东的广宁、开平、阳春，广西的兴业、藤县，都各为 1 处。

（7）盐。产盐之地以剑南道最多，共 52 处；山南道次之，20 处；江南道 18 处；河南道 15 处；关内、陇右两道各 13 处；岭南道 10 处；河北道 4 处；河东、淮南两道各 2 处。

（8）朱砂。产朱砂之地以现今湖南最多，共 11 处；四川 4 处；广西 3 处；此外，浙江绍兴、广东连州、贵州沿河各 1 处；陕西略阳 2 处；甘肃岷县 1 处。全国朱砂产地共 24 处。

（9）水银。唐代水银的开采不兴旺，产地只有 10 处，在各矿中是最少的。而且产地都在南方，以今湖南最多，共 6 处；其他都是 1 处，分别在广东、广西、四川、贵州。

在樊绰的《云南志》（又名《蛮书》、《蛮志》、《云南记》、《南夷志》、《南蛮书记》）卷七中，记载了云南的盐、金、银、锡、瑟瑟（天青石）、琥珀、雄黄的产地，可以补《新唐书·地理志》、《新唐书·食货志》和《元和郡县图志》之不足。

2. 农业地理知识

唐朝初年，特别重视边境军屯。如娄师德在河套和黄河、湟水之间营田，取得了显著的成绩。郭元振在河西屯田，"尽水陆之利，稻收丰衍。旧凉州粟斛售数千，至是岁数登，至匹缣易数十斛，支廪十年，牛羊被野"[1]。

唐朝江南地区的农业，已不再是"火耕水耨"的水平，而是发展成为重要的农业区。比如越州，在唐朝后期，已是"机杼耕嫁衣食半天下"[2]的富庶之乡了。三吴则是"国用半在焉"[3]。常州"江左大郡，兵食之所资，财赋之所出，公家之所给，岁以万计"[4]。

唐朝中期，李翱对土地利用情况的记述，比《礼记·王制》又进了一步。说："方里之田五百有四十亩，十里之田五万有四千亩，百里之州五十有四亿亩，千里之都，五千有四百亿亩。方里之内，以十亩为之屋室径路，牛猪之所息，葱韭菜蔬之所生植，里之家给焉。凡百里之州，为方十里者百，州县城郭之所建，通川大途之所更，丘墓乡井之所聚，畎遂沟渎之所渠，大计不过方十里者三十有六，有田一十九亿四万有四千亩，百里之家给焉。凡百里之州，有田五十有四亿亩，以一十九亿四万有四千亩，为之州县城郭、通州、大途、畎遂、沟浍、丘墓、乡井、屋室、径路，牛猪之所息，葱韭菜蔬之所生植，余田三十四亿五万有六千亩，其田间树之以桑，凡树桑，人一日之所休者谓之功。桑太寡则乏于帛，太多则暴于田。"[5]在《周礼》的时代，方百里的范围内，农田占67%；而唐朝方百里的范围内，农田占64%，略有下降。但在方里的

---

〔1〕《新唐书·郭元振传》。

〔2〕 杜牧. 授李纳浙东观察使兼御史大夫制//全唐文：卷七百四十八.

〔3〕 杜牧. 崔公行状//文苑英华：卷九百七十七.

〔4〕 梁肃. 独孤公行状//全唐文：卷五百二十二.

〔5〕 李翱. 平赋版//全唐文：卷六百三十八. 这里讲的"亿"，为现在的"十万"，与今天的"亿"概念不同。

范围内，用2%作为城郭、宫室、涂巷之用。

樊绰的《云南志》，记载了云南境内的农业生产方式、农具、作物之间如何接茬、农作物的地区分布、马的地区分布等，是云南农业地理知识的总结。

3. 城市规划知识

隋唐都城长安，是新建的都城，其规划设计之严整非常典型。全城规划内容有七项：

（1）城市平面方正，每面开三门，一般每门有三个门洞，只有明德门为五个门洞。宫城居中。

（2）宫城在城市中部偏北，主要宫殿坐北朝南。

（3）宫城之南设皇城，有文武官府、宗庙、社稷坛、官营手工业作坊、军营等。

（4）自承天门经朱雀门到明德门，为全城中轴线，两边对称。

（5）南北和东西各门都互相正对，中间是城内主要街道。由街道划分的里坊，也东西对称。东西大街与南北大街互相垂直，形成极为整齐的棋盘格网，每个网格之内，即为坊、市。

（6）市在南面，突破了"前朝后市"的传统规划思想。

（7）里坊和市仍然是密封式的，市内的商业活动也是定时的。

4. 军事地理知识

唐朝杜佑《通典》，有《兵典》15卷，把唐以前所有战争的胜负经验、兵法上的原理、原则都做了归纳。其中《按地形知胜负》1卷，是阐述地形与军事密切关系的军事地理著作。此外，在《州郡典》中记述了军事区域，驻守兵员、戎马、粮饷之数等军事地理内容。

唐朝李筌的《太白阴经》[1]，对地形与军事的关系的认识比前人深刻，其明确指出，地形的险夷因人而异，天下没有绝对险要的地方或非险要之地，国家的存亡和攻守的成败在于人，而不在于地利。他把军队和地形看作是相互作用的两个方面：“兵因地而强，地因兵而固。”

《新唐书·李德裕传》记载了李德裕的边防措施：“乃建筹边楼，按南道山川险要与蛮相入者图之左，西道与吐蕃接者图之右。其部落众寡，馈饷远迩，曲折咸具。乃召习边事者与之指画商订，凡虏之情伪尽知之。”

唐朝李吉甫曾强调研究地理要为军事服务，要明了攻守利害。他在《元和郡县图志》中就记载了军镇要塞、兵马配置、关隘、津渡等军事地理内容。

第九节　地质和矿物知识

隋唐五代的地质和矿物知识，除继承前人的以外，还出现了新的内容，有了矿物方面的专著。这个时期采矿、冶铸、陶瓷业的兴旺，炼丹活动的蓬勃发展，中医矿物药的大量使用，绘画颜料的增加，都促进了矿物知识的积累，为中国古代矿物学的建立创造了条件，奠定了基础。下面分七个部分叙述。

一　颜真卿等人的海陆变迁思想

“沧海桑田”是我国古代表达海陆变迁地质思想的术语，它起源很早，从文献上说，以汉代徐岳《数术记遗》最早。唐朝大历六年（公元771年），颜真卿在《抚州南城县麻姑山仙坛记》中，首次以化石为证据，证明“沧海桑田”这种地

---

〔1〕　见《守山阁丛书》及《四库全书》子部兵家类。

质现象确实存在，把晋代葛洪借神仙之口提出的假说，提升到了科学的高度。他说："高石中犹有螺蚌壳，或以为桑田所变。"[1]这句话既以沧海桑田来解释海相螺蚌壳为什么出现在高山上的岩石中，同时也通过这个现象认识到这里发生过海陆变迁，使海陆变迁的认识具有一定的科学基础。

在唐人诗句中，也有不少"沧海桑田"的思想，如储光羲的《献八舅东归》诗中有"沧海成桑田"。白居易的《浪淘沙词六首》之一曰："白浪茫茫与海连，平沙浩浩四无边。朝去暮来淘不住，遂令东海变桑田。"又曰："一泊沙来一泊去，一重浪灭一重生。相搅相淘无歇日，会教山海一时平。"[2]

二　手工业生产与考古文物资料中反映的矿物岩石知识

1. 手工业生产中反映的矿物岩石知识

隋唐五代的采矿、冶铸、陶瓷、建筑等手工业，反映了当时对矿物岩石的认识和利用情况。上述"工业地理知识"小节中，《新唐书·地理志》已讲述了九种矿物的产地和地理分布情况。《元和郡县图志》所记矿物岩石种类更多，达35种，即金、银、铜、铁、锡、铅、朱砂、水银、空青、曾青、（石）绿、石油、天然气、盐、石膏、雄黄、雌黄、滑石、玉、云母、白石英、紫石英、白石脂、钟乳（石）、砺石、龙骨、鱼化石、石燕、黄银、理石、石脑、硝石、炬火石、寒山石、棋子石等。此外，陶瓷业中必须用陶土、瓷土、石英砂、云母等矿物。建筑业中常常使用花岗岩、大理石、石灰岩、砂岩等。

2. 考古文物资料中反映的矿物岩石知识

作者通过对 1990 年以前的《考古》、《文物》上的矿物岩石资料进行统计，发现隋唐五代利用过的矿物有金、银、铜、铁、锡、铅、玉、丹砂、石膏、黄精、密陀僧、琥珀、玛瑙、瓷石、石英石、长石、翠玉、蓝宝石、紫石英、青金石、红宝石、滑石、汉白玉、绿松石等共 24 种（图 6 - 1）；岩石有板岩、砂岩、玄武岩、石灰岩、砂砾岩、花岗岩、页岩、红砂岩、大理石等共 9 种。具体利用情况如下。

图 6 - 1　出土文物中唐代的矿物药

（引自《文物》1972 年 6 期图版伍）

金：造金币、贴金、鎏金、镜、金牙齿、金器皿（杯、盘等）、金首饰、中药、炼丹药等。

银：银铤、银饼、镜、银桿、银器（杯、盘、盏、器盖、项链）、银板、银壶（图 6 - 2）等。

图 6 - 2 唐代的银壶

（引自《文物》1972 年 1 期 42 页图版叁）

铜：造像、铜棺、镜、匕、勺、筷子、碗、香斗、熏炉、黄铜器等。

铁：尺、铠甲、俑、门锁、钥匙、农具、手工业工具、兵器等。

锡：锡器、鎏金锡杯等。

铅：钱币、炼丹药。

玉：玉器，如手镯、玉佩、玉册等。

汉白玉：墓志、建筑、造像、玉册、石药碾。

石英石：制盘、碗。

瓷石、长石：制瓷器。

石膏：墓志、炼丹药。

滑石：石枕、炼丹药。

丹砂、钟乳石、紫石英、白石英、琥珀、密陀僧：中药、炼丹药。

页岩：砚。

大理石：建筑、石函。

石灰岩：建筑、造像、石雕（狮、武侍、华表、墓门、椁、墓志、石人）、磬。

红砂岩：建筑、磨石、雕塑。

花岗岩：建筑。

砂岩：造像、墓志。

唐三彩中的三彩呈色剂有各种金属氧化物，如铜绿、锑黄、铁黄、铁褐、铜青、钴蓝、锰紫等。其中黄釉是氧化亚铁，绿釉是硫酸铜。

用作颜料的矿物有赭石、石绿、土红、紫青、石黄、石青、朱红、粉白、土黄、粉绿、银朱、朱膘、大红、深红、金箔。

隋唐五代关于岩石的知识，在《括地志》中记载了泗水产磬石。《新唐书·地理志》、《元和郡县图志》记载岭南道九真县（今越南清化）产的石磬胜于湖南零陵产的石磬。

白居易有一首诗，叫《华原磬—刺乐工非其人也》，序曰："天宝中始废泗滨磬，用华原石代之。询知磬人则曰故老云，泗滨磬下，调之不能和，得华原石考之乃和，由是不改。"诗曰：

　　华原磬，华原磬，古人不听今人听。泗滨石，泗滨石，今人不击古人击。

　　今人古人何不同，用之舍之由乐工。……

　　古称浮磬出泗滨，立辩致死声感人。宫悬一听华原石，君心遂亡封疆臣。……华原磬与泗滨石，清浊两声谁得知。[1]

唐代诗人元稹（字微之），也有一首《华原磬》诗，序曰："李传云，天宝中始废泗滨磬，用华原石。"诗曰："泗滨浮石裁为磬，古乐疏音少人听。……华原软石易追琢，高下随人无雅郑。"[2]

诗中说的华原，即今陕西铜川市耀州区。由上述可知，唐朝制磬用的石头不限一处，安徽、湖南、陕西都有，邻国越南清化也有。

唐代，制砚的石头已有多种，形成了四大名砚，即端砚、歙砚、洮砚和鲁砚。

端砚因产于端州（今广东肇庆）而得名。据《石隐砚谈》记载："端溪石始于唐武德之世。"唐初的端砚，多以实用为主，注重石品，一般不注重雕饰。唐李贺的《杨生青花紫石砚歌》曰："端州石工巧如神，踏天磨刀割紫云。佣刓抱水含满唇，暗洒苌弘冷血痕。"刘禹锡的《唐秀才赠端州紫石砚，以诗答之》曰："端州石砚人间重，赠我因知正草玄。"诗人们所说的紫石，是端溪下岩石，这种岩石"干则灰苍色，润则青紫色"，"石性贵润，色贵青紫"[3]。这是一种凝灰质粉砂质绢云母泥质页岩[4]。它的特点是"不损毫，玉肌腻理，扪不留手，着水研墨则油油然，与墨相变不舍"[5]。

歙砚因产于安徽歙县而得名，始于唐代开元时期。据宋代

---

[1]《白香山诗集》卷三。

[2]《元氏长庆集》卷二十四。

[3]《端溪砚谱》。

[4] 王福泉.宝石通论［M］.北京：科学出版社，1985：215.

[5] ［清］高兆.端溪砚石考［M］∥擅几丛书.上海：上海古籍出版社，1992.

ZHONGGUO DIXUESHI

中国地学史·古代卷

403

唐积的《歙州砚谱》记载，开元中，有猎人叶氏追逐野兽至婺源城里，见垒城的石头莹洁可爱，捡一块回去制成砚，非常好用。从此歙砚名闻天下。1976 年合肥唐墓出土了一方箕型歙石砚，长 20 厘米，上宽 11 厘米，下宽 15 厘米，高 3.5 厘米，石质坚润，呈青碧色，圆首方形双足，线条弧度圆匀流畅。墓葬年代为开成五年（公元 840 年）[1]。歙砚石色青莹，纹理缜密，坚润如玉，磨墨无声。这是一种黑色板岩和灰色千枚状砂岩[2]。平均硬度为 4，坚润是它的主要特点，具有"多年缩墨，一濯即莹"的优点。

洮砚因产于古代洮州（今甘肃甘南自治州临潭县一带）而得名。唐朝已有洮砚，宋朝洮砚已很有名，宋朝高似孙的《砚笺》卷三有"洮石砚"条，说："石出临洮。洮河绿石，性软不起墨，不耐久磨。"把洮石的性质讲清楚了。又引张文潜诗云："明窗试墨吐秀润，端溪歙州无此色。"晁无咎诗云："洮河石贵双赵璧，汉水鸭头无此色。"杨信相诗："但见洮州琢峨绿，焉用歙溪眉子为。"从这些诗的描述中，得知洮砚是以其绿色为人所爱。明人高濂著的《遵生八笺》也说："洮河绿石，色绿微蓝，其润如玉，发墨不减端溪。"洮砚有鸭头绿、鹦哥绿和赤紫石之分，石质细密晶莹，色彩鲜美，纹为圆圈，似波浪翻滚，如卷云连绵，清丽动人。由于洮石产于临洮大河深底，采掘艰难，得之不易，故流传很少[3]。洮石是一

〔1〕 张秉伦，吴孝铣，高有德，等. 安徽科学技术史稿 [M].合肥：安徽科学技术出版社，1990：1990.

〔2〕 王福泉. 宝石通论 [M].北京：科学出版社，1985：216.

〔3〕 齐徽. 中国的文房四宝 [M].北京：商务印书馆，1991：60.

种水云母泥质板岩[1]。

鲁砚，因产于鲁郡（今山东兖州）而得名。但通常所说的"鲁砚"不限于鲁郡所产，而是指古代鲁国的地域范围，再往后，把山东简称鲁，指山东全省。山东产名砚不少，如墨角砚、红丝砚、黄玉砚、褐色砚、紫金砚、鹊金墨玉砚等，这些砚统称"鲁砚"。其中最好的是青州（今山东潍坊与淄博地区）红丝砚。宋高似孙《砚笺》卷三"红丝石砚"条云："红丝石，红黄相参不甚深，理黄者丝红，理红者丝黄，其纹匀彻。唐中和年（公元881—885年）采石……"红丝砚色泽多样，纹理不一。有的似云水、山峦，有的如花卉、鸟兽，石中往往夹有石莹、冰纹、旋丝、条带、斑痕，构成了红丝砚特有的文采图饰。总体来说，砚石是沉积岩，属于彩石。唐朝四大名砚的出现，反映了唐朝在岩石利用上的新成就。

用岩石造桥梁，是中国岩石建筑文化的一大特色。隋唐五代修建的石桥很多，如：隋朝李春设计建造的河北赵州桥，用石灰岩建成；河南临颍隋代石拱桥，用红砂岩建造。

隋唐五代的陵墓石刻有门阙、角阙、有文字的碑刻和无文字的碑刻、石华表、天禄、鸵鸟、石人、石马、石狮等。而陵墓地下部分用岩石修造的有墓室、墓门、石椁、石棺床、墓志、画像石、石制工具、俑、各种动物、桌、椅、买地券、装饰品、印章、石镜、棋盘、石玲、眼障、文具等。总之，这个时期用岩石制造的东西和建筑门类很多，足见岩石的利用非常广泛。

---

〔1〕 王福泉. 宝石通论［M］. 北京：科学出版社，1985：216.

三　对矿物岩石性质的认识

隋唐五代，对矿物性质有了一定水平的认识。如唐朝苏敬（后因避讳改名苏恭）等纂修的《新修本草》，对白青条痕的描述是："研之色白如碧。"[1]对朱砂解理的描述是："破之如云母。"对滑石硬度的描述是："极软滑。"《金石簿五九数诀》对滑石硬度的描述是："其体柔，削之如蜡者为上。"

关于矿物质的比重，唐朝中期金陵子的《龙虎还丹诀》记载了八种矿物质的比重，其数值与文字跟《孙子算经》略有区别。"金方一寸重一斤，银方一寸重十四两，铅锡重九两半，铁重六两，玉重九两，白石重三两，土重二两。物各禀气，自然之性。"[2]这本书缺铜的比重，增加了土、锡的比重。"石"改成了"白石"。玉的比重降低了，只有方寸九两。最后还明确指出，各种矿物质的比重不同，是由于它们本身的物质差异（物各禀气）决定的。《龙虎还丹诀》记载的比重是可信的，与今天的比重数据接近，有重要的科学价值。如黄金比重此书为方寸一斤，合 13.54，与今天的比重数值 19.3 有差距，但比较接近。银的比重此书为方寸十四两，合 11.85，与今天的比重数值 10.5 接近。锡的比重此书为方寸九两半，合8.04，与今天的比重数值 7.31 也很接近。

唐朝陈藏器的《本草拾遗》对磁铁矿的磁性有记载："慈（磁）石，毛铁之母也。取铁，如母之招子焉。"[3]《金石簿五九数诀》也说："磁石出磁州，但引得六七针者皆名上好，即堪用。"《新修本草》曰："磁石……好者能连十针，一斤铁刀

---

〔1〕《本草纲目》卷十引。

〔2〕《道藏》洞神部众术类第 590 册。

〔3〕《重修政和证类本草》卷四引。

亦被回转。"

关于胆矾的性质,《龙虎还丹诀》曰:"今信州(今江西上饶)铅山县有苦泉,流以为涧,挹其水熬之,则成胆矾,烹胆矾则成铜,煮胆矾铁釜,久之亦化为铜。"可见中唐时期已有小规模的水法炼铜了[1]。五代初轩辕述的《宝藏论》又记载了用"苦胆水"(硫酸铜)浸制铜的事,曰:"铁铜,以苦胆水浸至生赤煤,熬炼成而黑坚。"这表明,中唐至五代已应用"若胆水"浸铜,形成了湿法冶铜的新技术。

关于矿物晶体形状结构,唐刘恂在《岭表录异》卷上对紫石英晶体的描述是:"随其大小皆五棱,两头如箭镞。"这里讲五棱,不准确,应该是六面六棱。《新修本草》对朱砂单体形态的描述是:"石砂有数十品,最上者为光明,云一颗别生一石龛内,大者如卵,小者如枣栗,形似芙蓉,破之如云母。"方解石的单体形态,《新修本草》曰:"破之方解,大者方尺。"[2]

柳宗元在《与崔连州论石钟乳书》中,论述了钟乳石由于产地、产状不同,其性质亦异。曰:"钟乳直产于石,石之精粗疏密,寻尺特异,而穴之上下,土之薄厚,石之高下不可知,则其依而产者固不一性。然由其精密而出者,则油然而清,炯然而辉,其窍滑以夷,其肌廉以微。食之使人荣华温柔,其气宣流,生胃通肠,寿善康宁,心平意舒。"[3]

《新修本草》对矿物集合体形态的描述有八种:1. 颗粒状,如丹砂。2. 土状,如赤石脂。3. 粉末状,如丹砂中的末

---

〔1〕 郭正谊. 水法炼铜史料溯源 [J].中国科技史料,1981 (4).
〔2〕《本草纲目》卷九引。
〔3〕《柳河东集》卷三十二。

砂。4. 层状，如云母。5. 块状，如滑石。6. 圆珠状，如无名异。7. 片状，如方解石。8. 正方形，如黄铁矿。

关于矿物之间的共生关系，《金石簿五九数诀》记载了黄花石（黄铁矿）与铜矿的共生关系，曰："有铜矿之处皆有黄花石。"卤碱、太阴玄精石与食盐的共生关系是："（三者）出河东解县盐池中。"《新修本草》说到铜矿与诸青的共生关系，曰："出铜处兼有诸青，但空青为难得……时有腹中空者。"[1] 空青就是其腹中空的钟乳状、葡萄状或肾状的蓝铜矿，常和孔雀石（绿青）共生。陈藏器在《本草拾遗》中提出，黄金与粉子石共生。粉子石的成分有氧化亚铁和氧化铜，是一种黑褐色矿物。利用这种共生关系可以找矿。如陈藏器曰："常见人取金，掘地深丈余，至粉子石，石皆一头黑焦，石下有金。"[2]

关于矿物鉴定知识，唐朝《龙虎还丹诀》曰："石胆烧之变白色"。石胆即胆矾，加热后变成白色。颜师古用颜色鉴定五色，曰："黄者曰金，白者曰银，赤者曰铜，青者曰铅，黑者曰铁。"[3]《别宝经》用玉石的荧光色彩鉴定玉石，曰："凡石韫玉，但将石映灯看之，内有红光明如日，便知有玉也。"[4]

四　指示植物找矿知识

唐朝段成式的《酉阳杂俎》卷十六，范摅的《云溪友议》均记载了利用指示植物找矿的方法。段成式曰："山上有葱，下有银；山上有薤，下有金；山上有姜，下有铜锡。"范摅曰："山中有葱，下必有银；有薤，下必有金；有姜，下必有

---

〔1〕《本草纲目》卷十引。
〔2〕《本草纲目》卷八引。
〔3〕颜师古注《汉书·食货志》。
〔4〕《本草纲目》卷八引。

铜锡。"两人的观点完全一致，只是文字略有不同。根据现代地学与植物学的研究，自然界的确存在指示植物，如川西铜矿的指示植物是红草；湖南砂岩铜矿的指示植物是酸模；长江下游和浙西铜矿的指示植物是海州香薷。就是说，同一种矿物，在不同地区有不同的指示植物。而同一种植物，又可以指示几种不同的矿物。比如红草，除喜铜外，它还吸收锌、铅、银等金属；蓍蓂子、车前草是锌的指示植物；冷杉、松和云杉为金矿指示植物；大叶醉鱼草是汞矿指示植物。可见古人提出的各种指示植物是找矿经验的总结。

五　矿物岩石著作

隋唐五代的矿物著作包含两个方面的内容：一是本草中的矿物知识；二是炼丹著作中的矿物知识。分述如下：

1. 本草中的矿物岩石知识

（1）《新修本草》

唐高宗永徽年间（公元 650—655 年），命李勣、于志宁等人编著《英公唐本草》7 卷。显庆四年（公元 659 年），又命苏敬、长孙无忌等 22 人，再次修订，称《新修本草》（或《唐本草》），计 20 卷，另目录 1 卷，药图 25 卷，图经 7 卷，共 53 卷。分玉石等 11 部，共载药物 844 种，其中无机药物 109 种。这两部书宋以后已散佚，在《千金翼方》（孙思邈）、《重修政和证类本草》和《本草纲目》中保存了一些内容。清末，傅云龙在日本发现了天平三年（相当于唐开元十九年，公元 731 年）影抄《唐本草》卷子残本 10 卷，以及日本人小岛质从《政和本草》中辑出的仿天平写本的第三卷，共 11 卷，刊于《籑喜庐丛书》中。1959 年上海科技出版社出版影印《新修本草》，于是《新修本草》的粗略面目才为世人所知。此书是我国第一部由国家颁行的药典，也是世界上最早的国家药典[1]。

据《重修政和证类本草》和《本草纲目》所引用的《新修本草》的条文，得知：

第一，所记矿物岩石有丹砂、石钟乳、矾石、硝石、芒硝、朴硝、滑石、石胆、空青、曾青、禹余粮、白石英、赤石脂、白石脂、黑石脂、绿青、扁青、雄黄、水银、石膏、银屑、玄石、凝水石、阳起石、孔公蘖、殷蘖、密陀僧、石脑、理石、珊瑚、长石、石花、桃花石、石床、礜石、铅丹、粉锡、锡铜、代赭、石燕、戎盐、卤碱、青琅玕、金牙石、特生礜石、握雪礜石、土阴蘖、苍石、黄矾、硇砂、绿盐、玄精石、姜石、蛇黄、食盐、光明盐、白青、石中黄子、太一余粮、石骨、方解石、锡、银、银膏、黄银、铜矿石等共66种。其中有的是人工合成的化合物，如银膏、粉锡、铅丹等，不是自然界的矿物；有的是名称虽异，实为一物，只是产地不同而名异，如殷蘖、孔公蘖、石花、石床都是钟乳石。

第二，记载了各种矿物岩石的产地、性质、种类（如矾石有五种：青、白、黄、黑、绛）、不同产地的质量优劣、鉴别方法、人工合成化合物的方法、药性、产状等，这些描述与矿物岩石学有密切关系，是中国古代宝贵的矿物岩石学史料，是中国古代重要的矿物岩石学文献。

（2）《本草拾遗》

唐开元中（公元713—741年），京兆府三原县（今陕西三原县）县尉陈藏器撰《本草拾遗》10卷。原书已佚，《重

---

〔1〕 姒元翼. 中国医学史 [M]. 北京：人民卫生出版社，1984：38.

修政和证类本草》和《本草纲目》有部分引文。从引文得知：

第一，记载的矿物岩石有太一禹余粮、珊瑚、玛瑙、铅、铜青、不灰木、磁石、金、黄银、乌银、玻璃、琉璃、雄黄、滑石、石髓、晕石、空青、食盐、盐药、硝石、石药、特蓬杀、硫黄香、青琅玕（石阑干）等24种。其中有的是人工合成化合物，如玻璃、琉璃等。

第二，记载了各种矿物岩石的产地、产状、性质、形态、药性、用途、鉴别方法、产地不同质量亦异等内容。

(3)《海药本草》

五代前蜀人李珣（约公元855—930年），字德润，家居梓州（今四川三台县）[1]。其祖先为波斯（今伊朗）人。著《海药本草》6卷，原书已佚。在《重修政和证类本草》和《本草纲目》中有部分引文。从引文得知：

第一，所记矿物岩石有玉、石硫黄、生金、银、银屑、玄石、珊瑚、桃花石、阳起石、绿盐、矾石等11种。

第二，对海外药物很有心得，这可能跟他的祖先是波斯人有关，也可能与唐朝中外交通发达，许多外来药物输入中国有关。如"玄石：谨按《古今录》云，波斯国在石上生，味咸。按舶上将来为之石绿，装色久而不变，中国以铜醋造者，不堪入药，色亦不久"；"矾石：波斯、大秦所出白矾，色白而莹净，内有束针文，入丹灶家，功力逾于河西、石门者，近日文州诸番往往有之。波斯又出金线矾，打破，内有金线文者为上，多入烧炼家用"。

〔1〕 李仲均.我国本草学中记载的药用矿物史略［G］.//李仲均.李仲均文集.西安：西安地图出版社，1999.

2. 炼丹著作中的矿物岩石知识

(1)《太清石壁记》

隋朝苏元明（青霞子），罗浮山道士，著《太清石壁记》3卷。有的题楚泽先生编。《新唐志》著录曰："玄晋苏元明《太清石壁记》3卷，乾元中，剑州司马纂，失名。"曹元宇、袁翰青、张子高、吉田光邦认为出自唐，李约瑟认为系3世纪末晋代青霞子苏元明撰，6世纪初楚泽先生编。张觉人、朱晟认为出自宋。述外丹术，不用隐名。[1]该书入《道藏》第582～583册。在各种炼丹方中，提到矿物有雄黄、钟乳（石）、雌黄、丹砂、云母、白石英、曾青、礜石、水银、凝水石、石膏、朴硝、芒硝、空青、金、硇砂、石硫黄、水银霜、玉屑、特生礜石、降英、太阴玄精、慈（磁）石、铅丹、石胆、青石、阳起石、锡、矾石、石床、寒水石、禹余粮、赤石脂、硝石、金牙、理石、绛矾、黄矾、戎盐、孙（孔）公蘖、紫石英、石脑、青矾、滑石、太一禹余粮、麦饭石、牡蛎等共47种。无性状描述。

(2)《金石簿五九数诀》

此书成于唐朝麟德元年（公元664年）前几年，作者不详。收入《道藏》第589册，全文两千余字，记载炼丹用矿物药45种，所记矿物产地包括现在全国17个省、自治区内的47个县、市。还有其他四个国家或地区。所记矿物内容有名称、产地、形态、颜色、透明度、光泽、品质优劣、敲击音响、粗细感觉、干燥与湿润的程度、断口形态、鉴别方法、磁性、口味、气味、共生关系、用途等17项，内容非常丰富，

〔1〕 朱越利. 道藏分类解题 [M]. 北京：华夏出版社，1996：244.

完全是矿物学的内容，是真正的矿物学文献，具有很高的科学价值。作者在正文前讲述了他写此书的目的："夫学道欲求丹宝，先须识石，定其形质，知美恶所处法。"这是中国道教对中国古代矿物学作出的一大贡献。

所记矿物有：朱砂（丹砂）、雄黄、玉、礜石、白石英、云母、阳起石、空青、天明砂、石硫黄、赤石脂、白石脂、石钟乳、磁石、石脑、金精（别名金晶石、水金云母）、黄矾、白矾、绛矾、鸡屎矾、碄矾、曾青、石桂英、理石、朴硝、芒硝、石胆、硝石、黄花石、不灰木、戎盐、太阴玄精、卤碱、滑石、寒水石、胡同律、石榴丹、禹余粮、砌砂（硇砂）、雌黄、金芽、代赭、石盐、紫石英、石中黄子。

现略举数例，以见其描述的科学价值。

朱砂：出辰、锦州，大如桃枣，光明四映彻，莹透如石榴者良。如无此者，次用马牙上好者为次，紫色重者为下，并不堪用之。

雄黄：出武都，色如鸡冠，细腻红润者上，波斯国赤色者为下。

白石英：出寿阳及泽州，种数亦多，但取表里光明而无点污，者水中与水同色者为上，无问粗细皆堪也。

云母：出瑯琊、彭城，青、齐、卢等州并有。此物有六种，向日看乃分明，其色黄白多青者名云英，色青黄晶白者名云液，色唯皎然纯白无杂者名云精，色青白而多黑者名云母，焕然五彩曜人目为上。

天明砂（又名硼砂）：出波斯国，堪捍五金器物，此药尤多假伪，但自试之辨取真伪，口含无苦，酢酸咸好，青白色，烧之不沸，汁流如水，黏似胶黏即真矣。若烧有紫烟气，烧上

ZHONGGUO DIXUESHI

有漆者并是真也，可择而用之。

（3）《石药尔雅》

《石药尔雅》2卷，仿《尔雅》之形式，汇集石药隐名为主，于元和元年（公元806年）写成。作者梅彪，西蜀江源（今四川崇州）人。"少好道艺，性攻丹术，自弱至于知命，穷究经方，曾览数百家论功者如同指掌。"[1]他在《石药尔雅·序》中讲了写书的目的："（当时）用药皆是隐名，就于隐名之中，又有多本。若不备见，犹画饼梦桃，遇其经方与不遇无别。每噫嗟此事，怅怅无师由何意也。但恐后学同余苦心，今附六家之口诀，众石之异名，象《尔雅》词句，凡六篇，勒为二卷。令疑述者寻之稍易，习业者诵之不难。兼诸丹所有别名奇方异术之号，有法可营造者，条列于前，无法难作之流，具名于后。"

在释诸药隐名中，总计有矿物及化合物68种，隐名、别名、异名共347种。其中一种矿物或化合物隐名最多达30个，最少1个，平均约5个。比如铅的隐名有：玄黄花、轻花、铅飞、飞流、火丹、良飞、紫粉、铅黄华、黄丹、军门、金柳、铅华、华盖、龙汁、九光丹、金公、河东、水锡、太阴、素金、天玄飞雄、几公黄、立制太阴、虎男、黑虎、玄武、黄男、白虎、黑金、青金等。可见，《石药尔雅》的主要功能是剥掉炼丹家故意加在矿物药名上的神秘色彩，为炼丹药名的通俗化做出了贡献。

（4）《玉洞大神丹砂真要诀》

《玉洞大神丹砂真要诀》的作者是张果，姑射山人，唐朝

---

〔1〕《石药尔雅·序》，载《道藏》第588册。

武后至开元间人，隐居恒州中条山，号通玄先生。往来汾、晋间，时人传其有长年秘术，自云年数百岁矣[1]。此书收入《道藏》第587册，主要讲矿物鉴定。如第一品辨丹砂诀，就详细讲述了各种丹砂的产地、产状、品质优劣等，是矿物学的重要内容。书中写道："丹砂者……上品生于辰、锦州石穴之中，而有数色也。中品者生于交、桂，亦有数类也。下品者，出于衡、邵，亦有数种也。皆缘清浊体异真邪不同，受正气者服之而通玄契妙，禀偏气者服之亦得长生。上品光明砂出辰、锦山石之中，白交石床之上，十二枚为一座生，色如未开红莲花，光明耀日。亦有九枚为一座生者。……拣得芙蓉头成颗者，夜安红绢上，光明通彻者亦入上品。又有如马牙或外白浮光明者，是上品马牙砂。若有如云母白光者，是中品马牙砂也。""石胆出嵩岳及蒲州中条山，禀之灵石异气，形如瑟瑟，本性流通，精感八石。若欲试之，涂于铁及铜上，火烧之，色红。"

(5)《酉阳杂俎·玉格·药草异号》

《酉阳杂俎》的作者段成式，字柯古，祖籍山东临淄邹平，生年不详，约在唐德宗贞元十九年（公元803年）或稍后；卒于咸通四年（公元863年）。曾任秘书省校书郎，庐陵、缙云、江州刺史，太常少卿等职。在江南道当官时，"有善政"。晚年写成《酉阳杂俎》20卷，《续集》10卷。

在《酉阳杂俎·玉格·药草异号》中，段成式仿《石药尔雅》的体例，记载了10种矿物或化合物的异名（括号中），即雄黄（丹山魂）、空青（青要女）、硝石（北帝玄珠）、阳起

---

[1]　《旧唐书·张果传》。

石（五精金）、胡粉（流丹白膏）、戎盐（倒行神骨）、金牙石（白虎脱齿）、石硫黄（灵黄）、龙骨（陆虚遗生）、母慈石（绿伏石）。

（6）《龙虎还丹诀》

《龙虎还丹诀》2卷，作者金陵子，其真实姓名和生平事迹已不可考。此书收入《道藏》第590册。据陈国符考证，书成于唐武后垂拱二年至玄宗开元末年间（公元686—741年）或唐肃宗乾元元年至三年间（公元758—760年）[1]。书中记载了炼丹矿物药的产地、产状和品位。在书首作者指出，辨别矿物药的品位高低，是炼丹家之本："好道之士，志慕长生者，先须辨其药品高下，识其真汞真铅，知金石之情性，然后运火铅汞，为药之本也。"下面按顺序叙述他如何辨别有关矿物药。

辨水银：

第一，讲水银的各种名称。"按《仙经》隐号，一名河上姹女，一名长生子，一名汞，一名太阳流珠，一名神胶，一曰陵阳子，一名玄明龙，一名玄水，一名白虎脑，一名金银席。"

第二，讲产地。"所出州土山谷，受气不同而有数十种……上品者，生于辰、锦州石穴之中，而有数色。中品者生于交、桂，亦有数类。下品者生于衡、邵。"

第三，讲产状。"上品光明砂者，出于辰、锦山石之中，白交白床之上。十二枚为一座者，十二枚、九枚最灵。七枚、五枚生者其次。每一座中有一大珠，可重十余两，为主君。四面小者亦重八九两，亦有六七两已下者为臣，周绕朝揖中心。

〔1〕 陈国符. 道藏经中外丹黄白术材料的整理〔J〕. 化学通报，1979（6）.

大者于座四面又有杂砂一二斗，回抱其玉座朱床。"

第四，讲矿石品位。"于其座外杂砂中拣得芙蓉头，安红绢上，光明通彻者亦入上品。又有如马牙成外白浮光明者，是上品白马牙砂，有长似笋生而红紫色者，即上品紫灵砂。若如石片棱角，生青光者，是下品紫砂，如交、桂所出，但是座生及打石中得者，形如芙蓉头成而光明者，亦入上品。如颗粒成三数枚，重一斤通明者为中品。片段成明彻者为下品，如衡、邵所出，总是紫砂及打石中得而红光者，亦是下品之砂。"

第五，讲矿石品位与药效的关系。"如溪砂有颗粒成而通明者，伏治饵之，亦得长生留世，未得为上仙矣。如土砂生于土穴之中，溪砂养于溪水砂土之内，而出者相杂，故不中入上药。服食所用如座生者，是最上品之砂，得其座中心主君砂一枚，伏治入于五藏，则功勋便著，名上丹台，正气长存，超然绝累。"

第六，讲矿石品位与提炼水银多少的关系。"其光明砂每一斤只含石气二两，抽得水银十四两。其白马牙砂一斤含石气四两，抽得水银十二两。紫灵砂含石气六两，抽得水银十两。如上色通明溪砂一斤，抽得水银八两半，其石气有七两半。其杂色土砂之类，一斤抽得水银七两半，含石气八两半。石气者，火石之空气也。"

此外，还有辨真铅、石胆、土绿、青等，内容大致与辨水银同，但不如辨水银详细，此不复述。

（7）《丹房镜源》

《丹房镜源》，作者不详，成书于开元、天宝年间。书已佚，残文收入宋人著的《铅汞甲庚至宝集成》中，见《道藏》第595册。《丹房镜源》主要讲丹房中所用药物的状貌，性能，预加工处理，很像一部药物手册。在《重修政和证类本草》中有部分条文。如云母："云母粉制汞、伏丹砂，亦可食之。"玉："玉末养丹砂。"石钟乳："乳石可为冰匮。"矾石："紫矾石可制汞。"芒硝："芒硝伏雌黄。"朴硝："养丹砂，制硇砂。"滑石："滑石能制雄、雌黄，为外匮。"曾青："曾青结汞，制丹砂，金气之所生。"雄黄："雄黄千年化为黄金。"石硫黄："石硫黄可干汞。诀曰，此硫黄见五金而黑，得水银而赤。又曰黄牙。"雌黄："黄背阴者雌也，纯柔者亦可干汞。舶上噀血者上，湖南者次，青者本性，叶子上者可转硫黄，伏粉霜，记之不可误使。"水银："可以勾金，可为涌泉匮，盖借死水银之气也。"石膏："石膏桂州者可结汞。"金："楚金出汉江五溪，或如瓜子形，杂众金带青色，若天生牙亦曰黄牙，若制水银朱砂成器，为利术。不堪食，内有金气毒也。"银："银生洛平卢氏县，褐色石，打破内即白。生于铅坑中，形如笋子。此有变化之道，亦曰自然牙，亦曰生铅，又曰自然铅，可为利术，不堪食。铅内银性有毒，可用结砂子。"磁石："磁石四两协物上者，伏丹砂，养汞，去铜晕，软硬汞坚顽之物，服食不可长久，多服必有大患。"凝水石："凝水石可作垢衣，可食，制丹砂为匮，伏玄精。"阳起石："阳起石可为外匮。"长理石："长理石可食。"伏龙肝："伏龙肝或经十年者，（或）灶下掘深一尺，下有一行如紫瓷者是也，可用伏砂。缩贺妙。贺者，锡也。"石灰："石灰伏硫黄，去锡上晕。制雄黄，制硇砂可用之。"礜石："红皮礜石，能伏丹砂，养汞。"砒霜："砒霜化铜，干汞。"硇砂："硇砂性有大毒，或沉冷之疾可服则愈。久服有痈肿出。北庭白黄者，诀曰，为之金贼，能制合群药。药中之使，自制雄雌黄。"铅："铅，碱铅者不出银，熟铅是也。嘉州、陇陀利州出。铅精之叶，深有变形之状。文曰紫背铅。铅能碎金刚钻。草节铅出嘉州，打著碎，如烧之有硫黄臭烟者。信州铅、卢氏铅，此粗恶，用时直须滤过。阴平铅，出剑州，是铁之苗。铅黄花投汞中，以文武火养，自浮面上，掠刮取炒作黄丹色。钓脚铅出雅州山洞溪沙中，形如皂子，又如蝌蚪子，黑色。炒铅丹法：铅一斤，土硫黄一两，硝石一两，右先镕铅成汁，下醋点之，滚沸时，下土硫黄一小块，并续更下硝石少许，沸定，再点醋，依前下少许硝黄。已硝沸尽黄亦尽，炒为末成丹。"锡："胡粉可制硫黄，亦可作外柜。"戎盐："戎盐赤黑二色，累卵、干汞、制丹砂。"卤碱："卤碱纯制四黄，作焊药。"自然铜："可食之。自然铜出信州铅山县银场铜坑中，深处有铜矿，多年矿气结成，似马屁勃，色紫重，食之若涩是真自然铜。今人只以大冠石为自然铜，误也。"握雪礜石："握雪礜石，干汞、制汞并丹砂。"不灰木："不灰木煮汞。"

之所以详细引用，因为原书已佚。从引用中我们可以看到《丹房镜源》的基本面貌。它对矿物岩石的记载达到 31 种，还记载了产地、性质、药性、品质优劣、用途等，是古代矿物岩石学的重要文献。

(8)《药谱》

五代后唐侯宁极，天成中（公元 928 年）进士，生平事迹不详。他写的《药谱》载《唐代丛书》第三函。他仿《石药尔雅》的体例，把 16 种矿物和 15 种矿物或化合物的异名（在括号内）记录下来。它们是：硫黄，无异名；缩砂（风味团头）；朴硝（太清尊者）；滑石（石仲宁）；牙硝（飞风道者）；自然铜（金山力士）；轻粉（水银腊）；夜明砂（黑煞星）；五灵脂（药本）；赤石脂（红心石）；密陀僧（甜面淳干）；青盐（小帝青）；雄黄（夜金）；硼砂（旱水晶）；硇砂（无情手）；石膏（玉灵片）。

（9）《丹房鉴源》

《丹房鉴源》又写作《丹方鉴源》，收入《道藏》第596册。作者是五代南唐紫阁山叟独孤滔，生平事迹不详。此书与唐代的《丹房镜源》同源。但前者内容比较丰富，编排更有组织，特别值得称道的是它把丹房中所用的药物分类法加以完善，即划分为金银篇、诸黄篇、诸砂篇、诸矾篇、诸青篇、诸石篇、诸石中药篇、诸霜篇、诸盐篇、诸粉篇、诸硝篇、诸水篇、诸土篇、杂药篇、杂药汁篇、诸油篇、诸脂髓篇、诸鸟兽粪篇、诸灰篇、诸草汁篇、药泥篇、辨火篇、造铜银铅砂篇、杂论篇。这在炼丹药物的研究上是个极大的进步。书中对每种药物的来源、产地、性状、功能、用途作了简要说明，条理清晰，有的还包括人工制造工艺，很少有神秘色彩。所以它是一部科学性很强的金石药物手册[1]。它记载的矿物有：麸金、生银、武昌铜、钓脚铅、草节铅、信州铅、雄黄、雌黄、砒黄、硇砂、黄矾、紫矾、铁矾、慈（磁）石、铅牙石、握雪礜石等16种，是五代重要的矿物学文献。

（10）《宝藏论》

《宝藏论》的作者是五代初轩辕述。有人认为是隋开皇年间的著作。唐日华也有《宝藏论》。原文已佚，在《重修政和证类本草》和《本草纲目》中有部分引义。从引文得知：

〔1〕 赵匡华，周嘉华．中国科学技术史·化学卷 ［M］．北京：科学出版社，1998：292．

第一，所记矿物岩石有丹砂、玉、硝石、曾青、雄黄、雌黄、生金、生银、赤铜、铅、铁等共 11 种。

第二，记载了矿物的亚种，如铁："铁有五种，荆铁出当阳，色紫而坚利；上饶铁次之；宾铁出波斯，坚利可切金玉；太原、蜀山之铁顽滞；刚铁生西南瘴海中山石上，状如紫石英，水火不能坏，穿珠切玉如土也。"铅："铅有数种，波斯铅，坚白为天下第一。草节铅，出犍为，银之精也。衔银铅，银坑中之铅也，内含五色，并妙。上饶乐平铅，次于波斯、草节。负版铅，铁苗也，不可用。倭铅，可勾金。"

第三，在记载矿物亚种的同时，指明哪些是真，哪些是假。如生银："夫银有一十七件，真水银、白锡银、曾青银、土碌银、丹阳银、生铁银、生铜银、硫黄银、砒霜银、雄黄银、雌黄银、输石银，惟有至药银、山溪银、草砂银、毋砂银、黑铅银五件是真，外余则假。银坑内，石隙间有生银进出如布钱，土人曰老翁须，是正生银也。"

第四，指明矿物的药性及用途。如雄黄："雄黄若以草药伏住者，熟炼成汁，胎色不移。若将制诸药成汁并添得者，上可服食，中可点铜成金，下可变银成金。"

六　对化石的认识

隋唐五代有一些化石知识散布在各种文献中，如《新修本草》、《元和郡县图志》都说永州祁阳（今湖南祁阳）产石燕，"形似蚶而小，坚如重石也。俗云，因雷雨则自石穴中出，随雨飞坠者，妄也"[1]。"祁阳县石燕山，在县北一百一

---

[1]《本草纲目》卷十引。

十里，出石燕，充药。"[1]这里讲的石燕是海洋中的腕足动物壳体化石。由于壳体两侧特别宽阔，形如飞燕展翅，故取名为石燕。

关于龙骨，《元和郡县图志》卷十二载："长原一名蒲板，在河东县东二里，其原出龙骨。"这是指今山西省永济市西南地方产龙骨。唐朝李肇《唐国史补》卷下载："今邠、晋山穴间，龙蜕骨角甚多，人采以为药，有五色者。"邠指今陕西彬县，晋指山西。这两个地方都产龙骨。所谓龙骨是指新生代晚期的哺乳动物骨骼及其牙齿的化石。

关于石鱼，《元和郡县图志》卷二十九载："石鱼山，其石色若云母，开发一重石若鱼形刻画，烧之作鱼膏臭，在湘乡县西十五里。"《酉阳杂俎》卷十载："鱼石，衡阳湘乡县有石鱼山，山石色黑，理若生雌黄，开发一重，辄有鱼形，鳞鳍首尾有若画，长数寸，烧之作鱼腥。"这里讲的石鱼，是远古鱼类化石。

关于软体动物化石，颜真卿在《抚州南城县麻姑山仙坛记》中讲的"螺蚌壳"就是软体动物的壳体化石。

关于植物化石，唐朝陆龟蒙的《二遗诗序》载："东阳（今浙江东阳）多名山，金华为最大。其间饶古松，往往化为石。"杜光庭的《录异记》载："婺州永康县（今浙江永康市）山亭中有枯松树，因断之，误坠水中化为石。取未化者试于水，随亦化焉，其所化者，枝干及皮与松无异，但坚劲。"[2]上述情况，很可能是作者把硅化木误解为枯松了。硅化木又称

---

〔1〕《元和郡县图志》卷二十九。
〔2〕载《龙威秘书》第四函。

木化石，常见植物化石中的一种。植物的次生木质部细胞全部被二氧化硅以分子方式进行等速的相互交换，使硅化木不仅保存了年轮，还可保留植物的细微构造，看上去跟枯树一样，很容易使古人误解。

关于化石琥珀，它是裸子植物的树脂流入地中，经过几千万年的地质作用形成的。唐朝樊绰的《云南志》卷七记载了云南永昌（今保山市）产的琥珀，说："琥珀，永昌城界西去十八日程，琥珀山掘之，去松林甚远，片块大者重二十余斤。贞元十年（公元794年），南诏蒙异牟寻进献一块，重二十六斤。当日以为罕有也。"现在云南腾冲仍是琥珀的著名产地。唐朝诗人韦应物在一首诗中对琥珀的成因作了正确的论述，说："曾为老茯苓，本是寒松液。蚊蚋落其中，千年犹可觌。"[1]《新修本草》则认为，在不同的时间段，形成不同种类的琥珀。如松柏脂入地千年化为茯苓，又千年化为琥珀，再千年为黳，为江珠（黑琥珀）。后蜀韩保升《蜀本草》认为，枫脂入地千年变为琥珀，不独松脂也。大抵木脂入地千年皆化，但不及枫、松之脂多经年岁尔。[2]

七　温泉知识

关于温泉的地理分布及成因，隋唐五代的文献有些记载。如《五代史志·地理志》记载了陕西周至、临潼和河南三门峡三处温泉。《新唐书·地理志》记载了陕西临潼、眉县，宁夏灵武，河南临汝，西藏拉萨西北四百五十里柳谷莽布支庄共5处温泉，并说河南临汝的温泉"可以熟米"，西藏拉萨的温

---

〔1〕《韦江州集》卷八。

〔2〕《本草纲目》卷三十七引。

泉"涌高二丈,气如烟云,可以熟米",水温相当高。《元和郡县图志》记载了河南、山西、湖北、湖南、四川等地的温泉9处,有的"状如沸汤,可以熟米。可已万病"。有的"其汤绿色";有的用温泉水"溉田,其收数倍"。

唐朝陈藏器继承了晋朝张华温泉成因论,认为"下有硫黄,即令水热,犹有硫黄臭"[1]。玄奘在《大唐西域记》卷九中,提出了新的温泉成因论,说其泉"流经五百枝小热地狱,火热上炎,致斯温热"。这个观点虽然是受了佛教地狱观念的影响,但与现代地质学讲的是地下岩浆使地下水增温的观点基本一致。由于时代的限制,玄奘还不可能用"岩浆"这个词,只能用"地狱"一词,但它所表现的科学观念却是划时代的。

八 大地形态观

唐朝李淳风的浑天说中,可能就认为地为球形。而李华的《无疆颂》之八中,有"地博天崇"[2]之句。博,团也;崇,高也。李华很可能是说地圆天高,是以地圆思想立说的。

有人指出,在我国曾出土过数十枚东罗马时代的金币,其中有六枚属于北齐承光元年(公元577年)到唐开元元年(公元713年)间者,墓葬中出土的金币上铸有地球的图案[3]。这表明,西方关于地球的观念早在隋唐时期已传入我国,它对接触到这些金币的人可能会有某种影响。开元年间九执历的传入和大衍历的编制,其中在关于月食计算的讨论中,都提及地体暗虚半径的概念,这则是古印度地圆说对历法界影响的反映。

---

〔1〕《本草纲目》卷五引。

〔2〕《文苑英华》卷七百七十四。

〔3〕 汪前进. 从出土东罗马金币上的地球图案探讨西方地圆概念隋唐时期在中国的传播和影响 [G].// 科史薪传. 沈阳:辽宁教育出版社,1995.

这些情况说明，隋唐时期外来的地圆思想已在中国传播，而且少数中国学者依稀对地圆思想有所论述。

五代丘光庭在《海潮论》中说："天地相将，形如鸡卵。"后人对这句话的注文曰："黄即地，白即水，膜即刚气，壳即天也。"[1]注文不知何时何人所为，但它基本上反映了邱光庭的浑天说，"黄即地"，明确无误地把大地比作鸡蛋黄，这是大地为球形的毋庸置疑的表述。

ZHONGGUO DIXUESHI

中国地学史·古代卷

---

〔1〕《全唐文》卷八百九十九。

第七章　宋、辽、金、元时期的地学

第一节　社会环境对地学的影响

宋、辽、金、元时期，是中国古代地学发展的高峰时期，取得了一系列的光辉成就。这与当时的社会环境密不可分。当时社会环境对地学发展的影响主要有以下 8 点：

1. 航海业发达，沿海港口城市兴起，有利于域外地理知识和海洋潮汐知识的积累。

从 10 世纪中叶到 12 世纪初期，逐步形成了北宋、辽、西夏鼎立的局面。回鹘统治者以高昌（吐鲁番东）、龟兹（库车）、于阗（和田）为中心，分别建立三个政权；横跨葱岭东西还有一个黑汗王朝；在青藏高原，是吐蕃各部，当时处于分散混乱的状态；在云南地区，是以白族和彝族为主体的大理政权。而在北宋、辽、西夏鼎立的局面中，北宋处于下风，被迫用金钱、物质换取"和平"。在这种形势下，北宋没有力量从陆路与中亚、西亚、欧洲和非洲进行联系，只能被迫中断历史悠久的丝绸之路，从海上对外联系。这就造成了北宋、南宋航海业比较发达——指南针应用于航海、沿海港口城市兴起、对外贸易蓬勃发展。特别是元朝，大一统的政治局面，使陆路、海上的交通都比较发达。这种社会环境，有利于域外地理知识的积累，有利于对海洋潮汐的研究。因此出现了一些域外地理著作和海洋潮汐著作。

2. 北宋统治阶级追求享乐，大兴土木，搜寻奇石异物，使矿物岩石知识迅速积累。

以宋徽宗为首的统治阶级，政治上黑暗腐败，生活上寻欢作乐，"天下珍异悉归禁中"。为了搜罗更多的珍宝，从崇宁元年（公元1102年）起，在苏州、杭州等地设立"造作局"，专门制造各种奇异珍贵的工艺品，供徽宗及其宠臣们享用。宋徽宗爱玩花石，蔡京一伙投其所好，"密取浙中珍异以进"。政和年间（公元1111—1118年），在苏州置"应奉局"，专搜江浙一带的奇异花石和花木，用大船运到开封，称为"花石纲"。前后延续十多年，搜罗花石不计其数。在宋徽宗统治的二十多年中，先后兴建了"明堂"、"保和殿"、"延福宫"、"万岁山"（后更名"艮岳"）等大工程。其中"运四方花竹奇石，积累二十余年"才建成的"万岁山"，更是"尽工艺之巧"。搜括奇石珍宝的结果，是使宋代的人迅速积累了许多矿物岩石知识，出现了一批石谱和砚谱。如《渔阳公石谱》、《宣和石谱》、《云林石谱》、《太湖石志》、《砚谱》、《砚史》、《歙州砚谱》、《端溪砚谱》等。

3. 这个时期，由于统治阶级在政治、经济和军事上的需要，促进了方志学和地图测绘学的发展，出现一批著名的方志著作和各种类型的著名地图。沿革地理也有所发展。如．徽宗大观元年（公元1107年），"朝廷创置九域图志局，命所在州郡，编纂图经"，上呈志局。[1]北宋曾三令五申要各地编修图经，这就推动了各地编修图经、方志的普遍开展。为了加强统治，统治者必须对全国各地的山川形势、风俗民情、水陆交通、物产贡赋等都要全部掌握。为此，北宋王朝规定："国初，令天下每闰年造图纳仪鸾司。淳化四年（公元993年），令再闰一造；咸平四年（公元1001年），令上职方。转运画

〔1〕 黄鼎：《乾道四明图经序》。

本路诸州图，十年一上。"[1]

4. 元朝大一统的政治局面，为河源的探寻提供了优越的条件，出现了记载河源情况最早也最详细的专著《河源记》。

5. 由于这个时期农业生产、军事、航海等方面的需要，气象气候学有了明显的进步，首次出现了逐日记载物候的日记。

6. 这个时期，由于农业、防洪、水利工程的需要，水文学有了显著的进步，水文知识迅速积累。

7. 这个时期，由于陶瓷、采矿、炼丹和中药的发展，积累了许多矿物知识，出现了一批记载矿物的著作。

8. 宋、元时期，特别是宋朝，思想言论相对来说比较自由，讲学风气盛行，各地书院林立，学派之间相互交流和竞争。宋代统治者也不强行扶持一派，压制另一派。学派之间相互共存，互相讨论和争鸣，为学术的繁荣创造了良好的社会环境。

第二节　方志的蓬勃发展

宋、元时期，在中国方志发展史上是一个转折点，它承前启后，继往开来，具有划时代的意义。它不仅以著作门类多、数量大引人注目，而且涌现了不少优秀的方志理论和志书体例，使方志基本趋于定型，为明清时期方志学的大发展奠定了基础。

在长达 1100 年的汉唐时期，所编地方志总数不足 400 种，其中隋唐方志约 100 种。而宋代 320 年内，就有方志 1016 种[2]，足见方志数量增加很快。

宋人修志不囿于传统观念，而是积极创新，各抒己见。方

〔1〕《宋史·职官志·职方郎中》。

〔2〕 刘纬毅. 宋代方志述略 [J]. 文献, 1986 (4).

志名称很多，除了传统的志、编、录、图经、图志，还有谱、统记、纪旧、故实、类考、会要、新录、记问、须知、类补、拾遗、私志等不下 20 种。

汉唐方志绝大多数是某一方面的专记，很少有包罗万象的"博物之书"。自北宋早期乐史著《太平寰宇记》后，才逐渐趋向博物与定型，使方志的自然地理学内容有所减弱，而历史与人文地理内容增强。

宋代，虽然没有方志理论专著，但不少方志的序文和跋语，开始从理论上阐明或探讨方志的性质、功用、编纂原则与方法。如：

郑兴裔、马光祖等人认为，地方志的功能是资治、补世；地方志的性质是属于史的范畴，而不能说是简单的地理书。

赵彦若认为，编纂方志的原则是"干于治而施于用"，要"详今略古"。

一　总志

北宋结束了五代十国地方割据的局面，统一了全国。为了巩固统治，加强控制人民，朱朝统治者需要编纂全国性的总志。

宋代共有总志 40 部，已佚失 35 部，现存 5 部。分述如下。

1.《太平寰宇记》

《太平寰宇记》200 卷，现缺第 113～119 卷共 7 卷。作者乐史（公元 930—1007 年），字子正，抚州宜黄（今江西宜黄县）人。太平兴国年间进士，任著作郎直史馆。由于官职关系，使他有机会看到皇家藏书和各州图籍。太平兴国四年（公元 979年）至雍熙四年（公元 987 年），《太平寰宇记》完成。此书继承了《元和郡县图志》和《华阳国志》的传统，在记述各道、府、州、县时，创造性地增加了各地的风俗、姓氏、人物、艺文、土产等人文地理和经济地理内容，使这部书成为历史与地理相结合的方志，在中国方志史上起到了里程碑的作用。

由于乐史写这部书时，宋朝的路级区划尚未固定，因此此书仍以唐代十道为纲，以州（军、监）为目，以县为子目。每州首引自古以来的山经地志，叙述沿革、地名取义、治成易徙，尤详于唐末五代以来邦国割据、更名易地的来龙去脉；次系以领属县、废省县、割出县、州境、四至八到、户数、风俗、姓氏、人物、土产。每县首列所辖乡数、沿革、治城；次系以山川、名胜、关隘、人物、特产、道路、寺观等。

此书除上面讲的一个开创性之外，还有三个开创性的内容：（1）在人口地理方面，此书开创了主户、客户分别统计的体例。（2）在经济地理方面，它开创了"土产"一栏，有贡品，也有非贡品，比《元和郡县图志》的"贡赋"丰富，更能反映一个地区的经济面貌。对各地"监场"的设置时间、范围、生产规模、生产技术、经营管理、课税等项的记载，反映了北宋初年手工业生产的区域分布、生产状况、生产关系的概况。如龙焙监位于建州建安县，地出银矿。宋开宝八年（公元975年）置场取铜银，至太平兴国三年（公元978年）为龙焙监，管辖七场。所出矿石有十二种，即白矿、黄礁矿、黑牙矿、松矿、黑牙礁矿、光牙矿、土卯白矿、桐梅礁矿、红礁夹生白矿、赤生铜矿、水礦矿、马肝礁矿。（3）此书还首创注明引用文献出处，使读者便于查找，增加了史料价值。总体来说，此书增加了四项创新内容，不愧为里程碑式的著作。《四库全书总目提要》也说它"后来方志必列人物、艺文者，其体皆始于（乐）史。盖地理之书记载至是书而始详，体例亦自是书而大变。然史书虽卷帙浩博，而考据特为精核，要不得以末流冗杂，追咎滥觞之源"。这个评语是符合实际的。

当然，此书也有明显的缺点，主要是封建史学家的英雄史观，大汉族主义，内容芜杂等。但瑕不掩瑜，优点是主要的。

2.《元丰九域志》

《元丰九域志》10 卷，又名《熙宁九域志》、《元祐九域志》，是北宋王存、曾肇、李德刍共同编修的全国地理总志。王存（公元 1023—1101 年），字正仲，润州丹阳（今江苏省丹阳市）人。曾任秘书省著作佐郎、知太常礼院、尚书左丞。

《元丰九域志》源于唐《十道图》。大中祥符六年（公元 1013 年），王曾、李宗谔参照唐《十道图》修成《九域图》，作为考定官吏俸给、赋役和刑法的依据。熙宁八年（公元 1075 年），由于政区有变化，《九域图》不适用，于是根据都官员外郎刘师旦的建议，复命曾肇、赵彦若重修。后赵彦若辞退，又命王存、李德刍参与修定，且以王存为主。元丰三年（公元 1080 年）书成，改名为志。因此志由地图转变而来，志文只是作为地图的注记和说明，故比较简括。后又陆续修订，所载政区实为元丰八年（公元 1085 年）的体制，正式刊行则在元祐元年（公元 1086 年）正月以后[1]。

《元丰九域志》首载四京，次以二十三路，最后是省废、化外、羁縻州军。其体例以一级行政区划的路为纲，下系所辖府、州、军、县数；又以二级行政区划的府、州为目，上注等级，下系以领属节度、治城、沿革、地里、户口、土贡、所辖

---

[1] 王文楚，魏嵩山．元丰九域志点校·前言［M］//元丰九域志．北京：中华书局，1984.

县（监）数及其沿革；又以三级行政区划的县、监为子目，上注等级，下系以道里、乡、镇、寨、山、川、薮、泉。省废州军只载沿革；化外州只载属于何路；羁縻州载明归属节度和所领羁縻州、县（部落、镇）。

此志详于疆域地理，不像《太平寰宇记》那样内容芜杂，而是强化地理内容。对于那些"非当世先务"的古迹、人物、风俗等项，率皆不记。这点，为诸志所不及。

3. 《舆地广记》

《舆地广记》38 卷，作者欧阳忞，生卒年不详，庐陵（今江西吉安）人，欧阳修重孙。政和年间（公元 1111—1118 年）写成。书的前三卷概述历代行政疆域，卷四胪列宋州府郡县名。以下按元丰年间的行政区划四京二十三路分篇，简述各路州县建置沿革，历史故事。附化外州县如辽所占据的燕云十六州。全书重点是历史沿革，略古详今。对四至、道里、户口、风俗、土产等地理内容概不记载。取材于多本历代史书和山经地志之作。于宋代地理，特别是元丰至政和间的地理为详。有关军事形势的记载，在中国是比较早的。总之，此书史多于地，是北宋末年重要的历史地理著作。关于河源，作者反对伏流重源的错误说法，而以刘元鼎所见为河源，反映了作者有较高的地理辨别能力。

4. 《舆地纪胜》

《舆地纪胜》200 卷，作者王象之，生卒年不详，字仪父，南宋东阳（今浙江金华）人。年轻时，曾随宋光宗赵惇宦游江、淮、荆、闽等地，又从兄长那里得知西南各地见闻，积累了丰富的地理知识。后来在江宁等地做官，行政之余，著《舆地纪胜》一书。宝庆三年（公元 1227 年）全书写成。[1]此书以南宋十六路为范围，以嘉定、宝庆间的建置为标准，以当时 166 府、州、军、监为纲，各为一卷[2]，每卷又分府（州）沿革、县沿革、风俗、形胜、景物、古迹、官吏、人物、仙释、碑记、诗、四六等项。文字重点放在地方形胜，山川英华，供文学之士使用。它引用的文献注明出处，有较高的史料价值。

5.《方舆胜览》

《方舆胜览》70 卷，作者祝穆，生卒年不详，字和甫，建阳（今福建）人。初名丙，幼孤，与弟祝癸同从朱熹受业，酷爱地理，曾任迪功郎，兴化军涵江书院山长。嘉熙三年（公元 1239 年）写成《方舆胜览》。此书博采经史子集、稗官小说、金石、郡志、图经，以南宋行政区划十七路为范围，分记所辖府州（军）的建置、沿革、疆域、道里、田赋、户口、关塞、险要等十二门，文字重点放在名胜古迹，备悉古今诗赋、记序及俪语，以记风物之胜。其目的也是供文人学士使用，故《四库全书总目提要》说它"名为地记，实则类书也"。

6.《大元大一统志》

《大元大一统志》1300 卷，作者孛兰肹、岳铉等。元世祖时，开始官修全国地理志。至元二十三年（公元 1286 年）命札马鲁丁、陈俨、虞应龙等编纂全国地理志，至元二十八年（公元 1291 年）完成，共 755 卷，名曰《大一统志》，藏之秘府[3]。这是最早创造使用"一统志"这个名称的全国地理志。成宗时，因得《云南图志》、《甘肃图志》、《辽阳图志》，所以

---

〔1〕《舆地纪胜·序》。

〔2〕 有些州、军、监分上、下两卷，故全书为 200 卷。

〔3〕 ［元］许有壬：《大一统志·序》，载《至正集》卷三十五。

有人倡议增修，由孛兰肸、岳铉主持，大德七年（公元 1303
年）完成，定名为《大元大一统志》，简称《元一统志》，全
书 1300 卷，至正六年（公元 1346 年）由杭州刻版印行。此书
体例继承了《元和郡县图志》、《太平寰宇记》、《舆地纪胜》
的传统，所引资料，大江以南各行省，大半取材于《舆地纪
胜》和宋、元旧志；大江以北各行省，大多取材于《元和郡
县图志》、《太平寰宇记》和金、元旧志。此书大类分十一省，
每省分路或府，路或府下分州，大多以一州为一卷，少数州为
二、三卷，每州则分建置沿革、坊郭乡镇、里至、山川、土
产、风俗形势、古迹、官迹、人物、仙释十目，各目无事实者
阙之，有事实者详之，包括图经成分，异常闳博，系全国性总
志体裁的范本。

此书由于民族矛盾的影响，流传时间很短暂。明朝政府拒
不收管，私家无力保藏，很快散失。佚文散见于《永乐大典》
残本、《明一统志》、《满洲源流考》、《热河志》等书。清代收
集残本，只遗留 15 卷。公元 1944～1965 年，赵万里以《元
史·地理志》为纲，将元刻残帙、瞿本、袁本与其他文献所
引文字，汇辑成《元一统志》10 卷，约 45 万字，1966 年中
华书局分上、下两册出版[1]。

7.《九域志》

《九域志》80 卷，作者朱思本（公元 1273—1333 年?），
字本初，号贞一，江西临川人。他是一位地位很高的道教徒，
曾从张仁靖真人学道于龙虎山中。小时候就喜欢读地理书籍，
知道中国山川的分布及九州的划分，十分羡慕司马迁周游各

---

〔1〕 赵万里. 元一统志·前言 [M]. 北京: 中华书局, 1966.

地，希望自己也有到全国各地旅游的机会。后来，果然有了这种机会，皇帝命他到全国各地的名山河海做祭祀，于是实现了他周游天下的夙愿[1]。在旅游过程中，他收集各地地理资料，实地考察地理环境，积累了丰富的地理知识，使他成为元代著名的地理学家和地图学家。

朱思本编纂的《九域志》于大德元年（公元 1297 年）刻印刊行。此书明代以后没有重版，原刻早已残缺难寻，成为稀有珍本。作者在自序中说："暇日因取郡集，参考异同，分条晰理，一以《禹贡》九州为准的，乃以州县属府，府属都省，以都省分隶焉。"[2]可见他是把元代的省、府、州、县分隶《禹贡》九州。由于元代官修的《一统志》比《九域志》出世早，因此，朱思本的这部私人著作在历史上没有发挥多大作用。

二 图经

北宋是图经发展的鼎盛时期。开宝八年（公元 975 年），宋准"受诏修定《诸道图经》"[3]，即《开宝诸道图经》。大中祥符三年（公元 1010 年），李宗谔、王曾主持，修成《祥符州县图经》1566 卷。康定二年（公元 1041 年），赵珣献上《康定聚米图经》5 卷，凡地理形势之利害，皆考究其实。[4]大观元年（公元 1107 年），"朝廷创置九域图志局，命所在州郡，编纂图经"[5]。朝廷有专门机构修纂图经，对地方修志是一个大的推动。李慤诚的《大观明州图经》就是在这个时期修成的。

---

〔1〕 朱思本：《舆地图自序》，载《贞一斋杂著》。

〔2〕 王成组. 中国地理学史：上册 [M].北京：商务印书馆，1982：51.

〔3〕 《宋史·宋准传》。

〔4〕 王晓岩. 方志演变概论 [M].沈阳：辽沈书社，1992.

〔5〕 黄鼎：《乾道四明图经序》。

宋代的图经，已不再是那种一图一说的格式，而是文字记述大量增加，地图逐渐减少，甚至有的图经只有文字，没有地图，已由图经演变成地方志了。如南宋绍兴九年（公元1139年）董弅修的《严州图经》8卷，今存前3卷，除卷首有9幅地图外，卷二、三均无地图。可见地图在全书中占的比重很少。书中文字记述的内容，多与地图无关。而地图中绘制的山川、道路等内容，文字记述又不涉及或只涉及一部分。这就说明，经文不再是地图的文字说明，图文之间没有互相呼应的关系了。绍兴年间（公元1131—1162年）翻刻的《严州图经》，干脆把原来附在卷首的9幅地图去掉，书名也改为《新安志》。可以说，隋唐以来的图经，至南宋已完全蜕变为地方志。尽管如此，但后来编的地方志、一统志中，卷首通常附有若干幅地图，表现辖区内的区域界线、山川道里、城镇居民点的分布等。这一方面是为了方便读者阅览，另一方面则是图经中有地图的传统在往下流传，得到了继承。

三　地方志

据刘纬毅统计，宋代地方志总共有976种，亡佚947种，现存29种。其中浙江14种，江苏9种，福建、陕西各2种，湖南、安徽各1种。[1]元代有地方志13种[2]，现存11种[3]。

（一）宋代地方志

宋代地方志佳作，受到清代以后学者的好评。如称赞梁克家淳熙《三山志》多掌故；杨潜绍熙《云间志》繁简得中；施宿嘉泰《会稽志》条理井然；景定《建康志》分图、表、志、

〔1〕　刘纬毅.宋代方志述略［J］.文献，1986（4）.

〔2〕　王燕玉.方志刍议［M］//中国地方史志论丛.北京：中华书局，1984.

〔3〕　朱士嘉.中国地方志综录：增订本［M］.北京：商务印书馆，1958.

436

传、考，为地方志的典型。此外，高似孙嘉定《剡录》首创大事记体例和地方文献书目；常棠绍定《澉水志》，开创了为村镇写志的先河；乾道、淳祐、咸淳这三次修的《临安志》，是首都志而兼郡书，体茂事备，可称名著[1]。以下再举一些实例。

1. 《长安志》

宋敏求（公元 1019—1079 年）的《长安志》20 卷，重视地理内容的记载，继承了两汉以来述地一派的传统。除建置沿革外，尚有 70 多项内容。这些内容概括地说，是地理现象和与自然有关的人为设施。第一卷概述，下分九个子目，即总叙、分野、土产、土贡、风俗、四至、管县、户口、杂制。第二卷记雍州、京都和京兆尹、府县官。第三至第六卷，记述历代的宫室。第七至第十卷，记述唐朝的皇城和京城。第十一卷以后记各县的具体内容。

2. 《吴郡志》

南宋范成大（公元 1126—1193 年）的《吴郡志》50 卷，成书于绍熙二年（公元 1191 年），绍定二年（公元 1229 年）才由汪泰亨续补后刊行。它是南宋流传至今最早、最完整的一部志书。其内容丰富，门类区分也较为合理，所载之事也比较详尽。《四库全书总目提要》称其"征引浩博，而叙述简赅，为地志之善本"。

3. 《新安志》

罗愿（公元 1135—1184 年）的《新安志》10 卷，卷首为序与目录，卷一州郡，卷二物产，卷三歙县，卷四和卷五是休

〔1〕 傅振伦. 从敦煌发现的图经谈方志的起源［M］//中国地方史志论丛. 北京：中华书局，1984.

宁、祁门、婺源、绩溪、黟县。卷六、卷七先达，卷八进士题名、义民、仙释，卷九牧守，卷十杂录。其特点是：记述经济、人文的内容丰富，而地理内容少。《四库全书总目提要》称其"叙述简括，引据亦极典核，于先达皆书其官。别于史传，较为有体"。

（二）元代地方志

元代的地方志，南方占多数，北方只占少数，体例沿袭宋代。其中《长安志图》、《镇江志》和《类编长安志》颇具特色。

1. 《长安志图》

李好文的《长安志图》3 卷，成书于至正二年（公元1342 年），以地图和图说的形式组成。上卷原有 15 幅地图，今存12 幅，缺 3 幅，无图说。中卷有 5 幅地图，19 篇图说。下卷有 2 幅地图，8 篇图说。图说详略不均，差别很大。字数少的只有 100 多字，多的 1 万多字。如《泾渠图说》11000 多字，讲各渠的开凿历史、灌溉面积、渠道长度、渠道配套工程等，是一部水利工程专篇。

2. 《镇江志》

脱因、俞希鲁纂修的《镇江志》21 卷，于至顺三年（公元 1332 年）完成。在户口中分土著、侨寓、单贫、僧道；在学校中分蒙古文字、儒学、阴阳学和医学，反映了蒙古统治时期的特点[1]。

3. 《类编长安志》

骆天骧的《类编长安志》10 卷，于元贞二年（公元 1296年）完成。记载长安（今西安）州郡变迁，城郭迁移，以及

---

〔1〕 薛虹. 中国方志学概论［M］.哈尔滨：黑龙江人民出版社，1984.

山川名胜沿革、宫室宅第、丘陵冢墓兴废等。此书原刊本无存，北京图书馆有明抄残本5册，缺1~2卷。书中除历史资料外，还有金、元诗文。

四　方志理论

宋元时期，人们对方志理论的探索，包含有三个方面的内容。

1. 方志的起源

关于方志的起源与属性，有四种说法：

（1）方志起源于古代的地理书。朱长文说："方志之学，先儒所重，故朱赣风俗之条，顾野王舆地之记，贾耽十道之录，称于前史。"[1]王象之也说："世之言地理者尚矣，郡县有志，九域有志，寰宇有记，舆地有记。"[2]

（2）方志属于史书。郑兴裔曰："郡之有志，犹国之有史，所以察民风，验土俗，使前有所稽，后有所鉴，甚重典也。"[3]这一观点为清代方志学家章学诚所接受，并加以发扬光大。

（3）方志起源于政书。司马光说："《周官》有职方、土训、诵训之职，掌道四方九州之事物，以诏王知其利害。后世学者，为书以述地理，亦其遗法也。"[4]马光祖也说："郡有志，即成周职方氏所掌，岂徒辨其山林川泽都鄙之名物而已。天时验于岁月灾祥之书，地利明于形势险要之设，人文著于衣冠礼乐风俗之臧否。"[5]

（4）方志起于多源说。李宗谔说："夏载弼成于五服，职

---

〔1〕　朱长文：《吴郡图经续记序》。
〔2〕　王象之：《舆地纪胜序》。
〔3〕　《广陵志序》，载《郑忠肃公奏议遗集》下。
〔4〕　《河南志序》，载《司马温公文集》卷六十六。
〔5〕　马光祖：《景定建康志序》。

方周知数要，其后地志起于史官，郡记出于风土。"[1]王存曰："臣闻先王建国，所以周知九州封域与其人民之数者，诏地事则有地图，诏观事则有志，比生齿则有籍。近世撮其大要，会为一书。"[2]

2. 方志的功能和作用

关于方志的功能和作用，也有两种见解：

（1）存史。梁克家说："夫追忆往昔之事，不可复记也，常以为恨，至耳目所接，谓未遽泯没，则又不急于记录，岁月因循，忽莫省忆，使来者复恨之。斯古今通病，所为甚惜也。"[3]章鉴也说："失真难订，传讹易承，继今不图，益重来者之恨。"[4]他们从史料学角度阐述了修志须及时搜集资料，考订史实，这实际上是强调志书的存史作用。

（2）资治。乐史从全国着眼，论述了志书的政治、军事价值。说："万里山河，四方险阻，攻守利害，沿袭根源，伸纸未穷，森然在目，不下堂而知王土，不出户而观万邦，图籍机权，莫先于此。"[5]丁大荣主张，志书要反映一方民情疾苦，以作为兴利除弊的依据。董弅认为，修志不仅为朝廷搜集地方资料，而且使"为政者"、"承学晚生"、"宦达名流"都能从中受到激励，从而有补于社会风化。[6]

3. 如何编纂方志

关于如何编纂方志，宋元学者也有自己的理论：

---

〔1〕 李宗谔：《祥符州县图经序》，《玉海》14 卷。

〔2〕 王存：《元丰九域志序》。

〔3〕 梁克家：《三山志序》。

〔4〕 章鉴：《余不志序》，《康熙德清县志·原序》。

〔5〕 乐史：《进太平寰宇记表》。

〔6〕 王晓岩. 方志演变概论［M］. 沈阳：辽沈书社，1992：115－116.

（1）慎择主笔。主笔必须具备三个条件：一要有学识，二要博物洽闻，三要记载有法。

（2）强调程序。周应合在《景定建康志·修志本末》中提出，修志程序包括：一曰定凡例，二曰分任事，三曰广搜访，四曰详参订。这四个步骤，既符合修志实践，又具有科学性，是宋代学者对方志编纂学的一个突出贡献。

（3）正确处理古今关系。吕南公主张，记述现实，反对泥古不变。要古今结合，又要详今略古。这个观点，至今仍有借鉴价值。

（4）注重史实。把内容真实摆在第一位，做到"有据则书，有疑则缺，有讹则辨"[1]。

（5）讲求体例。宋代志书体例已经定型，横分门类是它的主要特征。[2]

第三节 沿革地理

继汉、唐之后，宋、元沿革地理有了很大的发展。其著作形式可分为三大类：

一 史书中的沿革地理

1.《宋史·地理志》：元朝脱脱等人编写的《宋史·地理志》6 卷，以元丰时的建置为准，并京畿为二十四路。路之下，叙述宋朝建置沿革，不追溯前朝。府、州、军、县之下都记宋朝建置沿革。

2.《辽史·地理志》：脱脱等人编写的《辽史·地理志》5

---

〔1〕 杨潜：《云间志序》。
〔2〕 这一小节摘录王晓岩：《方志演变概论》第 116－118 页。

卷，在府、州、县之下叙述建置沿革。只述本朝，不追溯前朝。

3.《金史·地理志》：脱脱等人编写的《金史·地理志》3卷，在路、府、州、县之下叙述建置沿革。只述本朝，不追溯前朝。

4.《元史·地理志》：明朝宋濂、王袆等人编写的《元史·地理志》6卷，地名沿革追溯到唐朝。在路、府、州、县之下叙述建置沿革。

二　方志中的沿革地理

在全国性的总志中，有沿革地理。如《太平寰宇记》、《元丰九域志》、《舆地广记》、《舆地纪胜》、《方舆胜览》、《元一统志》等均有沿革地理内容。在地方志中，有的也有沿革地理内容。如宋敏求的《长安志》，陈公亮重修的《严州图经》、《乾道临安志》，罗愿的《新安志》，徐硕的《至元嘉禾志》，于钦的《齐乘》等。

三　沿革地理著作

1. 郑樵的《通志》"地理略"和"都邑略"是重要的沿革地理著作，州、郡建置沿革，追溯到隋唐为止。

2. 王应麟的《通鉴地理通释》14卷，至元十七年（公元1280年）完成。他认为"《通鉴》所载地名，异同沿革，最为纠纷，而险要阨塞所在，其措置得失，亦足为有国者成败之鉴。因各为条例，厘定成编"〔1〕。各卷具体内容是：卷一至卷三，历代州域总叙，上至开辟，下讫宋；卷四，历代都邑考；卷五，（唐）十道山川考；卷六，周形势考；卷七，名臣议论考；卷八至卷十，七国形势考；卷十一至卷十二，三国形势

---

〔1〕《四库全书总目》卷四十七。

考；卷十三，晋、宋、齐、梁、陈形势考；卷十四，河南四镇考、东西魏周齐相攻地名考、唐三州七关十一州考、石晋十六州考。各卷之下又分子目。从各卷纲目可以看出，此书是贯通一千多年的沿革地理专著。王应麟还有《通鉴地理考》100卷，是重要的沿革地理著作，可惜失传了。

3. 马端临的《文献通考》是历史著作，全书分 24 个专题，348 卷。与沿革地理关系最密切的是"舆地考"9 卷，"四裔考"25 卷，放在书末。此外，"象纬考"和"物异考"也有一些地理内容。

第四节　测量和地图绘制

宋元时期，测量和制图比唐代更发达，是中国古代地图学发展的高峰时期。从现存资料看，宋元地图种类较多，有全国图，外域图，边防图，各府、州、县图，各地山川、水利、治河、交通、土地、邮驿、城市、都会图，历史地图等。按地图底质材料分，有帛、纸、石刻地图，有木质地理模型和地球仪。下面分四个方面叙述。

一　测量技术和制图理论

宋元时期测量技术水平的提高，与当时数学的发展有密切的关系。如沈括创立的会圆术，无论对测量地形还是地图测绘，都有重要意义。秦九韶在研究间接测量方法上，取得了一定的成绩。他的《数书九章》，是《海岛算经》之后，介绍和讨论各种测量方法最全面的一部著作。杨辉对重差术的数学理论基础研究，推进了测量技术水平的提高。在测量工具上，他采用了带有窥管的装置，这是前人没有提到过的。元代，测量学和测量技术，在宋代的基础上持续发展，取得了不少成就。

最突出的是进行了规模空前的天文大地测量。此外，在水利测量、地图测绘方面也取得了重要成果。李冶、朱世杰等数学家在间接测量计算中，引进天元术，为解决复杂测算问题提供了先进的方法。[1]

据曾公亮《武经总要》、李诚《营造法式》、沈括《梦溪笔谈》、曾三异《因话录》的记载，宋代有水准仪、望标、望筒、指南鱼、指南针、地螺（罗盘）等测量仪器。

公元 1072 年，沈括因地制宜进行地形测量，用分层筑堰的水准测量法，实测了从开封到泗州淮口的地势高差为 19 丈 4 尺 8 寸 6 分。沈括的这项测量工作，比俄国在 1696 年开始进行的顿河地形测量早 600 多年。[2]

元代，郭守敬（公元 1231—1316 年）在测量方面也有重要贡献。至元十二年（公元 1275 年），他奉命到黄河下游视察水道，并进行大面积的地形测量。他"自孟门以东，循黄河故道，纵广数百里间皆为测量地平，或可以分杀河势，或可以灌溉田土，具有图志"[3]。

郭守敬还首次提出了海拔的概念，他"尝以海面较京师（北京）至汴梁（今开封）地形高下之差，谓汴梁之水，去海甚远，其流峻急。而京师之水去海至近，其流且缓"[4]。海拔的概念，在测量学上有重要意义。它使全球的高程有了统一的基准面，绝对高度有了统一的计算方法。在这个基础上，才能

〔1〕 冯立升. 中国古代测量学史 [M]. 呼和浩特：内蒙古大学出版社，1995：183.

〔2〕 杭州大学宋史研究室. 沈括研究 [M]. 杭州：浙江人民出版社，1985：98.

〔3〕 齐履谦：《知太史院事郭公行状》，载《国朝文类》卷五十。

〔4〕《元文类·郭守敬传》。

进行各地的高程比较。

宋元时期的制图理论，在继承裴秀"制图六体"的基础上有所发挥，代表人物是沈括和朱思本。

沈括（公元1031—1095年）的制图理论是："地理之书，古人有'飞鸟图'，不知何人所为。所谓'飞鸟'者，谓虽有四至，里数皆是循路步之，道路迂直而不常，既列为图，则里步无缘相应，故按图别量径直四至，如空中鸟飞直达，更无山川回屈之差。予尝为《守令图》，虽以二寸折百里为分率，又立准望、牙融、傍验、高下、方斜、迂直七法，以取鸟飞之数。图成，得方隅远近之实，始可施此法，分四至八到为二十四至，以十二支、甲乙丙丁庚辛壬癸八干，乾坤艮巽四卦名之，使后世图虽亡，得予此书，按二十四至以布郡县，立可成图，毫发无差矣。"[1]这段文字，胡道静、曹婉如曾作过订正[2]，订正后，中间一段为："予尝为《守令图》，虽以二寸折百里为分率，又立准望、互融，傍验高下、方邪、迂直之法，以取鸟飞之数。"从订正的文字知道，沈括的理论实际上仍然是裴秀的"制图六体"。不过他明确指出："傍验高下、方邪、迂直"的目的，是为了取鸟飞之数。"所谓飞鸟者……如空中鸟飞直达，更无山川回屈之差。"用现代测量术语来说，就是求两点之间的水平直线距离。

元代朱思本（公元1273—1333年）花了十年完成《舆地

〔1〕《梦溪笔谈·补笔谈》卷三。

〔2〕胡道静. 古代地图测绘技术上的"七法"问题//中华书局上海编辑所. 中华文史论丛：第五辑. 北京：中华书局，1965；曹婉如. 论沈括在地图学方面的贡献//自然科学史研究所. 科技史文集：第3辑〔G〕. 上海：上海科学技术出版社，1980.

图》，"其图有计里画方之法"[1]。"纵横界画，以五十里为一方，即裴秀准望之意也。"[2]

二 绘制在帛和纸上的地图

宋元时期，绘制在帛和纸上的地图，大约有六大类，分述如下：

1. 全国总图

宋朝统治者很重视地图的绘制，上至皇帝，下至各级官员，对地图的作用都有较深的认识。他们广泛使用地图，也积极组织人力绘制新图。

乾德二年（公元 964 年）十一月乙亥，宋太祖赵匡胤"宴西川行营将校于崇德殿，示川峡地图，授攻取方略"[3]。

太平兴国二年（公元 977 年）闰七月丁巳，有司上诸州所贡闰年图。

> 故事，三年令天下贡地图与版籍，皆上尚书省。国初以闰为限，所以周知地理（山川）之险易，户口之众寡。至雍熙中（公元 984—987 年），吴晋悉平，奉图来献者州郡几四百。淳化四年（公元 993年），诏画工集诸州图，用绢一百匹，合而画之，为天下图，藏于秘阁。又令诸州所上闰年图，自今再闰一造。咸平四年（公元 1001 年）八月，吴淑言：请今闰所纳图并上职方。又州郡地里犬牙相入，向者，独画一州地形，何以傅合他郡？请令诸路转运使，从今闰各画本路诸州图一面上之，每十年各纳本路图

---

〔1〕 罗洪先：《广舆图序》。

〔2〕 刘献廷：《广阳杂记》卷二。

〔3〕 《宋史·太祖本纪》。

一，亦上职方[1]。

至道三年（公元 997 年）[2]七月四日，真宗语宰臣曰：朕欲观边防郡县山川形势，可择使以往。乃选左藏副使杨允恭，崇仪副使窦神宝，阁门祗侯李允则乘传视山川形胜。九月允恭以山川郡县形胜（一作地形）绘图以献。丙寅御滋福殿，召辅臣观西鄙地图，指山川宝壁曰：朕已令屯兵于地内，州郡简冗省费，以息关辅之民。咸平四年十月庚戌，上以陕西二十三州地图示辅臣，历指山川险易蕃部居处，又指秦州曰：此州在陇山之外，号为富庶，且与羌戎接畛，已命张雍出守，冀其抚绥有方。次指殿北壁灵州图曰：此冯业所画，颇为周悉。山川形胜如此，安得智勇之士为朕守之乎？又指南壁甘、沙、伊、凉等州图曰：此图载黄河所出之山乃在积石外，与禹贡所述异。又指北壁幽州北契丹国界图，载契丹所据地南北千五百里，东西九百里。上曰，封域非广，惜燕蓟之沦异俗也。[3]

祥符初，上命学士王曾修《九域图》三卷[4]。

熙宁九年（公元 1076 年），又命沈括编制《天下州县图》（《守令图》），经过 12 年的努力才完成。此图以二寸折百里，比例尺为 1∶900000，方位为二十四至[5]。大图一轴，高一丈

---

〔1〕《玉海》卷十四。

〔2〕 这里的时间可能有误，或许是咸平元年（公元 998 年）。

〔3〕《玉海》卷十四。

〔4〕《宋史·艺文志》。

〔5〕《梦溪笔谈·补笔谈》卷三。

二尺，广一丈。小图一轴，诸路图 18 轴，共 20 轴。画好后，"用黄绫装缥"。副本 20 轴，用紫绫装缥[1]。沈括的《天下州县图》，至元人写《宋史·艺文志》时，就已亡佚了。

宋代，路这一级行政区划常常变动，多时达二十六路，少时只有十五路。其中以划分十八路的时间较长，所以天禧以后，出现了宋代比较有影响的新编全国政区图——十八路图。最早绘制十八路图的是枢密使晏殊，于宋仁宗初年（公元 1023 年）制成《十八路州军图》上奏朝廷[2]。

熙宁四年（公元 1071 年），令赵彦若监制《天下州府军监县镇地图》。六年（公元 1073 年）十月进《十八路图》一卷及《图副》20 卷。

除《十八路图》外，也有《十七路图》。如《十七路图》、《十七路转运图》[3]。

宋代还有工艺品性质的全国总图，如乾道三年（公元 1167 年）七月，宋孝宗赵昚叫工匠在他的御座后面金漆大屏上"分画诸道，分列监司郡守为两行，以黄鉴标识职位姓名"，这就是《殿御屏风华夷图》[4]。

元代，地图学家朱思本在总结唐宋以来绘图经验的基础上，利用当时能够看到的图籍，加上他自己的旅游实践和对地图的钻研，可能还吸收了西方的绘图技术，编成了著名的《舆地图》2 卷。这部图影响很大，是元、明、清三朝舆图的重要范本。

〔1〕 沈括：《长兴集》卷十六。
〔2〕 《玉海》卷十四。
〔3〕 《通志》卷七十三。
〔4〕 《玉海》卷九十一。

朱思本喜爱旅游，从旅游中获得了丰富的地理知识。他发现前人绘制的地图有许多不足之处，于是立志绘图予以纠正。公元 1311～1320 年，他查阅了许多历史文献，先绘制各个地方的小图，然后合成一幅全图。整整花了 10 年制作出了精度超过前人的地图。但对那些他没有去过的边远地区、不熟悉的地区以及资料不足或资料不十分可靠的地区，他持慎重的态度，宁缺毋滥，以免影响后人[1]。

朱思本的绘图方法，据罗洪先《广舆图序》说："其图有计里画方之法。"刘献廷也说："朱思本舆图，纵横界画，以五十里为一方，即裴秀准望之意也。"[2]《舆地图》的大小，据罗洪先说，是"长广七尺，不便卷舒"。从《广舆图》得知，朱思本的《舆地图》所画非洲形状呈三角形，这是中国人首次绘制非洲地图，比欧洲和阿拉伯人绘制的非洲地图还早[3]。

元代另有两幅全国总图，即李泽民于公元 1330 年左右绘的《声教广被图》和天台僧清浚绘的《混一疆理图》，图已佚。

2. 地区图

宋代，地方官员们对地区图很重视，如庆历进士陈襄在《州县提纲》卷二说："迁吏初至，虽有图经，粗知大概耳。眠事之后，必令详画地图，以载邑井都保之广狭，人民之居止，道途之远近，山林田亩之多寡高下，各以其图来上，然后合诸乡邑所画，总为一大图。置之坐隅，故身据厅事之上，而所治之内，人民、地里、山林、川泽俱在目前。凡有争讼，有赋役，有水旱，有追逮，皆可以一览而见矣。昔吕惠卿虽不足

---

〔1〕 朱思本：《舆地图自序》，载《贞一斋杂著》。
〔2〕 《广阳杂记》卷二。
〔3〕 陈玉龙. 硕学展宏图，遗墨凝真知 [J].社会科学战线，1982（1）.

言，观其以居常按视县图，究知乡村地形高下，为治县法，盖亦有所见也。"

淳熙进士袁燮属任振恤，"命每保画一图，田畴、山水、道路悉载之，而以居民分布其间，凡名数治业悉书之。合保为都，合都为乡，合乡为县。征发、争讼、追胥，披图可立决。以此为荒政首"[1]。

地方行政、山川、河渠水利地图，单篇的少，一般都跟《图经》、《地方志》放在一起。如淳熙十一年（公元 1184 年）陈公亮重修的《严州图经》，仅存 3 卷。卷首有建德府城图、府境总图及建德、淳安、桐庐、遂安、寿昌、分水诸县境图[2]。

景定《建康志》中，有地图 19 幅。这些图大多具有比例尺，方位不定，上北、上南、上东、上西都有。地形地物基本准确，内容详备，是比较好的地区图[3]。

嘉定十六年（公元 1223 年）修的《赤城志》，原有地图 13 幅，今存 9 幅。

宝庆三年（公元 1227 年）成书的《四明志》有地图 16 幅。

开庆元年（公元 1259 年）成书的《临汀志》有地图 9 幅。

咸淳四年（公元 1268 年）成书的《毗陵志》有地图 7 幅。《临安志》有地图 13 幅。

至正三年（公元 1343 年）成书的《金陵新志》有图 21 幅。

就地区来说，有《契丹地图》、《契丹疆宇图》、《契丹地理图》、《幽燕地图》、《使辽图抄》、《河西陇右图》、《西州

---

〔1〕《宋史·袁燮传》。

〔2〕洪焕椿. 浙江方志考［M］. 杭州：浙江人民出版社，1984：379.

〔3〕胡邦波. 景定《建康志》和至正《金陵新志》中的地图初探［J］. 自然科学史研究，1988（1）.

图》、《西域图》、《交广图》、《泾原、环庆两路州军山川城寨图》等。还有国界图或对境图，如《大辽国对境图》、《大金国按境图》、《西界对境图》、《五路都对境图》、《河东地界图》等。[1]

3. 外域图

宋、元时期，海上交通非常发达，有相应的外域地图。据《宋朝燕翼诒谋录》卷四载："唐有王会图，皇朝亦有四夷述职图。大中祥符八年（公元 1015 年）九月，直史馆张复上言，乞纂朝贡诸国衣冠，画其形状，录其风俗，以备史官广记。从之。"

太平兴国三年（公元 978 年）正月，广州李符献《海外诸域图》、《岭表花木图》各一。

咸平六年（公元 1003 年），广州凌策上《海外诸蕃地理图》。

4. 专用地图

宋、元时期专用地图有：管理农田土地的《鱼鳞图》，水利工程方面使用的李垂《导河形胜书》三篇并图，嘉祐五年（公元 1060 年）韩赟的《四界首二股河图》，熙宁七年（公元 1074 年）《制置沿边浚陂塘筑堤道条式图》，元代陶宗仪《辍耕录》中附的《河源图》。

5. 城市地图

现存最早的宋代城市地图是宋敏求《河南志》中的 14 幅地图。其中大部分是历史地图，只有一幅是宋代地图。《河南志》清代失传，徐松从《永乐大典》中辑出。

元丰三年（公元 1080 年）正月五日，吕大防命刘景阳按

〔1〕 杨文衡. 世界地理学史 ［M］. 长春：吉林教育出版社，1994：293.

视，吕大临检定，绘制《长安图》。"其法以隋都城大明宫，并以二寸折一里，城外取容，不用折法。大率以旧图及韦述《西京记》为本，参以诸书及遗迹，考定太极、大明、兴庆三宫，用折地法不能尽容诸殿，又为别图"[1]。同年，此图刻石碑上。后来石碑残破，清代发现残碑。今国家图书馆（原北京图书馆）、中国历史博物馆、自然科学史研究所等单位存有残碑拓片。从残片上仍然可以看出比例尺、方位、地物符号。特别是朱雀门以东的市街、皇城、大明宫、内苑、禁苑等建筑物看得很清楚。城内比例尺为两寸折一里（约 1：8600），城外无比例尺[2]。街区笔直，采用平面绘制法。围墙、宫殿则用侧面象形符号表示。图的方位上北下南，左西右东。

此外，吕大防还有《大明宫图》、《兴庆宫图》、《太极宫图》。

程大昌（公元 1123—1195 年）的《雍录》中有图 32 幅，为汉、唐都城宫殿的历史地图集。各卷图幅多少不一，多的达 11 幅，少的 1 幅甚至没有。地图符号贫乏，线划简略，有的甚至全是文字标注地名，没有线划，很难说是地图。尽管如此，它仍有很高的历史价值，是中国现存最早的一部长安城市历史地图集。

城市地图中，还有一些石刻地图。

6. 历史地图

上面讲城市地图时，已提到有些是城市历史地图。北宋的《历代地理指掌图》，是现存最早的历史地图集。作者是谁至今仍争论不休。在宋人著作中，已出现了三种说法：一是税安

---

〔1〕 赵彦卫：《云麓漫钞》卷八，《丛书集成》本。

〔2〕 汪前进. 对《平江图》、《静江府城图》、《长安城图》的研究[D]. 硕士生毕业论文，1986.

礼作；二是苏轼作；三是不知何人所作[1]。

《历代地理指掌图》有图 44 幅，每幅图的后面附有图说。内容上自帝喾，下至宋朝。各代地图多少不一，多的 5 幅，少的 1 幅。44 幅图中，除按朝代排列的地图以外，还有《古今华夷区域总要图》、《历代华夷山水名图》、《天象分野图》、《唐一行山河两戒图》等。图的内容丰富，绘制精度较高。宋版已失传，现存为明刻本。

杨甲的《六经图》，国家图书馆藏有宋刻本。其中有两幅图，一是《十五国风地理之图》，二是《文武丰口之图》。这两幅图是中国现存最早的印刷地图，于绍兴二十五年（公元1155 年）左右刊印，也是世界上最早刊印的地图[2]。

南宋绍兴三十年（公元 1160 年），傅寅写了一部专谈黄河流域水系的著作《禹贡说断》，书中有中国西部水系图。印刷技术比《六经图》有进步。如水系线条平滑，流向自然；地名排列位置适当有序；图廓直线雕刻笔直，线划宽窄一致。

元代的历史地图集是李好文的《长安志图》。原有图 22幅，现存 19 幅。图幅大小不一，比例尺与方位也不一致。主要内容是关于长安地区行政区划、城市、陵园、宫殿、禁苑、名胜古迹和水利灌溉渠道，共七类地图。其中最有特色的是水利灌溉渠道图，它是水利灌溉渠道系统地图中最早的一幅，制图水平属中上等[3]。

---

〔1〕 曹婉如. 现存最早的一部历史地图集——《历代地理指掌图》[J].科学史集刊，1982（10）.

〔2〕 陈正祥. 中国地图学史 [M]. 香港：商务印书馆香港分馆，1979：4.

〔3〕 杨文衡.《长安志图》的特点和水平 [M] //中国古代地图集：第一辑.北京：文物出版社，1990.

三 石刻地图

宋代石刻地图多，是一大特点。现存石刻地图大部分都是宋代的。

石刻地图是指刻在石碑或石崖上的地图，其种类有全国性的总图，也有地方图和城市地图。现存宋代石刻地图有 6 幅，分述如下。

1. 《九域守令图》

《九域守令图》于北宋宣和三年（公元 1121 年）刻在石碑上。1964 年被四川省文物工作者发现，现保存在四川省博物馆中。图碑长 130 厘米，宽 100 厘米，四边的中部分刻东、西、南、北四个方位，表明图的方位是上北、下南、左西、右东。图上没有标比例尺，经研究测算，比例尺约为一寸折地百里（约 1∶190 万）。此图为全国行政区域图，图上共有行政单位名称 1400 多个，居宋代传世地图之首。最低一级的行政单位是县，这是中国迄今所见最早以县为单位的行政区域图。图的轮廓和州、县的相对位置比较准确，特别是山东半岛、雷州半岛以及海南岛的轮廓，已接近今图，是现存宋代地图中海岸线画得最准确的一幅。图中的水道，除黄河在今内蒙古自治区和宁夏回族自治区的拐弯部分，以及由此以上的上游部分不准确外，其余水系大体都已接近今图。特别是嘉陵江与今图几乎没有大的区别。图中有统一的图例，如水系、山脉、森林有专用符号，以文字大小来区别行政单位的级别。[1]

---

〔1〕 郑锡煌. 北宋石刻《九域守令图》[J]. 自然科学史研究，1982（2）.

2. 《禹迹图》（图 7 – 1）

保存在西安碑林中的《禹迹图》和《华夷图》，都是伪齐阜昌七年（公元 1136 年）刻石的，但《禹迹图》比《华夷图》早半年，前者四月刻石，后者十月刻石。两图同刻在一块石碑的正、背两面，方向相反。图幅长、宽各约 77 厘米。

《禹迹图》采用计里画方的方法绘制，横

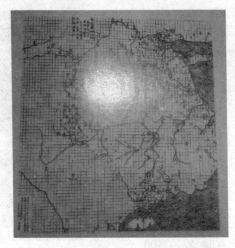

图 7 – 1　《禹迹图》（局部）（引自王成组：《中国地理学史》80 页插图，商务印书馆 1982 年）

70 方，竖 73 方，总计 5110 方，每方折地百里（约 1：150 万）。这是现存宋代石刻地图中，唯一标有计里画方的。图中河流的布局和海岸形势比较接近实际，尤其是黄河的干流形状，比《九域守令图》、《华夷图》都精确。图上约有 380 个行政单位名称，数量远不如《九域守令图》，但河流、湖泊、山脉的名称多于《九域守令图》。这幅图的缺点是：没有画辽东半岛；山东半岛西部画得不够宽；杭州湾南面多出一个大海湾；海南岛东西之间过于宽广；南方多数较大的河流没有画上，如广东的东江、韩江，云南的怒江，江西的修水、信水、抚水等。

南宋石刻《禹迹图》有三个：西安碑林一个，公元 1136 年刻石；镇江一个，公元 1142 年刻石；山西稷县一个，无刻石年代。

3. 《华夷图》（图 7 - 2）

《华夷图》是根据贾耽的《海内华夷图》绘制的，没有画方，标有上北、下南、左西、右东的方位，是一幅以中国为主的亚洲地图。中国部分的山川、湖泊以及府州位置基本正确。图上有地名约 500 个，河流 13 条，山 10 座，湖泊 4 个。四邻国家用文字注记。图幅轮

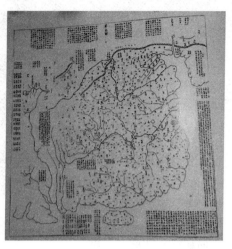

图 7 - 2 　《华夷图》墨线图（引自《中国科学技术史·图录卷》168 页，科学出版社 2008 年）

廓比较粗略，不如《九域守令图》和《禹迹图》精确。最明显的是没有把山东半岛、辽东半岛、雷州半岛画成突出海中的陆地，而雷州半岛以西的海岸则无限制地向西延伸，海南岛的外形轮廓失真，黄河干流形状在河套以上和华山附近一段都欠正确，长城两端的画法也有错误。优点是表示长城和山脉的符号比较好。[1]

4. 《地理图》

南宋淳祐七年（公元 1247 年）王致远刻石的《地理图》，现藏苏州市博物馆。底图是黄裳于公元 1189～1190 年绘制的。图高 221 厘米，宽 106 厘米。王致远在四川得到此图，后携回

〔1〕 曹婉如. 华夷图和禹迹图的几个问题 [J]. 科学史集刊, 1963 (6).

苏州刻石。图上不画方格，精确度比《华夷图》高。标注名称的山脉 120 多座，江河 60 余条，行政单位名称约 410 个。为了醒目，所有水名加上椭圆形圈，地名加方框。许多地方还标有森林符号。各路首府及少数驻军中心名称刻成阳文，一般地名刻阴文，以示级别差异。由于山脉用象形符号，比例过于夸大，地名又都加方框，因此看上去图面拥挤，不够清晰。

5.《平江图》

南宋绍定二年（公元 1229 年）绘制并刻石的《平江图》，是一幅平江府（今苏州市）城市地图。图长 197 厘米，宽 136 厘米，现藏于江苏省苏州市碑刻博物馆（原文庙），是中国现存最完整的城市规划图。图中记载的地理内容颇为丰富，有水体 10 种，地貌类型 4 种，还有植被、城墙、街道、房屋、桥梁、坊巷、军营等。从图上可以看出，平江府城是一座水城，城中由纵横交错的河街和与之对应的陆街组成，称为双棋盘网络。它依靠 300 多座桥梁连成一个整体，形成了江南水乡城市的独特风貌。城呈长方形，南北长约 9 里，东西宽约 7 里，城周长 32 里。城中央有内城，城内建筑物在布局上没有采取对称的方法，但主要的厅堂、府门、平江军戟门以及郡府居住的宅堂，都在一条中轴线上，其余建筑物则分散在中轴线的两旁。为了表示帝王的显贵和尊严，宫室都设在全城最佳位置。城内人工开凿的河道，不仅可供城市用水、消防、排水，而且构成了城市与市郊的水路交通网。图的比例尺不很精确，特别是郊区，无比例可言[1]。

---

〔1〕 钱镛. 平江图碑 [J]. 文物，1959（2）；俞绳方. 我国古代城市规划的一个杰作——宋《平江图》[J]. 建筑学报，1980（1）.

6.《静江府城图》（图7-3）

《静江府城图》是中国迄今所见最大的城市地图，刻在桂林北面鹦鹉山南麓三面亭后面的石崖上。静江府即今桂林市。图幅高3.4米，宽3米。咸淳六年（公元1270年）刻成。图上除少数部位脱落外，大部分仍清晰可读。城市规划充分体现了军事上的需要。图中街坊仅绘有干道，且不注

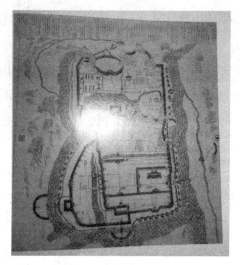

图7-3 《静江府城图》（引自卢嘉锡总主编、金秋鹏主编：《中国科学技术史·图录卷》171页，科学出版社2008年）

名称，而城壕、军营、官署、桥梁、津渡则相当详细。整个静江府城由子城、旧城、夹城、古外城、西外城和羊马城等六个部分组成。它充分利用天然河道，无天然河道时，则开挖新的护城河。因此，图上最引人注目的是东、南、西三面的护城河。这是利用水体做城市防护设施，为全城第一道军事防线。道路、桥梁也是从军事上考虑设计的。桥梁大都是临时性或半临时性，有士兵看守，随架随收。城外人要进城，非过桥不可。此图的军事意识很浓，是城防图。图上标有上北、下南的方位，未标比例尺，精确度不如《平江图》。元至正年间有石刻《庆远城池图》。

四 地理模型

中国制作地理模型始于秦朝，距今两千多年。东汉马援有《聚米图》，它是用米粒堆积成临时性的军事地理模型。[1]所谓"聚米为山谷，指画形势，开示众军所以道径往来，分析曲折，昭然可晓"[2]。南北朝的谢庄首次用木板制作平面地理模型，他制作的木方丈图，"山川土地，各有分理，离之则州别郡殊，合之则宇内为一"[3]。

北宋著名科学家沈括，试用不同材料制作三种地理模型。当他奉命巡视边疆时，便把边疆地理制成地理模型。开始他跟谢庄一样，用木板制作地理模型，但很费时间。于是改用面糊木屑在木案上制作。又由于天寒地冻，面糊木屑易开裂，又改用熔蜡制作。蜡质地理模型质轻，便于携带，但不能长久保存。为了长久保存，他回到官衙后，又把蜡质地理模型转刻到木板上，成为木刻模型。沈括把木刻地理模型进献皇帝，皇帝看了很满意，召集大臣观看，并下令边疆各州都像沈括那样制作木刻图上缴，藏于内府[4]。欧洲 17 世纪才在瑞士出现蜡制和纸浆制两种地理模型，比沈括晚 600 多年[5]。

北宋末至南宋的黄裳（公元 1044—1130），"作《舆地图》，以木为之"[6]。与沈括制作的木刻图不同，而与谢庄的"木方丈图"类似。后来朱熹曾访问黄裳，参观他的木图，并

---

〔1〕《史记·秦始皇本纪》。

〔2〕《后汉书·马援传》。

〔3〕《宋书·谢庄传》。

〔4〕《梦溪笔谈》卷二十五。

〔5〕［英］李约瑟. 中国科学技术史（中译本）：第五卷第一分册 ［M］. 北京：科学出版社，1975：220.

〔6〕《玉海》卷十四。

打算按谢庄的办法，"以两三路为一图，而傍设牝牡，使其犬牙相入，明刻表识以相离合"[1]。有的书上说，朱熹曾试图用木作《华夷图》，"刻山水凹凸之势，合木八片为之，以雌雄笋相入，可以折，度一人之力，足以负之，每出则以自随"[2]。后来不知什么原因，没有做成。以后朱熹又"用胶泥起草"，作地理形势图，类似沈括的用面糊木屑或熔蜡，带有试验的性质。总之，宋代制作地理模型达到了鼎盛，它不仅时间上比西欧早，而且规模也大得多。

元朝至元四年（公元 1267 年），札马鲁丁制造了中国第一个地球仪。他用木做圆球，然后在木球上画各种地理要素。《元史·天文志》载："其制以木为圆球，七分为水，其色绿；三分为土地，其色白。画江河湖海，脉络贯串于其中。画作小方井，以计幅员之广袤，道里之远近。"地球上的小方井，可能是经纬线网格，水陆分布比例同现代所测得的比例基本一致。这个地球仪的出现，不论是在地球形状的认识上，或是在全球水陆面积分布的比例上，都对中国地理学和地图学有重大的历史意义。然而由于中国封建统治阶级对人民实行思想禁锢，把地球仪锁在密室，一般人无法看到，自然更谈不上了解它的价值和意义。500 多年后，18 世纪末地理学家李兆洛又制作了两个地球仪，一个用铜，一个用木头。具体内容及大小均无记载[3]。

第五节　水文学的成就

宋、元时期，是中国古代水文学蓬勃发展的时期。主要体

---

〔1〕　朱熹：《朱子文集·答李季章书》。

〔2〕　罗大经：《鹤林玉露》丙编卷三。

〔3〕　支伟成. 清代朴学大师列传：下册［M］. 长沙：岳麓书社，1986：461.

现在河湖水文学和海洋潮汐学两个方面。

一 河湖水文学

宋、元时期河湖水文学的成就体现在七个方面：

1. 河流水汛观测

宋、元时期，人们认识到，河流水量变化有常水期、汛期和枯水期的区别。北宋元祐（公元1086—1094年）以前，已在都江堰离堆石崖上刻水则，"则盈一尺，至十而止。水及六则，流始足用，过则从侍郎堰减水河泄而归于江。岁作侍郎堰……准水则第四以为高下之度"[1]。这种有十个刻度的水尺，使测水数据比较准确。

南宋太湖地区出现了水则碑。吴江水则碑，长七尺有奇，树立在垂虹亭北左右，左边的叫左水则碑，右边的叫右水则碑。左水则碑用来观测记录各年的特殊水位变化。碑上共有7条横格，一条横格就是一则。最低的是第一则，最高的是第七则。"以下一则为平水之衡。在一则，则高低田俱无恙；过二则，则极低田淹……过七则，极高田俱淹。"[2]它表明，水位变化与不同地势上的农田有数量关系，表明了建立水则碑的目的——通过水则碑了解水位长期变化的规律。其中第六则刻有"大宋绍熙五年（公元1194年）水到此"，第七则刻有"大元至元二十三年（公元1286年）水到此"的水位记录。右水则碑用来观测记录年内各旬各月的水位变化。碑上刻有一年内十二个月的名称，每月分上、中、下三旬。左、右两碑合并使用，就可以了解当地短期（一年内）和长期两种水位变化的情

---

〔1〕《宋史·河渠志》。

〔2〕 ［清］黄象曦：《吴江水考增辑》卷二引明沈启《吴江考》。

况。这种设计很科学，在中国古代水文测量史上是一个创举。

石鱼题记是中国古代一种特殊的水尺，主要出现在长江支干流上，用来观测记录长江及其支流的洪水或枯水水位。据姚觐元、钱保塘编著的《涪州石鱼文字所见录》载："北宋22种，南宋64种。"宋朝人从统计中已经得出了石鱼"三、五年或十年方一出"的周期性结论。[1]由于石鱼"出必丰年"，因此，有的地方把这种枯水题记称作"丰年碑"或"丰年石"。

南宋范成大在《吴船录》中，对长江三峡的水文情况作了详细记载：瞿塘峡"水齐仅能没滟滪之顶，盘涡散出其上，谓之滟滪撒发。人云：'如马尚不可下，况撒发耶？'是夜水忽骤涨，淹及排亭诸篁舍，亟遣人毁拆，终夜有声。及明走视，滟滪则已在五丈水下"。"黑石滩最号险恶，两山束江骤起，水势不及平，两边高而中洼下，状如茶碾之槽，舟楫易以倾侧，谓之茶槽齐，万万不可行。余来水势适平，免所谓茶槽者；又水大涨，淹没草木，谓之青草齐，则诸滩之上，水宽少浪，可以犯之而行。余之来，水未尽漫草木，但名草根齐，法亦不可涉。然犯难以行，不可回首也。"这些文字描述了三峡河段水位暴涨暴落的情形，其中"茶槽齐"、"青草齐"、"草根齐"指的是洪水水位。而"两边高而中洼下，状如茶碾之槽"的"茶碾之槽"，是对洪水横断面的真实描述。它的形成是由于在顺直河段中，洪水下落时，下游水量先退出，上游水量后退出，水位和流速的减率，中间大，两岸小，使中间水位低于两岸水位而形成中凹形。水位的落差愈大，水面凹的也愈

---

〔1〕 王象之：《舆地纪胜》卷一百七十四"涪州"。

多，横比降也愈大。范成大关于洪水断面的记载，无论在中国和世界都是最早的。[1]

随着人们对河流汛情的认识深入，知道河流汛情的变化与物候有较紧密的联系，宋代有了一套以物候命名的水汛名称。如《宋史·河渠志》载："自立春之后，东风解冻，河边人候水，初至凡一寸，则夏秋当至一尺，颇为信验，故谓之'信水'。二月、三月桃花始开，冰泮雨积，川流猥集，波澜盛长，谓之'桃花水'。春末芜青花开，谓之'菜花水'。四月末垄麦结秀，擢芒变色，谓之'麦黄水'。五月瓜实延蔓，谓之'瓜蔓水'。朔野之地，深山穷谷，固阴沍寒，冰坚晚泮，逮乎盛夏，消释方尽，而沃荡山石，水带矾腥，并流于河，故六月中旬后，谓之'矾山水'。七月菽豆方秀，谓之'豆花水'。八月葵菣花，谓之'荻苗水'。九月以重阳纪节，谓之'登高水'。十月水落安流，复其故道，谓之'复槽水'。十一月、十二月断冰杂流，乘寒复结，谓之'蹙凌水'。水信有常，率以为准；非时暴涨，谓之'客水'。"这段文字体现了宋人对一年中黄河水汛一般规律已经掌握。在此基础上，开始作洪水预报。

2. 地下水勘探

宋朝人勘探地下水的方法是："雪井在虞山乾元宫，宋申元道构庵以居。山削无水，一日大雪，惟山坳不积，浚之得美泉，因名。初，元道未作庵时，尝受其师语云：无雪则开。"[2]这个办法是有科学道理的。因为地下水水温比较稳定，与四季

---

〔1〕 杨文衡. 范成大的地理学成就［J］. 自然科学史研究，1988（2）.
〔2〕 明正德元年《姑苏志》卷三十三。

地面气温相比，显得冬暖夏凉。因此，冬天原野不积雪之地，其下可能有地下水（泉）。

3. 湖泊与江河的水文关系

宋人已明确认识到，湖泊在调节江河水量中有重要作用。洪水期，它蓄存洪水，减少洪水灾害，减轻洪水对江河的压力；枯水期，它补给江河水量，便利航行与灌溉。基于这种认识，有识之士要求政府制订政策，保护湖泊陂泽。

> 英宗治平三年（公元 1066 年）十一月，都水监言勘会诸处陂泽，本是停蓄水潦。近来京畿诸路州县，例多水患，详究其因，盖为豪势人户，耕犁高阜处，土木侵叠陂泽之地，为田于其间，官司并不检察，或量起税赋请射，广占耕种，致每年大雨时行之际，陂泽填塞，无以容蓄，遂至泛滥，颇为民患。不制其渐，则尽为民患。欲乞应天下州县及京畿陂泽之类，皆不得请射。仍明立界址，逐季举行，令地分乡耆觉察，不得容纵。人户侵耕，许诸色人陈告，每亩支赏钱三千，以犯事人家财充仍。不以年岁远近，并令追理。所得地利入官。如违，其请射人并所给官司及侵耕之人并科违制之罪。[1]

宋人王十朋在《鉴湖说》中，对鉴湖的重要作用有详细说明：鉴湖"周围三百五十余里，溉田九千余顷。至我国朝之兴，始有盗湖为田者。然其害犹微。盗于祥符者才十七户，至庆历间，为田四顷而已。当是时，三司转运司犹切责州县，使复田为湖。自是而后，官吏因循，禁防不谨，奸弊日起，侵

---

〔1〕《宋会要辑稿》第一百五十二册食货六十一。

盗愈多。至于治平、熙宁间，盗而田之者凡八千余户，为田盖七百余顷，而湖浸废矣……盖湖之开有三大利，废湖为田有三大害。山阴、会稽昔无水旱之患者，鉴湖之利也。今则无岁无灾伤，盖天之大水旱不常有也。至若小水旱何岁无之？自废湖而为田，每岁雨稍多则田以淹没；晴未久而湖已枯竭矣。鉴湖三百五十八里之中，蓄诸山三十六源之水，岁无大涝，而水不能病越者，以湖能受之也。今湖废而为田，三十六源之水无吞纳之地，万一遇积雨浸霪，平原出水，洪流滔天之岁，湖不能纳，水无所归，则必有漂庐舍，败城廓，鱼人民之患"[1]。

4. 古河道研究

宋、元时期，有人用野外考察与文献对比的方法来判断古河道。如：沈括从唐朝李翱《来南录》得知，"自淮沿流至于高邮，乃溯至于江"。从《孟子》得知，"决汝、汉，排淮、泗而注之江"。可见唐以前淮、泗曾入长江。"熙宁中，曾遣使按图求之，故道宛然。但江、淮已深，其流无复能至高邮耳"[2]。

范成大提出用积水状况来判断古河道。他在澶州城西南发现有"积水若河"的现象，由此推断这是"大河剩水也"，即黄河故道。[3]

元代，于钦"尝往来燕齐两道河间，东履清沧"，考察传说中的九河故道。他发现"清沧二州之间有古河堤数重，地

〔1〕 道光《会稽县志稿》卷六引。
〔2〕《梦溪笔谈》卷二十四。
〔3〕 中国科学院自然科学史研究所地学史组．中国古代地理学史［M］．北京：科学出版社，1984：137－138.

皆沮洳沙卤"[1]。

5. 官方首次派人实地考察河源

元代，官方首次派人实地考察了河源。"至元十七年（公元1280年），命都实为招讨使，佩金虎符，往求河源。都实既受命，是岁至河州，州之东六十里，有宁河驿。驿西南六十里，有山曰杀马关，林麓穹隘，举足浸高，行一日，至巅。西去愈高，四阅月，始抵河源。是冬还报，并图其城传位置以闻。"[2]

35年后，即延祐二年（公元1315年），翰林学士潘昂霄根据都实的弟弟阔阔出的口述，写成《河源志》，这是关于河源的第一部专著。与此同时，朱思本从八里吉思家得帝师所藏梵文图书中，也有一本记载河源的书，并把它译成中文。它与潘昂霄的《河源志》互有详略，很有价值，可惜已佚，只在《元史·地理志》河源附录中保存了部分内容。

根据潘氏《河源志》的记载，黄河源为星宿海。而朱思本翻译的河源书，说黄河源在火敦脑儿西南一百多里，即星宿海西南面的一条河，有人认为就是现在的喀喇渠[3]。

除上述两种记载河源的书外，元人梁寅也写了一篇《河源记》[4]，内容与潘氏《河源志》相近，但不如《河源志》详细。

上述三种《河源志（记）》，除记载河源外，还记载了河源地区的地理状况，对伏流重源错误作了批驳。

---

6. 水质研究

关于水质，宋元人著作中时有提及。如尤玘《万柳溪边旧话》曰："许舍山（今无锡西南）中，井水多咸苦，人饮涧水，夏日常患腹疾。"[1]《太平寰宇记》卷一百六十一载："贺州临贺县（今广西贺州市）锡溪水，其水清冷，人久饮则损腰脚，今土人多患跛躄。"沈括说："凡大河、漳水、滹沱、涿水、桑干之类，悉是浊流。""漳州界有一水，号乌脚溪，涉者足皆如墨。数十里间水皆不可饮，饮皆病瘴，行人皆载水自随。（而梅公仪坠入水中，出而）举体黑如昆仑，自谓必死，然自此宿病尽除，顿觉康健。""信州铅山县有苦泉，挹其水熬之，则成胆矾，烹胆矾则成铜。"[2]元末李继本说："予尝观于海，浮于江，乱于河淮，知中冷之水居天下第一，而庐山之泉次之。与夫渭之清，泾之浊，汤泉之不火而热，醴泉之非饴而甘，弱水之不胜芥，贪泉之蠹人心，潢汙行潦之朝满而夕除。岂非由于土壤之厚薄欤？"[3]李继本认为，各地水质不同，是由于土壤（实际上应该说是地层）有厚薄的缘故。这有一定的道理。因为泉水在地层中运行时，一方面会溶解地层中的元素；另一方面也会影响水温变化。故水质不同。

7. 流水侵蚀与沉积作用的认识

沈括（公元 1031—1095 年）用流水侵蚀与沉积作用解释了温州雁荡山的成因。他说："原其理，当是为谷中大水冲激，沙土尽去，唯巨石岿然挺立耳。如大小龙湫，水帘，初月谷之类，皆是水凿之穴。"接着，他把流水侵蚀原理推广到解

---

〔1〕 见《丛书集成初编》。

〔2〕《梦溪笔谈》卷二十四、二十五。

〔3〕《一山文集》卷八。

释所有不同岩性的沟壑，特别是黄土高原沟壑的形成。他说："世间沟壑中水凿之处，皆有植土龛岩，亦此类耳。今成皋、陕西大涧中，立土动及百尺，迥然耸立，亦雁荡具体而微者，但此土彼石耳。"[1]在西亚，与沈括几乎同一时期的阿拉伯人阿维森纳（Avicenna，公元980—1037年）也提出了流水侵蚀作用[2]。至于被称为近代地质学之父的英国人郝登（James Hutton，公元1726—1797年）于1788年才提出流水侵蚀作用，比沈括晚了600多年[3]。如果单单指流水侵蚀作用，中国的老子在春秋时就提出来了，比西方早得多。

沈括通过考察，以山崖上的化石为证据，运用流水沉积理论解释了华北平原的成因。他说："予奉使河北，遵太行而北，山崖之间，往往衔螺蚌壳及石子如鸟卵者，横亘石壁如带。此乃昔之海滨，今东距海已近千里。所谓大陆者，皆浊泥所埋耳。"[4]

欧阳修已认识到河流的淤积作用自下游开始："且河本泥沙，无不淤之理。淤常先下流，下流淤高，水行渐壅，乃决上流之低处，此势之常也。"[5]欧阳修指出了下游先淤的现象，但没有说明原因。元祐年间，范百禄指出了原因："河遇平壤，滩漫行，流稍迟，则泥沙留淤。"[6]河水流到平原后，流速减缓，水中所含泥沙马上沉积。这个观点是正确的。

---

〔1〕《梦溪笔谈》卷二十四。

〔2〕竺可桢. 北宋沈括对于地学之贡献与记述 [J].科学, 1926, 11 (6).

〔3〕高泳源. 我国古代对一些自然地理现象的认识 [J].地理知识, 1954 (7).

〔4〕《梦溪笔谈》卷二十四。

〔5〕《宋史·河渠志》。

〔6〕《宋史·河渠志》。

二 海洋潮汐学

宋、元时期，海洋潮汐学的发展，体现在三个方面：

1. 潮时计算与潮汐表

北宋张君房在《潮说》中，发展了窦叔蒙的潮时表，又制订了新图表。他把窦叔蒙的潮时表作了两处改进，一是横坐标由月相改为"分宫布度"，即月亮在黄道上的视运动度数。二是纵坐标用时辰表示时间的同时，又补充"刻"，即"著辰定刻"。这两处改进，使张君房的新图表比窦氏潮时表精细很多。

北宋科学家燕肃（约公元 961—1040 年）继承了窦、张的方法，把理论潮时的推算又推进了一步。他计算的潮时逐日推迟的时间，分为大尽（一个月 30 天）和小尽（一个月 29 天），大尽 3.72 刻，小尽 3.735 刻。燕肃的著作《海潮论》曾被刻在浙江会稽的石碑上，姚宽见到后，把文字抄下来，收入他的《西溪丛语》中。燕肃在明州（今宁波市）任职时，还绘有《海潮图》，已佚。

北宋至和三年（公元 1056 年），吕昌明也编了《浙江潮候图》，这是实测潮汐表，具有实用价值。元朝的宣伯牧，从郡志中发现了吕昌明的《潮候图》，如获至宝，写了《潮候图说》，然后将图和图说一并刻在石碑上，立于钱塘江边浙江亭的墙壁上，让过往行人阅读方便。

沈括在潮候方面也有重要贡献，他给港口平均高潮间隙下了明确的定义："予常考其行节，每至月正临子、午则潮生，候之万万无差。此以海上候之，得潮生之时。去海远，即须据地理增添时刻。"[1]这就是说，海港随着离海远近不同，涨潮

---

[1] 《梦溪笔谈·补笔谈》卷二。

时间要相应延迟。

2. 潮汐成因理论

张君房的潮汐成因论，受葛洪、卢肇的影响，主张潮汐是月亮和太阳共同作用的结果。他说："日月会同谓之合朔，合朔则敌体，敌体则气交，气交则阳生，阳生则阴盛，阴盛则朔日之潮大也。自此而后，月渐之东，一十五日与日相望，相望则光偶，光偶则致感，致感则阴融，阴融则海溢，海溢则望日之潮犹朔之大也。"[1]但张君房强调主要是月球的影响，"其本则系属于月焉"。

余靖（公元1000—1064年）在长期观测东海和南海潮汐的基础上，写了《海潮图序》。他批驳了卢肇的观点，强调月球的起潮作用以及潮汐和月亮的同步性："月临卯酉则水涨乎东西，月临子午，则潮平乎南北。"[2]

3. 暴涨潮理论

燕肃经过调查了解，发现钱塘江口的暴涨潮与钱塘江口存在一条南北亘连的沙潬有关。说：钱塘江下"有沙潬，南北亘连，隔碍洪波，蹙遏潮势……于是溢于沙潬，猛怒顿涌，声势激射，故起而为潮耳"[3]。他的观点是正确的。现已查明，钱塘江口有一块巨大的拦门沙坎，由于沙坎隆起，使得潮谷传播速度大大低于潮峰传播速度，这样，当潮水向前推进时，峰谷间的垂直位置就越来越接近，在到达河口北岸大尖山附近时，潮峰赶上潮谷，潮波前坡趋于陡立，像一垛水墙直立江面，奔

---

〔1〕 见《海潮辑说》卷上。

〔2〕 中国古代潮汐史料整理研究组. 中国古代潮汐论著选译 [M]. 北京：科学出版社，1980.

〔3〕 姚宽：《西溪丛语》卷上引。

腾向前。燕肃的理论是对中国古代潮汐学的一大贡献，但他否定喇叭形河口对暴涨潮形成的重要作用则是错误的。

元代宣昭的暴涨潮理论坚持河口地势说，曰："浙江之潮，独为天下奇观，地势然也。浙江之口有两山焉，其南曰龛山，其北曰赭山，并峙于江海之会，谓之海门，下有沙潬跨江西东三百余里，若伏槛然。潮之入于浙江也，发于浩渺之区，而顿就敛束，逼碍沙潬，回薄激射，折而趋于两山之间，拗怒不泄，则奋而上跻。"[1]

总之，唐、宋是中国古代潮汐学高度发展的时期，在当时世界上处于领先地位。对于这点，李约瑟作了公正的评价。他说："在11世纪中，即在文艺复兴时期以前，他们（指中国学者）在潮汐理论方面一直比欧洲人先进得多。""在近代以前，中国对潮汐现象的了解和兴趣总的说来是多于欧洲的。"[2]

第六节　气象气候学的发展

宋、元时期的气象气候学发展情况，分六个方面叙述：

一　降水及其测量

宋代一些学者，对各种降水进行了明确的区分，并阐述其原因。如程颐（公元1033—1107年）认为："或问伊川云，露是金之气如何？曰，露自是有清肃之气。古人云：露结为霜。今观之，诚是。然露气与霜气不同，露能滋物，而霜杀物也。雪霜亦有异，霜能杀物，而雪不杀物也。雨与露不同，雨气昏，而露气清。露与雾不同，露气肃，而雾气昏也。""天

---

〔1〕《海塘录》卷十九引。

〔2〕［英］李约瑟. 中国科学技术史（中译本）：第四卷［M］. 北京：科学出版社，1975：757－786.

气降而地气不接则为露，地气升而天气不接则为雾。"[1]

朱熹（公元1130—1200年）曰："气蒸而为雨，如饭甑盖之，其气蒸郁，而汗下淋漓。气蒸而为雾，如饭甑不盖，其气散而收。""或问高山无霜露，其理如何？曰，上面气渐清，风渐紧，虽微有雾气，都吹散了，所以不结。若雪，则只是雨遇寒而凝，故高寒处，雪先结也。"[2]

宋人对冰、雪、雹的形状很注意。宋次道在《春明退朝录》卷中说："致政王侍郎子融言：天圣（公元1023—1032年）中归其乡里青州时，滕给事涉为守。盛冬浓霜，屋瓦皆成百花之状，以纸摹之。"沈括在《梦溪笔谈》卷二十一中说："熙宁中，河州雨雹，大者如鸡卵，小者如莲芡，悉如人头，耳目口鼻皆具，无异镌刻。"洪迈《夷坚志》载："戊午夏五月，汴都太康县，一夕大雷雨，下冰龟亘数十里，龟大小不等，首足卦文皆具。"

关于降水的测量，宝元初年（公元1038年）"诏诸州旬上雨雪，著为令"[3]。南宋数学家秦九韶在《数书九章》中，明确记载全国各州郡用天池盆测雨水的事实。据秦氏记载，宋代的雨量器有多种，没有统一。其中一种为天池盆，盆口径二尺八寸，底径一尺二寸，深一尺八寸；另一种是圆罂，口径一尺五寸，腹径二尺四寸，底径八寸，深一尺六寸。由于"器形不同，则受雨多少亦异，未可以所测便为平地得雨之数"[4]。因此，要通过计算，把雨量器中受雨之数，换算成平地降雨

---

〔1〕 [明]胡广等编：《性理大全书》卷二十七。
〔2〕 《朱子全书》卷五十。
〔3〕 《宋史·食货志》。
〔4〕 《数书九章》卷二。

之数。

量雪也有两种方法，一是峻积验雪，二是竹器验雪。同雨量器一样，也要通过计算，把雪量器中的雪量换算成平地雪的厚度。

这几种量雨、量雪的器具，使用起来还很不方便，也不够精确，应该改进。但它毕竟是中国文献记载的最早的降水的量器，是一项有意义的发明，而且已经普遍使用。它比意大利的卡士戴里（Benedelts Castelli）于 1639 年创制的雨量计早约 400 年。

二　物候的观测记录与理论阐述

宋代以前，我国的物候记录一般是每月或每候的物候，没有记每天的物候。就目前资料看，南宋吕祖谦（公元 1137—1181 年）写的《庚子·辛丑日记》是中国最早的一部每天实际观测物候的记录。它记录了浙江金华地区一年零七个月的实际物候，内容有蜡梅、樱桃、杏、桃、紫荆、李、海棠、梨、蔷薇、蜀葵、萱草、莲、芙蓉、菊等 20 多种植物的开花时间和第一次听到春禽、秋虫鸣叫的时间。

对物候最先作理论阐述的是沈括。他详细地论述了物候与地理高度、纬度、植物品种的关系，说："缘土气有早晚，天时有愆伏。如平地三月花者，深山中则四月花。白乐天《游大林寺》诗云：'人间四月芳菲尽，山寺桃花始盛开'。盖常理也。此地势高下之不同也。如筀竹笋有二月生者，有三四月生者，有五月方生者，谓之晚筀。稻有七月熟者，有八九月熟者，有十月熟者，谓之晚稻。一物同一畦之间，自有早晚，此物性之不同也。岭峤微草，凌冬不凋；并、汾乔木，望秋先陨。诸越则桃李冬实，朔漠则桃李夏荣，此地气之不同也。"[1]

三　对影响各地气温因素的认识

宋元时期，人们对影响各地气温的因素，有比较明确的认识。以纬度来说，从南到北，年均温的差异是很明显的。在长江以南，冬天"岭南无雪，闽中无雪"[2]；在阴山以北，内蒙古克什克腾旗，即使是三月清明节，冰雪仍然没有融化，"北陆祁寒自古称，沙陀三月尚凝冰"[3]。"上都（今内蒙古正蓝旗东北闪电河北岸）五月雪飞花，顷刻银妆十万家；说与江南人不信，只穿皮袄不穿纱。"[4]"金莲川（今河北省沽源县北）在重山之北，地积阴冷，五谷不殖，郡县难建，盖自古极边荒弃之壤也。气候殊异，中夏降霜，一日之间寒暑交至，特与上京（今内蒙古巴林左旗南）中都（今北京）不同。"[5]长江下游的苏杭地区，则是"苏杭两浙，春寒秋热"，"雨下便寒晴便热，不论春夏与秋冬"[6]。

朱熹、范成大对地形影响气温有明确的认识。朱熹说："闽中之山，多自北来，水皆东南流，故闽中冬暖夏凉。江浙之山，多自南来，水多北流，故江浙冬寒夏热。"[7]这就是说，闽西北多高山，东南地势低。高山挡住了寒潮侵入，故闽中冬暖；江浙南边是山，地势高，北边是低地，寒潮很容易侵入，故江浙冬寒。

---

〔1〕《梦溪笔谈》卷二十六。
〔2〕彭乘：《墨客挥犀》卷六。
〔3〕《长春真人西游记》。
〔4〕杨瑀：《山居新话》。
〔5〕《金史·梁襄传》。
〔6〕庄季裕：《鸡肋篇》卷上。
〔7〕《朱子语类》卷二。

范成大在亲自考察了四川峨眉山之后，详细记录了峨眉山上气温随高度的增加而降低的事实。说："初衣暑绤，渐高渐寒；到八十四盘则骤寒；比及山顶，亟挟纩两重，又加氎衲驼茸之裘，尽衣笥中所藏，系重巾，蹑毡靴，犹凛慄不自持，则炽炭护炉危坐。"[1]下山时，他渐觉暑气，以次减去绵衲。午至白水寺，则"绤绤如故"。赵彦卫在《云麓漫钞》卷二中也说："张钦甫登南岳，诸诗言山顶极冷。范至能（范成大）登青城山，诗言六月山巅积雪，苦寒，尽取使燕时貂裘衣之，不能支。天积气耳，非若形质而有拘碍。盖愈高则愈清，愈清则愈寒。"

四　风和风向仪

（1）陆龙卷。沈括对中国陆龙卷的记载，是中国气象史上的宝贵资料。过去人们认为龙卷风是美洲独有的，沈括的记载打破了这种看法，肯定了早在11世纪中国就曾有过龙卷风。这对说明古代世界陆龙卷的地区分布很有意义。沈括说："熙宁九年（公元1076年），恩州武城县（今山东武城县）有旋风自东南来，望之插天如羊角，大木尽拔。俄顷，旋风卷入云霄中。既而渐近，乃经县城，官舍民居略尽，悉卷入云中。县令儿女奴婢卷去复坠地，死伤者数人；民间死伤亡失者不可胜计，县城悉为丘墟，遂移今县。"[2]

（2）信风。宋元时期，人们对信风的记载颇多。苏轼《舶趠风》诗序云："吴中梅雨既过，飒然清风弥旬，岁岁如

---

[1]　《吴船录》。

[2]　《梦溪笔谈》卷二十一。据《续资治通鉴长编》卷二百八十三载，应为熙宁十年（公元1077年）。

此，吴人谓舶䑸风，是时海舶初回，云此风与舶具至云尔。"[1]
周恽《清波杂志》卷九载："江南自春初至首夏，有二十四番
风信。梅花风最大，楝花风居后。"陈岩肖《庚溪诗话》也
说："每暑月，则有东南风数日，甚者至逾旬而止，吴人名之
曰'舶䑸风'。云：海外舶船祷于神而得之，乘此风到江浙间
也。"这里讲的是东南季风，也是信风之一。元末娄元礼在
《田家五行·气候类》中，比较详细地讲了各种信风。如：
"元宵前后，必有料峭之风，谓之元宵风。""凡春有二十四番
花信风。梅花风打头，楝花风打末。""九月中气[2]前后起西
北风，谓之霜降信。有雨谓之湿信。未风先雨谓料信雨。"
"霜降前来信，易过而善；霜降后来信，了信必严毒。此信干
湿，后信必如之。""立冬前后起西北风，谓之立冬信。""月
内风频作，谓十月五风信。"在上述多种信风中，最主要的是
梅雨以后的信风，即"舶䑸风"。

（3）风速，风的范围，风与云、雨的关系。元朝虞裕在
《谈选》中，讲了风速，风的范围，风与云、雨的关系："北
方之气寒，东方之气风。自北自东者，风寒之气也，故能为云
为雨。风高者道远，风下者道近，不鸣条者四十里，折大枝者
四百里，折大木者五千里，三日三夕者天下尽风，二日二夕者
天下半风，一日一夕者其风行万里。"[3]

（4）风向仪。宋、元时期，测量风向的仪器有相风乌、
占风旗和五两三种。据《宋史·舆服志》载：宋代有一种相
风乌舆，"上载长竿，竿杪刻木为乌，垂鹅毛筒，红绶带，下

---

[1]《苏东坡全集》正集卷十一。
[2] 中气：二十四节气凡出现月中的（农历）叫中气，这里指霜降节气。
[3] 见《说郛》卷五。

承以小盘，周以绯裙，绣乌形"。轿子上设置相风乌的作用不清楚，可能主要用于装饰。

通常是把相风乌安置在屋顶、塔顶等较高建筑物上，测定风向。中国现存最古的铁质相风乌，是山西浑源县圆觉寺砖塔上的铁凤凰。此塔建于金正隆三年（公元1158年），明成化年间曾修葺，塔顶铁凤凰能随风转动[1]。

据南宋方信儒《南海百咏·番塔》载，当时广州怀圣寺塔顶也有金鸡，随风旋转，以测风向。所谓"金鸡风转片帆归"即指此。

据《云南通志》载，建于宋代的云南大理崇圣寺千寻塔塔顶，原有相风乌设施，"错金为顶，顶有金鹏"。这个金鹏即相风乌。可惜这两处的金鸡、金鹏均已佚。

宋代李廌在《师友谈记》中谈到占风旗在实际工作中的应用："苏仲豫言，蒋颖叔之为江淮发运也，其才智有余，人莫能欺，漕运络绎。蒋吴人，暗知风水，尝于所居公署前，立一旗，曰占风旗，使人日候之，置籍焉。令诸漕纲日程，亦各记风之便逆。盖雷雨雪雹雾露等，或有不均，风则天下皆一。每有运至，取其日程历以合之，责其稽缓者，纲吏畏服。蒋之去，占风旗废矣。"

徐兢《宣和奉使高丽图经》卷三十四有"五两"的记载："风有八面，唯当头不可行。其立竿以鸟羽候风所向，谓之五两。"

五　对其他气象现象的观察研究

（1）虹的成因。北宋孙思恭，字彦先，登州（今山东蓬

〔1〕　王其亨. 浑源圆觉寺塔及古代候风乌实物 [J]. 文物，1987 (11).

莱）人。他对虹的成因的认识跟现在接近，说："虹乃雨中日影也，日照雨则有之。"[1]他的观点比英国人培根（Rogerius Rscon，公元1214—1294年）发现虹是由太阳照射雨滴反映在天空中而形成早200年。直到17世纪，虹才得到比较严密的解释。沈括进一步提出虹与太阳的位置是相对的，观察者需要站在一定的方向才能看到。他说："自西望东则见，盖夕虹也。立涧之东西望，则为日所铄，都无所睹。"[2]

南宋朱熹继承了孙思恭的观点，认为"蝃蝀（虹）本只是落雨为日所照成影"[3]。

（2）宝光（又叫佛光）及其成因。峨眉宝光，又名佛光或金顶祥光，实际上它也是雨后山谷间出现的彩虹。它是由于太阳光透过水蒸气，折射在云海上面形成的彩色光环。光环有大有小，可远可近，色彩变幻不定，有似佛头上半圆形像光，故称佛光。中国对佛光及其形成过程讲得最详细的是范成大，他在峨眉山亲眼看到了佛光的形成过程，指出了佛光形成的条件以及它同当时天气变化的关系。"凡佛光欲现，必先布云，所谓兜罗绵世界。光相依云而出。""兜罗绵世界"指浓密的云层。范成大还注意到佛光有"小现"、"大现"和"清现"之分，而"清现"最难得见。这些见解都是正确的，是世界上最早、最精彩的论述宝光的文献[4]。

（3）对海市蜃楼的记载。沈括在《梦溪笔谈》卷二十一中记载了海市蜃楼现象，曰："登州海中时有云气如宫室、台

---

〔1〕《梦溪笔谈》卷二十一。
〔2〕《梦溪笔谈》卷二十一。
〔3〕《朱子语类》卷三。
〔4〕杨文衡. 范成大的地理学成就 [J].自然科学史研究，1988（2）.

观、城堞、人物、车马、冠盖，历历可见，谓之'海市'。或曰'蛟蜃之气所为'，疑不然也。欧阳文忠曾出使河朔，过高唐县驿舍中，夜有鬼神自空中过，车马人畜之声，一一可辨，其说甚详，此不具记。问本处父老云'二十年前尝昼过县，亦历历见人物，土人亦谓之海市'，与登州所见大略相类也。"

六　天气预报

宋、元时期，天气预报大约有三种方式，即经验、理论和测量空气湿度预报。

（1）经验预报。沈括在《梦溪笔谈》卷二十五中说："江湖间唯畏大风，冬月风作有渐，船行可以为备，唯盛夏风起于顾盼间，往往罹难。曾闻江国贾人有一术可免此患。大凡夏月风景须作于午后，欲行船者，五鼓初起，视星月明洁，四际至地，皆无云气，便可行，至于巳时即止。如此无复与暴风遇矣。国子博士李元规云：'平生游江湖未尝遇风，用此术。'"这与民间流传的"未晚先投宿，鸡鸣早看天"的经验一致。宋释惠远《庐山记略》载："天将雨，则有白气先搏而璎珞于山岭下，及至触石吐云，则倏忽而集。天将雨，其下水气涌起如车马。"

使用谚语预报天气，是中国古代主要的天气预报方式，属于经验预报。这在元代娄元礼的《田家五行》中有丰富的内容。该书分上、中、下三卷，每卷分若干类。上卷自"正月类"至"十二月类"。中卷是天文、地理、草木、鸟兽、鳞虫等类。下卷是三旬、六甲、气候等类。又分短期预报和中期预报。如"星光闪烁不定，主有风"、"东风急，备蓑笠"、"未雨先雷，船去步归"等属于短期预报。而"行得春风有夏雨"、"春寒多雨水"等则属于中期预报。这些谚语适用于长江下游地区，许多内容至今还有参考价值。

（2）理论推测预报。沈括曾作过理论推测预报。熙宁中，京师（今开封市）久旱，人们都祈祷天下雨。一连几个阴天之后，人们都说一定会下雨，可是没有下。有一天突然天晴了，炎日赫然。这天沈括因事入宫向皇帝汇报，皇帝问沈括什么时候下雨，沈括说："雨候已见，期在明日。"大家以为连阴那么多天都不下雨，今天这么大的太阳，明天能下雨吗？可是结果正如沈括所说，第二天下大雨了。沈括在《梦溪笔谈》卷七中说："是时湿土用事，连日阴者，'从气'已效，但为'厥阴'所胜，未能成雨。后日骤晴者，'燥金'入候，'厥阴'当折，则'太阴'得伸，明日运气皆顾，以是知其必雨。此亦当处所占也。若他处候别，所占亦异。其造微之妙，间不容发。推此而求，自臻至理。"原来沈括是用五运六气学说进行理论推测来预报天气，并取得了成功。从现代气象学的角度看，连日阴云之时，空气中水分很丰富，但缺乏热力条件，未能成雨。一旦骤晴，具备了产生气流上升运动的热力条件，会引起对流不稳定而降雨。[1]

（3）测量空气湿度作天气预报。宋朝僧赞宁在《感应类从志》中说："积灰知风，悬炭识雨。以榆化灰，聚幽室中，天若将风，则灰皆飞扬也。秤土炭之物，使轻重等，悬室中，天时雨则炭重，天晴则炭轻。"[2]苏轼的《格物粗谈》卷上也说："炭与土等重，悬室中，天将雨，则炭重，晴，则炭轻。"这个办法是很科学的。因为土、炭的吸湿性差别很大，炭的吸

---

　〔1〕　杭州大学宋史研究室.沈括研究［M］.杭州：浙江人民出版社，1985：101.

　〔2〕　见《说郛》卷一百零九。

湿性远远大于土的吸湿性。当空气湿度发生变化时，炭也随之因吸收水气而发生重量变化：湿度大则炭的重量增加，湿度小则炭的重量减小。而湿度大小直接与天气的雨晴相关。

第七节　边疆和域外地理著作

宋、元时期，由于航海活跃，对外交往频繁，获得了许多域外地理知识。再加上外交家和宗教活动家的旅行考察记录和史学家的著作，因而出现了一批边疆和域外地理著作。现分述如下。

一　在对外交往中获得的边疆和域外地理知识

1. 朱彧《萍州可谈》

《萍州可谈》3 卷，朱彧于公元 1119 年写成，记述他父亲在广州做官时的见闻，大部分内容讲述广州市舶和蕃坊情况，少部分讲高丽、三佛齐等国的地理。书中第一次记录了我国将指南针用于航海的事实。

2. 周去非《岭外代答》

《岭外代答》10 卷，南宋周去非著，公元 1178 年作序。作者是桂林通判，他将在任期间的见闻，分成 20 门写成此书。其中地理门讲广西地理，外国门讲东南亚、西亚、东非各国的地理、交通、物产、风俗等。但篇幅只占全书的五分之一。此外还有香门、宝货门、金石门等。作者的目的是为了回答别人关于岭外事物的询问，故名《岭外代答》。

3. 赵汝适《诸蕃志》

《诸蕃志》2 卷，南宋赵汝适著，公元 1225 年写自序。作者为提举福建路市舶官，闲暇时翻阅外国地图，访问外国客商，从他们那里得知各国的国名、风土人情、距中国的远近道里、物产等，写成此志。书的上卷叙述亚、非两洲共 57 个国家的地理以及与宋朝的关系；下卷叙述龙脑、乳香、没药、猫儿睛、真珠、鹦鹉、胡椒等 47 种外国物产，每种物产均记产地、采制方法及用途。

4. 陈大震《大德南海志》

《大德南海志》20 卷，陈大震于公元 1304 年写成。原书 20 卷，仅见《文渊阁书目》著录。国家图书馆现有残本 6～10 卷，其中只有第 7 卷物产篇附列舶货与诸蕃国，收录地名较多，是元代海外交通的宝贵文献[1]。书中列举来华贸易的国家共 124 个，进口商品 71 种，比唐宋有所突破[2]。据原书所列，进口商品有：（1）宝物 9 种，象牙、犀角、鹤顶、真珠、珊瑚、碧甸子（蓝宝石）、翠毛、龟筒、玳瑁。（2）布匹 5 种。（3）香货 14 种。（4）药物 19 种，矿物药有硫黄、雄黄。（5）诸木 4 种。（6）皮货 6 种。（7）杂物 14 种。这些商品来自中南半岛、东南亚、印度半岛、西亚、非洲、欧洲等地。

二 旅行考察记录的边疆和域外地理知识

1. 王继业《西域行程记》

王继业（生卒年不详），耀州（今陕西铜川市耀州区）人，隶东京（今洛阳）天寿院。乾德二年（公元 964 年），宋太祖赵匡胤诏沙门 300 余人，入天竺求舍利及贝多叶书，王继业是其中之一。12 年后，开宝九年（公元 976 年）王继业等人回国。此时宋太祖已死，太宗赵炅即位。王继业进京向太宗献梵文经卷及舍利等。太宗诏择名山修习。于是王继业选中四

---

〔1〕 姚楠．岛夷志略校释·前言 [M]．北京：中华书局，1981．

〔2〕 陈连庆．《大德南海志》研究 [M]//古籍论丛：第二辑．福州：福建人民出版社，1985．

川峨眉山牛心建庵居住，把从西域带回的涅盘经一函42卷藏于庵中。在每卷涅盘经之后，分记西域行程。此记虽不甚详，然地理大略可考，世所罕见。南宋淳熙四年（公元1177年）七月初一日，范成大游牛心寺时，发现了写在涅盘经后面的《西域行程记》，于是全文抄录，收入《吴船录》中，得以流传至今。主要内容为记载王继业游中印度、南印度的地理、寺庙、城市等情况，是现存宋代唯一一部记载印度地理的著作。

2. 王延德《西州程记》

北宋太平兴国六年（公元981年）五月，宋太宗派供奉官王延德、殿前承旨白勋出使高昌（今吐鲁番）。雍熙元年（公元984年）四月，王延德等人回京，向太宗报告出使经过及沿途见闻，这就是《西州程记》，又名《使高昌记》、《高昌行纪》。全文约1800字，所记地理内容颇丰富。他从夏州（今陕西靖边县）开始记述，经黄河向西穿越内蒙古的沙漠，到马鬃山入哈密。这条路上有四片沙漠，王延德提到了其中两片沙漠的名字，即"六窠沙"和"大患鬼魅碛"。"六窠沙"是固定沙丘，地属今腾格里沙漠和乌兰布和沙漠范围。《西州程记》对沙漠景观的描述有它独特的内容，是中国古代记载沙漠景观的优秀文献之一。此外，它还记载了沿途所见的物产、民族、风俗、水文、历史、宗教等。由于王延德记载的地理内容丰富，因此，元末脱脱等人编撰的《宋史·高昌传》全文收录了《西州程记》。

3. 沈括《熙宁使辽图抄》

沈括出使辽国时，著有《熙宁使辽图抄》。该书是他与契丹贵族谈判代北争议地界时，所作的沿途考察记录。记述了辽朝皇帝四"捺钵体"所在地之一"夏捺钵"。它地处永安山

（今大兴安岭西侧），"宜畜牧，畜宜马、牛、羊，草宜荔（梃）、枲耳，谷宜（梁）秫，而人不善艺。四月始稼，七月毕敛，地寒多雨，盛夏重裘。七月阴霜，三月释冻。其人剪发，妥其两髦。行则乘马，食牛羊之肉酪而衣其皮，间啖麨粥。单于庭依狨儿山之麓，广荐之中，毡庐数十，无垣墙沟表，至暮则使人坐草，褰庐击柝。大率其俗简易，乐深山茂草，与马牛杂居，居无常处"。从这里可以知道辽的生产、生活、气候、习俗、"捺钵体"的建筑等。由于该书是第一手资料，因此历史价值很高。该书还记述了沿途驿道的迂曲、方位和里程，后人根据所记地理方位和里程，即可复原成图。可以说它是研究辽代沿革地理的权威著作[1]。

4. 乌古孙仲端、刘祁《北使记》

金朝兴定四年（公元 1220 年）七月，诏遣礼部侍郎乌古孙仲端出使蒙古，十二月初出发，西北行，觐见西征中的成吉思汗。回归后，由乌古孙仲端口述，刘祁记录，题为《北使记》。据《海宁王静安先生遗书》所载，《北使记》全文约一千字，记述作者去西域的路程，沿途各地的地形、民族、历史、气候、物产、风俗习惯、房屋建筑、日用器具、动物、语言、文字、宗教等。所记地中海型气候，在中国文献中是比较早、比较详细的。

5. 耶律楚材《西游录》

耶律楚材（公元 1190—1244 年），元初学者。公元 1218 年成吉思汗把他召至蒙古，第二年随成吉思汗大军西征。公元

〔1〕 杭州大学宋史研究室.沈括研究［M］.杭州：浙江人民出版社，1985：168.

1224 年东归，公元 1228 年写成《西游录》。

《西游录》约 4800 字，分上、下两部分。上部专记作者自北京出发，经居庸关、武川（今河北宣化县）、云中（今山西大同市），越天山（今阴山），过沙漠，来到克鲁伦河畔的成吉思汗营地，见成吉思汗。第二年随成吉思汗西征，过金山（今阿尔泰山）、别石把（今新疆吉木萨尔县）、不剌城（今新疆博乐市境）、阴山（今天山）、阿里马城（今新疆霍城县境内）、亦列河（今伊犁河）、塔剌思城（今哈萨克斯坦共和国江布尔城）、苦盏城（今塔吉克斯坦共和国列宁纳巴德）、八普城（今拉普）、寻思干（今乌兹别克斯坦共和国撒马尔罕）直到搏城（今地不详）。《西游录》关于这些地方的地理描述，非常真实可靠，是研究 13 世纪楚河、锡尔河以及阿姆河地区历史地理的重要资料，是 13 世纪记述中国西北地区地理的重要文献。下部专门抨击长春真人丘处机，没有地理内容。

6. 丘处机、李志常《长春真人西游记》

丘处机（公元 1147—1227 年），少年时名丘哥，山东栖霞县人。父母早亡，无机会读书。但天性聪明，有志向学。19 岁到山东昆俞山学道，被重阳王真人王嘉看中，命掌文翰，训名处机。经过 40 多年的修炼、学习，丘处机名扬四海。当丘处机 72 岁时，成吉思汗请他去西征途中的行帐传授长生之术。公元 1220 年 2 月 23 日，丘处机应邀启程，从山东经北京到宣化，又经抚州北上，循蒙古高原东部边缘到呼伦池附近，再沿克鲁伦河南岸西行，经和林、乌里雅苏台、田镇海城、阿尔泰山，南下到天山，再沿天山北麓西行，在天池附近向南越过天山，进入伊犁河谷，西南行，经楚河、锡尔河、阿姆河到塔里寒，见到了成吉思汗。公元 1222 年 10 月又到八鲁湾行帐，为成吉思汗三次讲道。公元 1223 年 3 月丘处机返回。公元 1224 年 3 月回到北京，进驻太极宫。公元 1227 年 7 月 9 日，丘病逝，享年 80 岁。丘处机的弟子李志常随行西游时，及时将沿途见闻及丘处机的诗词言谈作了记录。回北京后，很快将草稿整理成书，名曰《长春真人西游记》。全书分上、下 2 卷，共一万八千余字。书成后未刊行，历元、明两代无人过问。直到公元 1795 年，钱大昕在苏州玄妙观阅《道藏》时发现，借抄一部，公开刊印行世。道光年间，收入《连筠簃丛书》及《皇朝藩属舆地丛书》，后被译成俄、法、英文，受到世界学术界重视。

此书所记地理内容比《西游录》丰富，同一个地方，《西游录》没写的，《长春真人西游记》有，因此，它的地理价值比《西游录》高。

7. 常德、刘郁《西使记》

常德字仁卿，元宪宗九年（公元 1259 年）奉皇帝之命往波斯朝觐旭兀烈。从和林出发，经蒙古高原、准噶尔盆地，渡伊犁河、锡尔河、阿姆河，到里海南面的纥立儿。公元 1260 年回国，来回花了 14 个月。他的行程比耶律楚材、丘处机都远，已到伊朗高原西北部。中统四年（公元 1263 年）三月，由常德口述，刘郁笔录，写成《西使记》。全书约二千五百字，内容比《西游录》丰富。所记撒尔马罕的药物十数种，"皆中国所无"。所记地中海的采珠方法跟中国类似，还介绍了印度的地理及物产。

8. 王寂《鸭江行部志》和《辽东行部志》

《鸭江行部志》和《辽东行部志》各 1 卷，金朝王寂（约公元 1127—1193 年）撰。前者作于金明昌二年（公元 1191 年）二、三月。书已不全，仅存前半。后者作于金明昌元年

（公元 1190 年）二至四月。当时作者提点辽东路刑狱，巡按各部，记其事，故曰《行部志》。这两部书于金上京、东京、北京三路地理，颇多异闻，可补《金史·地理志》之不足。

9. 周达观《真腊风土记》

《真腊风土记》1 卷，元朝周达观著，约 8500 字。于公元 1297～1312 年成书。公元 1296 年，周达观以钦使随员的身份出使真腊（今柬埔寨），走海路，3 月从温州出发，经过 5 个月到达真腊国都安哥。在安哥停留约一年，公元 1297 年 7 月启程回国，一个多月后便回到宁波。书中反映了真腊吴哥时代的情况，除描写国都安哥的伟大建筑和雕刻外，还广泛叙述了当地人民的经济活动和日常生活，具有很高的历史价值。全书分总叙和总叙以下的四十则。总叙介绍真腊国的名称演变及周达观等人出使经过。四十则分别记述了真腊的城郭、宫室、服饰、山川、村落、物产、宗教、文化、风俗、生产、贸易、交通、生活等情况，是研究真腊历史、地理以及它与元朝交往的重要典籍。1819 年译成法文。

10. 汪大渊《岛夷志略》

《岛夷志略》不分卷，元朝汪大渊著，公元 1349 年成书。作者 20 岁以后即参加商船航海，前后两次分别到印度洋沿岸及东南亚诸岛国旅游，并把亲眼看到的事物分 99 条记录下来。又节录前人旧记归为一条，名"异闻类聚"，总计 100 条。全书收入域外地名 220 个，有些地方的描述比《马可·波罗游记》更翔实。描述内容有山川大势、气候、生产情况、物产、风俗民情、贸易、货币、文教、法律等。此书以史料价值高而受到国内外学者的重视。1888 年以后，先后被译成英、法、日文。

11. 郭松年《大理行记》

《大理行记》，元朝郭松年撰，一名《南诏记行》。谢圣纶在《滇黔志略》中说，郭松年曾流寓大理，遍历白崖、赵州、龙尾关等地，记其山川、物产、民族风俗等。曾考证大理地区蒙、郑、赵、杨、段等五大姓，虽从内地迁居大理已数百年，但其宫室、楼观、言语、书数、冠婚、丧祭、干戈、战阵仍有汉代遗风，为研究大理历史和民族关系的重要资料。其刻本已失传，仅有抄本传世。这是继唐朝樊绰的《云南志》之后，元代记载云南地理的代表作。

三 边疆和域外地理专著

1. 正史中的边疆和域外地理篇章

脱脱等人编纂的《宋史》中，有边疆和域外地理专篇《外国列传》和《蛮夷列传》。

《外国列传》8 卷，其中的夏国、大理、于阗、高昌、龟兹、沙州、回鹘、流求、渤海、党项、吐蕃等，现在为中国边疆少数民族地区，所记地理内容属于边疆地理。此外，还记载了高丽等 17 个国家的地理情况以及它们与中国的关系史。沿海国家还记载了来中国的航海路线。如层檀国，"海道便风行百六十日，经勿巡、古林、三佛齐国乃至广州"。

《蛮夷列传》4 卷，记中国少数民族的发展历史及其居住区的地理状况。他们"居山谷间，环纡千余里"，"诸蛮族类不一，大抵依阻山谷，并林木为居，椎髻跣足，走险如履平地。言语侏离，衣服斓斑。畏神鬼，喜淫祀。刻木为契，不能相君长，以财力雄强。每忿怒则推刃同气，加兵父子间，复仇怨不顾死。出入腰弓矢，匿草中射人，得牛酒则释然矣"。

脱脱等人编纂的《辽史》中，有《高丽等列传》，记载辽与高丽的交往历史，地理内容不多。《西夏列传》记载西夏的历史、风俗、物产，西夏与宋、辽的关系等。

宋濂等人编纂的《元史》中，有《外夷列传》3卷。记载高丽、日本、安南、缅甸、爪哇等国的历史、地理以及这些国家与元朝的交往史。

2. 其他史书中的边疆和域外地理篇章

郑樵《通志》中有《四夷传》7卷，其中《东夷传》1卷、《西戎传》2卷、《南蛮传》2卷、《北狄传》2卷。

马端临的《文献通考》中有《四裔考》25卷，其中东方各国4卷、西方各国3卷、西域各国4卷、北方各国9卷、南方各国5卷。

第八节　大地形态观

宋、元时期，大地形态观在继承隋唐五代的大地形态观念的基础上，又有所发展，地圆说更加明确。

北宋程氏兄弟（程颢、程颐）关于"适而不为中"的论述，似乎触及关于地圆的概念。南宋末年，李如箎在《东园丛说》卷中里，谈到以前无名氏的天地结构学说，以及他自己的看法："旧说：天形如卵，地形如卵黄，中高而四陨。予尝深究之，天形如卵，是也。谓如卵黄，中高而四陨，非也。"这里所谓"旧说"，不知为何人所说，它把对天形和地形的比喻，明确分开加以描述，一为卵壳，一为卵黄，和前人将天地的相对位置比作卵与卵黄的关系有根本的差别。李如箎本人是力主地平如饼的，所以他认为"地形如卵黄"之说"非也"。由此看来，李如箎所引"旧说"是为地圆说无疑。只是地圆说又一次处于被批评、被否定的地位。

元代，西方地圆说的思想再次传入。元世祖至元四年
（公元1267年）札马鲁丁造西域仪象七件上呈，其中有地球
仪一件："苦来亦阿儿子，汉言地理志也。其制以木为圆球，
七分为水，其色绿；三分为土地，其色白；画江河湖海，脉络
贯串于其中。画作小方井，以计幅员之广袤，道里之远近。"[1]
地球仪的传入，比一般的地圆思想更加形象与具体，更能反映
大地的细部状况。即便它仅呈现在深宫之中，但其意义和影响
均不可低估。

元代李冶（公元1192—1279年）在《敬斋古今黈》卷一
中，明确提出天地均为正圆形。说："天地正圆如弹丸。地体
未必正方，令地正方，则天之四游之处，定相窒碍。"他认为
大地的形状接近于球体。

伊世珍在《琅嬛记》中有一段有趣的对话："姑射谪女
曰：天上地下而人在中，何义？九天先生曰：谓天上地下则不
可。天地人物不犹鸡卵乎？天为卵壳，地为卵黄，人物为卵
白。"这里九天先生讲得很明确：地乃是悬于天内之一物，于
是，地上的天是在地之上，地下的天却是在地之下，所以不能
笼统地说天上地下。他的比喻非常恰当：天地人物总体的相对
位置与鸡卵的卵壳、卵黄、卵白的状况相类似，而且天形像卵
壳，地形似卵黄，而人物则好比附着于卵黄（指地）周围的
卵白。这自然是明确的地圆说，而且还明确地表述了地球的四
周均有人物生存的重要思想。

黄镇成（公元1287—1362年）在《尚书通考》卷一中，
有以圆圈代表地体的图像，把地体画作两个同心圆圈，并注明

----

〔1〕《元史·天文志一》。

"地内"、"道静"字样，以示圆形的地孤居于天内并静止不动之意。在图的说明文字中，黄镇成亦明确指出："内轮象地，不动，以定正南之位。"这就是说，黄镇成是明确无误地把地体画成了球状的图像。

第九节　地质知识

宋、元时期的地质知识包括三个方面的内容：一是地质理论；二是对化石的认识；三是矿物岩石知识。

一　地质理论

宋、元时期的地质理论，归纳起来有以下四项：

1. 海陆变迁

北宋沈括把中国古代的海陆变迁思想推向了新阶段。他以化石和磨圆度很好的卵石为证据，论证了华北平原由海变陆的事实，说："予奉使河北，遵（一作边）太行而北，山崖之间，往往衔螺蚌壳及石子如鸟卵者，横亘石壁如带。此乃昔之海滨，今东距海已近千里。所谓大陆者，皆浊泥所湮耳。尧殛鲧于羽山，旧说在东海中，今乃在平陆。凡大河、漳水、滹沱、涿水、桑干之类，悉是浊流。今关、陕以西，水行地中，不减百尺，其泥岁东流，皆为大陆之土，此理必然。"[1]

南宋朱熹认为，沉积在海洋中的柔软淤泥，长期埋藏在地下，会凝结成坚硬的岩石，然后被抬升为高山。他说："尝见高山有螺蚌壳，或生石中，此石即旧日之土，螺蚌即水中之物。下者却变而为高，柔者却变而为刚；此事思之至深，有可

---

〔1〕《梦溪笔谈》卷二十四。

验者。"[1]

元代，于钦以山东济南大云顶崖壁上的衔蚌壳结石为例，进一步证明沈括关于海陆变迁的论述是正确的。他说："府城南五里上方，号大云顶，有通穴如门，可容百余人，远望如悬镜，泉极甘洌，崖壁上衔蚌壳结石，相传海田所变。如沈存中（沈括字）《笔谈》（《梦溪笔谈》）载太行山崖螺蚌石子横亘如带之类，齐地尤多。"[2]

2. 化石成因论

沈括首次提出，延州永宁关的"竹笋"化石，是由旷古以前的竹子变成的。他说："近岁延州永宁关大河岸崩，入地数十尺，土下得竹笋一林，凡数百茎，根干相连，悉化为石……不知其何代物？无乃旷古以前，地卑气湿而宜竹邪？"[3]据现代古生物学者考证，沈括说的"竹笋"乃是中生代地层中的新芦木或带蕨（蕨类植物）化石[4]，因其外形似竹，故沈括误以为是竹子变来的。但他认为，旷古植物埋在地下会变成化石的思想，则是十分可贵的。

北宋张师正提出了很有创见的鱼化石成因论，说："鱼龙，古之陂泽也，岂非鱼生其中，山颓塞，渐久而土凝为石，故破之有鱼形。"[5]这个观点与现代地质学的观点完全一致。

3. 矿物成因论

《造化指南》认识到，自然铜、氧化铜和硫化铜三者之

---

〔1〕《朱子语类》卷九十四。

〔2〕《齐乘》卷一"云门山"。

〔3〕《梦溪笔谈》卷二十一。

〔4〕尹赞勋. 中国古生物学之根苗［G］.尹赞勋文集. 北京：科学出版社，1984：112.

〔5〕《倦游杂录》，载《说郛》卷三十三，宛委山堂本。

间，存在着某种相互转化的关系。书中写道："铜得紫阳之气而生绿，绿二百年而生石绿，铜始生其中焉。曾、空二青则石绿之得道者，均谓之矿。又二百年得青阳之气，化为鍮石。"[1]这是继承汉代刘安的矿物成因论。

南宋杜绾提出了矿石因薰蒸而成的新理论，说："韶州石绿色，出土中。一种色深绿，可镌砻为器；一种青绿相兼，磊块或如山势者；一种色稍次……大抵穴中因铜苗气薰蒸，即此石共产之也。"[2]

4. 山脉成因论

宋、元时期的山脉成因论，以水成论为主要内容。如北宋末姚宽《西溪丛语》卷下载："孙天举云，尝见吴天用家藏一易书，不知何人作。云东南之山，皆水冲激而成，有连亘三四十山不绝者，乃地脉也。"这是流水侵蚀作用造成山脉说，与沈括论述雁荡山的成因一致。

南宋朱熹关于山脉成因的观点是："天地始初混沌未分时，想只有水火二者，水之滓脚便成地。今登高而望，群山皆为波浪之状，便是水泛如此。只不知因甚么时候凝了。"[3]这是从开天辟地时讲起，认为山脉是水之滓脚凝结而成，可以称之为"水成论"。这种观点与18世纪德国水成论有相似之处，但却早了六百多年。

二　对化石的认识

宋、元时期，对化石的认识只有两类，即遗体化石和化学化石。

---

[1] 《本草纲目》卷十引。
[2] 《云林石谱》卷上。
[3] 《朱子全书》卷四十九。

（一）遗体化石

遗体化石是指生物遗体形成的化石，包括动物骨骼、牙齿、贝壳及植物的茎干、花叶、种子等。

1. 龙骨

龙骨是新生代晚期的哺乳动物骨骼及牙齿的化石。春秋战国时期已有此名。宋代，苏颂、寇宗奭对龙蜕说表示怀疑，但没有作进一步的探索。宋代的龙骨已作为商品出售，开采量相当可观。据黄休复的《茅亭客话》记载，在四川每年正月至三月，州城及属县循环十五处，有蚕市。卖龙骨的老人及儿孙辈把"龙骨"、"龙齿"、"龙角"、"龙头"、"龙脊"之类挖出来，总计有好几担，挑到集市上一天就卖完了。问他产在何地，回答是灵池县（今四川成都东南）分栋山。所出龙骨有的大十数丈，小的也有三五丈，产量也多。由此可见当时对龙骨的需求量很大。

2. 石燕

石燕是海洋中的腕足动物壳体化石，由于壳体两侧特别宽阔，形如飞燕展翅，故取名为石燕。宋代，谢鸣、杜绾用实验方法科学地解释了石燕会飞的原因。谢鸣曰："自在乡中山寺为学，高崖岩石上有如燕状者，圈以笔识之。石为烈日所暴，忽有骤雨过，所识者往往坠地，盖寒热相激而进，非能飞也。"[1]杜绾曰："永州零陵出石燕，昔传遇雨则飞。顷岁，予涉高岩，石上如燕形者颇多，因以笔识之。石为烈日所暴，遇骤雨过，凡所识者，一一坠地。盖寒热相激进

---

[1] [宋] 张师正：《倦游杂录》。

落，不能飞尔！"[1]这是用热胀冷缩原理解释自然现象的生动事例。南宋周去非对石燕的认识又进了一步，说："石燕生于石，遇雷雨则震跃而出，盖阳气之感。今湖南永州所产绝佳，色黄而头嘴翅脊了了然。广西象州江滨石中亦有之。凡石中有嵌生如海蚶者极多，非真石燕也。"[2]国外对腕足类化石的记载始于中世纪，初次描述始于葛斯那，他在1565年绘记了德国佛登堡的小嘴贝类腕足类化石。从古生物学角度判断石燕属腕足类化石，则是戴维逊在1853年研究泥盆纪腕足类时才确定的。[3]

3. 石鱼

北宋杨简《石鱼偶记》、张师正《倦游杂录》、江少虞《宋朝事实类苑》卷六十分别记载了慈溪县（今浙江宁波慈城镇）和陇西的石鱼。张师正还对石鱼的成因作了科学的论述。杜绾对湖南湘乡的石鱼也有记载，说石鱼的形状类鳅鲫，鳞鬣悉如墨描，当时已有人作伪，"以生漆点缀成形，但刮取烧之，有鱼腥气乃可辨"[4]。

4. 软体动物化石

沈括在河北太行山旅行时，看到山崖间往往衔螺蚌壳及石子如鸟卵者，以为是海洋中生活的软体动物化石。实际上从他描述的地层及化石来看，可能是新生代后期某些河湖相地层（如三门组），其中所含的化石是双壳类及腹足类化石，是淡水软体动物壳体化石。

---

[1] 《云林石谱》卷中。
[2] 《岭外代答》卷七。
[3] 《化石》1978年第2期。
[4] 《云林石谱》卷中。

5. 宝塔石

宝塔石又名竹笋石、太极石。它是古鹦鹉螺壳体化石。古鹦鹉螺生活在海底，属于软体动物门的头足纲。它的外壳呈直角状、锥状或圆柱状，体内有许多横膈壁，膈壁中央或稍偏有漏斗状的体管，纵断面形状如宝塔，故称宝塔石。它大都分布在奥陶纪和三叠纪的地层中，是奥陶纪中期的标准化石。又由于横向看像太极图，故又叫太极石。中国现存最早的宝塔石标本（藏于南京古脊椎动物所），是北宋诗人黄庭坚题诗的所谓竹笋化石，长19厘米，宽11.4厘米，厚2.5厘米，正面有支竹笋，是由洁白的方解石形成，镶嵌在青灰色的围岩之中。

6. 石蟹、石虾、石蚕

石蟹是埋藏在地层中的螃蟹化石，多产于海南岛、广西一带。北宋马志《开宝本草》载："石蟹生南海，云是寻常蟹尔，年月深久，水沫相着，因化成石。每遇海潮即飘出。又有一种入洞穴，年深者亦然。"[1]苏颂《本草图经》也说，石蟹近海州郡皆有之，"体质石也，而与蟹相似，但有泥与粗石相着尔"[2]。宋《开宝本草》载有石蚕，"生海岸石旁，状如蚕，其实石也"[3]。

7. 石蛇

石蛇，有人认为是羊角螺化石，有人认为是鳞木化石，还需进一步研究。《本草图经》载，石蛇出南海水旁山石间，其形盘曲如蛇，无首尾，内空，红紫色，以左盘者良。又似东

---

〔1〕《本草纲目》卷十引。
〔2〕《本草纲目》卷十引。
〔3〕《本草纲目》卷十引。

螺，不知何物所化，大抵与石蟹同类。[1]寇宗奭的看法与苏颂不同，说石蛇色如古墙上土，盘结如查梨大，空中，两头巨细一等，不与石蟹同类。[2]

8. 石龙

古文献中记载的石龙，可能是鳞木化石。鳞木是生长在石炭、二叠纪的高大乔木，枝干上所覆盖的叶片脱落以后，呈现出极为清晰的鳞片状印痕。山西广泛分布石炭、二叠纪地层，这种化石比较容易见到。如沈括在《梦溪笔谈》卷二十一载："治平（公元1064—1067年）中，泽州（今山西晋城）人家穿井，土中见一物，蜿蜒如龙蛇，人畏之不敢触，久之见其不动，试摸之，乃石也。鳞甲皆如生物，盖蛇蜃所化，如石蟹之类。"

9. 新芦木或带蕨化石

古文献中记载的竹笋或竹化石，可能是中生代地层中的新芦木或带蕨化石，是蕨类植物。如《梦溪笔谈》卷二十一载："近岁延州永宁关（今延川县东南）大河岸崩，入地数十尺，土下得竹笋一林，凡数百茎，根干相连，悉化为石。"

10. 硅化木

硅化木又称木化石，常见植物化石中的一种。植物的次生木质部细胞全部被二氧化硅以分子方式进行等速的交换，使硅化木不仅保存了年轮，还可保留植物的细微构造。宋代《舆地广记》记载："宋建炎（公元1127—1130年）年间，遂宁府（今四川遂宁县）转运使衙门后圃有松石，外犹松树，而中化为石。又重庆府永川县有石松坪，有松花石，石质而松理，

---

〔1〕《本草纲目》卷十引。
〔2〕《本草纲目》卷十引。

或二三尺许，大可合抱，然不过相望数山有之，俗呼雷烧松。"

11. 人骨化石

元代，鲜于枢的《困学斋杂录》载："郿州有一青石，中有人骨一具趺坐，若生而成者与石俱化。以佩刀削之，真人骨也。"[1]

12. 假化石

中国古代对铁锰质水溶液在岩石裂缝中充填而形成松枝状、松针状假化石的认识较早，记载也较多，其名称有松枝石、松石、松屏石、松风石、醒酒石、婆娑石等。这在宋、元著作如《洞天清录》、《云林石谱》、《山居新语》中均有记载。松枝石多见于砂岩、页岩的层面或裂隙中，有许多黑色的枝条，如水草、松枝、金鱼藻等形态，并无规则，成簇丛生。菊花石也是假化石。

（二）化学化石

化学化石，是指保存在各个地质时代岩石中的生物体有机物。如琥珀，它是裸子植物的树脂流入地中，经过几千万年的地质作用形成的。中国辽宁抚顺产的琥珀是在第三纪（距今4000万年）时与抚顺煤层一起生成的。它们是古代松、柏、桧、枫和其他有分泌物的树木的树脂化石，其颜色有黄、橙、赤、褐、绿、乳白等。[2]关于琥珀中的昆虫来源，宋代陈承说，琥珀中的昆蚁之类，乃未入土时所粘者。[3]

---

〔1〕《知不足斋丛书》第二十九函。

〔2〕《科学大众》1957年2月号。

〔3〕《本草纲目》卷三十七引。

三　对火山与温泉的认识

（一）火山

中国最早记载国外火山的著作，是南宋赵汝适的《诸蕃志》卷上。书中讲到斯加里野国时，说："本国有山穴至深，四季出火，远望则朝烟暮火，近观则火势烈甚，国人相与扛舁大石，重五百斤或一千斤，抛掷穴中，须臾爆出，碎如浮石。每五年一次，火从石出。"这里说的是意大利西西里岛上的火山。

（二）温泉

宋、元时期，某些地方志和笔记中记载了一些温泉，但很分散。记载比较集中的是王象之的《舆地纪胜》，载温泉18处。所记内容有：（1）水温，如温、热、沸、沸热等。（2）气味，如硫黄气。（3）颜色，如"水变赤如流丹"。（4）生物，某些温泉中有鱼生长，"不苦其炎也"。（5）温泉的利用。有的可以治病，"有患风疥癞气者，浴之皆愈"；有的可煮食物或加工食物；有的可以灌溉稻田，"一岁三熟"。（6）温泉的地理分布。所记温泉分布在安徽、江西、广东、海南、湖北、湖南。

张邦基在《墨庄漫录》卷十中讨论了温泉的种类，一是"大热而气烈乃硫黄汤也"；二是"汤泉温温可探而不作火气，云是朱砂汤也"。

宋人关于温泉成因的看法有三派：一派以苏轼为代表；一派以唐庚为代表；一派以朱熹、朱翌、周密为代表。

苏轼认为："自怜耳目隘，未测阴阳故。郁攸火山烈，觱沸汤泉注。安能长鱼鳖，仅可焯狐兔。"[1]

〔1〕　陈炎冰.中国温泉考［M］.北京：中华书局，1939：8.

唐庚（字子西）作《汤泉记》，认为："炎洲地性酷烈，故山谷多温泉，或说水出硫黄，地中即温；初不问南北，今临潼汤泉水乃正西，而炎洲余水未必皆热，则地性之说固已失之；然以硫黄置水中，不能温，则硫黄之论亦未为得；吾意汤泉在天地间，自为一类，受性本然，不必有待然后温也。"[1]

朱熹诗云："谁然丹黄焰，爨此玉池水。"[2]朱翌说："泉之温，其下必有硫黄、矾石之类无疑。"[3]周密认为："温泉之下，必有硫黄、矾石故耳。"[4]

这三派中，以苏轼的观点最接近实际，把温泉形成与火山联系起来。唐庚的观点也不错，符合实际。朱熹等人的观点则是唐代陈藏器观点的发展，不仅认为硫黄可以使冷泉变成温泉，而且又增加了矾石，矾石也可以使冷泉变温泉。这是错误的，不可能的。这点，唐庚已作了批驳。

四　矿物岩石知识

（一）矿业生产与考古文物资料中反映的矿物岩石知识

1. 矿业生产中反映的矿物岩石知识

宋初，《太平寰宇记》卷一百零一列出了当时龙焙监采银、铜的 12 种矿石名称，即白矿、黄礁矿、黑牙矿、松矿、黑牙礁矿、光牙矿、土卯白矿、桐梅礁矿、红礁夹生白矿、赤生铜矿、水礦矿、马肝礁矿。

在《宋史·地理志》中有各地的贡物，其中有矿物岩石内容。如山东贡阳起石、紫石英、钟乳石、长理石、云母等；

---

〔1〕　陈炎冰. 中国温泉考 ［M］. 北京：中华书局，1939：8.

〔2〕　《齐东野语》卷一引。

〔3〕　《猗觉寮杂记》卷上。

〔4〕　《齐东野语》卷一引。

陕西贡麸金、砚；河北贡解玉砂、磁石；山西贡礜石、矾石、白石英、禹余粮、解玉砂、石膏、龙骨、盐等；江苏贡白石脂；江西贡麸金、水晶器、云母等；湖北贡银、芒硝；湖南贡朱砂、水银、麸金、石燕、银等；四川贡麸金、曾青、空青、钢铁等；贵州贡朱砂、金；广东贡钟乳石、银、铅、锡、砚等；广西贡银、朱砂、金、白石英、缩砂等。总计涉及矿物岩石29种，不计重复的。它们是：金、银、铁、铅、锡、砚、缩砂、白石英、朱砂、钟乳石、空青、曾青、石燕、水银、芒硝、云母、水晶、白石脂、盐、龙骨、解玉砂、石膏、禹余粮、矾石、礜石、磁石、紫石英、长理石、阳起石等。

2. 考古文物资料中反映的矿物岩石知识

笔者对1990年以前的《文物》、《考古》刊物上的矿物岩石资料进行了查找，得到宋、辽、金、元时期的矿物岩石资料。其名称有：金、银、铜、铁、锡、铅、水银、朱砂、石青、石绿、高岭土、高岭石、瓷石、钴土矿、青矾、砒、煤、滑石、硫黄、玉、水晶、玛瑙、赭石、端石、歙石、黄蜡石、青砚石、寿山石、黑砚石（俗名将乐石）、墨石、青田石、大理石、石灰石、花岗岩、红砂岩、泥板岩、石英砂岩、青砂岩、砂岩、板岩、泥灰岩、砂质页岩、泥岩、黑页岩、白垩、琥珀、汉白玉、澄泥砚、绿松石、孔雀石、蓝宝石等共计51种。它们的主要用途分述如下。

金：作首饰（钗、簪、钏、指环、花、带、耳环等）、颜料、鎏金、金器（龙头杖、金棺）、金条、金铤、金牌、金箔等。宋代金铤、金牌、金条作为储蓄，不是流通货币。主要用来支付和储藏，有时也作为价值尺度。

银：作银器（碗、盘、杯、盒、瓶、鞋、碟、钵、盅、罐、盂、筷子、盆、匙、盏、炉等)、首饰 (钗、簪、耳挖、钏等)、银锭、银条、银块、银铤、银棺、银塔、银椁、银精舍等。宋代金银器出自墓葬的有 6 批 51 件以上,出自窖藏的 6 批 391 件,出自塔基的 2 批 5 件,加上饰件,总数可达 500 件。《宋史·舆服五》载:宋代用于器皿首饰的金银"岁不下十万两"。

铜:作钱币、铜器 [水盂、碗、小碗、大杯、三足盘、瓶、勺、筷、执壶、笔架、吊锅、镜、台、钵、盆、灯、茶托、茶具、镰斗、盘、蜡台、打击乐器 (如钹、铙、锣、磬等)]、佛像、天王像、铜兽、铜印、铜权等。

铁:作手工业工具、农具、兵器、火器、鼎炉、铁塔、镇墓铁牛、铁猪、铁地券、铁铸墓记等。北宋山东聊城铁塔,高 15.5 米,原 13 级,现存 12 级。湖北当阳八棱铁塔,高 21 米,13 层,重十万余斤。河南桐柏淮渎庙的两只铁狮子,铸于公元 1328~1329 年。元代的符牌,种类较多,其中的圆牌是铁制的。

锡:作合金,如广东一件传世宋代铜鼓,含锡达 10.92%。含锡合金的明器有炉、高瓶、壶、罐、盒、提桶、马子、捣臼、夌、唾盂、粉盒、托盏、豆、杯、碗、锅、碟等。作锡瓶、锡戒指、锡鼎、锡盏托、锡盆等。

铅:作合金,如广东传世宋代铜鼓,含铅为 13.17%。造铅粉作颜料。北京出土过元代铅供器,有香炉、瓶、蜡台等。

水银:墓底放水银,这在宋朝高级官墓中常见。有的墓底除水银外,还有草木灰、硫黄、龙脑。这种葬礼规格是勋戚功臣诏葬时所特赐,不是一般墓葬所能有。其用意可能是防腐。据《续资治通鉴》卷三十八记载:宋仁宗明道元年二月丁卯,

"以真宗顺容李氏为宸妃，是日，宸妃薨……夷简乃请治丧皇仪殿，用一品礼殡洪福寺……用水银实棺，有司希太后旨"。《宋史》载："太师清河郡王张俊葬，赐水银二百两。""杨存中薨，孝宗……赐水银、龙脑以敛。"《宋史·礼志》载：张俊葬仪，赐"水银二百两，龙脑一百五十两"。墓葬中出土的水银数量与文献记载基本符合。如福州南宋墓，出土水银684克[1]。南京浦口区黄悦岭南宋张同之夫妇墓，出土大量水银，除流失者外，尚取出 5 市斤[2]。宋代水银年产量高于黄金，以元丰元年（公元 1078 年）为例，全国年产黄金 10710 两，水银则有 53696 两[3]。辽宁建平辽墓中，尸床上有很多水银。郑所南在《心史》中记载了用水银处理尸体的事，曰："若葬，亦以刀破腹肠，翻涤肠胃，水银和盐纳肠中。"

朱砂：主要用于中药、炼丹、颜料和提炼水银。

石青：石青是赤铜矿中的产物，为盐基性碳酸铜，又名蓝铜矿，化学组成为 $Cu_3[CO_3]_2(OH)_2$，主要用作颜料、中药、炼铜。

石绿：石绿产于铜矿中，盐基性碳酸铜，化学组成为 $Cu_2[CO_3](OH)_2$，含铜量较石青少 1/3，含碳量较石青少 1/2。主要用作颜料。又名孔雀石，是一种古老的玉料，用来制作工艺品和炼铜。

高岭土：制造瓷器的原料，是一种白色中微带灰色或黄色的黏土，其中含有高岭石、石英、云母、二氧化硅、三氧化二铝、三氧化二铁、氧化钙、氧化镁、氧化钾、氧化钠等。它是

〔1〕 文物，1977（7）：1.
〔2〕 文物，1973（4）：59.
〔3〕 文物，1973（4）：59.

由高岭石和或多或少的石英、云母等杂质混合而成。

高岭石：是含铝硅酸盐矿物，化学组成为 $Al_4[Si_4O_{10}](OH)_8$。主要用作陶瓷，其次用于造纸和建筑。

瓷石：这是一种主要含有石英和绢云母矿物组成的岩石，是一种白色中微带黄、绿、灰或绛红色的岩石，它可以单独用作制瓷原料，不用添加其他任何黏土矿物。有的瓷石又适于配釉，也叫釉石。

钴土矿：化学成分为 $m(Co，Ni)O \cdot MnO_2 \cdot nH_2O$，常呈结核状、土状、块状。颜色为微带蓝色的黑色，是含钴的超基性岩经风化后所形成的表生矿物。用作制造蓝色颜料和炼钴的原料，在制瓷工业中用作蓝色呈色剂。

青矾：在制瓷工业中用作呈色剂。

砒：化学符号 As，学名砷，主要用于制硬质合金，还用于医药及杀虫。

煤：宋、元时期又称石炭，主要用作燃料。宋代的煤矿遗址已发现两处，一为河南鹤壁煤矿遗址，一为河南禹县煤矿遗址。从遗址可以探究当时采煤的技术水平。

滑石：墓葬中出土的滑石主要是明器，有俑、瓶盖、四神兽、盘、石磨、杵头、石臼、石槽、高足盘、鸡等。有的用来刻印章。

硫黄：主要用于制火药，作中药，炼丹，少数撒在棺底。

玉：宋、元时期的玉器仍然盛行，传世或墓葬中出土的玉器有玉印、玉带牌、玉簪、玉杯、玉瓶、玉镇纸、玉笔架、玉带饰、玉佩、玉砚、玉水盂、琢磨玉器的工具等。宋代宫廷中设有玉院，宋高宗编有《古玉图谱》百卷，详细勾绘了他所藏的古代玉器和仿制品。元代玉印的品级在金印之上。

水晶：宋、元时期墓葬中出土的水晶制品有兔、水晶饰、坠、珠、水晶石块、水晶环、球、狮、盒、杯、串珠、项串等。

玛瑙：宋、元时期墓葬、塔基中出土的玛瑙制品有珠及其他制品。如耳坠、碗、盅、杯、管、狮形饰、童子形饰、桃形饰、球饰、串珠、牌饰等。

赭石：赭石即红土，赤铁矿中的产物，主要用来作颜料。

端石：因产于端州（今广东肇庆）而得名。用它制成的端砚，是中国最有名的四大名砚之一。端砚，唐代就很著名，宋、元墓葬中出土端砚 7 件。端石的岩石类型有三种，即泥质板岩、水云母泥质岩、含凝灰粉砂质泥岩。颜色青紫色或灰紫色。主要矿物组成有：水云母，含量 70% ~ 80% ；绿泥石，含量 5% ~ 10% ；石英，含量 2% ~ 3% ；赤铁矿，含量 1% ~ 2% 。同是端石，因产地（坑）不同而有差别。产于羚羊峡东岸斧柯山一带的，如老坑（水岩坑）、坑仔岩、麻子坑、朝天岩、宣德岩、古塔岩者为绿端石，是狭义的端溪砚石。其岩石类型为水云母质泥岩或板岩，质地较柔润。产于羚羊峡西岸北岭山一带的宋坑、梅花坑等砚坑者为北岭端砚石。其岩石类型为含赤铁矿泥质岩，质地偏红，略燥。端石产于中泥盆纪的紫红色砂质岩层中，呈透镜状产出，岩层厚度 0.1 ~ 1.5 米，延伸长 5 ~ 10 米，显微鳞片结构，致密块状，硬度 3 ~ 4。端石石质优良，细腻嫩爽，滋润，具有发墨不伤笔头，呵气可研墨的特色。

端石品种很多，其中最珍贵的有五种：

（1）青花。微细如尘，隐隐浮出，沉水观看如萍藻浮动，分微尘青花、鹅毛青花、蚁脚青花和蝇头青花四种。

（2）鱼脑冻。这是一种"生气团团"如"澄潭月漾"，又像鱼脑为水所凝，白如晴云，吹之欲散，松如团絮，四周有胭脂"火捺"。是端砚中的极品。

（3）蕉叶白。它浑成一片，嫩净如肌肤，温如泽，沉如密，如蕉叶初展，含露欲滴。

（4）石眼。其色翠绿，层次分明，眼珠晶莹，生动活泼，分鸲鹆眼和凤眼两种。

（5）火捺。其色红紫，似血所拟，如火所烙。

此外，还有"金银线"、"翡翠点"、"猪肝冻"和"金星点"等品种。

端石除制砚外，也用来制其他物品。如四川大邑县南宋早期的窖藏，出土了端石笔山1件。

歙石：因产于安徽歙州（今歙县）而得名。因产石之山曰龙尾山，故又称"龙尾砚石"。宋、元墓葬中出土歙砚约5件。歙砚石发现于唐开元年间（公元713—741年），南唐时已成为御用品。苏东坡极爱龙尾砚，赞曰："涩不留笔，滑不拒墨。瓜肤而谷理，金声而玉德。厚而坚，朴而重。"道出了这种砚坚润紧密、温润可爱的品质。歙砚也是中国四大名砚之一。

歙砚石产于江南古陆东段前震旦系上溪群海相泥、砂质沉积成因的浅变质岩中，为含绿泥石的云母质板岩–千枚状板岩，具显微鳞片变晶结构，板状构造，主要由多硅白云母和蠕绿泥石组成，含少量石英、碳质、黄铁矿等。质地苍劲，发墨性能优良，硬度3~4，比重2.89~2.94。主要产石坑有：龙尾山老坑，罗纹山眉子坑、水弦坑、水蕨坑、金星坑，主持山的溪头坑、叶九坑，济山的碧黑坑等。

歙砚石品种很多，按其天然纹理（石品）大致分为眉子、罗纹、金星、银星和金晕五种。

眉子指石材中像人的眉毛的纹理，有 13 个品种：长眉子、短眉子、阔眉子、对眉子、簇眉子、金星地眉子、金晕眉子、大眉子、雁攒湖眉子、录豆眉子、鳝肚眉子、锦簇眉子、金眉子。罗纹有 20 个品种，如粗罗纹、细罗纹、暗细罗纹等。金星有十多个品种，如金钱金星、雨点金星、云雾金星等。各种天然纹饰的形成同原石产出的地质环境有关，如金星、银星及金晕等，除与同生的金属硫化物有关外，还与后期的岩浆热液活动及次生氧化作用有关。

现存著名的歙砚品种有：雁湖眉子、鳝肚眉纹、青绿晕石、对眉子、仙人眉、歙绿刷丝、歙红豆斑及紫云石等[1]。

黄蜡石：四川大邑县南宋早期窖藏，出土黄蜡石镇纸 1 件。

青砚石：连云港北宋塔基出土青砚石石函 1 件。

寿山石：寿山石因产于福建省福州市北郊寿山乡而得名，是我国开采利用最早的印章石。寿山石赋存于上侏罗统酸性火山岩中，是火山热液交代蚀变的产物。寿山石的矿物成分主要有地开石、高岭石、石英，还有少量绢云母、伊利石、黄铁矿、滑石、水铝石等。颜色有白、黄白、灰白、黄、黄紫、紫红、艾绿等。硬度 2～2.5。隐晶、细晶、显微鳞片变晶结构，致密块状，角砾状构造。按成因及产出位置分为田坑石、水坑石和山坑石三大类[2]。在福建福州和尤溪宋代（北宋、南宋）墓葬中，出土了寿山石人俑 33 件，鸟、鱼各 1 件。属于就地

〔1〕 吴惠群. 实用宝玉石学 [M]. 北京：高等教育出版社, 1993：194.

〔2〕 吴惠群. 实用宝玉石学 [M]. 北京：高等教育出版社, 1993：183.

取材。

黑砚石：俗称将乐石，因产于福建将乐县而得名。福建南平市有一块南宋绍兴丁卯年（十七年，公元 1147 年）立的巨碑，碑身用黑砚石雕成，高 3.125 米、宽 1.64 米。

墨石：福建顺昌县北宋墓出土风字形墨石砚 1 件，长方形。

青田石：因产于浙江青田县而得名。青田石赋存于晚侏罗世统流纹岩及流纹晶玻屑熔结凝灰岩中。主要矿物成分有：叶蜡石、高岭石、石英、云母、蒙脱石、刚玉和硅线石等。颜色有绿、淡黄、橘黄、砖红、紫红。显微鳞片变晶结构，变余玻屑凝灰结构，块状和条纹状构造。硬度 2.3～2.6。品种按颜色分，以淡黄色为佳。其中灯光绿与寿山田黄、昌化鸡血统称为印石三宝[1]。

大理石：大理石因产于云南大理而得名，岩石学上称"大理岩"。我国古代把大理石归为玉类，现在多认为是一种彩石或称石雕、装饰石，多用作石雕和建筑装饰石料，个别用作玉料。它是由碳酸盐岩石经过重结晶作用变质而成，主要矿物为方解石和白云石，有时含微量石英、绢云母、蛇纹石等矿物。颜色多样，有白、灰、粉红、绿、黄、褐等色，有多种色彩花纹条带。半透明至不透明，透明度与其中杂质和方解石的定向排列程度有关。硬度 3～3.5。品种有汉白玉、点苍大理石、曲阳玉、曲纹玉、紫纹玉、莱阳绿、香蕉黄、晶白、桃红[2]。宋代塔基中出土有大理石函 1 件。

---

〔1〕 吴惠群. 实用宝玉石学 [M].北京：高等教育出版社，1993：194.

〔2〕 吴惠群. 实用宝玉石学 [M].北京：高等教育出版社，1993：178－179.

石灰岩：化学成分为 $CaCO_3$，主要用于烧石灰、建筑材料、雕塑材料等，应用的范围非常广泛，遍布人们生活的各个角落。在江西永新北宋墓前，有石灰岩雕成的翁仲、石马、石狮、石羊等。棺木四周及棺顶，全用石灰拌糯汁填塞。在河南巩义市宋陵前，有石灰岩雕塑的望柱、象、驯象人、瑞禽、獬豸、仗马、虎、羊、"蕃使" 6 人、文臣武将、门狮、武士、宫人等，非常壮观气派。在山西永济，发现金代石灰岩制造的石棺 1 副。在河南方城县宋墓中出土了石灰岩刻制的石俑 13 件，石龙、鸡、马各 1 件，石桌 6 件，石屏风 1 件，石椅 2 件。在湖南衡阳北宋墓中，出土石灰岩石砚 1 件。武昌南宋墓也出土石灰岩石砚 1 件。不少地方用石灰岩制作墓志。

花岗岩：宋、元时期，花岗岩主要用于建筑，如泉州开元寺石塔，福建安平桥，洛阳桥、顺济桥、石笋桥都是花岗岩建造。有的用花岗岩砌墓室，用花岗岩砾石涂色作镇墓石。在辽墓中发现 1 件花岗岩石棋盘。在广东潮州北宋墓中，出土 1 件花岗岩石樽。

红砂岩：在江西临川宋墓中，出土 1 件红砂岩墓碑和 1 件地券。

泥板岩：在辽宁凌源元墓中，用泥板岩砌墓室。在锦州辽墓中，出土 1 件泥板岩砺石。

石英砂岩：在明州港，南宋三块刻石都是用石英砂岩。

青砂岩：辽代北大王墓出土 1 件青砂岩墓志。在辽宁朝阳辽代赵氏族墓中，出土了青砂岩石棺 2 副、墓志 3 合，石棺用 6 块青砂岩石板雕刻而成。

砂岩：在辽宁建昌辽墓中，出土了刻有契丹文的砂岩石棺 1 副，黄白色，四面皆有雕刻。在山西永和县金代墓葬中，出土灰黄色砂岩石棺 1 副。

板岩：湖北麻城北宋墓中，出土青色板岩墓志 1 合。

泥灰岩：在湖北麻城北宋墓中，出土青色泥灰岩石砚 1 副。

砂质页岩：在上海宋墓中，出土砂质页岩石砚 1 副。

泥岩：在武昌南宋墓中，出土红色泥岩石砚 1 件。

黑页岩：在福建南安宋墓中，出土黑页岩墓志铭 1 方。

白垩：白土粉，化学成分为 $CaCO_3$，主要用作颜料、建筑材料和中药。

琥珀：宋、元时期，琥珀主要用于身上的佩饰，如佩、珠、执柄、叶形饰、耳坠、双鱼形盒、鸳鸯、小瓶等。

汉白石：主要用于建筑，大的器物有棺、椁、狮首门枕石、浮雕栏板等。小的器物有杯、香炉、狮、枕、石臼、雕龙带板等。

澄泥砚：中国名砚之一。它是以细河泥做成坯块，风干后雕琢成砚形，放在火中烧成。其珍品性能极佳，达到"一匙之水，经旬不涸，一洼之墨，盛暑不干"。宋、元时期，除虢州（今河南灵宝）制作澄泥砚外，山西绛县、山东柘沟、河北滹沱河等地均有制作。辽代庆州（今内蒙古昭盟巴林右旗）古城出土 1 件西京古砚，即灰色澄泥砚。上海青浦元代任仁发墓出土了 2 件澄泥砚。

绿松石：宋、元时期，绿松石主要用于宝石装饰品，如西夏李遵顼陵墓出土 2 件镶嵌绿松石鎏金银饰。甘肃漳县元代墓群出土了镶嵌绿松石的金银首饰。

孔雀石：宋、元时期，孔雀石作为玉石也是用来装饰。西夏李遵顼陵墓出土了孔雀石饰珠 1 枚。

蓝宝石：在西夏李遵顼陵墓中出土了镶蓝宝石的铜饰 1

件。北京通县金代墓葬出土了镶蓝宝石的金坠饰2件。苏州张士诚母亲墓出土镶蓝宝石镯1对。

（二）对矿物性质的认识

宋、元时期人们对矿物性质的认识大致有八个方面：

1. 颜色

矿物性质中最容易引起人们注意的是颜色，许多矿物名称就是根据矿物颜色来命名，如黄金、白银、朱砂、绿松石、白矾、白垩、赭石、紫石英等。苏颂《本草图经》曰：朱砂中"箭镞连床者，紫黯若铁色"。石钟乳"色白微红"。无名异"黑褐色"。矾"有五种，其色各异，谓白矾、绿矾、黄矾、黑矾、绛矾"。雄黄"其色如鸡冠者为真"。雌黄"其色如金……黑如铁色者，不可用"。阳起石"以色白肌理莹明若狼牙者为上"。不灰木"其色青白"。寇宗奭《本草衍义》对矿物颜色也很注意，曰：绿青"其石黑绿色者佳"。紫石英"其色紫"。白石英"白色如水精"。磁石"色轻紫"。太阴玄精石"色青黑"。玛瑙"有红白黑色三种"。代赭"赤紫色者佳"。杜绾《云林石谱》中，也有许多矿物颜色的描述。如：桃花石"其色粉红斑烂"。端石"色正紫"。礜石"色灰白"。饭石"青白绿紫色"。墨玉石"色深黑"。

宋代开始记载矿物的假色，如北宋寇宗奭已发现了水晶的分光现象，说："日中照出五色光，如峨眉普贤菩萨圆光。"[1]这里说的"日中照出五色光"就是假色。这一发现比牛顿（Isaac Newton）早550年[2]。

〔1〕《本草衍义》卷四。

〔2〕陆学善. 中国晶体学史料掇拾［G］//科学史文集：第12辑. 上海：上海科学技术出版社，1984.

2. 条痕

条痕，一般是指矿物在白色无釉瓷板上划擦后所留下的粉末颜色。中国古代看矿物条痕时，习惯在石头上划擦或研磨，然后观察留下的粉末颜色。如《本草衍义》说：丹砂"研之鲜红"。婆娑石"磨之色如淡乳汁"。沈括在《补笔谈》中谈到用条痕辨别摩娑石和无名异："摩娑石有五色，石色虽不同，皆姜黄汁，磨之，汁赤如丹砂者为真。无名异色黑如漆，水磨之，色如乳者为真。"[1]

3. 透明度

杜绾在《云林石谱》中已正式使用"透明"和"微透明"的词汇。他说浮光石（方解石）"望之透明"。石州石（滑石）"微透明"。

4. 解理

关于解理，《本草图经》曰：云母"作片成层，可拆"。马志《开宝本草》说：方解石"敲破，块块方解"。《本草衍义》说：理石"如石膏，顺理而细"。这些都是在讲矿物的解理。

5. 硬度

杜绾在《云林石谱》中首次详细记述了各种矿物的硬度，用不同的词汇来表示不同矿物的硬度，形成了中国特有的硬度表。如叶蜡石、滑石"甚软"，云母"轻软"，石钟乳"稍坚"，石绿（孔雀石）"不甚坚"，绛州石"坚矿，惟可研丹砂"，排牙石"坚"，梨园石"颇坚"，永康石"利刀不能刻"，于阗石（玉）"正可屑金"，西蜀石"甚坚"，峄山石（石英）"坚矿不容斧凿"。我们把杜绾的描述与摩氏硬度计对

---

〔1〕《梦溪笔谈·补笔谈》卷三。

照，列成表7-1。

表7-1 杜绾的矿物硬度与摩氏硬度计对照表

杜绾的描述	甚软	轻软	稍坚	不甚坚	坚	颇坚	甚坚	不容斧凿
摩氏硬度计	1度	2度	3度	3.5度	4度	5度	6度	7度以上

杜绾的矿物硬度表从最软到最硬，已有8个等级。800多年前能有如此细密的硬度表，无疑是一大成就。它比摩氏硬度计早了近700年。

6. 磁性

苏颂《本草图经》曰："磁石……能吸铁虚连十数针或一二斤刃器，回转不落者尤真。"磁石，学名磁铁矿（Fe_3O_4），具有强磁性，能吸引铁的物体。苏颂的描述是正确的。《本草衍义》卷五也说："磁石……可吸连针铁，俗谓之协铁石。"

7. 矿物的结晶形状

在《云林石谱》中，多次提到矿物的结晶形状，说"杭石有棱角"，英石"多棱角"，菩萨石"六棱"。所说杭石、菩萨石都是水晶。水晶属三方晶系，晶体呈六方柱状。杜绾说它"六棱"，是正确的。英石是比较纯的碳酸岩即方解石，属三方晶系，晶体呈菱面体，集合体呈晶簇状，所以杜绾说它"多棱角"。寇宗奭在《本草衍义》中也说：白石英"六棱"。唐慎微《重修政和证类本草》卷三曰：白石英"大如指，长二三寸，六面如削"。

8. 对矿物共生关系的认识

《本草衍义》卷五谈到黄金与粉子石的共生关系："颗块金，即穴山至百十尺，见伴金石，其石褐色，一头如火烧黑之状，此定见金也。"粉子石的成分有氧化亚铁和氧化铜，是一种黑褐色矿物。在《本草图经》中，首次提出石棉和滑石共生。说："不灰木……盖石类也，或云滑石之根也，出滑石处皆有之。"[1]不灰木即石棉，与滑石共生的是蛇纹石石棉。苏颂还谈到银与铜共生，说"银在矿中多与铜相杂"[2]。

（三）本草著作中的矿物岩石知识

现存宋、元时期的本草著作不多，仅有《重修政和证类本草》、《本草衍义》。而《本草图经》、《开宝本草》只在《重修政和证类本草》和《本草纲目》中有部分引文。不少本草著作均已遗失或仅存残本、抄本，如《开宝重定本草》、《嘉祐本草》、《重广补注神农本草》、《大观本草》、《政和本草》、《绍兴本草》、《日华子诸家本草》、《宝庆本草折衷》、《履巉岩本草》等。

1. 本草著作中的矿物岩石种类

《重修政和证类本草》是金刻本，共30卷。其中只有3～5卷为矿物药，所记矿物岩石分上、中、下三品。上品有：丹砂（Hg）、云母、玉屑、石钟乳（$CaCO_3$）、矾石［矾石有多种，化学成分各异。其中白矾为 $KAl(SO_4)_2 \cdot 12H_2O$］、硝石（又名火硝、焰硝、地霜，化学成分 KNO_3）、芒硝（又名朴硝、马牙硝、盐硝，主要成分为 $Na_2SO_4 \cdot 10H_2O$）、朴硝、玄明粉、马牙硝、生硝、滑石［$Mg_3(Si_4O_{10})(OH)_{12}$］、石胆（绛矾）、空青、曾青、禹余粮、太一余粮、白石英、紫石英、五色石脂（青、赤、黄、白、黑）、白青、绿青、石中黄子、无名异、菩萨石、婆娑石、绿矾、柳絮矾、扁青、金线矾、波

---

〔1〕《重修政和证类本草》卷五引。
〔2〕《本草纲目》卷八引。

斯矾、石黄、诸金、晕石、石漆（石油）、玄黄石、石髓，计37种。中品有：雄黄（AsS）、石硫黄（S_8）、雌黄（As_2S_3）、食盐、水银、石膏（又名凝水石、寒水石、细理石等，主要成分为$CaSO_4 \cdot 2H_2O$）、金、银、灵砂、磁石、玄石、绿盐、凝水石、阳起石、密陀僧、铁、石脑（钟乳石之一种）、理石、珊瑚、石蟹（节肢动物化石）、长石、砺石、桃花石、光明盐、肤青、玛瑙、太阴玄精石，计27种。下品有：伏龙肝、石灰、礜石（毒砂）、砒霜（As_2O_3）、硇砂（北庭砂，主要成分是氯化铵）、铅、锡、铜、代赭、石燕（古生代灰岩中腕足类化石）、戎盐、白垩、青瑯玕、金星石、特生礜石、礞石、方解石（CaO）、淋石、礓石、苍石、石蚕（化石）、石脑油（石油）、不灰木（石棉）、蓬砂（硼砂，主要成分为$Na_2B_4O_7 \cdot 10H_2O$），计24种。总计88种。每种矿物药之下，叙述此药的药性、功能和产地，无矿物岩石性状的描述。有图有论，有药物主治和炮制方法。又采纳了历代的说法，保存了佚书的内容，综合了民间用药经验。

《本草衍义》，寇宗奭编撰，共20卷，其中四至六卷讲矿物药，所记矿物岩石有：丹砂、空青、绿青、云母、石钟乳、朴硝、芒硝、硝石、英硝（马牙硝）、矾石、滑石、紫石英、白石英、赤石脂、白石脂、石中黄子、婆娑石、无名异〔水锰矿，化学成分为$MnO_2Mn(OH)_2$〕、菩萨石、金屑、银屑、水银、雄黄、雌黄、石硫黄、阳起石、飞水石（寒水石）、石膏、磁石、理石、食盐、太阴玄精石、密陀僧、桃花石、花乳石、珊瑚、玛瑙、石花、石蟹、石蛇、青瑯玕、礜石、特生礜石、代赭、白垩、赤土、大盐、戎盐、铅丹、粉锡、金牙、石灰、伏龙肝、硇砂（又名北庭砂、狄盐，化学成分为NH_4Cl）、蓬砂、姜石、自然铜、石燕、砒霜、浮石、金星石、银星石、石脑油，共计 63 种。每种矿物药下，叙述其形态、性质、颜色、鉴别真伪的方法、药性、疗效、采掘方法、纠正前人错误等，比起《重修政和证类本草》来，矿物资料丰富得多。

在《重修政和证类本草》和《本草纲目》中引用的《本草图经》文字，含有比较丰富的矿物岩石学知识，是宋代杰出的矿物岩石学著作。下面略引几段作例证。

"丹砂：丹砂生符陵山谷，今出辰州、宜州、阶州，而辰州者最胜，谓之辰砂。生深山石崖间，土人采之，穴地数十尺始见其苗，乃白石耳，谓之朱砂床。砂生石上，其块大者如鸡子，小者如石榴子，状若芙蓉头、箭镞连床者紫黯若铁色，而光明莹澈，碎之，崭岩作墙壁。又似云母片可析者，真辰砂也。无石者弥佳，过此皆淘土石中得之，非生于石床者。……凡砂之绝好者，为光明砂，其次谓之颗块，其次谓之鹿藓，其下谓之末砂。"这里从产地讲起，顺序讲丹砂的产状、开采情况、矿石大小、颜色、透明度、断口形状、解理、矿石等级优劣等，全是丹砂矿的矿物学资料。

"云母：生泰山山谷齐卢山及琅琊北定山石间，今兖州云梦山及江州、濠州，杭越间亦有之，生土石间。作片成层可拆，明滑光白者为上。江南生者多青黑色，不堪入药。二月采，其片绝有大而莹洁者，今人或以饰灯笼，亦古屏扇之遗事也。"

"石钟乳：生少室山谷及泰山，今道州江华及连、英、韶、阶、峡州，山中皆有之。生岩穴阴处，溜山液而成，空中相通，长者六七寸，如鹅翎管状，碎之如爪甲，中无雁齿，光明者善，色白微红，采无时。旧说乳有三种：有石钟乳者，其山纯石，以石津相滋，状如蝉翼，为石乳。石乳性温。有竹乳

ZHONGGUO DIXUESHI

中国地学史·古代卷

者，其山多生篁竹，以竹津相滋乳，如竹状，谓之竹乳。竹乳性平。有茅山之乳者，其山土石相杂，遍生茅草，以茅津相滋乳，色稍黑而滑润，谓之茅山之乳。茅山之乳性微寒。"

"无名异：出大食国，生于石上，今广州山石中及宜州南八里龙齐山中亦有之。黑褐色，大者如弹丸，小者如墨石子。"

"矾石：矾石生河西山谷及陇西武都、石门，今白矾则晋州、慈州、无为军；绿矾则隰州温泉县，池州铜陵县并煎矾处出焉。初生皆石也，采得碎之煎炼乃成。矾凡有五种，其色各异，谓白矾、绿矾、黄矾、黑矾、绛矾也。白矾则入药及染人所用者，绿矾亦入咽喉口齿药及染色，黄矾丹灶家所须，时亦入药。黑矾惟出西戎，亦谓之皂矾，染鬓须药或用之。绛矾本来绿色，亦谓之石胆，烧之赤色，故有绛名，今亦稀见。又有矾精、矾蝴蝶，皆炼白矾时候其极沸，盘心有溅溢者，如物飞出，以铁匕接之，作虫形者，矾蝴蝶也；但成块，光莹如水晶者，矾精也。此二种入药，力紧于常矾也。又有一种柳絮矾，亦出矾处有之，煎炼而成，轻虚如棉絮，故以名之。"

"阳起石：生齐山山谷及琅琊，或云山、阳起山，今惟出齐州，他处不复有，或云邢州鹊山亦有之，然不甚好。今齐州城西惟一土山石出，其中彼人谓之阳起山。其山常有温暖气，虽盛冬大雪遍境，独此山无积白，盖石气熏蒸使然也。山惟一穴，官中常禁闭，至初冬则州发丁夫遣人监视取之，岁月积久，其穴益深，凿他石得之甚艰，以色白肌理莹明若狼牙者为上。旧说是云母根，其中犹夹带云母。"

"不灰木：出上党，今泽、潞山中皆有之，盖石类也。其色青白，如烂木，烧之不然（燃），以此得名。或云滑石之根也，出滑石处皆有之。亦名无灰木。"这里苏颂指出："不灰木（石棉）滑石之根也，出滑石处皆有之。"第一次提出石棉和滑石的共生关系，并且认识到滑石是石棉的找矿标志，很可贵[1]。

2. 本草著作中的矿物岩石鉴定知识

苏颂《本草图经》，记载了用加热法鉴定绿矾石（硫酸亚铁）："取此一物，置于铁板上，聚炭封之，囊袋吹令火炽，其矾即沸流出，色赤如融金汁者是真也。"

北宋末，寇宗奭在《本草衍义》中记载了四种矿物岩石的鉴定方法：

（1）利用化学变化鉴定金银。在"硇砂"（固态氯化铵 NH_4Cl）条，有"金银有伪，投镕锅中，其伪物尽消散"之语。用化学反应式表示，即 $NH_4Cl \xrightarrow{\triangle} NH_3 + HCl$。HCl 能与多种金属或合金反应，其中部分能生成易挥发的金属氯化物，但不能与金起反应。与银反应生成氯化银白色沉淀，故有"其伪物尽消散"之说[2]。

（2）利用晶形、解理和色泽鉴定矿物。在"石膏"条，有"今之所言石膏、方解石，二者何等有顺理细文，又白泽者，有是，则石膏也。无是，则非石膏也"之语。石膏属单斜晶系，常成板状或纤维状，有时晶面上可见到纵条纹；方解石属三方晶系，晶形复杂，常见的有菱面体、复三方偏三角面体、六方柱和平行双面体。此外，还记载了理石和长石、白石英和紫石英的区别："理石如长石，但理石如石膏顺理而细，

---

〔1〕 苏良赫，李仲均. 中国古籍中有关石棉的记载［J］. 地球科学，1982 (1).

〔2〕 周始民. 我国古代的一些矿物鉴定知识［J］. 化学通报，1977（2）.

ZHONGGUO DIXUESHI

中国地学史·古代卷

其非顺理而细者为长石。""白石英状如紫石英，但差大而六棱，色白如水精。"

（3）利用色泽鉴定矿物含量高低。在"密陀僧"条，有"坚重，椎破如金色者佳"之语。密陀僧即氧化铅（PbO），其晶体颜色为黄色或黄红色，在空气中能吸收二氧化碳，形成白色碳酸铅的外膜，所以椎破如金色者氧化铅的含量就高。

在"代赭"条，有"赤紫色者佳"之语。代赭即红色粉末状的赤铁矿（Fe_2O_3），"赤紫色者"赤铁矿其含量就高。

在"石钟乳"条，有"但明白光润轻松，色如炼消石者佳"之语。所谓"色如炼消石者"，指碳酸钙（$CaCO_3$）的白色，石钟乳越白，杂质越少，碳酸钙的含量就越高。

在"绿青"条，有"其石黑绿色者佳"之语。绿青即孔雀石（$Cu_2[CO_3](OH)_2$），当矿石中含铜越高，其绿色就越深。

（4）利用磁性鉴定极磁铁矿。在"磁石"条，有"可吸连针铁，俗谓之协铁石"之语。

（四）石谱与砚谱中的矿物岩石知识

宋代出现了一批石谱和砚谱，这是宋以前没有的，是宋代一大文化特色。它所反映的矿物岩石知识相当丰富，是宋以前矿物岩石知识的经验总结。

1. 石谱

宋代的石谱有 11 世纪后期的《渔阳公石谱》，12 世纪的《宣和石谱》、《云林石谱》和《太湖石志》，13 世纪赵希鹄《洞天清录》中的部分内容。

《渔阳公石谱》，渔阳公著，所记皆为当时适合造假山的著名岩石 6 种，岩石名称以石形而定。如"云岫"、"万里江山"、"吐月"、"排云"等，作为观赏用。描述光有名称，无性状方面的科学内容，故在中国古代地质、矿物学史上没有什么地位。

《宣和石谱》，公元 1119～1125 年祖考（一说常懋）著，所记都是"艮岳"山上的石头，仅有石名，无性状描述。虽然它记了 63 种观赏岩石的名称，但在地质、矿物学史上也没有什么地位。"艮岳"是北宋末年，宋徽宗在东京（今开封）建"寿山艮岳"的简称，又名万岁山。宣和四年（公元 1122 年）十二月，万岁山建成，更名曰"艮岳"。山周十余里[1]。周密在《癸辛杂识》前集"假山"条也说："前世垒石为山，未见显著者。至宣和艮岳，始兴大役，连舻辇致不遗余力。其大峰特秀者，不特侯封或赐金带，且各图为谱。"在"艮岳"条又说："万岁山大洞数十，其洞中皆筑以雄黄及卢甘石。雄黄则辟蛇虺，卢甘石则天阴能致云雾，蓊郁如深山穷谷。后因经官拆卖，有回回者知之，因请买之。凡得雄黄数千斤，卢甘石数万斤。"

《云林石谱》，公元 1133 年杜绾著，所记石头 116 种，大多数以产地命名，石头的内涵既有矿物，也有化石和岩石。描述的内容非常广泛，从产地区域范围到种类、性状（包括颜色、形状、声音、硬度、文理、结晶状态、光泽、透明度、吸湿性等）、用途、化石成因、岩石加工等。是保存全今最完整的一部石谱。全书约 14400 字。在一百多种石头中，有比较纯的石灰岩、石钟乳类、砂岩、石英岩、玛瑙、叶蜡石、云母、

---

〔1〕 ［明］陈邦瞻. 宋史纪事本末：卷五十 ［M］. 北京：中华书局，1977：505.

滑石、页岩、金属矿物、化石和玉。产地范围相当于现在的19个省，83个县、市和地区[1]。这是一部很有科学价值的石谱，在中国古代地质、矿物学史上占有重要的地位。关于作者，元代陆友仁在《研北杂志》中说："杜绾字季扬，尝知英州，祁公其祖也。博识多闻，作《云林石谱》三篇。流品皆牛奇章以来论石者所未及，其手书本今在吾家。"《研北杂志》成于元统二年（公元1334年），距《云林石谱》成书（公元1133年）已有201年，而手书本仍存陆友仁家。

《太湖石志》，南宋范成大著，记载岩石15种，即太湖石、鼋山石、小洞庭、鸡距石、神钲石、石板、鹰头石、玄龟石、石屋、龙舌石、石壁、仙人石、鼋壳石、蟹壳石、龙床石。但只有3种有性状描述，主要用于建筑园林苑囿、假山、装饰、刻碑、作柱础石等。

《洞天清录》，赵希鹄著，其中"怪石辨"记载岩石8种，两种有性状描述。如灵璧石，说它"色如漆，间有细白纹如玉，然不起峰，亦无岩岫。扣之声清越如金玉，以利刀刮之略不动"。这里讲到了岩石的颜色、纹理、状态、声音、硬度等性质，并用硬度鉴别真假。以产地命名，如灵璧石、英石、道石、融石、川石、桂川石、邵石、太湖石等。在"研屏辨"中，提到乌石、永州石、蜀中松林石。永州石即永州祁阳石。

2. 砚谱

宋、元时期，有文化的人对文房四宝之一的砚很重视，不

---

[1] 杨文衡. 试述《云林石谱》的科学价值 [G]//科技史文集：第14辑. 上海：上海科学技术出版社，1985：169－178.

ZHONGGUO DIXUESHI

中国地学史·古代卷

断有人撰写砚谱，出现了一批有名的砚谱著作。这些著作对制造砚的岩石和别的材料，有不同程度和不同详略的描述与研究，出现了研究砚石和砚材的高潮，推动了中国矿物岩石研究向前发展。

宋、元时期主要砚谱著作有：苏易简《文房四谱》中的《砚谱》1卷，米芾《砚史》1卷，唐积《歙州砚谱》1卷，高似孙《砚笺》4卷，欧阳修《砚谱》，洪遵《歙砚谱》，佚名的《歙砚说》1卷、《端溪砚谱》1卷、《砚谱》1卷。据《宋史·艺文志·杂艺术类》载，还有唐积《砚图谱》1卷、唐询《砚录》2卷（据元代陆友仁《研北杂志》卷上载："唐询字彦猷，好蓄砚，客至辄出而玩之。有《砚录》三卷行于世。"[1]）、宋景真《端砚图》1卷、李洪《续文房四谱》5卷等，惜已失传。元代有曹绍的《辨歙石说》，陆友仁的《砚史》，已佚。类似砚谱这样的文献，李约瑟（Joseph Needham）说："在西方似乎没有完全与此相当的文献。"[2]现将今存的砚谱介绍如下：

（1）苏易简的《砚谱》

此书先讲砚的历史，造砚的材料有玉、石、铁、漆、木、泥、蚌；次讲制造，介绍端砚、歙砚、古瓦砚的优点，具体制作方法，砚的形制，制澄泥砚的方法；最后是有关砚的遗文旧事，诗、赋、歌、铭、状、颂等文字。

（2）米芾的《砚史》

此书名为砚史，实际上讲各地砚石的优劣。而于端、歙二

---

〔1〕《研北杂志》卷上，《丛书集成》本2887号，中华书局，1991.

〔2〕［英］李约瑟. 中国科学技术史（中译本）：第五卷第二分册［M］. 北京：科学出版社，1976：390.

石，辨之尤详。除端、歙二石外，尚有唐州方城县葛仙公岩石、温州华严尼寺岩石、通远军漯石砚、青州青石、成州栗亭石、潭州谷山砚、成州栗玉砚、归州绿石砚、苏州褐黄石砚、建溪黝淡石、陶砚、淄州砚、高丽砚、青州蕴玉石、红丝石、青石、虢州石、信州水晶砚等共24种。他总的评价是："大抵四方砚，发墨久不乏者，石必差软，扣之声低而有韵，岁久渐凹。不发墨者石坚，扣之坚响，稍用则如镜走墨。"

（3）唐积的《歙州砚谱》

这是歙石的专谱，从采石到石病都讲到了。石坑不同，石的质地有差别，品种自然繁多。据统计，品目达36种。

（4）佚名《歙砚说》

先说歙石开采史，唐开元中始取石，李后主时天下贵之，宋代遂与端石并行。采石坑很多，各坑所产歙石质地有差异。有的"多金花"，有的"其理若浪"，有的"其理粗慢"，有的"青中绿晕"，有的"斑若玳瑁"。总起来说，"龙尾石多产于水中，故极温润，性本坚密，扣之其声清越，婉若玉振，与他石不同。色多苍黑，亦有青碧者"。"石顽则光滑，而磨墨不快，石粗则粘墨，而渗渍难涤。唯粗罗纹理不疏，细罗纹石不嫩者为佳"。

（5）佚名《辨歙石说》

此书讲歙石各个品种的特点及优劣。如"细罗纹石大如罗縠，精细，其色青莹，其理紧密，坚重莹净，无瑕璺，乃砚之奇材也。"类似的叙述方式讲了25种，有两种未作小字说明。最后总结概括："罗纹上坑石，色微重；中坑石，色微淡；下坑即泥浆石。枣心坑皆干坑，故石微燥。祁门县出细罗纹石，酷似泥浆石。亦有罗纹，但石理稍慢，不甚坚，色淡易干耳。

此石甚能乱真，人多以为婺源泥浆石，当须精辨之也。"

（6）南宋佚名《端溪砚谱》

这是专论端石的著作，名为砚谱，实则端石石谱。先讲各坑位置，不同石坑所产砚石的差别，以下岩为上，中岩、龙岩、半边山诸岩次之，上岩又次之，蚌坑最下。总起来说："大坻石性贵润，色贵青紫。干则灰苍色，润则青紫色。眼贵翠绿，圆正有瞳子。石有眼则易分品第，眼赤黄皆下品也。""凡有眼之石，在本岩中尤缜密温润，端人谓石嫩则眼多，老则眼少。嫩石细润发墨，所以重有眼也。青脉者必有眼，故腰石、脚石多有青脉，而顶石多莹净，端人谓青脉为眼筋。夫眼之别者，曰鸲鹆、曰鹦哥、曰了哥、曰雀眼、曰鸡眼、曰猫眼、曰绿豆，各以形似名之。翠绿为上。"往下讲不同地点产的砚石，其价格差别很大，十倍、百倍、几百倍都有。再往下讲砚的形制，石病。

（7）佚名《砚谱》

此书讲各种材料的砚及名砚，如端砚、红丝石、龙尾石、诸州砚（有金雀石、青金石、紫金石、紫石、驼基岛石、角石、大沱石、乐石、悬金崖石、磁洞石、洮河绿石、牢山丹石、古瓦砚、澄泥砚等）、铜砚、蚌砚、水精砚、玉砚、碧玉砚、铁砚、漆砚、竹砚、青石砚等。引用前人资料时，注明出处。

（8）高似孙的《砚笺》

《四库全书提要》对此书作了概述和评价，曰："是书第一卷为端砚，分子目十九，中砚图一类列四十二式。注曰，歙石亦如之。然图已不具，意传写佚之也。第二卷为歙砚，分子目二十。第三卷为诸品砚，凡六十五种。第四卷则前人诗文，其诗文明题曰端砚、歙砚者，已附入前二卷内。是卷所载，皆不标名品，故别附之诸品后耳。宋志所录砚谱，今存者尚有四五家，大抵详于材产质性，而罕及其典故。似孙此书独晚出，得备采诸家之说，又其学本淹博，能旁征群籍，以为之佐证。故叙述有法，特为可观。中间稍有渗漏者，如李后主青石砚为陶谷所辟一条，乃出无名氏砚谱中，为曾慥类说所引，今其原书收入左圭百川学海，尚可检核，乃竟以为出自类说，未免失于根据。然其大致驯雅，终与庞杂者不同。如端州绿石为诸品所不载，据王安石诗增入。此类亦殊见赅洽，固足以备考稽而资鉴赏也。"卷三所列砚名达 64 种，反映出当时造砚材料已十分丰富。除金属、砖、瓦、陶、澄泥、漆、蚌、缸外，余为岩石，共 49 种。如玉、水精、红丝石、蕴玉石、紫金石、素石、黄石、青石、丹石、白石、鹊金砚、褐石、会圣宫砚、高丽砚、仙石砚、金雀石、金坑石、凤朱砚、洮石、澠石、唐石、宿石、绛石、淄石、登石、宁石、宣石、明石、泸石、戎石、淮石、万石、夔石、中正砦石、归石、柳石、成石、吉石、永嘉石、沅石、滩哥石、黛陁石、潭石、岳麓砚、庐山砚、太湖石、石钟山石、铜雀（瓦）砚、瓦砚、砖砚、古陶砚、青州石、潍砚、磁砚（澄泥）、虢砚（澄泥）、澄泥砚、缸砚、银砚、铁砚、铜砚、蚌砚、漆砚、金龟砚。

（五）笔记中的矿物岩石知识

1. 矿物岩石

（1）北宋沈括的《梦溪笔谈》和《补笔谈》

宋、元时期，笔记著作盛行，著名的《梦溪笔谈》乃是中国古代杰出的科技著作，其中涉及矿物岩石的有 7 条。如：

卷二十一第 371 条，讲"滴翠珠"，章鸿钊认为"亦即水晶之含流质者，其质流动，故回转则常聚于下；上色淡而下凝翠，即基于此不必皆水为之，而常以水为多"[1]。《云烟过眼录》中讲的水晶钩，中空，有声汩汩，内有叶一枝，随水倾泻。正与此同。此外，玛瑙中也有这种现象。

卷二十一第373条，讲陕西延安的化石"竹笋"，虽然沈括还不能正确鉴定化石，但他认定这是一种绝迹的古生物，则是可信的。并由此来推测古气候，也是很合理的。现代古生物学家认定，沈括所说的"竹笋"，乃是三叠纪的蕨类植物新芦木和拟带蕨的化石[2]。

卷二十四第421条，讲"鄜延（今陕西延安）境内有石油，旧说高奴县出'脂水'，即此也。生于水际，沙石与泉水相杂，惘惘而出。土人以雉尾挹之，乃采入缶中。颇似淳漆，燃之如麻，但烟甚浓，所沾幄幕皆黑。予疑其烟可用，试扫其煤以为墨，黑光如漆，松墨不及也，遂大为之，其识文为'延川石液'者是也。此物后必大行于世，自予始为之。盖石油至多，生于地中无穷，不若松木有时而竭。今齐、鲁间松林尽矣，渐至太行、京西、江南，松山太半皆童矣"。这条记载反映了几个问题：

一是宋代及宋以前延安一带就产石油；二是指明了石油的产状，当时采油的方法，石油的颜色、性质、状态、用途，预言了石油的储量；三是石油的利用有利于保护植被，保护生态环境；四是首次提出"石油"的名称，并沿用至今。在此之前及以后，石油曾有多名，如石脂水、石漆、猛火油、火油、

---

〔1〕 《石雅》卷上"水精"。

〔2〕 甄朔南. 我国古代对化石的认识 [J]. 中国科技史料，1982（3）.

石脑油、石烛、火井油、雄黄油、硫黄油、泥油等。都只是一时的称呼，没有定为专名。

卷二十五第 455 条，讲信州铅山的苦泉（胆水、胆矾、石胆都是指含水硫酸铜，主要成分为 $CuSO_4 \cdot 5H_2O$）能熬胆矾，是一种铜矿，可以用铁置换铜，从而提炼出金属铜。"烹胆矾则成铜，熬胆矾铁釜，久之亦化为铜。"这就是胆水浸铜法，详细方法在《宋史·食货志》中有记载。

卷二十六第 496 条，讲太阴玄精（石），"生解州盐泽（今山西运城盐湖）大卤中，沟渠土内得之。大者如杏叶，小者如鱼鳞，悉皆六角，端正似刻，正如龟甲。其裙襕小撅，其前则下剡，其后则上剡，正如穿山甲相掩之处，全是龟甲，更无异也。色绿而莹澈；叩之则直理而折，莹明如鉴；折处亦六角，如柳叶，火烧过则悉解折，薄如柳叶，片片相离，白如霜雪，平洁可爱"。章鸿钊在《石雅》卷中"玄精石"条认为：太阴玄精石即石膏（$CaSO_4$），为扁豆状或龟背状，解理方向有三，以斜轴面（010）为最著。烧之，则沿斜轴面片片裂。光泽如真珠。可见沈括的描述是完全正确的。他把太阴玄精石的晶体外形、颜色、光泽、透明度、解理以及加热后的变化都讲清楚了，是对中国古代矿物学的一个重大贡献。

《补笔谈》卷三第 585 条，讲"阇婆国（今印度尼西亚爪哇岛一带）使人入贡方物，中有摩娑石二块，大如枣，黄色，微似花蕊。又无名异一块，如莲药。皆以金函贮之。问其人'真伪何以为验？'使人云：'摩娑石有五色，石色虽不同，皆姜黄汁，磨之汁赤如丹砂者为真。无名异色黑如漆，水磨之色如乳者为真。'广州市舶司依其言试之，皆验"。这里讲的摩娑石又名婆娑石，为含硫的矿物，作中药，解诸毒。无名异即氧化锰矿（MnO_2），是提炼锰的主要原料。作中药，为外用药，有止痛生肌之功效。中国的广西桂林、广东广州、广西宜州、四川、辽宁、吉林、山东均产。沈括把这两种矿物的形态、大小、色泽、特性、功用、产地和鉴别方法都讲清楚了。

（2）北宋杨忆的《杨文公谈苑》

《杨文公谈苑》"菩萨石"条，对四川峨眉山产的菩萨石作了描述："色莹白，若太山狼牙石，上饶州水晶之类。日光射之，有五色，如佛顶圆光。"明确指出了菩萨石的颜色、透明度、结晶形状及假色现象。菩萨石即水晶。

（3）北宋张师正的《倦游杂录》

《倦游杂录》"觅石"条，谈到通远军有一种觅石，"可以为砺，长尺余，值一二千，兵刃经其磨者，青光而不锈，亦奇物也"。

"辰砂"条，对辰砂的产地、产状、开采方法、结晶形态、颜色、光泽、透明度、条痕颜色、价值均作了描述。曰："辰州朱砂，嘉者出蛮峒锦州界猎獠峒老鸦井，其井深广十丈，高亦如之。欲取砂，必聚薪于井，俟满，火燎之，石壁迸裂，入火者既化为烟气矣，其偶存在壁者，方得之，乃青色顽石。有砂处，即有小龛，龛中生白石床如玉。床上乃生丹砂，小者如箭镞，大者如芙蓉，光如磐玉可鉴，研之如猩血。砂泊床大者重七八斤，价十万；小者五六万。晃州亦有，赤色，如箭镞，带石者得自土中，非此之比也。"

"石鱼"条，讲了鱼化石的产地、产状、成因、鉴别方法等。特别是成因，张师正恐怕是最早提出此说，而且与近现代地质学的观点吻合，这是很了不起的。他说："陇西地名鱼龙，出石鱼，掘地取石，破而得之，多鲫洎鳅，亦有数尾相随者，如以漆描画，鳞鬣肖真，烧之尚作鱼腥。鱼龙，古之陂泽也，岂非鱼生其中，山颓塞渐久，而土凝为石，故破之有鱼形。今衡州有石鱼，无异陇州者。"

"石燕"条，也是讲化石，石燕乃是古生代海洋腕足动物壳体化石。由于壳体两侧特别宽阔，形如飞燕展翅，故名为石燕。张师正在这里讲了石燕的产地，并特别点明他的同年谢鸿（一作鸣）所做的科学实验，纠正了旧说谬误。他说："零陵出石燕，旧传遇雨则飞。尝见同年谢郎中鸿云：'向在乡中山寺为学，高岩石上有如燕状者，因以笔识之。石为烈日所暴，忽有骤雨过，所识者往往坠地，盖寒热相激而迸落，非能飞也。'予向过永州，有人赠一石板，上亦有燕形者在焉，土人呼为燕窠。"

（4）南宋张世南的《游宦纪闻》

在《游宦纪闻》卷五中，讲到玉的产地、宋朝玉的来源、玉的颜色、玉的品质等第以及测试玉品质等第的工具——玉等子。他说："玉出蓝田、昆冈。《本草》亦云：'好玉出蓝田，及南阳徐善亭部界，日南、庐容水中。外国于阗、疏勒（今我国新疆维吾尔自治区），诸处皆善。'今蓝田、南阳、日南，不闻有玉。国朝礼器，及乘舆服御，多是于阗玉。……大观中，添创八宝，从于阗国求大玉。……大抵今世所宝，多出西北部落：西夏、五台山、于阗国。玉分五色：白如截肪，黄如蒸栗，黑如点漆，红如鸡冠，或如胭脂。惟青碧一色，高下最多。端带白色者，浆水又分九色：上之上、之中、之下；中之上、之中、之下；下之上、之中、之下。宣和殿有玉等子，以诸色玉，次第排定。凡玉至，则以等子比之，高下自见。今内帑有金等子，亦此法。"

卷九记载张世南在各地所见到的各种玉石和美石，曰："阶州产石，品第不一。白者明洁，初琢时可爱，久则受垢色暗，今朝廷取为册宝等用。有黄、青、黑、绿数色，取之不穷，而性软易攻，故价亦廉。巴州、嘉定府，皆产玉石，曰'巴璞'、'嘉璞'。坚而难琢，与玉质无异，故价数倍于阶石，其温润略与玉等。叙州宣化县，亦有玉石，曰'宣化璞'。溪源出黎雅大渡河，其品最高，有胭脂标、瓜蒌标。琢为器物，白若凝脂，非精鉴者不能辨。峡州之上百里间，有黄牛神祠。祠中多玉石，皆往来贾客或牵江人，得于沙碛间者以献。有一石，质黑纹白，隐然龙形，作蜿蜒状，鳞、角、鬣，纤悉备具。又有如孔雀尾者，是为石中之异。忠州乐碛市出玉石，舟至岸，人竞持来求售。有指甲纹，亦有磨见白质者。虽光莹可观，然皆砆砆也。是数郡所产，皆予所经历，故亦稍能识别。"这里所说的岩石，有的是玩赏石，历代爱石者乐于收藏。

（5）北宋末南宋初姚宽的《西溪丛语》

在《西溪丛语》卷上转引《临安府仁和县图经》曰："（仁和）出橐籥砂。在县东四里。海际之人，采用鼓铸铜锡之模，诸州皆来采，亦犹邢沙可以碾玉也。"这是一种做铸造模子的特殊的砂，经高温而不爆不裂，一般含石英较多。

《西溪丛语》卷下转引《（太平）寰宇记》曰："三佛齐国，南海水中，有山，五色耸峙，其石有小焰。每船舶过其下，水流如涌，人或以刀斫击之，有石迸入船中者，是此石（摩娑石）也。烧之，有硫黄气。……匮五金，伏三黄，制铅汞。"

关于硝石，《西溪丛语》卷下引了一些文献作考证："崔昉《炉火本草》云：'滑石，阴石也。'此非石类，即碱卤煎成，今呼焰消。是河北商城及怀、卫界沿河人家刮卤淋汁所就，与朴消、小盐一蔀煎之，能制伏铅，出铜晕。南地不产朴消，能熟皮，芒消可入药用。今'消石'注乃云此即地霜，所在山泽，冬月地上有霜扫取，以水淋汁后，乃煎炼而成，盖以能化诸石，故名消石，非与芒消、朴消一类而有消名也。"他的考证结果是正确的。

（6）北宋末南宋初庄绰的《鸡肋编》

在《鸡肋编》卷中讲到石炭（煤）的好处，南宋偏安吴、越，因无石炭，使得周围山林成了赤地，破坏了环境。庄绰很有远见，对环境很关心，这点，至今仍有价值。他说："东坡《石炭诗引》云：'彭城旧无石炭，元丰元年十二月，始遣人访获州之西南白土镇之北，以冶铁作兵，犀利胜常云。'按《后汉书·地理志》豫章郡建城注云：《豫章记》曰：'县有葛乡，有石炭二顷，可然（燃）以爨。'则前世已见于东南矣。昔汴都数百万家，尽仰石炭，无一家然薪者。今驻跸吴、越，山林之广，不足以供樵苏。虽佳花美竹，坟墓之松楸，岁月之间，尽成赤地。根卉之微，斫撅皆遍，芽蘖无复可生。思石炭之利而不可得。东坡已呼为遗宝，况使见于今日乎？或云信州玉山亦有之，人畏穿凿之扰，故不敢言也。"

（7）南宋范成大的《桂海虞衡志·志金石》

《桂海虞衡志·志金石》记载了 11 种矿物、岩石，即生金（所说为沙金）、丹砂、水银、钟乳、铜、铜绿、滑石、铅粉、无名异、石梅（可能是化石）、石柏（化石之类）。其描述有产地、产状、解理、颜色、成因、冶炼、品质优劣、用途等项。如无名异，其描述是："小黑石子也，桂林山中极多，一包数百枚。"

（8）南宋周去非的《岭外代答》

《岭外代答》卷七"金石门"记载了 7 种矿物和 5 种化石，即生金、丹砂、水银、铜、铜绿、钟乳、滑石、石燕、石蟹、石虾、石梅、石柏等。生金主要讲广西产的沙金。丹砂也是讲广西宜州产的，并与辰砂作对比："今辰砂乃出沅州，其色与广西宜州所产相类，色鲜红而微紫，与邕砂之深紫微黑者大异，功效亦相悬绝。"铜绿讲了产地、性质、用途："绿，所在有之。湖南之衡、永，广东之韶，广西之邕，皆有之。盖铜之苗裔也。有融结于山岩，翠绿可爱玩，质如石者名石绿。色鲜美，淘取英华，以供画绘。其次可饰栋宇。又一种脆烂如碎土者，名泥绿。人不甚用。"滑石，讲广西桂州产的，"白者如玉，黑如苍玉。或琢为器用，而润之以油，似与玉无辨者。桂人视之如土，织布、粉壁皆用"。石燕讲"广西象州江滨石中亦有之。凡石中有嵌生如海蚶者极多，非真石燕也"。这个观点非常正确。

元朝孔齐在《至正直记》中也讲到一些矿物、岩石。如"玛瑙缠丝"条曰："玛瑙惟缠丝者为贵，又求其红丝间五色者为高品。谚云：'玛瑙无红一世穷。'言其不直钱也。又言：'玛瑙红多不直钱。'言全红者反贱，惟取红丝与黄白青丝纹相间，直透过底面一色者佳。浙西好事者往往竞置，以为美玩。或酒杯，或系腰，或刀靶，不下数十，定价过于玉。盖以玉为禁器不敢置，所以玛瑙之作也。金陵吕子厚知州有祖父所遗玛瑙碗一枚，可容一升，其色淡如浆水，惟三点红如蒲桃状极红，又一二点黄色如蜡，可谓佳品也。予因与好事者辨之曰：'五金之器莫贵如金，珠之为物固不足贵也。金愈远愈坚，珠则有晦坏之时也。诸石之器莫贵于玉，玉与金并称，取其温润质色玉为上，坚而不坏金为上。若水晶之浮薄，玛瑙之杂绞，皆不足贵。'此固世俗所尚，一时之竞，非古今之公论也。今燕京士夫往往不尚玛瑙，惟倡优之徒所饰佩，又以为贱品，与江南不同也。谚云：'良金美玉，自有定价。'其亦信然矣。"

"灵璧石"条曰："灵璧石最为美玩，或小而奇峰列壑，可置几玩者尤好。其大则盈数尺，置之花园庭几之前，又是一段清致。谚云：'看灵璧石之法有三：曰瘦、曰绉、曰透。'瘦者峰之锐且透也，绉者体有纹也，透者窍达内外也。凡取其色之黑而声清者灵璧也。惟取其声之清远者太湖石也。亦有卧纱纹弹丸两点红，独无峰耳。英石之质赤黑，亚于灵璧，特声韵不及太湖而质过耳。"

2. 砚石

宋、元笔记中，谈到砚石的地方不少，现略举数例。

（1）苏轼《仇池笔记》

《仇池笔记》卷下有"凤味研"条，曰："仆好用凤味石研，论者多异同，盖少得真者，黯然滩石乱之耳。唐彦猷以青州红丝石为甲，或云惟堪作骰盆，盖未见佳者。"在苏轼的书中载凤味砚铭三则，其铭序云："北苑龙焙山，如翔凤平饮之状，当其味有石苍黑而玉色。熙宁中太原王颐以为砚，余铭之凤味。"[1]

唐彦猷《渑水燕谈》云："唐彦猷嘉祐中守青社，得红丝石于黑山，琢为砚。其理红黄相参，文如林木，或如月晕，或如山峰，或如云雾、花卉。石自有膏润泛墨色，复之以匣，数

---

〔1〕 引文见《仇池笔记》卷下第 244 页"凤味研"条注（1）。

日不干。唐彦猷作《砚录》品为第一。"现代宝石学家指出：红丝石赋存在奥陶纪马家沟组地层中，为紫红色带有微细花纹的微晶质灰岩。砚石在紫红色的质地上有灰黄色的刷丝纹，石质发墨性好，渍水有液出，手试如膏，是鲁砚中最名贵的石材。红丝石唐代已负盛名，宋代因石脉采尽而停产，传世的实物极少。现今，又发现了红丝石的新石脉，其石质、石品、色泽等均同古籍上所描述的一样，使久已失传绝世的红丝名品又获得了新生。[1]

（2）南宋陆游的《家世旧闻》

《家世旧闻》下也说："彦猷侍读（询）……平生酷好砚，甚爱红丝石，以为备砚之美，非端、歙可比。红丝者，侍读初得之青州山穴中，红黄相间，纹如缠丝，以分布满砚为尤贵。亦有如山峰、林木、花卉之状者，莹润而有铓，故宜墨而不损笔。石中往往自出膏液，与墨相和，落纸如纯漆，天下石无此奇也。每一作墨，旬日不平。匣必用银，若用漆匣，则气液蒸润，未几辄败。然侍读言，自得石，才琢二十余砚，而山穴为崩崖所室，遂不可复取。今世所有，皆山外顽石，徒窃其名耳。后人诋红丝砚，至以为但堪研朱及作投盆，盖徒见顽石窃名者，不足怪也。"[2]

（3）北宋何薳的《春渚纪闻》

《春渚纪闻》卷九专门记砚，一共记了24种砚，其中有端砚、歙砚、玉砚、陶砚、澄泥砚、铜雀台瓦砚、陨石砚等。记载的内容以遗闻轶事为主，砚石的性状较少。因此，在矿物

〔1〕 吴惠群. 实用宝玉石学［M］.北京：高等教育出版社，1994：195.
〔2〕《家世旧闻》下第225页，中华书局1993年。

岩石学史上的地位不高，但作为砚史资料却不可少。

（4）南宋张世南的《游宦纪闻》

《游宦纪闻》卷五中谈到端石的性状，曰："砚品中，端石人皆贵重之。载于谱记凡数家，取予各异。或佳其有眼为端，或以无眼为贵。然石之青脉者，必有眼，嫩则多眼，坚则少眼。石嫩则细润而发墨，所以贵有眼，不特为石之验也。

"眼之品类不一：曰'鹦哥眼'，曰'鸜鹆眼'，曰'了哥眼'（谓秦吉了也），曰'雀眼'，曰'鸡翁眼'，曰'猫眼'，曰'录豆眼'，各以形似名之。翠绿为上，黄赤为下。谚谓火黶为焦，然亦石之病。

"乾道癸巳，高庙（宋高宗）尝书翰墨数说，以赐曹勋。其一云：'端璞出下岩，色紫如猪肝。密理坚缜，泼水发墨，呵之即泽。研试则如磨玉而无声，此上品也。中下品则皆砂壤相杂。不惟肌理既粗，复燥而色赤，如后历新坑，皆不可用。制作既俗，又滑不留墨。且石之有眼，余亦不取。大抵瑕翳，如石有嫌，况病眼、假眼，韵度尤不足观。故所藏皆一段紫玉，略无点缀。'已上皆圣语。石之眼少而色正者，方为佳物。"

卷七讲到黎溪砚，曰："沅芷（今湖南沅陵、芷江）黎溪砚，紫者类端石而无眼，有金束腰、眉子纹，间有润者。其初甚发墨，久而复滑，或磨以细石，乃仍如新。有色绿而花纹如水波者；有色黑而金星者；有生自然铜于石中，琢以为北斗、三台之类者；有生白线当中而为琴样者，其类不一。庆元间，单路分炜字丙文，始创为砚，以遗故旧，今遂盛行，终在端、歙之下。"

（5）南宋姚宽的《西溪丛语》

《西溪丛语》卷下谈到红丝砚，认为"此砚多滑不受墨，若受墨，妙不可加"。

谈到端砚时，认为"下岩色紫如猪肝，密理坚缜，温润而泽，储水发墨，叩之有声。但性质坚，矿断裂，尤多瑕疵。秋枫岩，石色微淡，可亚下岩，坚润不及。梅根岩，一名中岩，桃花岩，一名上岩。二岩石俱皆沙壤相杂，无水泉，色淡而燥，肌理稍疏，然中岩又胜上岩。新坑，石色带红紫，其文细密，材质厚大无瑕，然止是崖石，颇乏坚润。后历，石与新坑略相似，又处其次。西坑六崖，石色青，微黑，佳者如歙石，粗罗纹，而发墨过之，石眼圆晕数重，青白黄黑相间，极大者为最胜。土人以晶莹圆明、中无瑕翳者为活眼，形模相类、不甚鲜明者为泪眼，形体略具、内外皆白、殊无光彩者为枯眼"。这些都是经验之谈。

（6）南宋赵希鹄的《洞天清录》

《洞天清录》有"古砚辨"12条，讲到"端溪下岩旧坑"、"端溪中岩旧新坑"、"端溪上岩新坑"、"他处石类端溪而非端溪者"、"歙溪龙尾旧坑新坑"、"歙溪罗纹、刷丝、金银间刷、眉子四品新旧坑"、"金星旧坑新坑"、"银星旧坑新坑"、"洮河绿石砚"、"墨玉砚"、"砚匣"等。

在第四条讲到："辰、沅州黑石，色深黑，质粗燥或微有小眼点，然不分明，今人不知，往往称为黑端溪，相去天渊矣。今端溪民负贩者，多市辰沅研璞而归，刻作端溪样以眩人（造假）。江南士大夫被获重价。若辰沅人自镌刻者，则太雕琢或作荷莲、水波、犀牛、龟鱼、八角、六花等样，藻饰异常，虽极工巧而材不堪用，此亦辨辰沅砚之一法。"

关于洮河绿石砚，他说："除端、歙二石外，惟洮河绿石北方最贵重。绿如蓝，润如玉，发墨不减端溪下岩，然石在临洮大河深水之底，非人力所致，得之为无价之宝。耆旧相传，虽知有洮砚，然目所未睹。今或有绿石砚名为洮者，多是黎石之表或长沙谷山石黎石，润而光，不发墨，堪作砥砺耳。"洮河石砚，我国四大名砚之一，因产于甘肃卓尼县洮河沿岸而得名。洮河砚石深浸于水下，石质细腻，发墨而不损毫，磨而不滑，呵气即润，具备了端、歙二砚石的特点，堪称色泽艳雅、质地优良的上品。它发现于宋熙宁年间（公元 1068—1078年），宋代作为贡砚，一般人很难见到。从岩石学角度看，它是青绿色板岩，形成于晚石炭纪。矿物成分主要为多硅白云母和叶绿泥石，含少量石英和长石，具显微鳞片变晶结构，板状构造。品种有红洮和绿洮两种，前者呈朱砂色，细润纯净，极为少见。绿洮有鸭头绿、鹦哥绿。此外，还有少量黑洮[1]。

关于"墨玉砚"，他说："荆襄鄂渚之间，有团块墨玉璞，并与端溪下岩黑卵石同，而坚缜过之，正堪作砚。虽不如玉器出光留其锋耳，但黑中有白玉相间，甚者阔寸许。玉石谓之间玉玛瑙，其白处又极坚硬拒墨，若用纯黑处为砚，当在端溪下岩之次，龙尾旧坑之上。"这是一种很好的砚石材料。

（7）南宋陈槱的《负暄野录》

《负暄野录》卷下"论砚材"条，讲了石、陶、漆、澄泥、砗磲各种砚材的优劣与特色。曰："砚以端溪为最，次则洮河，又次则古歙，又次则剑溪。此外，如淮安、辰溪诸郡虽亦有之，然皆不足俎豆其间。端歙所产，皆有新旧坑之别，惟旧坑者为上。今已沦为深渊，不可复取。但闻人间时有收得

〔1〕 吴惠群. 实用宝玉石学 ［M］. 北京：高等教育出版社，1994：194 -195.

者，亦绝希罕。新坑亦间有可采，然百不一二。端石有眼，本非砚之所贵，特以此表其真耳。故辨之者有活眼死眼之殊。活眼凡有数晕，黄赤相间，所谓鸲鹆眼者乃佳。若但纯黄或纯绿色，模糊不明了者，则为死眼。此无足取，兼多有伪为者，须细察之方可见也。歙石有四种纹，一曰刷丝，乃直纹也；二曰罗腹，乃交罗纹也；三曰眉子，上有黄黑纹如眉；四曰金星，状若洒金。此四纹者，惟刷丝为上，其间复有差等。但金星之质最顽，不堪用。洮石今亦绝少，歙之祁门有一种石，淡绿色而理细，土人以之为假洮石。但性极燥，故为贱耳。剑溪出暗淡滩，有石子为之妙甚。东坡所谓凤尾，以为出于北苑凤山之尾。今其地初不闻有佳石，不知何以称此。庐陵人工造澄泥瓦砚，模仿铜雀，然其质枯燥。又南中人以砖碌琢砚，久则拒墨。漆砚亦然，本取漆匠案卓上自然久积者，质坚而铓，利于研磨。今人乃施累漆伪为，体虚而滑，不可用。皆非砚之正材也。"其论点都是正确的。

（8）元代孔齐的《至正直记》

《至正直记》卷二中，谈到龙尾石衰落的情况："歙县龙尾石，自元统以后，绝难得佳者。至正壬辰兵后，下品石亦难得矣。"

（六）宋、元时期的矿物交流

宋、元时期，中外交流十分活跃，其中矿物交流也是一个重要内容。

1. 北宋

《宋史·日本列传》载："端拱元年（公元 988 年）贡琥珀，青、红、白水晶，金砚，金铜水瓶，铁刀，龙骨，石流黄七百斤。"石流黄即硫黄。"熙宁五年（公元 1072 年），日本僧人诚寻献银香炉，白琉璃，水精，琥珀念珠等。""元丰元年（公元1078年）日本僧仲回贡水银五千两。"

《宋史·高丽列传》载：天圣八年（公元1030年）贡金器、铜器、硫黄。

《宋史·三佛齐国列传》载：开宝四年（公元971年），三佛齐国贡水晶、火油。七年（公元974年）又贡象牙、水晶指环、琉璃瓶、珊瑚树。

《宋史·占城列传》载：开宝七年（公元974年）贡西天烽铁四十斤。天禧二年（公元1018年）贡象牙72株、玳瑁千片。天圣八年（公元1030年）贡玳瑁、犀角、象牙。熙宁五年（公元1072年）贡琉璃、珊瑚酒器、紫矿。

《宋史·大食传》载：淳化四年（公元993年），大食国贡品中有宾铁七百斤、无名异一块。大中祥符四年（公元1011年），贡品中有无名异、琥珀。

《梦溪笔谈》卷三载："熙宁中，阇婆国使人入贡方物，中有摩娑石二块。……又无名异一块。"

张邦基《墨庄漫录》载："宣和间外夷贡方物，有石圆如龙眼实，色若绿葡萄，号猫儿眼，能息火。"

2. 南宋

据南宋赵彦卫《云麓漫钞》卷五记载，福建市舶司常到诸国船舶，各国船舶所载货物不同。如三佛齐国有真珠、象牙、珊瑚、琉璃、玛瑙、玳瑁等（只列与矿物有关的，下同）。而高丽国则有银、铜、水银等。这些船上的矿物，反映了当时外国输入中国的矿物种类。

《宝庆四明志》卷六"市舶"条，记载南宋时期日本输入中国的商品（只列与矿物有关的）：精美铜器、金子、珠子、水银、硫黄等。其中尤以硫黄的数量最多。

由于资料缺乏，因此所反映的输入中国的矿物自然不够，必然有许多遗漏。

3. 元代

元代陶宗仪《南村辍耕录》卷七"回回石头"条，讲了五类宝石，有外来的，也有中国的。

第一类：红石头。四种，同出一坑，俱无白水。

（1）刺，淡红色，娇。（2）避者达，深红色，石薄方娇。（3）昔刺泥，黑红色。（4）苦木兰，红黑黄不正之色，块虽大，石至低者。

第二类：绿石头。三种，同出一坑。

（1）助把避，上等暗深绿色。（2）助木刺，中等明绿色。（3）撒卜泥，下等带石，浅绿色。

第三类：鸦鹘（或写作亚姑）。七种。

（1）红亚姑，上有白水。（2）马思艮底，带石，无光，二种同坑。（3）青亚姑，上等深青色。（4）你蓝，中等浅青色。（5）屋扑你蓝，下等如冰样，带石，浑青色。（6）黄亚姑。（7）白亚姑。

第四类：猫睛。两种。

（1）猫睛，中含活光一线。（2）走水石，新坑出者，似猫睛而无光。

第五类：甸子。三种。

（1）你舍卜的，即回回甸子，文理细。（2）乞里马泥，即河西甸子，文理粗。（3）荆州石，即襄阳甸子，色变。

章鸿钊在《宝石说》中对上述回回石头有若干考证，其说如下：

元时回回国即花剌子模，都基华，今在中亚。与波斯为邻，其语自当同源。

陶宗仪所记第一类红石头四种，色皆红而非同物。"剌"当为红宝石。剌为彼族方言，一作琍，本指一切红石。"避者达"当即阿拉伯语"避杰提"之音转，本指石榴子石。颜色红而明莹如石榴肉者。"昔剌泥"一称昔泥红，即斯璧尼石或巴拉斯琍，昔以产锡兰山有名，故转译昔剌泥耳（今名斯里兰卡石，为红色尖晶石）。苦木兰未详，但察其文，已知其非珍品矣。

陶宗仪所记第二类绿石头三种，其中"助木剌"乃波斯语，即祖母绿。它是绿柱石的一种，又名绿宝石。绿柱石以色别为数种，浓绿者曰祖母绿，浅青色者曰蓝晶，一曰水绿宝石。又有黄绿色者曰橄榄水绿宝石或黄金绿柱石。淡红色者曰蔷薇绿柱石。亦有浅紫色或无色者。

陶宗仪所记第三类鸦鹘七种，吴惠群在《实用宝玉石学》中指出："紫牙乌也称子牙乌，是指石榴石宝石。牙乌乃古阿拉伯语，即红宝石之意。囚石榴石宝石颜色深红带紫，故称紫牙乌。颜色有多种，如红、紫红、暗红、橙、黄、绿、青、褐、黑等色。产地有南非、印度、斯里兰卡、巴西、中国、阿富汗、缅甸等地。"

陶宗仪所记第四类猫睛两种，章鸿钊在《宝石说》中认为：猫睛一为金绿柱石，称金绿猫睛或东方猫睛；另一种为锡兰猫睛。与水晶猫睛有别。陶宗仪讲的那种走水石似猫睛而无光者，乃是波光石。

陶宗仪所记第五类甸子三种，章鸿钊认为，你舍卜的与乞里马泥，均为古波斯产绿松石之地，中国今唯湖北襄阳一带产绿松石，故知甸子即绿松石也。绿松石为铜铝之磷酸化合物，颜色有青色、天青色、青绿、黄绿、苹果绿等，以天青色最贵。久曝日光中易褪色。硬度6，不透明。

元代周达观在《真腊风土记》中，讲到输入真腊的中国货："其地不出金银，以唐人金银为第一，其次如真州（今江苏仪征）之锡镴，以及水银、银珠、硫黄、焰消、铁锅、铜盘、水珠（玻璃珠）等。"

元代汪大渊在《岛夷志略》中，讲了东南亚、南亚、西亚一些国家的矿产。如无枝拔（满剌加，今马六甲）产花斗锡、铅；交趾（今越南）产沙金、白银、铜、锡、铅；苏门傍（今印度尼西亚马都拉岛）产石油；龙牙门（今新加坡）产斗锡。这些国家的矿产也会与中国贸易交流。

第八章　明朝的地学

第一节　社会环境对地学的影响

明朝的社会环境对地学的影响，大致有以下几个方面：

一　统治者搞思想专制

明朝建国后，朱元璋即注意抓思想统一问题，他提倡理学，用科举考试选拔官吏，考试的内容和范围是朱熹注解的《四书》、《五经》，考生答卷只能根据指定的注解写文章，并且要用古人的语气写。到了明朝中叶，这种文章成了固定的格式，叫做"八股文"。这种考试方法，就是要人服服帖帖地遵守皇家规定的思想框框，不允许有独立的思考和新思想，把人们的思想禁锢在理学之中。为了更严厉地进行思想控制，朱元璋还制造了不少文字狱。如果在一篇文章里，有几个字引起他的猜疑，那么这位作者就要人头落地。明成祖朱棣当皇帝后，继续贯彻朱元璋的思想政策，命胡广等修《五经大全》121卷、《四书大全》30卷、《理性大全》70卷，大力宣扬朱程理学，使学者们谨守"儒先之正传，无敢改错"，形成了朱程理学一统天下的局面。这种思想控制和学术气氛，对科学的发展十分不利，同样对地学的发展也十分不利。没有创新，没有新思想，就没有科学和科学的向前发展。同时我们也应该看到，朱程理学后来受到王阳明心学和自宋朝以来形成的实学思潮的挑战，特别是在实学思潮影响下，许多知识分子抛弃了朱程理学，走出书斋和家庭，走向自然，探索自然奥秘，在科学上取得举世公认的成就。如王士性、徐光启、李时珍、宋应星、徐霞客等人就是如此。

二　郑和航海

明朝永乐三年（公元1405年）至宣德八年（公元1433年），朝廷派郑和率领庞大的船队七下西洋，这是中国航海史上的壮举，也是世界航海史上的伟大事件。郑和航海对地学的影响，主要体现在四个方面：一是开辟了新航路，为中国的海上交通做出了贡献；二是根据郑和航海路线绘制的《郑和航海图》，不仅丰富了明朝的地图学内容，而且对地名学、地貌学作出了贡献；三是随行人员写的四种著作，开阔了中国人的地理视野，丰富了明朝的地理知识；四是郑和与各国的交往，促进了中国与亚非各国的地理、地质知识和物资的交流，丰富了中国的地理、地质知识，也丰富了明朝的物质生活。

三　抗击外部入侵促进了边疆地理的发展

自洪武二年（公元1369年）以后，倭寇在山东、浙江、福建和广东沿海各地不断抢劫烧杀，甚至攻占城邑达一年之久。嘉靖时期，倭患最为严重，明朝不得不展开抗倭战争。在抗倭战争过程中，出现了《筹海图编》这类兵书，书中有军事地理和军事地图的丰富内容，为筹划沿海防务提供了重要依据，也给边疆地理增添了重要内容。

除海防外，明朝的边防任务也很重。北边有蒙古瓦剌、鞑靼两大势力的侵扰；西南云南中缅边境，有思任发的反叛；东北有女真族的再次崛起，建立后金，最后成了明朝的掘墓人。明朝在这些边境战争和边防活动过程中，产生了一系列的边疆地理著作和边境地图，如《九边图说》、《西南夷风土记》等，为明朝的地理学增添了内容。

四　道教的振兴

明朝从开国皇帝朱元璋起，就与道教有密切的关系。成祖在武当山大兴土木，把武当山建成了道教圣地。又诏修《道藏》，故道教活动一时振兴。明世宗更是崇信神仙道士长生不老之术，最后因服方士丹药而死。宁献王朱权（公元1390—1448年）编纂了《庚辛玉册》、《造化钳锤》、《乾坤秘韫》、《乾坤生意》等外丹书，又有地理著作《异域图志》，今均佚。仅《庚辛玉册》少量佚文保存在《本草纲目》中，有矿物方面的内容。《异域图志》记载了国外地理。陈梿有《罗浮志》。查志隆有《岱史》，为泰山志。这都是明朝道教徒或与道教有密切关系的人士在地学方面的著作。

五　治理黄河与运河

明朝对黄河和运河的治理，都投入了很大的人力、物力和财力，取得了相当好的成绩。代表人物有：徐有贞、白昂、刘大夏、刘天和、潘季驯、万恭等。他们有各自的治河理论，有各自的水利名著。如刘天和的《问水集》6卷，万恭的《治水筌蹄》2卷，潘季驯的《河防一览》14卷。他们的治河理论和著作，对清代治河有很大影响。

六　本草著作

明朝官方修纂的本草著作不多，仅有弘治年间由太医院判刘文泰等撰写了一部《本草品汇精要》42卷，按上、中、下三品，分玉石、草、木等10部，载药1815种，附有彩图，但未刊印发行。直到公元1923年故宫失火，才发现稿本。公元1936年商务印书馆铅字排印，始得流传。个人著述的本草稍多，如朱橚的《救荒本草》、徐彦纯的《本草发挥》、王纶的《本草集要》、陈嘉谟的《本草蒙全》、蓝茂的《滇南本草》、李时珍的《本草纲目》等。其中以《本草纲目》中所述金石药，与地学中的矿物岩石知识关系最密切，它汇集了历史上许多珍贵的矿物岩石资料。

七 矿业的发展

明朝除洪武时期抑制矿业外，其余各代都有不同程度的发展。特别是到明朝后期的万历年间，更是达到了"无地不开（矿）"的地步。明朝兴办矿业的目的是："皆采炼以资鼓铸"。黄金、白银、铜钱，是商品交易中不可缺少的货币，铁是制造生产工具的原材料，因此，金属矿的开采是主要的。随着矿业的兴盛，对矿物岩石的认识也逐步深入，促进了明朝矿物学向前发展。这方面的代表著作是《天工开物》。

八 西方传教士来华

16世纪末，随着西方耶稣会传教士的东来，出现了"西学东渐"的局面。这些传教士以当时西方科学技术知识为手段，吸引中国的士大夫和知识分子，达到他们传教的目的。传教士中最著名的是利玛窦（Matteo Ricci），他于公元1582年到澳门，1583年到广东肇庆，1598年进入北京，1601年在北京定居传教，1610年卒于北京。他利用西方科学知识作手段进行传教，客观上把西方的数学、天文学、地理学传入中国。特别是世界地图、地圆说、世界地理知识的传入，使中国人增添了新的地学知识，开阔了眼界，思想有所转变，从而在某种程度上影响了明末清初地学向新的方向发展。

九 明朝园林对地学的影响

明代不仅有皇家园林，更有许多高层官吏、掌权宦官和皇亲国戚的私家园林。园林的修建，在设计上要讲究艺术美，通常用人造小景观来体现大自然，体现天地和宇宙。在实际建造中，则要用岩石造山、用木材修建各种形式的房舍、修沟渠引水造湖、用花木造景等，这一切都离不开地学知识。反过来说，修建园林也会促进人们对地学知识的探寻，积累地学知识。如计成著的《园冶》，在"选石"一项中，就讲了15种适于造园的岩石，不仅讲岩石的产地、性状，还要讲用这些岩石造园的效果。如"六合石子"云："六合县灵居岩，沙土中及水际产玛瑙石子，颇细碎，有大如拳，纯白五色纹者，有纯五色者，其温润莹澈，择纹采斑斓取之。铺地如锦，或置涧壑及流水处，自然清白。"

第二节　郑和下西洋与域外地理著作

一　郑和下西洋及其在世界航海史上的地位

15世纪初，郑和七下西洋，不仅是中国"明初盛事"[1]，也是世界航海史上的壮举。他比哥伦布（C. Columbus）于1492年横渡大西洋到达美洲大陆早87年，比达·伽马（V. Gama）于1497年绕过好望角到达印度加里库特早92年，可见郑和是世界航海史上的伟大先驱。郑和的航海活动，前后延续29年，这点欧洲任何航海家都不能与之相比。

郑和（公元1371—1433年）原姓马，回族，云南昆阳州（今晋宁）人，郑姓是后来永乐皇帝赐给他的。他小时候家境不富裕，11岁父亲病死，时值家乡兵慌马乱，郑和被迫进入朱元璋在云南的军队。后又随军远离家乡，来到北平（今北京市），给燕王朱棣当仆从。由于郑和聪明伶俐，忠实可靠，深得朱棣的信赖和器重，成了一名心腹人物。在朱棣争夺帝位的"靖难之役"中，郑和立了大功。朱棣登基后，选34岁的郑

---

[1] 《明史·郑和传》。

和为内宫监太监，正四品[1]。永乐三年（公元1405年）五月，永乐皇帝任命郑和为总兵太监，率领庞大船队下西洋。当时所谓西洋，乃泛指今中国南海以西至印度洋一带地方。自永乐三年至宣德八年（公元1433年）29年间，郑和七下西洋，最远到了非洲东部海岸赤道以南的地方。郑和七下西洋的时间、地点分述如下。

第一次：永乐三年冬至永乐五年九月，由福建长乐出发，经占城（今越南南部）、暹罗（今泰国）、爪哇、旧港（今巨港）、满剌加（今马六甲）、哑鲁（苏门答腊岛西北）、苏门答腊、那姑儿（苏门答腊岛北面）、黎代（苏门答腊岛西北）、南渤利（苏门答腊岛西北）、榜葛剌（今孟加拉）、锡兰（今斯里兰卡）、溜山（今马尔代夫）、柯枝（今印度柯钦）、古里（今印度科泽科特）、忽鲁谟斯（今霍尔木兹）、祖法儿（今佐法尔）、天方（今麦加）、阿丹（今亚丁）[2]，然后返回。

第二次：永乐五年十月至永乐七年夏天，途经占城、暹罗、爪哇、满剌加、苏门答腊、哑鲁、南巫里（苏门答腊岛西北）、锡兰、加异勒（印度半岛西南端）、甘巴里（今印度甘巴）、小阿兰（今印度魁朗）、柯枝、古里、阿拨把丹（今印度阿麦达巴丹）等国[3]。

第二次：永乐七年十二月至永乐九年六月，途经占城、灵山、昆仑山、宾童龙（今越南南部）、真腊（今柬埔寨）、暹罗、假里马丁（在加里曼丹与邦加之间）、交兰山（加里曼丹西岸）、爪哇、旧港、重迦逻（今爪哇泗水）、吉里地闷（今

〔1〕《明史·郑和传》。
〔2〕谈迁：《国榷》卷十三。
〔3〕《明成祖实录》卷五十九。

帝汶岛）、满剌加、麻逸冻（今属印度尼西亚）、彭坑（或彭亨，今属马来亚）、东西竺（在马来半岛东南岸）、龙牙加邈（在苏门答腊岛西岸）、九州山（在苏门答腊岛沿岸）、哑鲁（或阿鲁）、淡洋（今属苏门答腊）、苏门答腊、花面王（即那姑儿）、龙屿（苏门答腊岛西北角）、翠岚屿（今尼可巴列岛北面的一组岛屿）、锡兰山、溜山洋（今马尔代夫）、大葛兰（今属印度）、柯枝、榜葛刺、卜剌哇（今布腊瓦）、竹步（今朱巴）、木骨都束（摩加迪沙）、阿丹、剌撒（在红海岸边）、佐法儿、忽鲁谟斯、天方、琉球、三岛（指菲律宾群岛）、渤泥（在加里曼丹岛上）、苏禄（今苏禄群岛）[1]。据《星槎胜览》的记载，除上述地区外，还有古里、小葛兰（魁朗）、龙牙门（马六甲海峡东南）[2]。

第四次：永乐十一年冬至永乐十三年七月，途经占城、彭亨、急兰丹、爪哇、旧港、五屿、满剌加、苏门答腊、阿鲁、南渤利、加异勒、柯枝、古里、忽鲁谟斯、锡兰、溜山、木骨都束、卜剌哇、麻林、比剌（莫桑比克港）、孙剌（莫桑比克的索法拉港）[3]。这是郑和七下西洋中航程最远的一次，开辟了由溜山横渡印度洋到非洲东岸的新航路，使中国与索马里南部各港的距离大为缩短，为中国航海史增添了新的一页。

第五次：永乐十五年冬至永乐十七年七月，途经占城、彭亨、爪哇、旧港、满剌加、苏门答腊、南渤利、南巫里、翠兰屿、锡兰、溜山、柯枝、古里、忽鲁谟斯、沙里湾泥、祖法

---

〔1〕 陆容：《菽园杂记》卷三。

〔2〕 有关地名的考证，参阅向达整理的《郑和航海图》、朱偰的《郑和》、谢方校注的《西洋朝贡典录》等。

〔3〕 《明成祖实录》卷一百三十四。

儿、阿丹、剌撒、木骨都束、卜剌哇、麻林、竹步、慢八撒（今蒙巴萨）。

第六次：永乐十九年春至永乐二十年八月，途经占城、真腊、暹罗、彭亨、满剌加、苏门答腊、南渤利、南巫里、翠兰屿、撒地港（今吉大港）、榜葛剌、琐里（今印度马德拉斯一带）、甘巴里、阿拨把丹、柯枝、古里、祖法儿、阿丹、木骨都束、卜剌哇、竹步、麻林地、慢八撒。

第七次：宣德六年冬至宣德八年七月，途经占城、苏鲁马益（位于爪哇）、旧港、满剌加、南巫里、锡兰、古里、忽鲁谟斯等。

郑和的船队最多时由 63 只宝船及大小马船、粮船、座船、战船组成[1]。宝船分大、中两种，大者长四十四丈四尺，阔一十八丈；中者长三十七丈，阔一十五丈。大宝船九桅，内部建造非常豪华，外部则体势巍然，巨无与敌，篷帆锚舵，非二三百人莫能举动。船队人员最多达二万七千余人[2]，其中有指挥官、通事、火长、带管、舵工、稍班、碇手、水手、民稍、铁锚、木舱、搭材、买办、书算手、办事、舍人、余丁、老军、养马、小厮、厨役、家人、医生等[3]，分工明确，组织严密，纪律严明。只有这样的船队，才能出色地完成七下西洋的任务。（图 8－1）

〔1〕 谈迁：《国榷》卷十三。
〔2〕 《明史·郑和传》。
〔3〕 祝允明：《前闻记》。

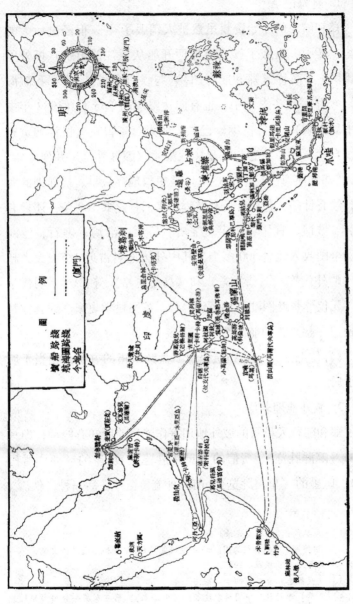

图 8 - 1 郑和下西洋示意图（引自向达整理：《郑和航海图》第 67 页，中华书局，1982 年）

二 航海记录与域外地理著作

1. 航海记录

郑和航海的原始资料虽然被人销毁了[1]，但经过后人的收集、转引，出版了《自宝船厂开船从龙江关出水直抵外国诸番图》（简称《郑和航海图》）与《针位编》。《郑和航海图》今存《武备志》中，也有向达整理的单行本（1982年中华书局出版）。《针位编》已佚。明人黄省曾在《西洋朝贡典录·自序》中，将它与《星槎胜览》、《瀛涯胜览》并列。

《郑和航海图》（图8-2）是中国现存最早、最详细的海图，绘有针路，包括针位和航程。来回针路共109条，还标有地名、城垣、官署、庙宇、宝塔、桥梁、港湾、礁石、沙滩等。全图收入地名500多个，其中外国地名占近3/5，大大超过《岭外代答》、《诸番志》和《岛夷志略》等书[2]。明代学者茅元仪称赞此图"详而不诬"[3]，英国科学史家李约瑟称赞它是"一幅真正的航海图"[4]。

《针位编》记录郑和航程中罗盘针所指的方位，相当于航海手册。

2. 域外地理著作

郑和随行人员写的域外地理著作就目前所知有四种，即马欢的《瀛涯胜览》、费信的《星槎胜览》、巩珍的《西洋番国志》、匡愚的《华夷胜览》。前三种流传至今，后一种已佚。

---

〔1〕 严从简：《殊域周咨录》卷八。

〔2〕 钮仲勋.《郑和航海图》的初步研究 [G]//郑和下西洋论文集：第一集.北京：人民交通出版社，1985.

〔3〕 《武备志》卷二百四十"航海"条。

〔4〕 ［英］李约瑟.中国科学技术史（中译本）：第五卷第一分册 [M].北京：科学出版社，1976：169.

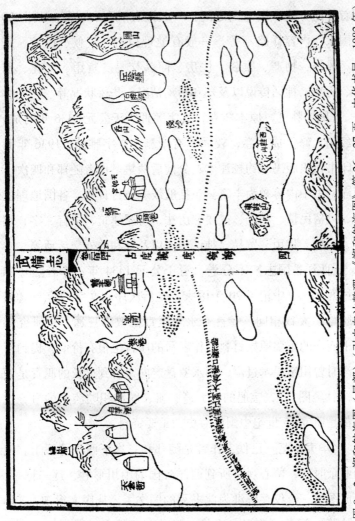

图 8 - 2　郑和航海图（局部）（引自向达整理：《郑和航海图》第 26 - 27 页，中华书局，1982 年）

《瀛涯胜览》不分卷，写于公元 1416 年。作者随郑和三次下西洋，充当翻译。同时"采摭各国人物之丑美，壤俗之异同，与夫土产之别，疆域之制，编次成帙"[1]。全书采用分国叙述的方式，国与国之间，一般记有航向和日程。共记 20 个国家，内容详略不等，一般有地理位置、气候、民族、宗教、风俗、物产、服装、住房、商品交易、货币、文化、刑法、历法、神话传说以及郑和活动情况、华侨状况等。

《星槎胜览》原本 2 卷，文字芜俚，于公元 1436 年写成。后经别人修订成 4 卷，较原本有增删，文字雅洁。1936 年商务印书馆出版冯承钧校注本，分前后两集。作者随郑和四次下西洋，书中内容颇为丰富。包括航线、航行日程、各国地理位置、风俗民情、物产、气候、历法、房屋建筑、语言文字、宗教、民族、货币、贸易、神话传说以及郑和的外交活动等。

《西洋番国志》不分卷，写于公元 1434 年，作者随郑和下过西洋。书中记了 20 个国家，先后次序和文字内容与《瀛涯胜览》大致相同。卷首有永乐至宣德敕书三通，是研究郑和下西洋的重要原始材料。作者写的序言也很有价值，提到下西洋时曾用牵星术过洋，用水罗盘定向，讲到火长的职责是领执"针经图式"，宝船的巨大篷、帆、舵和积贮淡水的事，这些都是研究 15 世纪中国航海史的重要资料。

《华夷胜览》已佚，作者是随郑和三次下西洋的医士。他用业余时间，留心观察所到西洋各国的山川形胜，逐一记录，绘成图册。今仅存张洪为此书写的序文了。从序文得知，《华夷胜览》记载了交趾、占城、爪哇、三佛齐、满剌加、苏门

---

[1] 《瀛涯胜览·序》。

答腊、锡兰、暹罗、孛尼等国的地理位置、山川形胜、风俗、物产、人物等，读后使人感到"万水万山，其景无穷"[1]。

上述著作扩大了中国人的地理视野，丰富了中国域外地理知识。

郑和航海之后，还有几部域外地理著作，如《西洋朝贡典录》、《海语》、《东西洋考》等。

黄省曾的《西洋朝贡典录》3卷，约成于公元1520年。记载郑和下西洋时南海23个国家和地区的情况。材料来源为"摭拾译人之言，若《星槎》、《瀛涯》、《针位》诸编，一约之典要，文之法言，稽之宝训"[2]。所记"针位"，很可能即是《针位编》的内容。书的缺点是由于作者对域外地理不熟悉，一些地名和材料往往弄错，令人误解[3]。

黄衷的《海语》3卷，成于嘉靖初。作者"晚年致政家居，就海洋番舶，询悉其山川风土，裒录成编"[4]。上卷"风俗"只有暹罗、满刺加两条，每条均有航海针路；中卷"物产"，共29条，讲生物、猛火油等；下卷"畏途"，载万里石塘、万里长沙等。此书虽然作者得自传闻，但由于"海贾所传见闻较近，似当不失其实"，因此，可以订正史传之异。

张燮的《东西洋考》12卷，成于公元1616年。此书是作为明末海外贸易通商指南而写的，作者应海澄县令陶镕之请而动笔，后因事中辍，不久又由漳州府督饷别驾王起宗请他继续写完。书中资料来自历史和当时文献，或得自传闻，不是作者

〔1〕 张洪：《华夷胜览·序》，载《归田稿》卷三，常熟市图书馆藏抄本。
〔2〕 《西洋朝贡典录·自序》。
〔3〕 谢方. 西洋朝贡典录校注·前言 [M].北京：中华书局，1982.
〔4〕 [清] 纪昀总纂. 四库全书总目提要. 北京：中华书局，1965.

的亲历，因此，书中出现少数错误或记载不够全面，在所难免。可贵之处在于它比较详细地记载了 16 世纪东南亚各国的历史，特别是西方殖民者掠夺和奴役东南亚人民的历史；记述了海外各国的土特产和贸易，进入中国的商船、货物种类、数量、规格、税收制度和税额标准等；还记载了航海技术和地理知识，如航程、航路、针路、水的深浅、气象、潮汐等，以及中国台湾的地理环境、人民生活、经济状况、风俗习惯等。因此，本书不是单纯的域外地理著作，而是兼有域外地理和边疆地理的著作。

此外，罗日褧的《咸宾录》8 卷，也是兼有域外和边疆地理的著作，记载了中国边境地区少数民族和东亚、东南亚、中亚、南亚各国的历史和地理。资料来自历史文献，引用书目达345 种，其中有些书已失传，赖此书保存了部分内容。由于作者对域外地理不熟悉，有些地方以讹传讹，出现错误。

由于抗击倭寇侵略的需要，中国学者陆续编写了一些介绍日本地理的书籍。如嘉靖年间薛俊的《日本考略》，郑若曾的《日本图纂》；万历年间李恭言、郝杰的《日本考》，侯继高的《日本风土记》，郑舜功的《日本一鉴》等。其中《日本考略》是中国第一部研究日本的专著[1]。此书可贵之处在于创立"寄语略"，用汉字记录一些日本发音的语汇，供边防人员参考。这种做法为后人仿效。

《日本一鉴》16 卷，是作者于嘉靖三十五年（公元 1556年）奉命出使日本时，自广州至日本，将沿途的"山水物色，见无不询，询无不志"，类编成集。全书分三部分：一是"穷

---

〔1〕 汪向荣. 中日关系史文献论考 [M]. 长沙：岳麓书社，1985.

河话海"，共 9 卷，较详细地记载了日本的地理位置、四邻、历史、与中国的关系、地脉、水源、时令、种族、氏姓、国君、职官、疆土、城池、关津、桥梁、道路、建筑、人物、物产、器具、国法、礼乐、服饰、风俗、宗教、医药、文字、书籍、交通等，是一部很全面的日本地理志。二是"桴海图经" 3 卷，主要内容是中日之间航行针路，交通路线，并附地图。三是"�岛新编" 4 卷，首载日本的政区、城关、宫室、坊市、岛屿等各种地图和图说，次载日本的山川地势，各种地名、物产。郑舜功写此书的目的很明确，是为了"期得真情，归报朝廷，以为东南长治久安之计"。据书中最后一次记载日本朝贡的年代为嘉靖三十七年（公元 1558 年）推测，此书可能成于公元 1558 年。

第三节 方志进一步发展

明朝方志进一步发展，体现在三个方面：一是数量较宋、元时期有所增加。宋代方志虽然有 981 种，但绝大部分遗失了。明朝的方志达到 990 种[1]。二是志书范围有所增加，出现了大行政区的省志。明朝由于省级政区不叫省，而叫承宣布政使司，因此志书无省志名称。别的名称也不统一，有的叫图经，有的叫书，有的叫志，有的叫总志，有的叫通志，其中以叫通志为多。三是志书种类增加，出现了边务图志。下面介绍几部明代著名方志。

一 一统志

洪武三年（公元 1370 年），太祖以舆地之广，不可无书

---

〔1〕 王燕玉．方志刍议［G］//中国地方史志协会．中国地方史志论丛．北京：中华书局，1984．

以纪之，乃命翰林儒臣按照《元一统志》的体例修明志，但没有成书。洪武二十七年（公元 1394 年）九月有官修《寰宇通衢》1 卷问世，起于辽东都司，终于广西府，凡马驿站名及道理之数，以类编为书，所纪道里方隅之数有八焉。此本序目皆无，但首页至终，中无缺页，是为全本，共 145 页。为常熟瞿氏影抄明洪武本，今藏上海图书馆[1]。景泰年间（公元 1450—1457 年）朝廷再次下令修《寰宇通志》，书成共 119 卷。英宗复辟后，天顺二年（公元 1458 年）令李贤等人在《寰宇通志》的基础上，重编《大明一统志》。天顺五年（公元 1461 年）成书，得 90 卷。万历中又有所增补。

（1）《寰宇通志》。明景泰七年（公元 1456 年）陈循等纂，有明刻本传世，为我国稀见方志之一，今收入《玄览堂丛书续集》中。全书按两京、十三布政使司次序，分别记载建置沿革、郡名、山川、形势、风俗、土产、城池、祀典、山陵、宫殿、宗庙、坛壝、馆阁、苑囿、府第、公廨、监学、学校、书院、楼阁、馆驿、堂亭、池馆、台榭、桥梁、井泉、关隘、寺观、祠庙、陵墓、坟墓、古迹、名宦、迁谪、留寓、人物、科甲、题咏等 38 门。所记事物范围广，内容丰富，体例相当完备。当《大明一统志》颁行后，此书毁版，因而传世甚少[2]。

（2）《大明一统志》。其体例沿袭《大元大一统志》，以京师、南京、中都三京及十三布政使司分区，每府、州、县之下分建置沿革、郡名、形胜、风俗、古迹、人物等十数目，而殿

---

〔1〕 陈光贻. 稀见地方志提要：上册 [M]. 济南：齐鲁书社，1987：18.

〔2〕 黄苇. 中国地方志辞典 [M]. 合肥：黄山书社，1987.

以外夷各国。此书取材简略,卷帙不及《大元大一统志》的三分之一。主要缺点是引用古事错误较多,甚至句读不通。虽然如此,它保存了不少明代资料,仍十分宝贵。比如,书中记载了当时全国95个府、州、卫的洞穴达372个,有描述的131个。描述内容有洞穴的地理位置、大小、形态、水文(地下河)、水质、洞穴水的利用、气候、化石、矿物、石钟乳、石灰华、石柱、石笋、石幔、石田、石床、石珊瑚、石珍珠、洞穴类型、洞穴中的动物、洞穴利用等。这样详细的洞穴资料是空前的。因此,徐霞客旅游时把它带在身边,作为导游手册阅读。由此可见,此书的地理价值不低。

二 地方志

明代地方志很多,不可能一一介绍,只能选几部作代表。

(1)成化《山西通志》17卷,李侃修,胡谧纂。明成化十一年(公元1475年)刻本。胡谧以四年时间,广搜博采,精选细辑而成。详细记载了山西境内政区的建置沿革、疆域、山川、形胜、物产、户口等。其中户口目下记载汉至明历朝各郡、府、州、县的户口数,十分详细而珍贵,是研究人口史的好资料。

(2)嘉靖《江西通志》37卷,林庭㭿修,周广纂。卷一至卷三为藩省志,立13目,即建置沿革、形胜、城池、户口、田赋、藩封、兵政、公署、贡院、祠庙、秩官、名宦、奸宄。卷四至卷三十七为诸府、州、县志,立30目,即在藩省各目之外,另增郡名、山川、风俗、恤典、学校、宫室、土产、驿邮、关梁、祥异、陵墓、古迹、科目、人物、列女等。其特点是:①仿正史奸臣、酷吏列传之例,首创"奸宄"一门,记载一方之劣迹恶行者,以垂永戒。开创方志有褒有贬,善恶必书的良风。②不设艺文目,按碑文内容各入其类,增强了志书的实用性。③人物不分类，而以年代先后为序，创造了一种新的人物排列法[1]。作者的创新精神值得学习。

（3）《滇略》10卷，谢肇淛于万历年间撰。全书分十略，每略一卷。卷一是版略，记疆域及建置沿革；卷二是胜略，记山川名胜；卷三是产略，记物产；卷四是俗略，记民风；卷五是绩略，记名宦；卷六是献略，记乡贤；卷七是事略，记历史；卷八是文略，记艺文；卷九是夷略，记少数民族；卷十是杂略，记琐闻杂谈。每略冠以小序述其大要。《四库全书总目提要》称赞它"引据有征，叙述有法，较诸家地志，体例特为雅洁"。这是一部很有特色的云南省志。

（4）正德《松江府志》32卷，陈威修，顾清纂，正德七年（公元1512年）刻本。松江府明朝时领华亭、上海、青浦三县。卷首有松江府境图，正文分沿革、分野、疆域、水、风俗、土产、户口、徭役、田赋、城池、坊巷、乡保、镇市、桥梁、官署、学校、兵防、仓廪、驿传、坛庙、茅宅、冢墓、寺观、古迹、守令、题名、宦迹、科贡、人物、遗事、祥异等31目，又分70子目。此志记事上起春秋战国，下迄明正德年间，统合古今，内容详尽[2]。

（5）嘉靖《耀州志》11卷，李廷玉修，乔世宁纂，嘉靖二十六年（公元1547年）刻本。卷一至卷二，地理志，记历代沿革、山川、河渠、古迹、陵墓；卷三，建置志，祠祀志；卷四，田赋志；卷五至卷六，官师志；卷七至卷八，人物志；卷九，选举志；卷十，纪事志；卷十一，艺文志。此志为明代

---

〔1〕 刘纬毅.中国地方志 [M].北京：新华出版社，1991：108.

〔2〕 黄苇.中国地方志辞典 [M].合肥：黄山书社，1987.

地方志中简体志的代表作，记载以简赅为特点。引用文献有根有据，无夸诞、好奇之弊。其体例仅横排九志，各篇下不分细目，极为简洁。又不记分野，不记旧属耀州而今不属耀州的事物，官师不记离任者，人物不记死者，有大事记。

（6）嘉靖《仁和县志》14卷，沈朝宣纂修。嘉靖二十一年（公元1542年）至二十八年（公元1549年）成书，未刊行。万历中郑圭有抄本。今有光绪十九年（公元1893年）钱塘丁氏校刊本。此志作者参考了府志、杂书，又到现场考察访问，材料可靠。志首有序例、目录、题目等，次分封畛、桥梁、山川、公署、风土、学校、水利、恤政、坛庙、名宦、科贡、人物、坟墓、寺观、书籍、碑碣、纪遗等17门，又分86子目。这是仁和第一部县志。

（7）《寿宁待志》2卷，冯梦龙于崇祯年间编撰，因此志尚有不足之处，有待后人补充完善，故名"待志"，是一部别具一格的佳志。全志设疆域、城隘、县治、学宫、户口、赋税、盐法、物产、风俗、岁时、佛宇、灾异等28目。最大特点是摒弃了一般志书的阿谀奉迎、粉饰太平的恶习，实事求是地反映了民间疾苦。对寿宁文化落后状况也不隐讳，予以披露。全志用第一人称撰写，这在中国方志史上绝无仅有。

（8）正德《金山卫志》6卷，张奎修，夏有文纂，正德十二年（公元1517年）刊本。此志以兵制为主，记明时卫制军政条例及军法定律甚详。书的体例分二志、十纲、六十目。上志卷一有边域、建设；卷二栋宇；卷三将校、兵政。下志卷一有险固、学校；卷二祠祀、人物；卷三土产。其书重于记事实，所记皆足证信。不立艺文志，有关卫事的诗文附入各门。

（9）万历《四镇三关志》10卷，刘效祖撰，万历二至四年（公元1574—1576年）成书。"四镇"指蓟州、辽东、保定、昌平，"三关"指紫荆、居庸、山海。明代边务志书有数十种，以此志所记最详尽。

由上述各志可以看出，明朝省、府、州、县、卫、边务的志书，其内容和体例都有一定的差异，各有所侧重。

第四节　旅行家对地学的贡献

一　明朝后期出现旅行家群体

旅行考察对地学来说是基础研究工作，是获取第一手资料的主要来源，无论古今中外，概莫能外。

明初，因出使外国而成为旅行家的是陈诚，字子实，吉水（今江西吉水县）人。洪武进士，授行人，曾出使南安。永乐中，哈烈入贡，诏吏部员外郎陈诚偕中官李达等送使臣还，诚乃遍历哈烈、撒马尔罕等17国。永乐十三年（公元1415年）回国，写成《使西域记》一书，详述其山川、人物、风俗[1]。此书除记载中亚各国的地理外，还记载了中国新疆吐鲁番等地的地理。文字简洁，但能突出各国的地理特征。如哈烈，书中写道："一名黑鲁，在撒马尔罕西南，其地四面多山，中有河西流……垒石为屋，平方若高台，不用栋梁陶瓦，中敞虚室数十间，窗牖门扉，雕刻花纹，纹以金碧，地铺毡毯，无君臣上下，男女相聚皆席地趺坐。"[2]

明朝中、后期，在实学思潮的影响和推动下，许多知识分子厌恶从书本到书本，毫无创新的八股取士制度。他们抛弃朱

〔1〕《明史·西域列传四》。
〔2〕《使西域记》，载《学海类编》第26函。

程理学和王阳明的心学，从空谈性理转入经世务实，崇尚实学。他们主张"不必矫情，不必逆性，不必昧心，不必抑志，直心而动"[1]，寄情于山水之间，将旅游当成与读书一样重要的事情来对待。有的人甚至说："读未曾见之书，历未曾到之山水，如获至宝，尝异味。一段奇快，难以语人也。"这样一批知识分子从书斋跑到山水之中，成为明朝后期旅行家群体。他们之中有生卒年代可考者 12 人：

刘崧（公元 1321—1381 年），著有《东游录》。

都穆（公元 1459—1525 年），弘治十二年（公元 1499 年）进士，有《游名山记》6 卷，又有《润州游山记》2 卷，1576 年增补何镗原编为《名山胜概记》48 卷。他在序言中说："余素厌早栖，颇耽泉石。每闻山水之胜，则穷幽极奥，虽扪萝攀缒，惊涛破浪，亦所欣然愿往。"可见他也是个特别喜爱旅游的人。

王九思（公元 1468—1551 年），弘治九年（公元 1496 年）进士，有《西游随笔》1 卷。

王世懋（公元 1536—1588 年），嘉靖二十八年（公元 1549 年）进士，有《名山游记》1 卷，《关洛记游》1 卷。

屠隆（公元 1542—1605 年），万历五年（公元 1577 年）进士，有《冥寥子游》；万历二十一年（公元 1593 年）他给友人王士性《五岳游草》写的序中，反映了他对旅游的看法和自身的遭遇。序曰："……予友天台王恒叔寥廓士，蝉蜕尘表，车辙马迹遍天下，所至登高览胜，寰中佳山水一一属其杖履，入其品题。最大者无如五岳，古今游人咸叹以为不得兼，

----

[1] 李贽：《焚书》卷二。

而恒叔兼之。至道家所纪洞天福地，游踪不到者殆鲜矣。所至名章大篇，洋洋洒洒，与山灵争长，而又参心印于佛地，叩丹诀于仙台，阐宗旨剔疑义，往往多证悟之语。所谓抒藻采真，恒叔又二者兼之。是造物之私于恒叔独厚也。不慧标韵似不减，顾少局青衿，困穷巷而无四方之观，甫入仕不数年即罢去，生平足迹于寰宇十未历一。及归，而家有百岁亲，不敢远出。近又好作蒲团工课，迹迩心遐，冷肢独往，直将培塿而名岳之，湫隘而清都之，栖迟蓬门，偃仰环堵，不啻足也。此山水与不慧寡缘哉！恒叔闻而轩渠之。虽然，余终将有待焉。恒叔以一官为行脚，而余他日将以只履为安车，即名山洞府或为余辟而又何止于登览也。"[1]

王士性（公元 1547—1598 年），万历五年（公元 1577 年）进士。有《广游记》2 卷，《五岳游草》10 卷，《广志绎》6 卷（实为 5 卷，第 6 卷有目无书）。

胡应麟（公元 1551—1602 年），万历中举于乡，久不第。有《补刘氏山栖志》16 卷。

陈继儒（公元 1558—1639 年），二十九岁前为诸生，二十九岁以后为隐士。有《许秘书园记》、《游桃花记》、《王季重〈游唤〉叙》、《〈闽游草〉序》、《游空舲滩》等，又订正《游名山记》4 卷。

袁宏道（公元 1568—1610 年），万历二十年（公元 1592 年）进士。做过知县、顺天教授、国子助教、礼部主事、稽勋郎中等官。曾游历吴越，登匡庐、嵩、华诸山，写过一些游记，

---

〔1〕 周振鹤编校. 王士性地理书三种 [M].上海：上海古籍出版社，1993：25 – 26.

如《满井游记》等。后人从《袁中郎全集》中把游记选出来，编成《袁中郎游记》一书，中国图书馆出版部于1935年出版。

曹学佺（公元1574—1646年），万历二十三年（公元1595年）进士。有《蜀中宦游记》4卷，《大明一统名胜志》96册。

王思任（公元1576—？年），万历二十三年（公元1595年）进士。有《游满井记》等文和《游唤》1卷，《庐游记》1卷。

徐霞客（公元1587—1641年），布衣、高士。有《徐霞客游记》10卷。

其他生卒年不详，但大致生活年代可推定者有27人：

陈沂，正德十二年（公元1517年）进士。有《游名山记》4卷。

田汝成，嘉靖五年（公元1526年）进士。有《西粤宦游记》1卷。

徐谦，嘉靖八年（公元1529年）进士。有《桃花源纪游》。

何镗，嘉靖二十六年（公元1547年）进士。有《游名山记》17卷，又编有《古今游名山记》76卷。

慎蒙，嘉靖三十二年（公元1553年）进士。有《名山胜概记》，又编有《名山诸胜一览记》15卷。

沈朝臣，嘉靖时为胡宗宪书记。有《四明山游记》1卷。

潘景升，嘉靖时官中书舍人。有《黄海纪游》。

李天植，隆庆五年（公元1571年）进士。有《九山游志》。

唐鹤征，隆庆五年（公元1571年）进士。有《南游记》3卷。

王豫，万历五年（公元1577年）进士。有《楚游客问》。

周应宾，万历十一年（公元1583年）进士。有《游山志》。

王嘉谟，万历十四年（公元1586年）进士。有《蓟丘集》47 卷，中有《北山游记》，系统描述了北京西北山区的地理景观。

杨伯柯，万历十四年（公元 1586 年）进士。有《东征客问》和《蜀游记》。

曾伟芳，万历十七年（公元 1589 年）进士。有《燕游杂记》。

朱化孚，万历二十年（公元 1592 年）进士。有《阳城纪胜》。

彭宗孟，万历二十九年（公元 1601 年）进士。有《江上杂疏》1 卷。

姚履素，万历二十九年（公元 1601 年）进士。有《适楚纪胜》。

傅振商，万历三十五年（公元 1607 年）进士。有《秦蜀幽胜录》。

丘兆麟，万历三十八年（公元 1610 年）进士，崇祯初任河南巡抚。有《游衡纪事》。

许如兰，万历四十四年（公元 1616 年）进士。有《衢游纪略》1 卷。

安国贤，万历年间人。有《南澳游小记》12 卷，《南日寨小记》10 卷。

林培，万历时为南京御史。有《剑南游记》。

曹蕃，万历二十五年（公元 1597 年）顺天乡试中举人。有《闽游杂记》1 卷，《游记（或作草）》1 卷。

张振德，任四川兴文知县兼署长宁知县，天启间死于任上。有《大峨游记》。

黄以升，天启间太学生，崇祯时在云南任职。有《游名山记》6卷。

马元调，明末诸生，以抗清殉难。有《横山游记》。

俞瞻白，明末人，陈继儒为他的《五岳卧游》写了引言。有《五岳卧游》1卷。

从以上39人的大致生活年代，可以明显看出他们不但是明朝后期人，而且多数人主要活动于万历至明末一段时间内。其中2/3以上的人是进士出身，其他人或有一定官职或为举人诸生。由此我们可以认为，明朝后期士大夫的旅游风气很盛，而且写作游记也蔚为风尚。正是这种风气培养出了一批旅行家群体，其中王士性和徐霞客是这个群体中的佼佼者。他们有意识地进行实地考察，眼光比别人敏锐，思路比别人开阔，不但观察到他人所未注意到的事物和现象，而且开始从地理学的角度对这些事物与现象进行类比和分析，于是成就了《徐霞客游记》和《广志绎》这两部辉煌的地理著作。徐、王二人后先辉映，标志着中国地理学发展史上的重大飞跃。所不同的只是王士性的成就侧重于人文地理方面，而徐霞客则主要表现在自然地理领域而已[1]。徐、王的出现，不是偶然的、孤立的和突发的，而是明朝后期旅游风气发展的结果，是在这个旅行家群体中产生的，是事物发展的必然。

二　王士性对人文地理学的贡献

王士性（公元1547—1598年），字恒叔，号太初，又号元白道人，浙江临海人。万历五年（公元1577年）进士。曾任朗陵令、知县、礼科给事中、四川参议、云南澜沧兵备副

---

〔1〕 周振鹤. 徐霞客与明代后期旅行家群体 ［G］//徐霞客研究：第1辑. 北京：学苑出版社，1997：52-61.

使、河南提学、山东参政、太仆少卿、南京鸿胪卿等官职。他幼贫好学，诗文名天下。性好游，"少怀向子平之志，足迹欲遍五岳"。他的旅游多数是因官职调动而顺道旅游，即所谓"宦游"；少数是专程旅游。对此，康熙二十二年刊本《临海县志·王士性传》曰："公盖无时不游，无地不游，无官不游，而文章即于是灿焉耳。……公意气凌霄，一官为寄，天下九州履其八，所未到者闽耳。诸名山自五岳而外，穷幽极险，凡一岩一洞，一草一木之微，无不精订。"他做过官的地方有北京、南京、河南、四川、广西、贵州、云南、山东等地。他的游踪遍五岳，旁及峨眉、太和、白岳、点苍、鸡足诸名山。足迹遍及当时的二都十二布政使司（即行省）。如按现在的行政区划计算，则达到 17 个省、市、自治区。实现了他少年立下的志向，成为中国古代杰出的旅行家。现存著作有《五岳游草》10 卷，《广游志》2 卷，《广志绎》6 卷（实际上只有 5 卷，第 6 卷有目无书），收入周振鹤编校的《王士性地理书三种》[1]中。《吏隐堂集》是把《掖垣稿》2 卷（任礼部给事中时的奏疏集）、《朗陵稿》2 卷、《入蜀稿》3 卷、《燕市稿》3 卷（均为诗文集）、《尺牍》3 卷结集而成，有王世贞写的序，收入《王士性地理书三种·王恒叔近稿》中。在《王士性地理书三种·拾遗》中还收入了王士性的零篇著作 7 篇，其中 4 篇从地方志中收入，3 篇墓志铭则从《临海地区出土墓志铭》移录。在徐建春、梁光军著的《王士性论稿》附录二[2]中收入了王士性的诗文 6 篇，尺牍 3 篇，政书 1 篇，共 10 篇。还

---

〔1〕 周振鹤编校.王士性地理书三种［M］.上海：上海古籍出版社，1993.

〔2〕 徐建春，梁光军.王士性论稿［M］.杭州：杭州大学出版社，1994.

有《东湖志》，至今仍未找到。

王士性在地理学上取得的成就，主要是人文地理方面，但也有不少自然地理的精彩论述，归纳起来有9个方面的内容：

1. 对人地关系理论的杰出贡献

王士性在对浙江地区进行区域调查与研究后认为："杭、嘉、湖平原水乡，是为泽国之民；金、衢、严、处丘陵险阻，是为山谷之民；宁、绍、台、温连山大海，是为海滨之民。三民各自为俗。泽国之民，舟楫为居，百货所聚，闾阎易于富贵，俗尚奢侈，缙绅气势大而众庶小；山谷之民，石气所钟，猛烈鸷愎，轻犯刑法，喜习俭素，然豪民颇负气，聚党与而傲缙绅；海滨之民，餐风宿水，百死一生，以有海利为生不甚穷，以不通商贩不甚富，闾阎与缙绅相安，官民得贵贱之中，俗尚居奢俭之半。"[1]这就是说，生活在不同地理环境中的人们，有着各自不同的生产方式、生活方式、风俗习惯、价值观念和不同的庶民与缙绅关系。从这段引文中还可以看出，在王士性的人地关系思想中，实际上已蕴含了地理环境对文化影响的两种机制：一种是地理—经济—文化的间接影响机制；另一种是地理—文化的直接影响机制。王士性在400年前就认识到了这一点，是难能可贵的。

王士性还以地理要素为主要指标，将浙江地区划分为泽国文化区、山谷文化区和海滨文化区。这种区划是前所未有的。

王士性认为，人才的分布与地理环境有密切的关系："江北山川犷旷，声名文物所发泄者不甚偏胜。江南山川盘郁，其

---

〔1〕 王士性. 广志绎：卷四 [M]//王士性地理书三种. 上海：上海古籍出版社，1993：324.

融结偏厚处则科第为多，如浙之余姚、慈溪，闽之泉州，楚之黄州，蜀之内江、富顺，粤之全州、马平，每甲于他郡邑。"[1]地理环境是制约成才的重要因素，但并不是绝对的。所以紧接上面的一段话，王士性进一步说明："然文人学士又不拘于科第处，尝不择地而生。"后面列举了大量的事例来证明他的观点。

王士性还从理论上总结出人类对自然环境的改造利用既不可无所作为，又不可盲目而为，而应遵循自然法则的基本原则。他说："天下事不可懦而无为，尤不可好于有为。"[2]

2. 对地理学区域性特点的深刻认识

王士性对地理学的区域性特点有深刻的认识，善于抓各地的区域差异。这方面的论述主要体现在《广游志》和他晚年写的地理名著《广志绎》中。

《广游志》以全国范围作为区域研究的对象，分析各地在自然环境（如地脉、形胜、风土）和人文因素（如少数民族、宗教、方言）的差异。在"地脉"部分，他详细阐明了以北龙、中龙和南龙为三大主干的山脉分布系列；在"形胜"部分，他分析了明代两都十三布政司的自然地理基础，认为其分划大致是合理的，过去从未有人对政区的地理背景作过这样的分析。在全篇的最后一段，王士性又历数各地的方言差异："声音，八方各以其乡土，不纯干正声，难以彼此相消也。有一郡一邑异者，亦有分大江南北异者。……若一省一郡异者，如齐、鲁发声洪，维、扬腰声重，徽、歙尾声长。"对方言地

〔1〕 王士性. 广志绎：卷一 [M]//王士性地理书三种. 上海：上海古籍出版社, 1993：243.

〔2〕 王士性. 广志绎：卷二 [M]//王士性地理书三种. 上海：上海古籍出版社, 1993.

理表现出极大兴趣。

晚年息游之后，王士性不满足于《广游志》过于简单的论述，更作《广志绎》5卷，以全面深入地表达自己的地理学思想。万历二十五年（公元1597年）王士性为此书写了自序，但书未出版他就去世了。后来由杨体元初刻于清顺治元年（公元1644年），再刻于康熙十五年（公元1676年）。这两个本子流传甚少，嘉庆二十二年（公元1817年），临海宋世荦据杨刻本参酌传抄本重梓，收入《台州丛书》中。公元1981年中华书局出版吕景琳点校本。此书名为6卷，实际上只有5卷，因为第6卷"四夷辑"有目无书。5卷的篇目分别是：方舆崖略，两都，江北四省，江南诸省，西南诸省。

"方舆崖略"论述全国的地理情况。如历代疆域沿革，全国各地的赋税差别，物产差异，国家储备的地区差异，人才的地区差异，江河水量差异及其原因，全国边关分布及明朝的边备等。涉及人文地理的各个分支学科，如沿革地理、经济地理、文化地理、军事地理等。

3. 经济地理的论述

王士性在经济地理方面的论述非常精彩，涉及自然资源、农业和手工业的布局、经济区划、商业贸易、交通漕运等方面的内容。如论述各地聚散货物的差异时说："天下马头，物所出所聚处。苏、杭之币，淮阴之粮，维扬之盐，临清、济宁之货，徐州之车骡，京师城隍、灯市之古董，无锡之米，建阳之书，浮梁之瓷，宁、台之鲞，香山之番舶，广陵之姬，温州之漆器。"

王士性又从物产、交通工具和食俗三个方面来比较南北地区差异，并在全国范围内进行了经济区的划分。他说："东南饶鱼盐、秔稻之利，中州、楚地饶渔，西南饶金银矿、宝石、文贝、琥珀、朱砂、水银，南饶犀、象、椒、苏、外国诸币帛，北饶牛、羊、马、赢、羱毯，西南川、贵、黔、粤饶楩枏大木。江南饶薪，取火于木；江北饶煤，取火于土。西北山高，陆行而无舟楫；东南泽广，舟行而鲜车马。海南人食鱼虾，北人厌其腥；塞北人食乳酪，南人恶其膻。河北人食胡葱、蒜、薤，江南畏其辛辣，而身自不觉。此皆水土积习，不能强同。"

王士性还谈到云南的采矿业，说："采矿事惟滇为善。滇中矿硐，自国初开采至今，以代赋税之缺，未尝辍也。滇中凡土皆生矿苗。其未成硐者，细民自挖掘之，一日仅足衣食一日之用，于法无禁。其成硐者，某处出矿苗，其硐头领之，陈之官而准焉，则视硐大小，召义夫若干人。义夫者，即采矿之人，惟硐头约束者也。择某日入采，其先未成硐，则一切工作公私用度之费，皆硐头任之，硐大或用至千百金者。及硐已成，矿可煎验矣，有司验之。每日义夫若干人入硐，至暮尽出硐中矿为堆，画其中为四聚瓜分之：一聚为官课，则监官领煎之以解藩司者也；一聚为公费，则一切公私经费，硐头领之以入簿支销者也；一聚为硐头自得之；一聚为义夫平分之。……采矿若此，以补民间无名之需，荒政之备，未尝不善。"作者在这里讲述了云南采矿业的历史、开采方式、组织形式、工人的微薄收入、社会效益等，是经济地理的重要内容。

4. 文化地理的论述

王士性在实地考察的基础上，将浙江地区分为浙东和浙西两大文化区。《广志绎》卷四云："两浙东西以江为界，而风俗因之。浙西俗繁华，人性纤巧，雅文物……多巨室大豪，若家僮千百者，鲜衣怒马，非市井小民之利。浙东俗敦朴，人性俭啬椎鲁，尚古淳风，重节概，鲜富商大贾。"

王士性又以地理要素为主要指标，将浙东文化区进一步细分为宁绍、金衢、台温处三个文化亚区，并对三个文化亚区内的文化特征进行概括：浙东"而其俗又自分为三：宁、绍盛科名逢掖，其戚里善借为外营，又佣书舞文，竞贾贩锥刀之利，人大半食于外；金、衢武健负气善讼，六郡材官所自出；台、温、处山海之民，猎山渔海，耕农自食，贾不出门，以视浙西迥乎上国矣"。这样的分区和概括，符合历史事实，至今仍有借鉴意义。

王士性还认识到，将浙江地区划分为浙东、浙西两大文化区，不仅仅只是因为钱塘江的阻碍和地理环境的差异，而且还与政治地理有着十分密切的关系。他指出："两浙兼吴、越之分土，山川风物，迥乎不侔。浙西泽国无山，俗靡而巧近苏、常，以地原自吴也；浙东负山枕海，其俗朴，自瓯越为一区矣。"[1]

王士性还认识到，与浙江地区的地理环境大不相同，中原地区地势平坦，山脉甚少，故风俗习惯大体相同。他在《广游志·形胜》中指出："独中原片土莽荡，数千里无山，不得不强画野以经界之。故雎、陈以东，凤、泗而北，兖、济以南，人情土俗，不甚差殊。"

此外，王士性还对各地宗教状况、婚丧习俗、衣食住行等都有不少论述。例如："永近粤，乡村间稍杂以夷獠之俗，男子衣裙曳地，妇女裙裤反至膝止，露骭跣足，不避秽污，著草履者其上也。首则饰以高髻，耳垂大环，铸锡成花，满头插戴。一路铺递皂快，舆夫、马卒之徒，皆以妇代男为之，致男

---

〔1〕《广游志·形胜》。

女混杂戏剧，官不能禁。"[1]

5. 卓越的区域思想和区域规划

王士性具有卓越的区域规划思想，并作出了具体的区域规划。在《广游志·杂志》中，把当时中国东南部划分为14个自然区，并概述每个自然区的基本特点及自然区与行政区的关系。

(1) 晋中："太行数千里亘其东，洪河抱其西，沙漠限其北，自然一省会也。"

(2) 关中："河流与潼关界其东，剑阁梁山阻其南，番卢臂其西北，左渭右汉，终南为宗，亦自然一省会也。"

(3) 蜀中："层峦迭嶂，环以四周，沃野千里，蹲其中服。岷江为经，众水纬之，咸从三峡一线而出，亦自然一省会也。"

(4) 楚："长江横络，江南九水汇于洞庭，江北诸流导于汉水，然后入江。沅、桂、永、吉、袁、宁诸山包其前，荆山襄其北，亦自然一省会也。"

(5) 江右："左黄山，右匡庐，二龙咸自南来，迤逦东、西、南三面环之，众水皆出于本省，浸于彭蠡一道以入于江，去水来山，长江负其后，亦自然一省会也。"

(6) 两广："五岭以外为两广，广右又自为一局。三江咸交于苍梧以东，又分梅岭以东自为一支，以包乎北。"

(7) 闽："皆大海前绕之，亦皆自然一省会也。"

(8) 滇："西南万里滇中，滇自为一国。"

(9) 贵竹："初本为滇之门户，后乃开设为省者，非得已也。牂牁、乌、柳诸水散流，湖北、川东，辖制非一，盖有由矣。"

---

〔1〕《广志绎·江南诸省·湖广》。

（10）中原："片土莽荡，数千里无山，不得不强画野以经界之。故睢、陈以东，凤、泗而北，兖、济以南，人情土俗不甚差殊。然两河之流中贯，淮、卫为辅，太行在后，荆山在前。秦山西峙，崧高中起，亦自然一省会也。"

（11）山东："以太岱为宗，其于各省，虽无高山大川之界，然合齐鲁为一，原自周公太公之旧疆也，不入他郡邑矣。"

（12）两浙："兼吴、越之分土，山川风物，迥乎不侔，浙西泽国无山，俗靡而巧近苏、常，以地原自吴也。浙东负山枕海，其俗朴，自瓯越为一区矣。"

（13）南都（南京）："转漕为易，文物为华，车书所同，似乎宗周。"

（14）北都（北京）："太行天堑，大海朝宗，扼夷卤之吭，据戎马之地，似乎成周。"[1]

王士性分析了当时两都及十三布政使司行政区划与自然区划、历史沿革、人情风土等相一致的情况。但他同时清楚地认识到，由于存在着人为因素和历史因素的影响，明代的行政区划与自然区划并不完全一致，如中原和山东。他认为，"楚"作为自然区划是合理的；但作为行政区划的"湖广"就不尽合理，太大了，存在种种弊端。他说："湖广在春秋、战国间，称六千里大楚，跨淮、汝而北之，将及河。本朝分省，亦惟楚为大。其辖至十五郡……动数千里，入省逾月，文移之往复，夷情之缓急，皆所不便。而辰、永督学，屡合屡分；郧、沅开府，或罢或兴，黎平生儒，此考彼试，种种非一。况贵竹、粤西两省，杂以傜僮夷苗，主以卫

〔1〕《广游志·形胜》。

所，间以土酋，咸不成省。"为了使湖广行政区更趋合理，他建议"当以辰州、沅州、靖州分属贵州，永州、宝庆、郴州分属粤西，则十三省大小适均，民夷事体俱便"[1]。他的分析论述是正确的，建议也是有价值的。有鉴于此，清代便将湖广分为湖南、湖北两省了。

6. 山脉分布系列的完整化和系统化

山脉分布系列的概念，在战国时期的《禹贡》、《山海经》中已有论述。经过两汉、唐、宋时期的发展，形成了所谓"四列说"、"三条说"、"山河两戒说"、"四派说"和"三大龙说"。王士性在中国古代山系学说的基础上，提出了一个更为详细的"三大龙说"，使中国古代的"三大龙学说"更趋完善，使中国古代的山系学说完整化和系统化，有了新的发展。他在《广游志·杂志·地脉》中说：

> 自昔堪舆家皆云天下山川起昆仑，分三龙入中国。然不言三龙盛衰之故。盖龙神之行，以水为断。深山大谷，岂足迹能遍？惟问水则知山。昆仑据地之中，四傍山麓，各入大荒外。入中国者，一东南支也。其支又于塞外分三支：左支环虏庭阴山、贺兰，入山西，起太行数千里，出为碣石、巫间，度辽海而止，为北龙。中循西番，入趋岷山，沿岷江左右。出江右者，包叙州而止；江左者，北去趋关中，脉系大散关，左渭右汉。中出为终南、太华，下秦山起嵩高，右转荆山抱淮水，左落平原千里，起泰山入海，为中龙。右支出吐蕃之西，下丽江，趋云南，绕沾益、贵

竹关岭，而东去沅陵。分其一由武冈出湘江西至武陵
止；又分其一由桂林海阳山过九嶷、衡山，出湘江，
东趋匡庐止；又分其一过庾岭，度草坪去黄山、天
目，三吴止；过庾岭者，又分仙霞关，至闽止。分衢
为大盘山，右下括苍，左去为天台，四明度海止。总
为南龙。

这是中国古代最详细的山脉分布学说，使山系学说发展到
了一个新的阶段。当然也应该看到王士性的山系学说跟现代地
理学讲的山脉系列概念不完全相同。王士性划分山系的根据是
"以水为断"、"惟问水则知山"，这是继承了风水学说的理论。
而现代地理学则是以地质构造、地质时代来划分山系，必须是
同构造、同时代的才能说是同一山系[1]。不过，古代的山系
学说仍有它的积极作用和价值，它把复杂的山脉分布条理化、
规律化，便于人们掌握。有些山系跟现在划分的山系几乎一
致，更是难能可贵。

7. 先进的沧海桑田思想

王士性的沧海桑田思想超过了前辈，很可能已达到了中国
古代沧海桑田思想的最高水平[2]。他在《广志绎·江南诸省》
中说："绍兴城市，一街则有一河，乡村半里一里亦然，水道
如棋局布列，此非天造地设也？或云：漕渠增一支河、月河，
动费官帑数十万，而当时疏凿之时，何以用得如许民力不竭？
余曰：不然。此本泽国，其初祇漫水，稍有涨成沙洲处，则聚
居之，故曰菰芦中人。久之，居者或运泥土平基，或作圩岸沟

---

〔1〕 翁文灏. 中国山脉考 [J]. 科学, 1925：9 (10).

〔2〕 徐建春，梁光军. 王士性论稿 [M]. 杭州：杭州大学出版社, 1994：
52.

渎种艺，或浚浦港行舟往来，日久非一时，人众非一力，故河道渐成，甃砌渐起，桥梁街市渐饰。即嘉、湖诸处，意必皆然。今淮阳青草、邵伯诸湖，安知异世不如是？又安知越中异日不再为谷？昔□□□太湖干，中露出石街屋址，可类推矣。"这就是说，水乡泽国地区，在自然力和人类活动双重影响下，渐渐变成了陆地，沧海变成了桑田。这种观点与地质学、第四纪地质学、古地理学、历史地理学及地貌学中关于绍兴、嘉兴、湖州地区形成的结论相一致。

还应该看到，在上述引文中，王士性还表述了沧海桑田的变换不是单向的，而是双向的。就是说，过去的海可以变成田，而过去的田也可变成海或湖。证据就是"太湖干，中露出石街屋址"。表明太湖底下曾经是陆地，有街道屋址。由此可见，王士性关于沧海桑田的研究方法和结论，都已非常接近现代科学。他将中国古代沧海桑田的思想发展到了新的水平。

8. 地名学上的贡献

王士性在其地理著作中，不仅记载了大量的地名，而且还对一些地名进行解释，述其渊源，别其异同，正其讹误或考定地望，有时甚至用地名来研究自然和人文环境的变迁[1]。

中国地域辽阔，民族众多，语言各异，因此，虽为同一类型的通名，却常常差异很大。王士性所记农村集市就是如此："武宁有所谓常州亥者，初不知何谓，问之，乃市名。古人日中为市，今吴、越中皆称市，犹古语也。河南谓市曰集，以众所聚也。岭南又谓市曰虚，以不常会多虚日也。西蜀又谓市曰

---

〔1〕 徐建春，梁光军. 王士性论稿 [M]. 杭州：杭州大学出版社，1994：56.

痰，如疟疾间而复作也。江南恶以疾名，止称亥，又可捧腹。"[1]这里，王士性不仅指出各地对市的称谓不同，而且解释了称谓不同的原因。在《徐霞客游记》中也有对各地"市"的不同称呼，曰："贵州为场，云南为街，广西为墟。"却没有如王士性那样，解释不同称谓形成的原因。

王士性所记地名，按其内容可以划分为8个类型：

（1）色泽地名。《五岳游草》卷七曰："叠彩山旧在八桂堂后。八桂堂今不知何地矣，惟郡城直北重门夹山，东行石文横布，五色相错，故《图经》以叠彩名之。"《五岳游草》卷四曰：天台县赤城山，"岩皆赤色，望之如雉堞，因名赤城"。《广志绎·西南诸省》曰："孔明五月渡泸，虽非泸州，亦即此泸水上流千余里，在今会川地，名金沙江，又名黑水，其水色黑，故以泸名之。"

（2）象形地名。《五岳游草》卷七曰："鸡足山峙宾川境内，山面南，卓立万山之上，前纾三距，后伸一支，若鸡足然。"《广志绎·江南诸省》曰："九疑山乃南龙大干行龙之地，其峰有九，参差互映，望而疑之，故名九疑。"

（3）气候地名。《广志绎·江北四省》曰："凉州称凉者，以西北风气最寒而名也，五六月，白日中如雪皑皑而下者，谓之明霜。"《广志绎·江南诸省》云："雷州以雷名，或曰以在雷水之阳。雷水在擎雷山下，源出海康县铜鼓村，南流七十里，东入于海，其初因雷震而得源者也。或又以为地濒南海，雷声近在檐宇之间。"

（4）地形地名。《广志绎·江北四省》曰："河曲之地，

---

〔1〕《广志绎·江南诸省》。

取义于黄河一曲也，宋时为火山军，以其地有火山，岩石隙缝处烟气迸出。"又曰："无定河，河名也，此地浮沙善陷，舆人急走急挨足，不则陷矣。故名。"

（5）方位地名。《广志绎·江北四省》曰："长安称关中，盖东有函关，西有散关，南有武关，北有萧关，而长安居中。"

（6）数字地名。《广志绎·江南诸省》曰："五岭释不同，裴氏《广州记》云：'大庾、始安、临贺、桂阳、揭阳。'邓德明《南康记》云：'五岭者，台岭之峤，五岭之第一岭也，在大庾；骑田之峤，五岭之第二岭也，在桂阳；都庞之峤，五岭之第三岭也，在九真；萌渚之峤，五岭之第四岭也，在临贺；越城之峤，五岭之第五岭也，在始安。'据此，则九真与揭阳稍殊，余四岭同。"《广志绎·两都》曰："（太湖），《禹贡》谓之震泽，《周官》、《尔雅》谓之具区。其别名曰五湖，以其派通五道。虞翻谓，东通长洲、松江，南通安吉、霅溪，西通宜兴、荆溪，北通晋陵滆湖，西南通嘉兴，韭溪者是也。张勃《吴录》谓：其周行五百里，故以为名。《义兴记》谓：太湖、射湖、贵湖、阳湖、洮湖为五湖。韦昭谓：胥湖、蠡湖、洮湖、滆湖、太湖为五湖。《水经》谓：长塘湖、射贵湖、上湖、滆湖、太湖为五湖。《图经》谓：贡湖、游湖、胥湖、梅梁湖、金鼎湖为五湖。《史记正义》谓：菱湖、游湖、漠湖、黄湖、胥湖皆太湖东岸五湾，为五湖。皆出臆度。"

（7）异地同名。王士性在《广志绎·方舆崖略》中收集了全国各地县、府异地同名现象："江西建昌县不立于建昌府而立于南康，南康县不立于南康府而立于南安。又，吉安有永丰，广信又有永丰，至于安仁、崇仁，安义、崇义，南昌、新昌、都昌、瑞昌、广昌、建昌、会昌，万年、万载、万安之类，立县之初，山川乡镇尽可采用，何必重叠乃尔。南直太平县亦不立于太平府而立于宁国，福建建宁县亦不立于建宁府而立于邵武。至于天下称太平、永宁者，南直太平府，广西又太平府、太平县，台州府、宁国府、平阳府又皆有太平县。云南永宁府，贵州永宁州，吉安府、河南府、隆庆州又皆有永宁县。"王士性认为，这种异地同名现象，有诸多不便，特别是"铨选考课者最不便之"。

王士性还在《广志绎·江北四省》中收集了一些不同时代的异地同名："今人知两浙为会稽郡，而不知后魏于燉煌侧置会稽郡，人知维扬有瓜洲城，而不知唐于燉煌侧置瓜州城，人知严州有寿昌县，而不知唐于沙州南百五十里立寿昌县。"这些记载对今天的人阅读古籍，编纂地名志及历史地图，都有重要的参考价值。

（8）一地多名。一地多名现象，王士性也记载了不少。如《广志绎·两都》曰："茅山初名句曲，《道书》第八洞天第一福地，后同三茅君得道，于此上升，各占一峰，故又称三茅山。"又如："太和山，一名武当，地隶均。……我明文皇感而尊为帝时，赐太岳名，至肃皇复尊称玄岳，欲以冠五岳云。云武当者，则《水经》已先之矣。"[1]又如浙江宁波的东湖，"去鄞东三十里，受七十二溪之流，灌鄞七乡，一名万金湖"[2]。浙江"金华山高千丈，一名长山，又名北山"[3]。

9. 对自然地理现象的记载

王士性对自然地理现象的记载不但罗列翔实，有些论述也

---

〔1〕《五岳游草》卷六。

〔2〕《五岳游草》卷四。

〔3〕《五岳游草》卷四。

十分精彩。如他对长江、黄河河口流量大小不同的原因探讨，就涉及流域面积、流域内的地形、支流的多少和大小、雨量的大小和季节变化、地下水位、土壤性质、河流补给源、分水岭等自然地理因素，完全是一种综合自然地理的观点，这与现代综合自然地理学的分析思路已非常接近。他写道：

"中国两大水，惟江、河横络腹背。河受山、陕、河南、半南直四省之水，江亦受川、湖、江西、半南直四省之水。河□（可能是"出"或"源"字）[1]塞外，经五千里方入中国，甚远。而江近，发源岷山。□至入海处。河委于一淮而足，而江尾阔至数十里也□。盖江、河所受之水，中以荆山为界。荆山以北，高□燥涸，水脉入地数十丈，无所浸润。又大水入河，止汾、渭、洛三流耳。涑、淮、沂、泗皆不甚大，又止夏月则雨溢水涨，故其流迅驶，而他月则入漕，故河尾狭。荆山以南，水泉斥卤，平于地面，时常涌泛不竭。又自塞外入水二，曰大渡河，曰丽江；自太湖千里延袤入者二，曰洞庭，曰彭蠡；自诸泽薮入者不计，曰七泽，曰巢湖、淮、扬诸湖之类，其来甚多。而雪消春涨，江首至没滟滪，高二十丈。江南四时有雨，霪潦不休，故其流迁缓而江尾阔。江惟缓而阔，又江南泥土粘，故江不移。河惟迅而狭，又河北沙土疏，故河善决。"[2]这段话中，除"发源岷山"有误外，其余均符合客观实际，讲得很全面，论点也非常正确。

王士性在《广志绎·西南诸省》中，还非常生动而准确地描述了贵州的自然地理特点："贵州多洞壑，水皆穿山而

---

〔1〕 文中方框内原缺字。

〔2〕 《广志绎·方舆崖略》。

过，则山之空洞可知。……普安碧云洞，为一州之壑，州之水无涓滴不趋洞中者，乃洞底有地道，隔山而出。洞中有'仙人田'，高下可数十畦……其地步步行山中，又多蛇、雾、雨，十二时天地阖翕，间三五日中一晴雾耳。然方晴倏雨，又不可期。故土人每出必披毡衫，背箬笠，手执竹枝，竹以驱蛇，笠以备雨也。谚云：'天无三日晴，地无三尺平'。"

在气候方面，王士性也有一些很精彩的论述。如《广游记·风土》曰："南北寒暑，以大河为界，不甚相远。独西南隅异，如黔中则多阴多雨，滇中则乍雨乍日；粤中则乍暖乍寒，滇中则不寒不暖。"这个概括性的论述是正确的。他进而分析了西南地区各地气候差异的原因，说："黔中之阴雨，以地在万山之中，山川出云，故晴雾时少。语云'天无三日晴，地无三里平'也。"[1]云南的气候特点和成因是："独滇中风气……夏不甚热，冬不甚寒，日则单夹，夜则衾絮，四时一也。夏日不甚长，冬日亦不甚短，余以刻漏按之，与历书与中州各差刻余。又镇日咸西南风，风别不起东北，冬春风刮地扬尘，与江北同。即二三百里内，地之寒热与谷种之先后，悬绝星渊。……李月山谓其地去昆仑伊迩，势极高而寒，以近南，故寒燠半之。以极高，故日出没常受光先，而入夜迟也。未知然否。"[2]王士性对云、贵气候特点的总结是正确的。他所引的李月山对云南气候成因的分析，即从纬度和垂直地形两方面分析，也是正确的。

王士性在《广游志·附龙江客问》中，对气候成因有一段

---

〔1〕《广游志·风土》。
〔2〕《广游志·风土》。

非常符合现代气候学原理的论述："寒暑之故，半出于天，半出于地。风光日色之寒暑，出于天者也；气候之寒暑，出于地者也。地薄而理疏，则气升而多暑；地厚而理密，则气敛而多寒。非专为方偶南北之故也。向读《异域志》，见阴山沙漠之北万余里，有其地四时皆春，草木不凋者，尝疑其无有，极北愈寒，安得为是说也。乃今意诚有之，正为地各有厚薄疏密，其果不全系于天，与南北方隅之故与。若谓寒暑尽出于天，则今高山峻岭之上，渐近于天，渐远于地，宜其多暑而无寒矣，何故山愈高而愈寒，岂非土石厚而地气隔，故寒多？亦其一验。"

这段话用现代气候学的术语来表述，就是气温的高低不仅与地理位置的南北（即纬度）有关，也与下垫面的性质有关。当时还没有土壤比热的概念，"地薄而理疏"与"地厚而理密"，是当时知识水平所及的解释。他认为气候冷热半出于天，半出于地，而天是指"风光日色"，其中的"风光"似与现在的大气环流对应，"日色"似指太阳辐射，再加上"半出于地"的下垫面，等于提出了气候形成的三要素（太阳辐射、下垫面、大气环流是气候形成的三要素）。这是王士性对全国许多地方气候观测研究后得出来的正确结论[1]。纵观中国古代地理学家中，有如此深刻见解的，目前发现的只有王士性一人。

王士性对贵州、广西的岩溶地貌也有很精彩的描述，虽然旅游岩溶地区的范围、描述的文字，不如徐霞客之广且多，但论述的水平不亚于徐霞客。特别是《五岳游草》中13篇对桂林岩溶地貌的描述，几乎篇篇精彩。现略举一二。

〔1〕 徐建春，梁光军. 王士性论稿 [M].杭州：杭州大学出版社，1994：29.

《五岳游草·桂海志续》曰："独秀山居郡城之中，圆数百步，高千尺。石山铁色，上下亭亭如削，四无坡阜，亦不与群山接。""七星岩峙江东里许，列岫如北斗，山半有洞名栖霞。时惟中秋，与臬副李君约入洞，而后至省春岩。李君畏不敢入，余乃径入。入洞，石倒挂崚嶒，手扪壁走暗中百余武，已复大明，犹然上洞也。下洞更在其下，下数十级，更益宏朗，如堂皇。仰首见鲤鱼跃洞顶，正视之，忘其非真也。已过三天门，每过则石楗垂立，仅度单人，第乏肩镵耳。过已，则又黝然深黑，目力不能穷，高或十寻，阔或百尺。束炬照之，傍列万形，命黄冠一一指之：为象则卷鼻卧，为狮则抱球而弄，为骆驼则长颈而鞍背，为湘山佛则合掌立，为布袋和尚则侧坐开口而胡卢，半为石乳，万古滴沥自成，巧于雕刻，如水精状。半乃真石，想其初亦乳结也，谁为为此，真造物之奇哉。其他如床如几，如晒网，如弈棋，如鱼如鸟，如佛手足，顾此失彼，不得尽瞩，亦不得而尽名之。……龙潭一，水洌而深黑不得底，久立魄悸。业已可七八里，忽复璘涛雪浪，中立一圆阜丈许，俗称'海水浴金山'也，怪矣。近游者又得一岐里许，名'禅房'，半壁坐一菩萨像，黑石隐隐可七寸，房中暖气更融融也。从此又东行见白圆光，乃有一洞口，出山之背，下庆林观。"这两段描述独秀山（峰）和七星岩的文字非常准确。讲到了独秀山的形状和洞穴的大小、各种沉积物、分层现象、石钟乳的成因、地下河、洞穴气候等。

除岩溶地貌外，王士性还对土壤、植物、动物、物产、峨眉山的佛光等自然地理现象均有记述。

上述事例说明，王士性不仅是明朝著名的旅行家，而且通过旅游考察，在地理学上取得了突出的成就，是明朝著名的地理学家。

三　徐霞客对自然地理学的贡献

明朝又一位杰出的旅行家和地理学家徐霞客（公元 1587—1641 年），名弘祖，字振之，别号霞客，南直隶江阴（今江苏省江阴市）人。他出生在一个很有文化素养的没落官宦家庭，自幼"特好奇书"，喜欢历史、地理和探险游记一类书籍，有遍游五岳的志向，欲"问奇于名山大川"[1]。他对科举制度反感，对走八股取士的道路不感兴趣，长大以后，不应科举，不入仕途。22 岁以后，他断然跳出自己的小家庭、小书房，走到大自然中，开始作有计划的旅行和地理考察。30 多年间，足迹遍及大半个中国。有的地方他不止游一次，而是多次考察。在旅行过程中，他"行不从官道，但有名胜，辄迂回屈曲以寻之；先审视山脉如何去来，水脉如何分合，既得大势，然后一丘一壑，支搜节讨。登不必有径，荒榛密菁，无不穿也；涉不必有津，冲湍恶泷，无不绝也。峰极危者，必跃而踞其巅；洞极邃者，必猿挂蛇行，穷其旁出之窦。途穷不忧，行误不悔。暝则寝树石之间，饥则啖草木之实。不避风雨，不惮虎狼，不计程期，不求伴侣。以性灵游，以躯命游。亘古以来，一人而已"[2]。这段话是徐霞客旅游生活的真实写照。

除自然条件非常艰苦以外，当时的社会条件也异常艰险。社会动乱，农民起义，盗寇横行，旅行者的人身安全毫无保证。就是在这样恶劣的社会环境下，徐霞客仍然不放弃西南长

---

〔1〕　陈函辉. 徐霞客墓志铭//徐霞客游记 [M]. 上海：上海古籍出版社，1993.

〔2〕　潘耒. 徐霞客游记·序//遂初堂集：卷七. 又载上海古籍出版社《徐霞客游记》。

586

途旅游计划，毅然离家出游，踏上万里征途。在旅途中，他四次遇盗、三次被窃，耳闻目睹的盗抢及被盗现场多达 31 次。当他因被盗或被窃而钱尽粮绝时，就变卖随身衣物，以解燃眉之急。他是布衣，不可能宦游，而是自费旅行。一旦被盗、被窃，游资全无时，要想再次迅速筹集到游资，其困难程度可想而知。但不管困难有多大，路途如何艰苦，如何危险，他总是一往无前，义无反顾。

徐霞客在极其艰险的条件下，不仅坚持旅行，而且坚持写游记。写的时候没有固定的时间和地点，有空就写。旅途中的旅店、农舍、寺庙、山石、路旁、树荫下、篝火边，都是他写作的场所。他的作品除日记体裁的游记外，还有专题地理论文、诗歌、书信、文章等。他的手稿"高可隐几"[1]。后来由于明清交替，几经兵火，手稿遗失了许多。经后人搜集整理，流传至今的《徐霞客游记》（以下简称《游记》）仍有 60 多万字。内容涉及地貌、地质、水文、气候、生物、经济地理、交通运输、地名学、碑刻、文学、历史、宗教、建筑、物产、环境保护、民族、风俗、风水等。其中尤以地貌、水文、生物的内容最多。

1. 地貌学成就

徐霞客 30 多年的野外旅行考察，所见地貌形态很多。《游记》中记载的地貌类型有岩溶地貌、山岳地貌、红层地貌、流水地貌、火山地貌和冰缘地貌 6 种。地貌形态名称多达 102 个。特别是岩溶地貌名称，形成了系列，如：（1）石骨、石

---

〔1〕 钱谦益. 徐霞客传//牧斋全集：卷七十一. 又载上海古籍出版社《徐霞客游记》。

齿、石萼、石锷、花萼、石纹等指的是石芽、溶沟；（2）龙潭、智井指落水洞；（3）仰釜、釜底有洞、井指岩溶漏斗；（4）龙井指竖井；（5）盘洼、峒、环洼指溶蚀洼地；（6）长形坞指岩溶槽谷；（7）盘壑、甸、坞指岩溶盆地；（8）落水坑指盲谷；（9）枯涧指干谷；（10）峡指岩溶嶂谷；（11）石隙、石窦指岩溶天窗；（12）仙人桥、天生桥、石梁指天生桥、天然桥，天生桥的名称，最初来自民间，徐霞客把它记入《游记》中，至今沿用；（13）石山、石峰指峰林地貌；（14）独山指孤峰；（15）月岩、穿山指现在沿用的穿山，又名穿洞、月亮山。由上述可知，徐霞客给岩溶地貌所定的名称系列已达 15 个，初步建立了岩溶地貌的名词系统。

徐霞客考察过的岩溶地貌分布地区很广，东起杭州飞来峰，西至云南西部保山地区。其中自湖南南部至云南东部，面积达 55 万平方千米，比南斯拉夫的狄纳尔岩溶区和美国阿帕拉契山南部岩溶区大得多。他对岩溶地貌的记述将近 10 万字，记述内容的广度和深度都是空前的。

在我国东南、中南、西南各省（区），岩溶地貌显示最突出，如石芽、溶沟、峰林、漏斗、落水洞、伏流、天生桥、地下河、钟乳石、石笋、石柱等发育很好。徐霞客的《游记》中对这些地貌形态的描述不仅生动，而且切合实际。他对福建将乐玉华洞及附近地区岩溶景观的描写，跟现在的情况基本相符。这里以溶盆、丘峰为主，暗河时出时没，溶洞可分两层或三层。《游记》记载的云南鹤庆落水洞群，共 108 个，使漾共江的水全部下漏。"众水于山腹合而为一，同泄于龙珠之东南麓"。

徐霞客通过旅行考察，对西南大面积的岩溶地貌分布有了深入了解。他说："遥望东界遥峰下，峭峰离立，分行竞颖，复见粤西面目；盖此丛立之峰，西南始于此（云南罗平），东北尽于道州，磅礴数千里，为西南奇胜，而此（云南罗平）又其西南之极云。"[1]从湖南道州（今道县）到云南罗平，其间大部分是厚层灰岩区域，峰林地貌有较好的发育。徐霞客的论述，与实际情况非常符合。

徐霞客非常注意岩溶地貌的地区差异，如对于湖南祁阳至零陵一线岩溶地貌的变化情况，他说："盖入祁阳界，石质即奇，石色即润。过祁阳，突兀之势，以次渐露，至此（零陵）而随地涌出矣。"[2]徐霞客的观察和记录是很仔细、很确切的。他又把柳州、桂林、阳朔三个地区的岩溶地貌作对比，指出它们之间的差异。桂林、阳朔是槽谷峰林区，徐霞客说"四顾皆石峰，无一土山相杂"，"石峰离立"，"碧簪玉笋之森罗"。而柳州为台地孤峰区，峰林分散，孤立分布在台地上。孤峰低矮，高一般在五十至一百米之间。故徐霞客说"如锥处囊中"，土台地上露出孤峰的尖端。

到广西桂平以后，徐霞客又把桂平的孤峰残丘红层地貌与桂林、阳朔、柳州、融县四个地方的峰林岩溶地貌作对比，指出它们之间的差异是："桂、朔、柳、融诸峰，非不亭亭如碧簪班笋，然石质青幻，片片如芙蓉攒合，窍受蹑，痕受攀，无难直跻；而此（桂平）则赤肤赭影，一劈万仞，纵覆钟列柱，连轰骈峙，非披隙导窾，随其腠理，不能排空插翅也。"[3]

〔1〕 [明] 徐弘祖（霞客）．徐霞客游记 [M]．上海：上海古籍出版社，1993：697.

〔2〕 [明] 徐弘祖（霞客）．徐霞客游记 [M]．上海：上海古籍出版社，1993：267.

〔3〕 [明] 徐弘祖（霞客）．徐霞客游记 [M]．上海：上海古籍出版社，1993：408.

当徐霞客游历了广西、贵州南部和云南南部之后，又将这三个地区的岩溶地貌作对比，找出其中差异："粤西之山，有纯石者，有间石者，各自分行独挺，不相混杂。滇南之山，皆土峰缭绕，间有缀石，亦十不一二，故环洼为多。黔南之山，则界于二者之间，独以逼耸见奇。"[1]徐霞客这段话是很正确的，因为岩溶的特征与地貌条件有密切关系。在海拔2000米或2500米以上的高原面上，主要是小洼地、漏斗和落水洞，并分布有一些低矮的峰林。贵州南部为向广西盆地倾降的斜坡地带，地下水运动以垂直方向为主，峰林发育好，以密集的高大峰林、峰丛和深陷的圆洼地为特征。广西的典型峰林地形主要分布在岩性较纯的灰岩地区，而不纯灰岩或灰岩夹非可溶性岩的地区，则峰林地形不典型，甚至呈缓坡丘陵景观。由此可见，徐霞客关于岩溶地貌地区差异的论述，已有相当高的科学水平。他的认识超过了前人，也超过了当时西方科学界。

徐霞客通过考察、对比研究，根据广西地区峰林地貌存在的差异，把广西的石山地形划分为5个区域：（1）漓江谷地，多系奇峰地形；（2）柳江谷地，石峰和土山相间；（3）桂西南区，石山成峰丛状；（4）桂东南区，石山只见于勾漏山及罗丛岩等少数地区；（5）桂西北区，成峰丛状零散分布。这个岩溶地貌区划是正确的，符合实际情况。他常用区域对比方法来研究各种地理现象，得出了不少正确的结论，这与近代地理学的区域研究方法颇相符合。

徐霞客亲自考察过的洞穴有250多个，体现了他对洞穴的

────────────

〔1〕〔明〕徐弘祖（霞客）. 徐霞客游记［M］. 上海：上海古籍出版社，1993：711.

浓厚兴趣和忘我的追求，这在世界洞穴探险史上是罕见的。他考察洞穴的内容包括洞穴方向、大小、类型、形态结构、洞穴堆积、地下河（湖）、洞穴瀑布、生物、气候、音响、洞穴考古、洞穴利用、洞内岩石的颜色和洞穴成因等13项。比如洞穴形态结构，徐霞客就记录了6个基本形态：（1）藤瓜式，由各种大小不同的洞穴和管道联系起来的洞穴系统。（2）楼阁式，洞中不仅上下分层，而且前后分室。（3）蹲虎式，这是徐霞客取的象形名称，以广西三里城白崖堡南岩最典型。（4）深井式，如广西庆远会仙山深井。（5）厅堂式，比较常见，大小不同。（6）海螺式，这种形态比较特殊，如江苏宜兴善卷洞上洞，江西永新梅田洞就是这种形态结构。在徐霞客的时代，没有人能像他那样详细考察与研究洞穴。他在洞穴研究上取得的成就无论在中国还是在世界上都是空前的。他是洞穴学的鼻祖。

徐霞客是最早对国内火山地貌作实地考察并以生动文笔进行形态描述的人。虽然他还没有提出火山或火山地貌的名称，没有明确地提出火山地貌的成因，但他记述的地貌形态，由火山形成的浮石以及当地老百姓的传说，都说明徐霞客考察并描述了火山地貌。现代地质科学家的考察也证明，徐霞客当年考察和描述的地方，在更新世曾发生过火山喷发。徐霞客看到的状如蜂房的红色浮石，今天仍然在打鹰山上可以捡到。他描述的"打鹰山顶状如马鞍"者，就是破火山口形态；而在打鹰山旁边，"如二乳之列于胸"者，则是附生的小火山。可见徐霞客对火山地貌观察很仔细，描述准确。

2. 水文学成就

《游记》用较大篇幅记载了各地的水体类型及水文特征，所记大小河流共551条，湖、泽59个，潭、塘、池、坑等131

个，沼泽 8 个，海 2 个。《游记》所记河流水文包括流域面积、水系、河流的大小、流速、含沙量、水量变化、水质、分水岭、伏流、地形与水文的关系、河床的地区差异、流速与河床坡降的关系等。

考订江河源流是徐霞客旅行考察的重要目的，在《盘江考》中，他指出北盘江东下都泥江（即红水河）而不入右江，纠正了《大明一统志》的错误。在《溯江纪源》中，他提出了长江源头位于金沙江上，驳正了历来所说的长江源头为岷江的错误。徐霞客经过"北历三秦，南极五岭，西出石门金沙"的艰苦考察，终于查明长江发源于昆仑山南麓，"南流经石门关，始东折而入丽江，为金沙江；又北曲为叙州大江，与岷山之江合"。比经书《禹贡》讲的"岷山导江"长了一千多里。

徐霞客通过考察，证实礼社江为元江上游，澜沧江与元江分流入海，订正了《大明一统志》中有关礼社江入澜沧江，澜沧江入元江的错误。查证核实了枯柯河入潞江（即怒江），潞江与澜沧江分流入海，订正了《大明一统志》及《永昌郡志》中枯柯河流入澜沧江的讹误。

徐霞客还是我国最早对沼泽的物理性状、水文特征进行详细描述的人。

徐霞客已认识到河水流速与河床坡度有关。他以福建建溪（今闽江）和宁洋之溪（今九龙江）为例，说明"程愈迫，则流愈急"[1]，即在水量相近的情况下，河床坡度越陡，则流速越大。这个论点是非常正确的。徐霞客是中国和世界上最早提

---

〔1〕〔明〕徐弘祖（霞客）. 徐霞客游记〔M〕. 上海：上海古籍出版社，1993：60.

出这个论点的人。

关于地形与水文的关系，徐霞客讲了两个方面的内容：一是地形影响地表径流的汇集；二是地形影响水流的方向。

在江西武功山，徐霞客发现相公岭与卢台这两个地方的水文情况截然不同。相公岭是"求滴水不得"，而卢台虽然地高于相公岭，但"石山漾绕"、"乱流交涌"、"遂成沃泽"。这是什么原因呢？徐霞客从地形上找到了原因："盖武功之东垂（即相公岭所在地），其山乃一脊排支分派"，这种地形没有贮水之地，故地表径流很快流失，不易汇集，得水不易。而"武功之西垂（即卢台所在地），其山乃众峰耸石攒崖"，有贮水之地，有利于地表径流汇集，故水多。"土石之势既殊，故燥润之分亦异也"[1]。

关于地形影响水流方向，徐霞客的记载以云南永平宝台山最典型："其山如环钩，其水如交臂……澜沧江来自云龙州为右臂，东南抱而循山之外麓，抵山东垂尽处而后去；沙木河源从南山东峡为左臂，西北抱而循山之内坞，抵山西垂尽处而后出。两水一内一外，一去一来，一顺一逆，环于山麓，而山之南支又中界之，自北自南，自东自西，复自南而北，为宝台之护；此又山水交漾之概也。"[2]

3. 生物学成就

《游记》所载植物总数有 150 余种（不包括粮食作物和蔬菜）。其中云南有 62 种，占 41%。这一方面是由于"滇中花

〔1〕［明］徐弘祖（霞客）. 徐霞客游记［M］. 上海：上海古籍出版社，1993：165.

〔2〕［明］徐弘祖（霞客）. 徐霞客游记［M］. 上海：上海古籍出版社，1993：949－950.

中国地学史·古代卷

木皆奇",使好奇的徐霞客多记;另一方面则是由于徐霞客在云南旅游的时间长,走的地方多,因而记载多。

徐霞客已注意到了云南南部某些地方的热带、亚热带森林植被,说:"丛箐纠藤,不可着足。其下坎坷蒙蔽,无路可通……南向披丛棘,头不戴天,足不践地……其茅倒者厚尺余,竖者高丈余,亦仰不辨天,俯不辨地";"万木森空,藤薜交拥,幽峭之甚……森木皆浮空结翠,丝日不容下坠。山上多扶留藤,所谓篓子也,此处尤巨而长,有长六丈者。又有一树径尺,细芽如毛,密缀皮外,无毫隙。当其中有木龙焉,乃一巨树也。其下体形扁,纵三尺,横尺五"[1]。这些描述体现了热带、亚热带森林的基本特性,第一,常绿森林群落;第二,种类成分丰富,群落外貌季节性变化不明显,层次结构比较复杂,藤本(尤其是木质藤本)、附生、寄生植物发达;第三,森林茂密;第四,根系发达,有板根,"下体形扁,纵三尺,横尺五"。

徐霞客对植物的垂直分布与纬度分布都有所认识,他常在崇山峻岭中考察,对山地植物的垂直差异自然不难发现。在天台山,他看到山顶上"荒草靡靡,山高风冽,草上结霜,高寸许"[2];在昆明棋盘山,他看到"顶间无高松巨木,即丛草亦不甚深茂,盖高寒之故也"[3]。

纬度对植物分布的影响,徐霞客在广西南丹观察时"龙

〔1〕 〔明〕徐弘祖(霞客).徐霞客游记[M].上海:上海古籍出版社,1993:1054-1055.

〔2〕 〔明〕徐弘祖(霞客).徐霞客游记[M].上海:上海古籍出版社,1993:2.

〔3〕 〔明〕徐弘祖(霞客).徐霞客游记[M].上海:上海古籍出版社,1993:783.

眼树至此无"，而在南丹东南约90千米的德胜则"甚多"[1]。徐霞客对植物垂直分布与纬度分布的认识，比德国地理学家洪堡（Alexander Von Humboldt，公元1769—1859年）早两百多年。

徐霞客还谈到动物的地理分布界线和范围，说："盖鹤庆以北多牦牛，顺宁以南多象。"时至今日，大象在我国的分布北界，已南移到西双版纳，数量也大大减少。徐霞客的记载说明，350年来，大象在中国的分布界线南移了300多千米。

此外，《游记》还有许多人文地理资料，如手工业、矿业、农业、交通运输、商业贸易、城镇聚落、少数民族、风俗、物产等，反映了人地之间的相互关系。

4. 徐霞客在世界科学史上的地位

徐霞客在地表岩溶和洞穴研究方面所取得的成就，比西方领先150~200年。具体内容有四项：

（1）在考察岩溶地貌范围上领先。徐霞客在我国西南岩溶地区考察，其面积达50多万平方千米，这是世界上岩溶地貌连续分布面积最大，热带、亚热带岩溶最为发育的地区。这个得天独厚的自然条件，为他观察岩溶现象，分析其形成机理以及进行区域类比，提供了广阔的场所，打下了物质基础。西方学者早期对岩溶地貌的考察和论述，几乎只限于欧洲温带岩溶区和地中海一带，考察范围小。著名的南斯拉夫狄纳尔岩溶区只有5万平方千米。

（2）在时间上领先。对热带岩溶的考察，西方直到公元

---

〔1〕 ［明］徐弘祖（霞客）．徐霞客游记［M］．上海：上海古籍出版社，1993：612.

1845 年才有德国旅行家容格胡恩（F. Junghuhn）对爪哇千山（Goenoeng Sewoe）[1] 地形的描述，徐霞客比他早 208 年。对狄纳尔岩溶区有关洞穴的描述，西方多数学者认为是公元 1654 年出版的加法雷尔（J. Gaffarel）的《地下世界》（Le Monde Scuterra in）最早，但此书已残缺不全，只剩下一些残篇保存在法国巴黎的国家图书馆中，而且内容上包含有浓厚的神秘主义色彩。就是这部著作，也比《游记》晚了十多年。瓦尔瓦索（J. W. Valvasor）于公元 1689 年发表的《克赖茵公爵的荣誉》（Die Ehre des Herzogsthums Krain），记述了他家乡及邻近地区的洞穴、落水洞等，但仍受神秘主义和民间传说的影响，涉及的空间范围较小，比徐霞客晚了半个世纪。

（3）在考察论述的内容上领先。19 世纪以前，西方世界只有少数研究者对局部岩溶区域和某些岩溶现象作过观察和解释，岩溶知识尚在分散而又缓慢的增长中。洞穴学处于观察现象和积累资料的阶段，还没有将各种岩溶现象作为一个有机的整体和独特的对象来对待。对岩溶的成因和地理分布也没有形成清晰的概念。而徐霞客却在 17 世纪 30 年代，对热带、亚热带岩溶现象作了大范围、多数量的考察和较为系统的描述，并对岩溶现象的成因和地理分布提出了明确的科学观点。《游记》中涉及的地表岩溶地貌类型数量之多，是当时西方学者所未曾达到的高度。即使是今天，像徐霞客那样在广大地区基本靠徒步考察者也极为罕见。徐霞客在 350 多年前，只身考察了两百多个洞穴，并作了准确、细致的记述，其内容几乎涉及洞穴学的各个分支。在缺乏仪器装备的情况下，徐霞客对洞穴

---

〔1〕 Goenoeng Sewoe，爪哇语，"千山"之意。

的形状及结构变化，通道的方向、大小、分合情况都有记述。他在这方面的成就使人感到惊奇。他比西方世界大约领先了两个世纪。直到 19 世纪 50 年代以后，西方才出现了超过徐霞客的岩溶学著作，如克维治克（J. Gvijic）的《岩溶现象》。

（4）在唯物论思想方面领先。徐霞客虽然生活在 16～17 世纪，但他摒弃了宗教神学的自然观和认识论，客观地、毫不夸张地记述了大自然的本来面貌，使他的著作具有极大的科学价值。他广泛收集文献资料，但又不迷信已有的书本知识，而是在原有知识的基础上，增加他的新发现、新观点。在他的思想上，出现了近代科学家所具备的求实精神和探险精神，丝毫没有神秘主义色彩。对所见所闻的自然现象，都给以唯物论的解释，不信迷信，不求助神灵。他不愧为世界上最早的岩溶学家和洞穴学家，不愧为世界上杰出的旅行家和地理学家。《游记》则是世界上最早的岩溶地貌学和洞穴学著作。

徐霞客在世界上的学术地位，得到了现代世界科学史界的承认。英国著名科学史家李约瑟（J. Needham，公元 1900—1995 年）博士对徐霞客的成就作了高度的评价："最卓越的旅行家徐霞客，毕生从事于考察当时实际上还不了解的中国西部和西南部的广大地区。他的最伟大的发现是西江和长江的真正发源地。此外，他还发现澜沧江和怒江完全是两条不同的河流。"[1]"他既不想当官，也不信宗教，但是对科学和艺术则特别感兴趣……在三十多年中曾走遍了全国最偏僻、最荒凉的地区，饱尝了种种艰难困苦……他的游记读来并不像是十七世纪

---

〔1〕 ［英］李约瑟. 中国科学技术史（中译本）：第一卷 ［M］.北京：科学出版社，1990：150.

的学者所写的东西，倒像是一位二十世纪的野外勘测家所写的考察记录。他不但在分析各种地貌上具有惊人的能力，而且能够很有系统地使用各种专门术语，如梯、坪等，这些专门术语扩大了普通术语的含义。对于每一种东西，他都用步或里把它的大小尺寸仔细地标记出来，而不使用含糊的语句。"[1]李约瑟的评价是恰如其分的，不是溢美之词。李约瑟清楚地意识到，徐霞客的成就是超越时代的，不是超越一个世纪，而是超越三个世纪。李约瑟的评价进一步说明，徐霞客是17世纪世界一流的旅行家和地理学家。

第五节　边疆地理著作

明朝边疆地理著作包括三个方面：一是北方边防著作；二是东南沿海的海防著作；三是南方边疆地理著作。

一　北方边防著作

明朝北方边防非常重要，故出现了一批北方边防著作。如：

1. 孙应元《九边图说》

《九边图说》1卷，现存隆庆三年（公元1569年）序刻本。后来由霍冀上奏朝廷，署名也变成霍冀了。书中记载北方九个边镇的形势、军备、钱粮等情况，各镇附有地图，是明代重要的边防地理著作。

2. 廖希颜《三关志》

此志成于嘉靖二十四年（公元1545年），不分卷，但内

---

〔1〕〔英〕李约瑟. 中国科学技术史（中译本）：第五卷第一分册〔M〕. 北京：科学出版社，1976：61－63.

容安排上明显有四项：一为图考，首以三关总图，次为雁门、宁武、偏头三关分图，三分图之后，各附一论说，略述各关大势；二为专述雁门关（今代县北）；三为宁武关（今宁武县境）；四为偏头关（今偏关县境）。每关之叙述，皆先总考其地理沿革及历代设官驻防之制度与史事，后论一关之山川站镇。所述内容皆略于历代而详于明朝，军事实用价值甚大。

3. 王士翘《居庸关志》

《居庸关志》10 卷，嘉靖二十七年（公元 1548 年）刻本。居庸关位于今北京昌平区西北，长城重要关口。卷首有居庸图和图论；卷一沿革、疆域、形胜、星野、山川、关隘、城池；卷二军马、墩台、边情、摆拨；卷三仓场、草场、库房、教场、屯堡、征徭、岁用、公廨、学校、官司；卷四人物、风俗、物产、矿洞；卷五至卷十虽然与地理的直接关系不大，但制敕、章疏记载了当地边情。此志资料丰富，重点记述了与边关战守有关的事情。

4. 詹荣《山海关志》

《山海关志》不分卷，凡八类，嘉靖十三年（公元 1534 年）成书。前有图 28 帧，为山海关抵黄花镇（今怀柔西北黄花城）总图，后一帧为山海关图，自山海关至黄花镇驻长之处，兵马多寡，叙述甚详。此志主要记载设险、戎伍等军国之事。

5. 刘效祖《四镇三关志》

《四镇三关志》10 卷，于万历二年至四年（公元 1574—1576 年）成书。"四镇"指蓟州（驻三屯营，今河北迁西西北）、辽东（驻广宁，今辽宁北镇；隆庆后移驻辽阳）、保定（驻紫荆关与浮图峪）、昌平（驻昌平，今北京昌平区），"三关"指紫荆（河北易县西北）、居庸（北京昌平区西北）、山海（河北秦皇岛市境）。书的内容有：建置考（地图、分野、沿革），形胜考（疆域、山川、乘障），军旅考（版籍、营伍、器械），粮饷考（民运、京帑、屯粮，附盐法），骑乘考（额役、免给，附互市胡马赔补），经略考（前纪、令制、杂防），制疏考（诏制、题奏、集议），职官考（部署、文秩、武阶），才贤考，勋考（勋劳、谋勇、节义），夷部考（外夷，附入贡、属贡、入犯等）。明代边政之书虽有数十种，而以此志所记最详尽。

6. 徐日久《五边典则》

《五边典则》24 卷，5 集。第一集 4 卷讲蓟门、辽左；第二集 6 卷讲宣府、大同；第三集 8 卷讲陕西三边；第四集 5 卷讲滇、粤、黔、蜀；第五集 1 卷讲抗倭。凡战守、款市、机权、征戍、兵饷、堡寨无所不载，是一部很有特色的边关合志。

7. 许论《九边图论》

《九边图论》9 篇，不分卷。作者参考历史文献，档案资料，根据当时形势写成。并绘图一幅，标明九边地形，山川险易，道里迂直，攻守要冲。披图即可略见九边防务，据论亦可粗知边事始末。现存嘉靖十七年（公元 1538 年）初刻本。

二 海防著作

明朝的海防，在洪武、永乐年间是比较好的。洪武帝朱元璋在沿海设卫所，修城堡，设水军，造舰船，逐渐形成了比较完整的沿海防御体系，当时的海防是巩固的，虽有倭寇入侵，终未酿成大患。但是到嘉靖中期以后，由于海防废弛，倭寇侵扰十分猖獗，东南沿海几无宁土，人民惨遭蹂躏。在这种形势下，为了有效地抗击倭寇，海防著作《筹海图编》产生了。

《筹海图编》13 卷，郑若曾撰。这是在《日本图纂》、

《万里海防图论》的基础上，利用当时胡宗宪司令部中的档案、资料增补而成。嘉靖四十一年（公元1562年）又在胡宗宪资助下雕版印刷。此后又有隆庆本、万历本、天启本、康熙三十一年（公元1692年）重刻本。

《筹海图编》的目的、性质、内容都很明确，为了防倭抗倭，为了增强海防，是一部海防全书。13卷的主要内容如下。

卷一：舆地全图，沿海山沙图。这两种图是书中论述时涉及地区的地图，从南方的广东到北方的辽东，共70余幅。

卷二：王官使倭事略（附入倭针经）、倭国入贡事略、倭国事略（附倭国图、入寇图）。

卷三：广东沿海郡县图、广东倭变纪、广东兵防官考（附兵制）、广东事宜。

卷四：福建沿海郡县图、福建倭变纪、福建兵防官考（附兵制）、福建事宜。

卷五：浙江沿海郡县图、浙江倭变纪、浙江兵防官考（附兵制）、浙江事宜。

卷六：直隶（江苏）沿海郡县图、直隶倭变纪、直隶兵防官考（附兵制）、直隶事宜。

卷七：登、莱、辽海图，登、莱、辽海倭变纪，登、莱、辽海兵防官考（附兵制），登、莱、辽海事宜。

卷八：倭患总编年表、寇踪分合图谱。

卷九：大捷考。

卷十：遇难殉节考。

卷十一至十三：经略一至三。其中卷十一、十二是摘录当时朝野对抗倭防倭、御寇剿寇的意见和建议。卷十三是兵器图录和图说，供抗倭剿寇将领参考、仿制用。有些兵器、兵船是当时最常用的，包括当时最新式的火器佛朗机（火炮）。

郑若曾的另一部著作《郑开阳杂著》11卷，也是一部重要的海防地理著作。此书旧分《筹海图编》、《江南经略》、《四隩图论》等编，各自为书。清朝康熙中，作者的五世孙郑起泓及子郑定远又删改重编，合为一帙，定为《万里海防图论》2卷，《江防图考》1卷，《日本图纂》1卷，《朝鲜图说》1卷，《安南图说》1卷，《琉球图说》1卷，《海防一览图》1卷，《海运全图》1卷，《黄河图议》1卷，《苏松浮赋》1卷。其中《海防一览图》，即《万里海防图》的初稿，以详略互见，故两存之。原《江南经略》一书，未收入此杂著中，不知何故。此书比《筹海图编》的内容更广，有些内容与《筹海图编》相同。

三　南方边疆地理著作

明代南方（包括西南）边疆地理著作，以《滇行纪略》、《海槎余录》、《赤雅》、《西南夷风土记》为代表。

1. 冯时可《滇行纪略》

《滇行纪略》不分卷，作者冯时可，字元成，号文所，隆庆进士，官至湖广布政使参政。此书是他游滇时的游记，文字不多，但很善于抓地理特点。书中描述的有关云南在地形、气候方面的特点，都超过它以前的著作。它归纳云南在地理上的特点有十个：

（1）滇南最为善地，六月即如深秋，不用挟扇衣葛。

（2）严冬虽雪满山头，而寒不侵肤，不用围炉服裘。

（3）地气高爽无梅湿，花木高大有十丈余，其茶花如碗，大树合抱。

（4）鸡足苍松数十万株，云气如锦。

（5）日月与星比别处倍大而更明。

（6）花卉多异品。

（7）望后至二十，月犹圆满。

（8）冬日不短。

（9）温泉处处皆有。

（10）岩洞深杳奇绝。[1]

2. 顾岕《海槎余录》

《海槎余录》于嘉靖六年（公元1527年）左右成书。这是一部全面描述海南岛地理的著作，凡"山川要害，土俗民风，下至鸟兽虫鱼奇怪之物，耳目所及，无不记载"。原稿已佚，仅存部分内容至今。如历史遗址、植物、刀耕火种的生产方式、动物、风俗、气候、海产、少数民族历法等。[2]

3. 邝露《赤雅》

《赤雅》3卷，作者邝露，字湛若，南海人。此书乃邝露游广西时，遍历岑、蓝、胡、侯、槃五姓土司，有一段时间曾作瑶民"女将"云鬋娘的记事（执掌文书之类），归而述所见闻。书中"所记山川物产皆词藻简雅，序次典核，不在范成大《桂海虞衡志》下，可称佳本"[3]。它对广西各地岩溶地貌的描述，是我国古代比较重要的岩溶地貌文献，也是一部好的边疆地理著作。

4. 朱孟震《西南夷风土记》

《西南夷风土记》不分卷，作者朱孟震，字秉器，新淦（今江西新干县）人，隆庆进士，官居副都御史，山西巡抚。

---

〔1〕 见《续说郭》第二十二函。

〔2〕 顾岕：《海槎余录》，见沈节甫辑《纪录汇编》本。

〔3〕 《四库全书总目提要·史部·地理类》。

此书记载云南及其邻邦的地理，内容涉及气候、植被、温泉、动物、农业、民族、婚姻、刑罚、宗教、市集、物产、武器等。

此外，明朝有的游记、笔记也有边疆地理内容，如陈诚的《西域行程记》，徐霞客的《徐霞客游记》，王士性的《五岳游草》、《广游志》、《广志绎》等。

第六节　水利和水文知识

一　水利知识

明成祖迁都北京以后，迫切需要增加运输能力，以便从东南调运粮食和物资供应北京，因此必须确保南北大运河畅通无阻。在此以前，元代修的会通河"岸狭水浅，不任重载"[1]。后来由于河道淤塞，便废弃不用了。明成祖采纳了大臣们的建议，命工部尚书宋礼主持修浚会通河。宋礼上任后，首先进行调查，访问当地治水能手。其中有一位汶上老人白英，精于水利工程，熟悉山东西部地理环境。他向宋礼建议，在汶水下游东平戴村筑新坝，拦截汶水使它全部流至济宁北面的南旺。南旺地势比济宁高，是南北分水山脊。分水点提高以后，往北送水就没有任何障碍了。水汇南旺后，把4/10的水南流接徐、邳，6/10北流至临清，这样就解决了元代行水不利的问题。宋礼采纳了白英的建议，果然巧妙地解决了水源问题。宋礼又用闸门控制水流，节节蓄水，使漕船顺利通航。至此，当时的经济大动脉南北大运河全线畅通，为明朝经济、政治、军事的发展创造了条件。白英以他丰富的地理知识，为南北大运河的畅通做出了重大贡献。

---

〔1〕《明史·宋礼传》。

南北大运河畅通后，仍然显得负担过重，满足不了北方日益增长的经济需求。为了摆脱北方经济依赖江南的被动局面，不少有识之士先后建议兴修北方农田水利，发展北方经济。其中以水利专家徐贞明的《潞水客谈》最有名。此书中心思想是要以人力控制水旱灾害，为此，徐贞明曾在北京东面对地形、土壤、河流、水泉等的分布进行了实地考察，绘制成图。在此基础上提出具体规划，进行试验，然后推广。他认为，不但濒海荒地可以耕治，其他地方如密云、平谷、三河、蓟州、迁安、卢龙、抚宁、丰润、玉田等地，都有丰富的水源可用于灌溉，同样可以耕垦。在他任垦田使时，招募南方农民来耕治水田，一年之内，垦田三万九千余亩。他进一步勘察境内大小河流，准备修筑一些水利工程，把排洪与灌田结合起来。他强调水利事业的重要作用，说："水害未除，正由水利未兴"。水"聚之则害，散之则利；弃之则害，收之则利"[1]。他主张兴修水利应从上游入手，如"今顺天、真定、河间诸郡，桑麻之区，半为沮洳，由上流十五河之水惟泄于猫儿一湾，欲其不泛滥而壅塞，势不能也。今诚于上流疏渠浚沟，引之灌田，以杀水势，下流多开支河，以泄横流，其淀之最下者，留以潴水，稍高者，皆如南人筑圩之制，则水利兴，水患亦除矣"[2]。

徐贞明的治水思想强调治理地理环境，并把治水与发展生产密切结合起来，体现了经世致用的观点。然而徐贞明的治水垦田方案，对占有闲田的太监和大地主是不利的，他们纷纷起来反对，在皇帝跟前说徐贞明的坏话，结果徐贞明丢官返乡，

---

[1] 《潞水客谈》。

[2] 《明史·徐贞明传》。

不久于万历十八年（公元1590年）病死。他的理想未能全部实现。与他同时期的王士性［万历二十六年（公元1598年）卒］，则从地理环境不可强求的观念来反对治水垦田，说："江南泥土，江北沙土。南土湿，北土燥。南宜稻，北宜黍、粟、麦、菽，天造地设，开辟已然，不可强也。徐尚玺贞明《潞水客谈》欲兴京甸为水田，彼见玉田、丰润间，间有一二处水田者，遂概其大势，不知此乃源头水际，民已自稻之，何待开也。即如京师西湖畔岂无水田，彼种稻更自香馥，他处岂尽然乎？余初见而疑之，犹以此书生闲谈耳，不意后乃径任而行之。无水之处，强民浚为塘堰，民一亩费数十亩之工矣。及塘成而沙土不潴水，雨过则溢，止则涸。北人习懒，不任督责，几鼓众成乱，幸被参而其中止也。余又闻沈大宇襄于直沽海口开田百顷，数载，入册升科矣，一夕海潮而没。固知天下事不可懦而无为，尤不可好于有为。事至前，不得已而应者，方为牢矣。"[1]王士性说的有一定道理。看来徐贞明被参，不完全是太监和大地主的反对，也有徐氏治水本身有缺陷的原因。

黄河的决口改道，以明清时期最频繁。明朝平均约7个月有一次决口，泛滥频繁，河道紊乱，忽南忽北，极不稳定。因此，治河任务十分繁重。明代自洪武至弘治138年间，黄河大部分时间是夺淮入黄海，少部分时间黄河东北流经寿张穿运河入渤海。在治河策略上，明代重北轻南，以保漕为主，形成"北岸筑堤，南岸分流"的格局。明朝正德至崇祯的138年间，河患移至山东和南直隶境内。自潘季驯治河以后，河道才基本上归于一流，会淮河入黄海。正德以后的治河活动比正德

---

〔1〕 王士性：《广志绎·两都》。

以前多，出现了刘天和、朱衡、万恭、潘季驯等著名治河人物。在治河策略上，不但仍以"保漕"为最高原则，而且在嘉靖年间又出现了所谓"护陵"任务，使治河工作更加复杂。

在治河理论上，四任总督河道的潘季驯（公元 1521—1595 年）继承和发展了"筑堤束水，以水攻沙"的理论，认识到"水合则势猛，势猛则沙刷，沙刷则河深。寻丈之水皆由河底，止见其卑。筑堤束水，以水攻沙，水不奔溢于两旁，则必直刷乎河底，一定之理，必然之势，此合之所以愈于分也"[1]。根据这个道理，潘季驯按地形坡度，因地制宜地筑堤合流，并"借淮之清以刷河之浊"，于是"筑高堰束淮入清口……使二水并流，则海口自浚"[2]。潘季驯治河的结果是令人满意的，它不但使河道得到刷深，而且改变了海口积沙高仰的形势，为黄河开辟了入海的道路，取得了前所未有的成就。

潘季驯治河的缺点是：为了保持运河的畅通与高宝地区的安全，在江苏淮安县西建筑了高堰，阻塞了淮河入湖流江的道路，使淮河下游淤塞，上游水位提高，致使泗县境内水灾严重。

二　水利著作

1. 徐贞明《潞水客谈》

《潞水客谈》1 卷，作者徐贞明，字孺东，一曰伯继，贵溪人（今江西贵溪）。隆庆进士，官至尚宝司少卿。他在任工科给事中时，上疏言畿辅水利。后贬太平府知事，于通州途中作此书。以宾主问答之形式，申述他对畿辅水利的见解。中心思想是，要以人力来控制由于雨量变化所引起的水旱灾威胁。

---

〔1〕　潘季驯：《河防一览·河议辨惑》。
〔2〕　《明史·潘季驯传》。

只要充分发挥人力，天灾是可以战胜的，而不应当坐待天时。他这是继承了古代"人定胜天"的思想，有其积极意义。但他没有看到人与人的生产关系比生产力更为重要的层面，因此，他的理想和抱负由于来自封建统治阶级内部的阻挠和破坏而不能实现[1]。

2. 刘天和《问水集》

《问水集》6卷，作者刘天和，字养和，湖北麻城人，官至兵部尚书。嘉靖十四年（公元1535年）主持治河，提出"黄河之当防者惟北岸为重"，又总结"植柳六法"，对黄河水沙特点和决溢规律多有中肯分析。嘉靖十五年（公元1536年）辑成《问水集》，凡6万余字。共收38篇奏疏、论文、札记。其中"统论黄河迁徙不常之由"及其相关条目，提出六种河淤原因。有嘉靖十六年（公元1537年）刻本。

3. 万恭《治水筌蹄》

《治水筌蹄》2卷，作者万恭，字肃卿，江西南昌人。嘉靖进士，授南京文选主事，历任考功郎中，光禄少卿。隆庆六年（公元1572年）被任命为兵部左侍郎兼右金都御史，总理河道，提督军务，主持治理黄河运河两年有余。他主张以堤束水，以水攻沙，是"束水攻沙"论的代表人物之一。书成于万历五年至十三年（公元1577—1585年），二万四千余字，无序跋，分条叙述，共148条。内容分黄运河工修缮防护和管理制度、漕运管理制度、黄河河道、运河河道、治河理论等五个方面。为明代后期颇有影响的治理河运著作。有万历重刊本。

---

〔1〕 侯仁之. 中国地理学简史［M］. 北京：北京大学地质地理系，1959：95.

4. 潘季驯《河防一览》

《河防一览》14 卷，作者潘季驯（公元 1521—1595 年），字时良，乌程（今浙江吴兴）人。嘉靖进士，官至总督河道工部尚书兼右都御史，凡四任河总，任事 27 年，卓有成绩。万历十八年（公元 1590 年）辑成此书，约 22 万字，记事止于万历十六年（公元 1588 年）。所载黄河、淮河、运河在地理上的相互关系，防治水患诸方案，历代水患成因及治理经验与教训，几种治水措施的对比研究，具体工程文献资料的汇集，至今仍有借鉴作用。有乾隆十三年（公元 1748 年）刻本[1]。

三 水文知识

明代的水文知识，散见于各种文献中，其内容大致有 6 个方面：

1. 关于河源及江源的论述

洪武十一年（公元 1378 年），宗泐和尚遵命到西域求经，洪武十五年（公元 1382 年）取道河源区回归，在当地老百姓的帮助下，观察了那里的水文情况，写了《望河源诗并序》。序文曰："河源出自沬必力赤巴山，番人呼黄河为抹处，犁牛河为必力处，赤巴者分界也。其山西南所出之水则流入犁牛河，东北之水是为河源。"[2]这里讲的沬必力赤巴山即巴颜喀拉山，所指河源乃卡日曲[3]，而犁牛河为长江源。宗泐明确记载了中国最大的两条河长江、黄河的源头及其分水岭巴颜喀

---

〔1〕 吴枫. 中华古文献大辞典·地理卷 ［M］. 长春：吉林文史出版社，1991：216.

〔2〕《禹贡锥指》卷十三引。

〔3〕 中国科学院自然科学史研究所地学组. 中国古代地理学史 ［M］. 北京：科学出版社，1984：145.

拉山，在河源、江源考察认识史上作出了新贡献。

明代不少学者对长江源的论述，仍然停留在《禹贡》"岷山导江"的水平，即使颇有名气的旅行家和地理学家王士性也是如此。有的学者说得不明确、含糊，如王圻说"长江出岷山，其源实自西戎万山来"[1]。在江源问题上，明末旅行家和地理学家徐霞客经过长期考察，写了《江源考》，明确指出："推江源者，必当以金沙为首"，并据理反驳"岷山导江"的错误。金沙江往上，徐霞客认为江源在昆仑山之南的犁牛石（今唐古拉山）。又提出划分河源的原则应该是看远近、长短，反对"舍远而宗近"和"弃大源而取支水"的观点[2]。这些论述都是正确的。

2. 关于制约水汛因素的论述

水汛受雨量影响，雨水多则河水暴涨。潘季驯指出：黄河"上游山陕以西，雨少则黄水易消，内水之出速；上源雨多，则黄水难消，而内水之出迟"[3]。

水汛受地区和季节的影响。王夫之指出："若云大河、江、淮及小水同时各涨于其地，则必天下同时皆若霪雨。而河源远出绝域，彼中晴雨必无一揆之理。江、汉之涨则因雪液，河水莫大于矾水，在春夏之交。汉水盛于夏，江水盛于秋，其他小水多盛于春。此涨彼落，不能九州而同。"[4]

水汛受地形影响。陆琛说："晋水涧行类闽越，而悍浊怒

〔1〕《三才图会》地理卷四。

〔2〕《江源考》，载《徐霞客游记》第 1128－1130 页，上海古籍出版社，1982。

〔3〕《河防一览》卷十二。

〔4〕《船山遗书》卷一。

号特甚，虽步可越处，辄起涛头作溅湃，源至高故也。"[1]徐霞客则进一步提出了河床比降与流速的关系，他以福建宁洋溪（今九龙江）和建溪（今闽江）为例，说明两条河的发源地高度相当，而宁洋溪入海流程比建溪短，因而形成了"程愈迫则流愈急"[2]的现象。

水汛受湖泊的影响。宋濂说，黄河由于"中原之平旷夷衍，无洞庭、彭蠡以为之汇，故河常横溃为患"[3]。愈汝为说："川主流，泽主聚，川则从源头达之，泽则从委处蓄之。川流淤阻，其害易见，人皆知浚治者。万顷之湖，千亩之荡，堤岸颓坏，鲜知究心。甚有纵豪强阻塞，规觅小利者，不知泽不得川不行，川不得泽不止，二者相为体用。……为上流之壑，为下流之源，全系于泽，泽废是无川也。况国有大泽，涝可为容，不致骤当衡溢之害；旱可为蓄，不致遽见枯竭之形，而水利之说可徐讲矣。"[4]

3. 关于湖泊、沼泽的论述

沈㙮在《吴江水考》中谈到湖泊的侵蚀与堆积作用，说："本县（吴江县）西有坍湖，东有新涨。东涨之土，即西坍之田。"这里"坍湖"，指湖水的侵蚀作用造成湖岸崩塌。"新涨"，指湖水的搬运和堆积作用，湖水经过侵蚀、搬运，把西岸的泥沙运到东岸堆积，形成新涨出来的沙洲。又说："查有等低滩，形如鳖裙，风赶浪冲，反不坍损。因求其故，站岸壁立，与浪相抗必倾；斜坡不深，随浪相迎不斗。为今之计，不

〔1〕《禹贡锥指》卷十八引。
〔2〕《徐霞客游记》第60页。
〔3〕《行水金鉴》卷二十一引。
〔4〕《农政全书》卷十二引。

若令各有田之家，各于其站立之处，或石块，或瓦屑，或煤铁等灰，填满其处，一如斜坡之势，加之泥沙，或植菱、芦、杨、柳等树，以杀其奔突之势，则其塍，未必如往年崩塌之易矣。"[1]沈啓的观点很正确，他从实际考察中不仅摸清了湖泊水文情况，而且找到了保护湖岸不受侵蚀的科学方法。

徐霞客在旅行考察中见过不少沼泽，特别是云南保山大寨的干海子沼泽，他记载最详细。曰："见西堑下嵌，中圆如围城而底甚平，即干海子矣。庐侧小溪之成流者，南流海子中。海子大可千亩，中皆芜草青青，下乃草土浮结而成者，亦有溪流贯其间，第不可耕艺，以其土不贮水。行者以足撼之，数丈内俱动；牛马之就水草者，祇可在涯涘间，当其中央，驻久辄陷不能起。故居庐亦俱濒其四围，祇垦坡布麦，而竟无就水为稻畦者。其东南有峡，乃两山环凑而成；水从此泄，路亦从此达玛瑙山，然而不能径海中央而渡，必由西南沿坡湾而去。于是倚西崖南行，一里余，有澄池一圆，在西崖下芜海中，其大径丈余，而圆如镜，澄莹甚深，亦谓之龙潭。在平芜中而独不为芜翳，又何也？"[2]这是一篇极精彩的论述沼泽的专题论文，内容包括沼泽的形状、大小、生物、土壤、水文特征、生产、交通、物理性质等。从描述的内容看，这是一个泥炭沼泽，有补给沼泽的溪水流经其间[3]。

4. 黄河下游改道原因的论述

嘉靖十四年（公元 1535 年），治河总督刘天和提出了黄

---

〔1〕 黄象曦：《吴江考增辑》卷二引。

〔2〕 《徐霞客游记》第 1040－1041 页。

〔3〕 赵德祥. 我国历史上沼泽的名称、分类及描述 [J]. 地理科学，1982，2（1）.

河下游改道的六个原因，并把它刻在《黄河图说》碑上[1]。说："河水至浊，下流束隘停阻则淤，中道水散流缓则淤，河流委曲则淤，伏秋暴涨骤退则淤，一也；从西北极高之地建瓴而下，流极湍悍，堤坊不能御，二也；易淤，故河底常高……水行地上，无长江之渊深，三也；傍无湖陂之停潴，四也；孟津而下，地极平衍，无群山之束隘，五也；中州……土杂泥沙，善崩易决，六也。是以西北每有异常之水，河必骤盈，盈则决。每决必弥漫横流，久之，深者成渠，以渐成河；浅者潴淀，以渐成岸。即幸河道通直，下流无阻，延数十年，否则数年之后，河底两岸悉以渐成高，或遇骤涨，河亦不容于不徙矣。此则黄河善决迁徙之情状也。"潘季驯进一步指出："若水分则势缓，势缓则沙停，沙停则河饱。"相反的情况则是："水合则势猛，势猛则沙刷，沙刷则河深。"据此，他提出了治理黄河迁徙的办法："筑堤束水，以水攻沙"和"蓄清刷黄"[2]。

5. 关于水循环的论述

嘉靖三十五年（公元1556年）的进士马出图在《格物绪语》中谈到水循环问题，说："问天下名川大溪之水皆归于海，不知海水归于何处？曰，地尽头处是水，水尽头处是天，水至天际复无去处，仍复归于地下矣。问天下之水复归地下，不知地下之水复归何处？曰，今江、淮、河、汉之水，皆地下之水涌泉而出者也。地下之水涌而为江、淮、河、汉之水，江、淮、河、汉之水朝宗于海，仍复为地下之水，地下之水又涌而为江、淮、河、汉之水，周流无滞，正如人身中之血，自

---

〔1〕 此碑现存西安碑林内，见《文物》1975年3期周伟州文。

〔2〕 《河防一览》卷二。

足之顶，自顶又之足，瞬息不停，少有止息，则聚而为痈肿矣。"这个理论的缺点是：海水不是通过蒸发从天上以云气形式返回大陆，而是从地下回到大陆，这就与实际不相符。但总体来看，他主张水在地球上循环的观点还是对的，只是中间一个环节没有搞清楚。

第七节　地图的绘制与外流

一　地图的绘制

明朝初年，朱元璋就下令要各地绘制各种地图上报，"洪武六年（公元1373年）令州、府绘上山川险易图。十六年（公元1383年）癸亥，诏天下都司上卫所地池、地理、山川、关津、亭堠、水陆道路、仓库。十七年甲子，令朝觐官上土地人民图。十八年乙丑夏，上览《舆地图》"[1]。

明代地图的应用范围很广，地图种类也多，尤其是地图集的数量比宋、元增多。如《广舆图》、《皇明职方地图》、《广舆考》、《舆地图考》、《地图综要》等。下面分类叙述。

1. 航海图

现存《武备志》中的《郑和航海图》，是中国古代第一幅真正的航海图。它是在郑和航海过程中产生的，材料真实可靠，准确性也相当高。原图仿照《长江万里图》作一字展开式绘制，收入《武备志》时，改成书本式，共24页，其中序1页，地图20页，过洋牵星图2页，空白1页。展开时，自右至左。图的方位不固定，从南京至长江口一段的方位是上南下北，出长江口以后改为上北下南，过孟加拉湾后，基本上是上

〔1〕　郑晓：《今言类编》（上），载《胜朝遗事》第三函。

东下西。在绘制方法上，此图不采用传统的方格绘制法，而是采用对景图画法。所谓对景图，就是把山形形象地绘在图上，用图时，只要把图与实地一一对景，便可以很快判断出自己所处的位置和方向。图上绘有针路，标明针位和航程。画有航行线，在关键地点标有牵星数据。如"古里国四指"、"木骨都束北辰二指一角"等。由于图上无明确的比例尺，因此道里、方位有的地方表现不够准确。图上详简不一，在地理情况比较熟悉的地方画得详细，生疏的地方画得简略，影响了图的整齐划一。为了在狭长而又有限的版面上表示沿海岸上的各地物，硬把广瀚的印度洋压缩成上是印度洋北岸，下是东非的狭长海湾，造成图形失真。

2. 政区图

明代政区图比较多，一般以图集形式出现。

(1) 杨子器跋《舆地图》

杨子器跋《舆地图》（以下简称杨图）是在地图正下方有杨子器写的跋文的一幅《舆地图》，现存辽宁省大连市旅顺博物馆，用颜色清绘。因年代久远，现在图上颜色已不够清楚了。此图乃从原图复制，复制时间为公元 1512～1513 年。比例尺约 1∶176 万。图长 164 厘米，宽 180 厘米，没有用计里画方。海岸线画得相当准确，已接近今图。河系的平面图形，河流流向及主要弯曲与今图大体一致。河流用双线表示，黄河源比传世的宋图准确。山脉用象形符号表示，行政区按等级从高到低分别用方形、圆形、菱形表示，名称注在符号内，使政区级别很直观，易区分。对万里长城、庙宇、陵墓、桥梁等都用比较醒目的符号表示。全图总计用图例符号 20 余种，与《广舆图》不相上下。对比杨图与《广舆图》，可以看出，两图虽然在内容上各有详略，在制图技术上互有长短，但相似之处颇多，说明两图可能都是以朱思本的《舆地图》作为蓝本[1]。

（2）李默《天下舆地图》

嘉靖八年（公元 1529 年），大学士桂萼奏进的地图集《舆地图》17 幅，首总图，次则两京十三布政使司各为一图，附以四夷图。图的作者是李默。此图又名《皇明舆图》、《天下舆地图》。图的质量不佳，很粗略，全国府、州、县、卫的名称也没有列全[2]。

（3）罗洪先《广舆图》

明代著名地图学家罗洪先（公元 1504—1564 年），字达夫，号念庵，江西吉水人。嘉靖八年（公元 1529 年）中进士第一名，授修撰。嘉靖十九年（公元 1540 年），因与司谏唐顺之、校书赵时春上书皇帝，违背了皇帝意愿，被除名。回家后，他"甘淡泊，炼寒暑，跃马挽强，考图观史，自天文、地志、礼乐、典章、河渠、边塞、战阵攻守，下逮阴阳、算数、靡不精究"[3]，一心扑在研究学问上。《明史·罗洪先传》有重大遗漏，连他绘《广舆图》的事也未提及。从罗洪先《广舆图·序》中知道，他在"考图观史"的过程中，发现"天下图籍虽极详尽，其疏密失准，远近错误，百篇而一，莫之能易也"。于是他外出收集地理资料，打算编辑一幅内容丰富，质量高的地图。访求三年，偶得元人朱思本的《舆地

〔1〕 中国科学院自然科学史研究所地学组. 中国古代地理学史 ［M］. 北京：科学出版社，1984：315 –317.

〔2〕 王庸. 桂萼的《舆地指掌图》和李默的《天下舆地图》［J］. 禹贡，1934，1（11）.

〔3〕 《明史·罗洪先传》。

图》。经过与其他图比较，他感到朱图的"计里画方之法，而形实自是可据"。于是他在朱图的基础上，按计里画方的方法分幅转绘，把自己收集来的新资料补充进去，朱图未备者，"增其未备"、"因广其图至数十。其诸沿革统驭，不可尽载者，咸具付纸。山中无力佣书，积十余年寒暑而后成"。图成于公元 1541 年前后[1]，取名为《广舆图》。

把《舆地图》与《广舆图》对比，不难发现，《广舆图》确实继承了《舆地图》的许多优点，克服了不足，从而把朱思本的绘图方法发展到了一个新的高度。从嘉靖三十四年（公元 1555 年）的刊本来看，每方格长 18 毫米，折地 500 里，其比例约 1:1550 万。北直隶图每方格长 17 毫米，折地百里，比例尺约 1:320 万[2]。《舆地图》"长广七尺，不便卷舒"，罗洪先把它改为地图集形式，总计有图 45 幅。其中总舆图 1 幅，两直隶十三布政司 16 幅，九边图 11 幅，黄河图 3 幅；漕河图 3 幅，海运图 2 幅；洮河、松潘、虔镇、麻阳诸边图 5 幅，朝鲜、朔漠、安南、西域图 4 幅。除 16 幅分省图是根据《舆地图》改绘外，其余均为罗洪先增补。由于域外地理资料缺乏，很难找到，有些图幅罗洪先只能从元人李泽民的《声教广被图》中按原样描绘下来，如《东南海夷总图》和《西南海夷总图》[3]。《广舆图》以前的地图已有各种图例，但没有明文记载其称呼。罗洪先用的图例 24 种，已明确记载其名曰"类从辨谱"。这是中国明确记载图例名称并大量采用符号

〔1〕 中国科学院自然科学史研究所地学组．中国古代地理学史 [M]．北京：科学出版社，1984：318，注（1）．

〔2〕 高俊．明清两代全国和省区地图集编制概况 [J]．测绘学报，1962，5（4）．

〔3〕 刘彩玉．罗洪先与《广舆图》[N]．光明日报，1962－03－13．

代表地形地物之始，远早于西欧国家[1]。另外，在每幅省区地图的背面附有图叙、表解，补充说明每个省区的沿革、形胜、府、州、县所辖的范围和计征田赋数字等。

16、17世纪的中国地图，多数以《广舆图》为蓝本，可见它涉及范围之广，流传时间之长，对后来的地图影响之大。如公元1604年汪作舟编《广舆考》中的《朔漠图》，关于和林的解释，就是一字不差地照抄《广舆图》；公元1636年陈祖绶的《皇明职方图》，不仅根据《广舆图》改编，而且其中的《朔漠图》也与《广舆图》中的《朔漠图》无异。天启中，程道生的《舆地图》，以及崇祯朝吴学俨、朱绍本等人的《地图综要》，潘光祖的《舆图备考》，显然都采取《广舆图》的材料而各有增损。明末清初，顾祖禹《读史方舆纪要》所附明代省区等方格图，全部来源于《广舆图》；就连康熙、乾隆两朝实测的《内府舆图》也要参考《广舆图》，并按原样照搬《广舆图》中的定型图例。

《广舆图》在明清两朝共刊印七次，手抄一次：公元1555年为第一次刊印本；公元1558年为第二次刊印本；公元1559～1560年为手抄本；公元1561年为胡松刊印本；公元1566年为霍冀、韩君恩补刊本；公元1571年为钱岱重刊本；清初有翻刻明万历本；公元1799年为章学濂重新翻刻万历本。

（4）陈祖绶《皇明职方地图》

《皇明职方地图》3卷，公元1635～1637年完成。参加编绘者除陈祖绶外，还有46人，是一个集体成果。陈祖绶主持编绘此图集时，身任兵部职方主事，有机会接触国家收藏的保

---

〔1〕 陈正祥．中国地图学史［M］．香港：商务印书馆香港分馆，1979：34.

密地图和珍贵地理书籍，资料来源比较优越。他们曾参考了《寰宇记》、《大明一统志》、《大明官志》、《广舆考》、《罗记》、《京省图》、《边镇图》、《川海图》、《河运》、《海运》、《江防》、《海防》诸书，以及桂萼、李默的《图叙》，许论的《边图》，郑若曾的《海图》等[1]。

《皇明职方地图》是以《广舆图》为蓝本改编的，有的地方与《广舆图》毫无差异。但陈祖绶也有不少发挥，表现在四个方面：

第一，陈祖绶克服了朱思本在郡县表示方面的不足和罗洪先在山川险阻表示的不足，采取了省郡县、山川险阻并重的原则，予以合理表示。

第二，在绘制边疆各地理要素的问题上，陈祖绶采取"九边之要，全在谨备于外，故夷出设，不可不详"[2]的原则，把边塞要素与内地要素都较详细地绘在地图上。

第三，在边镇要素的绘制上，陈祖绶采取了凡属大明的国土，即使暂时失陷于我国少数民族，也应该绘在图上，绝不可弃而不问。这样有利于将领查看边图时，知道明王朝的土地失于他乡，从而激发将士光复土地的决心和勇气。

第四，在河流水运问题上，陈祖绶主张河流水系要详细表示，河流改道的部分也应该绘上。

由此可见，《皇明职方地图》是一幅继承朱、罗二图之长，避其所短，重视绘制军事要素的地图。以《广舆图》与之对照，即可看出它具有军事用途的性质，并增加了大宁、开

〔1〕 陈祖绶：《皇明职方地图大序》。
〔2〕 陈祖绶：《皇明职方地图大序》。

平、兴和、东胜四边地图，以及《江山图》、《弱水图》、《黑水图》、《海防图》、《太仆牧马图》等。

在地名注记上，《皇明职方地图》一律按万历以后的地名沿革，并把《广舆图》中的《日本图》换成《日本入寇图》。在绘图技术上，注意图面清晰，繁简适度，符号设计美观大方，注记文字尽量缩小，使图面严整美观，成为明代出色的地图之一[1]。

（5）汪作舟的《广舆考》

《广舆考》2卷，是一部地图集。中国国家图书馆（原北京图书馆）藏有万历残本。它的绘图方法和各要素的取舍与《广舆图》类似，属《广舆图》系统。

（6）程道生的《舆地图考》

《舆地图考》6卷，作者程道生，字可生，海昌（今广东高州市）人。此图集是作者根据《明一统志》，合嘉（靖）、隆（庆）以来郡县改置而绘制的，于天启年间（公元1621—1627年）完成，属《广舆图》系统。首列两京十三布政使司图，布政使司、府、州、县各有一图，皆附图说，考明沿革[2]。卷四的《九边图考》，叙九边事很详细，其编制体例与《广舆图》相近，与《皇明职方地图》、《地图综要》相类。

（7）吴学俨等《地图综要》

《地图综要》3卷，由吴学俨、朱国达、朱绍本、朱国干四人同编。首曰总卷，列京省道里，边腹道里，华夷道理，诸省华夷形胜，京省边境要害，星宿分界诸图，均有图说。内卷

〔1〕 卢良志.中国地图学史［M］.北京：测绘出版社，1984：105－107.
〔2〕 陈光贻.稀见地方志提要：上册［M］.济南：齐鲁书社，1987.

列北南两京及十三布政司图，均有图说。外卷列长江会源，江防漕河，黄河海防诸图及海运、沿边四夷图，也都有图说[1]。内卷中的《分里图》是计里画方，每方百里；而《分界图》不画方，比《分里图》简单，仅注四周的府州界线。在各州府图志中，记有名山、杂记、大川、土产、名宦、流寓人物、古迹、关隘等项，以补《分里图》、《分界图》之不足。外卷中的《江防图》比以前的《江防图》详细。此图集所用的图例，有的与《广舆图》一致，有的不一致。行政区分级符号有的不够简练，如南北两京用双线八边形，符号内注地名。各省省会用双线六边形，内注地名。这两种符号都比较复杂，不好画。图集中有一些明显的错误，如：把岷山作长江源，澜沧江流到越南北部，怒江流到越南南部。

3. 边防图

明代"正统以后，敌患日多。故终明之世，边防甚重"[2]。北方有九边，沿海有海防。在南北重大的边防活动中，自然少不了地图。

（1）九边图

所谓九边，指北方辽东、宣府、大同、延绥、宁夏、甘肃、蓟州、太原、固原等九个边镇，这九个边镇相互联系，形成北方防御体系。历史上把北方九个边镇称为九边。九边图，自然是关于这九个北方边镇的地图。

明代北方军事地图，几乎都加"九边"二字，数量较多，主要有下列5种：《九边图论》、《九边图说》、《九边图志》、

〔1〕 陈光贻. 稀见地方志提要：上册 [M]. 济南：齐鲁书社，1987.
〔2〕《明史·兵志三》。

《九边图》、《北方边口图》。每种图之下，又有几幅不同时期、不同作者的图。如《九边图论》即有许论、张瓘、尤瑛、汪瓘四人的同名地图。对这些地图，我们不可能一一介绍，只能介绍某些代表作。如：

许论的《九边图论》，嘉靖十七年（公元 1538 年）初刻[1]，内容是一图一论，真实可靠。

孙应元的《九边图说》，每镇有总图，有分图，有图说。图说内容为某地为主要防卫阵地，某地稍次，某地偏僻易守，某地最靠近敌方营垒，敌方某处兵力薄弱，地形有利于我方。每镇兵马钱粮数目等。此图说与罗洪先的《九边图》类似，可能是受了罗洪先的影响[2]。兵部尚书霍冀不仅将《九边图说》奏进皇帝，而且在编绘之前，曾下令各镇督抚军门，把自己辖区内的地理形势、兵马情况绘成图说上报兵部。作者根据这些资料，再参阅历代旧图进行综合，汇编成各镇图说。

《北方边口图》，无作者姓名，它不同于九边图，不分幅，用写景式制图法，把自辽东至甘肃一线的边镇山川形势，绘于一轴长卷上。

（2）海防图

《海防图》是明代出现的特有地图，它的服务目的抗击倭寇。为了抗击倭寇入侵，明朝在"沿海大都会各设总督、巡抚、兵备副使及总兵官、参将、游击等员"[3]，以备防御。这就是海防的由来。海防之外，还有江防，因此，除海防图外，

---

〔1〕 许论《九边图论》的卷数说法不一，《千顷堂书目》、《明史·艺文志》作 3 卷，《天一阁书目》作 1 卷。

〔2〕 卢良志. 中国地图学史［M］.北京：测绘出版社，1984：114.

〔3〕 《明史·兵制三》。

中国地学史·古代卷

622

还有江防图。

在陈祖绶的《皇明职方地图》、潘光祖的《舆地图考》中，均有《海防图》。

郑若曾的《筹海图编·海防图》，后收入《武备志》中，主要内容有两项：

第一，《日本入犯图》，方位上东下西，沿海轮廓线变形较大，详细地绘制了倭寇入侵路线。

第二，《沿海山沙图》，对军营、指挥所、烽堠绘制较详细。

关于江防图，在《地图综要》中已有。现存最完整的江防图，以《郑开阳杂著》中的《江防图》为代表作，作者郑若曾。此图从今江西省瑞昌市开始，由西往东，一字形展开，直到今上海市金山区，有图48幅。图中除用水波表示长江外，对沿江两岸的地形、居民地绘制较详。

4. 石刻地图

现在已知明代石刻地图都是地方图，无全国地图。如：钱人听在《竹汀日记》中记载，他在杭州看到绍兴府地图碑，为明成化中刻[1]。

20世纪60年代初，在广西三江县发现怀远古城图碑。宋代兴建的怀远城，在柳江上游江心洲上，城为长方形，东西600米，南北500米，东城门拱洞内左边墙上，镶嵌一块地图碑，碑宽83厘米，高132厘米，碑面刻有县图两幅：一是《怀远县总图》，刻于碑的上方；一是《怀远县城图》，刻于碑的下方。两图中间为一白线条分开。总图宽83厘米，高66厘米。城图尺寸与总图同。总图上方有田珩的碑志，说明此图碑

---

〔1〕 载《藉香零拾》第二函。

是他"访旧图而新之，镌于石碑"。未刻立碑年代，但据县志载，证明为明末所刻[1]。

现存河南登封嵩阳书院一山墙上的《登封县图》碑，刻石很清楚，有河流、山脉、城池、寺庙名胜、植被等。万历二十一年（公元1593年）刊。"文革"中遭到破坏，略有破损，城墙及城中建筑点被凿去，整个碑尚完整无损。

二　地图的外流

根据目前资料，中国明代地图流落到国外的国家和数目是：日本3幅，西班牙、英国、法国、韩国各1幅。

1. 日本收藏的3幅明代地图

（1）《皇明一统地理之图》

《皇明一统地理之图》，清泉王氏重刊，嘉靖十五年（公元1536年）刊行，藏日本奈良大和文华博物馆。图幅纵103.5厘米，横78厘米，木刻墨印。图下方有46行文字，标明两京十三布政司的府、州、县数，有一段杨子器的跋文。此图可能是目前已知传世明代木刻大幅全国地图中最早的一幅[2]，属于政区图。图中把中国的东、南和西南部绘成被大海所包围，只在东海南部用很小的字体标出日本的国名，没有绘日本的轮廓。在东南部海上还出现一些《山海经》中传说的地名。在南海的西部和西南部海中还标出爪哇、苏禄、祖法儿、麻林等地名。不用计里画方，与杨子器跋《舆地图》相似。

（2）《北京城宫殿之图》

《北京城宫殿之图》，嘉靖十年至四十一年（公元1531—

---

〔1〕《考古》1965年8期429页。

〔2〕任金城. 流失在国外的一些中国明代地图 [J]. 中国科技史料，1987
(1). 以下几幅图均据此文写成。

1562年）成图，万历年间刊行。藏日本宫城县东北大学。图幅纵99.5厘米，横49.5厘米，范围为北京内城，内容除宫殿外，还有衙署、坛庙、城垣和主要街道。图的上端有三十行文字，以歌谣形式把洪武以下各代皇帝年号和在位时间作了说明。最后的年号为万历，称当今，可见图于万历年间刻印。从图上宫殿名称看，成图时间不会晚于嘉靖四十一年（公元1562年），可能是现存北京城最早的地图。图上不标比例尺，精度不高，甚至还有一些错误。

（3）《皇明舆地之图》

《皇明舆地之图》，嘉靖十五年（公元1536年）吴悌校刊，崇祯四年（公元1631年）孙起枢重刊。藏日本东北大学狩野文库和神宫厅的神宫文库。图幅纵135厘米，横63.5厘米，上段为中国全图，下段为文字图表，列出两京十三布政司的府、州、县数。绘制较粗略，中国以外的地区更为简略，如日本仅绘成长方形，中间注"日本"二字。

2. 西班牙收藏的《古今形胜之图》

《古今形胜之图》为明喻时制，嘉靖三十四年（公元1555年）金沙书院重刻本，藏西班牙赛维利亚市（Sevilla）的印度总档案馆。没有用计里画方，精度远不如《广舆图》，黄河、长江和海岸线都有较大的误差。图中空白处用简要文字说明各地区的历史沿革和地理形势。

3. 英国收藏的《乾坤万国全图古今人物事迹》

《乾坤万国全图古今人物事迹》为常州府吴锡县儒学训导梁辀于万历二十一年（公元1593年）镌刻，藏英国收藏家菲利普·罗伯逊（Philip Robinson）手中。图幅为171.5厘米×130.5厘米，木刻墨印。从图上端的序文得知，作者编制此图时曾参考了《广舆图》、《坤舆万国全图》、奥尔蒂利的《舆图汇编》，但并没有吸收这些图的先进制图方法。此图的特点是：第一，标注了大量中外地名及必要的文字说明，与《古今形胜之图》类似，地图向地志过渡。第二，在制图内容上，以中国为主，中国以外的地区仅标注地名，不论国家大小，都画成小岛状散布在海洋中。这种作图法，在明末清初曾被广泛使用。

4. 法国收藏的《王泮题识舆地图》

《王泮题识舆地图》于万历二十二年（公元 1594 年）刊印，万历三十一年（公元 1603 年）至天启六年（公元 1626 年）摹绘增补。现藏法国巴黎国家图书馆。图幅纵 180 厘米，横 190 厘米，绢底彩绘。图的范围东至朝鲜、日本，西至天山、大流沙，北到蒙古和黑龙江，南到南海。图中水系详细，用不同颜色标出各省范围，地名符号分等级，标注地名 5000 多个。不用计里画方，但精度较高，海岸线和河流走向大体正确。山脉底部为棕色，山顶为绿色，海洋为碧绿的波浪。此图还不是王泮题识的《舆地图》原本，而是一位不知名的朝鲜人摹绘增补的。

5. 韩国收藏的丝绸卷轴彩色地图

公元 1972 年 3 月 10 日，在汉城（即今首尔）国立汉城大学的中央图书馆里，发现了一张 17 世纪的中国地图。图幅宽 3.62 米，长 2.5 米，明末绘制。图上详细标明了中国数百个城市，绘在丝绸卷轴上。

第八节　耶稣会士来华与西方地学知识的传入

明朝后期，西方传教士带着殖民者的侵略意图来中国，他们跟在海盗商人的后面，成为替补队伍。传教士掌握了当时西方部分自然科学技术知识，以此为武器，打入中国上层社会，取得上层统治者对他们的信任，为他们开展各种活动创造条件。最早来中国的意大利耶稣会传教士利玛窦（Matteo Rieci，公元 1552—1610 年）就是如此。他于万历八年（公元 1580 年）到澳门，之后又到广州、肇庆、南昌、南京等地。万历二十六年（公元 1598 年）初次到北京，不久离去。万历二十八年（公元 1600 年）再次来到北京，通过太监向万历皇帝送礼物，博得万历皇帝喜欢，从而获得了在北京购买土地、建立教堂的特权。最后死在北京。

利玛窦用西方科学技术知识作为工具，达到在中国传教的目的，同时在客观上也把西方的某些科学知识，如数学、天文、地学知识传入中国。利玛窦在数学、地图测绘方面有一定的造诣，因此，他一到中国，便想办法把中国传统地图译制为"西式"地图，如传教士范礼安（Alessandro Valigano，公元 1538—1606 年）著的《华国奇观》所附中国地图，就是他绘制的。利玛窦在华期间，每到一地，便测量当地的经纬度，如北京、南昌、杭州、西安、广西、南京等，精确度与今所测无大差别。通过观察，他发现中国士大夫对西方绘制的世界地图极感兴趣，于是决定绘制用中文说明的世界地图作为传教工具[1]，这点在金尼阁（Nicolaus Trigault，公元 1577—1628 年，法国人，公元 1610 年来华）的《中华传教记》中说得更明白[2]。利玛窦绘制的世界地图，被中国士大夫阶层视为珍奇，为之刻版转送，义务为他做宣传工作。他的地图在中国被十二次翻印摹绘（见表 8 - 1）。

---

〔1〕《禹贡》半月刊 1936 年 5 卷 3 期，洪煨莲文引。

〔2〕原文为："利神甫……甚精数理，遂从事编制此图……以此为饵，中国人颇多落入教会网中者。"

中国地学史·古代卷

表 8-1 利玛窦世界地图在中国翻刻摹绘表

图名	绘图时间	刊刻者	刊刻地点	备注
山海舆地全图	万历十二年（公元 1584 年）	王泮付梓	肇庆	
（世界图志?）	万历二十三年（公元 1595 年）		南昌	绘赠建安王朱多炌
山海舆地图	万历二十三至二十六年（公元 1595—1598 年）	赵可怀勒石	苏州	翻王泮本
（世界图记?）	万历二十四年（公元 1596 年）		南昌	为王佐编制
山海舆地全图	万历二十八年（公元 1600 年）	吴中明付梓	南京	增订王泮本
舆地全图	万历二十九年（公元 1601 年）	冯应京付梓	北京(?)	东西两半球图
万国图志				一册，1601 年献明神宗
坤舆万国全图	万历三十年（公元 1602 年）	李之藻付梓	北京	增订吴中明本
坤舆万国全图	万历三十年（公元 1602 年）	刻工某刻版	北京	复刻李之藻本，现存禹贡学会影印本
两仪玄览图	万历三十一年（公元 1603 年）	李应试付梓	北京	增订李之藻本，现存辽宁省博物馆
山海舆地全图	万历三十二年（公元 1604 年）	郭子章付梓	贵州	缩刻吴中明本
（坤舆万国全图）	万历三十六年（公元 1608 年）		北京	诸太监摹绘李之藻本

注：凡年代或地点不能确定或译西文之名者，加"?"号；图的中文名称尚未考得者，泛称世界地图；图成尚未刻板者，加括号。

《山海舆地全图》（图8-3）是在《万国全图》的基础上放大，重标经纬度，增加适合中国人阅读的注释。这是用中文刻印的第一张世界地图。

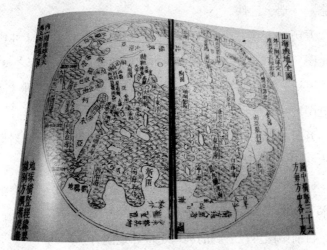

图8-3　《山海舆地全图》（引自《禹贡学会》印本）

万历二十三年（公元1595年），利玛窦将《世界图志》一本献给建安王朱多㸅，它是根据利玛窦带来的西文地图册编译的，未曾刊印，今已失传。

万历二十三至二十六年（公元1595—1598年），应天巡抚赵可怀令人摹绘王泮刻印的《山海舆地全图》勒石，今已不存。

万历二十四年（公元1596年），利玛窦在南昌为王佐编制《世界图记》，今已不存。

万历二十七年（公元1599年），利玛窦应南京吏部主事吴中明之请，在南京修订了《山海舆地全图》，篇幅增大，注释也有所增如。第二年吴中明刻印。

万历二十九年（公元1601年），冯应京刊《舆地全图》

（东、西两半球图），原刊本已佚，但在程百二撰的《方舆胜略·外夷传》中还可看到据冯应京刊本翻刻的东、西两半球图。

万历二十九年（公元 1601 年），利玛窦献明神宗《万国图志》一册，已佚。

万历三十年（公元 1602 年），李之藻在北京刊《坤舆万国全图》，分 6 幅，增订吴中明本。同年某刻工复刻李之藻本。

万历三十一年（公元 1603 年），李应试在北京刊《两仪玄览图》，全图分 8 幅，增订李之藻本。

万历三十二年（公元 1604 年），郭子章在贵州缩刻吴中明本《山海舆地全图》。

万历三十六年（公元 1608 年），诸太监在北京摹绘李之藻本《坤舆万国全图》若干份。

目前中国可以看到的利玛窦世界地图有：

（1）南京博物院藏彩色摹本《坤舆万国全图》；

（2）中国历史博物馆藏墨线仿绘《坤舆万国全图》；

（3）辽宁省博物馆藏刻本《两仪玄览图》；

（4）禹贡学会影印的《坤舆万国全图》；

（5）章潢《图书编》、程百二《方舆胜略》、王圻《三才图会》、潘光祖《舆图备考》中有翻刻的东西两半球图和《舆地山海全图》；

（6）台湾省台北市藏有太监摹绘本《坤舆万国全图》。

国外，在罗马梵蒂冈教廷图书馆藏有《坤舆万国全图》；日本京都帝国大学图书馆藏有《坤舆万国全图》；英国皇家地理学会藏有《坤舆万国全图》（图 8-4）。

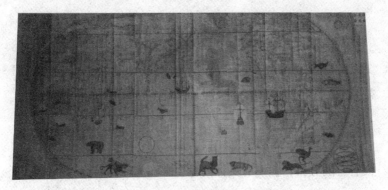

图 8 - 4　《坤舆万国全图》（引自《文物》1983 年 12 期图版陆）

利玛窦的世界地图传进中国后，给中国增添了一些新的地理知识，如：

（1）大地球形说

利玛窦的世界地图绘成球形或半球形，体现了地球的真实形状。利玛窦在讲解地图时，也极力宣传大地球形说。

（2）地图投影

中国传统制图方法没有地图投影。利玛窦编制地图时，采用了三种地图投影。第一种，穆尔怀德（Mollwide）投影，即等积投影。纬线为一组平行线，中央经线为直线，其他经线为对称凹向中央经线的曲线；赤道与中央经线互相垂直，赤道长度为中央经线的一倍。经纬线各自的间距均为 10 度。《山海舆地全图》、《坤舆万国全图》、《两仪玄览图》均采用这种投影。第二种，穆尔怀德半球投影，也是等积投影，如东西两半球图即用这种投影。第三种，方位等距极地投影，图的中心为极点，经线自极点向四周辐射呈直线，纬线是以极点为圆心的同心圆。南北两半球图即用这种投影。利玛窦把地图投影学带进中国，给中国地图学增添了新知识，使人们开阔了眼界。

（3）地球上五带的划分

利玛窦的地图上以赤道为中线，平分地球为南北两半球。又以两极圈和两回归线为界，把地球分成五带：热带一个，温带两个，寒带两个。五带的划分反映了纬度与气候的密切关系。

（4）海陆分布

在利玛窦的世界地图输入我国以前，虽然札马鲁丁的地球仪有海陆分布，但没有具体的世界大洲大洋的名称。那时，中国人对世界的认识是不完整的，大体上只知道亚洲和部分欧洲、非洲。至于美洲、南极洲、大洋洲（利玛窦图上也无）是不清楚的。利玛窦的世界地图，除大洋洲当时尚未被欧洲人认识外，其余六大洲即欧罗巴（欧洲），利米亚（非洲），亚细亚（亚洲），南、北墨利加（南、北美洲）和墨瓦蜡泥加（南极洲）都有正确的地理位置和名称。四大洋即大西洋、大东洋（太平洋）、小西洋（印度洋）、冰海（北冰洋）也划定了范围。整个世界的海陆分布轮廓已大致不差。

（5）名山大川

在利玛窦的世界地图上，除中国的名山大川外，还有世界各地的大河，如欧法蜡得河（幼发拉底河）、泥罗河（尼罗河）、安义河（恒河）、身毒河（印度河）、贺喜河（鄂毕河）、大乃河（顿河）、勿尔瓦河（伏尔加河）、马良温河（亚马孙河）。

（6）国名和地名

在利玛窦的世界地图上，有的国名、地名今天已有变更，如拂郎机变为葡萄牙，拂郎察变为法国，谙厄利亚变为英国，福岛变为卡内里群岛，大狼山变为好望角等。有的名称则沿用至今，如亚细亚、欧罗巴、亚墨（美）利加、罗马尼亚、加拿大、古巴、智里（利）、牙卖（买）加、大西洋、地中海、赤道等[1]。

继利玛窦之后，在中国画这种世界地图的还有：西班牙人庞迪我（Pantoja Jacquesde，公元 1571—1618 年）画《海外舆图》（未刊）；意大利人艾儒略（Julio Aleni，公元 1582—1649 年）画《万国全图》[2]；比利时人南怀仁（Ferdinand Verbiest，公元 1623—1688 年）、法兰西人蒋友仁（Benoist，Michel，公元 1715—1774 年）各画《坤舆全图》。这些图的绘制方法和绘图理论与利玛窦相同，但影响不如利玛窦大。与利玛窦地图同时或稍后传入中国的地理著作还有：艾儒略的《职方外纪》5 卷，意大利人龙华民（Longobardi，Nicolas，公元 1559—1654 年）的《地震解》1 卷，熊三拔（Sabbathinus de Ursis，公元 1575—1620 年）的《泰西水法》6 卷。

《职方外纪》最初乃是庞迪我翻译利玛窦《万国图志》的文字，后由艾儒略增补润色而成书[3]，以"所纪皆绝域风土，为自古舆图所不载，故曰《职方外纪》"[4]。书成于天启三年（公元 1623 年），首冠以万国全图、五大洲总图；然后依次讲亚、欧、非、美、南极诸洲，每洲先有洲图，然后依次为总说、列国，各国的内容是：方位、风土、气候、民情、名胜、物产等，不分目；最后是《四海总说》，简述海名、海岛、海族、海产、海状、海舶、海道等。这是明朝末年传入中国的第一本世界地理著作。

---

〔1〕 曹婉如，薄树人，郑锡煌，等. 中国现存利玛窦世界地图的研究 [J]. 文物，1983（12）.

〔2〕 见《职方外纪》。

〔3〕 艾儒略：《职方外纪·序》。

〔4〕 《四库全书总目》卷七十一。

《地震解》1卷，天启四年（公元1624年）写成，天启六年刻印，康熙十八年（公元1679年）重刻。书中采用问答形式，共9个题目：（1）震有何故；（2）震有几等；（3）震因何地；（4）震之声响；（5）震几许大；（6）震发有时；（7）震几许久；（8）震之预兆；（9）震之诸征。这是第一本传入中国的西方地震学著作。有些观点和今天的地震学不合。

《泰西水法》6卷，万历三十九年（公元1611年）夏，徐光启与熊三拔合译。他们的翻译不同于一般人的直译，而是结合中国原有的水利工具，只选择其中适用的或者确实先进的部分翻译。翻译时，一边翻译文字，一边照图制造，一边试验，然后把他们制造和试验的方法与结果记入书中。万历四十年（公元1612年）春天完成，成为传入中国的第一部农田水利著作。书中除记录农田水利及工具外，还论述了一些影响水质的因素和测试水质的方法。

第九节　矿物岩石知识

明朝的矿物、岩石知识，可从三个方面叙述：一是矿业、建筑、文物中反映的矿物岩石知识；二是矿物、岩石著作；三是地方志、笔记中记载的矿物岩石知识。

一　矿业、建筑、文物反映的矿物岩石知识

1. 矿业、建筑反映的矿物岩石知识

明朝初年，朱元璋吸取了元朝官办矿业的教训，只允许维持官矿现状，不兴办官营矿业，凡进言兴办矿业者一律免官。这个政策一直维持到永乐十年（公元1412年），之后，矿业政策才有所改变。比如"永乐十二年遣提督官采办湖广辰州、贵州铜仁等处金、银场课"；"永乐十九年，遣御史及监生等

榷办浙江、福建银课"[1]。此后，明朝官办的矿业才有所发展。

从历史文献中统计来看，明朝官办与民办的矿业中，涉及的矿物、岩石主要有：金、银、铜、铁、锡、铅、锌、矾（皂、红、黄、胆、鸡屎等多种）、朱砂、水银、煤、盐、高岭土、黏土、赭石、无名异（亦称土钴矿）、胭脂石、石青（俗称大青）、石绿、石黄、石灰岩、花岗岩、砂岩、砚石（多达十数种）、硫黄、白砒石（又名毒砂）、石膏、硝石（火硝、焰硝）、芒硝（又称朴硝、马牙硝）、赤石脂、雌黄、雄黄、臭葱石、试金石、硼砂、炉甘石、硇砂、天然气、石油、玉（有和田玉、蓝田玉、独山玉、岫岩玉等多种软玉，还有硬玉翡翠）、宝石（有红宝石、蓝宝石、绿宝石等多种）、水晶、猫睛石、玛瑙、孔雀石、琥珀、祖母绿、绿松石等共计48种。

明朝末年，宋应星于崇祯十年（公元1637年）完成的《天工开物》，是明朝矿业技术的总结，它不仅讲矿业技术，还讲了许多矿物知识。内容有矿物名称、种类、性质、形状、产地、颜色、条痕、开采技术等。如：

第五卷《作咸》，讲了我国的六种主要盐产，其中对海盐和井盐的开采写得比较详细。又讲了四川用天然气煮盐的事例："西川有火井，事奇甚。其井居然冷水，绝无火气。但以长竹剖开去节，合缝漆布，一头插入井底，其上曲接，以口紧对釜脐，注卤水釜中，只见火意烘烘，水即滚沸。启竹而视之，绝无半点焦炎意。"作者这段描述是真实的，因为天然气燃烧时温度很高，又不像柴、煤那样含有大量固体微粒，因此

----

[1] 嵇璜等：《续文献通考·坑冶》。

火焰微呈蓝色以至无色，燃烧后也没有残渣。

第七卷《陶埏·砖》讲了造砖用的黏土性质："凡埏泥造砖，亦堀地验辨土色，或蓝、或白、或红、或黄（闽广多红泥。蓝者名善泥，江浙居多），皆以黏而不散，粉而不沙者为上。"

第十一卷《燔石·煤炭》讲了煤的地理分布、种类、用途、开采技术等。当时用竹筒排空瓦斯，保证矿井生产安全的做法是非常先进、非常高明的。书中写道："深至五丈许，方始得煤。初见煤端时，毒气灼人。有将巨竹凿去中节，尖锐其末，插入炭中，其毒烟从竹中透上，人从其下施镘拾取者。"

第十四卷《五金·黄金》讲了自然金的形状、产地、硬度、颜色、比重、条痕、延展性等内容，曰："凡中国产金之区，大约百余处，难以枚举。山石中所出，大者名马蹄金，中者名橄榄金、带胯金，小者名瓜子金。水沙中所出，大者名狗头金，小者名麸麦金、糠金。平地掘井得者，名面沙金，大者名豆粒金。皆待先淘洗后冶炼而成颗块。"这一段讲了黄金的产地、分类（山金和沙金）、形状。"金多出西南，取者穴山至十余丈，见伴金石，即可见金。……水金多者出云南金沙江（古名丽水），此水源出吐蕃，绕流丽江府，至于北胜州，回环五百余里，出金者有数截。又川北潼川等州与湖广沅陵、叙浦等，皆于江沙水中，淘沃取金。千百中间有获狗头金一块者，名曰金母，其余皆麸麦形。入冶煎炼，初出色浅黄，再炼而后转赤也。……初得时咬之柔软。"这一段讲了云南产的脉金和沙金及其形状、颜色、硬度。"凡金质至重，……银方寸重一两者，金照依其则寸增重二钱。凡金性又柔，可屈折如枝柳。其高下色，分七青、八黄、九紫、十赤。登试金石上

（此石广信郡河中甚多，大者如斗，小者如拳，入鹅汤中一煮，光黑如漆），立见分明。"这一段讲了黄金的比重、硬度、颜色和用条痕鉴别真假、成色的方法。"凡金箔每金七厘（应为分）造方寸金一千片。"这里讲的是黄金的延展性。所有这些对黄金性能、产地、产状的描述，都是正确的，是明朝矿物知识的体现。

关于云南的银矿，宋应星也作了比较详细的记载："凡云南银矿：楚雄、永昌、大理为最盛，曲靖、姚安次之，镇沅又次之。凡石山峒中有矿砂，其上现磊然小石，微带褐色者，分丫成径路。采者穴土十丈或二十丈，工程不可日月计。寻见土内银苗，然后得礁砂所在。凡礁砂藏深土，如枝分派别，各人随苗分径横挖而寻之。……凡土内银苗，或有黄色碎石，或土隙石缝有乱丝形状，此即去矿不远矣。凡成银者曰礁，至碎者曰砂，其面分丫若枝形者曰矿，其外包环石块曰矿石。"这里讲了云南银矿的产地、产状、矿苗、矿砂等内容。

关于锌矿物炉甘石（菱锌矿，$ZnCO_3$），据赵匡华考证，在南朝梁代（公元502—557年）已用于造锌黄铜[1]。说明那个时期中国人已认识了这种矿物，但还不知道如何冶炼出金属锌。我国至迟在明代中期已成功地冶炼出了金属锌，而记载炼锌工艺的现存文献以《天工开物》为最早。书中所说的"倭铅"，就是金属锌。宣德三年（公元1428年），明朝曾经铸造了一大批黄铜鼎彝，用金属锌达13600斤，可以想见，15世纪初我国民间生产金属锌的水平已相当高。欧洲是在18世纪才

---

〔1〕 赵匡华，周嘉华. 中国科学技术史·化学卷 [M]. 北京：科学出版社，1998：185.

开始提炼锌，所以中国生产金属锌应早于欧洲约四百年[1]。

第十四卷《五金·锡》讲到了锡矿的产地、种类、形状、颜色等，写道："凡锡，中国偏出西南郡邑，东北寡生。古书名锡为'贺'者，以临贺郡（今广西贺州）产锡最盛而得名也。今衣被天下者，独广西南丹、河池二州居其十八，衡、永则次之。大理、楚雄即产锡甚盛，道远难致也。凡锡有山锡、水锡两种，山锡中又有锡瓜、锡砂两种。锡瓜块大如小瓠，锡砂如豆粒，皆穴土不甚深而得之。间或土中生脉充牣，致山土自颓，恣人拾取者。水锡衡、永出溪中，广西则出南丹州河内。其质黑色，粉碎如重罗面。"

第十四卷《五金·铅》讲了铅的产地、种类、冶炼方法等。写道："凡产铅山穴，繁于铜、锡。其质有三种：一出银矿中，包孕白银，初炼和银成团，再炼脱银沉底，曰银矿铅。此铅云南为盛。一出铜矿中，入洪炉炼化，铅先出，铜后随，曰铜山铅。此铅贵州为盛。一出单生铅穴，取者穴山石，挟油灯寻脉，曲折如采银矿。取出淘洗煎炼，名曰草节铅（即方铅矿，含硫化铅，PbS）。此铅蜀中嘉、利等州为盛。其余雅州出钓脚铅，形如皂荚子，又如蝌蚪子，生山涧沙中。广信郡上饶、饶郡乐平出杂铜铅，剑州出阴平铅，难以枚举。"

第十八卷《珠玉·宝》中讲了宝石的产地、产状、种类、颜色等。写道："凡宝石皆出井中。西番诸域最盛，中国惟出云南金齿卫与丽江两处。凡宝石自大至小，皆有石床包其外，如玉之有璞。金银必积土其上，韫结乃成。……属红黄种类

〔1〕 张子高.中国化学史稿（古代之部）［M］.北京：科学出版社，1964：108－112.

者，为猫精、靺羯芽、星汉砂、琥珀、木难、酒黄、喇子。猫精黄而微带红。琥珀最贵者名曰瑿，红而微带黑，然昼见则黑，灯光下则红甚也。木难纯黄色。喇子纯红。……属青、绿种类者，为瑟瑟珠、祖母绿、鸦鹘石、空青之类。至玫瑰一种，如黄豆、绿豆大者，则红、碧、青、黄数色皆具。"

在《天工开物》中，还指出了前人的一些错误。如《五金·锡》指出"谓砒为锡苗者，亦妄言也"。在《五金·铁》中指出，过去有人说"凡产铁之阴，其阳出慈石"，这种说法不完全正确，"第有数处不尽然也"。在《燔石·硫黄》中指出了前人的三个错误认识：一是把焚石误为矾石；二是矾液说是错误的；三是硫黄矿不一定是产在有温泉的地方。书中写道："凡硫黄乃烧石承液而结就。著书者误以焚石为矾石，遂有矾液之说。然烧取硫黄，石半出特生白石，半出煤矿烧矾石，此矾液之说所由混也。又言中国有温泉处必有硫黄，今东海广南产硫黄处又无温泉，此因温泉水气似硫黄，故意度言之也。"当然，宋应星否认有土硫黄和水硫黄存在，也是不对的。

吴江（今江苏吴江）人计成，字无否，号否道人，生于明万历十年（公元1582年），崇祯七年（公元1634年）五十三岁时，著建筑园林专著《园冶》3卷。年轻时，他是画师、诗人。中年以后，开始为人造园叠山，如东第园、寤园、影园等江南著名园林。《园冶》就是他建造园林的经验总结，也是世界上第一部系统研究造园理论的著作，于崇祯八年（公元1635年）刊行。《园冶》初名《园牧》，因当时名流曹元甫阅后十分赞赏，改题为《园冶》，即园林的设计建造之意。此书因与阮大铖关联，被清朝列为禁书，只见录于李笠翁的《闲情偶寄》，崇祯原刊本只在日本内阁文库等地有全帙，国内还未发现[1]。公元 1988 年中国建筑工业出版社出版了陈植注释的《园冶注释》。

《园冶》卷三有"选石"专篇，挑选 15 种适合造园的岩石，指明这些岩石的产地、性状、种类、颜色、叩击时的声音、硬度、开采方法、如何加工、如何使用等，反映了明朝的岩石知识水平。书中写道：

> 太湖石，苏州府所属洞庭山，石产水涯，惟消夏湾者为最。性坚而润，有嵌空、穿眼、宛转、险怪势。一种色白，一种色青而黑，一种微黑青。其质文理纵横，笼络起隐，于面遍多坳坎，盖因风浪中冲激而成，谓之弹子窝。扣之微有声。采入携锤錾入深水中，度奇巧取凿，贯以巨索，浮大舟架而出之。此石以高大为贵，惟宜植立轩堂前，或点乔松奇卉下，装治假山，罗列园林广榭中，颇多伟观也。自古至今，采之以久，今尚鲜矣。

> 昆山石，昆山县马鞍山，石产土中，为赤土积渍，既出土，倍费挑剔洗涤，其质磊块，巉岩透空，扣之无声，其色洁白，宜点盆景，不成大用也。

> 宜兴石，宜兴县张公洞善卷寺一带山产石，有一种色黑质粗而黄者，有色白而质嫩者，掇山不可悬，恐不坚也。

> 龙潭石，金陵下七十余里，沿大江地名七星观，至山口仓头一带，皆产石数种，有露土者，有半埋

─────────────

〔1〕 孙剑. 计成 [M]//杜石然. 中国古代科学家传记：下集. 北京：科学出版社，1993：935-938.

者。一种色青质坚，透漏文理，如太湖者；一种色微青，性坚，稍觉顽劣，可用起脚压泛；一种色纹古拙，无漏，宜单点；一种色青，如核桃纹，多皴法者。

青龙山石，金陵青龙山石，大圈大孔者，全用匠作凿取，做成峰石，只一面势者。自来俗人以此为太湖主峰，凡花石反呼为脚石。掇如炉瓶式，更加以青峰，俨如刀山剑树者斯也。

灵璧石，宿州灵璧县地名磬山，石产土中，岁久穴深数丈，其质为赤泥渍满，土人多以铁刃遍刮，凡三次，既露石色，即以铁丝帚或竹帚兼磁末刷治清润，扣之铿然有声；有一种扁朴或成云气者，悬之室中为磬，所谓泗滨浮磬是也。

岘山石，镇江府城南大岘山一带，皆产石，色黄清润而坚，扣之有声；有色灰褐者。石多穿眼相通。

宣石，产于宁国县所属，其色洁白，多于赤土积渍，惟斯石应旧，愈旧愈白，俨如雪山也。

湖口石，江州湖口石，有数种，或产水际。一种色青，一种匾薄嵌空，穿眼通透，石理如刷丝，亦微扣之有声。

英石，英州含光、真阳县之间，石产溪水中，数种，一微青色，有通白脉笼络；一微灰黑；一浅绿有峰峦嵌空，穿眼宛转相通，其质稍润，扣之微有声；有一种色白，多棱角，稍莹澈，面面有光可鉴物，扣之无声。

散兵石，在巢湖之南，其石若大若小，形状百类，其质坚，其色青黑。

黄石，其质坚，不入斧凿。常州黄山，苏州尧峰山，镇江圌山，沿大江直至采石之上皆产。

锦川石，有五色者，有纯绿者，纹如画松皮。

花石纲，宋花石纲，河南所属边近山东，随处便有。

六合石子，六合县灵居岩，沙土中及水际产玛瑙石子，颇细碎，有大如拳，纯白五色纹者，有纯五色者，其温润莹澈，择纹彩斑斓取之。铺地如锦，或置涧壑及流水处，自然清白。

2. 文物反映的矿物、岩石知识

笔者查阅 1990 年以前的《文物》、《考古》杂志，对有关矿物、岩石的资料进行了统计，得知明代文物中反映的矿物、岩石种类总共有 36 种。其中矿物 25 种，即金、银、铜、铁、锡、铅、无名异、水银、云母、玉、红宝石、蓝宝石、白宝石、绿宝石、玛瑙、水晶、宝石、猫睛、绿松石、滑石、寿山石、大理石、汉白玉、石灰岩、紫砂土。岩石 6 种，即端石、松花石、白矾岩、（红、绿）砂岩、黑页岩、花岗岩。化石 2 种，即琥珀、蜜蜡。生物宝石 3 种，即珊瑚、珍珠、象牙。下面略述以上 36 种矿物、岩石的用途。

金：明初虽然禁用金、银，但民间始终用金银交易。墓葬中出土有金冠、金镶玉饰、金镶宝石饰、金镶宝石首饰、镶宝石金戒指、金钱、金香囊、金耳环、金搭扣、金带钩、金花饰、金杖、金发冠、金链、金镊、金牙签、金挖耳、金小刀、金镯、金簪、金耳坠、金制真武像、金条、金锭、金花针、金凤钗、金钿花、金片、金鹤饰、金牛饰、金衣扣花、金珠、金蝴蝶、金龙、金纽扣、金佩饰、金粉盒、金链条、金板等。

银：明英宗时，白银成为正式货币，铸成大小银锭、元宝。1955年四川洪雅九胜山明墓出土明代大小银锭128件，年号有正德八年、九年、十六年，嘉靖元年、二年；万历年间，因开银矿，铸有万历银钱大小两种，小的背穿上下有"矿银"二字[1]。上海郊区出土明代金花银5锭。英宗以后，明廷规定，凡田赋可以银准纳。其制：每两当米四石。以江西、浙江、湖广、福建、广东、广西米麦共四百余万石，折银百万余两，入内承运库，叫做"金花银"[2]。墓葬中出土的银器有发插、发罩、发簪、凤钗、银笄、元宝、戒指、银钩、银钱、银爵杯、银簪、耳环、银棺钉、银花、银镯、银盘、银碗、银匙、银筷、银勺、银铲、髻花、银牌、银扣、银衣扣花、银冥钱、外国银币（意大利威尼斯和孟加拉的）等。

铜：明朝墓葬中出土的铜器有火盆、盆、熏炉、灶、铜号、喇叭、镜、刀、香炉、蜡扦、小壶、方炉、烛台、花瓶、铜盖、铜勺、钥匙、马镫、盘、剪刀、锣、箱饰、斗形器、锁、管、铜钱、铜镦、铜元宝、铜手炉、瓠、投壶、簪、带饰等。

铁：明朝墓葬中出土的铁器有铁质银山、犁、钱串、匕首、锁、铁甲、灶、铁扦、铁盔、戟、剑、铁甲片、铁如意头、刀、矛、镞、弓等。

锡：明朝墓葬中出土的锡器有锡质元宝、锡供器（香筒、香炉、烛台、杯、酒注、壶、灯、罐、元宝、盒、盘）、锡文具（砚台、笔架）、锡明器（鼎、煮壶、托茶杯、套杯、灯台、板鼓、爵、碗、筷子、勺、瓶、茶杯、烛台、盆、带盖

---

〔1〕 文物，1983（7）：96.
〔2〕 文物，1987（3）：50.

罐、盘、碟、盏托、盒、提梁壶、灯盏、高脚杯、壶）、日常使用的锡器随葬（高盖鼎、酒壶、圆盆、笔架、砚台、高足灯盏、鱼篓罐、提梁酒壶、小盘、双耳瓶、注、菱花形盘）等。明代锡制器皿通行，并把它规定为"庶民"使用的器物，同时也规定为制作明器的原料。所以明墓中锡器随葬是一个普遍的现象。锡性软脆，大部分用于合金，很少单独制器。明以前墓葬中，很少见到锡器，宋、元墓中偶有出土，也不成比例。

铅：明朝墓葬中出土的铅器有狗、鸡、砚台、俑、小罐、烛台、香炉、剪、镜、买地券、铅钱（南汉乾亨重宝）、衣禄罐、碗、壶等。

无名异：有人认为是"锰铁矿一类的矿物，常与硬锰矿、软锰矿、褐铁矿等伴生，产于锰矿藏的表面或池沼底部，成分主要为MnO_2，亦杂有铁质"[1]。有人认为"极似软锰矿"，但根据朱航《锦江脞记》卷一的记载："上高天则冈有无名子，饶州景德镇用以绘画瓷器"，则又可能是"碗华"，即"钴华"[2]。明代，用作青花料的无名异，不是锰铁矿，而是钴土矿，主要成分是氧化钴（CoO），即"钴华"。主要产地有云南、福建、江西。产于云南会泽、宜良、宣威者，以宣威的质量最佳，含钴量最高。农民称"金片"、"珠密"者为上品，含钴4.5% ~ 11%；称"菱角"的为中品，含钴1% ~3%；称"乌鸦黑"者最差，含钴0.2% ~0.8% 。上品的钴土矿，不需要加工处理，即可直接用在陶瓷工艺上。陶瓷上用钴作呈色剂，我国战国以前流行的陶胎琉璃珠上已经出现。唐三彩陶器中的蓝彩，

〔1〕 刘友樑. 矿物药与丹药 [M].上海：上海科学技术出版社，1962.

〔2〕 王嘉荫. 本草纲目的矿物史料 [M].北京：科学出版社，1957：33.

也是钴的呈色。唐青花和宋青花的发现，更证实釉下用钴蓝的历史也较悠久。我国最早明确提到瓷器所用青料的文献，是成书于明宣德三年（公元1428年）的《宣德鼎彝谱》。其中提到"无名异……作鼎彝青瓷色用"。卷二述及无名异是一种烧制青瓷用的色料。卷三记载，这批无名异是从太医院中领取的。可见当时的无名异既作药材，又作瓷器青色色料。在《宣德鼎彝谱》中，凡属进口料都注明所产国别，但无名异、石绿、白腊等物料未注明是进口，应该是国产的。可见，明代宫廷太医院中备有国产无名异[1]。

水银：在明代墓葬中，有的死者被注入水银；有的高官墓葬，棺底有水银。四川铜梁一座明代夫妇墓出土了大量水银[2]。这是古代葬俗的一种遗风。

云母：明代墓葬中发现云母的不多，仅在苏州虎丘王锡爵墓（王为首相，公元1613年下葬）出土云母片包，作防腐用。此墓防腐效果十分显著，从下葬至公元1975年，已有360多年，尸休同初死时一样[3]。

玉：明朝墓葬或塔基中出土玉器比较多，有玉发簪、玉饰、发冠、戒指、蝉、玉刚卯（佩以驱邪的信物）、玉璧、玉幻方（伊斯兰教徒佩以护身的信物）、玉童、玉印（白玉、墨玉，为印中之上品）、玉带饰片、玉带、玉佩、玉坠滴、玉珠、玉猪、玉鸳鸯、白玉牌、玉圭、玉管、玉环、玉绶花、玉人、玉羊、玉鱼、玉泥鳅、玉坠珠、玉壶、玉佛像、玉革带、玉腰带、玉鼻塞、玉坠、玉六棱珠、玉带钩等。

〔1〕 汪庆正. 青花料考［J］.文物，1982（8）：59.

〔2〕 文物，1989（7）：43.

〔3〕 文物，1975（3）：51.

红宝石：明朝墓葬中出土红宝石较多。镶嵌在金银首饰上，如有的嵌在金花上，有的镶在金冠上，有的镶在金耳饰上，有的嵌在金钗上，有的嵌在金头饰上。

蓝宝石：明朝墓葬中出土的蓝宝石与红宝石相似，镶嵌在各种金银首饰上。

白宝石、绿宝石、宝石：在明墓中出土的情况与镶嵌情况与红宝石类似，不重述。

玛瑙：明墓中出土的玛瑙饰物不多，有七梁冠、挂饰、束发罩等。

水晶：明墓中出土的水晶饰物有水晶垂子、水晶印、水晶杯等。

猫睛（又名猫儿眼）：明墓中出土的猫睛不多，仅在南京徐俌夫妻墓中出土了镶嵌猫睛的金簪。

绿松石：明墓中出土绿松石也不多，仅在南京徐俌夫妻墓中出土了镶嵌绿松石的金簪1件，镶嵌绿松石的金钗1对、金头饰1件。

滑石：山东昌邑明墓中出土的滑石制品有仪仗俑、侍从俑、持物俑、吹奏俑、房屋建筑、日用器具等明器共112件。滑石产于莱州，俗称"莱州玉"。附近县区也发现这种滑石明器，明器作坊已相当可观，有世代相传的制作工匠。

寿山石：寿山石制印的历史可以追溯到晋朝，明朝传世的寿山石制品不多，仅有李卓吾的两颗遗印，为老寿山石刻成。一在泉州文管会，一在北京中国历史博物馆。目前明墓中尚未发现寿山石制品出土。寿山石为含水铝硅酸盐矿物，学名叶蜡石，质地细腻，颜色瑰丽，具有蜡状光泽或珍珠光泽。在显微镜下呈鳞片状的黏土矿物。色素矿物有 Fe_2O_3、MgO、K_2O。

产地在福建福州市北郊的寿山乡。

大理石：云南大理明墓出土大理石墓志一合，大理点苍山盛产大理石，这在《徐霞客游记》中有详细记载。

汉白玉：北京的汉白玉是震旦系的接触变质大理石，明昭勇将军戴贤夫妇合葬墓出土汉白玉墓志一副。河北阜城明墓，石棺用八块汉白玉石板拼成。

石灰岩：明代使用石灰岩比较广泛，除用于烧石灰外，还用于建筑。比如有的墓穴用石灰岩石板封顶，有的作墓志，有的用于建筑、道路、堤坝等。

紫砂土（又称紫砂泥）：是制造紫砂器的原料。有多个品种，如嫩泥、石黄泥、天青泥、老泥、白泥等。紫砂陶器萌芽于北宋，盛行于明朝中叶以后。正德年间有著名工匠和供春，他的紫砂器独树一帜，被尊为始祖。万历年间的著名工匠有时大彬、李仲芳、徐友泉，被誉为"壶中妙手三大家"。明朝墓葬中出土了时大彬的作品，如江苏江都明墓出土六方紫砂壶，为时大彬所作；江苏无锡明墓也出土了大彬紫砂壶1件。

端石：产于广东端州（今肇庆市）的端石，是制造名砚端砚的原料。端砚在唐代就是名砚，受到文人墨客的喜爱。明墓中出土了端砚，如江苏无锡明墓出土端砚1件；还有传世品，如黄任和所藏宣德下岩砚。宣德岩在端州屏风山半，开自宣德年间。其品在老坑之上，下岩尤佳。此砚石质细腻温润，是下岩中的上品[1]。

松花石（又名松花玉）：是制松花石砚的材料。松花石砚，明初已有实物。松花石的岩石名称为微晶灰岩，颜色有深

---

〔1〕 文物，1985（3）：36.

绿、浅绿两种，有些石间杂黄色，纹如刷丝，细腻温润，坚硬致密，主要矿物为方解石、微晶石英及少量黏土矿物，微晶结构，微层理构造，硬度4，产生在震旦系南劳组中部，产地为吉林通化地区松花江之源长白山麓[1]，发墨不如端砚、歙砚。

白矾岩：江西南城明王墓出土三方白矾岩墓志。

砂岩（有红、绿两种）：明朝用砂岩砌筑墓室，如四川平武明家族墓的墓室，即用砂岩石条、石板构筑；作房屋墙基；雕刻墓前的石人（文臣、武将）、石马、石虎、石羊、望柱等。

黑页岩：广州东山明太监墓用黑页岩立碑。

花岗岩：明朝花岗岩的使用比较广泛，建筑房屋、桥梁、堤坝、塔基、各种基座都用花岗岩。如辽宁鞍山明墓前的各种石刻象生，其基座都是花岗岩。

琥珀：明墓中出土的琥珀制品有珠、念珠一串108颗、发冠等。

蜜蜡：蜜蜡是一种树脂化石，明朝人用来制作图章。江苏收集到明朝晚期的蜜蜡图章1对[2]。

珊瑚：明朝人把珊瑚作为生物宝石加以收藏，在广州东山明太监墓中，出土了一支残红珊瑚。有的把珊瑚加工成装饰品。

珍珠：珍珠既是名贵中药，又是生物珍宝，在装饰品中少不了它，与各种宝石一样珍贵。如兰州明墓出土的凤冠上，镶有珍珠2000余颗，与宝石一同使用。

---

〔1〕 吴惠群. 实用宝玉石学 ［M］. 北京：高等教育出版社，1994：196. 又见：文物，1980（1）：86.

〔2〕 文物参考资料，1955（7）：156.

象牙：象牙也是生物珍宝，用来制作名贵工艺品及装饰品。如南京明墓出土象牙笏板1件。

二　炼丹、中药中的矿物岩石知识

1. 炼丹矿物药反映的矿物岩石知识

明代从明成祖开始重视道教，他大修武当山道教宫观，又诏修《道藏》。宪宗重用道士。世宗嘉靖皇帝热衷炼丹术，追求长生，提倡道教，信任道士，在位45年一直烧炼、收集仙药。最后因服丹药中毒而死，朝廷诛杀方士，外丹术大受打击。明代讲炼丹和炼丹药的著作不多，仅有宁献王朱权（公元1378—1448年）编纂了《庚辛玉册》、《造化钳锤》、《乾坤秘韫》、《乾坤生意》等外丹书，但均已佚。据《明史·诸王二》记载："宁献王权，太祖第十七（据墓志[1]应为十六）子。洪武二十四年封。逾二（据墓志应为三）年，就藩大宁。……永乐元年二月（据墓志应为三月初二）改封南昌……自是日韬晦，构精庐一区，鼓琴读书其间，终成祖世得无患。仁宗时……权日与文学士相往还，托志翀举，自号臞仙。正统十三年薨。"《庚辛玉册》有少量内容保存在《本草纲目》中。现将其中的引文集录如下：

> 青瑯玕：生南海崖石内，自然感阴阳之气而成，似珠而赤。

> 丹砂：丹砂石以五溪山峒中产者，得正南之气为上。麻阳诸山与五溪相接者，次之。云南、波斯、西胡沙，并光洁可用。柳州一种砂，全似辰砂，惟块圆如皂角子，不入药用。商州、黔州土丹砂，宣、信州

---

[1]　考古，1962（4）：204.

砂，皆内含毒气及金银铜铅气，不可服。

灵砂：灵砂者，至神之物也，硫汞制而成形，谓之丹基。夺天地造化之功，窃阴阳不测之妙，可以变化五行，炼成九还。其未升鼎者，谓之青金丹头；已升鼎者，乃曰灵砂。灵砂有三：以一伏时周天火而成者，谓之金鼎灵砂；以九度抽添用周天火而成者，谓之九转灵砂；以地数三十日炒炼而成者，谓之医家老火灵砂，并宜桑灰淋醋煮伏过用，乃良。

不灰木：不灰木，阴石也，生西南蛮夷中，黎州、茂州者好，形如针，文全若木，烧之无烟。此皆言石者也。

阳起石：阳起，阳石也。齐州拣金山出者胜，其尖似箭镞者力强，如狗牙者力微，置大雪中倏然没者为真。

太一余粮：太一禹余粮，阴石也，所在有之。片片层叠，深紫色。中有黄土，名曰石黄，其性最热，冬月有余粮处，其雪先消。

空青：空青，阴石也，产上饶，似钟乳者佳，大片含紫色有光彩。次出蜀严道及北代山，生金坎中，生生不已，故青为之卉。有如拳大及卵形者，中空有水如油，治盲立效。出铜坑者亦佳，堪画。又有杨梅青、石青，皆是一体，而气有精粗。点化以曾青为上，空青次之，杨梅青又次之。

特生礜石：礜，阳石也，出山谷，水中濯出似矾，有文理横截在中者为佳，伏火，制砂汞。其状颇与方解石相似，但投水不冰者为真。其出金穴者，名握雪礜石。

婆娑石：（又名摩挲石）摩挲石，阳石也，出三佛齐，海南有山，五色耸峙，其石有光焰，其水下滚如箭，船过其下，人以刀斧击取。烧之作硫黄气，以形如黄龙齿而坚重者为佳。匮五金，伏三黄，制铅汞。

花乳石：花乳石，阴石也。生代州山谷中，有五色，可代丹砂匮药。蜀中汶山、彭县亦有之。

石硫黄：硫黄有二种。石硫黄，生南海琉球山中；土硫黄，生于广南。以嚼之无声者为佳，舶上倭硫黄亦佳。今人用配消石作烽燧烟火，为军中要物。

引文只录了 11 种矿物的资料，其中谈到了矿物的性状、形态、颜色、硬度、产地等，特别注重矿物在炼丹中的作用。可惜书已佚，不能窥全貌。就所引 11 种矿物的论述来看，已充分说明了炼丹与矿物的密切关系，炼丹使中国矿物知识得到积累和发展。

2. 中医矿物药反映的矿物岩石知识

明代本草著作不多，现存者只有《本草品汇精要》和《本草纲目》两种。

《本草品汇精要》42 卷，明太医院院判刘文泰等奉敕撰辑，于弘治十八年（公元 1505 年）完稿。稿存内府，未刊行。直至清康熙三十九年（公元 1700 年）才发现这部书稿，因命太医院吏目王道纯等重行绘录一部，并从《本草纲目》等书，增补约四百九十条，成为续集 10 卷。至此，这部书有两种稿本：一是明写绘本；一是清重抄本。公元 1937 年，商务印书馆排印，未附图画，这是第一次刊印。公元 1956 年商务印书馆重印。公元 1963 年人民卫生出版社又重印商务印书馆公元 1956 年的版本。书的内容为先分玉石等十部，又分上、中、下三品。每一药品，首引《神农本草经》、《名医别录》、《本草拾遗》以及唐、宋各家本草的有关记载，详叙各药的功能主治，次叙各药的异名、产地、真伪等。所有各项注释，都根据历代本草所述。凡引据他书注释的，除各注出处外，有不须详名者，但曰"别录"；另加发挥的，则题曰"谨按"。因此，本书以汇集历代论述为主，少数"谨按"才体现了明代的观点与水平。

如"卷二扁青·地"有一"谨按"，曰："苏恭云扁青即绿青。唐本注云，绿青即扁青，二论乃为一种也。其绿青形块如拳而色绿，扁青形扁作片而色浅。前人拟质命名，必有所自。况其性味治证各有不同，难以为一物也明矣。"事实证明，"谨按"所论是正确的。绿青又名石绿、大绿、孔雀石，分子式为 $CuCO_3 \cdot Cu(OH)_2$。扁青又名石青、大青，色淡者名白青或碧青，即蓝铜矿，分子式为 $2CuCO_3 \cdot Cu(OH)_2$。

"卷二炉甘石·地""谨按"曰："此种出川、广、池州山谷，其形腻软，棱层作块，大小不一，有粉红色如梅花瓣者，亦有青白色而挟石者，入药惟以纯白而腻者佳，余色粗粝为劣。今以点炼蟹壳铜而成黄铜者，即此也。"

"卷二鹅管石·地""谨按"曰："此石出蜀地、岭南，今济南历城县有之，长三寸，形圆而层层甲错，色白酥脆易折，中空如管，故谓之鹅管石也。"

"卷三殷孽·地""谨按"曰："孔公孽、殷孽乃钟乳之旁出者也，从石室中汁溜垂下，渐溜稍长旁岐而中通者为孔公孽，再溜分岐中实如姜石者曰殷孽，正溜中空而轻者为石钟乳，滴下积久盘结者为石床，床上有槎牙如鹿角者曰石花，三种同体，其上下悬殊，而功用亦异也。"

"卷三石床·地""谨按"曰："已上四种本乎一体，互说纷纭而无定见。窃观乳之下溜有似于乳，故曰钟乳。二孽亦乳之别溜，犹孟子所谓孽子而亦乳之傍出者也。石床乃钟乳水滴盘结于地如床，故谓之床。床上生枝干槎牙如花者，谓之石花。噫！前人命名之义有自来矣。"

"卷三长石·地""谨按"曰："本经理石、长石二物，已立二条，其味与功效亦别，岂得为一物哉！今均州辽坂山有之，土人以为理石者，是此长石也。"

"卷六礞石·地""谨按"曰："旧本不载所出州郡，今齐、鲁山中有之，青色，微有金星，其质坚，理细，凿制为磨，取其出物最速，为末亦细。"

"谨按"的内容，除上述辨别矿物的性状、产地外，还记载了一些提炼药品的详细方法。所载矿物性状、产地等，基本上是正确的，反映了明代的矿物知识水平。

该书所载矿物、岩石共计 110 种，即丹砂、云母石、玉屑、矾石、绿矾、柳絮矾、硝石、芒硝、朴硝、玄明粉、马牙硝、生硝、滑石、石胆、空青、曾青、金线矾、波斯矾、金屑、金牙、银屑、生银、铁、生铁、铜矿石、自然铜、黄银、石黄、石漆、烧石、禹余粮、太一余粮、白石英、紫石英、五色石脂、白青、绿青、扁青、石中黄子、无名异、菩萨石、婆娑石、炉甘石、鹅管石、晕石、石硫黄、玄黄石、石髓、雄黄、雌黄、石膏、方解石、凝水石、石钟乳、殷孽、孔公孽、石花、石床、长石、理石、磁石、玄石、阳起石、砺石、桃花石、石脑、石蟹、水银、水银粉、灵砂、密陀僧、珊瑚、玛瑙、车渠、食盐、戎盐、大盐、卤咸、光明盐、绿盐、太阴玄精石、黑羊石、白羊石、肤青、石蛇、石灰、礜石、砒霜、硇砂、铅丹、铅、粉锡、锡灰、代赭、石燕、白垩、青琅玕、金星石、特生礜石、握雪礜石、淋石、礞石、羌石、麦饭石、苍石、花乳石、石蚕、石脑油、不灰木、蓬砂等。

明朝末期，李时珍（公元 1518—1593 年）著《本草纲目》52 卷，其中 8 ~ 11 卷为金石部，载矿物、岩石 97 种。它总结了自《神农本草经》至《证类本草》的研究成果。其创造性，首先在分类。在它以前，无机药物一概列于玉石部，李时珍进一步把无机药物分为六类：水部、土部以及金石部里的金、玉、石、卤四类。水部有 43 种水溶液，不是单一的某一种矿物质。土部有 61 种，包括各种土壤和烧过的泥土。金类有 28 种，包括金属、合金、金属化合物和金属制成品。玉类有 14 种，主要是较纯的硅化物。石类有 72 种，主要包括硅酸盐类的岩石和不溶于水的天然盐类。卤类有 20 种，大部分是能溶解于水的天然盐类。

李时珍对于纯金属和合金的区别，较前人有更缜密的说明。在叙述各种金属时，每条之下的"时珍曰"，几乎都涉及这种区别。例如在"金"这一条里，"时珍曰：金有山金、沙金二种，其色七青、八黄、九紫、十赤。以赤为足色。和银者性柔，试石则色青。和铜者性硬，试石则有声。"这里讲了鉴别纯金和金银合金、金铜合金的方法。赤铜条中，李时珍讲纯铜和合金的区别，很清楚，也很正确："铜有赤铜、白铜、青铜。赤铜出于川、广、云、贵诸处山中，土人穴矿炼取之。人以炉甘石炼为黄铜，其色如金。砒石炼为白铜。杂锡炼为响铜。"这里讲的炉甘石即菱锌矿，砒石是砷镍矿。锌与铜的合金为黄铜，镍与铜的合金为白铜，锡与铜的合金为青铜。

李时珍对矿物、岩石知识的贡献主要有三点：一是保存了古代的矿物、岩石知识；二是在矿物分类上更趋合理；三是在鉴别矿物、金属和合金方面更加精确，并新增了 13 种无机药物，澄清了以往一物数名，或是某些混合物因外形不同而列为数种不同品种[1]。

三　矿物岩石著作

明代没有矿物专著，但有岩石专著。如：林有麟的《素园石谱》4 卷，郁濬的《石品》2 卷，江贞的《歙砚志》3 卷。这三种岩石专著中，也讲了矿物和化石。这说明中国古代还没有严格的矿物、岩石界定，从宋代的《云林石谱》开始，石谱中实际上有不少矿物和化石的内容。明代也继承了这个传统。

林有麟，字仁甫，松江华亭人。其父林景旸，隆庆进士，官至南京太仆寺卿。有麟以父荫官至龙安知府。工画山水，性好旅游，"鹿裘螭杖，岁入五湖杳霭间"。编有《青莲舫琴雅》，自著《素园石谱》、《法教佩珠》。

《素园石谱》成于万历四十一年（公元 1613 年），"凡例"称："是编检阅古今图籍，奇峰怪石有会于心者，辄写其形，题咏缀后。余性嗜山水，故寄兴于石，虽逊米颠之下拜，然目所到即图之，久而成峡，每一开卷，石丈俨在前矣。奇石多出名山，今入谱者，惟据目所见记，十不得其一二，然识一斑而不窥全豹者，世无其人也。石之妙全在玲珑透漏，设块然无奇，虽古弗录，如禹穴之窆石，郁林之廉石是已。石之佳者，

---

[1] 李仲均. 我国本草学中记载的药用矿物史略 [M] // 地质学史论丛（三）. 北京：中国地质大学出版社，1995.

多经名人题咏，不能悉收，然亦有未经品题者，如玉在璞，有识者必鉴赏之，不妨拈出。石有形有神，今所图止形耳，至其神妙处，大有飞舞变幻之态，令人神游其间，是在玄赏者自得之。图绘止得一面，或三面四面俱属奇观不能殚述，则有名公之咏歌在。帙中所录，皆取小巧，足供娱玩，至于叠嶂层峦，穿云添斗，非不仰止，然非尺幅可摹，姑置之。米元章研山，为友易去，不得再见，乃笔想成图，余今聚天下奇石，汇成一帙，奚独研山仿佛在目哉！从此斋中气秀家家不泯矣。石中奇形怪状，不一而足，似涉博疑，然必确然有据，方命剖劂，若谓忆度揣摹，逞奇艺苑，则我岂敢。"这个"凡例"，把作者著此书的意图全说清楚了。

全书收入矿物岩石 101 种。每条有简短的文字说明，或附前人的题咏，具绘为图，以形写意。有的说明，不仅讲了岩石的艺术欣赏价值，而且讲了岩石的大小、性状、颜色、叩击时的声音、粗细程度等，是很重要的矿物、岩石资料。如卷一"永宁石"写道："道州江华、永宁二县皆产石，或在乱山，或生平地，空珑积叠，大小不相粘缀。江华一种灰黑色，间有峥岩特立之势，其质倒生，皆粗涩枯燥，扣之有声。惟永宁所产，大者十数尺或二三尺，亦有尺余者。或大如拳，或多细碎，每就山采取，率皆奇怪。一种色深青，一种微青，一种微黑。其质坚润，扣之有声。或边多拗坎，颇类太湖弹子窝，峰峦嵘峭，四面亦多透空，险怪万状，或有数尺，若大山气象，千岩万壑，群峰环绕，中有谷道，拽脚类诸物像，不可概举。有白石凸起，横带山腰，若飞云出岫状，背有'海岳'二小篆字，乃希世之宝，诚百仞一拳，千里一瞬者也。"这段说明文字，讲了岩石的产地、形态、颜色、产状、表面粗细程度、叫击产生的声音、硬度、大小等内容，是明代重要的矿物岩石知识。可惜这样的说明文字不多，而大多数的说明文字是题咏或讲士大夫爱石的故事。

郁濬的《石品》成于万历四十五年（公元1617年），是一部记述矿物岩石的专著，收入矿物岩石500多种。《四库全书总目》曰："濬字开元，松江人。是书成于万历丁巳，杂录古来石名，颇无伦次。又多剽取类书杂记，至屠隆、陈继儒之语亦据为典故，则大略可睹矣。"

江贞的《歙砚志》3卷，《四库全书》只有存目。《四库全书总目》曰："贞字吉夫，婺源人。官绍兴府教授。其书以饶州守叶良贵与其弟东昌守（叶）良器所撰《砚志》及贞族祖逊《砚谱》参订成编。大约皆以宋治平《歙砚谱》、洪适《砚说》为蓝本，而稍增益之也。"

四　方志、类书、笔记中记载的矿物岩石知识

1. 方志中记载的矿物岩石知识

明朝李贤等人于天顺五年（公元1461年）成书的《大明一统志》中，记载了一些矿物、岩石资料。如：

> 应天府（今南京市）聚宝山在府南聚宝门外雨花台侧，上多细玛瑙石，因名。

> 苏州府洞庭山在府城（今苏州市吴中区和相城区）西一百三十里太湖中，出太湖石。以生水中为贵，形嵌空，性温润，扣之铿然。在山上者枯而不润。

> 淮安府邳州（今邳州市）磬石山，在城西南八十里，与河水相近。山有石，其声清亮，可为磬。《禹贡》泗滨浮磬，即此山所出者。

> 凤阳府（今凤阳县）石膏山，在府西南五十里，

山出石膏，今采无时。云母山，在旧府城西南四十里，相传山出云母。钟乳山，在旧府城南六十里，山穴中出钟乳。怀远县荆山，在县治西南，山之西北有玉坑，乃卞和采玉之所。白石异常，其他处石皆青黑。东有卞和洞，又名抱璞岩。庐州府庐江县昆山，在县南四十里，产矾，又名矾山。

铜陵县出铜、铅、铁、锡。铜官山县南一十里，又名利国山。有泉源冬夏不竭，可以浸铁烹铜，旧尝于此置铜官场。

徽州府黟县墨岭，在县南一十六里，岭产石墨。土人采之，久而成井，号曰石墨井。

婺源县龙尾山，在县东南一百里，西连武溪水。唐开元中，有人见石莹润，因取镌刻成砚，由是歙石始传于世。其品有五：一曰眉子石，有七种；二曰外山罗纹，有十三种；三曰里山罗纹，有一种；四曰金星，有三种；五曰驴坑，有一种。世总谓之龙尾砚。大抵歙石之珍者，以青色绿晕、多金星者为上。

福州府闽清、福清二县出铁。怀安县稷下里出寿山石，洁净如玉，柔而易攻，盖珉类。

福建南平出化纹石，色青纹素，有山水禽鱼形状，可为砚为屏。

嵩盟州（今嵩明县）弥雄山，出五色花石，状如玛瑙，可作器皿，大如豆，五色错杂，取清盆中作玩。大理府（今大理县）点苍山，出点苍石，其石白质青纹，有山水草木状。人多琢以为屏。石屏州（今石屏县）菜玉山产菜玉。钟秀山产紫石，可琢为砚。马龙州（今马龙县）出石燕，状类燕，有文，大曰雄，小曰雌，能愈眼疾。

蓬莱县海中鼍矶岛下出砚石，名罗文金星砚，又名雪浪砚。

邢台县出解玉砂。

耀州（今铜川市耀州区）磬玉山出青石，唐天宝中取为磬，其后郊庙乐，遂废泗滨磬。

甘肃洮州产洮石砚。阶州花石峡，有石青质黑理，其文有松、柏、人物、溪、桥、水、石、山林、楼屋、日月之状，可为屏。

宁古塔（今宁安市）出松花石，可为砚材。

卷八十记载了广东南雄的石油、天然气，说："油山，在府城东一百二十里，高数千仞，其势灾屼，旁有一小穴出油，人多取以为利。"这是一条重要的历史找矿资料，为现今在此地寻找石油和天然气提供了线索。类似的记载还很多，不能一一列举。

万历《杭州府志》载："杭州府钱塘县玛瑙坡，在宝胜寺，有碎石如玛瑙，故名。旧有玛瑙院。"

嘉靖《安吉州志》载："安吉州铜岘山，在州东三十里，出自然铜。"

嘉靖《宁波府志》载："宁波府鄞县锡山，在县西南五十里，常产锡，故名。"

万历《常山县志》载："常山县砚山出金星石，可为砚，四方人多贸易。又有紫石。有黑石紫石，中有白一条，名曰紫袍玉带，颇贵重，然不可得矣。"

2. 类书中记载的矿物、岩石知识

王圻、王思义编集的《三才图会》有"珍宝"1卷，载矿物、岩石、化石共 55 种，即南北珠、生金、生银、珊瑚、生铁、白羊石、铅、锡、青琅玕、丹砂、空青、曾青、水银、自然铜、玉、石绿、长石、雄黄、雌黄、云母、石钟乳、矾石、黑羊石、硝石、滑石、石胆、禹余粮、白石英、紫石英、赤石脂、白石脂、无名异、石中黄子、石硫黄、石膏、磁石、玄石、阳起石、凝水石、石蟹、密陀僧、桃花石、玄精石、石蛇、礜石、砒霜、碙石、石燕、金牙、金星石、银星石、羌石、麖黄石、花乳石、不灰木等。每种都有一些性状、产地、产状、晶体大小、颜色、断口、解理、品质或用途等的描述，体现了明代矿物、岩石知识的水平。如：

> 丹砂：丹砂出辰州、宜州、阶州，而辰州者最胜，谓之辰砂。生深山石崖间，土人采之，穴地数十尺始见其苗，乃白石耳，谓之朱砂床，砂生石上，其块大者如鸡子，小者如石榴子，状若芙蓉头。箭镞连床者，紫黯若铁色而光明莹澈，碎之，崭岩作墙壁，又似云母片可析者，真辰砂也。无石者弥佳。过此皆淘土石中得之，非生于石床者。陶隐居注谓出武陵、西川诸蛮中。今辰州乃武陵故地，虽号辰砂而州境所出殊少，往往在蛮界中溪、叙、锦、川得之，殆不晓武陵之西川耳。宜砂绝有大块者，碎之亦作墙壁，但罕有类物状而色亦深赤，为不及辰砂，盖出土石间，非白石床所生也。然阶州阶砂又次，多不堪入药，惟可画色耳。凡砂之绝好者，为光明砂，其次谓之颗块，其次谓之鹿菜，其下谓之末砂。

空青：空青生益州山谷及越嶲山有铜处。铜精熏则生空青。今信州亦时有之，其腹中空，破之有浆者绝难得，亦有次者如鸡子，小者如豆子，采亦无时。

曾青：曾青所出与空青同山，形体颇相似而色理亦无异。但其形累累如连珠相缀，今极难得。

滑石：滑石有两种，道、永州出者白滑如凝脂，莱、濠州出者理粗，质青，有白黑点，亦谓之班石。一种皆可作器用，甚精好。初出软烂如泥，久渐坚强，彼人皆就穴中乘其软时制器。

3. 笔记中记载的矿物、岩石知识

（1）曹昭《格古要论》

《格古要论》3 卷，明曹昭撰。昭字明仲，松江人。其书成于洪武二十年（公元 1387 年）。其父"好古博雅，素蓄古法帖，名画，古琴，旧砚，彝鼎，尊壶之属，置之斋阁，以为珍玩。其售之者，往来尤多"。昭"自幼性本酷嗜古，侍于先子之侧，凡见一物，必遍阅图谱，究其来历，格其优劣，别其是否而后已。迨老至犹弗怠，特患其不精耳。常见近世纨绔子弟，习清事者必有之，惜其心虽好，而目未之识。因取古铜器、书画、异物，分高下，辨真赝，举其要略，书而成编。析门分类，目之曰《格古要论》，以示世之好事者"[1]。书中与矿物、岩石关系密切的是"古砚论"、"珍奇论"和"异石论"三篇。

卷中"古砚论"讲了 13 种砚石，即端溪下、中、上三处岩的砚石，类端石，歙石中的龙尾、罗汶、刷丝、金银间刷丝、眉子、金星、银星 7 种砚石，万州金星石，洮河石。此

---

[1]《格古要论·原序》。

外，还有铜雀砚和未央砚两种瓦砚。说端溪下岩旧坑石是"卵石，色黑如漆，细润如玉，有眼，眼中有晕，六七眼相连，排星斗像。……扣之无声，磨墨亦无声"。端溪中岩旧坑"亦卵石，色紫如嫩肝，细润如玉，有眼小如绿豆，或有绿条纹或有白条纹。竖而圆者为眼，横而长者为条，扣之无声，磨墨亦无声，久用锋芒不退"。中岩新坑"石色淡紫，眼如鸜鹆，眼中有晕。嫩者扣之无甚声，磨墨微有声。久用锋芒退乏。石有枯润，润者亦难得。此石比下岩低三等矣"。端溪上岩"石皆灰色，紫而粗燥，眼如鸡眼大，扣之磨墨皆有声，久用光如镜面。……惟端石有眼，古云：无眼不成端。其眼有活眼、泪眼、死眼，活眼胜泪眼，泪眼胜死眼，又云，眼多石中有病"。他把端石的岩石性状讲得非常清楚。

对于歙石，他说："亦卵石，色淡青黑无纹，细润如玉，水湿微紫，或隐隐有白纹，成山水星月异像。干则否。大者不过四五寸，多作月砚，就其材也。或有纯黑者，此石最贵，不减端溪下岩。"

对于洮河石，他说："洮河绿石，色绿如蓝，润如玉，发墨不减端溪下岩，出临洮大河深水底，甚难得。今有绿石砚名洮石者，多是黎石之表或长沙山谷石也。黎石润而光，不受墨。"

卷中"珍奇论"主要讲玉、宝石、化石、生物珍宝等四大类，一共38种。比如玉，他说："玉出于阗（今新疆维吾尔自治区和田），有五色，利刀刮不动，温润而泽，摸之灵泉应手而生。""白玉，其色如酥者最贵，但浅色（即饭汤色）、油色及有雪花者皆次之。黄玉如粟者为贵，谓之甘黄玉；焦黄者次之。碧玉，其色青如蓝黑者为贵，或有细墨星者、色淡者次之。墨玉其色黑如漆，价低，西蜀亦有。赤玉，其色红如鸡冠者好，人间少见。绿玉，深绿色者为佳，色淡者次之。甘青玉，其色淡青而带黄。菜玉，非青非绿，色如菜叶，玉之最低者。"这里把玉的产地、颜色、硬度、表面细润程度、种类、品质优劣等都说到了，为人们鉴别玉的真假提供了依据。

对于玛瑙，他说："玛瑙多出北方，南蕃、西蕃亦有。非石非玉，坚而且脆，快刀刮不动，……有锦红花者谓之锦红玛瑙；有漆黑中一线白者，谓之合子玛瑙；有黑白相间者，谓之截子玛瑙；有红白杂色如丝相间者，谓之缠丝玛瑙。此几种皆贵。有淡水红者，谓之浆水玛瑙；有紫红花者，谓之酱斑玛瑙；有海蜇色者，兔面花者，皆价低。古云，玛瑙无红一世穷。"这一段把玛瑙的产地、颜色、硬度、种类、品质优劣等都讲清楚了。

对于水晶，他说："其性坚而脆，刀刮不动，色白如冰，清明而莹，无纤毫瑕玷击痕者为佳。……出处多，倭水晶第一，南水晶白，北水晶黑，信州水晶浊。"这里对水晶性状的描述都是正确的，但"南水晶白，北水晶黑"的说法，不一定如此。

对于琥珀，他说："出南蕃、西蕃，乃枫木之精液多年化为琥珀，其色黄而明莹润泽，其性若松香，色红而且黄者谓之明珀；有香者谓之香珀；鹅黄色者谓之蜡珀。此等价轻。深红色者谓之血珀，此出高丽、倭国，其中有蜂蚁松枝者，甚可爱。此物于皮肤上揩热，用纸片些少，离寸许则自然飞起。假者以羊角染色为之。"这段把琥珀的产地、成因、颜色、性状、种类、鉴别方法都讲清楚了。

卷下"异石论"主要讲各地的岩石，也有少量矿物。如灵璧石、英石、桂川石、昆山石、太湖石、竹叶玛瑙石、土玛瑙、红丝石、南阳石、永石、川石、湖山石、霞石、乌石、龟纹石、试金石、云母石等共17种。一般介绍岩石的产地、颜色、硬度、细润程度、花纹、加工方法、用途、鉴别方法等。如灵璧石，他说："出灵璧县，在深山中，掘之乃见，其色黑如漆，间有细白纹，如玉有卧砂。不起峰，亦无岩岫。佳者如卧牛、菡萏、蟠螭，扣之声清如玉，快刀刮不动。此石能收香，斋间有之，香烟终日不散。假者多以太湖石染色为之，刀刮成屑。"

对于南阳石，他说："纯绿花者最佳，有淡绿花者，有五色云头花者，皆次之。性极坚，细润。锯板可嵌桌面、砚屏。其石于灯前或窗间照之则明，少有大者，俗谓之硫黄石。"

（2）高濂《遵生八笺》

高濂，字深甫，别号瑞南道人，浙江钱塘（今杭州）人。生卒年不详，约万历初年在世。明朝著名戏曲家屠隆称其"家世藏书，博学宏通，鉴裁玄朗"。高濂为明朝诗人，戏曲家，工乐府，著有南曲《玉簪记》、《节孝记》及诗文集《雅尚斋诗草》。《遵生八笺》为其杂著。

《遵生八笺》19卷，40余万字。其中卷十五"燕闲清赏笺中"有"论研（砚）"篇，论述了端石、歙石、黑端石、黎溪石、洮河绿石、金星石、衢石、黑角石、红丝石、黄玉石、紫金石、鹊金墨玉石、水晶石、白石、仙石、丹石、唐石、宿石、紫石、黄金石、金雀石、青州石、青石、蕴玉石、戎石、绛石、淮石、宁石、宣石、吉石、夔石、明石、磁洞石、柳石、成石、乐石、驼基岛石、大陀石等38种制砚的岩石，此外，还有澄泥砚、银砚、铜砚、砖砚、漆砚、蚌砚、磁砚等不同材料制成的砚。

关于端石，他说："旧坑石，色青黑，温润如玉，上生石眼，有青绿五六晕，而中心微黄，黄中有黑点，形似鸲鹆之眼，故以鸲鹆名砚。眼分三种：晕多晶莹者，谓之活眼；有眼朦胧晕，光昏滞者，谓之泪眼；虽具眼形，内外焦黄无晕者，谓之死眼。故有'泪不如活，死不如泪'之评。又以眼在池上者名曰高眼，为佳；生下者为低眼，次之。惟北岩之石有眼，余坑有无相间。或有七眼三五眼如星斗排联者；或十数错落，上下四旁生者；或有白点如粟，贮水方见隐隐。叩之无声，磨墨亦无声，为下岩之石。今则绝无，有则希世之珍也。上岩、中岩之石皆灰色而紫，如猪肝。总有一眼晕少形大如雄鸡眼，叩之磨之俱有声，质亦粗粝，即今之端石是也。"这段文字把端石的性质、种类讲得非常清楚。其他砚石讲得简略，甚至仅提名字而已。

（3）张应文《清秘藏》

张应文，字茂实，号彝甫，又号被褐先生，昆山人。博综古今，与王世贞相善，嘉靖、万历时人。自嘉定徙居长洲，搜讨古今法书名画。有《清秘藏》。其中有"论异石"、"论珠宝"两篇[1]。

"论异石"曰：

> 近时砚山、书镇有以大块辰砂、石青为者，雅甚。余见三四斤重朱砂不下数十枚，若箭镞砂。及石青重二三斤者，盖有数矣。向在白下见箭镞朱砂一枚，连石重四斤二两，四周密排箭镞，每粒皆大若拇指。又在吴中见石青一枚，重二斤十二两，色若铺

---

〔1〕 桑行之，王福康．说石［M］．上海：上海科技教育出版社，1993：638．

翠，俱索价太高，经年不售。

灵璧石出虹州灵璧县，色黑若漆，间有细白纹如玉，扣之声清越。以利刀刮之而不动者，真也。余向蓄一枚，大仅拳许，峰峦叠起，绝无斧凿痕。极玲珑可爱，乃米颠故物，转入松雪斋，复转入余手。复一枚长有三寸三分，高三寸六分，作虎丘剑池，亦一假椎凿而成。为一好事客易去，令人念之耿耿。设有纯黑而无白纹者，英石也。刮之而成屑者，太湖石所伪也。

大理石，白若玉，黑若墨者，方入格。白微带青黑作灰色者，不堪供清玩。但得旧石，天成山水云烟，如米氏画境者，此为屏翰无上佳品。斋中所蓄数屏，其上山云泉石，如见异境，余神游其间。

昆山石，块愈大则世愈珍，有鸡骨片、胡桃块二种，惟鸡骨片者佳。嘉靖间见一块高丈许，方七八尺，下半状胡桃块，上半乃鸡骨片，色白如玉，玲珑可爱。云间一大姓，出八十千置之，平生甲观也。

这里讲了岩石的产地、形状、颜色、硬度、纹理、叩击时的声音、鉴别方法、艺术价值等，反映了明朝岩石知识的水平。

"论珠宝"曰：

珠以夜光及蚌蜯等珠为宝。西洋粉红，光深。水珠次之。南北东三海珠不堪蓄也。余见一蚌珠，大如雀卵，置日中则五彩辉映，乳色欲滴。闻其人以三百千售之，大是奇物。

金刚钻状似紫石英，可以刻玉。缒之以铁而不伤铁，乃自损。第有南钻、北钻之分，南钻堪用，北者不堪。色以酒黄为贵，豆青色、湖水色、紫色者次之。

猫睛亦以酒黄色为贵，豆青色、湖水色、蜻蜓头色、黑色者次之。真者有上一线，下一片之说。目上一线者，中含活光一缕也。下一片云者，底色若铺银也。

助把避（即《南村辍耕录》中的绿石头，绿宝石），色暗深绿；祖母绿一名助水绿（绿宝石），色明绿，俱内有蜻蜓翅光耀者为真。桃花剌（红宝石），色淡红而极娇。红亚姑（红宝石），色如桃花剌而上有白水。避者达（石榴子石），色深红，石薄方娇。鸦鹘青一名青亚姑（石榴子石），色深青。你蓝（石榴子石），色淡青而微明亮。种种宝石，俱以质如秋水者为贵，微有纤毫石质未融者次之。余向以二十千购桃花、鸦鹘各一，试以猛火煅之，竟日略无损焉。

这里讲的宝石名称基本上跟《南村辍耕录》中讲的一样，少数有异，显然，其宝石名称即来自《南村辍耕录》。

（4）曹学佺《蜀中广记》

曹学佺（公元1574—1647年），字能启，号石仓，福建侯官（今福州）人。万历二十三年（公元1595年）进士，授户部主事。中察典，调南京添注大理左寺正。居冗散七年，肆力于学。累迁南京户部郎中，四川右参政、按察使。又中察典，议调。天启二年（公元1622年）起广西右参议。崇祯初，起广西副使，力辞不就。家居二十年，著书所居石仓园中，为《石仓十二代诗选》，盛行于世。唐王立于闽中，起授太常卿。寻迁礼部右侍郎兼侍讲学士，进尚书，加太子太保。

及事败，走入山中，投缳而死，年七十有四。诗文甚富，总名《石仓集》[1]。《蜀中广记》成于学佺官四川右参政、迁按察使之时。全书十二目，其中卷六十六"火井油井"条讲了四川盐井产石油的事。曰："《通志》云，国朝正德末年（公元1521年），嘉州开盐井，偶得油水，可以照夜，其光加倍。沃之以水，则焰弥甚，扑之以灰则灭。作雄硫气，土人呼为雄黄油，亦曰硫黄油。近复开出数井，官司主之，此是石油，但出于井尔。盖由与产雄、硫、石脂诸处源脉相通，故有此物。《益部谈资》油井嘉眉、青神、井研、洪雅、犍为诸县有之，居人皆用以燃灯，官长夜行则以竹筒贮而当炬，一筒可行数里，价减常油之半，而光明无异。予以辛亥（公元1611年）赍捧过犍为，得井油少许，令人试之，信然。但其性暴烈，不可向迩。传火之时，稍不及避，则焚其手。因为匡庐僧持去，以广山中闻见。"这段文字讲他亲自使用石油的体会，令人信服。

卷六十四"药石"条，讲了蜀中产的丹砂、空青、扁青、云母、太乙玄精石、钟乳、龙骨、芒硝、朴硝、硫黄、马牙硝等矿物岩石。卷六十七"玉石、五金"条，讲了蜀中产的玉、黑玉、水晶、菩萨石、碧珠、金、银、铁、锡、铅、铜等矿物岩石，不过都是引用历史资料，很少有明朝的材料。

（5）陆容《菽园杂记》

《菽园杂记》15卷，陆容撰。陆容（公元1436—1496年），字文量，号式斋，太仓人。成化二年（公元1466年）进士。曾授南京主事，后迁兵部职方郎中，终居浙江参政。此

---

[1]《明史·曹学佺传》。

书卷十四讲到铜、银矿的勘探、开采、冶炼等技术，讲到铜、银矿的品位。说："五金之矿，生于山川重复高峰峻岭之间。其发之初，唯于顽石中隐见矿脉，微如毫发。有识矿者得之，凿取烹试。其矿色样不同，精粗亦异。矿中得银，多少不定，或一箩重二十五斤，得银多至二三两，少或三四钱。矿脉深浅不可测，有地面方发而遽绝者，有深入数丈而绝者，有甚微，久而方阔者，有矿脉中绝，而凿取不已，复见兴盛者。此名为过壁。有方采于此，忽然不现，而复发于寻丈之间者，谓之虾蟆跳。大率坑匠采矿，如虫蠹木，或深数丈，或数十丈，或数百丈。随其浅深，断绝方止。"这一段把银矿脉的情况，如何勘探，如何开采，都讲清楚了。所谈矿石含银品位，据所记数字推算，最高约为千分之八（0.75%），最低约为万分之八（0.075%）[1]。关于铜矿的含铜品位，书中写道："虽矿之出铜多少不等，大率一箩（30 余斤）可得铜一斤。"据此推算，其品位约 3.3%。[2]

（6）土临亨《粤剑编》

王临亨，字止之，万历二十八年（公元 1600 年）曾在广东任职，任职期间把所见所闻记录下来，于万历二十九年（公元 1601 年）集成《粤剑编》4 卷。其中卷三"志物产"条下，载有珠、金、端砚、英石、石蟹等矿物、岩石。书中写道：

珠，产廉郡东南大海中。冬春开采，夏秋辍事。

缘海之北岸皆山，冬春北风多，采舟始无虞也。昔战

〔1〕夏湘蓉，李仲均，王根元. 中国古代矿业开发史［M］.北京：地质出版社，1980：289.

〔2〕夏湘蓉，李仲均，王根元. 中国古代矿业开发史［M］.北京：地质出版社，1980：252.

国时，魏居北鄙，去廉远甚，获有照乘之珠。隋时，宫中不用膏烛，悬珠数颗，其光如昼。今无论民间，恐内帑亦未闻有明月珠也。毕竟隋、唐以前，去古未远，民尚颛蒙，未解渔利，海中犹得留数百千年老蚌，所以夜光不乏。今海濒之民，家习窥池，富室又从而薮之，即重法不能禁，随产而随网去矣，安望其久远而发光也！近开采使示余珠二颗：一如狮形，重七钱；一面圆而底平，重三钱。皆附壳而生者，不足贵也。然采使以为异宝，亟以进御矣。

电白、石城二县沙碛间产金。开采使闻之，令人采取，排沙拣之，往往见宝，大者如米粟，细者如糠粃，不由镕化而成。余后驻清远，闻亦有之。想产金之地多，有司畏中贵骚动民间，秘不敢言耳。

端砚，出羚羊峡山中。峡去端城三十余里，即吴步隲取南海时与钱博决战之地。从八桂来者，过端必由峡而下，亦一要害也。近税使令人开山取砚，鸜鹆目睛几抉尽矣。

英石，吾乡好事者所蓄，其质皆黑而坚细，所以可贵。今观英德市中石，色青而不润，理粗而不坚，即峰峦不乏，易于损坏。襄产佳石一山，闻已濯濯矣。今皆他山之石耳，不足重也。

石蟹，出崖州临川水中。初采之，颇软，出水则坚如石矣。按《海槎余录》云："石蟹生于崖之榆林港，港内半里许，土极细腻，最寒，蟹入则不能运动，片时成石矣。性能明目。"

第九章　清朝的地学

第一节　社会环境对地学的影响

清朝的地学史，时间从公元 1644 年至公元 1840 年，共计 196 年。公元 1840 年以后至清末，属于中国近代史的范围，这个时期的地学史放到近代地学史中去讲。在上述 196 年中，社会环境对地学的影响可以归纳为七个方面：

第一，清朝是以满族贵族为主的各族统治者的联合政权，注意协调边疆各少数民族的民族关系，为清朝边疆地理的发展与繁荣奠定了基础。代表著作有：杨宾的《柳边纪略》，吴桭臣的《宁古塔纪略》，西清的《黑龙江外纪》，椿园氏的《西域闻见录》，傅恒的《西域同文志》，祁韵士的《西域释地》、《西陲总统事略》，徐松的《新疆识略》，松筠的《西招图略》等。

第二，清朝采矿业、手工业的发展，促进了清朝矿物、岩石学的发展与繁荣。代表著作有：孙廷铨的《颜山杂记》，吴绮的《岭南风物记》，闵麟嗣的《黄山松石谱》，于敏中、梁国治的《西清砚谱》，宋荦的《怪石赞》，诸九鼎的《石谱》，高兆的《端溪砚石考》、《观石录》，成性的《选石记》，吴兰修的《端溪砚史》，毛奇龄的《后观石录》，谷应泰的《博物要览》，沈心的《怪石录》，屈大均的《广东新语》等。

第三，清朝水利事业的发展，促进了水利、水系著作的发展。其中齐召南的《水道提纲》，徐松的《西域水道记》，靳辅的《治河方略》，翟均廉的《海塘录》，傅泽洪、郑元庆的《行水金鉴》等为代表作。

第四，清代严酷的文字狱，恐怖的文化政策，使知识分子的思想受到严厉的禁锢。为了生存，他们只能走科举入仕之途，远离现实，远离敏感的学术领域，一头栽进训诂、考据的故纸堆中去讨生活。这种文人生活，成就了一代卓越的考据学人材。胡渭的《禹贡锥指》、全祖望的《全校水经注》、赵一清的《水经注释》、戴震的《殿本水经注》、毕沅的《山海经新校正》、郝懿行的《山海经笺疏》是古代地理学文献考释的代表作。

第五，为了给统治者提供各地的有关资料，清王朝非常重视方志的编纂，是中国古代方志发展的顶峰阶段。方志包括总志（全国的一统志）、通志（省志）、地方志（府、州、县、厅、卫、所、土司司所、合志、乡、镇、识略、山水志、湖堤志、水利志、盐井盐场志、宫殿志、寺观志、祠宇志、陵墓志、风俗志、名胜古迹志、里志、坊志）等三大类。从数量上说，全国现存地方志 8100 多种中，清代约有 5600 种，占70%[1]；就方志理论而言，经过章学诚等人的努力，建立了较为完整而系统的方志学理论。

第六，西方地图测绘学的传入和吸收，主要是在康熙、雍正、乾隆三朝，其成果为《皇舆全览图》和《乾隆内府舆图》。

第七，在"经世致用"思想影响下的一批地理学家及其著作，如顾炎武、顾祖禹、刘献廷、孙兰、梁份等。

---

〔1〕 冯尔康．清史史料学初稿［M］．天津：南开大学出版社，1986：120．

第二节　清朝的地理学思想

清朝的地理学思想可以归纳为五个方面：

第一，"经世致用"思想，强调研究地理要为社会服务，为社会所用。如上面提到的顾炎武等人就是如此。顾炎武认为："君子之为学，以明道也，以救世也，徒以诗文而已，所谓雕虫篆刻，亦何益哉。"[1]刘献廷认为："学者识古今之成败是非，以开拓其心胸，为他日经济天下之具也。"[2]

第二，地理学应探求"天地之故"，即自然规律。这种思想以刘献廷、孙兰的论述最有代表性。

刘献廷首先批评过去方舆之书的缺点："方舆之书所纪者，惟疆域、建置沿革、山川、古迹、城池、形势、风俗、职官、名宦、人物诸条耳。此皆人事，于天地之故概乎未之有闻也。"紧接着他提出了改正的办法："余意于疆域之前，别添数条。先以诸方之北极出地为主，定简平仪之度，制为正切线表。而节气之后先，日食之分秒，五星之凌犯占验，皆可推求。……今于南北诸方，细考其气候，取其确者一候中，不妨多存几句，传之后世，则天地相应之变迁，可以求其微矣。"[3]

孙兰在《柳庭舆地隅说》中讲得更明确，说："志也者，志真迹；记者，记其事。说则不然，说其所以然，又说其所当然；说其未有天地之始与既有天地之后，则所谓舆地之说也。何以为山？何以为川？山何以峙？川何以流？人何以生？国何以建？山何以分支别派？水何以输泻传流？古今何以变迁为沿

---

〔1〕《亭林文集》卷四"与人书二十五"。

〔2〕［清］刘献廷．广阳杂记［M］．北京：中华书局，1957：198－199.

〔3〕［清］刘献廷．广阳杂记［M］．北京：中华书局，1957：150－151.

革？人物何以治乱成古今？且吾中国土地在大地中止东南一隅，合华裔而统计之才八十一分之一耳。其间或异或同者，不合观之，何以见宇宙之大乎？且大天度不同，地形亦异，中土在赤道北二十三度半之下，其间寒暑昼夜、性情起居，于习见习闻之常不推。而极之三大殊方之地何以广？未闻未见，常变之不等乎？"

其实地理学应探求"天地之故"的思想，已有悠久的历史渊源。孔子在《周易·系辞上传》就说："《易》与天地准，故能弥纶天地之道。仰以观于天文，俯以察于地理，是故知幽明之故。"《周易·系辞下传》又说："古者包牺氏之王天下也，仰则观象于天，俯则观法于地，观鸟兽之文，与地之宜，近取诸身，远取诸物，于是始作八卦，以通神明之德，以类万物之情。"这里已初步把探求天地之故的方法讲清楚了。虽然目前还没有足够的证据证明这种方法在包牺氏（三皇之一）时就有了，但起码在孔子的春秋时代已经有了，则是没有疑问的。

西汉司马迁继承了这个传统，主张"究天人之际，通古今之变"。在《史记·太史公自序》中，他认为"法天则地"的思想是黄帝（五帝之一，晚于三皇）创始，说："维昔黄帝，法天则地，四圣遵序，各成法度。"在《史记·天官书》中，司马迁详细地阐述了"法天则地"的内容："太史公曰：自初生民以来，世主曷尝不历日月星辰？及至五家三代，绍而明之，内冠带，外夷狄，分中国为十有二州，仰则观象于天，俯则法类于地。天则有日月，地则有阴阳，天有五星，地有五行。天则有列宿，地则有州域。"这就指明了天地之间的密切关系，探索地不能脱离天。

第三，地理环境决定论。顾炎武在《天下郡国利病书》卷一"形势"中说："独贵竹百粤之山，牵群列队向东而行，粤西水好而无开洋，贵竹山劣而又无闭水，龙行不住，郡邑皆立于山椒水渍，止为南龙过路之饬，尚无驻跸之地。故粤西数千年暗昀，虽与吴越闽广同入中国，不能同耀光明也。"这是用风水中龙脉理论来解释贵州、粤西经济不发达和文化落后的原因，反映了顾氏的环境决定论思想。此外，刘献廷、魏源也有这种思想。

第四，人地相关思想。人地相关思想是一种比较科学的地理思想，它强调了人与地理环境之间的相互作用，而不是谁决定谁的问题[1]。清初顾祖禹对这个问题的论述很有代表性，他说："且夫地利，亦何常有哉！函关剑阁，天下之险也。秦人用函关，却六国而有余，迨其末也，拒群盗而不足。诸葛武侯出剑阁，震秦陇，规三辅；刘禅有剑阁，而成都不能保也。故金城汤池，不得其人以守之，曾不及培塿之丘。泛滥之水，得其人，即枯木朽株，皆可以为敌难。是故九折之坂，羊肠之径，不在邛崃之道、太行之山；无景之溪，千寻之壑，不在岷江之峡、洞庭之津。及肩之墙，有时百仞之城不能过也。浙东之浍，有时天堑之险不能及也。知求地利于崇山深谷、名城大都，而不知地利即在指掌之际，乌足与言地利哉！"[2]他从历史事件中认识到，山川形势固然重要，对战争中的攻守有很大影响，但起决定作用的还是人，是人的主观能动性。

此外，他还认识到，除人和地势的因素外，时机也很重

〔1〕 赵荣，杨正泰. 中国地理学史（清代）[M].北京：商务印书馆，1998：188.

〔2〕《读史方舆纪要·总序》。

要。他说:"陕西据天下之上游,制天下之命者也。是故以陕西而发难,虽微必大,虽弱必强,虽不能为天下雄,亦必浸淫横决,酝成天下之大。……蒲洪、姚苌之时,可以用关中矣,而其人非也;诸葛武侯之才,足以用关中矣,而其时非也;张浚之时,可以用关中,浚之识亦知关中为可用,而其才非也。"

孙兰在《柳庭舆地隅说》中,也谈到了人地相关思想。他认为,地理环境与人类社会之间的影响大小、程度,不是一成不变的,而是随着时代、形势的变化而发生改变。他说:"黄帝定诸侯,区为万国;秦始皇废封建,置郡县",都是历史发展的必然结果,井田制的废除也是势在必行,所以,"险厄因乎势变,势去险亦变矣"。[1]他还指出,文化的差异取决于多种因素的影响,包括地理环境、时代、人的性情习惯等。他说:"其所以异者,有天之异,地之异,时与势之异,变与常之异。因之心性情异而事亦异焉。"[2]

第五,孙兰关于流水地貌发育理论"变盈流谦"说。"变盈流谦"原是《周易·谦卦》中的一句话"地道变盈而流谦",意思是说,地的规律是变易盈满,充实谦虚。显然这是对流水的侵蚀和沉积作用的概括。特别值得注意的是,他说"变盈而流谦"是"地道",即已把地表受外力作用而发生的侵蚀和堆积现象,提到规律性的高度来认识了[3]。这么说来,孙兰的"变盈流谦"说,是继承了《周易·谦卦》的传统,

---

〔1〕《柳庭舆地隅说》卷上,光绪乙酉(1885 年)刊本。

〔2〕《柳庭舆地隅说》卷下,光绪乙酉(1885 年)刊本。

〔3〕中国科学院自然科学史研究所地学史组.中国古代地理学史 [M].北京:科学出版社,1984:8.

在传统的基础上作了发挥与发展。他把侵蚀和堆积看作是地貌发育过程中相互关联的两个方面，它们共同塑造和改变着地表面貌。在以流水为中心的地貌演变中，有三种演变形式：渐变因素、突变因素和人为因素。他在《柳庭舆地隅说》卷上写道："变盈流谦，其变之说亦有可异者。有因时而变，有因人而变，有因变而变者。因时而变者，如大雨时行，山川洗涤（指散流、暴雨冲刷），洪流下注，山石崩从，久久不穷，则高下易位。因人而变者，如凿山通道，排河入淮，壅水溉田，起险设障，久久相因，地道顿异。因变而变者，如土壅山崩，地震川竭，忽然异形，山川改观，如此之类，亦为变盈流谦。"可见孙兰的发挥与发展是创造性的，在中国地理学史上占有重要的地位。

第三节　水利和水系著作

一　治河专家及其著作

清朝前期，著名治黄专家是靳辅、陈潢、康基田、张伯行、王全一、郭大昌等人，他们大都有水利著作传世。

1. 靳辅

靳辅（公元1632—1692年），从康熙十六年（公元1677年）直到去世，共任河道总督15年。在这15年中，由于有陈潢的协助，治河工作取得了较大的成绩。他死后，康熙对他的评价是"有大建树于国家"。靳辅治河，解除了千百万百姓遭受的洪涝灾害，促进了社会安定。由于他对运河作了大的改建，使运河在较长时间内畅通无阻。靳辅撰有《治河方略》和《靳文襄公奏疏》，反映了他的治河思想及治河过程。

《治河方略》原名《治河书》，10卷，首1卷，是作者治河奏疏和论著之总汇。乾隆三十二年（公元1767年）由崔应阶重编，改为现名。记事止于康熙二十一年（公元1682年），约181万字。卷首有黄河图、黄河旧险工图、黄河新险工图、众水归淮图、运河图、淮南诸湖图、五水济运图七幅，并附图说。正文分治纪（上、中、下）、川渎考、诸泉考、诸湖考、漕运考、河决考、河道考、奏疏、名论九目。

2. 陈潢

陈潢（公元1637—1688年），字天一，号省斋，浙江钱塘（今杭州）人。他协助靳辅治河前后达10年，大的规划措施均出自陈潢。靳辅也坦言："凡臣所经营，皆潢之计议。"然而这样一位才华出众的水利专家，却遭受了不白之冤，忧愤而死，时年52岁。他写的有关治河的著作大多散失，后人收集的《天一遗书》原稿也不见传世，只有杨象济的《天一遗书》抄本现藏国家图书馆。陈潢同里张霭生根据陈潢的《河防摘要》一书，编成《河防述言》12篇。《河防摘要》和《河防述言》均附于靳辅的《治河方略》之后，得以保存。陈潢还"采辑列朝言河诸书，上述国史之文，下褒诸家之集，综核源流之异同，参考政治之得失"，写成《历代河防统纂》28卷6门1600余条，"为自来以河事为专家言者所未睹"。还写了《治河策》，已失传。《天一遗书》、《河防述言》保存了陈潢部分治河理论和工程技术知识，内容相当丰富，是水利学史方面的重要文献，至今仍有参考价值。

3. 康基田

康基田（公元1728—1813年），字茂园，山西兴县人，乾隆进士。曾官江苏中丞，奉命总制东河。累官江南河道总督，主张用束水攻沙理论治河。以三品卿衔终。有著作《河渠纪闻》30卷，论述以黄运河道演变及治理为中心，兼及地方水利，博采群书，按年编排，于嘉庆二年（公元1797年）成书，56万余字。正文以年代为纲，以事为目，纵述从禹贡治水至清嘉庆年间历代对长江、渤海、黄河、滹沱河、漳水等河海沟渠之治理情况，历数诸水系利害，详考其脉络原委，权衡得失。对明清以来治水名家进行了较为详细的评述。

4. 张伯行

张伯行（公元1652—1725年），字孝先，号敬庵，仪封（今河南兰考）人。康熙进士，官礼部尚书，治河大吏。著有《居济一得》8卷，约15万字。此书系作者任治河大吏期间，参考古籍，总结经验的心得笔记，成于康熙四十三年（公元1704年）。书中收入运河总论、运河源委、戴村坝议、袁家口放船之法、东省湖闸情形、治河议、治河总论、黄淮水利、河漕类纂等234篇，以治河实践经验为主要内容，同时提出若干水利工程理论。作者十分注重前人成功的治河方法，博引宋元以后治水专家的重要经验和言论，具有很好的史料价值。此外，他还著有《正谊堂文集》。

5. 王全一

王全一，乾隆年间的一位老河工，郭大昌的岳父。他"精于外工"，在他的影响和教导下，郭大昌在治河事业中取得了很大的成绩。王全一曾将自己在河工上几十年所经历的工程作了记述，后来由河督徐端刊为《安澜纪要》和《回澜纪要》二书，竟变成了徐端的著作。《安澜纪要》中又分篇，如"堵漏子说"、"险工对岸估挑引河"、"签堤"、"创筑堤工"等。《回澜纪要》也分篇，如"出占"、"夹土坝"、"二坝"等。两书均载于光绪十一年（公元1885年）刻本《治河汇

6. 郭大昌

郭大昌，乾隆末年至嘉庆年间的老河工，王全一的女婿。据包世臣在《中衢一勺·郭君传》中的记载，郭大昌出生于苏北山阳（今淮安）的普通农民家庭，十六岁在河工上当了一名"贴书"（帮写）。他勤劳、爱学习，三年就熟悉了"工程销算正杂料作收支之法"，并且"过于其师"。他生长于水乡，"尤明于水性衰旺，能以意知其溜势所直"，精通埽坝工程，当时人称为"老坝工"。他一生"讷于言而拙于文"，秉性刚直不阿，对工程坚持节约、省料，做事认真，曾遭到河官的排斥、打击，一直得不到重用。郭大昌虽然只是一个平凡的老河工，在清代中期河政腐败，河道凋敝不可收拾的局面下，他能够关心全局，积极提出建议，终于一度使黄、淮并力入海，缓和了黄河下游的紧张局势，不愧是一位治河名手。

7. 傅泽洪

傅泽洪主持纂修的《行水金鉴》175 卷，成于雍正三年（公元 1725 年），公元 1937 年商务印书馆初版。书中将上起先秦，下至康熙六十年（公元 1721 年）的 370 多种水利文献、典章，部分摘录了约 160 万字，内容以明后期至清康熙为重点。正文 175 卷中，分河水（黄河）60 卷，淮河 10 卷，江水（长江）和汉水 10 卷，济水 5 卷，运河 70 卷，两河（黄河和运河）总说 8 卷，职官、夫役、漕规等 12 卷。以编年体的体例刊行，是重要的水利文献。

8. 黎世序

黎世序等纂修的《续行水金鉴》156 卷，成于道光十一年（公元 1831 年），公元 1937 年商务印书馆初版。收编内容的时间下限至嘉庆二十五年（公元 1820 年），与《行水金鉴》不同的是，它大量收入原始工程档案，汇集成"章牍"121 卷，是珍贵的第一手资料。增加了永定河 13 卷。《续行水金鉴》是一部重要的水利文献。

9. 翟均廉

翟均廉（生卒年不详），字春祉，浙江仁和（今杭州市）人。乾隆举人，官至内阁中书。著作除《海塘录》外，还有《周易章句证异》传世。翟均廉生长在仁和，深知修筑海塘的重要。他广征博采，详加考证，于乾隆年间撰成《海塘录》26 卷。书成后未能刊印，乾隆四十六年（公元 1781 年）收入《四库全书》时略有增补。公元 1934 年上海商务印书馆影印文渊阁《四库全书》时，才正式面世。

《海塘录》详载乾隆二十九年（公元 1764 年）以前历代修筑海塘的经过、施工情况，以及海塘的地区分布和兴废沿革。卷首录诏谕圣制，其后分图说、疆域、建筑、名胜、古迹、祠祀、奏议、艺文、杂志 9 门。

"图说"包括海塘图、江塘图、引河图、土修塘图、柴塘图、清鱼鳞大石塘图、大石塘底椿式、十八层砌式、条式担水图、草盘头图、切沙图、尖山石坝图、木柜图、竹络式、明五纵五横鱼鳞图等 15 幅，皆附有文字，说明起讫长度、用料、规格、施工要领等有关内容。

"疆域"记述海塘沿革和乾隆年间查勘海塘的情形。

"建筑"记述历代修筑海塘的历史。

"名胜"、"古迹"记述沿线山、河、湖、塘、浦、石、桥、亭等地物和诗文。

"祠祀"记述沿线海神庙、祭文和诗词。

"奏议"记录工部诸臣奏章。

"艺文"收录南北朝至乾隆间赋、状、书、文、表、议、考、记、诗、词数百篇。

"杂志"记述潮汐成因、潮候等。

此书与《治河方略》一样，同属水利工程著作，但其中包含有许多水文地理知识。它综括古今，资料丰富，其史料价值和地学价值都是非常突出的。

二 水系著作

清朝出现了一批水系著作，这与当时重视水利工程有关。下面按时间先后，介绍这些水系著作及其作者。

1. 黄宗羲的《今水经》

黄宗羲（公元 1610—1695 年），字太冲，号南雷，人称梨洲先生，浙江余姚人，明清之际的思想家、史学家。其父为东林名士，师事刘宗周。曾领导复社与宦官斗争，几遭残杀。清兵南下，他招募义兵，成立"世忠营"，与清廷武装抗争，被鲁王召为左副都御史。明亡后，隐居著述，屡拒征召。他博古通今，对天文、地理、算术、乐律、经史百家及释道之书无不精研。其著作有《明儒学案》、《二程学案》、《明史案》、《历代甲子考》、《明夷待访录》、《南雷文定》、《文约》、《四明山志》、《今水经》等。公元 1986 年浙江古籍出版社出版了沈善洪主编的《黄宗羲全集》。

《今水经》是清初记述全国水道源流的专著，不分卷，约 2 万余字。书前有作者自序。开篇首列《今水经表》，为全书纲领。次分北水、南水二区，以入海水系为纲，记述诸水。黄宗羲著《今水经》之用意，是订正《水经注》的错误，"乃不袭前作，条贯诸水，名之曰《今水经》。穷源按脉，庶免空言"[1]。全书把全国水系分北、南水两大类，北水包括黄河及其支流，东北的河流，河北、山东的河流，淮河等。南水包括长江及其支流，浙江、福建境内的河流，广江（即珠江）水系，云南境内的河流等。他的水系划分方法比《水经注》的条理性强，也改正了《水经注》中的部分错误。但它本身仍有不少错误和遗漏，如在水系分类上缺少内流河水系；在某些具体问题上也有错，如黑龙江误入松花江，曹娥江误入浙江；潞江（今怒江）误入大盈江等。

2. 齐召南的《水道提纲》

齐召南（公元 1703—1768 年），字次风，号琼台，晚年号息园，浙江天台人，出生于官宦家庭。雍正七年（公元1729 年）乡试，中副贡生。乾隆元年（公元 1736 年）参加殿试，获二等第八名，入翰林院为庶吉士。历任右中允、日讲起居注官、侍读学士、内阁学士上书房行走、礼部侍郎等。他学识渊博，记忆力惊人。乾隆十四年（公元 1749 年）因脑部受严重外伤使记忆力大减，于是回老家主持书院，从事写作。他参加了《大清一统志》、《明鉴纲目》的编撰，其他著作有 11种。其中最重要的是被称为"清代《水经》"的《水道提纲》28 卷，约 30 万字，成于乾隆二十六年（公元 1761 年）。

此书是根据康熙内府舆图写的，记载了当时全国实有的山川脉络，都邑城址，全部用当时地名，略记古迹。写一条水系时，从源头说起。以主流为纲，其纳受支流为目；写全国水系时，以大河为纲，小河为目。它记述的水系范围相当广阔（北

〔1〕 黄宗羲. 今水经·序 [M]//黄宗羲全集（第二册）. 杭州：浙江古籍出版社，1986.

纬 18°～56°，东经 73°～145°），超过历史上任何水系著作。所记河流数量为《水经注》的 4 倍，达到 5980 条。描述水系的方法和分类体系比前人有明显的进步，更科学，更符合实际。

依照作者的分类体系，首先抓"纲中之纲"的海洋，第一卷即"冠以海水，自北而南"地对大小河流入海口作详细的统计和描述。内容有城市、岛屿、港口，特别是对台湾、海南两个大岛的描述更详细。第二卷讲河流，顺序是先讲沿海各大河流，跟第一卷的顺序一致，先从渤海沿岸的鸭绿江、辽河开始，往下顺序叙述海河、北运河、黄河及其支流，淮河及其支流，南运河，长江及其支流，江南运河，太湖水系，浙江，闽江，粤江（今珠江）及其支流。往下各卷分别记述各省诸水，如云南、西藏、东北、内蒙古、西域等。在写法上完全打破行政区划界线而纯以自然水系为准。从上源到河口，顺着河水，一泻千里，水系支架历历在目，脉络清晰。他记载河流汇合点，河曲和峡谷时，不仅注明地名，而且注明经纬度数，这是齐召南的首创。这种写法，不仅给读者带来了方便，而且还会给研究河流发育史提供宝贵的资料。

在齐召南之前的水系著作，偏重于中国中部地区，对东南、西南、东北、新疆等地的水系涉及不多，甚至根本没有涉及。《水道提纲》的撰写非常适合社会需要，弥补了以前水系著作的不足。

作者所表现的实事求是精神也是值得称赞的。比如他对某些水道的分合去向不甚了解，出于推测时，则加"疑为"二字；若是对某个问题不清楚，则声明不知道，从不装腔作势。作者虽然没有亲自到各地考察水道，但仍能有超越前人的成就，主要原因是两个：一是作者主观上的努力，勤奋钻研，

"积十余年反复考订而后出全书以示人"；二是作者客观上有一个优越的工作环境，使他有机会看到并使用藏于内府的《皇舆全图》及其他珍贵秘籍。

此书公元1761年即已定稿，但作者生前未能出版。作者死后8年，才在其子齐式迁的努力下，于公元1776年刊行[1]。

3. 徐松的《西域水道记》

徐松（公元1781—1848年），字星伯，顺天府大兴（今北京市）人，原籍浙江上虞。幼年师事吴锡麟，"九岁应童试，学使者奇其文，取入邑庠"[2]。嘉庆十年（公元1805年）中进士，授编修。嘉庆十三年入值南书房。嘉庆十七年因事被御史赵慎畛所参，谪戍伊犁。嘉庆二十四年获释回籍。次年，他将在新疆考察所得，写成《总统事略》一书，后被道光帝赐书名为《新疆识略》。其后历任内阁中书、铸印局员外郎、江西道监察御史、榆林知府等职。生平喜好研究经术，尤精史事，通舆地。此外，他的著作还有《唐两京城坊考》、《宋会要》、《唐登科记考》、《宋三司条例考》、《后汉书西域传补注》、《长春真人西游记考》、《新斠注地理志集解》、《元史西北地理考》、《西夏地理考》等。

徐松谪戍伊犁期间，伊犁将军松筠闻知他精通舆地，遂约请其修订汪廷楷、祁韵士编纂的《伊犁总统事略》。徐松不囿旧说，进行实地考察，天山南北两路"壮游殆遍"[3]。考察时，他"携开方小册，置指南针，记其山川曲折，下马录之，

---

〔1〕 陈瑞平. 齐召南的《水道提纲》初探［G］//科技史文集：第14辑. 上海：上海科学技术出版社，1985.

〔2〕《续碑传集》卷七十八。

〔3〕《续碑传集》卷七十八。

至邮会则进外夫、驿卒、通事，一一与之讲求。积之既久，绘为全图，乃偏稽旧史方略及案牍之关地理者，笔之为记"[1]，撰成《西域水道记》5卷。此书是记载西域水道的空前杰作，邓廷桢说它有五善：一为补缺；二为实用；三为利涉；四为多文；五为辨物。"五者兼备，实为不可多得的好书"[2]。梁启超称其为"精心结撰之作"[3]。

《西域水道记》是徐松仿《水经注》的体例于道光元年（公元1821年）写成的。全书文字有记、注、释三种：记犹如《水经注》的经文；注犹如《水经注》的注文；释是注的注文。记在于简要，注主于详备，释主于诠解。

全书有四大特点：

第一，以罗布淖尔（罗布泊）、哈喇淖尔（今敦煌西北）、巴尔库勒淖尔（巴里坤湖）、巴勒喀什淖尔（巴尔喀什湖）、赛喇木淖尔（赛里木湖）、宰桑淖尔（斋桑泊）、特穆尔图淖尔（伊塞克湖）等11个湖泊为纲，叙述甘肃嘉峪关以西和新疆地区的水系，体现了内流河的特点。这是徐松创造的以湖泊划分内陆水系的原则，在他以前和以后相当长的时间内，均无人使用这一原则。

第二，湖之下，又以河为条目，叙述河流流经地区的城市、聚落、支流、山岭，某些地点的经纬度，这个地区的历史、物产、少数民族、地貌、历史文献、方言、水文、水利、驻军情况等。既是水系著作，又是内容丰富的地理著作。

第三，书中4卷有地图，用计里画方的方法绘制，每方百

---

〔1〕《续碑传集》卷七十八。

〔2〕《西域水道记·邓廷桢序》。

〔3〕梁启超：《中国近三百年学术史》，载《饮冰室文集》之七十五。

里或五十里，是本书不可分割的部分。但《小方壶斋舆地丛钞》把它删去了，很不应该。书中所记冰川及冰川地貌，比《西域闻见录》有进步。

第四，徐松应用经纬度标明河流源头及交汇地点的做法，是很科学的。

由于时代的局限，《西域水道记》不可避免存在一些不足之处。如：

（1）在记述西域水道方面，是以水道为名，实受制于湖泊水系的限制，记载并不全面。凡不入所列 11 个湖泊的河流，皆不在记述之列。这样就使许多河流，如塔里木盆地南侧的尼雅河及其以东的河流，都未记载。

（2）列入记述之列的河流，也有记载不够全面、准确的地方。如伊犁河上源哈什河（今喀什河）以南的大小支流无一记载。另一上源空格斯河（今巩乃斯河上游）的许多支流，仅记载了冒曼河等少数几支。而流入罗布泊的车尔臣河是一条大河，但书中无记载。

（3）置唐以来对河流较正确的认识于不顾，仍旧迷信黄河潜流重源说[1]。更可惜的是，还花不少笔墨去批判以前对河源的正确认识，观点倒退，十分遗憾。

除上述水系著作外，还有黄懋材的《西徼水道》，何秋涛的《北徼水道考》、《色楞格河源流考》、《额尔齐斯河源流考》，缪祐孙的《俄罗斯水道记》等，在水系研究上扩大了视野和范围。

---

〔1〕 赵荣，杨正泰. 中国地理学史（清代）［M］. 北京：商务印书馆，1998：97.

第四节 对古代地理文献的整理

本章第一节已经谈到，清朝统治者为控制知识阶层的思想，一方面采取高压政策，大兴文字狱，顺我者昌，逆我者亡；另一方面采取笼络政策，把知识阶层引向八股致仕的道路。这样的政策，使学术思想沉闷，学术活动脱离实际，脱离生产。不少有名的学者，不能去探索自然和社会发展的规律，只能去做一些校注与解释经典的工作，即对古代地理文献进行整理。在这方面作出突出贡献的有胡渭、毕沅、郝懿行、全祖望、赵一清、戴震等人。

1. 胡渭

胡渭（公元 1632—1714 年），原名渭生，字朏明，晚号东樵，浙江德清县人。出生于世代科举家庭，幼好学，12 岁父殁，随母避乱山谷间。15 岁为县学生，希望在科举上有所发展。惜命运不佳，应试屡不第。过了 40 岁还是个老秀才，乃"潜心经义，尤精舆地之学"[1]。58 岁时，他参与修《大清一统志》，得与黄仪、顾祖禹、阎若璩、查慎行等人朝夕相处，学问大进。他素习《尚书·禹贡》，发现前人著作中的不少问题。他借参与修一统志的机会，"因得纵观天下郡国之书，凡与禹贡山川疆域相涉者，随手抄集，与经文比次，以郦道元水经注其下；郦注所缺，凡古今载籍之言，苟有当于禹贡，必备录之"[2]。康熙三十三年（公元 1694 年）归里养病，"一切人事谢绝，因取向手记者，循环展玩，撮其机要，依经

---

〔1〕《碑传集》卷一百三十一。

〔2〕 杭世骏：胡东樵先生墓志铭，载《道古堂文集》卷四十。

立解，章别句从，历三期而成，厘二十卷，名曰《禹贡锥指》"。书成于康熙三十六年（公元 1697 年），时年 65 岁。康熙四十一年（公元 1702 年），手摹《禹贡图》四十七幅附于书后。次年书在吴门刻成。康熙四十四年（公元 1705 年），书呈康熙帝，赐匾额"耆年笃学"，于是名声大噪，倾倒士林，时年 73 岁。

《禹贡锥指》是专门诠释《禹贡》的著作，全书分图说、九州、导山、导水、五服 5 个部分。梁启超认为，此书"开后来研究地理沿革的专门学问"[1]。顾颉刚认为，诠解《禹贡》诸家中，"以胡渭用力最深，他的《禹贡锥指》可以说是一部具有总结性的书"[2]。邹逸麟认为，胡渭《禹贡锥指》在地理学发展史上至少有三点贡献：

（1）他注释《禹贡》已经跳出了以往经学家只在文字考订下功夫的窠臼，能用地理学家的眼光来分析《禹贡》提出的各种地理现象，使《禹贡》这篇我国最早的地理著作的内涵得到进一步的发扬光大。

（2）他还从历史地理角度，对《禹贡》的内容作更深层次的探索，不限于反映《禹贡》时代的地理面貌，还延伸到战国以后历代的兴衰变化，有助于读者对当代（如指清初）的地理现象的形成产生深刻的认识。

（3）《禹贡》是一篇区域经济地理著作。胡渭将这个内容发挥得淋漓尽致。他通过对《禹贡》的注释，阐发了对历代地区开发和社会经济发展中种种利弊得失的看法，有的可以算

---

〔1〕 梁启超：《中国近三百年学术史》，载《饮冰室文集》之七十五。
〔2〕 顾颉刚. 《禹贡》注释 [M]//中国古代地理名著选读. 北京：科学出版社，1959.

得上真知灼见，对当代时政无疑有重要的参考价值[1]。

2. 毕沅

毕沅（公元 1730—1797 年），学缵蘅，一字秋帆，自号灵岩山人，江南镇洋（今江苏太仓）人。乾隆进士，官至湖广总督。好著书，经、史、小学、金石、地理之学，无所不通。著作有《传经表》、《经典辨正》、《续资治通鉴》、《山海经新校正》、《晋书·地理志校注》、《关中胜迹图记》、《西安省志》、《关中中州山左金石诸记》、《灵岩山人诗文集》等。

《山海经新校正》18 卷，对《山海经》的篇目、文字和山名、水道等都有考证，他在山川方面的考证，加强了《山海经》的地理价值[2]。

3. 郝懿行

郝懿行（公元 1755—1823 年），字恂九，号兰皋，山东栖霞人。嘉庆进士，曾任户部郎中。深于名物训诂考据之学，著有《尔雅义疏》、《山海经订讹》、《山海经笺疏》等。

《山海经订讹》1 卷，嘉庆九年（公元 1804 年）成书，14000 余字。按原书篇目顺序，凡被订经文以大字居首，原注和订讹部分用小字双排于下。凡历代注疏之异同，刊正讹谬之处，兼采众家所长作为笺证，笺以补注，疏以证经，是正讹文三百余处。虽所指摘颇有依据，然仍用旧文，仿郑玄注经不敢改字之惯例。

《山海经笺疏》18 卷，是各注家之集大成者最出色的一种。凡经、史、子、集均广为搜引，详加注释。书成于嘉庆九

〔1〕 邹逸麟．胡渭 [M]//中国历代地理学家评传：第三卷．济南：山东教育出版社，1993.

〔2〕 侯仁之．中国古代地理学简史 [M]．北京：科学出版社，1962：79.

年，征引史事止于该年，注文 20 余万字。按传世郭璞注本十八篇顺序笺疏。经文大字为正行，小字双行夹注，郭注在前，凡笺疏均冠"懿行按"，引文注明出处。记事仍以山海地理为纲，注文广引秦后历代文献。对先秦山川、动植物、部族、古国以及人物均以文献资料类证，略述己见。山水均考其方位、起顶、走向、源流、水位、气候、植被、名胜、古迹、出产、矿泉、洞穴、伏流、潜流；各类动植物详考其本名、别名、形状、特点、功用。亦考矿物之结构、硬度、颜色、共生现象、识别方法。在原文基础上补充资料，加以发挥，多有创新。此书广涉自然、历史、民族、交通、动物、植物、古文化、古方言等文化地理知识。语言、艺术、宗教、医药、文学等史料也较丰富，广为后人所采用[1]。

4. 全祖望

全祖望（公元 1705—1755 年），字绍衣，一字榭山，浙江鄞县（今宁波市）人。14 岁补诸生，雍正七年（公元 1729 年）以诸生充选贡至京帅。乾隆元年（公元 1736 年）进士，后改翰林院庶吉士，散馆以知县用。他的《七校水经注》40 卷，成为《水经注》研究中一个重要成果。

全祖望在郦学研究中的主要贡献有两项：一是区分经注。宋、明版本上经注混淆的现象十分普遍，在区分经注方面，全祖望、赵一清、戴震都有不少贡献，但全氏实导先路。二是全祖望提出的郦注原系双行夹写、注中有注的说法，不失为一种创见。《七校水经注》作者生前没有出版，死后由王梓材、董

〔1〕 吴枫总编，王兆明，傅朗云主编. 中华古文献大辞典·地理卷 [M]. 长春：吉林文史出版社，1991：17 – 18.

沛等整理，于光绪十四年（公元 1888 年）由薛福成刊行。

5. 赵一清

赵一清（公元 1709—1764 年），字诚夫，一字正甫，号东潜，是诗人赵谷林之子，全祖望的学生。在全祖望的启发下，进行《水经注》的研究。他相信全祖望说的《水经注》原书是注中有注，双行夹写的说法，便努力在辨验文义、离析注释中下功夫。将注与注中之注，以大小字分别书写，使语不相杂，条理分明。他首先深入钻研了朱谋㙔的《水经注笺》，评论得失，写成《水经注笺刊误》12 卷。然后在朱笺的基础上，参照全祖望于乾隆三年（公元 1738 年）写的《五校水经注》和其他许多版本，于乾隆十九年（公元 1754 年）完成了《水经注释》40 卷。此书不仅校勘精密、注疏详尽，并且还从孙潜校本抄录了失传已久的郦氏原序，又广辑散佚，增补了滏水、滹沱水等 21 水。对赵一清研究《水经注》的贡献，毕沅在此书序中说：“道元之注，足以正经史之阙遗；而先生是书，又足以补道元之讹漏。经不可无注，注不可无释，断断然也。”《水经注释》写成后，三十余年只以抄本流传，直到乾隆五十一年（公元 1786 年），才由其子赵载元刊行。

6. 戴震

戴震（公元 1723—1777 年），字慎修，一字东原，安徽休宁人。十岁乃能言，但读书深思好问。家贫，无以为业，年十八，随父去江西南丰，设塾课童蒙以自给。乾隆十六年（公元 1751 年）补县生，从江永学习。三十三岁入京师，然屡试不第，遂旅食各方。游山西，纂修《汾州府志》、《汾阳县志》。游直隶，修《直隶河渠书》。后又主讲于浙东金华书院。乾隆三十八年（公元 1773 年）开四库馆，以举人充纂修官。后特赐同进士出身，授庶吉士。在馆五年，著述颇多。

戴震早年就对《水经注》进行了研究，于乾隆三十七年（公元1772年）完成了微波榭本《水经注》。入四库馆后，主校《水经注》，并于乾隆三十九年出版武英殿聚珍本《水经注》，即《戴校水经注》。此书一出，以前的所有郦注版本均无法与之抗衡，在郦学研究的考据学派中，戴氏达到了极高的地位。[1]

戴震研究《水经注》的主要成就是：他一方面考证原书的义例，另一方面对照地图，考其准望，制订了区分经文与注文的三个原则。三个原则是：一是注意独举复举之不同。经文简，首举水名，下不再出。注文繁，一水内必详其注入之小水，是以水名屡次出现。二是注意过与经之不同。经文一般曰过某，注文则曰经某。三是注意某县与某县故城之不同，经时之县，注时多已为故城，注之所谓某县故城者，即经之某县。本着这三个原则，就可以区别经文与注文[2]。殿本《戴校水经注》是以赵一清的《水经注释》为底本，吸取了人典本、全祖望本和其他许多版本的优点编纂而成，它是可以代表明、清郦学考据学派全部成就的优秀版本。戴震把殿本的成就概括为："凡补其阙漏者，二千一百二十八字；删其妄增者，一千四百四十八字；正其臆改者，三千七百一十五字。神明焕然，顿还旧观。"[3]这些成果得到了学术界的公认。

---

〔1〕 参阅陈桥驿著：《水经注研究二集》第8—9页，山西人民出版社，1987年。或参阅翟忠义：《中国地理学家》第320—326页，山东教育出版社，1989年。

〔2〕 支伟成．清代朴学大师列传：下［M］.长沙：岳麓书社，1986.

〔3〕 陈桥驿．水经注研究二集［M］.太原：山西人民出版社，1987：214.

第五节　清初西方地理学和测绘学的引进与吸收

一　清初西方测绘学的引进

清朝康熙、乾隆年间，由中国政府聘请西方有测绘专长的传教士白晋（Joach Bouvet，法兰西人，公元 1656—1730 年）、雷孝思（Joan-Bapt Regis，法兰西人，公元 1663—1738 年）、杜德美（Petrus Jartoux，法兰西人，公元 1668—1720 年）等十人来中国从事大地测量和绘制地图，并传授这方面的知识，从而引进了西方的测绘学，对中国传统测量学和制图学有很大影响。它所取得的成果是世界地理学史上的大事。

康熙皇帝玄烨（公元 1654—1722 年）是中国历史上有作为的皇帝之一。他从小就努力学习各种中外知识，为日后进行统治作了准备。康熙二十八年（公元 1689 年），尼布楚条约签订之后，他看到了精确地图在政治、外交上的巨大作用，于是下决心要把西方先进的测绘制图技术引进来。他要各大臣推荐专家，购买仪器。他到全国各地巡视时，又叫已在中国的传教士随行，测定各地的经纬度。从康熙二十八年至四十七年这十几年中，聘请来的诸传教士的工作都放在测定各地经纬度上，为制图作准备。康熙四十七年（公元 1708 年）以后，开始三角测量，正式测绘制图[1]。全部工作由康熙皇帝主持，大的计划、方针、法规都由他裁定。具体人选、组织机构、工作质量他都过问。在大规模测绘工作未展开以前，康熙皇帝命传教士做试验，先绘制北京附近地图，他亲自校勘，比较旧

---

[1]　翁文灏. 清初测绘地图考 [J]. 地学杂志，1930 (3).

图，结果他发现新图远胜旧图[1]。这使他更增强了在全国进行大地测量并绘制新地图的决心和信心。康熙四十七年，全国大规模的测绘工作开始。测量队伍由各国传教士及中国学者200余人混编组成[2]，以传教士为主，其中为首的有白晋、雷孝思、杜德美，他们分组开赴各地，进行三角测量和经纬度测量，测定经纬点641个。经过8年时间，实测工作宣告结束。此后又经过两年的室内整理，在杜德美的主持下，完成了有名的《皇舆全览图》。"五十八年图成，为全图一，离合凡三十二帧，别为各省图，省各一帧。"[3]

《皇舆全览图》的完成，为中国的地图学立了大功，在世界大地测量和制图史上也是空前。欧洲有系统的测制地形图是18世纪从法国开始的，经过卡西尼父子的努力，公元1793年才完成。英国的经纬度测量直到公元1857年才开始，公元1870年完成地形图。其他欧洲国家由政府主持的地图测绘工作，是19世纪初的事，比中国清初的地图测绘几乎晚了100年。

还要指出，对《皇舆全览图》作过贡献的还有中国各民族的工作人员。比如西藏地区，康熙皇帝曾派人与当时的达赖喇嘛商酌，征求西藏地图。图成之后，因过于简略，康熙皇帝不满意，于是叫两个在钦天监工作的喇嘛跟西方传教士学测绘制图。学成后，派他们进藏独立地进行测绘，并于康熙五十六年（公元1717年）完成制图工作。

〔1〕 任金城. 康熙和乾隆时期我国地图测绘事业的成就以其评价 ［G］//科学史集刊：第10期. 北京：地质出版社，1982.

〔2〕 恩侬. 中国地图作制之研究 ［J］. 东方杂志，1917，14（2）.

〔3〕《清史稿·何国宗传》。

康熙皇帝主持测绘全国地图，还取得了两项重大成果：

第一，为了统一测量中使用的长度，康熙皇帝亲自规定："天上一度即有地下二百里"[1]，即以地球子午线上纬度1度的长度为200里，每里1800尺，每尺合经线上纬度1/1000秒。这种以地球形体来规定尺度的做法，比18世纪末法国以赤道长度来规定米长度的做法早几十年。

第二，康熙四十一年（公元1702年），在经过北京的"本初子午线"上测定了由霸州至交河间一度的直线距离。其后8年又在东北地区测定了北纬40°至47°间每一度的直线距离。发现纬度愈高，则经线一度的距离愈长。当时还不明白这一发现的意义。实际上这是第一次以实地测量证明了地球为扁圆形。

二 康、乾时期测绘的全国地图

根据《清史稿·何国宗传》和邵懿辰《四库简明目录标注》的记载："康熙地图三十二叶本，内地十六叶，边外十六叶。即全祖望所作皇舆图赋者，以周天经纬度定相距里数，较元人所创开方法更为精审。"[2]这就是说，此图包括全国总图和32幅分省、分地区图，是《皇舆全览图》的最早版本，而全国总图部分现在已难见到。此后，《皇舆全览图》又有两个版本：一是沈阳故宫发现的41块铜版本，重印时，由金梁题名为《清内府一统舆地秘图》。二是《图书集成》内地图，称作"分省分府小叶本，计二百二十七叶"，"所载镇堡小名，细若牛毛，与大叶本不异，但不著经纬度数及无边外诸图耳"[3]。从《清内府一统舆地秘图》知道，此图采用伪圆柱投

[1]《大清圣祖仁皇帝实录》卷二百四十六。

[2] 邵懿辰.增订四库简明目录标注[M].北京：中华书局，1959.

[3] 邵懿辰.增订四库简明目录标注[M].北京：中华书局，1959：278.

影，通过北京的子午线为中央经线，纬线与中央经线垂直，并在中央经线上分划，每一度为一格，五度为一排。纬线皆作直线，等距平行。文字注记边疆与内地有区别，内地用汉字，边疆用满文[1]。比例尺为 1∶1400000 至 1∶5000000[2]。

《皇舆全览图》绘成后，出现了多种版本，现在能看到的有 5 种：

①康熙年间木刻墨印设色本。此图不注比例，板框高 210 厘米，宽 226 厘米，现藏故宫图书馆。图中东北至萨哈连岛（今库页岛），东南至台湾岛，西至阿克苏以西叶勒肯城，北至白喀尔鄂博（今贝加尔湖），南至崖州（今海南岛）。图上画经纬线，用梯形投影法，经纬线皆成直线。以通过北京的子午线为"本初子午线"，位于中经线上。中经线以东为东一、东二……中经线以西为西一、西二……纬线等距平行。除中经线外，经线均斜向北极，纬线弧则愈北愈短。山海关内外均用汉字注地名，于省会及主要地方复以黄纸飞签墨笔贴注。图上西藏及蒙古极西地方，绘制简略，内多空白。图幅上额墨笔楷书《皇舆全览图》，无年款[3]。

②康熙年间木刻墨印设色本，不注比例，板框高 212 厘米，宽 340 厘米，现藏故宫图书馆。图中四至与上图略有不同，除北方、东南相同外，西北延至衣里必拉（伊犁河），最西至塔拉赛必拉以西，西南延至拉打克河屯（列城）以西。

〔1〕 卢良志. 中国地图学史 [M]. 北京：测绘出版社，1984：183.
〔2〕 中国科学院自然科学史研究所地学史组. 中国古代地理学史 [M]. 北京：科学出版社，1984：324.
〔3〕 冯宝琳. 康熙《皇舆全览图》的测绘考略 [J]. 故宫博物院院刊，1985（1）.

西藏及蒙古极西地方绘制甚详。拉萨贴黄纸签称乌斯藏，冈底斯阿林（冈底斯山）、雅鲁藏布江均加黄签标注，而珠穆朗玛峰则仅刻小字，名"朱母郎马阿林"。图上画经纬线，用梯形投影法，以通过北京的子午线为"本初子午线"。此图反映的地域比上图大，山海关内外及东北、西北、西南均用汉字注地名，贴注黄纸飞签 93 条，图幅上额墨笔楷书《皇舆全览图》，无年款。

③康熙年间彩绘纸本《皇朝舆地全图》，现藏中国第一历史档案馆。图上无经纬线，共 16 块合成一幅。关内地名注汉字，关外及边远地方注满文，四至与上述二图基本相同。

④木刻 32 叶本，仅看到德国人福克司（Walter Fuchs）公元 1943 年在辅仁大学影印出版《康熙时代耶稣会教士地图集》（*Der Jesuiten-Atlas Der Kanghsi-Zeit*），实即《皇舆全览图》的又一个版本，计木刻图幅 32 张。影印时，福氏将康熙年间已出版的《河源图》4 幅一并印出，实际图幅为 36 张。

⑤8 排 41 叶铜版本。民国期间金梁在沈阳故宫发现，共有铜版 47 块，内空白 6 块，实为 41 块。以纬度 5° 为一排，由北纬 18° 至 55°，共 8 排 41 帧。内地用汉字注地名，山海关外、东北、西北及边远地方均用满文注记。有金梁石印本[1]。

雍正年间，清政府命何国宗保举测量人员，测量运河、卫河、漳河、黄河等河道，继续康熙时期的测绘工作。曾为康熙帝测绘地图的西方传教士巴多明（Dominique Parrenin）、雷孝思、杜德美、费隐（Xavier Fridelli）、麦大成（Joannes Fr. Cardoso）、冯秉正（De Mailla，公元 1669—1748 年，法国

---

〔1〕 冯宝琳. 康熙《皇舆全览图》的测绘考略［J］. 故宫博物院院刊，1985 (1).

人，公元 1702 年来华）、德玛诺（Romanus Hinderer）等人，雍正初年仍在清廷供职。雍正年间又将康熙时期的地图进行修订，刊刻成十排《皇舆全览图》（见图 9-1）。此图采用经纬线与中国传统的计里画方相结合，每方二百里，经纬线完全直交，故又称《皇舆方格全图》。这种把经纬网格与计里画方相混的做法是不成功的，是倒退，结果降低了图的精度，越到高纬误差越大。如兴凯湖在《皇舆全览图》上位于北京东 16 度半以东，而在《皇舆方格全图》上，则位于北京东 15 度，两者相差一度半。此图仅在第一历史档案馆和中国科学院图书馆有收藏，国内流传不多，影响也不大。

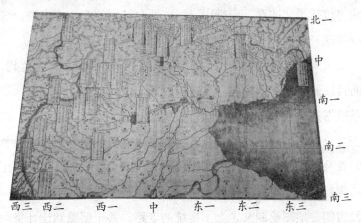

图 9-1　雍正十排图（局部）（引自《中国科学技术史·图录卷》）

　　康熙时期的地图测绘工作没有彻底完成，在若干地区还留有尾巴。因此，到了乾隆年间（公元 1736—1795 年）又进行了补充。有的地方在康熙《皇舆全览图》的基础上，向西向北扩展，有的地方派人去实测。如新疆地区，康熙时只测量到哈密。乾隆二十一年（公元 1756 年）派何国宗和明安图前往哈密以西的地区测量经纬度，绘成《西域图志》。这个图成了后来所有新疆地图的蓝本。到乾隆二十四年（公元 1759 年），清朝政府彻底肃清了南疆叛乱，派出以明安图为首的测量队进行大地测量。经过一年的艰苦工作，胜利地完成任务，给全国大地图的完成打下了基础。乾隆二十五年（公元 1760 年）完成了《乾隆十三排地图》，与《皇舆全览图》比较，关内各省除一两个地名有变更外，大部分完全相同，都是以通过北京的子午线为"本初子午线"，分东经、西经。但《十三排图》补充的范围比较大，《皇舆全览图》西边只到西经 40 多度，北边仅到北纬 55 度，而《十三排图》西边已到西经 90 多度，北至北纬 80 度，图幅增加一倍以上。从地域来说，《十三排图》北边包括了北冰洋，南抵印度洋，西至波罗的海、地中海、红海等地。这显然不只是中国全图，而是亚洲大陆全图了。

康熙、乾隆年间的地图测绘成果，不仅影响了整个清代，而且还影响到民国初年。在这段时间出版的地图，十之七八都是根据这一成果。它的科学价值是很高的。不过图成之后，由于过分保密，藏于内府，只有少数高级官吏才能看到，未能及时普及推广，致使地图的实用价值大大减少。另外，当时所用的测绘方法，无文字记载说明，也很难普及，以致清朝中期一段时间，地图绘制又走上了传统的老路，甚至倒退到连计里画方也很少使用。这是清朝统治者封锁政策下的产物和后遗症，应引以为戒。

三　清初西方地理学的传入

1. 南怀仁与《坤舆图说》

康熙十三年（公元 1674 年）南怀仁（Ferdinand Verbiest，公元 1623—1688 年，比利时人，公元 1656 年来华）著《坤舆图说》2 卷，《坤舆外纪》不分卷。

《坤舆图说》上卷内容为：坤舆图说，地体之圜，地球南北两极，地震、山岳、海水之动、海之潮汐、江河、天下名河、气行、风、云雨、四元行之序并其形、人物。相当于自然地理。下卷内容为：亚细亚洲及各国各岛分论；欧逻巴洲及各国各岛分论；利末亚洲及各国各岛分论；亚墨利加洲及各国各岛分论；四海总说，海状，海族，海产，海舶。下卷的内容多采自《职方外纪》，上卷也是利玛窦所介绍的那些内容，略加新说。书末附异物图，凡 23 种动物；最后是七奇图，即世界七大工程。

《坤舆外纪》记载世界奇闻，文字简短，大部分内容已见《坤舆图说》及《职方外纪》诸书，少数为当时最新的产品。如"小自鸣钟"，可纳于戒指内；大铳"能于二刻间连发四十次"，是当时最先进的火器。

由于上述二书新内容不多，故其影响和价值不如《职方外纪》。

2. 蒋友仁与《坤舆图说稿》

蒋友仁（Michel Benoist，公元 1715—1774 年，法国人，公元 1744 年来华），字德翊。乾隆二十六年（公元 1761 年），以手绘《坤舆全图》进呈，乾隆三十二年（公元 1767 年）木刻。图宽 4.33～4.66 米，高 2 米，为两半球图。在此图四周布置了天文学内容的插图和文字说明，阐明哥白尼学说是唯一正确的。又介绍了刻卜勒三定律，地球为椭圆形等。后来有人把这些文字抄录成书，即《坤舆图说稿》。内容有坤舆全图说，经纬线，测绘地周新程，四大洲，亚细亚洲（原文如此），欧逻巴洲，利末亚洲，亚墨利加洲，七曜序次，恒星，诸曜径各不同，论春夏秋冬，地半径差，清蒙气差，论地图，交食，太阳，太阴，五星，客星，浑天仪等。后来钱大昕把《坤舆图说稿》定名为《地球图说》，正式出版。但由于当时阮元等人顽固地反对日心地动说，严重阻碍了哥白尼学说在中国的传播。地球为椭圆形的思想也没有传开。蒋友仁还著有《坤舆全图绘意》，内容为：坤舆全图绘意，坤舆图小引，论地体形象，论浑天仪，地平圈，经纬度，论诸曜隐见并昼夜长短四季轮流之故[1]。

3. 清初西方气象学的传入

最先把西方气象仪器传入中国的是南怀仁。他于顺治十六年（公元 1659 年）把温度计、湿度计带进中国。康熙九年（公元 1670 年）他在中国制成了温度计和湿度计。康熙十年，刊行《验气说》，阐述了空气温度计的制作与应用，这是最早介绍欧洲温度计的著作。南怀仁制造的温度计属于早期空气温度计，它没有固定点，温标也是任意的[2]。用它可以测量一天之内不同时刻、一年之内不同季节及不同年份的节气大气温度变化，还可以测土壤及人体表面温度。他制造的湿度计用来测量空气湿度，属于弦线式吸湿性湿度计。

乾隆八年（公元 1743 年）法国传教士宋君荣（Antoine Gaubil，公元 1689—1759 年，公元 1721 年来华）在北京设立测候所，进行气象观测。乾隆二十至二十五年（公元 1755—1760 年），法国传教士钱德明（Jean Joseph Marie Amiot，公元 1718—1793 年，1750 年来华）也在北京进行气温、气压、云量、雨量、风向的观测，每天两次，一次在日出时，一次在下午 3 点

〔1〕 方豪. 中西交通史：下册［M］.长沙：岳麓书社，1987：880.

〔2〕 王冰. 南怀仁介绍的温度计和湿度计试析［J］.自然科学史研究，1986（1）.

钟。上述两人的观测记录都无从查考。但钱德明的六年观测统计，曾由美林（Messier）在巴黎《数理杂志》中发表，这可以说是外国人在中国最早的一次比较全面的近代气象记录[1]。

第六节　方志学发展的顶峰

清代，是中国方志学发展的顶峰时期，表现在以下三个方面：

第一，从数量上说，全国现存地方志 8100 多种，清代约有 5600 种，占 70%[2]。

第二，从种类上说，有一统志、通志、府州县志、厅志、卫所志、土司司所志、合志、乡镇志、识略、山水志、湖堤志、水利志、盐井盐场志、宫殿志、寺观志、祠宇志、陵墓志、风俗志、名胜古迹志等。

第三，从方志理论上说，经过方志学家章学诚等人的努力，清朝已建立了较为完整而且系统的方志学理论。

清朝各级政府都很重视编写方志，积极倡导，严加控制。清代十朝均编修、刊印了不少地方志，其中尤以康熙、乾隆和光绪三朝最多。从地区上看，北方的河北、河南、山东等省所编志书超过了江苏、浙江等地，突破了自宋朝以来南方志书多于北方的格局。同时边疆省区也开始修志。对修志活动，政府严加控制，州县以上志书几乎全是官修，私人编修的极少。在写法上，清代志书的最大弊病是隐恶扬善，书美不书恶[3]。

清代的一统志一共修了三部：第一部是康熙二十四年

---

〔1〕 洪世年，陈文言. 中国气象史［M］.北京：农业出版社，1983：88 - 89.

〔2〕 冯尔康. 清史史料学初稿［M］.天津：南开大学出版社，1986：120.

〔3〕 刘光禄. 清代编修方志概述［J］.文献，1982，11 辑。

（公元 1685 年）下令修撰，至乾隆八年（公元 1743 年）才完成，共 342 卷。第二部乾隆二十九年（公元 1764 年）开始修撰，乾隆四十九年（公元 1784 年）完成，共 500 卷。第三部修撰始于嘉庆十六年（公元 1811 年），道光二十二年（公元 1842 年）完成，共 560 卷。由于第三部的材料截止于嘉庆十五年，因此通称嘉庆志，即《嘉庆重修一统志》。

《嘉庆重修一统志》汇载全国各地情况，以省和特别地区为单位立卷，顺序是京师、直隶、江苏、安徽、山西等省，新疆、蒙古各部，最后附录有外交关系的世界各国。每省之下，设有"统部"，概述一省基本情况，如地理环境，建置沿革，户口田赋，职官和名宦。记载省府的内容有：地图、表、疆域、分野、建置沿革、形势、风俗、城池、学校、户口、田赋、税课、职官、山川、古迹、关隘、津梁、堤堰、陵墓、祠庙、寺观、名宦、人物、流寓、烈女、仙释、土产，共 27 门。所记地理现象是汇集全国方志的结果，因此资料非常丰富，超过了以前的所有一统志。

各省通志的写法有两种，一是以府、直隶州为单位，分述各项制度和人物传记；二是以志传为纲，再分述各府州县的情况。以李卫等人修的《浙江通志》为例，首列诏谕圣制 3 卷，正文为图说、星野、疆域、建置、山川、形胜、城池、学校、公署、关梁、古迹、水利、海塘、田赋、户口、蠲恤、积贮、漕运、盐法、榷税、钱法、驿传、兵制、海防、风俗、物产、祥异、封爵、职官、选举、名宦、人物、烈女、祠祀、寺观、陵墓、经籍、碑碣、艺文、杂记等 54 门，共 280 卷。"所引诸书，皆具列原文，标列出典。其近事未有记载者，亦具列其案牍，视他志体例特善。其有见闻异词者，则附加考证于下方。"[1]

　　府州县的志书体例大致相同。以嘉庆间洪亮吉总纂的《泾县志》为例，它的分类反映了大部分州县志书的情况。全书32卷。卷一，沿革（星野、疆域、形胜、风俗）；卷二，城池（故城、街巷、坊表、乡都、市镇、桥梁、津渡、邮递）；卷三、卷四，山水；卷五，食货、蠲帐、田赋、杂税、户口、徭役、物产等；卷六、卷七，学校；卷八，书院；卷九，坛庙；卷十，官署；卷十一，古迹；卷十二，金石；卷十三，职官表；卷十四、卷十五，选举表；卷十六，名宦；卷十七、卷二十五，人物、烈女、寺观；卷二十六，艺文；卷二十七，杂识（纪事、灾祥、轶事、异闻）；卷二十八，辨证；卷二十九，旧志源流；卷三十、卷三十二，词赋。此志体例完善，详于舆图疆域，重视载籍而不信传闻。考证严格，内容繁简适度，为清代名志之一。

　　所有志书的共同点是：都采用志、传、图、表的表达方式或称基本体例，它来源于止史，是"志仿史例"的结果。私人撰写的府县志和村镇志的体例呈多种状态，有的大体同于县志，有的与县志体例距离较大。

　　清代以前，学者一直把方志归入地理类。清代章学诚对方志提出了若干理论观点。他认为：第一，方志属于地方史，"志属信史"。第二，修方志求其实用，应该"详近略远"。第三，方志的内容分三个部分："仿纪传正史之体而作志，仿律令典例之体而作掌故，仿文选文苑之体而作文征"[2]。这三部

---

〔1〕《四库全书总目提要》。
〔2〕 章学诚：方志立三书议，载《文史通义》。

分中，"志"是主体，是"仿纪传正史之体而作"。"掌故"如同会要、会典，将当地机关的章程条例和重要文件，按类编选，成为专书，与"志"相辅而行。"文征"则类似文鉴、文类，其"大旨在于证史"。它是挑选那些足以反映本地生活民情，"合于证史"的诗文，汇编成书，与"志"相辅而行。第四，方志的体裁，主张"四体"说。一是纪，指按年编写的大事记。二是传，以申纪所未尽的事宜，或述事，或书人。三是考，即书志。"但重政教典礼，民风土俗"。四是表和图。第五，修志的方法，"乘二便，尽三长，去五难，除八忌，立四体，归四要"。"二便"指"地近则易核，时近则迹真"。"三长"是："识足以断凡例，明足以决去取，公足以绝请托"。"五难"是："清晰天度难，考衷古界难，调剂众议难，广征藏书难，预杜是非难"。"八忌"是："忌条理混杂，忌详略失体，忌偏向文辞，忌妆点名胜，忌擅翻旧案，忌浮记功绩，忌泥古不变，忌贪载传奇"。"四体"是："皇恩庆典宜作纪，官师科甲宜作谱，典籍法制宜作考，名宦人物宜作传"。"四要"是："要简，要严，要核，要雅"。第六，方志辨体，即分清各种地方志编纂的体例，划清各类方志的内容界限。各部通志和府、州、县志，应该各有不同的详细义例，不能混淆不分[1]。章学诚的上述理论观点，现在看来还不够全面，特别是把方志纳入史学范畴后，削弱了方志的地理学内容，影响了地理学的发展，这是不足取的。但在当时，他的理论为建立中国方志学奠定了基础，作出了很大的贡献。

---

〔1〕 仓修良. 章学诚和《文史通义》［M］. 北京：中华书局，1984.

第七节 边疆地理著作

清朝鸦片战争前的边疆地理著作，是清朝内政的产物。有些人研究边疆地理，是为了扩大地理视野，主动研究；有些人是因为触犯了朝廷，被谪戍边疆地区或流寓边疆地区，在逆境中，他们不甘受辱消沉，奋起研究边疆地理，著书立说，为国家和民族做点有益的工作。这类著作中比较有名的有：

1. 杨宾的《柳边纪略》（又名《全辽备考》）

杨宾（公元1650—1740年），字可师，号大瓢，一号山阴耕夫，浙江山阴人。父戍宁古塔（今黑龙江省宁安市），请代不许。宾赴阙讼冤，得释，求父遇之柳条边，迎归。塞外人称杨夫子。工书，精鉴碑版。著有《金石源流》、《晞发堂稿》和《柳边纪略》。

柳边，即清代柳条边。清初，为防止内地人入山采参而设置的，由开原至今吉林市北的一道柳条篱笆。康熙初，杨宾父坐罪被放逐宁古塔。《柳边纪略》5卷所记，即宾于康熙二十八年（公元1689年）前往省视其父时的一路见闻。书成于康熙后期，约55万字。有自序。正文记述柳边内外形势、山川聚落、官制、驿站及各站之间里程、物产、风土景物、语言习俗、市易、地理沿革等。为现存最早的记述清代吉林、辽宁广大地区地理情况的私人著述。

书中首叙柳边起止，二十一个边门的位置；次叙由京至宁古塔二千八百七十八里，四十六站及区间里数。所记宁古塔统属的三十六个民族部落名称及所处区域；宁古塔东北、鞑靼海岸八个部族入贡的情况以及与宁古塔的政治、经济联系等，均为研究东北史地的重要资料。对鞑靼海产的海豹皮、黑龙江产的大发哈（大马哈）鱼、席百北大鹿等东北特产，各族人的婚姻、待客、宗教活动等习俗都有较详细的记载。卷末附七十五首诗，以时间为顺序，多为抒怀之作。地理记载有些疏失，如不知黄龙府曾设于开原，呼嫒江（今嫒河）误为鸭绿江等。

2. 吴桭臣的《宁古塔纪略》

吴桭臣（公元 1664—? 年），兆骞子，字南荣，小字苏还。吴兆骞于顺治十四年（公元 1657 年）遣戍宁古塔，康熙三年（公元 1664 年）生桭臣于戍所。康熙二十年（公元 1681 年）兆骞遇赦，桭臣随父入关，终身不仕。他在宁古塔生活了 17 年。40 年以后，他根据青少年时代的经历，写成《宁古塔纪略》1 卷，把当地的气候、物产、风俗、植被等作了生动的描述。还介绍了当时的边防措施，官庄制度，满族的语言文字，边防上各站的名称和里程。最后根据朋友的言谈记载了康熙五十九年（公元 1720 年）六七月间圃魁（今齐齐哈尔市）东北 50 里发生火山爆发的事实："忽烟火冲天，其声如雷，昼夜不绝，声闻五六十里。其飞出者，皆黑石、硫黄之类，终年不断，竟成一山。"这是中国现存少数珍贵的火山资料之一。

3. 张缙彦的《宁古塔山水记》

张缙彦（公元 1600? —1672? 年），字坦公，河南新乡人。明崇祯进士，曾任知县、布政使、兵部尚书等职。仕明、大顺、清三朝。康熙初年，因文字狱流放宁古塔，死于戍所。辑有《天下名山胜概记》。曾旅游考察今牡丹江一带城镇村屯、名胜山川，于康熙九年（公元 1670 年）写成《宁古塔山水记》，约 18000 字。有序三篇，记山 11 座，水 5 处，城村 5 处，名胜 3 处。"杂记"所载民族、风俗和黑龙江流域草木鸟兽虫鱼颇有价值。是黑龙江地区第一部山水志。有公元 1984 年黑龙江人民出版社据康熙年间松石斋刻本标点铅印本[1]。

4. 西清的《黑龙江外记》

西清，字研斋，满洲镶蓝旗人。姓西林觉罗氏，鄂尔泰曾孙。历任管库、理刑主事等小官。著有《聚魁集》。于政事之暇博搜土风，广阅署中档册，参诸史书地志，撷拾群书旧闻，于嘉庆十五年（公元 1810 年）撰成《黑龙江外记》8 卷，约 61000 字。冠有域图。正文分疆域、重镇、山川、气候、形势、沿革、城堡、台站、卡伦、部落、种族、户口、官制、兵制、俸饷钱粮、出入款项、军事装备、贡品、刑律、互市、谪戍、方言、服食、风俗、职官、人物、物产等 28 门。为黑龙江现存第一部文字较多、内容最系统的志书。对全境较大的山脉河流、城堡村寨以及人文、物产等均有较详细的记载。题材广泛，记载翔实，文字流畅。西清谙熟满语。书中全文收载重译的《分界盟约》（即《中俄尼布楚条约》），比《清会典》、《平定罗刹方略》和《盛京通志》等书的记载多出两项条款[2]。

5. 黄叔璥的《台海使槎录》

黄叔璥，号玉圃，直隶大兴（今北京市）人。康熙进士。官至常镇扬通道。康熙六十一年（公元 1722 年）为御史时，巡视台湾，写成《台海使槎录》8 卷，约 8 万字。卷一至卷四为赤嵌笔谈，分原始、形势、洋、潮、风信、气候、水程、海船、城堡、武备、商贩、进贡等 22 目。卷五至卷七为"番

---

〔1〕 吴枫总编，王兆明，傅朗云主编. 中华古文献大辞典·地理卷 [M]. 长春：吉林文史出版社，1991：103.

〔2〕 吴枫总编，王兆明，傅朗云主编. 中华古文献大辞典·地理卷 [M]. 长春：吉林文史出版社，1991：339.

俗"六考。对当地北路诸罗、南路凤山等少数民族居处、饮食、衣饰、婚嫁、丧葬、器用等有较详细的考证和记载。卷八分生番、熟番、社商、社饷、捕鹿、番役、土官馈献等 8 目。该书是作者裒辑旧籍，并参以见闻写成，于风土、民俗、物产最详，而对山川险隘、控制机宜及海道、风信亦皆悉究。于形势尤为赅备。是我国早期较详细记载台湾的地理书籍，对研究台湾历史地理、民族风俗有较重要的参考价值。[1]

6. 陈伦炯的《海国闻见录》

陈伦炯，字资斋，福建泉州府同安县（今厦门市同安区）人。出生于官僚家庭，父亲陈昂于康熙二十年（公元 1681 年）从施琅入台湾，后任广东副都统。炯袭父荫，任澎湖副将、台澎镇总兵官，又任浙江宁波水师提督，皆滨海地，熟谙海道形势。他自幼随父出入东西洋，"留心外国夷情土俗及洋面针更港道"[2]。他在"移镇高（今广东高州市）、雷（今广东雷州市）、廉（今广西合浦县）"期间，因"壤接交趾，日见西洋诸部估客"，故"询其国俗，考其图籍"[3]。后来他根据自己的亲身经历和咨询海外估客所得，于雍正八年（公元 1730 年）写成《海国闻见录》2 卷。

上卷有"记"8 篇：

①《天下沿海形势录》，记述中国沿海地理形势，内容相当精彩。北起渤海湾，南至北部湾，包括台湾、海南岛，长达三万两千多里海岸线上的海岸地貌、水文、航运、海防以及其

---

〔1〕 吴枫总编，王兆明，傅朗云主编. 中华古文献大辞典·地理卷 ［M］. 长春：吉林文史出版社，1991：110.

〔2〕 民国《同安县志·人物》卷三十。

〔3〕 《海国闻见录·序》。

他人文地理内容[1]。

②《东洋记》，记述朝鲜、日本及琉球的海道、自然条件、国家制度、民族、风土民情、物产等。由于作者访问过日本，因而记述较翔实。

③《东南洋》，记述台湾、菲律宾群岛、西里西伯岛、摩鹿加群岛及婆罗洲的自然地理和人文地理，并详述郑成功收复台湾的经过。

④～⑥《南洋记》、《小西洋记》、《大西洋记》记述中南半岛、马来半岛、巽他群岛，南亚、西亚及中亚，非洲和欧洲各国的地理。

⑦《昆仑》，记述今越南南部海域中的昆仑岛。

⑧《南澳气》，记述中国南海诸岛。

下卷有图6幅：

①《四海总图》即东半球图。

②《沿海全图》即中国沿海图。

③《台湾图》即台湾岛西岸图。

④《台湾后山图》即台湾岛东岸图。

⑤《澎湖图》。

⑥《琼州图》即海南岛图。

这些图比《郑和航海图》，郑若曾的《海防图》、《内府舆图》都详细精确。缺点是没有五大洲图，只有东半球图。《四海总图》也不如利玛窦的《万国舆图》详细。

由于《海国闻见录》中的材料翔实可靠，因此，影响到

---

〔1〕 陈代光．陈伦炯与《海国闻见录》[M]//《海国闻见录》校注．郑州：中州古籍出版社，1984.

鸦片战争后中国世界地理的论著，如魏源的《海国图志·筹海篇》，蔡方炳的《广治平略·海防篇》，徐继畲的《瀛环志略·日本》，都是在《海国闻见录》的基础上撰写的。

7. 椿园氏的《西域闻见录》

椿园氏，名为七十一，满洲正蓝旗人，尼玛查氏，字椿园。乾隆十九年（公元 1754 年）进士。乾隆四十二年（公元 1777 年）供职库车军署时撰成《西域闻见录》[1]8 卷。首为舆图 1 卷，以明其疆域形势。余依次为《新疆纪略》2 卷，以地域分载地理形势。如地理位置、地形、河流、气候、生物、物产、风俗、民族、人口、经济等。还有官兵制度，记哈密、乌鲁木齐、伊犁等十余个城市。《外藩列传》2 卷，叙哈萨克、布鲁特等二十余部族和属国及组织、风俗等。《西陲纪事本末》2 卷，记清初数次平定新疆事。《回疆风土记》1 卷，记新疆的风土人情和冰川地貌，还有宗教、律令、时节等。《军台道里表》1 卷，所记道里远近，与实际相近，可为后来谈西域的人作依据。

8. 钦定《皇舆西域图志》

乾隆二十七年（公元 1762 年），傅恒、褚廷璋等人奉命纂成《皇舆西域图志》，该书凡 48 卷，卷首 4 卷。卷首为天章。正文图考 3 卷，含新图 21 幅，前代旧图 12 幅，每图之后均有文字说明。列表 2 卷，上起秦汉，下至元明。晷度 2 卷，以古法定其经纬度。疆域 12 卷，分四路叙述：安西南路，嘉峪关外州县隶属；安西北路，哈密至镇西府迪化州；天山北路，库尔喀喇乌苏至塔尔巴哈台伊犁；天山南路，关展至和阗

---

〔1〕《西域闻见录》有好几个名称，如《西域总志》、《新疆志略》、《西域记》、《西域琐谈》、《遐域琐谈》等。

诸回部。山4卷，水5卷，官制2卷，兵防1卷，屯政2卷，贡赋、钱法、学校各1卷，封爵2卷，风俗、音乐各1卷，服物2卷，土产1卷，藩属3卷，杂录2卷，记流沙尤详。为新疆第一部官修通志，记"武功"较详细，其他所记也皆具史料价值。

9. 松筠的《卫藏通志》

松筠（公元1754—1835年），字湘圃，姓马拉特氏，蒙古正蓝人。累官笔帖式、大学士、驻藏大臣。嘉庆初任驻藏大臣时，根据自己的经历见闻，写成《西招图略》1卷，叙述西藏地区的山川形势、边隘兵卡等28类。附录有自成都府至后藏站驿里数。松筠任驻藏大臣后，又撰《卫藏通志》16卷，23.8万多字。记事止乾隆朝。卷首列御制诗文。正文分方舆、僧俗、镇抚、纪略、外部、艺文、经典七门。含26目，其中抚恤目为作者独创。记疆域、山川、程站、喇嘛诸事，较《西藏志》为详，考证多引古籍，附加按语。资料来源广泛，凡涉及汉唐以来西藏事务的文献，各种西藏旧志，西藏保存的藏文档案文件，乾隆时对廓尔喀用兵及处理西藏善后事务的各种公文，历代各种碑文都收入。

第八节　地质、矿物岩石知识

一　地质知识

清朝的地质知识，我们分三个方面叙述，即化石知识、火山温泉知识和地震知识。

1. 化石知识

乾隆年间《秋坪新语》卷五，对山西太谷县的龙骨（新生代晚期的哺乳动物骨骼及牙齿化石）形态作了详细描述。写道："太州（今山西太谷县）深山中，农人往往得龙角，长丈余，圆四围，一歧而中空，重于石。工人截之，择坚整者作朝珠并小器物。其色不一，有白如象牙，红如紫，褐青如沉水香。其文理皆如鱼鳞，宝光陆离可爱，士人重之。家主翁常得一大龙牙，大如碗，重斤许，质极坚脆而气腥，不任造作，惟堪入药耳。"

檀萃（公元1725—1801年）于嘉庆四年（公元1799年）成书的《滇海虞衡志》卷二，谈到了云南马云县的石燕，写道："石燕、石蟹到处有之，可涂疮。马龙州（今云南马云县）出石燕，有文，大曰雄，小曰雌，碌券部亦然。"

中国最早记载蝙蝠石的是清代康熙三十年（公元1691年）王士桢的《池北偶谈》卷二十。所记内容为崇祯十年（公元1637年）三月张华东公（延登）游泰山，宿大汶口，在河滨发现蝙蝠石。"一石可尺许，背负一小蝠，一蚕，腹下蝠近百，飞者伏者，肉羽如生……公制为砚，名多福砚，又名蟪螺砚。"蝙蝠石是节肢动物三叶虫化石，它是5亿年前寒武纪晚期的标准化石，又叫蝙蝠虫，古生物学上叫做潘氏镰尾虫。国外最早认识三叶虫的是鲁德，他在公元1698年把一个三叶虫叫做三瘤虫。中外对比，中国认识三叶虫化石比外国早61年。

最早记载宝塔石的文献是清初刘献廷的《广阳杂记》卷四，曰："符五舟中携寒沱石砚三方，石出夷陵，中有花纹如笋。石淡黄色，而笋洁白如玉。若横截之，纹极圆，无少偏敧，俨如世之图太极者。"此后，乾隆五十九年（公元1794年）章学诚主修的《湖北通志》卷二十二记载："宝塔石，一名太极石。荆门州志云，产远安荷花店山中，形如笋，一笋者居多，或有三笋连生者，有纵横生者，锯为屏风，直如塔。横者如太极图……东湖、长阳、兴山皆有之。"宝塔石又名竹笋石、太极石。它是古鹦鹉螺壳体化石。该螺生活在海底，属于软体动物门的头足纲。其外壳呈直角状、锥状或圆柱状，体内有许多横膈壁，膈壁中央或稍偏有漏斗状的体管，纵断面形状如宝塔，故称宝塔石。它大都分布在奥陶纪和三叠纪的地层中，是奥陶纪中期的标准化石。又由于横向看像太极图，故又叫太极石。

嘉庆年间李心衡的《金川琐记》卷四记载了今四川理县的石龙，可能是鳞木化石。鳞木生长在石炭、二叠纪，为高大乔木，枝干上所覆盖的叶片脱落以后，呈现出极为清晰的鳞片状印痕。书中写道："山坡建屋者，砂土中忽有石骨横亘，蜿蜒数丈，大可合抱，锹锄不能施，灌水剔去砂砾，鳞甲爪牙具备，惟两目未开，宛然真龙。"

最早记载六角辉木化石（又名八卦石）的是清代刘銮《五石瓠》，说："崇祯中，贵池（今安徽贵池）监生唐玄之遣耕农入深山采顽石烧灰壅田，偶举锤一击，石开两片，其中牝牡相牙而阴阳八卦具焉。耕农薄视之，不以为异。"[1]六角辉木生活在距今两亿年前的二叠纪，是一种高大的树蕨植物，树干高达 10 米，直径约 20 厘米以上。外表是一层含有大量气生不定根的皮层，叶子也很大。如果将树干横切开，磨光以后，能看到中柱维管束由七个同心环组成，最里面的一个呈圆形，其余作断断续续排列的条带状，外观有的像八卦，故名八卦石。

琥珀是裸子植物的树脂流入地中，经过几千万年的地质作用形成的。清代谷应泰在《博物要览》卷八对琥珀的论述跟前人相比有三点新贡献：一是所记产地增加了琉球、高昌、永

---

〔1〕 载《屑玉丛谈》三集。

昌；二是琥珀以红如鸡血者为佳，内无损缺及不沾土者为胜；三是鉴别真假时除看摩擦后能否吸草茎、拾芥外，还可以看摩擦发热后能否散发香味，生香者真，无香者伪也。

2. 火山和温泉知识

清代，不少人对台湾的火山活动陆续有所记载。如康熙三十六年（公元 1697 年）郁永河在《采硫日记》中说，北投黄山硫穴附近，"草木不生，地热如炙，左右两山多巨石，为硫气所触，剥蚀如粉，白气五十余道，皆从地底腾激而出"。"穴中毒焰扑人，目不能视，触脑欲裂。"

康熙六十一年（公元 1722 年），黄叔璥在《台海使槎录》中，记载了台湾岛南部的泥火山，说："凤山县赤山裂，长八丈，阔四丈，涌出黑泥，至次日夜间出火，光高丈余，热气炙人，多不敢近。"

《凤山县志》云："雍正癸卯（公元 1723 年）六月二十六日，赤山边酉、戌二时，红光烛天，地冲开二孔，黑泥水流出，四围草木，皆成煨烬。"

《闽杂记》卷二记载了台湾诸罗县火山："石隙泉涌，则火随泉出，可以燃物，此自然之火，且由水中出，异矣。""又凤山县赤山接淡水溪处陂，陂平衍十余里，土中时有火出，其色俱赤，故又名赤泥湾。"

这里记载的泥火山，又称假火山，它是由夹带着水、泥、沙和岩屑的地下天然气体，在压力作用下不断喷出地表所堆成的泥丘。可为火山活动的尾声，也可为天然气苗喷出的产物，可作油气苗的标志。

西清的《黑龙江外纪》记载了康熙五十八年（公元 1719年）墨尔根（今黑龙江嫩江县）东南火山喷发的情形："地中

忽出火，石块飞腾，声震四野。越数日火熄，其地遂成池沼。"

吴桭臣在《宁古塔纪略》中，记载了康熙五十九年（公元1720年）六七月间，圃魁（即卜魁，齐齐哈尔城）城东北五十里水荡中"忽烟火冲天，其声如雷，昼夜不绝，声闻五六十里。其飞出者，皆黑石硫黄之类，经年不断，竟成一山"。

上述所记两次黑龙江德都五大连地区火山喷发，熔岩流南北长17千米，面积68平方千米，厚20～40米，覆盖于先期喷出的玄武岩台地上，堵塞了白河河道，形成了五大连池。

《康熙几暇格物编》上卷记载了黑龙江察哈延火山，曰："穴窍中白昼则吐焰，晚则出火，经年不熄。近嗅之，气味如煤，其灰烬黄白色，如牛马矢，捏之即碎。"陈鼎《滇游记》记载了云南武定火山，"巅有火池，阴雨则炽然"。

清代，屈大均的《广东新语》记载温泉88个，分布在44个县，"岭南十郡，无地不有温泉"。又记载广东电白温泉的水温随时辰而变化，说："泉微作硫黄气，其热可以汤鸡瀹卵，而寅、午、酉三时尤的。他时则稍杀。"顾祖禹的《读史方舆纪要》记全国温泉90余处。

3. 地震知识

清代董含《三冈识略》、任塾《地震记》[1]都记载了康熙十八年（公元1679年）七月二十八日发生在北京的大地震："自西北起，飞沙扬尘，黑气障空，不见天日。人如坐波浪中，莫不倾跌。未几，四野声如霹雳，鸟兽惊窜。是夜连震三次，平地坼开数丈，德胜门下裂一大沟，水如泉涌，官民震伤不可胜计。至有全家覆没者。二十九日午刻又大震，八月初一

[1] 载《三河县志》乾隆刊本。

日子时震如前。自后时时簸荡，内外官民日则暴处，夜则露宿，不敢入室。朝士多压死，积尸如山，莫可辨识。通州城房坍塌更甚。涿州、良乡等处街道震裂，黑水涌出，高三四尺；山海关、三河地方平地沉为河。环绕帝都连震一月。""忽地底如鸣大炮，继以千百石炮，又四远有声，俨如数十万军马飒沓而至。见窗牖已上下簸荡，如舟在大风波浪中。大抵床几之下，门户之侧，皆可赖以免。地且沉，争登山，缘木而避。"这里讲了震前的环境变化、地声、地裂、余震、地震灾害、防震措施等，是关于地震的经验总结。

关于测报地震的仪器，清康熙七年（公元 1668 年）五月，钦天监监副吴明烜曾建议造一种新的地动仪，说："地震方向各有所占，请造滚球铜盘一座，并设台上，仪器备，则占验始为有据。"[1]这种滚球铜盘已完全不是张衡的那种地动仪了。但这个建议没有实施，效果如何无从判断。

关于预报地震的经验，清代已有多种，如地光、地声、前震、余震、地下水异常、气象异常、动物活动异常等。汪绎辰于公元 1755 年写成的《银川小志》则总结了民间预报地震的经验，说宁夏地震"大约春冬二季居多。如井水忽浑浊，炮声散长，群犬围吠，即防此患（地震）。至若秋多雨水，冬时未有不震者"。

二　矿物岩石知识

（一）矿业、文物反映的矿物岩石知识

1. 矿业反映的矿物岩石知识

清代矿业发达，比较大的矿产有铁、铜、锡、铅、锌、

---

〔1〕《圣祖实录》卷二十六。

金、银、汞、煤、石油、天然气、盐、硫黄、玉、陶瓷原料、砚材、石材等17种。开发矿业，自然要有矿物知识作基础才能有章可循。

清代雍正、乾隆、嘉庆三朝，云南省产铜最盛。每年用来铸钱的滇铜，估计平均在一千一百万斤以上。仅就这部分金属铜按铸钱用料比例来计算，每年需用锌约九百一十万斤，铅约一百四十万斤，锡约四十四万斤[1]。清代贵州水银的最高年产量达到五千余斤，比北宋时全国水银的最高产量多一千余斤。如此规模的矿业产量，必然要有丰富的矿物岩石知识作基础才能生产出来。

根据考古资料和文献记载，清代有矿物岩石名称106种，是古代最多的一个朝代。如陶土、高岭土、山金、沙金、锡矿、铅矿、锌矿、水晶、绿松石、寿山石、玛瑙、青田石、汉白玉、碧玉、墨玉、猫睛、煤炭、天然气、石油、米汤油、绿豆油、栀子油、黑漆油、井盐、池盐、海盐、岩盐、锡蜡矿、墨绿矿、黄金箔矿、绿锡蜡、白锡蜡、烂头锡蜡、朱砂锡蜡、牛版筋、硝、硫黄、硇砂、四棱砂、苏钢砂、鲢鱼白、紫衣到、焦粑、银皮、鱼鳞、焦泥、漏泥、幼子沙、黑白沙、黄银矿、天生牙、生银、母砂银、铅银、矿化铁、磁石、玄石、褐铁矿、滑石、石棉、石墨、铅锌矿、炉甘石、白铜矿、硼砂、朴硝、芒硝、石灰岩、大理石、云母、矾石、白矾、绿矾、紫金（斑铜矿）、火里焰、老鸦翎、马豆子、自然铜、盐沙银矿、莜面黄、火药酥、镰矿（黑铅）、马尾丝（银矿）、油锡

〔1〕 夏湘蓉，李仲均，王根元.中国古代矿业开发史 [M].北京：地质出版社，1980：169.

蜡、红锡蜡、紫金锡蜡、亚子矿、穿花绿、松绿、石钟乳、石膏、方解石、解玉砂、萤石、翡翠、瑟瑟、祖母绿、红宝石、酒黄宝石、紫宝石、白石英、紫石英、白宝石、青宝石、白垩、五色石脂等。

清代的找矿方法有：

①利用矿体露头找矿。如仉慎枢对蓝铜矿的矿体露头描述是："谛视山崖石穴之间，有碧色如缕或如带，即知其为矿苗。亦有涧啮山坼，矿砂偶露者，乃募丁开采。"[1]王昶也说："有矿之处，必有绿色苗引挂于山石间，或一条，或一线，宽窄不一。厂民觅得绿引，知此山产有铜矿，招募砂丁，呈报开采。亦有久雨山崩，矿砂现露者。"[2]

古代把矿体露头叫做"矿苗"。矿苗细如线的叫做"引"或"闩"。如檀萃在《滇海虞衡志》卷二说："矿脉微露谓之苗，细苗如线谓之引。"

古代不仅通过苗、引找矿，也通过它们勘探矿体大小、位置深浅。在《滇南矿厂图略》中讲了通过苗、引勘探矿体大小和位置深浅的具体方法。

清初孙廷铨在《颜山杂志》卷四中讲了辨别煤矿露头的方法："凡炭之在山也辨死活。"所谓死，指风化煤；活，指未经风化而埋藏在岩层中的煤层。"死者脉近土而上浮，其色蒙，其臭平，其火文以柔。"这是讲风化煤上浮在土面，颜色不光亮，含硫少，火力不大。"活者脉夹石而潜行，其色晶，其臭辛，其火武以刚。"这是讲夹在岩层中的原煤深埋地下，走向

---

〔1〕《云南通志稿》卷七十四引。

〔2〕吴其濬：《滇南矿厂图略》引。

跟岩层一致。颜色发亮，含硫多，烧起来臭味大，火力猛烈。

②利用金属矿物的共生关系找矿。如屈大均《广东新语》卷十五曰："丹砂之旁有水晶床，金之旁有粉子石。"

③利用泉水找矿。如《广东新语》卷十五载："广中产铁之山，凡有黄水渗流，则知有铁……循其脉路，深入掘之，斯得多铁矣。"

④利用矿物气味找矿。如李调元听别人说，广东英德、清远等地的山上有银矿，当太阳把山上的银矿石晒热时，矿石表面就有白色的银汗，而气味辛。根据这种特殊的气味可以寻找当地的银矿床[1]。

⑤利用岩层与矿床的关系找矿。如孙廷铨在《颜山杂记》中记载了利用岩层与矿床的关系寻找煤矿的事例，曰："凡脉炭者，视其山石，数石则行，青石、砂石则否。察其土有黑苗，则其石之层数，避其沁水之潦，因上以知下，因近以知远，往而获之为良工。"这段话的意思是：凡是找煤的人，必须先观察山上的岩石性质。假如山上有一层一层的页岩出现，那么就可能有煤。如果山上全是石灰岩、砂岩，则没有煤。当看到土地上有黑色煤层露头时，就要仔细测量煤层上下岩石的层次，避开涌水。从上面的岩层情况推测地下的各种情况，从近处的岩层情况推测远处的各种情况。根据这种推测容易找到煤矿。

2. 文物反映的矿物岩石知识

清代，出土文物中反映的矿物岩石种类有：

（1）金、银

吉林通榆清代公主墓，出土金孔雀饰4件，镶嵌绿松石；

---

〔1〕 李调元：《南越笔记》卷五。

金龙簪 1 对，嵌珠；宝石金簪 1 对，嵌红宝石；金冠，各种金饰，金银戒指各 1 件，中间嵌红宝石；金元宝 1 枚，重 37.4 克；银簪杆 26 件；银锭 1 件，重 103 克；银钏 1 件，重 44.5 克。[1]北京西郊清代 2 号墓出土金镯 2 对，金凤饰 2 件，金簪 5 件，镶红宝石；金钗 1 件，镶红宝石；金簪 2 件，镶假水晶石；银质包金烟斗 1 件。[2]内蒙古巴林右旗，清代蒙古贵族墓出土金银葬具总重 5825 克。有金银箱 1 件，重 1950 克。外层金质，内层银质。大银箱 1 件，重 2400 克。小银箱 1 件，重 1225 克。银饰件 15 片，共重 250 克。猫睛石 1 颗，半球形，半透明，闪黄绿色，中间有白色光带。[3]贵阳清代银锭窖藏，出土银锭 31 件，总重 41.2 斤，有马蹄形，长方束腰形，方斗形和圆形四种。[4]

（2）铜

吉林通榆清代公主墓中出土铜器 17 件，铜钱 14 枚。在北京西郊清墓中出土铜器 6 件。

（3）其他文物反映的矿物岩石

各种砚石材料，如陶砚、红丝砚（鲁砚之一，产于益都县黑山红丝洞，赋存在奥陶系马家沟组地层中，为紫红色带有微细花纹的微晶质灰岩。砚石在紫红色的质地上有灰黄色的刷丝纹，石质发墨性好，是鲁砚中最名贵的石材）[5]、紫砂砚、松花石砚（产于吉林通化地区，松花江之源长白山麓，为微

---

〔1〕《文物》1984 年 11 期 76 页。
〔2〕《文物》1963 年 1 期 50 页。
〔3〕《文物》1985 年 1 期 94 页。
〔4〕《考古》1985 年 7 期 670 页。
〔5〕 吴惠群. 实用宝玉石学 [M]. 北京：高等教育出版社，1994：195 － 196.

晶灰岩，嫩豆绿色、浅绿色，主要矿物为方解石、微晶石英及少量黏土矿物，微晶结构，微层理构造，硬度4)[1]、尼山石砚（鲁砚之一，产于曲阜尼山，为土黄色泥质微晶灰岩，灰黄、橘黄色，性坚温润，不渗水，不渍墨，发墨有光)[2]等；绿松石（是含水的铜铁铝的磷酸盐矿物，因形似松球，色近松绿而得名），珍珠，红宝石（红宝石、蓝宝石的矿物名称为刚玉），寿山石（产于福州市寿山乡，为侏罗纪酸性火山岩蚀变岩石——次生石英岩，矿物成分由地开石、高岭石和石英组成，含滑石、伊利石、水铝石及黄铁矿等），琥珀，玛瑙，玉，蓝宝石，象牙，青田石（产于浙江青田县，为晚侏罗世统流纹岩，流纹晶玻屑熔结凝灰岩。矿物成分主要由叶蜡石组成，含高岭石、石英云母、蒙脱石、刚玉和矽线石等），芙蓉石（寿山石的一种），汉白玉，水晶，碧玉，墨玉，假水晶，猫睛石（又名猫眼石，为金绿宝石，属铍、铝氧化物，硬度8～8.5，有猫眼光学效应，故名）等22种。

总之，清代文物反映的矿物岩石情况是金属减少，宝石增多。这是跟历代不同的。反映了上层社会追求奢侈品的兴趣发生了变化。

（二）方志、笔记中记载的矿物岩石知识

1. 方志中记载的矿物岩石知识

清代方志很多，所载矿物岩石知识也很多，在这一小节的篇幅中不可能把这些知识都包容进去，只能选择几种方志作代

〔1〕吴惠群.实用宝玉石学［M］.北京：高等教育出版社，1994：195－196.

〔2〕吴惠群.实用宝玉石学［M］.北京：高等教育出版社，1994：195－196.

表予以叙述。如：

咸丰《冕宁县志》卷五第 16～19 页载："（四川）凡山之有矿者，其山必然高耸，气脉丰厚。……银矿多产雪岭悬崖之上，铜矿多在山下近河之处。一山有矿，十山有引，若中央有矿，四面八方皆有引苗透露。……各种形于山外（即是引苗）。"这里讲了矿体露头问题。该志卷五第 15 页又载四川冕宁"狮子山厂，商民每炼获黑铅一百斤，抽课铅二十斤，抽耗铅四斤八两。余铅七十五斤八两，一半官买（照例价每百斤给价银一两六钱），一半卖给甲子夸厂商。……冕邑每月折报铅七、八百斤不等，年终汇集，岁产应报春夏秋冬四季，分课、耗、官买，三共解铅九千五六百斤或一万斤零，遇闰加增。每年运交大树堡铜站，由府局解省以资鼓铸"。这里讲了冕宁铅的产量、抽税、分成、用途等项。

吴熊光修、陈诗等纂的《湖北通志》卷二十二载："宝塔石亦名太极石，荆门州志云：产远安荷花店山中，形如笋，一笋者居多，或有三笋连生者，有纵横生者，锯为屏风，直者如塔，横者如太极图，亦奇产也。案此石东湖、长阳、兴山皆有之，见三县志。"宝塔石，亦称直角石，乃软体动物头足介类鹦鹉螺化石。我国奥陶纪石灰岩中多有此种化石。因为中具螺环，形似宝塔，故明代以来称宝塔石。横截面又似太极，故亦称太极石。今长江三峡川鄂交界处的奥陶纪红褐色石灰岩中确多宝塔石，宜昌附近奥陶纪石灰岩中亦多长一尺至三尺之直角石化石。湖北兴山县播子垭户溪褐色泥灰岩中亦产宝塔石。[1]

同治《桂阳直隶州志》卷二十第 17～23 页"货殖"载：

〔1〕 刘昭民. 中华地质学史 [M].台北：台湾商务印书馆，1986.

"（桂阳）称八宝地，八宝者金、银、铜、铁、铅、锡、水晶、石炭也。水晶出白阜诸岭，其石六棱，备五色，然多白晶。石炭山中往往有之，采煤一夫日千斤，利不过千钱。铅矿最为大利，买山倾产者相继矣。铅为五金母，矿必有铅。生银者黑铅也，性柔，煎之，土石自涌于上，铅银下结矣。沙种类不可胜计，其在石者为老沙，色灿白，有四棱、苏钢、鲢鱼白三种。在土者到沙，最上紫衣到，其次焦粑、银皮、马尾、鱼鳞，各以形色名之，皆纯银无铅，和铅土乃能煎之。其如涂泥者二种，焦泥入水辄浮，漏泥浮水如脂膏，银最多，非良工不识也。取矿者遇土泥，一人力日取至万斤，遇石沙日仅得数十斤，沙之出铅，浓者百斤得五六十斤，淡者乃止数斤。然出银往往在刚土，刚土谓之荒甲，其名尤夥，有蓝甲古、椒泥古、铜矢古、绿豆古数十种。古者，夹沙之名也。""白铅其产地亦在三矿，沙似黑铅，色暗，或青黑，或黄赤，名曰幼子，又曰熟石，其兼有黑铅者，曰黑白沙。凡有铅性刚，煎则上升，击之寸寸断。锡矿似银，煎银最忌之，和锡沙同煎，铅银俱败，故曰锡为五金贼也。"

吴震方的《岭南杂记》载："白铅出楚中，贩者由乐昌入楚，每担价三两，至粤中市于海舶，每担六两。海舶买至日本，每担百斤炼取银十六两，其余即成乌铅，俗称倭铅，实不产倭，炼出银后仍载入内地，每倭铅百斤，价亦六两。其炼银之法，誓不传于内地，炉火家亦不晓其术也。"

黄本骥的《湖南方物志》载："煤出耒阳者无烟气。各郡所出皆有浓烟，熏坏衣物，土人呼之曰炭。有块炭、灰炭二种，长沙用灰炭，湘潭用块炭。灰炭用黄土和烧。出煤之所，开挖入有深二三里者，故其地多伤墓之讼。"

曹树翘的《滇南杂志》载："木煤出昆明山中，亦自本朝康熙年始盛，近曲靖亦间有之。土人掘地数丈得而取，以绞车上起，散卖供爨。其状类梁柱、门扇、榱栋、栏楹、枌檩等件，触手皆是。或如大树根，柯枝干皆条理有文，烧之火焰异于他煤。……腾越州东南，雷起潜之田，土壤皆黑，土人谓海，类如煤而实土，取以代薪，其地掘即坟起，数百年来，岁取之不加深，甚奇，即木煤乎？"[1]

严如煜的《三省边防备览》卷九"山货"载："（陕西）南山旧称产金银铜铅，为陆海，实则四项皆无，所产惟铁。……红山则山之出铁矿者，矿如石块，色微赤，故称曰红山。山中矿多，红山处处有之。"

闵叙的《粤述》载："（广西）生金水银，诸蛮洞皆有之。金出沙土中，淘而取之如麸，炼之即成。锡以富贺为佳，庆远亦有之，硝黄产于南宁。"

张澍的《黔中纪闻》载："银有十七种，美者有黄银，出蜀中，其天生牙状如乱丝；生银状如硬锡；母砂银色理赤光黑；铅银得子母之气；咸真银也。"

乾隆《贵州通志》卷十五物产载："朱砂，铜仁产者有形如箭镞者，曰箭头砂，最为可贵，产于万山厂。他砂皆产于土中，此砂独产于石夹缝中，取之最难，每块并无重至一两者。"

檀萃的《黔囊》载："金星石，出思州星石潭中，砚材取之颇难。水洞蜗旋，湾环黯黮，逮于潭底。星光灿烂，倒影返

---

〔1〕 中国人民大学清史研究所，中国人民大学档案系中国政治制度教研室. 清代的矿业：下册 [M].北京：中华书局，1983：486.

射，洞壁通明。……出而琢之、砻之、磋之、砥之，粗䎃外蠲，精光内发，如浓云郁兴。中露电影一线，倏欻闪烁，若有若无，此真金星也。工于发墨，贮水不干。""普定石似玉，琢之可研朱。思州石有银理，琢之可研墨。其制为屏者，惟沅州为佳，其石板面绿里黄，以黄为干，以绿为叶，镂空疏剔，宛成古松，或为山水台榭，因其天然色质，如入妙品。斯黔南之佳物也。"

张弘的《滇南新语》载："绿碌石也，石色如鹦鹉翠羽，光腻若凝脂，净者可混绿松，每千斤，获铜不及一二十斤，琢为器，价数倍。……矿之最佳者，曰绿锡蜡，炼千斤，则铜居其五六；次曰白锡蜡、烂头锡蜡；再次曰朱砂锡蜡，铜居其三四；下者牛版筋，仅可敷炭价。"

檀萃的《滇海虞衡志》卷二载："凡矿，锡蜡为上，墨绿次之，黄金箔又次之。……无俟炼者，为自来铜。铜铟于山，为天生铜。天生铜为铜母，不能采。……碌之最佳者，曰绿锡蜡，炼千斤则铜居其五六。次曰白锡蜡、烂头锡蜡。再次曰朱砂锡蜡，铜居其三四。下者曰牛版筋，仅可敷炭价。"这里的文字基本上抄自张弘的《滇南新语》。该书还记载了作者于公元 1804 年提出的关于煤炭的成因理论，曰："滇多地震，地裂尽开，两旁之木，震而倒下，旋即复合如平地，林木人居皆不见。阅千年化为煤（这个千年不是指具体的一千年，而是泛指时间很长久。实际上，煤的形成时间上亿年）。"这是世界上最早提出的煤由植物原地生成理论，比德国梅西特于公元 1875 年提出的煤由原地生成学说早 71 年。

据夏湘蓉等人的考证，认为鍮石、自然铜、黄金箔为黄铜矿（$CuFeS_2$，含铜量 34.5%），是一种常见的硫化铜矿物，常为致密块状。金属光泽，颜色为光辉的黄铜色或金黄色，性脆。绿锡蜡为辉铜矿（Cu_2S，含铜量 79.8%），其表面常被覆一层绿色的碳酸铜，新切面呈淡铅灰色。红锡蜡为斑铜矿（Cu_5FeS_4，含铜量 63.3%），新切面呈铜红或古铜色，常现紫色彩晕。又名紫金锡蜡。白锡蜡或灰锡蜡，也是以辉铜矿为主要成分的矿石。锡蜡名称繁多，但总的看来，不外乎两类：一类是以辉铜矿为主要成分的铜矿石；另一类是以斑铜矿为主要成分的铜矿石。还有一种火药酥，即黑铜矿（CuO，含铜量 79.8%），是一种氧化矿物，常成光亮的鳞片状或黑色土状。[1]

椿园氏（七十一）的《新疆纪略》卷五载："库车土产铜、硝、黄、硇砂。出硇砂之山在城北，山多石洞，春、夏、秋洞中皆火，夜望如万点灯火，人不可近。冬日极寒时，大雪火息，土人往取砂，赤身而入，砂产洞中，如钟乳形，故为难得也。"

吴鼎立总纂的同治《富顺县志》中有吴写的《自流井说》，在这篇文章中，吴鼎立不仅介绍了四川盐井的钻凿工艺，还介绍了盐井中所产盐卤、天然气和石油的情况。

关于天然气，书中写道："其气（指天然气）得火即燃，始则为一灶用，以竹筒就斜坡引上至百步外，或供十灶二十灶之用，于竹无伤。火有大小之别，浅井之火，或七八口，三五口，甚有不足一口者。其色白而不红，其质柔而不刚。深井之火，有二百一二十丈，卤气甚大，与黑水之气无异。深井之大火则在百丈下，并不熏人目，亦无卤气，可供数百口灶之用。"

〔1〕 夏湘蓉，李仲均，王根元. 中国古代矿业开发史［M］. 北京：地质出版社，1980：249-250.

关于石油，书中写道："米汤油色白，绿豆油色青，栀子油色黄，黑漆油色玄。白者为上选。……可以代烛，用牛马粪为饼，晒干，以此油浸之，浮水面，火不熄。可以烧滩石，亦可攻轮船。"

在章鸿钊的《古矿录》中，收录了《清一统志》及各省通志、各地府、州、县志的矿产，从中可知清朝各地的矿产情况。但大部分内容讲矿产的地理分布，只有少部分讲到矿物知识。如：

《辰州府志》载："郡城北二十里为明山，山产石凡二处：曰黎溪，曰五士坡，统以明山石名焉。其石紫质，有文绕之如带。产黎溪者质深紫而带碧色，名为紫袍玉带。石坚于他处所产……采之者少。其产五士坡者，石质如黎溪之紫，而带不一色，分上中下三层。本郡石匠入山掘采，遴其尤者辇归，迫琢为屏、为砚、为笔床、为墨几、为镇纸、为笔筒、为军持、为佩壶、为滴、印合、脂奁、粉盦之属，相其带色，镂刻花鸟人物山水楼阁，妃青偶白，备极精巧。此石向不具名，康熙间始有采之黎溪者。近时则群趋五士坡，日事斧凿。""永顺厅（今永顺县治）出水晶石、白棱石，大小不一；每枚六棱，底稍平，顶尖削。莹净如玉，间有似茶晶者，曰蔡璞。"

郭淳于公元 1830 年著的《岭南丛述》，记载了 27 种矿物岩石，即绿石、桃花石、银星石（含水磷酸铝）、金星石、锦石（板岩，可作砚）、砺石（致密坚硬的硅质板岩）、浮石、石膏、石脑（褐铁矿）、石乳、石青、紫石英、磁石、石硫黄、婆娑石、云母石、矾石、铴石、信石、滑石、炉甘石、无名异、朱土、丹砂、蓬砂、垩土、白脆等。

2. 笔记中记载的矿物岩石知识

（1）爱新觉罗·玄烨：《康熙几暇格物编》

书中谈到石盐、石鱼、瀚海石子、芒硝、木化石、阿霸垓盐等。书中写道：

石盐产于回民的地方，差不多高山裂缝之处都有。那些人不能到达的险峻地方，当地人多用箭射取。此盐色泽洁白、明亮，有些像水晶，性质温平。放入火中不爆裂的，就是真的。可以治病，与内地之盐完全不同。还有红色石盐，出产于平地水泽中，色泽微红可爱，当地人食用此盐，没听说入药的。

喀尔沁地方有一种青白色鱼石头，每开出一片，常见有鱼形，如涂了雌黄〔注：即二硫化二砷（As_2S_2）〕，或三个或四个，鳞、鳍、首、尾整个形体都全，各长数寸，和现在所说的马口鱼（注：鲤科，为溪流中的普通小型食用鱼，体长约 16 厘米）没有差别。张开口腮，竖起颔旁小鳍，像鼓浪游泳的样子。……我曾阅读《水经注》及《酉阳杂俎》，说衡阳有石鱼山，山上的石头都具有鱼的形状，就像刻上去的一样。又，《池北偶谈》上说：汧羽县有石鱼沟，取石头破开，两半都成鱼，有驱除蛀虫的作用。

瀚海沙子里出产玛瑙石子，五色灿烂，质地纯净而光润，或像石榴壳刚裂开，颗粒红丽鲜明；或像荔枝壳半开，表面白色光洁。如螺、如蛤、如蝶、如蝉，胎厣区分明显，眉目分明，有三年刻楮那样的技巧都不能超过。又有白质黑纹的就像图画一般，寒林秋月，雾岭烟溪，以致曳杖山桥、放牛夕照的景色，全是天然生成的画图。

明代时禁止芒硝出口,立法甚严。不知口外有很多产硝的地方,喀尔喀、厄鲁特等地方有白色土,熬之就成为硝。比内地所产的还好。

黑龙江、吉林等地方,水极凉。河流中曾有树木变化的石头,样子质地与石没有区别,就连木头上的纹理和虫蛀过的痕迹明显地仍没有泯灭。有的石化未全,还保存一半木质。用它来磨刀箭,比别的石头还好。又鹿角、人骨也能变成石质。

盐的种类不一,南方所用海盐、井盐,都必须煎熬烹炼,山西解州盐池像耕地那样要用人疏通为畦陇,引池水灌于其中,等到夏秋南风一起就结成盐印。因此古人认为海盐、井盐仰赖于人工,解盐仰赖于天气。惟独阿霸垓及张家口外牧养牲畜的地方有一种盐从水泽中出来不等煎熬而自行形成,也不等南风吹后而凝结。当地人就近取用,其盐块大小不等,色青黑,味甚佳,不减于内地所产的盐。

（2）孙廷铨:《颜山杂记》

孙廷铨（公元 1613—1674 年）,字伯度,又字枚先,号沚亭,益都（今山东益都）人。明朝崇祯十三年（公元 1640年）进士。入清后,历任河南府推官、吏部主事、内秘书院大学士等官职。康熙五年（公元 1666 年）,廷铨以大学士予告在籍,因搜辑旧闻作为此书。全书 4 卷,其中第四卷物产,记载了当地的石炭、铁、黄丹、白矾、绿矾、淄石砚、琉璃等矿物、岩石或用矿物岩石为原料制造的产品。如淄石砚,书中写道:"淄石坑,在城北庵上村倒流河侧,千夫出水乃可以入。

西偏则硬，东偏则薄，惟中坑者坚润而光，映日视之，金星满体，暗室不见者为最精，大星者为下。"所记煤炭的勘探和开采技术，是中国古代历史上最详细、最准确的资料，十分可贵。

（3）吴绮：《岭南风物记》

此书记载了岭南10种岩石，首为端溪石或端砚石，曰：

> 端溪在肇庆羚羊峡，砚石产老坑，有三洞：曰西、曰东、曰中，西胜于中，中胜于东。大抵坑之上层为天花板，燥而不佳；最低者为沙板，虽细亦不佳；惟中层水岩细软纯滑，斯为佳品。羊肝色为上，次青花、鹦鸽眼、火烙纹、蕉叶白，再次水纹、古塔，岩石色虽纯而其眼如黄蜡，中无睛点。朝天岩虽有蕉叶白、火烙纹，然红黑而不艳，石中带微白星，此岩俱在峡山左右。亚婆坑在灵山寺后，虽有蕉白、火烙，然石甚粗，其眼如黄泡，非佳品也。若屏风背，石色纯黑无光艳，市估所售者俱系此石。又有梅花坑，粗燥不堪，眼如黄豆，惟可用以砺刃耳。大抵名洞皆有眼，惟黄龙则老坑始有之。辨者取以为砚，然皆石之病耳。或曰，端石视之如有沙铺其面，而抹之则甚细滑，且有青花者为上。其青花亦有辨，石中隐隐有青纹一片，以水拭而方见者真青花也。若青点散乱者非。

> 英石出韶州府英德县，峰纹耸秀，扣之有金玉声为佳。而其要有三：曰绉、漏、瘦。绉谓纹理波折，漏谓洞壑玲珑，瘦谓峰峦秀削。备此三者，方见砚山全德矣。

> 星岩石出肇庆府七星岩，白质青纹，亦有如山水

状者可饰几案屏榻，颇类大理，但稍脆耳。其白者碎之，妇人可以涂面。粤东闺中多用之。

蜡石色黄如蜡，亦有峰峦形胜，大似黄子久笔意。长径数尺，小不盈掬。温润可观，岭南特重之。

嫩石出南雄府，琢之可为金。

画眉石出惠州府，妇人可用画眉。

石墨出南雄府始兴县小溪中，长短似墨，人或取以画眉。

紫石英出东莞县爆山，旧以贡献。大如指头，小如石榴子。明澈如水晶，光泽紫艳可爱。……土人得石英馈遗或以饰带饰器，亦入药用，疗妇人绝孕至十年无子者，修治服食，轻身延年。

丹灶泥出罗浮葛洪炼丹处，泥如小弹丸，红黄色，拾归可疗心痛与不服水土之病。以一丸置杯水中，忽旁泡起，累累有烟，滚滚上冲水面，须臾泥方消散。

玲珑石出南雄府始兴县洞中，有狮象二石，大如几案。其白如雪，相去丈许，宛如狮象之形，土人取狮石一块，象石一块，放醋盘中，相去尺许，辄能相就，离之复合。

(4) 纪昀：《阅微草堂笔记》

此书卷十五载：

漳州产水晶，云五色皆备，然赤者未尝见，故所贵惟紫。别有所谓金晶者，与黄晶迥殊，最不易得；或偶得之，亦大如豇豆，如瓜种止矣。惟海澄公家有一三足蟾，可为扇坠，视之如精金熔液，洞彻空明，为希有之宝。

盖物之轻重，各以其时之好尚，无定准也。记余幼时，人参、珊瑚、青金石价皆不贵，今则日昂。绿松石、碧雅犀价皆至贵，今则日减。云南翡翠玉，当时不以玉视之，不过如蓝田干黄，强名以玉耳；今则以为珍玩，价远出真玉上矣。……珊瑚旧贵鲜纤如榴花，今则贵淡红如樱桃，且有以白类车渠为至贵者。

巡检署中一太湖石，高出檐际，皴皱斑驳，孔窍玲珑，望之势如飞动。云辽金旧物也。考金尝拆艮岳奇石，运之北行，此殆所谓"卿云万态奇峰"耶？然金以大定府为北京，今大宁城是也。辽兴中府，金降为州，不应置石于州治，是又疑不能明矣。又相传京师兔儿山石，皆艮岳故物，余幼时尚见之。余虎坊桥宅，为威信公故第，厅事东偏，一石高七八尺，云是雍正中初造宅时所赐，亦移自兔儿山者。南城所有太湖石，此为第一。

（5）屈大均：《广东新语》

屈大均（公元 1630—1696 年），初名绍隆，字翁山，又字介子，号菜圃，广东番禺人，明诸生。清军破广州后，遁入空门，行游南北，交结遗民，不久又弃禅归儒，与魏耕、顾炎武、李因笃交往。平三藩后，隐居著书，其诗尤负盛名。本书成于屈氏晚年，全书 28 卷，其中卷十四、卷十五、卷二十三中，记载矿物岩石 16 种，即石钟乳、云母、食盐、金、银、铜、铁、连、珠、玉、水晶、珊瑚、琥珀、玻璃、勾漏砂、石蟹等。卷五"石语"中记载各种岩石 24 种，即韶石、大英石、小英石、蜡石、三石、五羊石、相石、望夫石、南台石、九曜石、罗经石、雨之石、海石、犀象石、石粪、西樵石、端石、锦石、石笠、四石镜、石船、石的、石床、端溪砚石。在对这些矿物岩石的描述中，有一些矿物岩石的性状知识，现略举几例：

韶石：韶石在韶州北四十里，双峰对峙若天阙，相去里许，粤人常表为北门。旁有三十六石环之，一一环谲无端，互肖物象，各为本末，不相属联。有记其状者云；韶石前后怪石相望，直若危柱，削若堵墙，圆若廪囷，半削如䐗瓜。首尾翘翘似舟航，方幅如布帆。廉起如檐宇，约署尽之。……韶石皆空心，窍穴相通，风入其中，大小声一时响应。

大英石者，言乎英德之峰也。英德之峰，其高大者皆石，故曰大英石。……其为状多直而少横，每一直石起，辄至数千百仞，各自为根，不相缘引。一石一峰或数峰，峰无余石，石无余峰。卑者不相附，高者不相摩。卑者或侧出而多歧，高者必矗竖而特干。

小英石：英州为奇石之薮，其有根者丛起而为峰，无根者散布而为石。石者峰之余地，峰者山之骨而石其齿牙也。凡以皱、瘦、透、秀四者备具为良。其出土者曰阳石，受雨雪多，质坚而苍润，扣之清越。入土者曰阴石，则反是。石生山谷间，大小相叠，一一嵌空斗竦，具峰峦岩洞之状。即一卷许，亦辄芙蓉乱削，乳窦交通，巉巇勾漏。小心视之，须五日始尽其一峰，十日始尽其一谷。

英石外有曰蜡石，以黄润如玉而有岩穴峰峦者为贵。……外有罗浮石亦贵。

岭南产蜡石，从化、清远、永安、恩平诸溪涧多有之。予尝溯增江而上，直至龙门，一路水清沙白，乍浅乍深。所生蜡石，大小方圆，碟砝多在水底。色大黄嫩者如琥珀，其玲珑穿穴者，小菖蒲喜结根其中。

端石：羚羊峡西北岸，有村曰黄冈，居民五百余家，以石为生。其琢紫石者半，白石、锦石者半。紫石以制砚，白石、锦石以作屏风、几、案、盘、盂诸物，岁售天下逾万金。……白石即西洋诸番亦来买取，盖黄冈衣食于石，自宋至今，享山岩之利数百年矣。

锦石，出高要峡，青质白章，多作云霞、山水、人物、虫鱼诸象。以为屏风几案，不让大理石，但质微脆耳。其纯白者产七星岩，名白端。为柱为础及几、案、盘、盂，皓然如雪，皆可爱。盖七星岩内外纯是白石，亦有白质青文，然望之苍黑如积铁，以岁久风雨剥蚀也。最白者妇女以之傅面，名为干粉。与惠州画眉石、始兴石墨，皆闺阁所需。

端溪砚石：羚羊峡距郡东三十里，束三江之水。其山产石类瓞珫，唐宋以来，才人文士，采作砚材。苏文忠称为宝石。……峡石矿凡十一：北岸坑曰阿婆，曰白婆坟。其石质黯黝不鲜，佳者亦有火捺纹、焦叶白，可乱水岩、朝天岩。惟青花中，黄星密洒如尘。眼大于螺，若人张目，湛湛无神，真赏家以此辨定。碧点长斜，似眼无瞳。每石一片，可得十二三点十数点者。梅花坑在峡外三水境中，峡将尽岸，南山坳有洞，……土人名曰岩仔坑。其石扣之声冷冷，久磨能滑。……坑下度小山曰新坑，其石细润微青，焦叶白亦青。西上越水涧隔裹，曰朝天岩，其石坚实，不能滑腻，火捺纹成结不运，若蜡炬着垩壁斜焰，及烧损几案处。焦叶白色晦气黄，纯洁无痕者亦可贵。……老坑，石三层，上层近山沙，透漏如蠹蚀曰虫蛀，其质微逊中层，常有翡翠杂拉。中层火捺纹、焦叶白。其绝品，东瓜瓤、青花及眼生焦叶白。下石，工所名下层石也。又下，麻鹊斑纹成鱼冻，或如唾涎，亦有眼，眼中瞳含沙多脱去。此中石时有蔚蓝者，秀色可餐，不一见。……

银：粤之山旧有银穴银沙，《始兴记》云，小首山崩，崩处有光耀，悉是银砾，铸之得银。而英德、清远，其山传有银矿者，辄有白气上升，草木沾之皆白。或山石盛热时有银汗，白而味辛，其矿或红如乱丝，或白如草根，或衔黑石，或有脉，谓之龙口。循龙口挖之，浅者一二丈，深者四五丈，有焦路如灶土然，斯矿苗也，又挖则矿见也。由微而盛，盛而复微，或如串珠，或如瓜蔓。微则渐绝，绝复寻焦，焦复见矿。若焦已绝，则又盘荒也。凡矿以有银星大点而柔者为上，小点而坚者次之，谓之明矿。次则夹石矿，以色绿者为上，红黑黄白者次之。又次则砂土矿，淘去浮者，留其沉重者煎之，以成瓜者为上，如瓜蔓者次之。

铁：广中产铁之山，凡有黄水渗流，则知有铁。……循其脉路，深入掘之，斯得多铁矣。

水晶：琼州五指山，多水晶，光莹照人，望如雪霁。取以为假山，高至丈余，价甚翔。其银晶及黄紫者，多从闽漳而来。或谓色红者火晶，可以取火。白者水晶，可取水亦可取火。水晶所在，夜辄有火光云。

（三）矿物岩石著作

清代含有矿物岩石内容的著作，大致可以分为三大类，即陶瓷类、矿产类和石谱类。

1. 陶瓷著作中的矿物知识

（1）朱琰：《陶说》

朱琰，字桐川，别号笠亭，海盐人。乾隆三十一年（公元1766年）进士，任直隶富平知县，后为吴绍诗幕僚。他著作丰富，是一位能诗善文的文学家，又是一位画家及博古之士。他在江西留心瓷业，著《陶说》6卷，这是中国第一本陶瓷史。

卷一曰："石（指瓷石）产江南徽州祁门县坪里谷口二山，距窑厂二百里。开窖采取，剖之，中有黑花如鹿角菜者，土人借溪流设轮作碓，舂细淘净，制如土砖，名曰白不（音'敦'）。色纯质细，用制脱胎、填白、青花、圆琢等器。别有高岭、玉红、箭滩数种，皆出饶州府属境内，采制法同白不。止可参和制造，于粗器为宜。"这里讲了制瓷的原料及加工方法。所说瓷石，是一种主要含有石英和绢云母矿物组成的岩石。

"釉无灰不成。釉灰出乐平县，在景德镇南百四十里，以青白石与凤尾草制炼，用水淘细而成。配以白不细泥，调和成浆，按器种类，以为加减，盛立缸内。"这里讲釉和釉灰的制备和使用方法。釉是以釉石配合釉灰制成的。它是以氧化钙（CaO）作为主要熔剂，所以称之为钙釉，习惯上称之为灰釉。釉灰的主要组成为碳酸钙。[1]

---

〔1〕卢嘉锡总主编，李家治主编. 中国科学技术史·陶瓷卷 [M].北京：科学出版社，1998：322.

"匣钵之泥，出景德镇东北里淳村，有黑、白、红三种。又宝石山有黑黄沙一种。配合成泥，入火烧炼。"这是讲制匣钵的原料。

"瓷器青花、霁青大釉，悉借青料，出浙江绍兴、金华二府所属诸山。采者入山得料，于溪流漂去浮土。其色黑黄、大而圆者为上青，名顶圆子。携至镇，埋窑地三日，取出，重淘洗之，始出售。其江西、广东诸山产者，色薄不耐火，止可画粗器。"这里讲的青料，是指钴土矿，化学成分有 SiO_2、Al_2O_3、Fe_2O_3、MnO、CoO、NiO 等。[1]

卷三"造法"条中，讲了制造瓷器的原料及其产地。曰：

陶土，出浮梁新正都麻仓山，曰千户坑，曰龙坑坞，……土埴（黏土）垆（黑色土），均有青黑界道，洒洒若糖点。莹若白玉，闪烁若金星者为上土。

石末，出湖田一二图，以和官土造缸，取其坚也。

釉土，出新正都。曰长岭，作青黄釉；曰义坑，作浇白器釉。二处皆有柏叶斑（黏土中含有杂质或有机物而形成若干斑纹。在动态环境下形成的黏土矿物和含水氧化物的种类是变化的）。

鲜红土，未详出何地，烧炼作红器，正（德）嘉（靖）间断绝，烧法亦不如前，仅可作矾红色。

西红宝石，宣窑造红鱼靶杯，粉（碎西红）宝石涂垩，红鲜夺目。

朱砂，宣窑作小壶、大碗，色红如日。

〔1〕 卢嘉锡总主编，李家治主编.中国科学技术史·陶瓷卷〔M〕.北京：科学出版社，1998：383.

青，用陂塘青，产乐平一方。嘉靖中，乐平格杀，遂塞。用石子青（也叫无名子、釉子，为钴土矿的一种，属第三纪初期红色岩层中安山凝灰岩的风化残积矿床，矿石多成片状、棱角状及条状散布于安山凝灰岩的风化壳的上部。含钴 0.2% − 5.8%，含锰 20% − 23%。景德镇常用以绘瓷。此外，用于绘画的蓝铜矿亦称石青或泛名大青），产瑞州（江西上高县）诸处。

苏泥勃青（应为苏勃泥青，明时我国称南洋加里曼丹岛为勃泥，苏勃泥青可能指从苏门答剌和勃泥一带出产或转口之青花料，即钴土矿），宣窑青花器用此，至成化时已绝。

回青（从南洋、西亚进口的可作上等青花料的一种国外产的钴土矿石），正德时大珰（大太监）镇云南，得此于外国。嘉窑御器用此，其后亦不能继。……回青，捶碎有朱砂斑者曰上青，有银星者曰中青。

黑赭石（指具有红褐色可做颜料用的矿石，其红色土状者称代赭石，主要用为红彩。这里指富褐铁矿的低品位钴矿石或锰土的泛称），出庐陵（今江西吉安）新建，一曰无名子，用以绘画瓷器。

（2）蓝浦：《景德镇陶录》

卷三"配合釉料"记载了各种釉料所用的矿物，如：

紫金釉：用罐水炼灰，紫金石水合成。翠色釉：用炼成古铜水硝石合成。金黄釉：用黑铅末碾赭石合成。矾红釉：用青矾炼红加铅粉广胶合成。紫色釉：黑铅末加石子青石末合成。浇青釉：用釉水炼灰，石子青合成。浇绿釉：用炼过黑铅末加古铜末石末合成。豆油釉：用豆青油水炼灰，黄土合成。纯白釉：用釉水炼灰合成。浇黄釉：用牙硝、赭石合成。霁红釉：用红铜条、紫石英合成，兼配碎器不（音敦）、宝石、玛瑙。霁青釉：用青料配釉合成。东青釉：用紫金釉微掺青料合成。龙泉釉：用紫金釉微掺青料合成。炉均釉：用牙硝晶料配釉合成。碎器釉：用碎器不（音"敦"）出三宝棚者，细淘则成碎器，粗淘则成大纹片。

"陶彩需用色料"中提到的矿物有：铅粉、焰硝、青矾、黑铅、赭石、乳金银、石子青、紫金石、五色石英。

卷四"陶务方略"中讲了各种制瓷原料，如：

> 在镇（指景德镇）陶作器，质粗细不一，有用官古不（音敦，下同）者，有用上古不者，有用中古不者，有用滑石者，有用釉果配高岭者，有用滑石配白石者，有用余干不配高岭者，有用黄泥不者，有用捡渣者，各视所造器采用。

> 瓷土，自来以麻仓为著，俗呼麻村密里，又呼洞里，属邑东乡，明末土竭，后复出，造成釉果则大鸦岭为上，性硬白而微汗，造瓷不挫，古器中多用作骨胎。他处亦有硬白工，或不免有油。又或白而性软耳。

> 釉果，凡佳器全用作质，次品亦半用之，粗器则止和水合灰，以当水釉。嘉庆三年，邻邑乐平亦出此，为婺人起厂春造，块式大于窑里所造。陶户试用，颇不低。

> 高岭，本邑东山名。其处取土作不，初止土著汪、何、冯、方四姓业此，今则婺邑多充户，然必假

（借）四姓名号。

坪里土，葛口土，皆祁门县所产。自余干土出，
而坪里、葛口之土用者少矣。近邑南有小里土，亦可
用。舂户多合用之，然不及余干土也。

（3）吴骞：《阳羡名陶录》上、下两卷

《阳羡名陶录》讲江苏宜兴的紫砂陶器及其制作原料，
"选材"条曰：

软黄泥，出赵庄山，以和一切色土，乃粘腻可
筑，盖陶壶之丞弼也。

石黄泥，出赵庄山，即未触风日之石骨也。陶之
乃变朱砂色。

天青泥，出蠡墅。陶之变黯肝色。又其夹支有梨
皮泥，陶现冻梨色。淡红泥，陶现松花色。浅黄泥，
陶现豆碧色。密口泥，陶现轻赭色。梨皮和白砂，陶
现淡墨色。

老泥出团山，陶则白砂星星，宛若珠琲，以天青
石黄和之，成浅深古色。

白泥出大潮山，陶瓶、盎、缸、缶用之。

（4）奥玄宝：《茗壶图录》上、下两卷

上卷"泥色"条曰：

泥色之辨，询难矣。每壶各异，譬犹天文之灿
然，不可得而名状也。请言概略：有朱泥、有紫泥，
而朱紫二色，则壶之本色也。或谓红曰朱砂，黑曰紫
砂，而朱有浓淡，紫有浅深，或有白泥、乌泥、黄
泥，或有梨皮泥、松花泥，或有铁色、栗色、淡墨
色、猪肝色、黯肝色，又有金银沙闪点者，縠绉周身

者，其他如海棠红、朱砂紫、定窑白、冷金黄、沉香、水碧、桃皮、葵黄诸名，皆取譬以名状，而予未得悉见其物，故不敢臆决焉。

上述紫砂土原矿属沉积岩，矿体呈层状；白泥往往分布在山腰，甲泥在山脚平坦处。其主要矿物相由伊利石、高岭石组成，并含有不等量的蒙脱石、石英、云母碎屑和针铁矿，微量矿物有金红石、钛铁矿、电气石、锆石等。[1]

2. 矿产著作中的矿物知识

（1）历代专门讲矿产的著作不多，清代也是如此。最著名的是吴其浚于道光二十四至二十五年间（公元1844—1845年）写成的《滇南矿厂图略》。全书分两大部分，一为《滇南矿厂舆程图略》，一为《云南矿厂工器图略》。前者讲矿厂的地理分布和彼此间的里程；后者讲采矿技术、矿石种类、冶炼、工具等，是一部采矿技术专著。下面就《云南矿厂工器图略》中的矿物知识作一些介绍。

第一，引。讲矿苗，即矿床的各种形式的露头。

书曰：

> 矿藏于内，苗见于外，是曰檑引。谚曰：一山有矿，千山有引，譬之于瓜，檑者蔓也。散矿者叶也，堂矿者瓜也。子檑之矿薄，老檑之矿进山。

往下讲檑引与矿床的关系：

①憨檑：色枯而质轻，无矿也。

②铺山檑：散漫无根，虽有所得，不过草皮微矿。

〔1〕 李家治. 中国科学技术史·陶瓷卷 [M]. 北京：科学出版社，1998：457.

③竖生檔：直挂无枝，其势太独，亦不成大事。

④磨盘檔：盘施曲绕，势多趋下，数年之后，必致水患。

⑤跨刀檔：斜挂进山，忽断忽续，一得篷座分明，小则成刷，大望成堂。

⑥大檔：宽厚尺余，横长数丈，石砐坚硬，马牙间错，一时不能得矿。既得之后，必有连堂，兼能悠久。

第二，矿。讲矿石的品位和矿石的种类。如：

①铜矿凡数十种：紫金为上，加有红晕者曰火里焰；兼有蓝晕者曰老鸦翎；赆分在五溜（注：一百斤铜矿炼得铜十斤为一溜）以上曰马豆子，赆分高可七八溜而断不成堂曰黄金箔；易有水而最悠久曰生铜，即自然铜，大块可作器皿。

②银矿凡数十种：墨绿为上，盐沙次之，有一两至七八两胚子。苁面黄，火药酥又次之，皆炸矿也〔银以胚子称，矿石一斤炼出银一分为一分胚子，即可入罩（炼银曰罩），曰炸矿〕。

③镰矿，即黑铅也；曰明矿，有大花、细花、劈柴之别，不过数分胚子（银含在铅矿中，炼出的银少）。

④铜盖银矿：黑矿起盐沙，或发亮，皆有银。先入大炉煎出，似铁非铁，次入推炉，即分金炉，推去镰，臊末入小炉，揭成铜，其镰下罩出银。

⑤银盖铜矿：色带绿或夹马牙者皆有铜，罩中拨出渣，臊入大炉煎出镰水，所剩之渣，臊上窑煅炼几

次入铜炉成铜。

　　⑥铅，即白铅也（实为锡矿），用瓦罐炼成。闻其中亦有银。交阯人知取之之法，而内地不能也。

　　（2）在《滇南矿厂图略》中附有仉慎枢的《采铜炼铜记》，文中也讲了各种铜矿石。写道：

　　　佳者有黄胖绿、豆青绿、墨绿。佳者为白锡蜡，色白体重，边纹如簇针尖。油锡蜡，色光亮。红锡蜡，色红。紫金锡蜡，色深紫。尤佳者，火药酥，色深黑，质松脆，皆彻矿。彻即净，厂俗违净为彻。又有亚子矿，叠垒山腹，采之如拆砖墙，亦佳品。盐砂矿，色青黑，若带黄绿则次也。穿花绿，石中夹矿，又其次矣。尤下者为松绿，内外纯绿，赶分极低，止可为颜料之用。

　　3. 石谱中的矿物岩石知识

　　清代有一些石谱著作，其中谈到砚石、化石、玉、印石以及各种各样的玩石，体现了清代的矿物岩石知识水平。下面以石谱著作为主体作介绍。

　　（1）宋荦：《怪石赞》

　　宋荦于康熙四年（公元 1665 年）写成《怪石赞》，讲了16 种观赏岩石，岩石名称以石形命名，无产地，对岩石性状有一些描述。如：

　　　宜春胜：文石，色黄白，上有红文，锋棱如剪。

　　　紫鸳覆卵：如菱而小，上淡墨色。裹肉其内，下紫色莹彻，白文缕缕，眉目宛然，与鸳鸯无异。傍有一卵，以翼覆之。

　　　寒潭秋藻：类枣而扁，色白，内含碧草数茎。

红蜀锦：大如栗，文彩如织。

朱霞笼月：如红豆，内圆光隐隐。

鬼面：石大如指顶，色红白。

玉贝叶：以淡墨包深紫色，上有白玉贝叶。

（2）高兆：《观石录》

高兆，字云客，福建省侯官县人，明末清初著名学者。清代初年，高兆自江左归里，正值其友陈越山因开发寿山石而发迹之时，他将在陈越山、林道仪等 11 位友人处看到的寿山美石 140 余枚，记录成篇，于康熙七年（公元 1668 年）写成《观石录》，为寿山石专谱，有岩石性状及岩石加工技术的记载。全文 1700 字，把所见寿山石定为神品、妙品、逸品，按其形色百般描述。他明确指出："石有水坑，山坑；水坑悬绠下凿，质润姿温；山坑发之山溪，姿暗然质微坚，往往有沙隐肤里，手磨挲则见。水坑上品，明泽如脂，衣缨拂之有痕。"又对当时著名石雕艺人潘子和、谢弈、杨玉璇等人的艺术技巧，给予了高度评价。总结了他们雕刻寿山石时要"相石"、"解石"以及磨光的经验。

他写道："卞二济《寿山石记》云，'迩来三四年间，射利之徒尽手足之能，凿山博取，而石之精者出焉。间有类玉者、琥珀者、玻璃、玳瑁、朱砂、玛瑙、犀若象焉者。其为色不同，五色之中，深浅殊姿。别有缃者（如浅黄色细绢）、缤者（如赤黄色的绢帛）、绮者、缥者（如青白色丝织品）、葱者（如嫩葱叶色）、艾者、黝者、黛者；如蜜，如酱，如鞠尘焉者；如鹰褐、如蝶粉、如鱼鳞，如鹧鸪焉者。'旧传艾绿为上，今种种皆珍矣。""石有络，有水痕，有沙隔，解石先相其理，次测其络，于是避水痕，凿沙隔以解之。石质厥润，锯行其间则热，行久热迫而燥则裂。解法：水解为上，锯行时，一人提小壶徐倾灌之。"

（3）毛奇龄：《后观石录》

毛奇龄（公元1623—1761年），字大可，号初晴，浙江萧山县人。明末清初名士，精通经史文学，文坛称为西河先生。曾任翰林院检讨、明史馆纂修官等职。擅长骈文、散文、工词，并从事诗词的理论批评，一生诗文著作甚富。康熙二十六年（公元1687年），他寓居福州，获寿山佳石49枚，"偶于滞观之次，共录一笺，以当展玩"。因见友人高兆有《观石录》，故以《后观石录》为题著文，以纪其事。全文3600余字，对自藏寿山石章的规格、色泽、石质以及纽制、刻工等，逐一作了详尽的记录、评价。他对寿山石品种优劣作了评定，认为"田坑为第一，水坑次之，山坑又次之"。他对每块石头作了具体描述，如：

艾叶绿二：平直横径各寸，而卧螭钮——杨玉璇制钮。绿色通明，而底渐至深碧色，独其住处稍白，则艾背叶矣。骆幼重日，骤观之，但见两螭环首掉足，婉蜒绿波中。上半如碧玉，下半如红毛玻璃酒瓶，又如西洋玻璃瓶。

羊脂一：高二寸半，径二寸，横一寸，白泽钮，玉质温润，莹洁无类，如搏酥割肪，膏方内凝，而腻已外达。

鸽眼砂一：此旧坑也。高二寸，横径各寸，辟邪钮，通体荔枝红色，而谛视其中，如白水滤丹砂，水砂分明，粼粼可爱。一云鹁鸽眼，白中有丹砂，铢铢粒粒，透白而出，故名鸽眼砂。旧录亦以此为神品。

（4）高兆：《端溪砚石考》

此文讲了端溪十一坑砚石的性状，如："北岸坑曰阿婆，曰白婆坟，其石质黯黝不鲜，佳者亦有火捺纹、蕉叶白，可乱水岩、朝天岩。惟青花中，黄星密洒如尘，眼大如螺，若人张目湛湛无神，真赏家以此辨定。"文字大多与屈大均的《广东新语·石语》相一致。康熙二十六年（公元1687年）冬，他游端州，"值开坑，所见三十年前石与今异。访之石工，其言殊别。征其说，各护所偏。适同人梁药亭、屈翁山（即屈大均）、陈元孝、王蒲衣，先后会于崧台，相与讲论辨识。更质于天宁真公隆参公宗，华严一公诘，砚叟廖子理，考证之。既喜身亲古人未言之见闻，复重概乎文明之璞。一旦割裂而出，天地真蕴，山川元气，渐至竭耗，不数十年，此山便成陵谷，无有问津之处"。

（5）沈心：《怪石录》

沈心，字房仲，仁和人。雍正时诸生，早从查慎行游。其诗颇有查氏法，有《孤石山房诗集》和《怪石录》。

《怪石录》成于乾隆十四年（公元1749年），一共讲了21种岩石，即蕴玉石、金雀石、紫金石、红丝石、牡丹石、梅花石、竹叶石、劳山石、鼍矶石、弹子涡石、北海石、松石、镜石、鱼石、凤石、彩石、海石、细白石、文石、石末、马牙石。对这些岩石的产地（全部产山东省各县）、性状、颜色、用途均有所描述。如：

蕴玉石：产益都县淄水中，色青黑，质坚。昔人多取以作砚。

金雀石：产益都县金雀山，色绀青，质坚，宜作砚。

紫金石：产临朐县沂山下土中，色紫如端溪东洞，石质坚，作砚颇佳。

红丝石：产临朐县黑山，质甚坚，其文理详唐询《砚录》："红丝石，红黄相参不甚深，理黄者丝红，理红者丝黄。"

牡丹石：产掖县亚绿山，质较莱璧殊坚。色微红，极娇艳，可作器。

梅花石：产掖县亚绿山下土中，质与牡丹石等，色则绿白相参。

竹叶石：产掖县大泽山，色白质甚坚。其筋皆作竹叶形个字介字之属，遍体交加，且具风雷晴雨之态，惜姿稍粗，难入鉴赏。

劳山石：产即墨县劳山下海滨，质甚坚，其色如秦汉鼎彝，土花堆涌者最可爱。间有白理如残雪，如瀑泉者，具有岩壑状。小者作砚山，大者充堂室中清供，直与英德、灵璧石相颉顽。

鼍矶石：产蓬莱县（今长岛县）海中鼍矶岛。琢以为砚甚佳。色青黑，质坚，其有金星、雪浪纹者最不易得。

弹子涡石：产蓬莱县丹崖山旁，大如芡实，色具五色，温润可爱。苏轼云：蓬莱阁下，石壁千丈，为海水所战，时有碎裂，掏洒岁久，皆圆熟可爱，土人谓之弹子涡也。

北海石：产蓬莱县海中诸岛，波涛汹涌，人迹罕到。

松石：产蓬莱县海中大竹岛，色微黄，质坚而体不甚重。

镜石：产蓬莱县海中漠岛，色黄黯而光明如鉴，今蓬莱阁傍有一座大如碑。

鱼石：产莱阳县火山，色如败酱，有游鱼文，鳞鬣宛然，间有荇藻影者，琢磨方正，以嵌屏风书几，堪亚大理点苍山石。

凤石：产莱阳县凤皇山。因似玉，俗呼为凤玉。质稍粗，色淡黄如蔊卜花，白者如珂雪，殆与莱石皆碔砆之属，工人琢作砚山、镇纸等物，或作印章，颇可爱玩。

彩石：产莱阳县五龙山，质极腻，色有青、黄、白诸种，颇娇美，作印章殊类青田洞石。

海石：产莱阳县海中岛，色纯墨，洞窍玲珑，峰峦奇秀，园林中叠作假山及点缀盆玩颇胜。

细白石：产文登县海滨沙土中，形如芡实，白净可爱。

文石：产荣成县海中青碃岛，质坚而色具各种，其文彩陆离，赋形肖物，亦造化之诡异也。以清泉养白瓷盆内，精莹夺目，真书室清供上品。

石末：出潍县，以潍水中石碾极细末，复漂净，陶为砚，故名石末，自唐时已重之。

马牙石：产博山县黑山，以药煅烧作料丝、棋子、倒披器（玩具名）等物，总名为琉璃器。

(6) 诸九鼎：《石谱》

诸九鼎，钱塘人，字骏男，又字铁庵，有《诸铁庵集》和《乐清集》。《石谱》记载石头 20 种，其石名以形状或地名名之，讲了石头的形状、性质、颜色、大小等内容。他从小爱石，"幼年尝从先大人过严子陵钓台下，向江滩觅石，履为之穿，亦可笑也。今偶入蜀，因忆杜子美诗云：蜀道多草花，江间饶奇石。遂命童子向江上觅之，得石子十余，皆奇怪精巧。后于中江县真武潭，又得数奇石，乃合之为石谱，各纪其形状，作一赞。归湖上，当乞仙臞谢彬图之，兼以示伯紫、幼量、伯辅诸君。见予等好尚自不愧古人也"[1]。下面选几例：

沧浪独钓石：石形如闽橘，半白半黑。白中苍松密叶，似有鸟雀飞鸣。其内一人独坐作垂竿状，冠衣眼鼻，俨然若生。其松上枝参蔽，如深山邃壑，不见日月。下枝密布，一望无际。赞曰：山雀群飞，松枝萧槭，盘礴独坐，有沧浪客。王弘泛宅，严陵垂纶。高风未邈，仿佛斯人。我归西湖，白云在手。与尔忘言，共为石友。（往下赞的内容省略）

海潮璎珞石：石长三寸，形如秋白笳。石面下白，上微红，绿色，璎珞密布，绳穿缕挂，累累如贯珠。石背若大海中涌起雪浪，溅珠跳沫，层叠汹涌，大为奇观。

仙人戏龙石：石大一寸二分，黑质白理，石面多作黑围圆，内隐荇藻，文细如发。政如初生莲叶，田田可爱，最为精丽。石背一仙人，似世间所画星官状，立于水际。波澜浩汗，若见二龙隐隐出没。予得此石时，土人云，此石中有二龙，向仙人游戏，故名之曰，仙人戏龙石。

织锦石：石如织锦，百色斑斓，杂嵌珍异，中有黄白界痕，细如丝缕，具作玉色，真奇石也。围圆五

〔1〕 见《檀几丛书》卷四十四《石谱》。

分有余。

寒溪松影石：石长约一寸五分，阔九分，灰白色，而质极明润。如深秋溪涧，中涵松影，五粒龙鳞，浓淡可数，水波荣洄，更增寒色，名之曰寒溪松影。

此外，还有秋雪芙蓉石、镜中花石、云君山鬼石、丹枫独秀石、万花石、五粒新松石、宋锦石、轩辕帝女白松石、龙卵石、星宿海石、聚珍石、墨竹石、礼星石、吉祥云石、锦笰石等。

（7）谷应泰：《博物要览》

谷应泰，丰润人，字赓虞，顺治进士，官浙江提学佥事。性嗜博览，工文章，有《明史记事本末》、《筑益堂集》、《博物要览》等著作。

《博物要览》写于顺治元年至顺治十八年（公元 1644—1661 年），全书 12 卷，其中卷三志金，讲金的产地、种类、鉴别方法；卷四志银，讲银的产地、种类、等级、鉴别方法；卷六志宝石，讲宝石的产地、种类、鉴别方法；卷七志玉，讲玉的产地、种类和鉴别方法；卷八志玛瑙、珊瑚、水晶、琥珀、蜜蜡，其中琥珀一项，论述了世界上琥珀的产地、成分颜色、形成原因、品质优劣、鉴别真假的方法等，是专论琥珀的文献。

卷六志宝石中，除记载外国的宝石产地外，还记载了我国云南、西藏产的红宝石。如："云南宝井红宝石，有大者，明永乐中曾得一颗，重三两一钱，深红色，明莹娇艳非常，当时估值银三千两。以后从无此大者，至大者不过两许，及五六钱许至分许者。价有高低，须看颜色。其至小者，价甚廉，不过一二十钱。""云南宝井所产红宝石，石色嫩红，娇俏如新开海梅花，光彩夺目。但无大者，至重不过十二钱一颗。小者分许，至其价可直二百余钱。小者一二十钱。又有一种淡红明莹者，名童子色，价最高。无大颗，可值三百余钱。""云南宝井中产红宝石，石色大红而带黄黑色，名为油烟红，红石中之至下者。有大者重至二三两者，不足为奇，中多蟹瓜碎纹，其中小者可直一二十钱。""云南宝井所产酒黄宝石，石色嫩黄如金珀，明莹可爱，无大者，每颗不过重至钱许，亦无细小者，可直价千钱。""云南宝井产青宝石，石色嫩青如翠蓝者，大颗重至两许七八钱者，无小颗，其价可直二百余钱。"

卷十一志石，讲了30种各种各样的奇石，计有：灵璧石、太湖石、昆山石、英石、湖口石、永康石、永州石、汴州石、全州石、萍乡石、修口石、松化石、六合石、柏子玛瑙石、宝华石、端州石、婺源石、招信石、奉化石、大理石、桃花石、红丝石、无为石、菩萨石、雪浪石、虢石、仇池石、清溪石、襄阳石、金陵石等。既讲产地，又讲岩石形状、颜色、大小、硬度、敲击时的声音、纹路图象、用途、价格、辨伪等。

（8）阮元：《恩平茶坑砚石记》[1]

岭南恩平县南二十余里，溪尽处入山，又二十余里，有岩曰茶坑，产异石。嘉庆初，山民始掘之，持至端州，端州砚工见之曰："此非吾端石，何佳乃尔？"于是端州工始采为砚，以冒端州石。端州老坑石几尽，坑闭不复采，今采者新坑耳。新坑有鱼脑、青花、火捺、鸜鹆眼诸色，与老坑同。恩平石无鱼脑、青花，而石中有黄龙、火捺、绿眼，又多绿脉，或纵横相交，此则端岩所少矣。端州新坑润而滑，不

〔1〕 阮元著，邓经元点校. 揅经室集：下册 [M].北京：中华书局，1993：704.

发墨；恩平石虽不及老坑，而发墨胜于新坑。端州之石割于洞，故石外无皮，制砚者必削其硗确，使中规矩。恩平石则天成椭扁、三角等形，积万小石戴土成大岩，峃峃碎渺，不相连属，采之者如拆壁掘地而得砖。或重数十斤，或重数十两，石外有皮色裹之，或黄如霜叶，或红如榴皮，如燕支（胭脂），或绿如蕉叶，如苔钱，如荇带，如蛛丝，或皱如松皮，或斑如虎皮；或青绿如古彝器，剖之，其中或有黄龙纹如气水之流，或有绿纹如绳线之结，或青绿数层相叠，种种形色，与端岩大异。而砚工必尽去其异者，以冒端岩，故二十年其名未显。余近知此石佳，惜其久冒端岩而不自立名也，爰命砚工买石留其形色而琢为砚，且记之。

（9）曹溶：《砚录》[1]

曹溶，秀水人，字秋岳，号倦圃，一字洁躬。明崇祯进士，官御史。顺治初归清，授原官。迁广东布政使，降山西阳和道。工诗，与龚鼎孳异曲同工。有《崇祯五十宰相传》、《刘豫事迹》、《金石表》、《倦圃莳植记》、《粤游草》、《静惕堂诗集》、《砚录》等著作。

《砚录》专讲端溪砚石，分山川、神理、采凿、品类、别种、辨讹、鉴戒七个内容。在谈到端溪石的性质时，他说："山石在水土深奥中，自洪荒来不见风日，故质软性泽，含猗弄芬，不雨而润，入手如玉，叩之铿然金声，贮水则经岁而不缩，受墨则腻而相亲，含笔则获毫而秀。……石皆圆，纵横之

----
〔1〕　见《美术丛书》初集第六辑第二函。

理有小白脉可察，因而凿之。凡石十方之内，中材者不二三；中材五十方之内，品贵者不二三；品贵百方之内，有眼者不二三；有眼十方之内，方圆五六寸可制为砚者不二三。盖格愈上，则病愈多，……其纯粹缜细一片紫玉，难之又难。百金不易与也。"

（10）陈龄：《端石拟》（抄本）

陈龄生于康熙中年，原籍福建，后入浙江海盐，不欲应有司试，不屑举子业，精地理、医学，博涉群书。晚年好道尤笃，自号青阳道人。乾隆十五年（公元 1750 年）写成《端石拟》。文中既讲端石的岩层构造，又讲端石的种类和性状：

> 三洞石俱三层，层各尺许。上层近山沙，啮蚀有虫蛀。或有翡翠眼，甚少。质稍坚，色纯紫，润而艳谓之顶石；中层本多眼，质精细，色渐青淡而凝，谓之腰石；下层亦有眼，质软嫩，色近白，秀而姿，谓之脚石。其中下二层皆有蕉叶白、火捺纹，明莹与山坑迥别。其最上层为天花板，极粗燥，不堪砚，谓之盖石。最下层为沙板，又过细润，且不发墨，谓之鸭屎石。

关于端石的种类和性状，略举几例：

①蕉叶白间青花：质极细嫩，色渐近白。

②紫玉间青花：质性细润，色极紫艳，谓之紫玉。

③淡紫间青花：石质细润，色紫稍淡。

④黑端间青花：质极细、软嫩、润如玉，其色青黑而带灰苍。

（11）唐秉钧：《文房肆考图说》

此书成于乾隆四十年（公元 1775 年）。卷二谈到端石时，也讲了岩层结构，曰：

> 石有三层，上层者稍粗，中层多鸜鹆眼，下层在水底，多破碎，不受斧凿。凡东西中三坑皆然。……石之纹色最贵者曰青花，微细如尘，隐隐浮出，粗点成片者次之。盖石细极，乃有青花。青花者，石之精华也。又有红绿分明，名朱砂、翡翠斑者亦贵也。外则有黄龙纹、麻鹊斑、金线、虫蛀、鳝鱼边、火捺、蕉叶白。黄龙、金线等纹，岩石之病；火捺、蕉叶白亦乃石皮；最下一层为沙板，不足贵。上层为天花板，粗而且燥，惟中层者纯深秀嫩，斯乃石之髓也。

在讲端石的品种时，曰：

> 诸坑石品，各坑石质不同，软燥不同，粗细不同，颜色不同，斑晕不同。下岩旧坑石，大至数尺……世谓子石也，色黑如漆，细润如玉。有眼，眼内有晕三四层五六层不等，晕中心有黑点象瞳，或六七眼相连，排列星斗异形，扣之清越，研之无声，著水磨墨，不热无泡，如与墨相恋不舍。此品南唐时已难得，至宋庆历间已竭矣。

> 凡岩底石皆顽，极细不发墨。又色污杂，不可以砚。端人谓之鸭屎石。底石之上，大率如石榴子，又如砖坯，自底至顶，中作三叠。下叠居底石之上，最佳品也。石必有眼，端人谓之脚石。中叠居下叠之上，次石也。眼或有或无，端人谓之腰石。上叠居中叠之上，又次石也，皆无眼，端人谓之顶石。顶石之上，皆盖石也，俱顽粗而不堪用。大抵三叠皆有粗络，无非子石，世人乃谓别一种子石，非也。

关于岩性，他说："岩性枯燥，则色黄褐灰苍，润则色青紫矣。火捺纹者，石之坚处，血之所凝，故其色红紫或黑。蕉叶白，石之嫩处，膏之所成，故其白一片纯洁，无斑类。"

除端石外，他还讲了其他地方所产的砚石。如：

①北京：燕畿梅山，立多石如乌金，亦有金星，颇贵重也。

②歙石砚：出徽州婺源龙尾山，山西连武溪。其石坚劲莹润，多发墨。品有五，以金星者为贵。

③苏州府灵岩护村石，亦可作砚。有淡青、鳝鱼黄二色。

④浙江衢州之常山开化，出黑石，坚润亚于歙，颇佳。

⑤湖广荆州府归州大沱石，其色青黑斑斑，其文理微粗，亦颇发墨。归峡人谓江水为沱，盖江水中石也。川峡人用之，世未尝有。

⑥辰州府沅州山 种石，色深黑，质粗燥，或有小眼。

⑦黎溪石，出常德、辰州二府界，石表淡青色，内深紫而带红，或有金线及黄脉相间者，号为紫袍金带。有极细润者，久用则光如镜。

⑧长沙府绿石砚，又名洮石，多是黎石之表。或长沙府山谷中石也。但润而却光，不受墨。

⑨河南相州古瓦砚，凡瓦皆发墨，较石更优，但质粗燥。

⑩山东紫金石砚，出青州府，文理粗，亦不发墨。

⑪红丝石砚，此青州石也。须饮以水使足乃可用。

⑫山西绛州角石者，其色如白牛角，其纹有花浪，与牛角无异。或如浮图佛塔。然顽滑不发墨，世人但以研丹尔。

⑬陕西临洮府洮河绿石，色绿如蓝，其润如玉，发墨不减端溪下岩。此石产于大河深水中，甚难得也。

⑭广东琼州府万州悬崖，又产金星石，可作砚。质亚于端溪下岩，色黑如漆，细润如玉，以水湿之，则金星自见。干则否。极发墨，久用不退乏，贵重之至。

卷四谈到玉的品种和性状以及其他似玉的美石。曰：

西域于阗，有五色玉，利刀刮不动，温润而泽，摸之灵泉应手而出。凡看玉器，白色为上，黄色、碧色亦贵。白色，色如酥者最贵。若如饭汤，谓之冷色。或有雪花及油色者，皆次之。有红如血者，谓之血侵，又谓之尸古，最佳。

菜玉，非青非绿，如菜叶者，玉之最低者也。外有黄玉、碧玉、黑玉、赤玉、绿玉。

罐子玉，系北方用药于罐内烧成者，如青州料灯、料叫子，皆烧成者也。久远不润且脆耳。

水晶出处甚多，倭国者为第一，无纤毫瑕玷击痕者佳。又假水晶，亦用药烧成，有气眼，色暗青，不能洁白明莹，谓之硝子。

石似玉者曰珷、曰玞、曰琘、曰璒、曰瓅、曰瓀、曰瓔、曰瑕之类，几数十种。其石之次玉者名珹、名璊、名珸、曰瑶、名璎、名瓊、名珋之类，又不下十种。如江南句容之茅山石，白而有光，有水石，冷白色。或有水路，或有饭糁，色好者与真玉相似，坚不可以刀刮。山东莱州所产，有碧有白，白者胜于碧，碧玉名瓐，佳者光润，低者白带糙黄，碧带淡暗冷色而松也。

灵岩山宝石：江南六合县之灵岩山产石子，逢骤雨倾注冲出，随飞泉流入涧中，山麓乡民，惯于雨后寻拾，照日亮者，入囊以售邑之巨室。总以大红者为上乘。其材之坚润胜玉，光耀胜珠。明透胜水晶，绚采胜玛瑙。

（12）计楠：《石隐砚谈》

计楠，字寿乔，号石隐道人，秀水人。廪贡，官安吉训导。耽著述，精绘事，尤喜画红梅，时称计红梅。著有《一隅草堂稿》、《端溪砚坑考》、《石隐砚谈》等。《石隐砚谈》大约在嘉庆年间成书。

《石隐砚谈》一共讲十二项内容：溯源、坑无新旧、辨误、论色、论眼、论青花、论蕉叶白、论石纹、论三叠石、论声、论发墨、载籍。这里仅以论声为例，可见其论述的特色。

论声：水岩石之嫩者，其声清远，嫩如泥者其声静穆。东坡称其声磬，米史称下岩石细，扣之清越是也。惟老者声铿，然不发墨矣。元汤仲谋谓下岩石扣之、磨之皆无声，是未见真水岩也。其无声之说未必尽然。

（13）李兆洛：《端溪砚坑记》（抄本）

李兆洛（公元 1769—1841 年），字申耆，晚号养一老人。江苏阳湖（今武进）人。曾专治通鉴、通典、文献通考之学。嘉庆十年（公元 1805 年）进士，授庶吉士，散馆被任命为凤台知县。后在广州、扬州任职，晚年主讲于江阴暨阳书院。主要著作有：《历代舆地沿革图》、《大清一统舆地全图》、《历代地理志韵编今释》、《清地理韵编》、《凤台县志》、《养一斋文集》、《端溪砚坑记》等。

《端溪砚坑记》于公元 1821 年成书，其内容为记载端溪开采砚石的各个坑洞，开采技术，开采历史，坑洞大小，砚石的性状、颜色等。他写道：

> 采石必看明石脉，见鲜润有色者然后下凿……端溪砚石，宋以前所开诸坑，今已无石，间有之，石色红紫，不发墨，无可取者。大西洞石，上中下三层，质又各异。上岩之石，众美毕备，惟色泽逊润，落墨易干。下岩石多水纹，面背迸透，且砂钉夹杂，欲求完璧仅矣！中层则石之腴也。青花、蕉白之为美，其大彰明较著，第蕉白必纯而成片，要润而有神。色青花粗点丛杂弗贵也……要之，石出大西洞者，必石质细腻，衬手而润，与墨亲而无叛，扣之则其声沉着。日光照耀无影，此为诸坑所不及。

> 石钉者，末化顽质，包于石中者也。坚不可镌，为石之大病。

（14）吴兰修：《端溪砚史》

吴兰修，字石华，嘉应人。嘉庆举人，官信宜训导。藏书颇富，颜其室曰守经堂。著有《南汉纪》、《宋史·地理志补正》、《端溪砚史》等。

《端溪砚史》3 卷，成于道光十四年（公元 1834 年）。

卷一是砚坑图，独此书有图，读者见图即一目了然。

卷二为石璞、石品、石疵、石色、石声、砚工、砚式、砚直（价格）、论砚、用砚、涤砚、藏砚、铭砚、补砚等内容，是本书的主体部分，有关砚石的矿物岩石知识也在这部分。

卷三为贡砚、开坑、逸事等内容。

书中有些论述是引用别人的观点，如引用《宝砚堂·砚辨》（何传瑶），《砚林拾遗》（施闰章），《端溪砚谱记》（袁树），《岭海见闻》（钱以垲）等文献。作者的观点则注明"兰修按"。非常尊重别人的劳动成果和知识产权。下面引用几例"兰修按"，以展示作者的观点。

"兰修按"一："石以木声为上，金声、瓦声为下。木声拍拍然，金声铛铛然，瓦声玲玲然。老坑皆作木声，麻子坑佳者亦然，余则否。盖石润则声沉，石燥则声浮，清越以长，如泗滨之磬者弗良也。"

"兰修按"二："石璞在山皆侧势，非平叠也（这是讲岩层所处的位置）。既凿则以宽平者为正面，石之精华尽在于此。"

由以上论述可知，清朝士大夫对砚石的研究很感兴趣，著作也多于历代。有的观点比前代新颖，发现的砚石产地也比以前广泛。可以说，清人在前人的基础上，对砚石的研究达到了一个新的水平。

第九节　鸦片战争后西方近代地学的传入和吸收

鸦片战争后，中国变成了半殖民地半封建的社会，备受帝国主义列强的欺凌。为了反抗帝国主义的侵略和压迫，不少有识之士纷纷主张"师夷之长技以制夷"（魏源：《海国图志·总叙》），即了解和学习外国的长处，弥补自己的不足，最后达到赶出外国侵略者，使中华民族独立地生存的目的。在这种思潮下，中国人主动向外国学习各种科学技术，引进西方近代的科学技术。近代地理、地质学随着这股潮流传入中国。

一　气象学的传入和吸收

道光二十一年（公元 1841 年）起，俄国人在北京断断续续地进行了较长时间的气象观测，直到光绪九年（公元 1883年）。同治十一年（公元 1872 年），法国天主教会在上海徐家汇设立观象台，观测气压、气温、湿度、风、蒸发、雨量、地温、草温、云等项目，其记录共有 78 年。光绪二十四年（公元 1898 年），德国强租胶州湾，建立气象台，每天观测三次，直到公元 1914 年被日本占领。这些气象观测，均为帝国主义侵略我国服务，是帝国主义侵华罪恶的一部分。

洋务运动期间（19 世纪 60 年代至 90 年代），中国学者与外国人合作，翻译了一些近代气象学著作。如公元 1877 年江南机器制造局出版了由美国人金楷理（Carl T. Kreyer，公元1866 年来华）口译，华蘅芳笔述的《测候丛谈》4 卷。该书译自《不列颠百科全书》中的"气象学"，讨论一般气象原理、气象要素和形成、一般推算方法、空气含水量问题及大气的光学现象等。公元 1880 年由傅兰雅（John Fryer，公元1839—1928 年，英国人，公元 1861 年来华）口译，江衡笔述的《测候诸器说》，又名《测候器说》，论述了气象测量的各种仪器及其原理和功用，分 7 类，有 74 幅图。底本为公元1864 年伦敦出版的《论气象仪器》。华蘅芳与金楷理还合译了《御风要术》，介绍台风的一般性质和活动规律，以及航海者如何躲避台风的方法，很有实用价值。华蘅芳与傅兰雅合译的《气学丛淡》2 卷，上卷讲水银风雨表（今气压表）和寒暑表（今温度表）的制作沿革、方法、原理、各种构造形式以及使用利弊等；下卷讲空盒风雨表（今空盒气压表）的构造、方法、原理以及测高推算等。此外，公元 1880 年傅兰雅和徐寿合译的《燥湿表说》，傅兰雅和华蘅芳合译的《风雨表说》均未出版[1]，这些著作很有实用价值，但推广普及工作做得太少，在社会上的影响不大。

二 测量制图学的传入和吸收

道光二十年（公元 1840 年）至咸丰二年（公元 1852 年），中国出现了自编的第一部用经纬网方法绘制的世界地图集——《海国图志》。同治年间（公元 1862—1874 年），胡林翼依据内府所藏《皇舆全览图》绘制了《大清一统舆图》，把清初测绘成果间接地公布于众。然而胡林翼的图是采用经纬网与计里画方并用的方法，并没有完全采用经纬网制图技术。

道光二十四年（公元 1844 年），中国近代科学先驱邹伯奇（公元 1819—1869 年）采用经纬网方法绘制了《皇舆全图》一大册，同治十三年（公元 1874 年）刻刊发行。同治年间，邹伯奇还承担了测绘广东地区的地图。在绘图方法上，提出了椭圆画法。他认为地球两极扁平，极半径比赤道半径小，因此，测算时要考虑地球椭圆形状的影响，这个观点是很有见地的。他著有《测量备要》一书稿，未整理出版。书中除论述测量方法外，还讲测量仪器制造。如"用以计山之高"的"风雨针"，"山高百尺，针得一分，故能知其高"。这可能是气压测高仪。又有用于测量方向的"指南尺"，还有测水平的"浑圆水准式"，即水准仪、水银溢流式水准器等[2]。

公元 1876 年，江南机器制造局出版了傅兰雅和徐寿合译的《测地绘图》，原作者为英国的富路玛[3]。徐建寅译有《测

---

〔1〕 王冰. 明清时期物理学译著书目考 [J]. 中国科技史料，1986（5）.

〔2〕 李迪，白尚恕. 我国近代科学先驱邹伯奇 [J]. 自然科学史研究，1984（4）.

〔3〕 徐振亚，阮慎康. 徐寿父子祖孙译著简介 [J]. 中国科技史料，1986（1）.

地捷法》，光绪二十二年（公元1896年）进呈，"奉旨留览"。因未见原书，不知具体内容。

三　地理学的传入和吸收

道光十八年（公元1838年），林则徐（公元1785—1850年）组织人力翻译英人莫瑞（Hugh Murray）著的《世界地理大全》，中译本名为《四洲志》，8700余字。这是中国翻译的最早的一本世界地理书。后来魏源把《四洲志》的内容编进了《海国图志》中。

道光二十七年（公元1847年），葡萄牙人玛吉士（Jose Martins Marquez）用中文出版了《新释地理备考》，又名《外国地理备考》10卷，卷一至卷三为通论，相当于自然地理，卷四以上为世界各大洲与各国的地理位置和物产。

咸丰三年（公元1853年），英国人慕维廉（William Muirhead，公元1822—1900年，公元1846年来华）出版了他用中文写的《地理全志》上下编，上编为世界地理，分洲叙述。下编除卷一为地质学内容外，余为自然地理学的各个分支学科。如卷二为地貌学，卷三为水文学，卷四、卷五为气象气候学，卷六为植物地理学，卷七为动物地理学，卷八为人口地理学，卷九为数理地理学，卷十为地理学史。讨论的内容相当广泛。此外，他还于公元1857年刊行《六合丛谈》，先后在这个刊物上发表了《地球形势大率论》、《水陆分界论》、《洲岛论》、《山原论》、《地震、火山论》、《平原论》、《潮汐平流波涛论》、《河湖论》等。还编辑过《大英国志》、《天文地理》、《知识五门》等。

公元1900年江南机器制造局出版了美国人卫理（Edward Thomas Williams，公元1854—1944年，公元1887年来华）口译，范熙庸笔述的《农务土质论》，即《农业土壤学》，作者为美国人金福兰格令希兰。这是最早传入中国的农业土壤学著作，共 12 章，内容有土壤物理性质、土壤水分、土壤温度、农田水利灌溉、肥料、土壤的来源等。

四 地质学的传入和吸收

最早在中国传播近代地质学知识的是英国人慕维廉，他在《地理全志》中谈了若干地质现象，介绍地质学知识。他把地质规定为地理的三大内容之一。他针对中国过去的地理书只谈"山水形势，风土人情"，不谈"地球形质"的缺陷，特意介绍了西方地质学知识。

在《地理全志》下编中，"地质论"讲地震、火山、地裂、土倾颓渐移等，属于构造地质的范畴；"地势论"讲地貌及其变迁；"水论"讲水质、河湖、海洋波浪、潮汐、泉、水激地体等。涉及水文学和流水侵蚀与沉积方面的内容。他所讲的"盘石"，现在称为"基岩"。他认为基岩的形成，系由于流水侵蚀、搬运、沉积作用而成。他讲的"飞潜动植之迹"，现在叫化石，其形成是在"石质未坚凝之先"，与泥沙俱沉，掩埋于地中而成。他讲的"盘石方位载物论"，是分层叙述地层。他划分地层的方法，基本上还是赖尔以前的方法，把地层由老到新分为第一、第二、第三迹层。第一迹层又分堪比安层（即寒武系）、西路略层（志留系）；第二迹层分旧红砂石层（约相当泥盆系）、煤层（石炭系、二叠系）、新红砂石层（三叠系）、蛋形层（侏罗系）、白粉层（白垩系）；第三迹层分下新层、中新层、上新层，约相当于第三纪。第三纪之上，又分"水冰迁层"，即第四纪。（见表 9 – 1）

表 9 – 1　《地学全志》中的地质年代与 19 世纪地质年代表的比较

地面集层	水冰迁层		第四系	近代或冰后期
第三迹层	上新层	新生界	第三系	上新统
	中新层			中新统
	下新层			渐新统、始新统、古新统
第二迹层	白粉层	中生界	第二系	白垩系
	蛋形层			
	新红砂石层			侏罗系
	煤层			二叠系、三叠系
	旧红砂石层			石炭系、二叠系
				泥盆系
第一迹层	西路略层	古生界	第一系	志留系
				奥陶系
	堪比安层			寒武系
化形石层	金星石层	前寒武界	前寒武系	前寒武系
	纹石层			
花岗石层	花岗石			

注：此表引自王子贤、王恒礼：《简明地质学史》第 206 页。

从表 9 – 1 可知，《地理全志》基本上是 18 世纪 60 年代意大利地质学家阿杜诺（G. Arduino）和德国水成学派魏尔纳（A. G. Werner）的科学水平，仅仅采用了赖尔公元 1833 年对第三系的划分，完全不提公元 1839 年菲利普斯与考尼比尔把第一、第二、第三系改称古生界、中生界、新生界的历史。不过这个地质年代表的中文名称，既照顾到中国人的习惯，又沿用了英国地质界的命名，与《地学浅释》相比，更适合中国语言的特点。因此，它的流传反而比《地学浅释》广泛[1]。在这本书中，第一次使用了"地质"一词，并于公元1859年传到日本[2]。

最早传入中国的近代地质学名著是赖尔（Charles Lyell，公元1797—1875年）的《地质学纲要》（*Elemente of Geology*），中文译者为美国浸孔会传教士、医师玛高温（Daniel Jerome Macgowan，公元1814—1893年，公元1843年来华）和中国数学家华蘅芳（公元1833—1902年）（图9-2）。翻译工作始于公元1869年，公元1871年译完，公元1873年由江南制造局

图9-2　华蘅芳像（引自《中国科学技术史·图录卷》第613页）

出版，书名为《地学浅释》，38卷，23万余字。这是赖尔生前第一部被译成中文的著作。在当时的条件下，能如此及时地翻译赖尔名著，传播先进的地质科学，是很有眼光的。《地学浅释》的内容是按岩石地层和地质史的顺序，从新到老论述地壳的组成物质。这是第一次系统地、完整地、详细地把近代地质学的基本知识介绍给中国读者。赖尔划分地质时代的名称在中国出现，也以《地学浅释》最早。《地学浅释》出版后，

〔1〕王子贤，王恒礼.简明地质学史［M］.郑州：河南科学技术出版社，1985：205-206.

〔2〕李鄂荣．"地质"一词何时出现于我国文献［G］//地质学史论丛（一）．北京：地质出版社，1986．又见：李鄂荣．关于《地学浅释》的几个问题［G］//地质学史论丛（一）．北京：地质出版社，1986．

曾作为教科书在中国流传，如公元 1899 年鲁迅在江南陆师学堂附设的矿务铁路学堂念书时，就用它作课本。

最早传入中国的近代结晶矿物学名著是美国著名矿物学家代那（James Dwight Dana，公元 1813—1895 年）的《矿物学手册》（*Manual of Mineralogy*，成书于 1848 年）[1]，中文译者也是玛高温和华蘅芳。翻译工作比《地学浅释》早，同治六年（公元 1867 年）开始翻译，同治八年（公元 1869 年）完成，同治十一年（公元 1872 年）由江南制造局出版，书名为《金石识别》，12 卷，17 万余字。这是代那生前被译成中文的第一部著作。此书系统论述了矿物的晶体形态、物理性质和化学性质，矿物分类方法等。运用这些知识去识别矿物是本书的宗旨，也是译者的目的。《金石识别》首次把矿物晶体理论系统和测试手段介绍给中国读者，对发展中国矿物学无疑是有益的。

公元 1884 年出版了傅兰雅（图 9－3）著的《矿石图说》，主要内容是识别矿物的方法和手段、矿物的分类。这在当时很有实用价值。

公元 1902 ~ 1904 年，虞和钦、虞和寅翻译了日本横山又次郎的《地质学教科书》。

公元 1903 年沈纮从日文翻译出版了《矿物学教科书》。

公元 1907 年杜亚泉、杜就

图 9－3　傅兰雅像（引自《中国科学技术史·图录卷》第 613 页）

〔1〕　王冰．明清时期物理学译著书目考［J］.中国科技史料，1986（5）.

田合译横山又次郎的《初等矿物学教科书》出版。

除上述译著外，这个时期还出版了一批地质矿产工程技术方面的译著，如公元1871年出版了《开煤要法》12卷，傅兰雅口译，王德均笔述。公元1879年出版了《井矿工程》，傅兰雅、赵元益合译，介绍钻凿水井、矿井的技术和火药爆破技术。公元1896年出版《求矿指南》7卷，傅兰雅、潘松合译。江南制造局出版了王汝骐译的《相地探金石法》及王汝淮编写的《矿学真诠》。

五 外国探险家和学者对中国的地质、地理考察[1]

鸦片战争后，自19世纪中至20世纪30年代，前后有100多个外国探险家和学者来中国进行地质、地理考察，他们怀着不同的目的，但他们的工作却有双重意义。一方面他们中的绝大多数是直接受帝国主义列强的派遣，抱着侵略中国的目的来华进行考察。少数人虽然不是直接受帝国主义的派遣，但他们的考察成果却直接或间接地给帝国主义侵略中国提供服务。因此，不管考察者主观愿望如何，他们的结果都是为帝国主义列强侵略中国效劳。另一方面，这些外国人在中国的考察，传播了一些近代地质、地理学知识，积累了一些原始资料，提出了一些初步的看法，这些为中国近代地质、地理学的发展作了些准备，起了一定的促进作用。下面介绍一些比较重要的外国人的在华考察活动。

---

〔1〕 本节参考下列文献：1. 杨吾扬：《地理学思想史纲要》，河南大学地理系印，1984年。2. 王子贤、王恒礼：《简明地质学史》，河南科学技术出版社，1985年。3. 鞠继武：《中国地理学发展史》，江苏教育出版社，1987年。4. 侯仁之：《中国地理学简史》，北京大学地质地理系印，1959年。5. 近代史所翻译室：《近代来华外国人名辞典》，中国社会科学出版社，1984年。

公元 1861 ~ 1872 年，德国地质、地理学家李希霍芬（Ferdinand von Richthofen，公元 1833—1905 年）对中国进行了考察。公元 1861 年他以地质学家身份随普鲁士艾琳波使节团首次来华，因正值太平天国革命运动蓬勃发展，未能深入内地。公元 1868 ~ 1872 年，他得到美国银行的经济支持，再度来华调查各地资源。后来又得到上海英国商会赞助，在中国内地进行了七次考察旅行，走遍了大半个中国，如山东、河北、山西、四川、华中、华南、华西及东北。收集了许多地质、地理资料。回国后写了《中国》一书共 3 大卷，《中国地图集》5 卷，《山东及其门户——胶州》，其中《山东及其门户——胶州》这部书为公元 1897 年德国殖民主义者强占胶州湾及修筑胶济铁路提供了依据。他对中国黄土高原成因的研究，为以后中国学者对此问题的研究开辟了道路。

公元 1865 年，美国地质学家庞培烈（Raphael Pumpelly，公元 1837—1923 年）来华，沿长江上游考察各省煤炭资源。后去北京、天津，最后由陆路经蒙古、西伯利亚到圣彼得堡。回国后著有《1862—1865 年在中国、蒙古、日本的地质调查》（公元 1867 年）（公元 1861 ~ 1863 年为日本调查资源)，《穿过美洲和亚洲》，在 1918 年出版的《回忆录》2 卷中有 13 章是关于中国的。

公元 1866 ~ 1889 年，俄国地理学家普热瓦尔斯基（H. M. Пржевадьский）和地质、地理学家奥布鲁切夫（B. A. Обручев）到内蒙古、新疆、西藏、青海、甘肃、陕西、河北搞地质地理调查，回国后写了大量著作，探讨了上述地区的地质地理情况，为帝俄侵华提供了情报。

公元 1873 年，天主教教士在上海设立徐家汇观象台，日本人在东北三省南部，俄国人沿中东铁路一带，分别设立测候所，攫取中国的气象、气候资料。

公元 1877～1880 年，奥地利人洛川（L. Loczy）考察长江下游、甘肃、四川、云南的地质，写了多册地质报告（德文），论述了西南地质。

公元 1890 年，日本政府派农商部地调所长巨智部来华调查。

公元 1898 年法国人勒克莱尔（M. A. Leclere）、公元 1903 年兰登诺（H. Lanteanais）对云南的考察。

清末，日本人在中国开设了东亚同文书院，培养考察人员，对中国内地进行广泛调查，收集资料。民国初出版《支那经济地理》、《支那省别全志》各若干册，成为日本侵略者的重要参考资料。

19 世纪末至 20 世纪 30 年代，瑞典地理学家斯文赫定（Hedin, Sven Anders, 公元 1865—1952 年）分六次（1885～1886 年，1890～1891 年，1893～1897 年，1899～1902 年，1905～1909 年，1923～1930 年）在中国西藏、新疆，蒙古及中亚考察探险，累计时间达 10 余年。组织过"西北科学考察团"，有许多中国学者参加。著作丰富，著名的有《穿过亚洲》2 卷（公元 1898 年），《中亚和西藏》（公元 1903 年），《横越喜马拉雅山，在西藏的发现和冒险》2 卷（公元 1909 年），《从北京到莫斯科》（公元 1924 年），《探险家自传》（公元 1925 年），《横越戈壁沙漠》（公元 1931 年），《热河帝王之都》（公元 1931 年），《丝绸之路》（公元 1938 年）等。

公元 1903～1904 年，美国人维里士（B. Willis）考察了中国的北京、山东、山西、陕西以及长江流域的省区，公元

1907 年出版《中国地质研究》并附有专册地质图，对中国北方地层系统作了初步的论述。对中国地质史与地文提出了系统看法。

公元 1903 年，英国人麦克唐纳（D. MacDonald）指挥一个军事探险队考察西藏，得到丰富的自然地理和经济地理资料。后来黑登（H. H. Hayden）和布拉德（S. G. Burrard）合著了《西藏地理地质志》。

公元 1903 年，法国人兰登诺（H. Lantenois）对云南进行了考察。

公元 1904 ~ 1905 年，美国地质学家庞培烈再次来华，同行者有地理学家戴维斯（W. M. Dawis，公元 1850—1934 年）和他的学生亨丁顿（E. Huntington，公元 1876—1947 年），他们的考察地域达到天山和塔里木盆地。

公元 1907 ~ 1910 年，英国地质学家勃朗（J. C. Brown）几次到云南调查，写了许多地质报告，对西南地质作了比较详细的论述。

公元 1909 ~ 1911 年，法国人戴普拉（J. Deprat）由安南（今越南）进入云南东部考察，历时 15 个月，著有《云南东部地质研究》。

公元 1910 年，日本地质学家小藤文次郎对东北地区作了系统调查，著有《中国及其附近地质概要》。

上述所记，只是部分实例，是为了不忘历史，让后人知道中国曾有过那么一段落后的时代。

六 清末中国近代地学的萌芽

1. 测量制图学

光绪二十一年（公元 1895 年）在北京建立了中国第一个

培养地图测绘人才的学校——京师陆军测绘学堂。光绪二十二年（公元 1896 年），邹代钧创立"地图公会"，集资译印编制世界地图集，还计划用国内各省最新地图资料编纂分省地图。光绪二十九年（公元 1903 年），出版《中外舆地全图》，其中总图 3 幅，中国图 1 幅，分省图 24 幅，各洲各国图 38 幅，群岛图 2 幅。用圆锥投影，晕翁法绘山，居民点按人口数目多少分级。此图作为大学堂审定中等课本。光绪三十三年（公元 1907 年），周世棠、孙海环以邹代钧的图为基础，编制了《二十世纪中外大地图》一册，八开精装本。除中外普通地图外，还有一些专门地图，如地文图。这是清末地图集的代表作[1]。

光绪二十九年（公元 1903 年），兵部改为陆军部，在陆军部最高参谋机构军谘府第四厅建立京师陆军测地局，负责全国地图的测绘。测地局内又设三角、地形、制图三股，又设负责地图印刷出版的官员。测地局曾制订了开展全国 1：25000 地形图的测绘计划，但未能实现，仅在几处军事操练地区施测了这种大比例尺的地形图。如保定附近河间地区 55 幅，河南彰德 50 幅。光绪三十四年（公元 1908 年），由南洋陆地测量司制成安徽省 1：25000 地形图 16 幅。江苏省完成了南京附近 1：25000 地形图数十幅。这是中国近代测量学和制图学萌芽的标志。

2. 地质学

近代地质学传入中国后，如何消化吸收？当时采取了三种解决办法：一是派留学生到国外深造；二是自己办教育培养人

---

〔1〕 卢良志. 中国地图学史 [M]. 北京：测绘出版社，1984. 又见：金应春，丘富科. 中国地图史话 [M]. 北京：科学出版社，1984.

才；三是办工矿企业，从实践中培养人才，又有地方容纳人才。中国近代地质学的先驱章鸿钊、丁文江、鲁迅、翁文灏、李四光等都是留学生。他们学成回国后，或著书立说，或从事教学，或从事科研，为建立中国近代地质学作出了杰出的贡献。

在创办学校，开设地质科系，培养地质科学人才方面，当时也做了不少工作。如公元 1897 年唐山铁路矿务学堂设矿冶系；公元 1898 年南京陆师学堂附设矿路学堂有矿冶系，鲁迅即该校学生；公元 1903 年北洋大学有矿冶系；公元 1909 年京师大学堂设地质学门。这些学校为近代地质学在中国生根、开花、结果培养了一批人才，奠定了基础。20 世纪初，出现了由中国学者编写的地质矿产著作，如公元 1903 年鲁迅的《中国地质论略》出版；公元 1905 年张相文译编的《最新地质学教科书》出版；公元 1906 年杜亚泉编的《最新中学教科书矿物学》出版，陈文哲、陈荣镜的《地质学教科书》出版，顾琅、鲁迅的《中国矿产志》出版；公元 1908 年张相文编著的《地文学》（有部分地质内容）出版；公元 1910 年邝荣光绘制的《直隶地质图》、《直隶矿产图》、《直隶石层古迹》出版。这些事实表明，中国近代地质学已经萌芽。

3. 地理学

光绪二十四年（公元 1898 年）筹办的京师大学堂，规定设置舆地课程，这是中国政府正式规定在高等学校设置地理课程的开端。公元 1897 年在上海开办的南洋公学也设置有地理课程，这是中国在中、小学设置地理课的开端。公元 1902 年清朝政府颁布《钦定学堂章程》，规定大学预备科、政科设中外舆地课程，商科有商业地理课程。公元 1903 年清朝政府颁布《奏定学堂章程》，规定经、文、格致、农、商等科皆应设置地理课程。文科设中外地理专业，学制三年。公元1906年清政府又颁布《优质师范选科章程》，规定在以培养初级师范及中学师资为主旨的优级师范中，设置地理总论、中国地理、各洲分论、地质、地文、人文地理等课程。公元1905年京师译学馆舆地学教习韩朴存编有《京师译学馆舆地学讲义》，内容有三项：一曰数理地理学，即天文地理学；二曰自然地理学，即地文地理；三曰政治地理学，即人文地理。这些教育措施，推动了中国近代地理学的萌芽和发展[1]。

中国近代地理学的开拓者张相文（公元1866—1933年），字蔚西，号沌谷居士，江苏省泗阳县人。公元1899年他在上海南洋公学教国文和地理课，自己动手编写地理教科书。公元1901年他编成了中国最早的两种地理教科书，即《初等地理教科书》和《中等本国地理教科书》。这两种书曾多次重印，发行量达200多万册，很受社会的欢迎，在地理教育方面产生了很大的影响。公元1905年，他又在上海编成中学教科书《地文学》，这是中国最早的自然地理学教科书，也体现了中国学者对西方近代地理学的吸收、消化和融会贯通的过程。《地文学》包括星界、陆界、水界、气界和生物界各编，除土壤未被列为独立的一篇而附于陆界外，实际上已包括了近代普通自然地理学的全部研究对象。这在当时来说是比较先进的[2]。它跟中国传统地理学相比，其水平更是前进了一大步。缺点是接受了西方地理环境决定论。

---

〔1〕 鞠继武. 中国地理学发展史［M］.南京：江苏教育出版社，1987：211.

〔2〕 林超. 中国现代地理学萌芽时期的张相文和中国地学会［J］.自然科学史研究，1982（2）.

公元 1909 年，在张相文的倡导下，中国地学会在天津成立。发起人除张相文外，还有白雅雨、陶懋立、韩怀礼、张伯苓、吴鼎昌、孙师郑等 27 人，张相文任会长。第二年又出版了《地学杂志》。这一会一刊，虽属草创，但它们对中国近代地理学的发展起了很好的促进作用。它标志着中国近代地理学已经萌芽，已由传播阶段转入自立阶段，中国近代地理学已迈出了十分可喜的第一步！

参考文献

（按在正文中出现的先后次序排列）

[1] 张之恒，吴健民．中国旧石器时代文化［M］．南京：南京大学出版社，1991.

[2] 黄慰文．蓝田人［M］//黄慰文，贾兰坡，安志敏，等．中国历史的童年．北京：中华书局，1983.

[3] 裴文中，张森水．中国猿人石器研究［M］．北京：科学出版社，1985.

[4] 贾兰坡，王择义，王建．匼河［M］．北京：科学出版社，1962.

[5] 李炎贤，文本亨．观音洞［M］．北京：文物出版社，1986.

[6] 裴文中，吴汝康，贾兰坡，等．山西襄汾县丁村旧石器时代遗址发掘报告［R］北京：科学出版社，1958.

[7] 贾兰坡．旧石器时代文化［M］．北京：科学出版社，1957.

[8] 黑龙江省文物管理委员会，哈尔滨市文化局，中国科学院古脊椎动物与古人类研究所东北考察队．阎家岗［M］．北京：文物出版社，1987.

[9] 石兴邦．中国化石古人类和旧石器文化考古发现与研究·序言［M］．西安：陕西科学技术出版社，1992.

[10] 黄慰文，李春初，王鸿寿，等．广东南海县西樵山遗址的复查［J］．考古，1979（4）．

[11] 马洪路．远古之旅——中国原始文化的交流［M］.

西安：陕西人民出版社，1989.

［12］张之恒．中国考古学通论［M］．南京：南京大学出版社，1995.

［13］中国社会科学院考古研究所．新中国的考古发现和研究［M］．北京：文物出版社，1984.

［14］白寿彝总主编，苏秉琦主编．中国通史：第二卷［M］．上海：上海人民出版社，1994.

［15］张之恒．中国新石器时代文化［M］．南京：南京大学出版社，1992.

［16］许顺湛．黄河文明的曙光［M］．郑州：中州古籍出版社，1993.

［17］林华东．河姆渡文化初探［M］．杭州：浙江人民出版社，1992.

［18］白寿彝总主编，徐喜辰，斯维至，等主编．中国通史：第三卷［M］．上海：上海人民出版社，1994.

［19］郑杰祥．夏史初探［M］．郑州：中州古籍出版社，1988.

［20］刘德岑．古都篇［M］．重庆：西南师范大学出版社，1986.

［21］中国科学院自然科学史研究所地学史组．中国古代地理学史［M］．北京：科学出版社，1984.

［22］章巽．章巽文集［M］．北京：海洋出版社，1986.

［23］孟世凯．夏商史话［M］．北京：中国青年出版社，1986.

［24］温少峰，袁庭栋．殷墟卜辞研究：科学技术篇［M］．成都：四川省社会科学院出版社，1983.

［25］李亚农．殷代社会生活［M］//欣然斋史论集．上海：上海人民出版社，1962.

［26］李孝定．甲骨文字集释：第三卷［M］.台北：（台湾）中央研究院历史语言研究所，1970.

［27］王克陵．中国先秦时期的地形测量工具——规仪［J］.自然科学史研究，1992（3）.

［28］吴浩坤，潘悠．中国甲骨学史［M］.上海：上海人民出版社，1985.

［29］王宇信．建国以来甲骨文研究［M］.北京：中国社会科学出版社，1982.

［30］陈梦家．殷墟卜辞综述［M］.北京：科学出版社，1956.

［31］彭邦炯．商史探微［M］.重庆：重庆出版社，1988.

［32］郭宝钧．中国青铜器时代［M］.北京：三联书店，1963.

［33］陈德安，魏学峰，李伟纲　三星堆——长江上游文明中心探索［M］.成都：四川人民出版社，1998.

［34］张之恒，周裕兴．夏商周考古［M］.南京：南京大学出版社，1995.

［35］侯仁之．中国古代地理学简史［M］.北京：科学出版社，1962.

［36］郭沫若．十批判书［M］.北京：人民文学出版社，1961.

［37］黄寿祺，张善文．周易译注［M］.上海：上海古籍出版社，1989.

［38］高亨．周易古经今注［M］.北京：中华书局，1984.

中国地学史·古代卷

［39］李镜池．周易探源［M］.北京：中华书局，1982.

［40］李镜池．周易通义［M］.北京：中华书局，1984.

［41］王成组．中国地理学史［M］.北京：商务印书馆，1988.

［42］吴枫．简明中国古籍辞典［M］.长春：吉林文史出版社，1987.

［43］李申．中国古代哲学和自然科学［M］.北京：中国社会科学出版社，1989.

［44］侯仁之．中国古代地理名著选读：第一辑［M］.北京：科学出版社，1959.

［45］辛树帜．禹贡新解［M］.北京：农业出版社，1964.

［46］彭静中．中国方志简史［M］.成都：四川大学出版社，1990.

［47］王庸．中国地理学史［M］.北京：商务印书馆，1960.

［48］陈正祥．中国文化地理［M］.北京：三联书店，1983.

［49］顾颉刚．穆天子传及其著作时代［J］.文史哲，1951（2）.

［50］史为乐．穆天子西征试探［J］.中国史研究，1992（3）.

［51］夏纬瑛．《周礼》书中有关农业条文的解释［M］.北京：农业出版社，1979.

［52］王范之．吕氏春秋选注［M］.北京：中华书局，1981.

［53］靳生禾．中国历史地理文献概论［M］.太原：山西

人民出版社，1987.

[54] 袁珂．山海经校译［M］．上海：上海古籍出版社，1985.

[55] 仓孝和．自然科学史简编［M］．北京：北京出版社，1988.

[56] 庞朴．阴阳五行探源［J］．中国社会科学，1984（3）.

[57] 唐锡仁．中国古代阴阳学说对天气现象的解释［J］．中国哲学史研究，1981（2）.

[58] 万国鼎．中国古代对土壤种类及其分布的知识［J］．南京农学院学报，1955（1）.

[59] 童书业．中国古代地理考证论文集［M］．北京：中华书局，1962.

[60] 刘盛佳．地理学思想史［M］．上海：华中师范大学出版社，1990.

[61] 唐锡仁．论先秦时期的人地观［J］．自然科学史研究，1988（4）.

[62] 周春堤．墨子的地理思想［J］．地理研究报告，1980.

[63] 云梦秦简整理小组．云梦秦简释文（二）［J］．文物，1978（7）.

[64] 袁清林．先秦环境保护的若干问题［J］．中国科技史料，1985（1）.

[65] 朱玲玲．放马滩战国秦图与先秦时期的地图学［J］．郑州大学学报（哲学版），1992（1）.

[66] 曹婉如．有关天水放马滩秦墓出土地图的几个问题

[J].文物，1989（12）.

　　[67] 何双全．天水放马滩秦墓出土地图初探 [J].文物，1989（2）.

　　[68] 张修桂．天水放马滩地图的绘制年代 [J].复旦大学学报，1991（1）.

　　[69] 余起棻．军事科学概要 [M].北京：解放军出版社，1988.

　　[70] 莫任南．甘英出使大秦路线及其贡献 [J].世界历史，1982（2）.

　　[71] 陈正祥．中国地图学史 [M].香港：商务印书馆香港分馆，1979.

　　[72] 曹婉如．东汉城市局部地图的研究 [J].自然科学史研究，1985（2）.

　　[73] 刘叶秋．中国字典史略 [M].北京：中华书局，1983.

　　[74] 陆宗达．说文解字通论 [M].北京：北京出版社，1984.

　　[75] 翟忠义．中国古代地理学家及旅行家 [M].济南：山东人民出版社，1962.

　　[76] 杨正泰．中国历史地理要籍介绍 [M].成都：四川人民出版社，1987.

　　[77] 周振鹤．被忽视了的秦代《水经》[J].自然科学史研究，1986（1）.

　　[78] 史念海，曹尔琴．方志当议 [M].杭州：浙江人民出版社，1986.

　　[79] 刘泽华．汉代"纬书"中神、自然、人一体化的政

治观念 [J].文史哲，1993（1）.

[80] 李约瑟.中国科学技术史（中译本）：第五卷第二分册 [M].北京：科学出版社，1976.

[81] 杨文衡.中华文化通志·地学志 [M].上海：上海人民出版社，1998.

[82] 刘昭民.中国古代气象仪器和气象观测工具的发明 [J].明日世界（台湾），1970（2）.

[83] 陈直.三辅黄图校证 [M].西安：陕西人民出版社，1985.

[84] 罗桂环，王耀先，杨朝飞，等.中国环境保护史稿 [M].北京：中国环境科学出版社，1995.

[85] 李仲均.李仲均文集 [M].西安：西安地图出版社，1999.

[86] 赵匡华.狐刚子及其对中国古代化学的卓越贡献 [J].自然科学史研究，1984（3）.

[87] 艾素珍.论《本草集注》中矿物学知识及在中国矿物学史上的地位 [J].自然科学史研究，1994（3）.

[88] 谭其骧.中国历代地理学家评传：1－3 卷 [M].济南：山东教育出版社，1990.

[89] 岑仲勉.唐以前之西域及南蕃地理书 [M]//中外史地考证.北京：中华书局，1962.

[90] 陈桥驿.水经注研究 [M].天津：天津古籍出版社，1985.

[91] 陈桥驿.水经注研究二集 [M].太原：山西人民出版社，1987.

[92] 陈桥驿.郦学新论 [M].太原：山西人民出版社，

1992.

［93］来新夏．方志学概论［M］．福州：福建人民出版社，1983.

［94］刘昭民．中华气象学史［M］．台北：台湾商务印书馆，1980.

［95］钮仲勋．地理学史研究［M］．北京：地质出版社，1996.

［96］汤用彤．汉魏两晋南北朝佛教史［M］．北京：中华书局，1983.

［97］夏湘蓉，李仲均，王根元．中国古代矿业开发史［M］．北京：地质出版社，1986.

［98］向达．唐代长安与西域文明［M］．北京：三联书店，1957.

［99］杨文衡．世界地理学史［M］．长春：吉林教育出版社，1994.

［100］张国淦．中国古方志考［M］．北京：中华书局，1962.

［101］赵荣．魏晋南北朝时期的中国地理学研究［J］．自然科学史研究，1994（1）.

［102］郑文光，席泽宗．中国历史上的宇宙理论［M］．北京：人民出版社，1975.

［103］冯立升．中国古代测量学史［M］．呼和浩特：内蒙古大学出版社，1995.

［104］卢良志．中国地图学史［M］．北京：测绘出版社，1984.

［105］卢嘉锡总主编，唐锡仁，杨文衡主编．中国科学

技术史·地学卷［M］.北京：科学出版社，2000.

［106］白寿彝总主编，史念海主编.中国通史：第六卷［M］.上海：上海人民出版社，1997.

［107］贺次君.括地志辑校·前言［M］.北京：中华书局，1980.

［108］王文楚，邹逸麟.我国现存最早一部地理总志《元和郡县志》［J］.历史地理，1981（创刊号）.

［109］徐瑜.唐代潮汐学家窦叔蒙及其《海涛志》［J］.历史研究，1978（6）.

［110］李约瑟.中国科学技术史（中译本）：第四卷［M］.北京：科学出版社，1975.

［111］顾学颉，周汝昌选注.白居易诗选［M］.北京：人民文学出版社，1982.

［112］竺可桢，宛敏渭.物候学［M］.北京：科学出版社，1984.

［113］季羡林.大唐西域记校注·前言［M］.北京：中华书局，1985.

［114］郦隶彬.大唐西域记·前言［M］.上海：上海人民出版社，1977.

［115］孙修身.唐朝杰出外交活动家王玄策史迹研究［J］.敦煌研究，1994（3）.

［116］王邦维.大唐西域求法高僧传校注·前言［M］.北京：中华书局，1988.

［117］王福泉.宝石通论［M］.北京：科学出版社，1985.

［118］张秉伦，吴孝铣，高有德，等.安徽科学技术史

稿［M］.合肥：安徽科学技术出版社，1990.

［119］齐儆.中国的文房四宝［M］.北京：商务印书馆，1991.

［120］姒元翼.中国医学史［M］.北京：人民卫生出版社，1984.

［121］朱越利.道藏分类解题［M］.北京：华夏出版社，1996.

［122］陈国符.道藏经中外丹黄白术材料的整理［J］.化学通报，1979（6）.

［123］卢嘉锡总主编，赵匡华，周嘉华著.中国科学技术史·化学卷［M］.北京：科学出版社，1998.

［124］汪前进.从出土东罗马金币上的地球图案探讨西方地圆概念隋唐时期在中国的传播和影响［M］//科史薪传.沈阳：辽宁教育出版社，1995.

［125］刘纬毅.宋代方志述略［J］.文献，1986（4）.

［126］王文楚，魏嵩山.元丰九域志点校·前言［M］.北京：中华书局，1984.

［127］赵万里.元一统志·前言［M］.北京：中华书局，1966.

［128］王晓岩.方志演变概论［M］.沈阳：辽沈书社，1992.

［129］朱士嘉.中国地方志综录（增订本）［M］.北京：商务印书馆，1958.

［130］中国地方史志协会.中国地方史志论丛［M］.北京：中华书局，1984.

［131］薛虹.中国方志学概论［M］.哈尔滨：黑龙江人

民出版社，1984.

［132］杭州大学宋史研究室．沈括研究［M］．杭州：浙江人民出版社，1985.

［133］洪焕椿．浙江方志考［M］．杭州：浙江人民出版社，1984.

［134］杨文衡．《长安志图》的特点和水平［M］//中国古代地图集：第一辑．北京：文物出版社，1990.

［135］郑锡煌．北宋石刻《九域守令图》［J］．自然科学史研究，1982（2）.

［136］杨文衡．范成大的地理学成就［J］．自然科学史研究，1988（2）.

［137］黄盛璋．再论黄河河源问题［J］．地理学报，1956，22（1）.

［138］高泳源．我国古代对一些自然地理现象的认识［J］．地理知识，1954（7）.

［139］中国古潮汐史料整理研究组．中国古代潮汐论著选译［M］．北京：科学出版社，1980.

［140］陈炎冰．中国温泉考［M］．北京：中华书局，1939.

［141］吴惠群．实用宝玉石学［M］．北京：高等教育出版社，1993.

［142］苏良赫，李仲均．中国古籍中有关石棉的记载［J］．地球科学，1982（1）.

［143］周始民．我国古代的一些矿物鉴定知识［J］．化学通报，1977（2）.

［144］杨文衡．试述《云林石谱》的科学价值［G］//科

技史文集，第 14 辑．上海：上海科学技术出版社，1985．

　　［145］甄朔南．我国古代对化石的认识［J］.中国科技史料，1982（3）．

　　［146］谢方．西洋朝贡典录校注·前言［M］.北京：中华书局，1982．

　　［147］纪昀总纂．四库全书总目提要［M］.北京：中华书局，1965．

　　［148］汪向荣．中日关系史文献论考［M］.长沙：岳麓书社，1985．

　　［149］陈光贻．稀见地方志提要（上、下册）［M］.济南：齐鲁书社，1987．

　　［150］黄苇．中国地方志辞典［M］.合肥：黄山书社，1987．

　　［151］刘纬毅．中国地方志［M］.北京：新华出版社，1991．

　　［152］周振鹤编校．王士性地理书三种［M］.上海：上海古籍出版社，1993．

　　［153］徐建春，梁光军．王士性论稿［M］.杭州：杭州大学出版社，1994．

　　［154］翁文灏．中国山脉考［J］.科学，1925，9（10）．

　　［155］李约瑟．中国科学技术史（中译本）：第一卷［M］.北京：科学出版社，1990．

　　［156］吴枫．中华古文献大辞典·地理卷［M］.长春：吉林文史出版社，1991．

　　［157］赵德祥．我国历史上沼泽的名称、分类及描述［J］.地理科学，1982（1）．

［158］高俊．明清两代全国和省区地图集编制概况［J］．测绘学报，1962，5（4）．

［159］任金城．流失在国外的一些中国明代地图［J］．中国科技史料，1987（1）．

［160］曹婉如，薄树人，郑锡煌，等．中国现存利玛窦世界地图的研究［J］．文物，1983（12）．

［161］张子高．中国化学史稿［M］．北京：科学出版社，1964．

［162］杜石然．中国古代科学家传记（上、下册）［M］．北京：科学出版社，1993．

［163］刘友樑．矿物药与丹药［M］．上海：上海科技出版社，1962．

［164］王嘉荫．本草纲目的矿物史料［M］．北京：科学出版社，1957．

［165］汪庆正．青花料考［J］．文物，1982（8）．

［166］桑行之，王福康．说石［M］上海：上海科技教育出版社，1993．

［167］冯尔康．清史史料学初稿［M］．天津：南开大学出版社，1986．

［168］赵荣，杨正泰．中国地理学史（清代）［M］．北京：商务印书馆，1998．

［169］陈瑞平．齐召南的《水道提纲》初探［G］//科技史文集：第14辑．上海：上海科学技术出版社，1985．

［170］梁启超．中国近三百年学术史［M］．北京：中国书店，1985．

［171］翟忠义．中国地理学家［M］．济南：山东教育出

版社，1989.

[172] 冯宝琳. 康熙《皇舆全览图》的测绘考略 [J]. 故宫博物院院刊，1985（1）.

[173] 方豪. 中西交通史（上、下册）[M]. 长沙：岳麓书社，1987.

[174] 洪世年，陈文言. 中国气象史 [M]. 北京：农业出版社，1983.

[175] 仓修良. 章学诚和《文史通义》[M]. 北京：中华书局，1984.

[176] 陈代光. 海国闻见录校注 [M]. 郑州：中州古籍出版社，1984.

[177] 刘昭民. 中华地质学史 [M]. 台北：台湾商务印书馆，1986.

[178] 卢嘉锡总主编，李家治主编. 中国科学技术史·陶瓷卷 [M]. 北京：科学出版社，1998.

[179] 王子贤，王恒礼. 简明地质学史 [M]. 郑州：河南科学技术出版社，1985.

[180] 佩迪什. 古代希腊人的地理学 [M]. 蔡宗夏，译. 北京：商务印书馆，1983.

[181] 波德纳尔斯基. 古代的地理学 [M]. 北京：三联书店，1958.

[182] 布勒列伊尼科夫. 人类对地球认识的发展 [M]. 王子冒，译. 北京：科学普及出版社，1958.

[183] 曹婉如，郑锡煌，黄盛璋，等. 中国古代地图集：战国—元 [M]. 北京：文物出版社，1990.

[184] 曹婉如. 五藏山经和禹贡中的地理知识 [M] //

科学史集刊：第 1 期.北京：科学出版社，1958.

［185］华觉明．从钢铁史谈技术振兴之道［M］//林自新．科技史的启示．呼和浩特：内蒙古人民出版社，1990.

［186］李旭旦．人文地理学概说［M］.北京：科学出版社，1985.

［187］庞朴．阴阳五行探源［J］.中国社会科学，1984（3）.

［188］苏荣誉，华觉明，李克敏，等．中国上古金属技术［M］.济南：山东科学技术出版社，1995.

［189］唐锡仁，黄德志．试论我国早期阴阳五行说与地理的关系［J］.天津师院学报，1980（2）.

［190］杨宽．中国古代冶铁技术发展史［M］.上海：上海人民出版社，1982.

［191］詹姆斯．地理学思想史［M］.李旭旦，译．北京：商务印书馆，1989.

［192］张九辰．古希腊与同时期中国的区域地理思想之比较［J］.自然科学史研究，1993（1）.

［193］章鸿钊．中国地质学发展小史［M］//民国丛书．上海：上海书店，1989.

［194］赵荣．地理学思想史纲［M］.西安：陕西科学技术出版社，1995.

［195］中国天文学史整理研究小组．中国天文学史［M］.北京：科学出版社，1981.

［196］周魁一．二十五史河渠志注释［M］.北京：中国书店，1990.

人名索引

D

后 记

1997 年 8 月，广西教育出版社在北京与中国科学院自然科学史研究所的陈美东、汪子春、戴念祖、周嘉华、杨文衡和首都师范大学的申先甲等人聚会，商讨撰写《中国科学史丛书》的计划。该丛书的最大特点是从原始社会写到 20 世纪末，而且要求近现代部分的篇幅大于古代部分，两者之比大约是 5∶3，体现出重今略古的指导思想。每部书的篇幅大约为 100 万字，分两卷装订。古代部分为一卷，近现代部分为一卷。

在这个聚会上，初步意向由杨文衡来主编《中国地学史》，作者由主编去请，并请院士当顾问。经过一年多的工作，1998 年 10 月作者全部请到，他们是杨勤业、鲁奇、杨光荣、艾素珍、张九辰。杨光荣因为工作忙且身体欠佳，没有写作（十年后请陈宝国写新中国的地质学史，后由于陈宝国忙不过来，又把任务转交给浦庆余）。杨勤业、鲁奇写新中国的地理学史，约 20 万字，2001 年交稿。张九辰写近代（民国时期）地学史，约 30 万字。杨文衡（写 37 万字）、艾素珍（写第五章 38 千字）和张九辰（写第三章 51 千字，十年后的 2011 年她授权陈丽娟修改，改署陈丽娟的名）合写中国古代地学史，约 46 万字，2001 年交稿。

1999 年 5 月中旬,该社来京主持召开了《中国地学史》第一次作者会,会上通过了写作提纲和撰写的有关要求。

经过一段时间的准备之后,有的作者已于 1999 年 12 月进入写作阶段,2001 年 3 月大部分篇幅交稿。由于听到该社暂时不出此书,有的作者害怕压稿不愿意把写好的稿子交出,这种情况完全可以理解。辛勤笔耕,自然希望见到成果。交来的书稿由杨文衡统稿、定稿。由于该社经费等问题,此书未能按合同出版,一拖十年。在此期间,该社积极筹措资金,与杨文衡保持联系。十年之后,2011 年 2 月,该社决定尽快出版此书,要求作者修订,并补充图片和缺少的内容。现在的书稿分古代卷和近现代卷两部分。由于杨文衡身体欠佳,没有精力完成全书的组织及审、定稿工作,因此特聘请杨勤业为主编之一,负责近现代卷的审、定稿及一些组织工作。该社盛情邀请中国科学院郑度院士为本书作序,他慨然应允。对郑度院士的大力支持,我们衷心致谢!对广西教育出版社十年来为出版此书所做的努力,我们深表谢意!

由于这部书的成稿较仓促,加上书稿压了十年,自然会有某些材料显得陈旧。虽经作者增订,但因时间紧,恐也有不周之处。因此,错误或不妥之处在所难免,敬请广大读者和专家不吝赐教,予以批评指正。

杨文衡　杨勤业

2013 年 12 月